August Schmid

Verständnis lehren

Handbuch Mathematik
der gymnasialen Oberstufe

Ernst Klett Verlag
Stuttgart Düsseldorf Leipzig

1. Auflage 1 5 4 3 2 1 | 2009 2008 2007 2006 2005

Alle Drucke dieser Auflage sind unverändert und können im Unterricht nebeneinander verwendet werden. Die letzten Zahlen bezeichnen jeweils die Auflage und das Jahr des Druckes.

Internetadresse: www.klett.de

Zeichnungen/Illustrationen: Hartmut Günthner, Stuttgart; Rolf Hungreder, Leinfelden; Sandra Oehler, SMP Oehler, Remseck
Umschlaggestaltung: Simone Glauner

Entstanden in Zusammenarbeit mit dem Projektteam des Verlags.

DTP/Satz: SMP Oehler, Remseck
Druck: W. Wirtz, Speyer

Printed in Germany

ISBN 3-12-720130-3

9 783127 201307

Inhalt

Stochastik

Vorwort

Von den Fragen, mit denen man sich als Mathematiklehrer/in konfrontiert sieht, sind die unausgesprochenen die schlimmsten. Mit solchen Fragen hat man es zu tun, wenn Schüler/innen nicht nur wissen wollen, was man wie zu tun hat, um eine Mathematikaufgabe zu lösen, sondern sich vielmehr im Stillen fragen, warum man so vorgeht, warum dieser oder jener sog. Satz überhaupt erwähnenswert ist, weshalb man einen bestimmten Begriff einführt, weshalb man ihn gerade so und nicht anders definiert. Solange es nur darum geht, Mathematik als logisch korrekt und nützlich darzustellen, kann man solche Fragen ignorieren. Sie sind aber nicht mehr zu überhören, wenn sich Mathematik als etwas Sinnvolles und Vernünftiges erweisen soll.

Das Buch will keine Didaktik oder gar Methodik des Mathematikunterrichts sein. Es verfolgt keine durchgehende Systematik, strebt nicht nach Vollständigkeit, und schon gar nicht will es die eine und einzige Wahrheit verkünden. Es befasst sich punktuell mit erfahrungsgemäß heiklen Stellen des Unterrichts und ist als Anregung gedacht, das zu Lehrende bei gegebenem Anlass nochmals zu überdenken. Mag dies beitragen zu verhindern, dass ein Schüler sich jahrelang nur mit der formalen Seite der Mathematik plagt, um diese (und mit ihr vielleicht die ganze Mathematik) danach möglichst schnell wieder zu vergessen.

Jeder Abschnitt ist in zwei Teile „Zum mathematischen Hintergrund" und „Zum Unterricht" gegliedert. Das schien notwendig, um eine einvernehmliche Sprachregelung zu haben und den zweiten Teil nicht mit störenden Sachinformationen zu belasten. Dadurch entstehen gelegentlich Wiederholungen; ich bitte, sie wohlwollend in Kauf zu nehmen. An Beispielen wurde nicht gespart, denn „Bruder Beispiel ist der beste Lehrmeister" (wie mittelalterliche Mönche zu sagen pflegten). – Das kleine Auftaktproblem zu Beginn eines Abschnitts will nicht mehr sein als ein Amusegueule.

Herrn Prof. Wilfried Haag, Stuttgart, gilt mein besonderer Dank; er hat mir mit zahlreichen Hinweisen und Anregungen sehr geholfen.

Tübingen, März 2005
August Schmid

Analysis

1 Funktionen

Die Beine eines Menschen haben i.Allg. eine geringfügig unterschiedliche Länge. Deshalb geht ein mit verbundenen Augen vermeintlich geradeaus Wandernder in Wahrheit, ohne dies zu merken, im Kreis.

Wovon hängt die Größe dieses Kreises ab? Kommt es darauf an, ob man große oder kleine Schritte macht, ob man schmalspurig oder breitspurig geht?

Ohne Gesetzmäßigkeit keine Voraussage

Im Alltag haben wir oft den Eindruck, dass gewisse Erscheinungen miteinander zu tun haben, z. B. die Schlafdauer und unser Leistungsvermögen am nächsten Tag, der Lichteinfall und das Wachstum einer Zimmerpflanze, usw. Meist sehen wir den Zusammenhang zwischen Ursache und Wirkung.
Ursache-Wirkungs-Zusammenhänge interessieren vor allem deshalb, weil sie uns instand setzen, *Voraussagen* zu treffen. Dies ist möglich, wenn eine *Gesetzmäßigkeit* erkennbar ist, die im Wechsel der Erscheinungen stets dieselbe bleibt. Sie ist Grundlage jeder Voraussage. Deshalb richtet sich das Interesse letztlich auf sie.
Oft handelt es sich um einen Zusammenhang zwischen messbaren Größen. Einer bestimmten Intensität der einen („verursachenden") Größe entspricht dann eine bestimmte Intensität der andern. Es kommt sogar vor, dass – wenn man die Intensität der ersten Größe kennt – sich jene der zweiten *berechnen* lässt. Die Gesetzmäßigkeit manifestiert sich dann in einem Term mit einer Variablen für die Intensitäten des Verursachers.

Term als Ausdruck einer Gesetzmäßigkeit

Ein solcher Term ist allerdings nur ein matter Abglanz der tatsächlichen Verhältnisse. Er stellt nur fest, *dass* zu jedem Wert der einen Intensität ein bestimmter Wert der andern gehört und welcher dies ist; er verschweigt, dass das Eine das Andere bewirkt, warum dies so ist und was sonst noch alles bewirkt wird.

Gesetzmäßigkeit als Zuordnung

Das ist jedoch nicht unbedingt ein Nachteil. Dieser Verzicht ermöglicht es nämlich, eine rechnerisch gefasste Gesetzmäßigkeit auf andere Fälle zu übertragen, in denen die erste Intensität nicht mehr die Rolle eines Verursachers spielt. So gehört z. B. bei einem Kreis zu jedem Umfang ein bestimmter Flächeninhalt, aber man wird nicht sagen können, dass der Umfang den Flächeninhalt „verursacht". Was bleibt, ist dies: Der Term steht stellvertretend für eine Gesetzmäßigkeit, die – aus irgendeinem Grunde und auf irgendeine Weise – jeder Zahl eine andere Zahl als Partner zuweist.

Zum mathematischen Hintergrund

Definition

Was ist eine Funktion?

Es seien A und B nichtleere Teilmengen von $\mathbb{R}$. Eine Vorschrift, die jedem Element von A *genau ein* Element von B zuweist, nennt man eine *Funktion* (oder eine *Abbildung*) von A nach B.

Lösung der Aufgabe am Kapitelanfang
Ist s die Schrittlänge des linken, s + d die des rechten Beins und b die Spurbreite, dann gilt für den Kreisradius r

$$r = \frac{s \cdot b}{d}.$$

Der Radius ist also proportional sowohl zu s als auch zu b und umgekehrt proportional zu d.

In dem Wort „Vorschrift" steckt eine gewisse Unklarheit. Sind z. B. die Vorschriften „x wird $\frac{1}{x-1} + \frac{1}{x+1}$ zugeordnet" und „x wird $\frac{2x}{x^2-1}$ zugeordnet" als gleich oder als verschieden anzusehen? Als *Rechen*vorschriften sind die zugeordneten Terme verschieden, als *Funktions*vorschriften sind sie gleich. Funktionsvorschriften gelten (bei vorgegebenem A und B) nur dann als verschieden, wenn es ein $x \in A$ gibt, dem sie nicht dieselbe Zahl aus B zuordnen.

Gleichheit von Funktionsvorschriften

Bemerkung:
Eine Funktion ist durch die Gesamtheit aller Paare

$(x \in A;$ zugeordnete Zahl $\in B)$

bereits vollständig bestimmt. Man kann – wenn es Gründe der Logik geboten erscheinen lassen – die Funktion geradezu mit dieser Teilmenge des kartesischen Produkts $A \times B$ identifizieren.

Funktion als Menge

Elementare Funktionen

Die sog. elementaren Funktionen zeichnen sich durch ihr Verhalten gegenüber den gewöhnlichen Rechenarten aus.

Elementare Funktionen als Homomorphismen

Bei einer *linearen Funktion* $f: x \mapsto m \cdot x$ gilt

$$f(x_1 + x_2) = f(x_1) + f(x_2).$$

Die Funktion ist ein Homomorphismus von $(\mathbb{R}; +)$ nach $(\mathbb{R}; +)$.
Für die *Potenzfunktionen* $f: x \mapsto x^n$ $(n \in \mathbb{N})$ gilt

$$f(x_1 \cdot x_2) = f(x_1) \cdot f(x_2).$$

Sie sind Homomorphismen von $(\mathbb{R}; \cdot)$ nach $(\mathbb{R}; \cdot)$.
Exponentialfunktionen $f: x \mapsto a^x$ $(a > 0)$ sind wegen

$$f(x_1 + x_2) = f(x_1) \cdot f(x_2)$$

Homomorphismen von $(\mathbb{R}; \cdot)$ nach $(\mathbb{R}; +)$ und *Logarithmusfunktionen* entsprechend Homomorphismen von $(R^+; \cdot)$ nach $(\mathbb{R}; +)$.
Auch die *trigonometrischen Funktionen* sin und cos kann man, wenn man einen kurzen Ausflug ins Komplexe nicht scheut, unter diesem Aspekt sehen. Für die Funktion f, die einer Zahl x der reellen Achse die komplexe Zahl $\cos x + i \cdot \sin x$ des Einheitskreises E zuordnet, gilt

$$f(x_1 + x_2) = f(x_1) \cdot f(x_2);$$

sie ist ein Homomorphismus von $(\mathbb{R}; +)$ nach $(E; \cdot)$. Die Beziehung

$$\cos(x_1 + x_2) + i \cdot \sin(x_1 + x_2) = [\cos(x_1)\cos(x_2) - \sin(x_1)\sin(x_2)] + i\,[\sin(x_1)\cos(x_2) + \cos(x_1)\sin(x_2)]$$

zeigt, dass er im Reellen durch die sog. Additionstheoreme von sin und cos zum Ausdruck kommt.
Die elementaren Funktionen sind nicht deswegen „elementar", weil sie bei Anwendungen besonders häufig auftreten; eher wird man sagen können, dass sie so oft auftreten, weil sie grundlegende Homomorphismen sind.

Zerlegen von Funktionen

Summe, Differenz, Produkt, Quotient und Verkettung von Funktionen

Viele Funktionsterme haben die Form $u(x) + v(x)$ oder $u(x) - v(x)$ oder $u(x) \cdot v(x)$ oder $u(x) : v(x)$ oder $u(v(x))$. Es ist dann naheliegend, anstelle der „Gesamtfunktion" f die Funktionen u und v zu betrachten sowie die spezielle Art und Weise, wie sie aus u und v hervorgeht. Man schreibt für f auch kurz $u + v$, $u - v$, $u \cdot v$, $\frac{u}{v}$ bzw. $u \circ v$. Der Gedanke, derart nach „Bausteinen" zu fragen, um mit ihrer Hilfe das „Ganze" besser zu verstehen, ist an vielen Stellen der Mathematik anzutreffen (angefangen bei der Frage nach Primzahlen in $\mathbb{N}$ bis zur Frage nach Untergruppen einer gegebenen Gruppe) und geradezu als eine ihrer gedanklichen Leitlinien zu verstehen. Die Reduktion verweist bei gegebener Art des Zerlegens auf gewisse nicht weiter zerlegbare „Grundbausteine".

Zerlegen als Strategie

Indem man sich komplizierte Funktionen aus einfacheren zusammengesetzt denkt, kann man oft aus Eigenschaften der Komponenten auf weniger offensichtliche der Zusammensetzung schließen. Den bekanntesten derartigen Fall haben wir in den Ableitungs- und Integrationsregeln vor uns.

Historisches

Die Ursprünge

Das Wort „Funktion" erscheint erstmals 1673 bei Gottfried Wilhelm Leibniz (1646–1716). Er nennt geometrische Größen, die im Zusammenhang mit einer vorgegebenen Kurve auftreten (z. B. Tangentenstücke, Subnormalen) „Funktionen" der Kurve. Die Abhängigkeit von x bringt er durch Großschreibweise X zum Ausdruck (wie das heute noch bei Zufallsvariablen üblich ist).

Erste Definition

Johann Bernoulli (1667–1748) nimmt die Anregung auf und gibt 1718 die erste Definition: *Funktion einer veränderlichen Größe nennt man eine Größe, die auf irgend eine Weise aus dieser veränderlichen Größe und Konstanten zusammengesetzt ist.* Damit ist das gemeint, was wir heute einen (algebraischen) Term nennen. Mit inbegriffen sind alle Eigenschaften, die solchen Funktionen zukommen (z. B. stetig, differenzierbar); von ihnen kann also noch keine Rede sein.

1747 erscheint der Begriff erstmals in einem mathematischen Lexikon.

Funktion als „analytischer Ausdruck"

Leonhard Euler (1707–1783), der die Entwicklung der Analysis im 18. Jh. wie kaum ein anderer beeinflusst hat, gebraucht den Begriff im Wesentlichen im angegebenen Sinne als sog. analytischen Ausdruck, wobei er allerdings auch Reihenbildungen zulässt. Die heutige Bezeichnung f(x) geht auf ihn zurück. In der 2. Hälfte des 18. Jahrhunderts bleibt der Bernoulli-Eulersche Funktionsbegriff maßgebend. Bereits Euler sieht sich jedoch hin und wieder genötigt, über ihn hinauszugehen. Physikalische Betrachtungen (gezupfte Saite) veranlassen ihn, auch „Funktionen" in Betracht zu ziehen, die in verschiedenen Teilen eines Intervalls durch verschiedene analytische Ausdrücke dargestellt werden. Er spricht dann von „irregulären" oder „nicht-stetigen" Funktionen.

Noch prekärer wird die Situation, als JEAN BAPTISTE JOSEF FOURIER (1768–1830) um 1807 zeigt, dass auch „ganz willkürliche Funktionen", deren Wertemengen keinerlei innere Gesetzmäßigkeit erkennen lassen, durch trigonometrische Reihen – also durch analytische Ausdrücke – dargestellt werden können. Er zeigt damit, dass ein analytischer Ausdruck keineswegs jene gesetzmäßige Verbundenheit der Funktionswerte garantiert, die man (von algebraischen Ausdrücken herkommend) erwartet.

Anlass der Begriffserweiterung

Aus diesem Widerspruch zwischen der Auffassung einer Funktion als analytischer Ausdruck und der Vorstellung von gewohnten Eigenschaften zieht PETER GUSTAV LEJEUNE-DIRICHLET (1805–1859) eine radikale Konsequenz. Er verzichtet sowohl auf den analytischen Ausdruck als auch auf jene Vorstellung und begnügt sich mit dem, was dann noch übrig bleibt: *Eine Funktion heißt y von x, wenn jedem Wert der veränderlichen Größe x innerhalb eines gewissen Intervalls ein bestimmter Wert von y entspricht; gleichviel, ob y in dem ganzen Intervall nach demselben Gesetz von x abhängt oder nicht, ob die Abhängigkeit durch mathematische Operationen ausgedrückt werden kann oder nicht.* Das beinhaltet eine enorme Verallgemeinerung und den Verzicht auf gewohnte und bewährte Vorstellungen. Manchen Zeitgenossen fällt dieser Verzicht schwer. Eine Funktion ist danach nicht mehr von Haus aus, sozusagen ihrer Natur nach, z. B. stetig und differenzierbar. Vielmehr treten solche Eigenschaften durch diese Neufassung des Funktionsbegriffs als Besonderheiten mancher Funktionen erst ins Blickfeld.

Funktion als bloße Zuordnung

Im Wesentlichen wird dieser DIRICHLETsche Funktionsbegriff in der mathematischen Praxis heute noch verwendet, wobei als Definitionsmengen allerdings nicht nur Intervalle, sondern beliebige (nichtleere) Teilmengen von IR zugelassen sind.

Funktionsbegriff heute

Im Zusammenhang mit den Bemühungen um eine Neubegründung der Mathematik auf der Basis des Mengenbegriffs durch BOURBAKI (etwa seit 1930) erfährt auch der Funktionsbegriff eine Modifikation im Hinblick auf eine logisch befriedigendere Fassung. Danach ist eine Funktion nichts anderes als eine spezielle (nämlich linkstotale und rechtseindeutige) Relation zwischen der Definitionsmenge A und der Zielmenge B, also eine Teilmenge von $A \times B$.

Funktion als Menge

Im Verlauf der Entwicklung des Funktionsbegriffs tritt die ursprünglich mit dem Begriff verbundene Intention der Arithmetisierung einer *gesetzmäßigen Abhängigkeit* mehr und mehr zurück zugunsten des Gedankens der reinen Zuordnung. Diesem Nachteil steht der Vorteil größerer Allgemeinheit und gedanklichen Klarheit gegenüber. Bei all dem darf man nicht übersehen, dass in der 1. Hälfte des 19. Jahrunderts der Begriff der reellen Zahl noch keineswegs geklärt ist, sondern die Bemühungen um eine Arithmetisierung des Kontinuums untrennbar mit der Entwicklung eines angemessenen Funktionsbegriffs verwoben sind.

Von der Abhängigkeit zur Zuordnung

Zum Unterricht

Generelle unterrichtliche Probleme

Allgemeinheit des Funktionsbegriffs

Gemessen an den Bedürfnissen der Schule ist der DIRICHLETsche Funktionsbegriff *zu allgemein*. Natürlich kann man leicht Beispiele von Funktionen angeben, die nicht durch einen Term vermittelt werden. Aber es ist keine für den Schüler einsehbare Notwendigkeit zu erkennen, die Termvorstellung aufzugeben. So wird dem Schüler – wie so oft in der Schulmathematik – im Grunde eine verfrühte Begriffsbildung aufgezwungen. Andererseits werden Eigenschaften wie stetig, differenzierbar oder integrierbar eigentlich erst vor dem Hintergrund dieser Allgemeinheit interessant.

Funktion als Oberbegriff

Der Schüler hat längst mit Funktionen zu tun gehabt. Das verführt dazu, eine Vielzahl passender *Beispiele* aus diesem Repertoire zusammenzustellen und nach Gemeinsamkeiten zu fragen. Ein solches Vorgehen wird auch an anderer Stelle (Gruppe, Vektorraum) gerne praktiziert; man nimmt sozusagen das Abstrahieren wörtlich. Es steht außer Frage, dass man so vorgehen kann. Es ist jedoch zu bedenken, dass dabei lediglich konkrete Einzelfälle unter einen Oberbegriff subsummiert werden. Für den Schüler besteht dazu zunächst kein Anlass. Er vermag nicht zu erkennen, weshalb dies sinnvoll ist. (Diese Frage stellt sich insbesondere angesichts scheinbar besonders einfacher, in Wahrheit wegen ihrer Trivialität besonders schwer zu begreifender Beispiele.) Wenn mehrere konkrete Fälle gleich geartet sind, dann heißt das noch lange nicht, dass diese Struktur mathematisch bedeutsam ist.

Unanschaulichkeit des Funktionsbegriffs

Funktionen sind für den Schüler zunächst keine Objekte, sondern Beziehungen. Als solche sind sie *weniger anschaulich* als jene. Dem Lernenden sind Funktionswerte näher als Funktionen. Er neigt deshalb dazu, die Funktion mit dem Funktionsterm zu identifizieren. Das hält ihn von der eigentlichen Begriffsbildung ab. Versucht man, dem durch Erörterungen über den Gleichheitsbegriff bei Funktionen entgegenzuwirken, dann handelt man sich die Frage ein, *weshalb* denn in der Mathematik der von x zu f(x) führende Vorgang gänzlich außer Acht bleibt.

Versuch einer Veranschaulichung

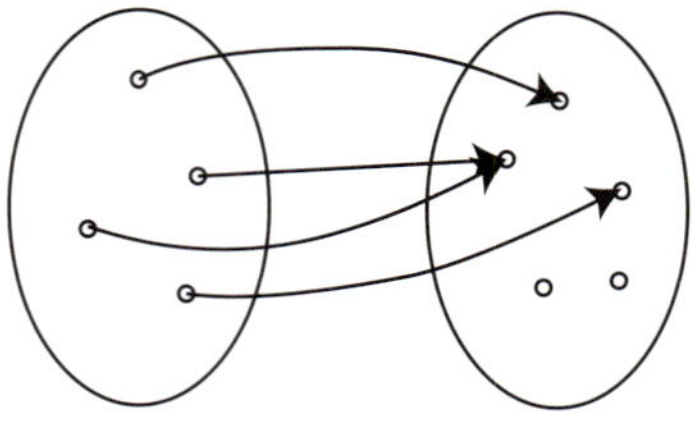

Die *Veranschaulichung* von Funktionen durch sog. Mengenbilder ist zu simpel-abstrakt, um eine echte Hilfe zu sein. Die (vom Mathematiker längst verinnerlichte) Veranschaulichung in einem Koordinatensystem aber ist keineswegs so problemlos, wie man vielleicht glauben mag. Man kann sich unschwer davon überzeugen, wenn z. B. Schaubilder von Funktionen im Hinblick auf einen realen Bezug zu interpretieren sind.

Die Begriffsbildung

Nicht nur Mathematiker, sondern auch Nichtmathematiker (und gerade sie) nehmen *Grafiken* zu Hilfe, um vor Augen zu führen, wie sich die Änderung einer Größe auf eine andere Größe auswirkt. In der Zeitung und im Fernsehen sind solche Grafiken anzutreffen, in Betriebsanleitungen für Maschinen ebenso wie in volkswirtschaftlichen und medizinischen Berichten.

Rückgriff auf Bekanntes

Manchmal ist die Veränderung einer Größe die *Ursache* dafür, dass sich eine andere ebenfalls ändert. In einem Dampfkochtopf verursacht eine höhere Temperatur einen höheren Druck. Man sagt auch „Der Druck ist *abhängig von* der Temperatur" oder „Der Druck ist eine *Funktion* (i. S. von Auswirkung) der Temperatur". Die Beziehung zwischen Temperatur und Druck ist von der Ursache zur Wirkung *gerichtet*. Bei einer Grafik zur Bevölkerungsentwicklung kann man nicht mehr sagen, dass die Jahreszahl den Bevölkerungsstand „verursacht". Aber es liegt nahe, die Ausdrucksweise beizubehalten.

Ursache-Wirkung

Die Sprechweise „... ist eine Funktion von ..."

Jahreszahl	Bevölkerungsstand
2003	50 Mio
„Argument"	*„Funktionswert"*
x	$f(x)$

Argument Funktionswert

Bei Verwendung des Verbs *zuordnen* ist Vorsicht am Platze geboten; es gehört nicht zum gängigen Wortschatz des Schülers. Wenn wir einem Buch eine Signatur „zuordnen", dann stellt sich der Schüler wohl eher vor, dass ein Zettel aufgeklebt, also die Signatur dem Buch zugeordnet wird.

zuordnen

Eine vorgelegte Grafik zeigt nicht, wie man zu den veranschaulichten Daten gelangt. Man kann anhand der Grafik nicht verfolgen, *wie* die Funktionswerte aus ihren Argumenten hervorgehen, ob durch Zählen, Messen oder sonst wie. Die Grafik zeigt lediglich, *dass* sie aus irgendeinem Grunde zu diesen gehören. Unter Umständen kann man die Funktionswerte mit Hilfe eines Terms berechnen. Das ist jedoch nicht immer so.

Beispiel: (Runden auf ganze Zahlen)
Beim Runden auf ganze Zahlen wird jeder positiven reellen Zahl eine ganze Zahl zugewiesen. Dabei ist z. B. $f(2{,}6) = 3$; $f(0{,}5) = 1$; $f(\sqrt{3}) = 2$; $f(8) = 8$, usw.

Funktionswerte, aber kein Term

In diesem Beispiel werden die Funktionswerte *nicht* (mit Hilfe eines Terms) *berechnet*. Die Rundungsregel ist jedoch so eindeutig, dass man den Funktionswert in jedem Fall zweifelsfrei finden kann. Und nur darauf kommt es an. Dagegen wäre „Ersetze die gegebene Zahl durch die nächstgelegene ganze Zahl" eine schlechte Rundungsregel; sie lässt offen, wie z. B. 1,5 zu runden ist. Wir müssen also präzisieren: Zu jeder Zahl aus einer Menge A kann man eine *eindeutig bestimmte* Zahl aus einer Menge B (als Funktionswert) angeben.

Eindeutigkeit der Funktionswerte

Aber auch jetzt sind noch nicht alle Fragen geklärt.

Beispiel: (Primzahlen als Funktionswerte)
Wir weisen jeder natürlichen Zahl die nächstgrößere Primzahl zu; es ist $f(1) = 2$; $f(2) = 3$; $f(3) = 5$; $f(4) = 5$; usw.

Übergang zur bloßen Zuordnung

Bei der Zuordnungsvorschrift des Beispiels gehört zu jeder natürlichen Zahl eine bestimmte Primzahl, denn es gibt deren unendlich viele. Eine natürliche Zahl kann jedoch so groß sein, dass bis heute noch niemand die zugehörige Primzahl gefunden hat. In solchen Fällen müssen wir uns damit begnügen, dass es den Funktionswert gibt – auch wenn wir ihn nicht direkt angeben können. Was bleibt, ist dies: Jeder Zahl einer Menge A ist aus irgendeinem Grunde eine einzige andere Zahl *zugewiesen.*
Des weiteren ist zu beachten, dass *unterschiedliche* Zuordnungsvorschriften zu den *gleichen* Funktionswerten führen können.

Verschiedene Vorschriften – dieselbe Funktion

Beispiel: (Verschiedene Vorschriften, die dasselbe „leisten")
1. Vorschrift: Quadriere sowohl den Vorgänger als auch den Nachfolger einer natürlichen Zahl; bilde die Summe beider Quadrate. – Es ist z. B. $f(3) = 20$; $f(10) = 202$; usw.
2. Vorschrift: Verdopple den Nachfolger des Quadrates einer natürlichen Zahl. – Obwohl diese Vorschrift etwas anderes zu tun verlangt, ist wieder $f(3) = 20$; $f(10) = 202$; usw.

Funktion als Beziehung

Solange uns nur interessiert, *welcher* Funktionswert zugewiesen ist, braucht uns das nicht zu kümmern. Worauf es letztlich ankommt, ist dies: *Jedem Element $x \in A$ ist (aus irgendeinem Grunde) ein einziges Element $f(x) \in B$ als Funktionswert zugewiesen.*

Was veranlasst die Begriffsbildung?

Wurzeln des Funktionsbegriffs

Die Wurzeln des Funktionsbegriffs wird man in dem Bemühen sehen müssen, gesetzmäßige Abhängigkeiten rechnerisch zu erfassen, wie man das z. B. aus der Physik kennt. Es ist jedoch nicht zu übersehen, dass man sich dort kaum explizit auf den mathematischen Funktionsbegriff bezieht und auch die zugehörige exakte Schreib- und Sprechweise selten verwendet. Das ist verständlich. Wenn man für die interessierende Größe einen Rechenausdruck hat, dann liefert dieser alles Wünschenswerte, man braucht dann keinen Funktionsbegriff.

Wann braucht man eine Definition?

Das ist anders, wenn man die Funktionswerte nicht mehr mittels eines Terms „in der Hand" hat. Es kommt vor, dass man sie nicht direkt angeben kann, sondern nur weiß, *dass* es zu jedem $x \in A$ einen Funktionswert gibt. Erst in solchen Fällen kommt die mathematische Definition zum Zug und man kommt nicht mehr umhin, die Schreibweise $f(x)$ zu verwenden.

Beispiel: (Funktion ohne Funktionsterm)
Die natürlichen Zahlen $\leq n$ ergeben die Summe $f(n) = \frac{n(n+1)}{2}$; in diesem Fall liefert ein Term die Funktionswerte. Summiert man stattdessen nur die Primzahlen $\leq n$, so erhält man zwar auch zu jedem n einen Funktionswert $f(n)$ (z. B. ist $f(4) = 5$; $f(20) = 77$), aber $f(n)$ lässt sich nicht mehr als Term darstellen.

In solchen Fällen, in denen man die Funktionswerte nicht mehr berechnen, ablesen oder sonstwie direkt angeben kann, tritt noch ein weiteres Problem auf. Man muss sicherstellen

Existenz und Eindeutigkeit des Funktionswertes

a) dass es überhaupt einen Funktionswert gibt
b) dass dieser eindeutig bestimmt ist.

Die Frage der *Existenz* und *Eindeutigkeit* stellt sich vor allem dann, wenn die Funktionswerte nur mittels eines Grenzprozesses fassbar sind.

Beispiel: (Aus dem Alltag)
a) Existenz fraglich
Bei einer Großsportveranstaltung erhält jeder Marathonläufer eine Startnummer. Am Ziel ist in einer Liste zur jeweiligen Startnummer die gestoppte Zeit einzutragen. Hier kann man nicht von vorneherein von einer Funktion (mit den Startnummern als Argumente) sprechen, weil häufig einige Läufer unterwegs aufgeben.
b) Keine Eindeutigkeit
Die Anzahl der auf den Monat Mai eines Jahres entfallenden Sonntage ist nicht eindeutig bestimmt.

Beispiel: (Aus der Mathematik)
a) „Primzahlzwillinge" nennt man Zahlenpaare wie (3; 5) oder (11; 13), allg. $(p; p + 2)$, bei denen sowohl p als auch $p + 2$ eine Primzahl ist. Notiert man nun zu $n \in N$ die Primzahl p des nächstgrößeren Primzahlzwillings, dann erhält man z. B. für 1 die Primzahl 3, für 10 die 11, für 17 die 29 usw. Es ist jedoch nicht sicher, ob derart zu *jedem* $n \in N$ eine Zahl p gehört. Bis heute weiß man nämlich nicht, ob es unendlich viele Primzahlzwillinge gibt.
b) Bei der Gleichung $2^x = x + c$ kann man nicht von der zu einem Wert von c gehörenden Lösung sprechen (und damit jedem c eine Lösung zuweisen). Die Gleichung hat nämlich für gewisse Werte von c zwei, für andere gar keine Lösung.

Weshalb sind Existenz und Eindeutigkeit des Funktionswertes wichtig? Was passiert, wenn man irrtümlich (denn man sieht das nicht in jedem Fall ohne weiteres) von der Existenz bzw. Eindeutigkeit ausgeht, obwohl diese in Wahrheit nicht gegeben ist?

Auf die Forderung kann man nicht verzichten

Beispiel: (Frage der Existenz und Eindeutigkeit)
a) Nichtexistenz
Man kann wider besseres Wissen von „der größten rationalen Zahl $g < \sqrt{2}$" sprechen. Es ist dann $\sqrt{2} - g > 0$ und es gibt ein $n \in N$ mit $\sqrt{2} - g > \frac{1}{n}$. Da $g + \frac{1}{n}$ ebenfalls rational und $> g$, aber $< \sqrt{2}$, ist, wird man auf einen *Widerspruch* geführt.
b) Mehrdeutigkeit
Für $n \in N$ sei $f(n)$ „die am nächsten bei n gelegene Primzahl", es ist dann z. B. $f(22) = 23$; $f(23) = 23$; $f(24) = 23$. Sagt man nun (vordergründig einleuchtend): „Wenn n selbst keine Primzahl ist, dann ist entweder $f(n) > n$ oder $f(n) < n$", so ist dies z. B. für $n = 22$ oder $n = 24$ wahr, im Falle $n = 4$ aber weder wahr noch falsch; die Bezeichnung $f(4)$ ist mehrdeutig und damit in Wahrheit eine *Variable*, weder $f(4) > 4$ noch $f(4) < 4$ ist eine Aussage.

Inhalt der Definition des Funktionsbegriffs

Das letzte Beispiel wirft ein bezeichnendes Licht auf die *Definition des Funktionsbegriffs* mit ihrer Betonung von Existenz und Eindeutigkeit des Funktionswertes. Sie will garantieren, dass man über $f(x)$ auch dann sprechen und mit f(x) auch dann rechnen kann, wenn f(x) nicht anders als in der Form „zu x gehörend" vorhanden ist.

Vom Sinn des Funktionsbegriffs

Wozu sind Funktionen gut?

Die Definition einer Funktion als reine Zuordnung ist angetan, den eigentlichen Sinn des Begriffs (zugunsten der Logik) zu verschleiern. Es geht darum, Näheres über die Funktionswerte zu erfahren. Das ist bei bloßer Zuordnung ohne alles Weitere nicht möglich. Es ist nur möglich, wenn man neben Eigenschaften der Definitionsmenge auch Eigenschaften der Funktion in Betracht zieht. Mit Hilfe des Funktionsbegriffs gelingt es, aus Eigenschaften der Definitionsmenge und Eigenschaften der Funktion Näheres über Funktionswerte zu erfahren.

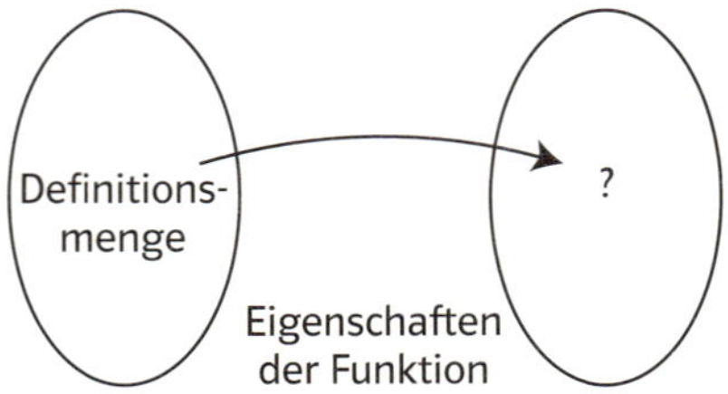

Beispiel: (Funktionales Schließen)
a) In der Geometrie kann man mittels Winkeltreue der Ähnlichkeitsabbildungen von den Winkeln einer Figur auf die Winkel der Bildfigur schließen.
b) In der Analysis schließt man von der Kompaktheit der Definitionsmenge mittels der Stetigkeit einer Funktion auf die Existenz eines Maximums.

Was sind „Eigenschaften einer Funktion"?

Von den vielfältigen *Eigenschaften einer Funktion*, die in diesem Zusammenhang eine Rolle spielen, sind zwei Typen besonders wichtig.

Eine Funktion kann so geartet sein, dass sie *Rechenoperationen* in der Definitionsmenge A auf die Wertemenge „überträgt", indem z.B. für alle $x_1, x_2 \in A$ gilt: $f(x_1 + x_2) = f(x_1) + f(x_2)$. Man sagt dann, f sei verknüpfungstreu oder homomorph (in diesem Fall bez. +). Aufgrund dieser Eigenschaft ist es möglich, aus $f(x_1)$ und $f(x_2)$ den neuen Funktionswert $f(x_1 + x_2)$ zu *berechnen*. Die einfachste Form dieser Art des Schließens haben wir im sog. Dreisatzrechnen vor uns. – Ein anderer Ansatz benutzt *infinitesimale* Eigenschaften einer Funktion wie Stetigkeit oder Differenzierbarkeit. Je mehr lokale Informationen vorhanden sind, desto weitergehende Schlüsse sind möglich.

Beispiel: (Schließen von f(a) auf benachbarte Funktionswerte)
Ist außer f(a) nichts weiter bekannt, dann lässt sich über f(x) mit $x \neq a$ nichts aussagen.
Ist die Funktion an der Stelle a stetig und f(a) positiv, dann gibt es eine Umgebung von a, in der *alle* Funktionswerte positiv sind.
Ist die Funktion an der Stelle a sogar differenzierbar und $f'(a) > 0$, dann gibt es eine Umgebung von a, in der gilt: $f(x) > f(a)$ für $x > a$ und $f(x) < f(a)$ für $x < a$.

Bemerkung: In Verfolgung dieses Gedankenganges gelangt man schließlich zu dem überraschenden Ergebnis, dass gewisse (sog. reell-analytische) Funktionen wie z. B. exp oder sin durch einen einzigen Funktionswert und alle Ableitungen an der betreffenden Stelle *in ihrem gesamten Verlauf* bereits vollständig bestimmt sind.

Schreib- und Sprechweise

Bezeichnung für eine Funktion

Die Verwendung einer (über die Bezeichnung der Funktionswerte hinausgehenden) Bezeichnung für die Funktion selbst setzt voraus, dass der Gleichheitsbegriff bei Funktionen geklärt ist. Da Funktionen nur dann als verschieden angesehen werden, wenn sie in mindestens einem Paar (Argument; Funktionswert dieses Arguments) nicht übereinstimmen, sollte eine Bezeichnung eigentlich sowohl Definitions- und Zielmenge als auch die Zuordnungsvorschrift zum Ausdruck bringen. So ist z. B. durch

$$\begin{cases} [0;1] \to \mathbb{R} \\ x \mapsto x^2 \end{cases}$$

eine Funktion vollständig bezeichnet. Soll für sie im weiteren kurz „f " geschrieben werden, dann kann man dies durch

$$f:=\begin{cases} [0;1] \to \mathbb{R} \\ x \mapsto x^2 \end{cases}$$

Bezeichnungen für spezielle Funktionen

zum Ausdruck bringen. – Einige Funktionen haben Eigennamen wie z. B. sin, cos, exp, ln.
Streng genommen sind die „Quadratfunktion auf [0; 1]" und die „Quadratfunktion auf $\mathbb{R}$" verschiedene Funktionen. Eine solch diffizile (wenn auch manchmal vielleicht nötige) Unterscheidung geht i. Allg. zu weit. Meist bestehen hinsichtlich Definitions- und Zielmenge keine Zweifel, so dass

Kurzform

$$x \mapsto f(x) \qquad (\text{z. B. } x \mapsto \sqrt{x})$$

als Name für eine Funktion dienen kann. Natürlich bedeuten dabei $x \mapsto \sqrt{x}$ und $t \mapsto \sqrt{t}$ dieselbe Funktion, da sie zu denselben Paaren führen. Diese Kurzform ist insofern immer noch unpraktisch, als man später auch bei konkreten Funktionen die allgemeinen Bezeichnungen $f(x)$, $f'(x)$ usw. verwenden möchte. Um dann deutlich zu machen, welche Funktion mit f gemeint ist, schreibt man z. B. statt $f := (x \mapsto \sqrt{x})$ kurz

Modifikation in der Praxis

$$f: x \mapsto \sqrt{x}$$

und hat dann $f(x) = \sqrt{x}$, $f'(x) = \frac{1}{2\sqrt{x}}$ usw. Das bringt den (im Unterricht nicht unerheblichen) Vorteil, dass man im weiteren auf den Pfeil verzichten und stattdessen mit dem Gleichheitszeichen operieren kann.

Die Schreibweise „f(x) = ..."

Oft genügt es sogar, nur den Funktionsterm $f(x)$ anzugeben. Allerdings wird man dann statt von „der Funktion $f(x)$" besser z. B. von „der Funktion f mit $f(x) = \dots$" reden. Außerdem ist zu beachten, dass z. B. $f(x) = \sqrt{x}$ *keine Gleichung* (Bedingung) ist, sondern nur sagt, wie der Funktionsterm aussieht. Daran ändert sich auch nichts, wenn man y statt $f(x)$ schreibt und die Funktion durch $y = f(x)$ angibt. Man geht dann stillschweigend davon aus, dass der Leser y als $f(x)$ interpretiert und demgemäß $y = f(x)$ *nicht* als Gleichung auffasst. Tut er dies dennoch – und er wird es wahrscheinlich tun, wenn man gleichzeitig von einer *„Funktionsgleichung“* spricht –, dann ist y eine von x unabhängige Variable und $y = f(x)$ eine Gleichung in zwei Variablen, welche den Graph von f als Kurve beschreibt. Um der gedanklichen Klarheit willen sollte man Funktionen besser nicht in der Form $y = f(x)$ schreiben und auch nicht von einer „Funktionsgleichung“ reden.

Veranschaulichung

Unterschied Kurve – Schaubild einer Funktion

Wenn man eine Funktion durch eine Kurve in einem Koordinatensystem veranschaulicht, dann ist zu beachten, dass erst die *Kurve zusammen mit dem Koordinatensystem* über die Funktion anschaulich Auskunft gibt. Die Kurve als solche dagegen ist ein *geometrisches* Objekt und vom Koordinatensystem unabhängig. Der Unterschied tritt bereits zutage, wenn es darum geht, die Achsen zu beschriften. Als *Kurve* ist das Schaubild bezüglich eines Koordinatensystems durch eine Gleichung $y = f(x)$ in zwei unabhängigen Variablen gegeben, als *Schaubild einer Funktion* durch die Zuordnungsvorschrift $x \mapsto f(x)$. Daran ändert sich auch nichts, wenn man die Zuordnungsvorschrift in der Kurzform $f(x) = \ldots$ angibt; das Gleichheitszeichen gebiert keine Gleichung. Bei der Darstellung einer Kurve wird man an die Koordinatenachsen x und y schreiben, bei der Veranschaulichung einer Funktion besser x und f(x).

Unklarheiten der mathematischen Alltagssprache

Auch beim *Reden* über das Schaubild geraten die beiden Auffassungen – fast unvermeidlich – leicht durcheinander. Eine Formulierung lässt nicht immer ohne weiteres und zweifelsfrei erkennen, ob das Schaubild einer Funktion oder ein geometrisches Gebilde gemeint ist. Schüler neigen dann dazu, dem Auge zu folgen und an der Kurve haften zu bleiben.

Beispiel: (Schaubild einer Funktion – Kurve)

a) Fragen an ein Schaubild
- Für welche x-Werte sind die Funktionswerte positiv?
- Wo hat die Funktion ein Maximum? Wie groß ist es?
- In welchem Bereich sind die Funktionswerte kleiner als die Argumentwerte?

b) Fragen an eine Kurve
- Ist die Kurve symmetrisch?
- Ist die Kurve ein Kreis?
- Hat die Kurve einen Wendepunkt?
- Ist die Gerade g Tangente?
- Wie lang ist der Kurvenbogen zwischen P und Q?

Auch Unklarheiten haben ihre Gründe

Es ist fast unumgänglich, sowohl Äußerungen zur Funktion als auch solche zur Geometrie der Kurve *auf das Koordinatensystem bezogen* zu formulieren. Wir fragen z. B. „Wo schneidet das Schaubild die x-Achse?“ oder „Welchen Inhalt hat die Fläche, die das Schaubild mit der 1. Winkelhalbierenden einschließt?“. Ebenso sprechen wir von einem „Hochpunkt“ und einer „waagrechten Tangente“, wo ein Maximum gemeint ist (die Differentialgeometrie kennt weder Hochpunkte noch waagrechte Tangenten). Es dürfte ratsam sein, gelegentlich den Sachverhalt zu klären und auf *bewussten Sprachgebrauch* zu achten.

Analysis

2 Grenzwerte

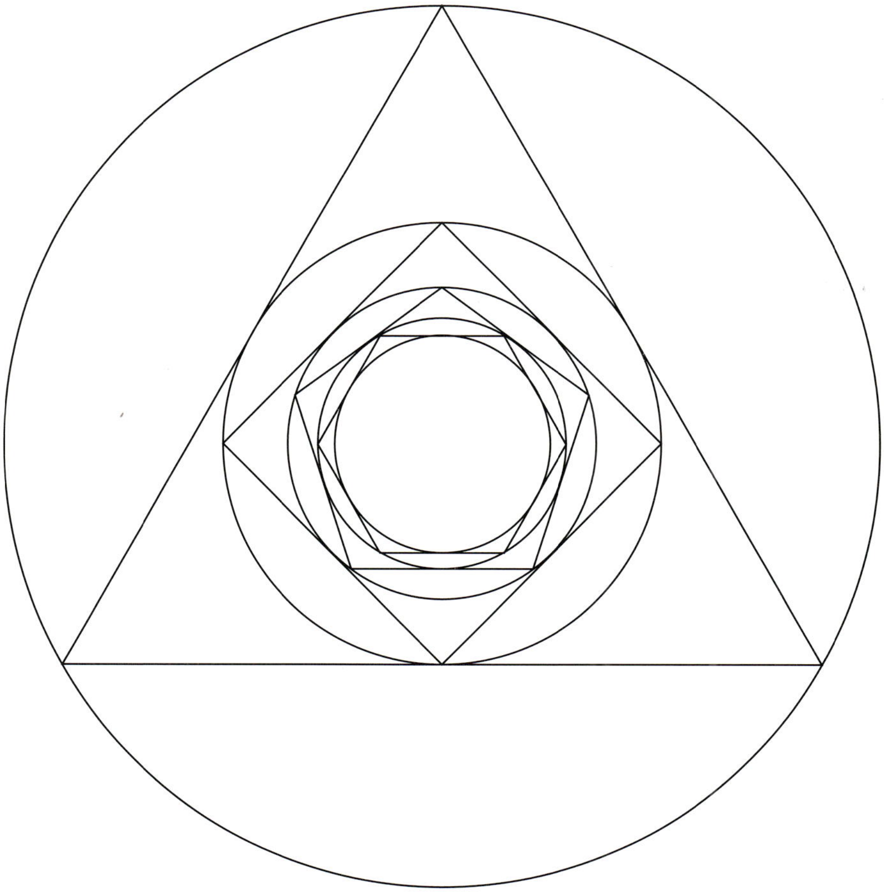

Einem Kreis K_1 wird ein *regelmäßiges* Dreieck einbeschrieben, diesem ein Kreis K_2, sodann K_2 ein *regelmäßiges Viereck*, usw.

Ziehen sich die Vielecke auf einen Punkt zusammen?

Der Grenzwertbegriff gilt zu Recht als grundlegend für die Analysis und typisch für ihre Denkweise. Ursprünglich geht es um Fragen wie:

- Ist der Kreis ein regelmäßiges Vieleck mit *unendlich* vielen Ecken?
- Wie sieht eine unendlich kurze Strecke aus?
- Was meint die Redeweise „Es gibt *unendlich* viele Primzahlen" ?
- Muss eine Quelle, die von Jahr zu Jahr schwächer sprudelt, *irgendwann* versiegen ?

Derartige Fragen, die im bisherigen Unterricht etwas in Misskredit standen, gilt es zu präzisieren und zu beantworten.

Zum mathematischen Hintergrund

Definition

Grenzwert einer Zahlenfolge

Eine Zahl g nennt man *Grenzwert einer Zahlenfolge* (x_n), wenn für jede noch so kleine Zahl $\varepsilon > 0$ von einem Folgenglied x_N an für alle darauf noch folgenden Glieder (also für alle Glieder x_n mit $n > N$) gilt: $|x_n - g| < \varepsilon$.
Man schreibt für diesen Sachverhalt kurz

$$x_n \to g \text{ für } n \to \infty \text{ oder } \lim_{n\to\infty} x_n = g.$$

Grenzwert einer Funktion

Es sei eine Funktion f gegeben. Ihre Definitionsmenge sei D und a eine Häufungszahl von D (d.h. in jeder noch so kleinen Umgebung der Zahl a, die evtl. selbst gar nicht zu D gehört, gibt es Argumentwerte $x \in D$). Dann nennt man eine Zahl g *Grenzwert der Funktion f an der Stelle a*, wenn es zu jedem $\varepsilon > 0$ ein $\delta > 0$ gibt derart, dass für alle $x \in D$ mit $|x - a| < \delta$ gilt: $|f(x) - g| < \varepsilon$.
Man schreibt dann kurz

$$f(x) \to g \text{ für } x \to a \text{ oder } \lim_{x\to a} f(x) = g.$$

Folgendefinition

Der Grenzwert bei Funktionen lässt sich auf jenen bei Folgen zurückführen. Hat für *jede* gegen a strebende Folge (x_n) von Argumentwerten die Folge $(f(x_n))$ der zugehörigen Funktionswerte einen Grenzwert, dann muss dies zwangsläufig für alle Folgen (x_n) *dieselbe* Zahl sein; sie ist der Grenzwert von f für $x \to a$.

Grenzwertsätze

Sie ermöglichen, unbekannte Grenzwerte (nicht zuletzt viele Ableitungen und Integrale) aus bereits bekannten Grenzwerten durch gewöhnliches *algebraisches Rechnen* – also ohne erneute Infinitesimalbetrachtung, durch

Lösung der Aufgabe am Kapitelanfang
Nein!
In der Mitte tritt immer deutlicher ein Kreis zutage.
Sein Radius beträgt etwa $\frac{1}{12}$ des Originalradius.

Operieren im Endlichen – zu bestimmen. Die dadurch erreichte Erleichterung ist nicht hoch genug einzuschätzen; ohne sie wäre die Infinitesimalrechnung nicht das, was sie ist.

Die Sätze basieren auf der Idee, eine gegebene Funktion f nach Möglichkeit als Summe, Differenz, Produkt, Quotient oder Verkettung einfacherer Funktionen u und v aufzufassen. Ein Grenzwert von f lässt sich dann häufig mittels +, −, ·, : aus Grenzwerten von u und v berechnen. Im Einzelnen:

Rechnen mit Grenzwerten

Hat für $x \to a$ die Funktion u den Grenzwert α und die Funktion v den Grenzwert β, dann haben für $x \to a$ auch die Funktionen $u+v$, $u-v$, $u \cdot v$, $\frac{u}{v}$ (wenn im letzten Fall $\beta \neq 0$ ist) einen Grenzwert und dieser ist $\alpha+\beta$, $\alpha-\beta$, $\alpha \cdot \beta$, $\frac{\alpha}{\beta}$. Verkettung $u \circ v$: Gilt $v(x) \to \beta$ für $x \to a$ und $u(x) \to \gamma$ für $x \to \beta$, dann hat für $x \to a$ auch $u \circ v$: $x \mapsto u(v(x))$ einen Grenzwert und dieser ist γ.

Bemerkung: Solches „Rechnen mit Grenzwerten" macht verständlich, weshalb man bei uns von Infinitesimal*rechnung* und in angelsächsischen Ländern von *calculus* spricht.

Historisches

Antike

Exhaustionsmethode bei Archimedes

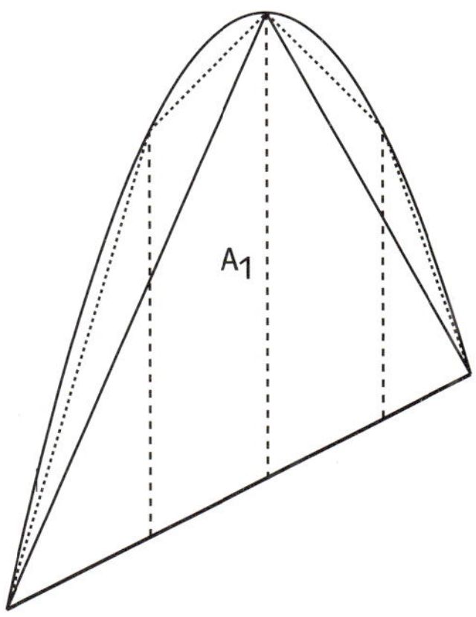

Die Antike kennt keinen Grenzwertbegriff. Die Griechen versuchen, jede Argumentation mit dem Unendlichen zu vermeiden. Dies gilt auch für ARCHIMEDES (287 – 212) und seine sog. Exhaustionsmethode.

Dabei wird zwar z. B. die Fläche eines Parabelsegments durch einbeschriebene Dreiecke „ausgeschöpft", aber sein Flächeninhalt A wird nicht als Grenzwert ermittelt. Vielmehr werden endliche Dreieckssummen $A_1 + A_2 + \ldots + A_n = S_n$ betrachtet. Eine solche Summe kann, so wird gezeigt, weder kleiner noch größer sein als $\frac{4}{3}A_1$ (auf diesen vermuteten Wert führen Überlegungen zum Hebelgesetz). Daraus wird $A = \frac{4}{3}A_1$ gefolgert.

Noch viele Jahrhunderte hindurch gilt diese finite Art des Schließens „nach Art der Alten" als vorbildlich, das Argumentieren mit dem Unendlichen als anrüchig.

Wurzeln des „Grenzwertes"

ISAAK NEWTON (1642 – 1727) versucht, diese Denkweise zu überwinden, erreicht aber, was den Grenzwertbegriff angeht, noch keine endgültige Klarheit. Er betrachtet eine sich mit der Zeit ändernde Größe und das Verhältnis ihrer Veränderung zu der dabei verstrichenen Zeit; dazu schreibt er:

... Das letzte Verhältnis, mit dem eine Größe verschwindet, ist in Wirklichkeit nicht das Verhältnis letzter Größen, sondern eine Grenze, der sich die Ver-

hältnisse einer unbegrenzt abnehmenden Größe ständig nähern und der sie näher kommen als irgend ein vorgegebener Unterschied, welche sie jedoch niemals überschreiten und auch nicht erreichen, bis die Größen unendlich klein geworden sind ...

Suche nach einem neuen Begriff

Als Erster weist JAMES GREGORY (1638–1675) darauf hin, dass eine neuartige Operation (die wir heute Grenzübergang nennen) erforderlich ist, und JEAN BAPTISTE LE ROND D'ALEMBERT (1717–1783) erkennt, dass es eines neuen Begriffs bedarf. Er beschreibt ihn so:

Erste Definition

Eine Größe heißt Grenzwert einer andern Größe, wenn sich die zweite der ersteren beliebig nähern kann.

Der Grenzwert als Grundbegriff der Analysis

Ernsthafte Verwendung findet der Grenzwertbegriff dann bei BERNHARD BOLZANO (1781–1848). Der erste auf dem Grenzwertbegriff basierende Aufbau der Analysis stammt von AUGUSTIN-LOUIS CAUCHY (1789–1857) (wobei zu beachten ist, dass zu seiner Zeit der Begriff der reellen Zahl noch keineswegs geklärt ist). Die heutige ε-Definition geht auf KARL WEIERSTRASS (1815–1897) zurück.

Schreibweise

Die Bezeichnung des Grenzwertes durch ein vorgesetztes „lim" kam durch CAUCHY in Gebrauch, die genauere Bezeichnung „$\lim\limits_{x \to \ldots}$ ..." erst zu Beginn des 20. Jahrhunderts durch GODFREY HAROLD HARDY (1877–1947).

Zum Unterricht

Generelle unterrichtliche Probleme

Deduktive Analysis in der Schule?

Auch wenn sich im Zusammenhang mit Grenzprozessen die Einführung eines neuen Begriffs als notwendig erweist, bleibt die Frage, ob Beispiele und Gegenbeispiele genügen oder ob es einer expliziten Definition bedarf. Definitionen sind immer dann – und eigentlich nur dann – vonnöten, wenn man *deduktiv* vorgehen will. Es stellt sich somit die Frage, inwieweit die Analysis in der Schule deduktiv sein soll. Die Schule wird sich hier beschränken müssen, und sie ist gut beraten, wenn sie nicht nur gezwungenermaßen, sondern bewusst verzichtet. Wissenschaftliche Definitionen werden im Analysisunterricht nur ganz selten voll ausgeschöpft. Und die oft zitierte mathematische Strenge kann man auch andernorts kennenlernen.

Von der Intuition zum Begriff

Der anschauliche Sachverhalt ist relativ einfach. Jeder Schüler vermag ohne weiteres einzusehen, dass z. B. die Zahlen 0,9; 0,99; 0,999; ... immer dichter an die 1 herankommen, oder dass sich der Innenwinkel des regelmäßigen n-Ecks mit zunehmender Eckenzahl mehr und mehr 180° nähert. Dennoch hat der Anfänger erfahrungsgemäß mit dem Grenzwert erhebliche Schwierigkeiten. Sie treten auf bei dem Versuch, den *anschaulichen* Sachverhalt mit den Mitteln der Logik *begrifflich* zu fassen. Die Schwierigkeiten haben vielfältige Ursachen.

Definieren statt bestimmen

Während für einen Schüler die Frage „Welchen Grenzwert hat die Folge?" nahe liegt und sinnvoll erscheint, ist ihm die Frage „Was *ist* ein Grenzwert?"

ungewohnt. Er würde sie von sich aus nicht stellen. Aufgrund der intuitiven Vorstellung meint er zu wissen, was gemeint ist, und erachtet eine weitere Erörterung als überflüssig – zumal diese seine gewonnene anschauliche Vorstellung als unzureichend erachtet und scheinbar zunichte macht.

Ambivalenz des Übens

Im Unterrichtsalltag nehmen Lernziele des Könnens zwangsläufig wesentlich mehr Zeit in Anspruch als solche des Verstehens. Je besser die Übungen laufen, desto weniger gedankliches Engagement ist erforderlich; das ist ja der Zweck des Übens. Aber durch allzu vieles Üben kann der Schüler des mühevollen Denkens auch geradezu entwöhnt werden. Der Grenzwertbegriff trifft ihn dann besonders hart. Zum Einen ist das damit verbundene Verstehenslernziel unausweichlich, zum Andern lässt es sich nur schwer durch begleitende Übungen stützen.

Sprache der Logik

Es kommt hinzu, dass der Schüler mit der Ausdrucksweise der Logik keineswegs vertraut ist. Er vermag nicht hinreichend zu unterscheiden, welche Form akzeptiert und welche verworfen wird. So ist für ihn z. B. kaum einzusehen, weshalb man sich mit dem durchaus deutlichen „Die Glieder der Folge werden immer kleiner" nicht zufrieden gibt, sondern erst mit dem für ihn eher befremdlichen „$x_n > x_n + 1$ für alle n".

Formale Definition

Dass die logische Konstruktion der Definition nicht eben einfach ist, wird deutlich, wenn man formal $\underset{\varepsilon>0}{\forall}\ \underset{N}{\exists}(\underset{n}{\forall}: n > N \rightarrow |x_n - g| < \varepsilon)$ schreibt, oder wenn man nachzuweisen sucht, dass eine Zahl nicht der vermutete Grenzwert ist.

Sinn und Logik

In der Definition wird – notwendigerweise – von den Folgengliedern x_n und dem Grenzwert g so geredet, als seien beide in gleicher Weise vorhanden (man denke z. B. an das Verifizieren der Definition anhand einer offensichtlichen Nullfolge); die Aufmerksamkeit richtet sich ganz auf die Beziehung, in der eine Zahl zu einer Folge steht. Das verschleiert den Sinn der Begriffsbildung, denn in Wahrheit ist diese Beziehung nur Mittel zum Zweck. Sie dient später dazu, eine Zahl als „Grenzzahl" festzumachen, wenn ihre Existenz fraglich ist. Um den *Sinn* zu erkennen, muss man den in der Definition angelegten Gedankengang also gewissermaßen umkehren.

Fehlen eines Konvergenzkriteriums

Dabei wirkt sich nachteilig aus, dass in der Schule ein allgemeines *Konvergenzkriterium* (wie z. B. das CAUCHY-Kriterium) fehlt. Das macht es schwierig, zwischen der Existenz und der Bestimmung eines Grenzwertes deutlich zu unterscheiden. Die Erörterungen müssen sich im Wesentlichen darauf beschränken zu verifizieren, dass eine vorhandene Zahl der vermutete Grenzwert ist.

Koppelung zweier Prozesse

Beim Grenzwert einer *Funktion* handelt es sich um *zwei* Grenzprozesse, einen für die Argumentwerte und einen für die Funktionswerte. Der Inhalt der Definition bezieht sich auf die spezifische Art, in der die beiden Prozesse gekoppelt sind.

„strebt gegen"

In der *Unterrichtssprache* treten Wendungen auf wie „strebt", „kommt näher", „wird beliebig klein" usw. Sie wurden bisher nach Möglichkeit vermieden. Jetzt zielen sie auf Wesentliches. Es ist nicht zu erwarten, dass ein Schüler ohne weiteres bereit ist, diese anschaulich eingängigen Ausdrucksweisen logisch zu analysieren.

Rechnerische Unzulänglichkeiten

Zu allem Übel zeigt die Praxis, dass auch der Umgang mit Ungleichungen und Beträgen nicht immer ohne Probleme ist. Die gedanklichen Schwierigkeiten werden dann von rechnerischen Unzulänglichkeiten überlagert. Eine gewöhnungsbedürftige neue Schreib- und Sprechweise kommt noch hinzu.

Problem einer Veranschaulichung

Die *zeichnerische Deutung* bietet wenig Hilfe. Man kann (und sollte) zwar die Definition *im Nachhinein* anhand eines Koordinatensystems mittels „ε-Streifen" veranschaulichen; es ist aber sehr problematisch, umgekehrt die Definition von der bildlichen Darstellung aus entwickeln zu wollen. Ein Schüler verspürt i. Allg. wenig Lust, das was er augenfällig vor sich hat, nun logisch zu überdenken. Die entscheidende Einsicht kommt nur schwer zustande, zumal die Zeichnung sowohl im Sinne von „$|x - a| < \delta \rightarrow |f(x) - g| < \varepsilon$" als auch im Sinne von „$|f(x) - g| < \varepsilon \rightarrow |x - a| < \delta$" verstanden werden kann.

Grenzwert und Funktionswert

Da die Funktionen der Schulmathematik in der Regel stetig sind, verbindet ein Schüler den Grenzwert von f für $x \rightarrow a$ allzuleicht mit dem Funktionswert f(a). Sprechweisen wie „Grenzwert *an der Stelle* a" (statt „Grenzwert für $x \rightarrow a$") mögen ihn darin noch bestärken. Er übersieht, dass f(a) bei der Begriffsbildung überhaupt keine Rolle spielt. Die Aufspaltung der Stetigkeit in Funktionswert und Grenzwert ist keineswegs naheliegend.

Anlass der Begriffsbildung

Wozu braucht man den Grenzwertbegriff?

Der Grenzwertbegriff wird eingeführt, weil es Situationen gibt, in denen eine interessierende Zahl oder Größe (wie z. B. π oder e oder der Rauminhalt einer Kugel) nicht mehr als Ergebnis endlich vieler Rechenoperationen erfasst werden kann, sondern nur noch mittels einer *unendlichen Folge* von Zahlen oder Größen. Entsprechende Situationen treten auch bei Funktionen auf. Oft interessiert eine Funktion, die nur über eine unendliche Folge von bekannten Funktionen zugänglich ist (vgl. z. B. den Riemannschen Abbildungssatz).

Der Grenzwert einer Folge von rationalen Zahlen kann irrational, die Grenzfigur einer Folge von Strecken kann ein Punkt, die Grenzfigur einer Folge von Streckenzügen kann eine Kurve sein. In solchen Fällen ermöglichen Grenzprozesse, z. B. Irrationales mittels Rationalem, Krummliniges mittels Geradlinigem zu erfassen.

Frage der Existenz und Eindeutigkei

Allerdings dürfen wir nur dann von *der* durch die Folge bestimmten Grenzzahl (Grenzgröße, Grenzfigur, Grenzfunktion) sprechen, wenn diese nachweislich *existiert* und *eindeutig* ist. Bei einem deduktiven Aufbau der Analysis wird die Eindeutigkeit aus der Definition gefolgert, in Wahrheit spielt sie aber natürlich bereits bei der Abfassung der Definition eine entscheidende Rolle.

Inhalt der Definition

Ob eine vorliegende Folge einen Grenzwert hat, hängt vom Einzelfall ab. Dagegen muss die Eindeutigkeit (im Falle der Existenz) durch die Definition sichergestellt werden.

Nimmt man an, dass alle Glieder einer *Zahlenfolge* untereinander und vom Grenzwert g verschieden sind, dann ist die Beziehung von g zur Folge anschaulich durch folgende Eigenschaften gekennzeichnet:

Die Folge kommt g *beliebig* nahe, und
g ist die einzige Zahl, für welche dies zutrifft.

Eine Folge kommt einer Zahl g „beliebig nahe", wenn es zu jedem $\varepsilon > 0$ *mindestens* ein Folgenglied x_n *gibt* mit $|x_n - g| < \varepsilon$. Die darüber hinausgehende Forderung, dass $|x_n - g| < \varepsilon$ von einer Nummer N an für *alle* weiteren Folgenglieder gelten soll, verhindert, dass dies evtl. neben g auch noch für eine andere Zahl g^* gilt; sie erzwingt also die *Eindeutigkeit* des Grenzwertes.

„beliebig nahe" bzw. „es gibt..."

„genau ein" bzw. „für alle ..."

Beim Grenzwertbegriff für *Funktionen* muss man neben den Funktionswerten auch die Definitionsmenge D berücksichtigen. Die betrachtete Stelle a braucht selbst nicht zu D zu gehören – das ist sogar der eigentlich wichtige und typische Fall –, aber D muss an die Stelle a „heranreichen", d. h. in beliebiger Nähe zu a muss es Argumentwerte $x \in D$ geben. (Daneben darf es in beliebiger Nähe zu a aber auch Zahlen geben, die nicht zu D gehören.) Entsprechendes ist für die Funktionswerte zu verlangen: Für jedes $\varepsilon > 0$ muss es *mindestens einen* Funktionswert f(x) *geben* mit $|f(x) - g| < \varepsilon$. Vor diesem Hintergrund spielt sich nun alles Weitere ab.

Forderung an die Definitionsmenge

Forderung an die Wertemenge

Damit bei vorgegebenem $\varepsilon > 0$ die Bedingung $|f(x) - g| < \varepsilon$ durch solche Funktionswerte erfüllbar ist, deren Argument „nahe" bei a liegt, ist zu verlangen: Für jedes $\varepsilon > 0$ und jedes $\delta > 0$ *gibt es* Paare (x; f(x)) mit

$$|x - a| < \delta \text{ und } |f(x) - g| < \varepsilon.$$

Das schließt nicht aus, dass es neben solchen Paaren bei jeder Wahl von ε und δ auch Paare (x; f (x)) gibt, für die zwar $|x - a| < \delta$ gilt, aber nicht $|f(x) - g| < \varepsilon$. Dies wird verhindert, wenn man zusätzlich verlangt: Es gibt ein δ^* derart, dass die Bedingung

$$|f(x) - g| < \varepsilon \text{ für } \textit{alle } x \in D \text{ mit } |x - a| < \delta^*$$

erfüllt ist. Der Allquantor garantiert, dass g (falls vorhanden) *eindeutig* ist.

Wie erreicht man Eindeutigkeit?

Formulierung der Definition

Die ε, δ-Definition wirkt auf den Anfänger sehr befremdlich, ja geradezu abschreckend. Das Argument, dass erst *diese* Fassung den Sachverhalt präzise wiedergibt, tut ihr zuviel Ehre an. Auch der Hinweis, dass diese Fassung der späteren Verwendung in der rechnerischen Praxis entgegen kommt, vermag nicht zu überzeugen.

Zu dieser Formulierung sieht man sich genötigt, wenn man den *zeitlich-dynamischen* Bezug, der Wendungen wie „strebt gegen" oder „kommt immer näher" oder „wird beliebig klein" oder dgl. anhaftet, vermeiden will

Der zeitlich-dynamische Aspekt

– nicht etwa, weil sie präziser ist als andere mögliche Formulierungen. Hinter solchen Ausdrucksweisen steckt die Vorstellung einer Bewegung bzw. einer *sich ändernden* Größe. Demgegenüber ist die *Logik* bemüht, jeden zeitlichen Bezug zu vermeiden. In ihr gibt es keine „Veränderlichen"; sie ist vollkommen statisch, in ihr gibt es nur unveränderliche Objekte. Die Logik kennt kein *Werden*, sondern nur ein *Sein*, kein *Streben* (*Gehen, Wandern*), sondern nur ein *Sichbefinden*. Sie muss deshalb statt des anschaulich eingängigen „Die Folge kommt der Zahl g beliebig nahe" umständlich sagen „Zu jedem $\varepsilon > 0$ gibt es ein x_n mit $|x_n - g| < \varepsilon$". Sie muss zu „für alle" und „es gibt" greifen, wo die anschauliche Formulierung ohne Quantoren auskommt. Solange dieses Anliegen der Logik nicht deutlich ist, muss die ε, δ-Definition in der Tat befremdlich wirken.

Logik kennt keine Bewegung

Schreib- und Sprechweise

„Pfeil"-Schreibweise

Die Schreibweise

$$x_n \to g \text{ für } n \to \infty \text{ bzw. } f(x) \to g \text{ für } x \to a$$

ist zweifellos sehr plastisch und hilfreich, solange es um *Überlegungen* zum Grenzwert geht. Sie ist jedoch den *rechnerischen* Bedürfnissen wenig angepasst. In dieser Hinsicht ist das Gleichheitszeichen dem Pfeil entschieden vorzuziehen. Man schreibt deshalb meist

„Limes"-Schreibweise

$$\lim_{n\to\infty} x_n = g \text{ bzw. } \lim_{x\to a} f(x) = g.$$

Für einen Schüler ist diese Schreibweise gewöhnungsbedürftig. Er hat Mühe, die komplizierten Zeichen $\lim\limits_{x\to\ldots}\ldots$ der linken Seiten, in denen alle notwendige Information komprimiert ist, als Namen für eine Zahl zu verstehen und zu handhaben. Bekannte Schülerfehler (wie z. B. $\lim\limits_{n\to\infty} x_n \to g$) zeigen es.

Vorschlag: Ein möglicher unterrichtlicher Weg zum Grenzwert

Im Unterricht versucht man natürlich, eine Überlagerung der vielfältigen Schwierigkeiten zu vermeiden.

Eine erste, wichtige Erkenntnis

1) Grenzwert einer Zahlenfolge
Man wird zunächst streng monoton wachsende Folgen betrachten, sie zeigen bereits alles Wesentliche. Die erste, wichtige Einsicht: Etwas, das unaufhörlich wächst, braucht deshalb nicht „unendlich groß" zu werden.

Beispiel: („Quadratpflanze")

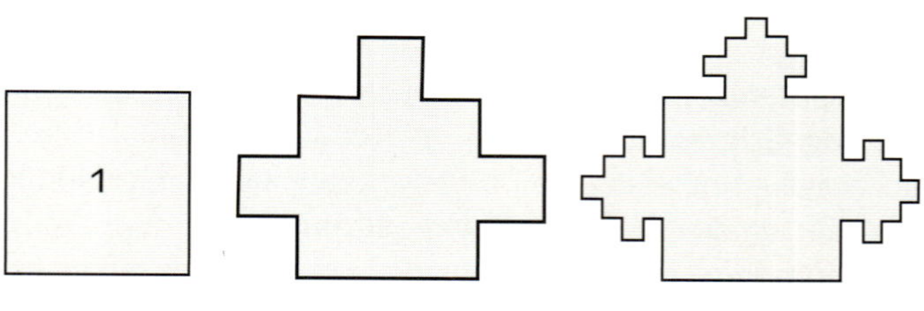

Der dargestellte Wachstumsprozess wirft die Frage auf, wie sich Umfang und Flächeninhalt auf lange Sicht verhalten. Beide nehmen mit jedem Schritt zu. Dennoch besteht ein wesentlicher Unterschied: Während der Umfang bei jedem Schritt um gleichviel zunimmt und daher jede angebbare Länge schließlich überschreitet, ist dies beim Flächeninhalt anders. Eine einfache anschauliche Überlegung zeigt, dass er das Anderthalbfache der Ausgangsgröße nie überschreitet.

unbeschränkt – beschränkt

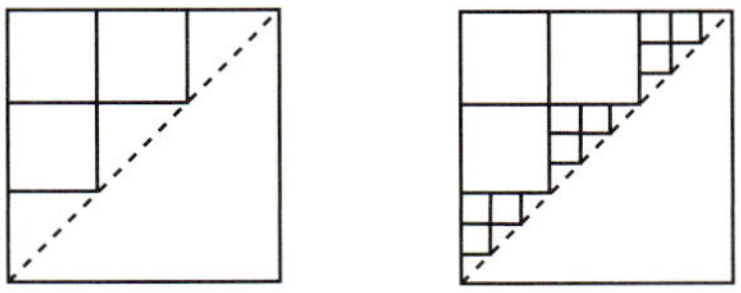

Obwohl ein vergleichbarer Sachverhalt schon bei Dezimalzahlen auftrat, kann er nicht drastisch genug anhand von Alltagssituationen verdeutlicht werden. Die Vermutung, dass das Kleinerwerden der Zuwächse daran schuld ist, trifft leider nicht zu; sie lässt sich durch eine Folge wie

Verlangsamtes Wachstum garantiert noch nicht Beschränktheit

$$1;\ 1+\tfrac{1}{2};\ 1+\tfrac{1}{2}+\tfrac{1}{3};\ 1+\tfrac{1}{2}+\tfrac{1}{3}+\tfrac{1}{4};\ \ldots$$

eindrucksvoll widerlegen.

Der nächste Schritt zielt auf die kleinste obere Schranke, wobei die Worte „Schranke“ und „kleinste“ (undefiniert) im Sinne der Alltagssprache verwendet werden.
Da im Beispiel der Flächeninhalt permanent wächst, aber andererseits auch nicht beliebig groß wird, stellt sich die Frage, *wie* groß er denn nun schließlich wird. Seltsamerweise müssen wir die Antwort darauf schuldig bleiben. Nennen wir eine Zahl über 1,5 (FE), so ist die Antwort falsch, denn 1,5 wird nie überschritten. Nennen wir eine Zahl unter 1,5, so ist die Antwort ebenso falsch, denn jede Zahl kleiner als 1,5 wird überschritten. Schließlich ist auch 1,5 falsch, denn „es bleibt immer etwas übrig“. Wir können also nicht sagen, dass die Quadratpflanze schließlich einen bestimmten Flächeninhalt erreicht, sondern ehrlicherweise nur: Die tatsächlich erreichten Flächeninhalte haben 1,5 als *kleinste obere Schranke*.

Kleinste obere Schranke

Nun geht es darum, diese Einsicht zu konkretisieren.
Die Situation ist vergleichbar mit jener bei nichtabbrechenden Dezimalzahlen. Die Folge

$$1;\ 1{,}009;\ 1{,}009009;\ 1{,}009009009;\ \ldots$$

nimmt auch ständig zu, überschreitet aber z. B. 2 gewiss nicht. Es muss also eine kleinste obere Schranke geben, sie dürfte knapp über 1 liegen. Da sich die Nachkommaziffern wiederholen, wird man es mit einem Bruch versuchen. Probieren mit dem Taschenrechner führt relativ rasch auf $\frac{112}{111}$. Aber z. B. für $\frac{1119999}{1109999}$ zeigt der TR ebenfalls 1,009009 an, so dass man noch nicht sicher sein kann. Es ist deshalb zu fragen:

Was kennzeichnet die kleinste obere Schranke?

1) Ist $\frac{112}{111}$ überhaupt eine Schranke?
Mit n Nachkommaziffern ist $\frac{112}{111} - 1{,}009\ldots009 = \frac{(112 - 111{,}99\ldots9)}{111} > 0$.

2) Kommt die Folge der Zahl $\frac{112}{111}$ beliebig nahe?
$\frac{112}{111}$ unterscheidet sich von 1,009009...009 (n Dez.) um weniger als 0,00...001((n + 2) Dez.). – Somit ist $\frac{112}{111}$ tatsächlich die kleinste obere Schranke der betrachteten Folge.

Um sich kurz ausdrücken zu können, vereinbart man eine Sprachregelung: Gibt es bei einer aufsteigenden Zahlenfolge eine kleinste obere Schranke g (d. h. eine Zahl g, die von keinem Folgenglied übertroffen wird, der die Folge jedoch beliebig nahe kommt), dann nennt man g die *Grenzzahl* oder den *Grenzwert* der Folge.

Der Name „Grenzwert"

Weitere Beispiele verweisen auf den Sinn der Begriffsbildung: Erfassen einer Größe, deren man nur „als Grenze" habhaft werden kann.

Vom Geraden zum Krummen

Beispiel: (Kreisumfang)
Bei einem gegebenen Kreis bilden die Umfänge einbeschriebener regelmäßiger n-Ecke für wachsendes n eine aufsteigende Folge. Der *Kreis*umfang ist die kleinste obere Schranke (die Grenzlänge) dieser Umfänge. Der Übergang zur Grenzlänge beinhaltet geometrisch den Übergang vom Geradlinigen zum Krummen.

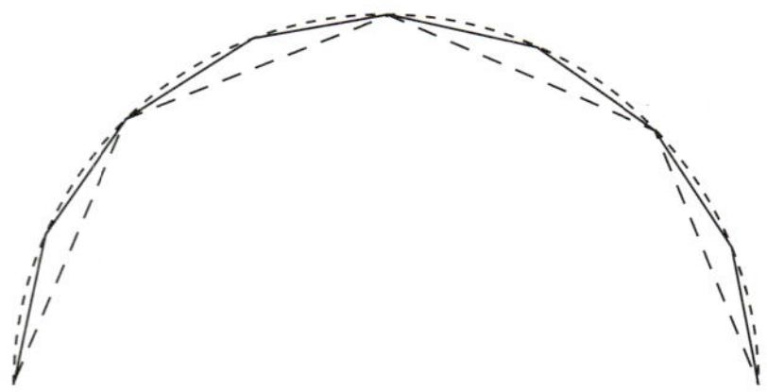

Vom Rationalen zum Irrationalen

Beispiel: (Irrationale Zahlen)
Bei der Berechnung von Näherungswerten für $\sqrt{2}$ erhalten wir nacheinander

1,4; 1,41; 1,414; ...

Die eigentlich interessierende Zahl ist die kleinste obere Schranke, die Grenzzahl dieser Folge. Der Übergang von der Folge zu ihrem Grenzwert bedeutet in diesem Fall den Übergang vom Rationalen zum Irrationalen.

Die noch ausstehende Verallgemeinerung auf monoton abnehmende und schließlich beliebige Folgen ist lediglich eine Modifikation des Bisherigen, ohne an dessen Substanz zu rühren.

Abnehmende Folge

Beispiel: (Abnehmende Folge)
Eine Strecke kann man durch fortgesetztes Halbieren so klein machen wie man will, aber zum Verschwinden bringen kann man sie so nicht. Was wir erreichen können, ist dies: Wie klein wir eine feste Länge L auch wählen, wir erhalten schließlich Strecken, die *noch* kleiner sind als L. – Die „Grenzstrecke" ist in diesem Fall ein *Punkt*, also keine Strecke.

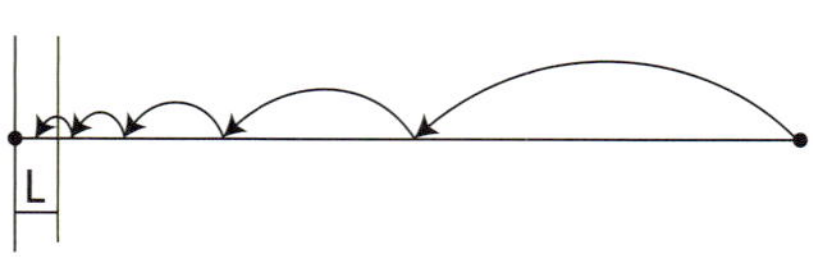

Zweiseitige Annäherung

Beispiel: (Beliebige Folge)
Die Rekursionsvorschrift $x_{n+1} = 1 - \frac{1}{2}x_n;\ x_0 = 1$
führt auf die Folge 1; 0,5; 0,75; 0,625; 0,6875; 0,65625; 0,671875; ....
Sie ist zwar nicht monoton, scheint aber dennoch auf eine bestimmte Zahl (vielleicht $0,\overline{6}$?) zu verweisen. Wie können wir uns Gewissheit verschaffen? – Schreibt man die Folgenglieder ausführlich hin, so findet man:

$$x_1 = 1 - \tfrac{1}{2};\ x_2 = 1 - \tfrac{1}{2} + \tfrac{1}{4};\ x_3 = 1 - \tfrac{1}{2} + \tfrac{1}{4} - \tfrac{1}{8};\ \dots$$

$$x_n = 1 - \tfrac{1}{2} + \tfrac{1}{4} - \dots + (-1)^n \tfrac{1}{2^n}$$

$$x_n + \tfrac{1}{2}x_n = 1 + (-1)^n \tfrac{1}{3 \cdot 2^n}$$

Dies zeigt, dass jede vorgegebene Abweichung $\left|x_n - \frac{2}{3}\right|$ von einem Folgenglied x_N an von allen danach noch kommenden Gliedern unterschritten wird. Die Folge verweist durch diese Eigenschaft eindeutig auf die Zahl 2/3 – obwohl sie die Folge nicht mehr (im bisherigen Sinne) „begrenzt".

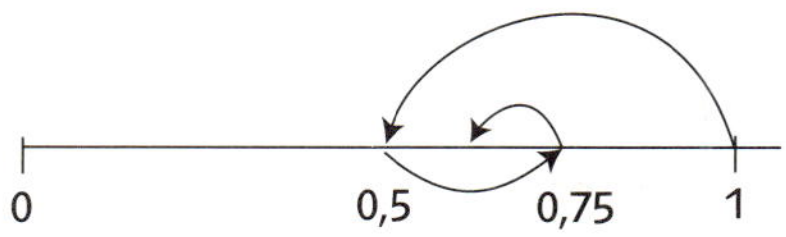

Wenn es zu irgendeiner Zahlenfolge eine Zahl g gibt derart, dass für *jedes* noch so kleine Intervall $[g - \varepsilon; g + \varepsilon]$ von einem Folgenglied an *alle* weiteren Folgenglieder in diesem Intervall liegen, dann sagen wir: Die Zahl g ist *Grenzwert* der Zahlenfolge.

Grenzwert einer beliebigen Zahlenfolge

Neben weiteren Beispielen sind, um den Begriff zu festigen, noch Sonderfälle, Gegenbeispiele und mißverständliche Formulierungen zu erörtern.

Beispiel: (Sonderfall)
Die Rekursionsvorschrift $x_{n+1} = 2x_n - \frac{1}{x_n}$; $x_0 = 1$ führt auf die Folge 1; 1; 1; .... Die Zahl 1 erfüllt die an einen Grenzwert zu stellenden Bedingungen.

Konstantfolge

Beispiel: (Gegenbeispiel)
Die Rekursionsvorschrift $x_{n+1} = 1 - x_n^2$; $x_0 = 0{,}9$ führt auf die Folge

0,9; 0,19; 0,96...; 0,07...; 0,99...; 0,01...; ....

Sie nähert sich sowohl der Zahl 1 als auch der Zahl 0, jedoch in keinem der beiden Fälle so wie verlangt. Weder 1 noch 0 ist *Grenzwert* der Folge; die Folge hat (nicht zwei Grenzwerte, sondern) keinen Grenzwert.

Eine Folge kann höchstens einen Grenzwert haben

Beispiel: (Verunglückte Formulierungen)
„Von einem Folgenglied an ist $|x_n - g|$ kleiner als jede positive Zahl" bedeutet, dass von einem Glied an alle weiteren Glieder mit g identisch sind. Dasselbe besagt die Wendung „Von einem Glied an sind alle $|x_n - g|$ beliebig klein".

Betriebsunfälle

2) Grenzwert einer Funktion

Die hauptsächliche Schwierigkeit besteht darin, zwischen dem Grenzwert für $x \to a$ und dem Funktionswert f(a) hinreichend deutlich zu unterscheiden. Man wird deshalb zunächst das Verhalten einer Funktion für $x \to \infty$ betrachten oder eine Stelle a, für die f(a) nicht vorhanden ist.

Beispiel: $(x \to +\infty)$
Wenn ein Segelflugzeug (z. B. bei einem Wettbewerb) dieselbe Strecke s hin- und zurückfliegt und dabei auf dem Hinflug die Geschwindigkeit v_h, auf dem Rückflug (wegen Rückenwind) die Geschwindigkeit v_r einhält, dann beträgt die Durchschnittsgeschwindigkeit

Grenzgeschwindigkeit

$$v = \frac{2s}{t_h + t_r} = \frac{2s}{\frac{s}{v_h} + \frac{s}{v_r}} = \frac{2v_h v_r}{v_h + v_r}.$$

Es sei nun bei dem Versuch, den bisherigen Rekord der Durchschnittsgeschwindigkeit zu brechen, der Hinflug etwas langsam geraten. Kann dies durch eine höhere Geschwindigkeit auf dem Rückflug in jedem Fall wettgemacht werden?
Wir nehmen an, dass $v_h = 90$ km/h betrug und fragen, wie eine Erhöhung von v_r die Durchschnittsgeschwindigkeit beeinflusst.

v_r	100	120	150	200	300	500	...
v	95	103	113	124	139	153	...

Es zeigt sich: Auch wenn das Flugzeug auf dem Rückflug *sehr* viel schneller fliegt, ändert sich die Durchschnittsgeschwindigkeit nur relativ wenig. Selbst bei $v_r = 1190$ (Schallgeschwindigkeit) würde sie erst 167 km/h betragen, bei $v_r = 10\,000$ (!) erst 178 km/h. In dieser Situation hilft nur der Term weiter. In der Form $v = \frac{2v_h}{\frac{v_h}{v_r} + 1}$ zeigt er, dass v *in jedem Fall* < 180 ausfällt. Andererseits ist jede Durchschnittsgeschwindigkeit < 180 (theoretisch!) tatsächlich erreichbar, z.B. $v = 179$ mit $v_r = 16\,110$. Die Geschwindigkeit $v = 180$ km/h ist *Grenzgeschwindigkeit* von v_r für $v_r \to \infty$.

Grenzwinkel

Beispiel: $(x \to a)$
Ein Lichtstrahl wird beim Übergang von Luft in Wasser bekanntlich gebrochen. Dabei ist $\alpha > \beta$. Für $\alpha \to 90°$ nähert sich β einem „Grenzwinkel" β^*; er ist die kleinste obere Schranke aller auftretenden Winkel β und beträgt etwa 48,6°. Fassen wir β als Funktionswert $f(\alpha)$ auf, dann können wir dies so ausdrücken:

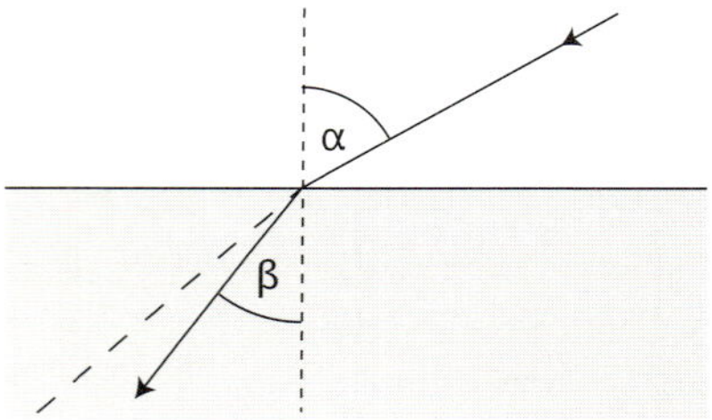

$$f(\alpha) \to \beta^* \text{ für } \alpha \to 90°.$$

Der Winkel β^* ist zwar physikalisch nicht mehr realisierbar, aber es ist sinnvoll, von einem *Grenzwinkel* zu sprechen.

Die Anschauung versagt

Beispiel: $(x \to a$, mathematisch)
Die Figur zeigt für $x > 0$ die Gerade g: $y = x$ und die Kurve K: $y = \sqrt{x}$. Die Zeichnung lässt unmittelbar erkennen: Für $x \to 1$ gilt $\overline{AQ} \to 0$ und $\overline{AP} \to 0$. Dagegen ist nicht zu sehen, wie sich das Verhältnis $\overline{AQ} : \overline{AP}$ (das in der Zeichnung ungefähr 2,3 beträgt, und das man für $x = 1$ *nicht* bilden kann) dabei ändert.
Frage: Wie verhält sich $\overline{AQ} : \overline{AP}$ für $x \to 1$?
Schreiben wir für $\overline{AQ} : \overline{AP}$ kurz $f(x)$,
dann ist $f(x) = \frac{x-1}{\sqrt{x}-1}$.

Rechnen

x	f (x)	x	f (x)
2,0	2,41421...	0,9	1,94868...
1,5	2,22474...	0,99	1,99498...
1,1	2,04880...	0,999	1,99949...
1,01	2,00498...	0,9999	1,99995...

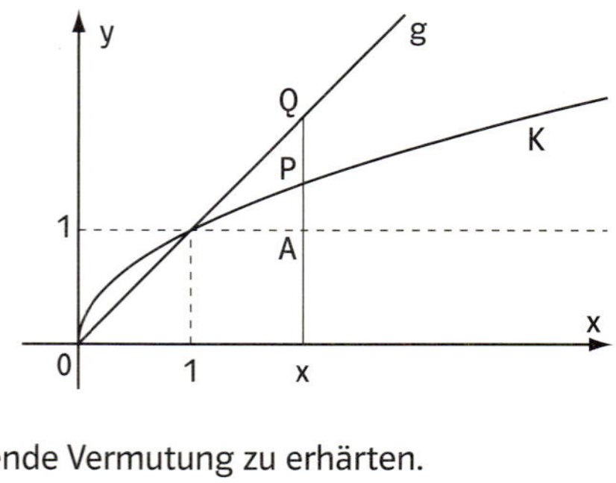

Überlegen

Nur der Term kann helfen, die aufkommende Vermutung zu erhärten.

$$|f(x) - 2| = \left|\frac{x-1}{\sqrt{x}-1} - 2\right| = \left|\frac{x - 2\sqrt{x} + 1}{\sqrt{x}-1}\right| = \left|\frac{(\sqrt{x}-1)^2}{\sqrt{x}-1}\right| = |\sqrt{x} - 1| \text{ für } x \neq 1$$

f(x) kommt 2 so nahe wie man will, man braucht mit x nur nahe genug an 1 heranzugehen. Für $x \to 1$ ist zwar AQ nie *genau* doppelt so lang wie AP, strebt aber immer deutlicher danach, dies zu *werden*.

Grenzzahl

Wir nennen die Zahl 2 den *Grenzwert* des Verhältnisses $\overline{AQ} : \overline{AP}$ *für* $x \to 1$. Er kennzeichnet das Verhalten von $\overline{AQ} : \overline{AP}$, wenn x sich der Zahl 1 *nähert* (völlig unabhängig davon, ob es für $x = 1$ dieses Verhältnis gibt oder nicht).

Beispiel: (Gegenbeispiel)

Verdeutlichung durch ein Gegenbeispiel

Beim Runden einer positiven reellen Zahl x auf 2 Dezimalen erhalten wir eine 2stellige Dezimalzahl. Wir fassen sie als Funktionswert von x auf und schreiben für sie f (x). Betrachten wir nun die reellen Zahlen zwischen 2,44 und 2,45, dann gilt: Für $x < 2{,}445$ ist $f(x) = 2{,}44$; für $x \geq 2{,}445$ ist $f(x) = 2{,}45$. In diesem Fall gibt es keine eindeutig bestimmte Zahl g, der sich die Funktionswerte für $x \to 2{,}445$ in der verlangten Weise annähern.

Nachdem geklärt ist, wie man sich im allgemeinen Fall die Definitionsmenge D vorzustellen hat (nämlich so, dass es in beliebiger Nähe von a Werte $x \in D$, $x \neq a$ gibt, wobei evtl. a gar nicht zu D gehört), kann man zusammenfassen:

Zusammenfassung

Eine Zahl g heißt *Grenzwert der Funktion f für* $x \to a$, wenn es zu jedem $\varepsilon > 0$ ein Intervall J um a gibt derart, dass *für alle* Argumente $x \in J$ gilt:

$$|f(x) - g| < \varepsilon.$$

Soll ein Schüler dies nun auswendig lernen? Natürlich nicht. Was er sich etwa merken wird: Für $x \to a$ kommen die Funktionswerte f(x) einer gewissen Zahl g so nahe wie man will, wenn man mit x nur nahe genug an a heranrückt. Er wird dies mit einer realen Vorstellung (Grenzbelastung eines Seils, Grenzstromstärke einer Glühbirne) verbinden und im Übrigen eine gedankliche Erfahrung in Erinnerung behalten.

Bestimmung von Grenzwerten

In einfachen Fällen kann man unmittelbar anhand der Definition nachweisen, dass eine gegebene Zahlenfolge oder Funktion eine vermutete Zahl als Grenzwert hat. Interessantere Fälle, in denen sich die Frage nach dem Grenzwert als *echte* Frage stellt, erfordern andere Wege. Einen ersten Fingerzeig auf einen Grenzwert erhält man meist, wenn man zunächst *numerisch* herangeht. Ein dabei entwickeltes Gefühl für das Grenzverhalten ist Gold wert.

1) Übergang zur Differenzfolge

Vermutet man eine Zahl $g \neq 0$ als Grenzwert einer Zahlenfolge, dann ist es meist einfacher, statt (x_n) die Folge $(x_n - g)$ zu untersuchen.

$f(x) - g \to 0$ statt $f(x) \to g$

Beispiel: (Differenzfolge als Nullfolge)

$$x_{n+1} = \frac{1}{2}x_n + 3; \; x_0 = 1$$

Die Berechnung einiger Glieder lässt den Grenzwert 6 vermuten. Dies lässt sich anhand der Differenz $d_n = 6 - x_n$ überprüfen. Es ist $d_{n+1} = \frac{1}{2}d_n$; $d_0 = 5$, also (d_n) eine Nullfolge und somit $\lim\limits_{n\to\infty} x_n = 6$.

2) Umformen des Folgen- bzw. Funktionsterms

Umformen, aber wie?

Häufig führen geeignete Umformungen des Folgen- oder Funktionsterms (Erweitern, Ausklammern, Kürzen, Binomische Formeln) zum Ziel. Sie sind jedoch weniger harmlos, als man meinen möchte. Es besteht eine gewisse Gefahr darin, dass durch den finiten Charakter algebraischer Umformungen die infinitesimalen Überlegungen zu sehr in den Hintegrund geraten. Ein weiteres kommt hinzu. Während bislang Terme umgeformt wurden, um sie zu vereinfachen, ist das Ziel jetzt ein anderes. Um das Grenzverhalten zu erkennen, muss man jetzt evtl. auf eine Form bringen, die seither als ungünstig galt. Für einen Schüler reicht die generelle Zielsetzung nicht aus, um daraus eine Handlungsanweisung abzuleiten; er empfindet die Umformungen nicht selten als „Tricks" und ist frustriert. Mit dem bloßen Hinweis auf Geschicklichkeit ist wenig getan, es bedarf gezielterer Hilfe.

Beispiel: (Ungewohnte Umformung)

$$x_n = \sqrt{n^2 + n} - n$$

Algebraische Umformung

Es genügt nicht, allein den Term zu betrachten; man muss auch $n \to \infty$ im Auge behalten. Erst dieser Aspekt (zusammen mit der durch den TR gelieferten Vermutung) lässt den Übergang zu einer „künstlichen" Bruchdarstellung günstig erscheinen. Man wird also erweitern, aber wie? Jedenfalls so, dass die Differenz $\sqrt{n^2 + n} - n$ nicht mehr auftritt. Dieser Gedanke legt Erweitern mit $\sqrt{n^2 + n} + n$ nahe. Am Ergebnis $\frac{1}{\sqrt{1 + \frac{1}{n}} + 1}$ ist der Grenzwert 0,5 abzulesen.

Beispiel: (Übergang zu einem andern Term durch Abschätzen)

Abschätzung

$$x_n = \frac{\sqrt{n} + 2n}{n + 1}$$

Der TR lässt den Grenzwert 2 vermuten. Übergang zur Differenzfolge: $x_n - 2 = \frac{\sqrt{n} - 2}{n + 1}$. Nun wird versucht, den Bruch durch einen andern zu ersetzen, dessen Verhalten für $n \to \infty$ sich leichter beurteilen lässt. Zugelassen sind alle „größeren" Brüche (also mit größerem Zähler oder kleinerem Nenner) – sofern diese nicht allzuviel größer sind.

$$\frac{\sqrt{n} - 2}{n + 1} < \frac{\sqrt{n}}{n + 1} < \frac{\sqrt{n}}{n} = \frac{1}{\sqrt{n}}.$$

Da $\lim\limits_{n\to\infty} \frac{1}{\sqrt{n}} = 0$, bestätigt sich $\lim\limits_{n\to\infty} \frac{\sqrt{n} + 2n}{n + 1} = 2$.

3) Grenzwertsätze

Geeignetes Zerlegen

Ein Hilfsmittel von unschätzbarem Wert bei der Bestimmung von Grenzwerten sind die sog. Grenzwertsätze. Sie sind unmittelbar einleuchtend und in der Handhabung einfach. Man sollte die Beweise in der Schule nicht erzwingen wollen, aber unbedingt die *Bedeutung* der Sätze unterstreichen.

Beispiel: (Zerlegen in eine Summe)

$$f(x) = \frac{x \cdot 2^x + x + 1}{2^{x+1}(x+1)};\quad x \to +\infty$$

Es ist $f(x) = \frac{x \cdot 2^x}{2^{x+1}(x+1)} + \frac{x+1}{2^{x+1}(x+1)} = \frac{x}{2(x+1)} + \frac{1}{2^{x+1}}$. Wegen $\frac{x}{2(x+1)} \to \frac{1}{2}$ und $\frac{1}{2^{x+1}} \to 0$ folgt $f(x) \to \frac{1}{2}$.

Beispiel: (f als Verkettung)

$$f(x) = \sin^2\left(\frac{1}{\sqrt{x}} - \frac{\pi}{4}\right);\quad x \to +\infty$$

Weil $\frac{1}{\sqrt{x}} \to 0$, gilt $\frac{1}{\sqrt{x}} - \frac{\pi}{4} \to -\frac{\pi}{4}$ und $\sin\left(\frac{1}{\sqrt{x}} - \frac{\pi}{4}\right) \to -\frac{1}{2}\sqrt{2}$, somit $f(x) \to \frac{1}{2}$.

4) Regel von DE L'HOSPITAL

Schon die allereinfachste Form dieser Regel ist nützlich und für die Schule ausreichend. Sie betrifft Funktionen f mit $f(x) = \frac{u(x)}{v(x)}$ und Stellen a mit $u(x) \to 0$ *und* $v(x) \to 0$ für $x \to a$.

Der Fall „0 durch 0"

Die Regel lautet: *Sind die Funktionen u und v an der Stelle a differenzierbar und $v'(a) \neq 0$, dann existiert der Grenzwert von f für $x \to a$ und es ist*

$$\lim_{x \to a} f(x) = \frac{u'(a)}{v'(a)}.$$

Bemerkung zur Begründung: Weil u und v in a differnzierbar und somit stetig sind, ist $u(a) = v(a) = 0$ und somit $f(x) = \frac{u(x) - u(a)}{v(x) - v(a)} = \frac{\frac{u(x) - u(a)}{x - a}}{\frac{v(x) - v(a)}{x - a}}$. Für $x \to a$ strebt der erste Differenzenquotient gegen $u'(a)$, der zweite gegen $v'(a)$. Nach dem Quotientensatz für Grenzwerte folgt $f(x) \to \frac{u'(a)}{v'(a)}$.

Die Aussage wird plausibel, wenn man bedenkt: Haben zwei Eisenbahnzüge, die gleichzeitig einen Bahnhof passieren, in den letzten t min die Strecken $u(t)$ bzw. $v(t)$ zurückgelegt, dann verhalten sich diese Strecken wie die mittleren Geschwindigkeiten. Für $t \to 0$ nähert sich $\frac{u(t)}{v(t)}$ dem Verhältnis der Momentangeschwindigkeiten.

Beispiel: (Grenzwertbestimmung nach DE L'HOSPITAL)

$$f(x) = \frac{e^{x-1} - 1}{x^2 - 1};\quad a = 1$$

Die Voraussetzungen sind erfüllt; es ist $u'(1) = 1$ und $v'(1) = 2$, also hat f für $x \to 1$ einen Grenzwert und dieser ist $\frac{1}{2}$.

Spezielle Grenzwerte

Im Unterricht hat man es (u. a. beim Ableiten transzendenter Funktionen) mit einigen speziellen Grenzwerten zu tun, deren Bestimmung – insbesondere, wenn die Regel von DE L'HOSPITAL nicht zur Verfügung steht – besondere Überlegungen erfordert.

1) $\lim\limits_{x \to 0} \frac{\sin x}{x} = ?$

Die Zahl 0 gehört nicht zur Definitionsmenge der Funktion $x \mapsto \frac{\sin x}{x}$. Eine numerische Überprüfung legt den Grenzwert 1 nahe.

Da die Funktion sin *geometrisch* definiert ist, kann nur eine geometrische Überlegung weiterhelfen. $\frac{\sin x}{x}$; $x > 0$ bedeutet im Einheitskreis das Verhältnis von $\overline{BC}$ zur Länge des Kreisbogens von A nach B. Ein Vergleich von Flächeninhalten zeigt

Rückgriff auf die Geometrie

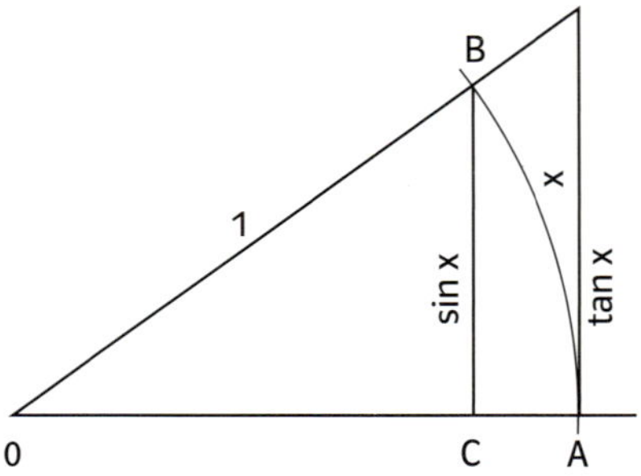

$\frac{1}{2}\cos x \cdot \sin x < \frac{1}{2}x \cdot 1 < \frac{1}{2} \cdot 1 \cdot \tan x$

$$\cos x < \frac{x}{\sin x} < \frac{1}{\cos x}$$

$$\frac{1}{\cos x} > \frac{\sin x}{x} > \cos x.$$

Diese Abschätzung gilt auch für $x < 0$, sie zeigt: $\frac{\sin x}{x} \to 1$ für $x \to 0$.

Bemerkungen:

a) Wegen $\frac{\sin(2x)}{x} = 2\frac{\sin(2x)}{2x}$ gilt $\frac{\sin(2x)}{x} \to 2$ für $x \to 0$.

b) Im Vorangehenden wurde x geometrisch als *Bogenmaß* eines Winkels gedeutet. Misst man den Winkel im *Gradmaß*, dann gilt $\frac{\sin\alpha}{\alpha} \to \frac{\pi}{180}$ für $\alpha \to 0$ (und infolgedessen $\sin'\alpha = \frac{\pi}{180} \cdot \cos\alpha$).

2) $\lim\limits_{x\to 0} \frac{\cos x - 1}{x} = ?$

Folgerung

Umformung: $\frac{\cos x - 1}{x} = \frac{\cos x - 1}{x} \cdot \frac{\cos x + 1}{\cos x + 1} = -\frac{\sin x}{x} \cdot \frac{\sin x}{\cos x + 1}$. Das Ergebnis in 1) und der Multiplikationssatz für Grenzwerte liefern den Grenzwert 0.

3) $\lim\limits_{x\to 0} \frac{e^x - 1}{x} = ?$

Rückgriff auf die Folgendefinition von e

Die Folge (x_n) mit $x_n = \left(1 + \frac{1}{n}\right)^n$ ist streng monoton steigend mit dem Grenzwert e (Eulersche Zahl). Die Folge (y_n) mit $y_n = \left(1 + \frac{1}{n}\right)^{n+1}$ ist streng monoton fallend, sie hat wegen $y_n = \left(1 + \frac{1}{n}\right)x_n$ ebenfalls den Grenzwert e.

Aus $\left(1 + \frac{1}{n}\right)^n < e$ folgt $\frac{e^{\frac{1}{n}} - 1}{\frac{1}{n}} > 1$, aus $\left(1 + \frac{1}{n}\right)^{n+1} < e$ folgt $\frac{e^{-\frac{1}{n+1}} - 1}{-\frac{1}{n+1}} < 1$.

Also kann der Grenzwert, so es denn einen solchen gibt, nur 1 sein.

4) $\lim\limits_{x\to +\infty} x^n \cdot e^{-x} = ?$

Abschätzung

Die Funktion $x \mapsto x^{n+1}e^{-x}$, $n \in \mathbb{N}$ nimmt für $x = n + 1$ ihr globales Maximum $(n + 1)^{n+1}e^{(n+1)} = M$ an. Daher ist $x^{n+1}e^{-x} \leq M$ und somit $x^n e^{-x} \leq \frac{M}{x}$. Dies zeigt: $\lim\limits_{x\to +\infty} x^n e^{-x} = 0$.

Existenz. Die Zahl e

Bei einer vorgelegten Folge (oder Funktion) geht es zunächst um die Frage, ob sie überhaupt einen Grenzwert hat. In der Schule steht zwar die *Bestimmung* von Grenzwerten im Vordergrund, bedeutsamer ist jedoch die *Existenzfrage*. Sie wird meist mit Hilfe von Konvergenzkriterien beantwortet. Ein unmittelbar einleuchtendes lautet: Wenn eine Folge monoton und beschränkt ist, dann hat sie einen Grenzwert.

Definition einer Zahl als Grenzwert

Die Frage nach der Existenz stellt sich insbesondere dann, wenn das Grenzverhalten einer Folge zur *Definition* einer Zahl verwendet wird. Die Einführung der *Eulerschen Zahl e* als Grenzwert der Folge (x_n) mit

$$x_n = \left(1 + \frac{1}{n}\right)^n$$

ist ein solcher Fall. Es ist dann zu zeigen, dass diese Folge monoton und beschränkt ist. Will man ohne BERNOULLI-Ungleichung auskommen, dann kann man (wenn man es nicht beim Berechnen einiger Folgenglieder belassen will) wie folgt argumentieren.

Monotonie und Beschränktheit als Konvergenzkriterium

Nachweis der Monotonie:
Aus $(a^n + a^{n-1}b + \ldots + b^n)(a - b) = a^{n+1} - b^{n+1}$ folgt für $0 < b < a$

(*) $$(n+1)\,b^n < \frac{a^{n+1} - b^{n+1}}{a - b} < (n+1)\,a^n\,.$$

Setzt man darin $a = 1 + \frac{1}{n}$ und $b = 1 + \frac{1}{n+1}$, dann ergibt die zweite Ungleichung in (*)

$$x_n < x_{n+1} \text{ für alle n.}$$

Die Folge (x_n) ist also streng monoton steigend.

Nachweis der Beschränktheit:
Die erste Ungleichung in (*) zeigt (nach Umformung und Abschätzung), dass die Folge (y_n) mit $y_n = \left(1 + \frac{1}{n}\right)^{n+1}$ eine streng monoton absteigende Folge ist. Für alle n ist $y_n > x_n$, somit $x_n < y_1 = 4$ für alle n.

Die Folge (x_n) hat also einen Grenzwert, d.h. $\lim\limits_{n\to\infty} \left(1 + \frac{1}{n}\right)^n$ bezeichnet eine eindeutig bestimmte reelle Zahl. Sie ist irrational und wird (da man sie mit Ziffern nicht genau angeben kann) mit dem Buchstaben e bezeichnet. Ihre Dezimaldarstellung beginnt 2,718... .

Grenzwerte in realem Bezug

Es ist für einen Schüler wichtig, den Grenzwert nicht nur als „theoretischen" Begriff kennenzulernen, sondern auch seine Ausprägung in anschaulich-realen Zusammenhängen zu erleben. Dabei wird zwar die Existenzfrage meist ausgeklammert, aber man muss erst einmal eine *Folge finden*, deren Grenzverhalten auf das zielt, was man letztlich im Auge hat. Für den Lernenden sind das neue Aspekte von eigener Problematik.

Folge von Näherungswerten

Bisher hat sich gezeigt: Der „Grenzwert" kann etwas ganz Neuartiges sein; man darf also nicht ohne weiteres davon ausgehen, dass er dieselben Eigenschaften hat wie die Folgenglieder. Das ist aber nur die eine, sozusagen unangenehme Seite der Medaille. Als goldene Kehrseite beinhaltet eben dies auch die Möglichkeit, z. B. *Krummes* mittels *Geradlinigem* oder *Irrationales* mittels *Rationalem* zu erfassen. Und das ist das Entscheidende. Der unterrichtliche Akzent darf deshalb nicht ausschließlich auf der begrifflichen Präzisierung des Grenzwertes liegen, es muss auch die Verwendung des Begriffs zur *Gewinnung neuer Einsichten* zur Sprache kommen.

Der Grenzwert eröffnet neue Horizonte

Kegelvolumen als Grenzwert

Beispiel: (Senkrechter Kreiskegel)

a) Annäherung des *Kegelvolumens* V durch umbeschriebene Pyramiden mit einem regelmäßigen n-Eck als Grundfläche Pyramideninhalt V_P:

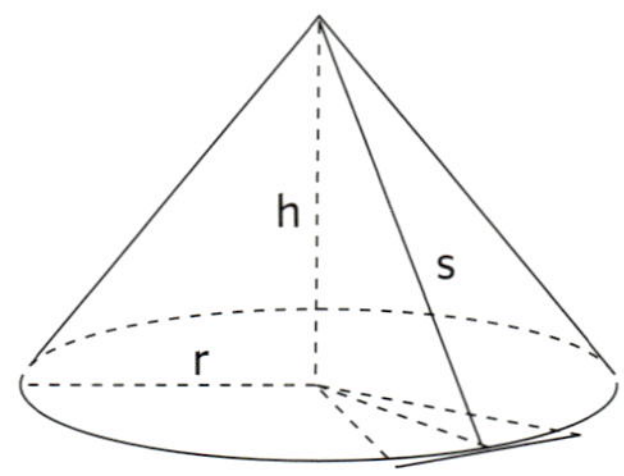

... von Pyramideninhalten

$$V_P(n) = \frac{1}{3}\left[n \cdot \left(\frac{1}{2} \cdot (2r \cdot \tan\frac{\pi}{n}) \cdot r\right)\right] \cdot h$$
$$= \frac{1}{3} n r^2 h \cdot \tan\frac{\pi}{n}$$
$$= \frac{1}{3}\pi r^2 h \frac{\sin\frac{\pi}{n}}{\frac{\pi}{n}} \cdot \frac{1}{\cos\frac{\pi}{n}}$$

Der Grenzwert für $n \to \infty$ liefert $V = \frac{1}{3}\pi r^2 h$.

b) Annäherung des *Kegelvolumens* durch einbeschriebene Treppenkörper

... von „Treppenkörpern"

$$V_T(n) = \pi (r_1)^2 \frac{h}{n} + \pi (r_2)^2 \frac{h}{n} + \ldots + \pi (r_{n-1})^2 \frac{h}{n}$$
$$= \pi r^2 h \cdot \frac{1^2 + 2^2 + \ldots + (n-1)^2}{6n^3}$$
$$= \pi r^2 h \cdot \frac{(n-1)n(2n-1)}{6n^3}.$$

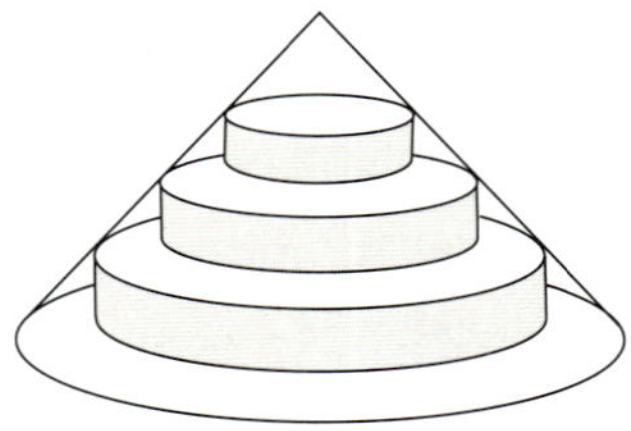

Kegelmantel als Grenzwert

c) Annäherung des *Kegelmantels* M durch die Mäntel umbeschriebener Pyramiden

... von Pyramidenmänteln

Wählt man die Pyramiden wie in a), dann ist

$$M_P(n) = n \cdot \left[\frac{1}{2}\, 2r \cdot \tan\frac{\pi}{n}\right] \cdot s$$
$$= \pi r s \frac{\sin\frac{\pi}{n}}{\frac{\pi}{n}} \cdot \frac{1}{\cos\frac{\pi}{n}}.$$

und $M = \pi r s$ Grenzwert von $M_P(n)$ für $n \to \infty$.

... von Rechteckssummen

d) Andere Annäherung des *Kegelmantels* M

Man denkt sich den Kegel in Schichten der Dicke $\frac{h}{n}$ zerschnitten und den Mantel jedes Kegelstumpfs angenähert durch ein Rechteck mit dem Grundkreisumfang des Kegelstumpfs als Länge und $\frac{s}{n}\left(> \frac{h}{n}\right)$ als Breite.

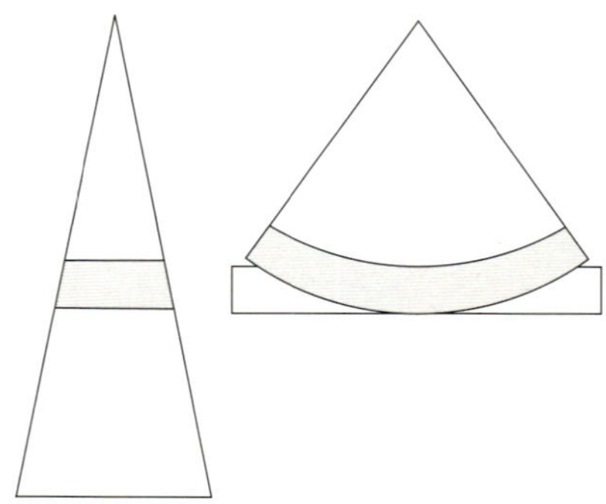

Nicht jede Näherung ist geeignet

e) (Gegenbeispiel) Annäherung des *Kegelmantels* M mittels Treppenkörper

Versucht man, im Anschluß an b) den Kegelmantel durch die Summe der Mäntel aller einbeschriebenen Zylinder anzunähern, dann stellt man fest, dass die Näherungssummen

$$2\pi\left(r - \frac{r}{n}\right)\frac{h}{n} + \ldots + 2\pi\left(r - (n-1)\frac{r}{n}\right)\frac{h}{n} = \pi r h \frac{n(n-1)}{n^2}$$

für $n \to \infty$ gegen $\pi r h \neq M$ streben.

Die Näherung erweist sich als zu grob. Eine Näherungsfolge ist nur brauchbar, wenn sie der zu ermittelnden Größe (z. B. Kegelmantel, Kegelvolumen) beliebig nahe kommt.

Herleitung einer neuen Formel

Beispiel: (Volumen eines Paraboloids)
Das abgebildete *Paraboloid* mit dem Grundkreisradius r und der Höhe h entsteht bei Rotation der Parabel P: $y = \frac{h}{r^2}(r^2 - x^2)$ um die y-Achse. Die Annäherung durch einbeschriebene, aus Zylindern bestehende Treppenkörper führt auf das Näherungsvolumen $V_T(n) = \pi r^2 h \frac{n-1}{2n}$ mit dem Grenzwert

$$V_{\text{Paraboloid}} = \frac{1}{2}\pi r^2 h.$$

Das Volumen ist also gerade halb so groß wie das des umbeschriebenen Zylinders.

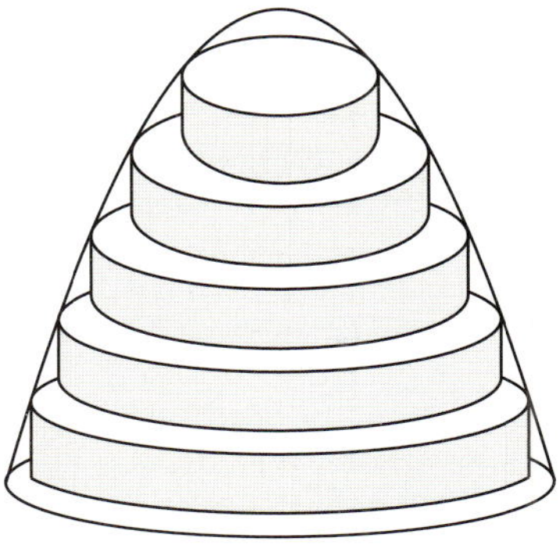

Volumen und Mantel eines „vollkommen runden" Körpers

Beispiel: (Torus)
a) Um das *Volumen* eines Torus anzunähern, denkt man sich den Mittelkreis (Radius R) in n gleiche Teile geteilt und durch jeden Teilpunkt orthogonal zu ihm eine Ebene durch den Mittelpunkt des Torus gelegt. Der Torus wird so in „Scheiben" zerschnitten, die zwar keine Zylinder sind, aber durch Zylinder mit der Grundfläche πr^2 und der Höhe $\frac{2\pi R}{n}$ angenähert werden können.

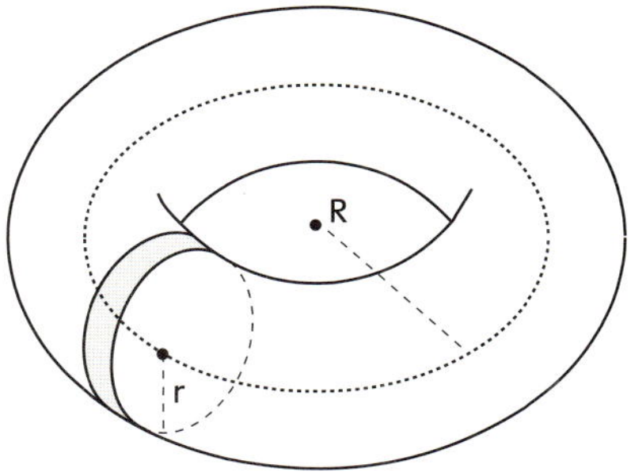

Die Näherungssummen

$$V(n) = n \cdot \pi r^2 \cdot \frac{2\pi R}{n}$$

bilden eine Konstantfolge mit dem *Grenzwert* $V_{\text{Torus}} = 2\pi^2 r^2 R$.
b) Eine entsprechende Näherung führt zum *Mantel* eines Torus. Die Näherungssummen $M(n) = n \cdot 2\pi r \cdot \frac{2\pi R}{n}$ bilden ebenfalls eine Konstantfolge; sie hat den *Grenzwert* $M_{\text{Torus}} = 4\pi^2 r R$.

Weg bei nichtkonstanter Geschwindigkeit

Beispiel: (Bremsweg)
Ein Eisenbahnzug nähert sich mit einer Geschwindigkeit von 72 km/h (d.h. 20 m/s) einem Bahnhof. Um anzuhalten, muss er die Geschwindigkeit gleichmäßig (warum?) verringern. Der Bremsvorgang dauert 1 min. Wie lang ist der Bremsweg?
Die Formel $s = v \cdot t$ setzt eine konstante Geschwindigkeit voraus. Diese Beziehung kann, da sich v während des Bremsvorgangs fortlaufend ändert, allenfalls dazu dienen, um bei sehr kleinen Zeitabschnitten einen *Näherungswert* für den in diesem Zeitabschnitt zurückgelegten Weg zu ermitteln. Man denkt sich deshalb die Bremszeit von 60 Sek. in n kleine Zeitabschnitte $\frac{60}{n}$ unterteilt und berechnet für jeden von ihnen das Produkt

Geschwindigkeit zu Beginn der Zeitabschnitts × Dauer des Zeitabschnitts.

Die Summe aller dieser Näherungen ist ein *Näherungswert für die Länge des gesamten Bremswegs* – aber eben nur ein Näherungswert. Er wird jedoch umso „genauer" ausfallen, je kleiner man die Zeitabschnitte (d.h. je größer man n) wählt. Erst der Grenzwert dieser Näherungen für $n \to \infty$ liefert das, wonach man sucht.
Rechnerisch:
Geschwindigkeit t Sek. nach Beginn des Bremsvorgangs: $v(t) = 20 - \frac{20t}{60}$ (in m/s).
Näherung für den Weg im Zeitabschnitt $\left[k \cdot \frac{60}{n}; (k+1)\frac{60}{n}\right]$: $s_k = \left[20 - \frac{20}{60} \cdot k\frac{60}{n}\right] \cdot \frac{60}{n}$ (in m)
Näherung für den gesamten Bremsweg:

$$s(n) = 20\left(1 - \frac{0}{n}\right)\frac{60}{n} + 20\left(1 - \frac{1}{n}\right)\frac{60}{n} + \ldots + 20\left(1 - \frac{n-1}{n}\right)\frac{60}{n} = 600\,\frac{n^2 + n}{n^2}$$

Bremsweg: $s = \lim\limits_{n \to \infty} s(n) = 600$ (in m)

Übergang von sprunghaftem zu kontinuierlichem Wachstum

Beispiel: (Vom sprunghaften zum kontinuierlichen Wachstum)
Wachstumvorgänge in der Natur (Wachstum einer Planze; Temperaturschwankungen;...) verlaufen meist kontinuierlich. Sie sind mathematisch weniger leicht zugänglich als sprunghafte Wachstumsvorgänge. Man versucht daher, mittels *sprunghafter* Wachstumsvorgänge zu *kontinuierlichem* Wachstum zu gelangen.

Sonderfall: p = 100

Das Standardmodell eines sprunghaften Wachstums haben wir vor uns bei einem Kapital K, das jährlich mit p% verzinst wird. Der Einfachheit halber nehmen wir K = 1000 Euro und (auch wenn dies nicht sehr realistisch ist) p = 100 an.

Wir stellen uns vor, dass der Zinszuschlag nicht nach jeweils einem Jahr, sondern bereits nach jeweils einem halben Jahr (einem Monat, einem Tag, einer Stunde, ...) erfolgt. Dann beträgt das Kapital (in Euro) *nach 1 Jahr*

Zuschlag nach jeweils $\frac{1}{n}$ Jahr

bei halbjährlichem Zuschlag $1000\left(1+\frac{1}{2}\right)^2 = 2250$

bei monatlichem Zuschlag $1000\left(1+\frac{1}{12}\right)^{12} = 2613{,}04$

bei täglichem Zuschlag $1000\left(1+\frac{1}{360}\right)^{360} = 2714{,}52$

bei stündlichem Zuschlag $1000\left(1+\frac{1}{8640}\right)^{8640} = 2718{,}12$ ...

Erfolgt der Zuschlag jeweils nach einem $\frac{1}{n}$-tel Jahr, dann beträgt das Kapital am Ende des ersten Jahres $K(n) = 1000\left(1+\frac{1}{n}\right)^n$ Euro. Wie wir wissen, hat K(n) für $n \to \infty$ den *Grenzwert* $1000 \cdot e = 2718{,}18\ldots$. Wie ist dies zu verstehen? Mit wachsendem n kommt das Anwachsen des Kapitals dem, was wir einen *kontinuierlichen* Wachstumsvorgang nennen, immer näher. Einen solchen Wachstumsvorgang haben wir z. B. im Wachsen einer Pflanze vor uns, deren Wachstums*intensität* während des Wachstumsvorganges *konstant* bleibt, d. h. das Wachstum wird nicht zwischenzeitlich z. B. durch spezielle Düngung beschleunigt oder durch extreme Trockenheit verzögert. Der obige Grenzwert 1000 e ist der Betrag, auf den ein *mit einer bestimmten* (durch p = 100 festgelegten) *Intensität kontinuierlich wachsender* Bestand K = 1000 im Laufe eines Jahres anwächst.

Grenzwert für $n \to \infty$ und seine Deutung

Bemerkung: Im Vorangehenden handelte es sich um ein besonders „kräftiges" Wachstum, wie man es in der Realität nur ganz selten antreffen wird. Allgemein erhält man

$$K(n) = K\left(1+\frac{p}{100n}\right)^n.$$

p beliebig

Setzt man darin $\frac{p}{100} = c$, dann ist $K(n) = K\left(1+\frac{c}{n}\right)^n = K\left[\left(1+\frac{c}{n}\right)^{\frac{n}{c}}\right]^c$.

Für $n \to \infty$ strebt der Inhalt der eckigen Klammer gegen e und somit K(n) gegen $K \cdot e^c$.

So eingängig Beispiele aus der Geometrie sind, sie genügen nicht. Um die Leistungsfähigkeit des Grenzwertbegriffs zu unterstreichen, bedarf es weiterer Beispiele, insbesondere solcher, die *ohne Visualisierung* auskommen. Sie sind auf eine neue Weise lehrreich. Darüberhinaus dienen sie einer Propädeutik der Integration. Die Einführung in die Integralrechnung ist jedoch nicht der richtige Ort, um auf die *Bedeutung des Grenzwertbegriffs* einzugehen.

Analysis

3 Stetigkeit

Ein Bergwanderer bricht frühmorgens um 6 Uhr in der Talstation auf und erreicht gegen Abend die Berghütte. Unterwegs geht er nicht immer gleich schnell und gönnt sich auch hin und wieder eine kurze Rast.
Anderntags verlässt er die Berghütte um 8 Uhr und geht auf demselben Weg zurück.

Gibt es eine Stelle des Wanderweges, an der sich der Wanderer an beiden Tagen zu genau derselben Uhrzeit befand?

Das Wort „stetig“ ist heute ein mathematisches Fachwort, das vor allem im Zusammenhang mit Funktionen verwendet wird. Das war nicht immer so. Man wird auch die *ursprüngliche* Problematik sehen müssen, die zu der späteren Begriffsbildung geführt hat.

Um was geht es?

Schon die Antike beschäftigte sich mit der Frage, wie denn ein „Fließendes“, ein „lückenlos Zusammenhängendes“, zu verstehen sei. Das Paradebeispiel eines solchen haben wir im geometrischen Gebilde einer Geraden vor uns. Durch die Schaffung der reellen Zahlen gelang es, eine eineindeutige Korrespondenz zwischen den *Punkten* einer Geraden und *Zahlen* herzustellen, also die Gerade zu *arithmetisieren*. Die entscheidende Rolle fiel dabei der *Vollständigkeit von* $\mathbb{R}$ zu.

Mit Hilfe des Funktionsbegriffs wird nun versucht, den Sachverhalt von der Geraden auf andere Gebilde (z.B. Kurven) zu übertragen. Die Mathematik wendet dazu die Fragestellung etwas anders: Wie muss eine Funktion beschaffen sein, damit das Bild eines reellen Intervalls so aussieht, wie wir das von einem „kontinuierlichen“ Gebilde erwarten? Es zeigt sich, dass dies im Wesentlichen die Eigenschaft ist, die wir heute „Stetigkeit einer Funktion“ nennen.

Zum mathematischen Hintergrund

Definition

Forderungen an die Definitionsmenge

Es sei eine Funktion f gegeben. Damit man von der „Stetigkeit von f an der Stelle a“ reden kann, muß

f(a) existieren (also a zur Definitionsmenge D von f gehören) und

a eine Häufungsstelle von D sein (d.h. in jeder noch so kleinen Umgebung von a gibt es noch weitere Stellen $x \in D$, $x \neq a$).

Lokale Stetigkeit

Vor diesem Hintergrund nennt man f *an der Stelle a stetig* (oder *in a lokal stetig*), wenn f für $x \to a$ einen Grenzwert hat und dieser mit dem Funktionswert an der Stelle a übereinstimmt, wenn also gilt:

$$\lim_{x \to a} f(x) = f(a).$$

Globale Stetigkeit

Ist D ein Intervall J, dann nennt man f *im Intervall J stetig* (oder *in J global stetig*), wenn f an jeder Stelle des Intervalls stetig ist.

Lösung der Aufgabe am Kapitelanfang

Ja!

Man braucht nur in Gedanken den Abstieg um einen Tag vorzuverlegen und an den Ort der „Begegnung“ zu denken.

Bemerkungen: a) Wollte man bei der Definition der Stetigkeit von f an einer Stelle a ohne Rückgriff auf den Grenzwertbegriff auskommen, dann wäre zu formulieren: Zu jedem $\varepsilon > 0$ gibt es ein $\delta > 0$ so, dass $|f(x) - f(a)| < \varepsilon$ für alle $x \in D$ mit $|x - a| < \delta$.
b) Eine Funktion f ist an der Stelle a genau dann stetig, wenn für *jede* gegen a strebende Folge (x_n) von Argumentwerten x_n die *Folge* $(f(x_n))$ der zugehörigen Funktionswerte den Grenzwert f(a) hat.

Unstetigkeit

Was heißt „unstetig"?

Eine Funktion f heißt an der Stelle $a \in D$ *unstetig*, wenn sie dort nicht stetig ist, d.h., wenn f für $x \to a$ keinen Grenzwert hat, oder wenn der Grenzwert zwar existiert, aber von f(a) verschieden ist. Im zweiten Fall gibt es mindestens eine Folge $(f(x_n))$, die für $x_n \to a$ nicht oder aber gegen einen von f(a) verschiedenen Grenzwert konvergiert.

Bemerkung: Ist eine Funktionf an der Stelle a *nicht* definiert (vgl. $f(x) = \frac{1}{x}$ an der Stelle 0), dann kann man sie dort weder stetig noch unstetig nennen.

Erste Folgerungen

Stetigkeit als Bindung der Funktionswerte

Stetigkeit einer Funktion f an einer Stelle a beinhaltet eine gewisse *Bindung der Funktionswerte $f(x)$, $x \neq a$* in einer Umgebung von a *an den Funktionswert $f(a)$*. Diese Bindung kommt in den folgenden Sätzen zum Ausdruck.

lokal

Ist f an der Stelle a *stetig und $f(a) \neq 0$*, dann gibt es eine Umgebung von a, in der *alle* Funktionswerte f(x) von 0 verschieden sind. (Das ist z.B. von Bedeutung, wenn man zu einer stetigen Funktion v die Kehrwertfunktion $\frac{1}{v}$ bildet. Ist $v(a) \neq 0$, dann ist $\frac{1}{v}$ nicht nur an der Stelle a, sondern sogar für alle Argumente in einer Umgebung von a definiert.)

global

Satz vom Maximum

Zwischenwertsatz; Nullstellensatz

Ist eine Funktion f *in einem abgeschlossenen Intervall [a; b] stetig*, dann können ihre Funktionswerte in [a; b] nicht mehr beliebig groß oder beliebig klein werden, sie ist dann in [a; b] *beschränkt*. Unter ihren Funktionswerten gibt es dann sogar einen größten (*Maximum*) und einen kleinsten (*Minimum*) und jede Zahl zwischen f(a) und f(b) wird von f an mindestens einer Stelle $z \in]a; b[$ als Funktionswert angenommen (*Zwischenwertsatz*). Sonderfall: Haben f(a) und f(b) verschiedene Vorzeichen, dann hat f in]a; b[mindestens eine Nullstelle (*Nullstellensatz*).

Stetigkeit und Vollständigkeit von $\mathbb{R}$

Dies alles gilt allerdings nur, wenn [a; b] *alle* reellen Zahlen x mit $a \leq x \leq b$ enthält; beschränkt man sich z.B. auf die rationalen Zahlen, dann gelten die Sätze nicht. Sie ergeben sich erst aus dem Zusammenspiel der *Stetigkeit* mit der *Vollständigkeit von $\mathbb{R}$*.

Stetigkeit zusammengesetzter Funktionen

Folgerungen aus den Grenzwertsätzen

Die Stetigkeit einer Funktion in jedem Einzelfall durch Rückgriff auf die Definition nachzuweisen, wäre (sofern überhaupt möglich) sehr mühsam. Auch hier greift der Gedanke, die Funktion in einfachere Bestandteile zu zerlegen und vom bekannten Stetigkeitsverhalten der Teile auf jenes des Ganzen zu schließen. Das ist möglich, weil (unter naheliegenden Voraussetzungen) mit Funktionen u und v auch die Funktionen $u + v$, $u - v$, $u \cdot v$, $\frac{u}{v}$ und $u \circ v$ stetig sind.

Historisches

Das Bemühen um begriffliche Klärung des Kontinuums, wie es uns z. B. in einer Strecke oder einem Zeitintervall entgegentritt, reicht bis in die Antike zurück. Der Vorstellung, dass dieses aus festen kleinsten Teilchen

Antike

(„Indivisiblen", „Atomen") besteht (DEMOKRIT, 460? - 370?), steht die vorherrschende Meinung von ARISTOTELES (384 - 322) entgegen, dass es sich um ein unbeschränkt Teilbares handle. Zahlen scheinen danach nicht das geeignete Hilfsmittel zu sein, um „Stetiges" zu beschreiben. Es mag dies einer der Gründe sein, weshalb sich die Griechen mehr der Geometrie als der Arithmetik zuwenden.

Neuzeit

Mit dem Aufkommen der Infinitesimalrechnung (17./18. Jh.) erweist sich der Rückgriff auf geometrische Vorstellungen und die Verwendung von „anschaulichen Selbstverständlichkeiten" in zunehmendem Maße als Falle. Um Fehlschlüssen zu entgehen, erscheint es unumgänglich, das Kontinuum *rein arithmetisch* (also das „Fließende" mittels „Vielheiten") zu beschreiben.

Wie läßt sich ein Kontinuum mittels Zahlen beschreiben?

Dies gestaltet sich deswegen als schwierig, weil bis dahin ein adäquater Zahlbegriff fehlt. Die Arithmetisierung des Kontinuums ist untrennbar mit der Genese des Begriffs der *reellen* Zahl verbunden. Es geht gleichzeitig um zweierlei: die „Vervollständigung" der rationalen Zahlen und die Übertragung der damit erzielten Arithmetisierung der Geraden mittels des (ebenfalls erst im Entstehen befindlichen) Funktionsbegriffs z. B. auf Kurven.

Zwischenwerte

Zunächst versucht man, das Charakteristische einer sich kontinuierlich ändernden Größe im Sinne von „lückenlos" zu fassen. LOUIS ARBOGAST (1759 - 1803) schreibt 1791: *Das Gesetz der Stetigkeit besteht darin, daß eine Größe nicht von einem Wert in einen andern übergehen kann, ohne alle Zwischenwerte, die demselben Gesetz folgen, zu durchlaufen.* Das Augenmerk richtet sich hier auf die Zwischenwert-Eigenschaft.

Idee der gemeinsamen Grenze

Daneben gibt es die (ebenfalls in die Antike zurückreichende) Charakterisierung, wonach ein Kontinuum, wie GOTTFRIED WILHELM LEIBNIZ (1646 - 1716) schreibt, *ein Ganzes* (ist), *von dem je zwei Teile, die zusammen das Ganze ausmachen, ein Stück oder wenigstens eine Grenze gemeinsam haben.*

Idee der Annäherung

Die erste moderne Fassung der Stetigkeit stammt von BERNHARD BOLZANO (1781 - 1848). Für ihn bedeutet eine Änderung nach dem „Gesetz der Stetigkeit", *... dass man f(x + h) - f(x) so klein machen kann wie man will, wenn man h so klein macht, wie man dies wünscht.* Er beweist 1817 den Zwischenwertsatz für (in seinem Sinne) stetige Funktionen. Dabei verwendet er das Argument, dass eine monoton wachsende und beschränkte Folge eine kleinste obere Schranke hat. Er betrachtet dies als selbstverständlich und muss das, da der Begriff der reellen Zahl noch nicht arithmetisch geklärt ist.

Erste systematische Verwendung

Auch AUGUSTIN-LOUIS CAUCHY (1789 – 1857) verwendet in seinem grundlegenden „Cours d'analyse" (1821) die BOLZANOsche Fassung. Sein Versuch, die Stetigkeit zu arithmetisieren, bleibt an derselben Stelle unvollständig. Als Folge treten Fehleinschätzungen auf; z. B. ist man lange Zeit der Meinung, dass alle Funktionen, die im Sinne von BOLZANO dem Gesetz der Stetigkeit folgen, differenzierbar sind. So ist es 1861 eine echte Überraschung, als KARL WEIERSTRASS (1815 – 1897) zeigt, dass es intervall-stetige Funktionen gibt, die nirgends differenzierbar sind (ein schon 1834 von BOLZANO gefundenes Beispiel wird erst um 1920 im Nachlass entdeckt).

Heutige Fassung

Schließlich gelingt RICHARD DEDEKIND (1831 – 1916), GEORG CANTOR (1845 – 1918) und WEIERSTRASS um 1872 die Klärung der Frage, was reelle Zahlen eigentlich sind, unter ausschließlicher Verwendung rationaler Zahlen. Dadurch wird die bei BOLZANO und CAUCHY verbliebene Unvollständigkeit beseitigt und die Arithmetisierung der Stetigkeit – und letztlich der ganzen Analysis – abgeschlossen.

Zum Unterricht

Angesichts des nicht unerheblichen gedanklichen Anspruchs stellt sich vorab die grundsätzliche Frage, ob die Thematik „Stetigkeit" dem Schüler ernstlich zugemutet werden sollte. Man muss sehen, dass dem gedanklichen Aufwand eine magere handwerkliche und (im Rahmen der Schule) wenig anwendungsträchtige Ausbeute gegenübersteht und die Folgerungen zunächst lediglich anschaulich Selbstverständliches zu bestätigen scheinen.

Stetigkeit und Deduktion

Stetigkeit und Existenzsätze

Stetigkeit und Vollständigkeit von $\mathbb{R}$

Natürlich spielt die Stetigkeit in einem *deduktiven* Aufbau der Analysis eine fundamentale Rolle. Ein Blick auf die im Vorangehenden genannten Sätze macht deutlich, worin diese Rolle besteht. Es handelt sich bei diesen Sätzen ausschließlich um „Es gibt ..."-Sätze, sog. *Existenzsätze*. Die Stetigkeit garantiert, dass es gewisse Zahlen tatsächlich gibt – und das ist innerhalb der Deduktionskette sehr wichtig. Die Stetigkeit kann das allerdings nur im Zusammenwirken mit der *Vollständigkeit von $\mathbb{R}$*. Bei einer gründlichen Behandlung der Stetigkeit geht es also nicht nur um eine diffizile Eigenschaft einer Funktion. Man ist gezwungen, gleichzeitig eine Problematisierung der Definitionsmenge mit einzukaufen.

Es dürfte ratsam sein, in der Schule diese zweifache Problematik (und allgemein die ganze Thematik „Existenzsätze") nur dort anzusprechen, wo sie innerhalb des Unterrichtsgeschehens nicht zu umgehen ist, eine Behandlung nach Art der Wissenschaft aber getrost der Hochschule zu überlassen.

Generelle unterrichtliche Probleme

Zusammenhang mit dem Funktionsbegriff

Die Definition der Stetigkeit ist vor dem *Hintergrund des verwendeten Funktionsbegriffs* (Funktion als Zuordnung) zu sehen. Dieser ist so allgemein gefasst, dass zur Gewinnung weiterführender Aussagen eine Einschränkung unumgänglich ist. Solange ein Schüler – der Anschauung folgend – bei einer Funktion die Stetigkeit stets mitdenkt, kann er sich über den gedanklichen Aufwand nur wundern.

Unstetigkeit als Abartigkeit

Da fast alle Funktionen, mit denen es ein Schüler im Unterricht ernstlich zu tun hat, stetig sind, erscheint ihm Unstetigkeit nicht selten als eine an den Haaren herbeigezogene exotische Abartigkeit. Er sieht die bloße Möglichkeit solcher Fälle durchaus ein, aber er bewertet sie falsch. Er übersieht das Unheil, das ein Gegenbeispiel in einer Deduktionskette anrichten kann.

Anschaulichkeit als fragwürdige Vereinfachung

Stetigkeit und Unstetigkeit sind *anschaulich* nicht klar gegeneinander abgegrenzt. Die Vorstellung einer durchlaufenden Linie bzw. einer durch einen Sprung unterbrochenen Linie mag zwar sehr eingängig sein, zureichend ist sie nicht. Es fehlt eine einfache und prägnante Visualisierung der Stetigkeit (ohne irgendwelche weiteren Annahmen über die dargestellte Funktion). Das ist ein ernstzunehmendes unterrichtliches Problem, das auch bei anderen infinitesimalen Eigenschaften einer Funktion auftritt.

Sinn der Begriffsbildung bleibt unklar

Die Bedeutung der Stetigkeit wird eigentlich erst sichtbar in den *Konsequenzen*, die sie bzw. Unstetigkeit nach sich zieht. Im Unterricht übersteigen diese jedoch häufig den (z. B. zeitlich) vorgegebenen Rahmen. Es bleibt dann bei Erörterungen, *wie* der Begriff definiert wird, dagegen bleibt im Dunkeln, *weshalb* er von Interesse ist.

Grenzwert als komplizierter „Hilfsbegriff"

Die Fassung der Stetigkeit mittels Grenzwert und Funktionswert ist nicht naheliegend. (Ein Schüler wird anstelle des Grenzwertes vielleicht eher an die Zwischenwerteigenschaft denken – womit er bei monotonen Funktionen keineswegs in die Irre geht.) Für ihn ist anschaulich klar, was mit „stetig" gemeint ist. So kommt es aus seiner Sicht zu der irritierenden Situation, daß vermeintlich *Einfacheres* (die Stetigkeit) mit Hilfe von *weniger Einfachem* (dem Grenzwert) beschrieben wird.

Von der Zwischenwerteigenschaft zur Stetigkeit

Bei der Einführung eines neuen Begriffs sind die Begleitumstände wichtig, unter denen er erstmals auftaucht. Sie sollten typisch sein für Situationen, in denen der Begriff später verwendet wird. Im Falle der Stetigkeit kann man z. B. von der Zwischenwertproblematik ausgehen.

Was bedeutet „un-unterbrochen"?

Wenn wir uns mit dem Fahrrad auf Tour begeben, dann ändert sich der zurückgelegte Weg un-unterbrochen, fließend, nicht ruckartig; er ändert sich *kontinuierlich* (laut Lexikon: „ohne Lücken zusammenhängend"). Wir sind überzeugt: Haben wir bis 10 Uhr 25 km zurückgelegt und bis 11 Uhr 40 km, dann ist in der Zwischenzeit jede Weglänge zwischen 25 km und 40 km einmal „drangekommen".

Ist damit bereits alles gesagt? Drückt sich das *kontinuierliche* Sichändern der Weglänge s darin aus, daß beim Übergang von $s(t_1)$ zu $s(t_2)$ *jeder* mögliche Zwischenwert zwischen $s(t_1)$ und $s(t_2)$ vorkommt? Oder, etwas mathematischer: Bilden die Funktionswerte $f(x)$ einer Funktion f, $x \in [a; b]$ ein „Fließendes", wenn jede *reelle Zahl* zwischen $f(a)$ und $f(b)$ ein Funktionswert ist? Dem ist leider nicht so.

Die Zwischenwerteigenschaft

Beispiel: (Sprung trotz Zwischenwerteigenschaft)
Die Figur zeigt das Schaubild einer auf dem reellen Intervall $[-1; +1]$ definierten Funktion f, bei der jede reelle Zahl zwischen $f(-1) = 0$ und $f(1) = 1$ als Funktionswert vorkommt. Trotzdem ändert sie sich an der Stelle 0 ruckartig, sie hat dort einen „Sprung".

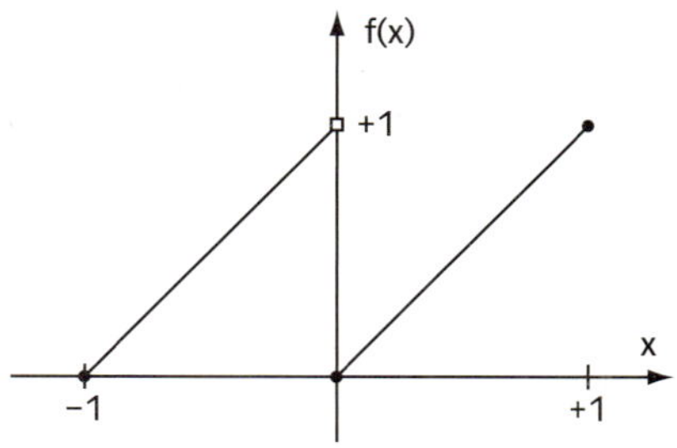

... genügt nicht

Die Zwischenwerteigenschaft kennzeichnet das, was wir mit „kontinuierlich" meinen, noch nicht hinreichend. Was noch fehlt, ist dies: Wenn x sich einer Zwischenstelle c zwischen a und b annähert, dann sollten sich auch die Funktionswerte $f(x)$ dem Funktionswert $f(c)$ annähern. Das ist der Fall, wenn die Funktion f für $x \to c$ den Funktionswert $f(c)$ *als Grenzwert* hat. Damit ist mehr verlangt als „nur" die Zwischenwerteigenschaft; man kann zeigen: Haben alle Funktionswerte von f für $x \in [a; b]$ diese „Grenzwerteigenschaft", dann hat f gewiß auch die Zwischenwerteigenschaft - aber nicht umgekehrt. Die neue Eigenschaft verdient deshalb einen besonderen Namen.

Übergang zur „Grenzwerteigenschaft"

Man sagt, eine Funktion f sei *an der Stelle* $c \in D$ *stetig*, wenn gilt:

$$\lim_{x \to c} f(x) = f(c).$$

Ist dies für alle $c \in D$ der Fall, dann nennt man f eine *(in D) stetige* Funktion. Beispiele wie das folgende lassen den Stellenwert der neuen Eigenschaft wenigstens andeutungsweise erkennen.

Stetigkeit

Beispiel: (Gibt es einen Schnittpunkt?)
Die Funktion

$$f: x \mapsto x - \operatorname{sign}(x)$$

nimmt in $[-1; 2]$ alle reellen Zahlen zwischen 0 und 1 als Funktionswerte an. Ebenso nimmt die Funktion

$$g: x \mapsto x + \tfrac{1}{2} \text{ in } [-1; 2]$$

alle reellen Zahlen zwischen $-0{,}5$ und $2{,}5$ als Funktionswerte an. Beide Funktionen besitzen also die Zwischenwerteigenschaft.
Obwohl nun aber

$$f(-1) > g(-1)$$
$$f(2) < g(2),$$

haben die beiden Funktionen f und g in $[-1; 2]$ *keinen* gemeinsamen Funktionswert und ihre Schaubilder also keinen Schnittpunkt.

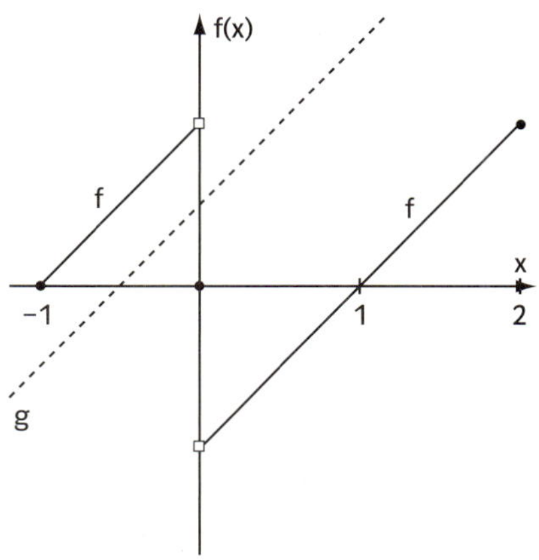

Hinweis auf die Bedeutung der Stetigkeit

Zusammenfassung

Zusammenfassung: Zunächst haben wir so argumentiert, wie schon in der Antike argumentiert wurde (allerdings schon damals nicht unwidersprochen): „Wovon es ein Zuwenig gibt und ebenso ein Zuviel, davon gibt es auch ein Gleiches". Der Versuch, mit der Zwischenwerteigenschaft auszukommen, missglückte, denn „die Natur macht keine Sprünge". Dies führte uns schließlich zu einer neuen Eigenschaft einer Funktion, die wir *Stetigkeit* nennen.

Bemerkung: Im Vorangehenden wurde zur Beschreibung eines „ohne Lücken Zusammenhängenden" der Funktionsbegriff bemüht. Das ist nicht selbstverständlich, denn zunächst hat ein solches mit einer Funktion nichts zu tun. Der Funktionsbegriff erleichtert unser Vorhaben indem er uns ermöglicht, jenes „Fließende" zu dem bereits vorhandenen Kontinuum der reellen Zahlen in Beziehung zu setzen.

Abgrenzung gegen Unstetigkeit

Was heißt „unstetig"?

Damit man von „Stetigkeit (Unstetigkeit) der Funktion f an der Stelle c" überhaupt reden kann, muss jedenfalls der Funktionswert f(c) vorhanden sein (z. B. ist $x \mapsto \frac{1}{x}$ „an der Stelle 0" weder stetig noch unstetig).
Ist f an der Stelle c *nicht stetig (unstetig)*, dann kann dies zweierlei Ursachen haben: Entweder hat f an der Stelle c gar keinen Grenzwert, oder der Grenzwert ist zwar vorhanden, aber von f(c) verschieden.

Beispiel:

Kein Grenzwert

a) (Kein Grenzwert vorhanden)
Beim Runden positiver reeller Zahlen auf ganze Zahlen wird jedem $x \in \mathbb{R}^+$ eine ganze Zahl zugeordnet. Diese Funktion ist an den Stellen 0,5; 1,5; ... unstetig, weil hier (zwar ein Funktionswert, aber) kein Grenzwert vorhanden ist.

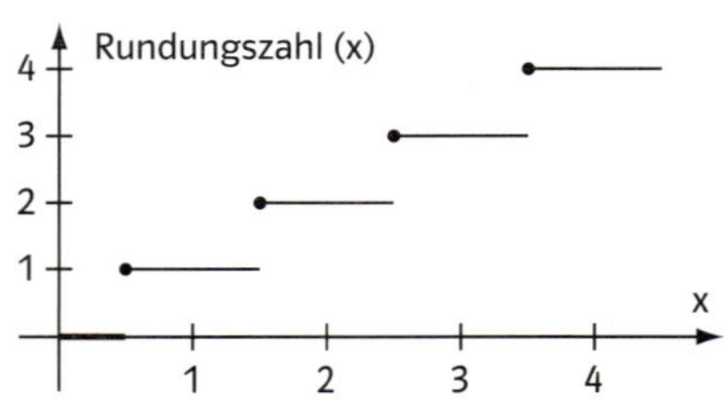

Grenzwert ≠ Funktionswert

b) (Grenzwert und Funktionswert verschieden)
Die durch die Rekursionsvorschrift $x_{n+1} = (x_n)^2$, Startwert $c \in [-1; 1]$ definierte Folge hat für jedes $c \in [-1; 1]$ einen Grenzwert g(c). Die Funktion $f: c \mapsto g(c)$ ordnet einer Zahl c mit $-1 < c < 1$ die Zahl 0, den Zahlen −1 und 1 dagegen die Zahl 1 zu. Sie hat für $c \to -1$ und für $c \to 1$ jeweils einen Grenzwert (nämlich 0), aber dieser stimmt nicht mit dem Funktionswert an dieser Stelle überein. Die Funktion f ist an den Stellen $c = -1$ und $c = 1$ unstetig.

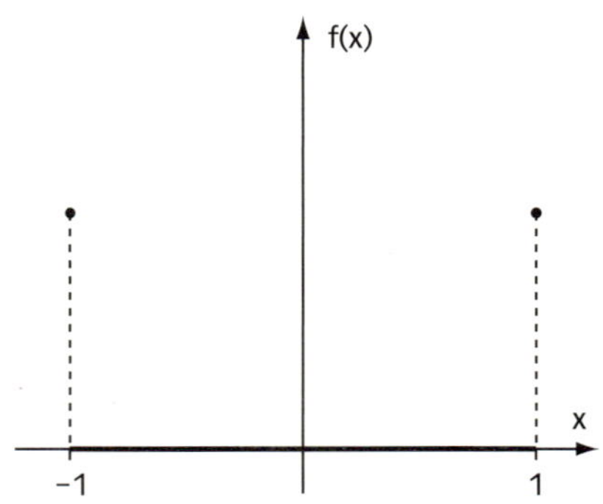

Veranschaulichung der Stetigkeit

Die Stetigkeit ist im Grunde eine seltsame und keineswegs sehr anschauliche Eigenschaft. Stetige Funktionen können ein recht abartiges und unerwartetes Verhalten zeigen (vgl. PEANO-Kurve). Insbesondere beinhaltet die Stetigkeit einer Funktion an einer Stelle c nicht, dass ihr Schaubild in Form einer durchgezogenen Linie durch $P(c\,|\,f(c))$ verläuft. Die übliche *Veranschaulichung* von Stetigkeit mittels einer linienhaften Kurve ist zwar nicht falsch, zeigt aber in der Regel *mehr* als *nur* Stetigkeit (z. B. darüberhinaus Differenzierbarkeit) und täuscht evtl. etwas vor, das gar nicht zur bloßen Stetigkeit gehört.

Ein Bild zeigt stets mehr als nur Stetigkeit

Beispiel: (Problem der Veranschaulichung)
a) Die Funktion f mit dem nebenstehenden Schaubild und $f(0) = 0$ ist *an der Stelle 0 stetig*, obwohl das Schaubild in jeder Umgebung von 0 unendlich oft *unterbrochen* ist.
b) Die Funktion f mit $f(x) = 0$ für irrationales $x > 0$ und $f(x) = \frac{1}{q}$ für $x = \frac{p}{q}$ ($p, q \in \mathbb{N}$, teilerfremd) ist an allen *irrationalen* Stellen in $\mathbb{R}^+$ *stetig*, an allen *rationalen* dagegen *unstetig*.

Die Anschauung versagt

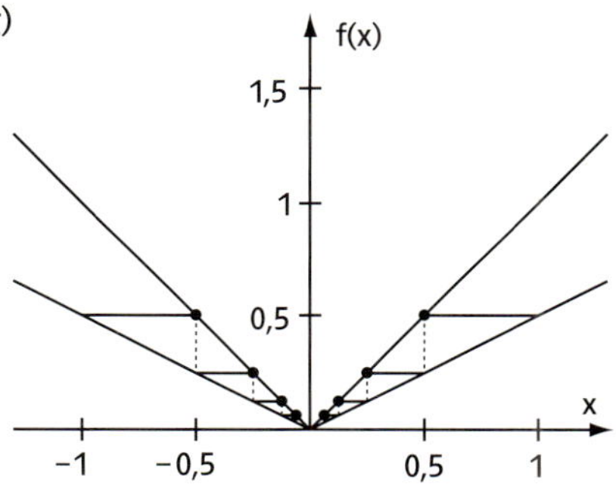

Beispiel: (Bedeutung der Definitionsmenge)
Die Funktion $f\colon x \mapsto \frac{1}{2}x^2 + \sqrt{2}\,x$ ist für alle $x \in \mathbb{R}$ stetig. Lässt man nicht alle reellen, sondern nur die *rationalen* Zahlen als Argumente zu, dann ist die (neue) Funktion nach wie vor für alle $x \in \mathbb{Q}$ *stetig*, obwohl die Definitionsmenge Lücken hat. In der Zeichnung kommt der Unterschied nicht zum Ausdruck. Wie bedeutsam er dennoch ist, zeigt sich daran, dass der Nullstellensatz und der Satz vom Maximum ihre Gültigkeit verlieren.

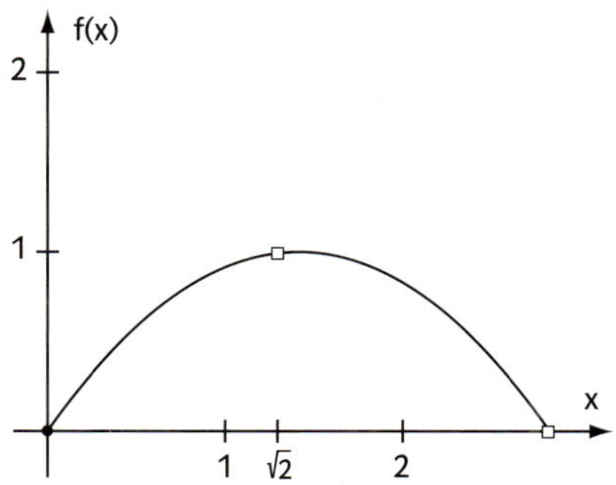

Veranschaulichung eines Existenzsatzes

Der Nullstellensatz für stetige Funktionen ist ein typisches Beispiel für einen Existenzsatz. Um ihm seine „Selbstverständlichkeit" zu nehmen, bedarf es eines nichttrivialen Beispiels.

Beispiel: (Schinkenbrotproblem)
Eine Scheibe Brot ist mit Schinken belegt (s. Fig., S. 50). Kann man mit einem einzigen geradlinigen Schnitt *gleichzeitig* das Brot und den Schinken halbieren?
Eine *unbelegte* Scheibe Brot kann man in jeder Richtung durch einen geradlinigen Schnitt halbieren. Wir denken uns einen solchen Schnitt ausgeführt und versehen die Schnittgerade mit einem Pfeil, damit wir von der „linken" und „rechten" Hälfte reden können.

Der Nullstellensatz löst ein handfestes Problem

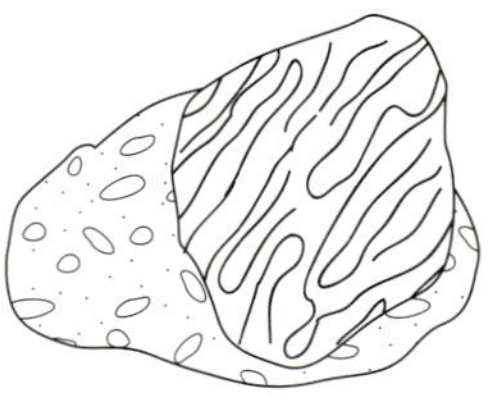

Ist das Brot mit Schinken *belegt*, dann teilt derselbe Schnitt gleichzeitig den Schinken in einen linken Teil s_L und einen rechten Teil s_R. Wir nehmen an, dass der linke Teil weniger Schinken enthält als der rechte, also $s_L < s_R$ ist. Nun könnte man das unbelegte Brot auch in einer andern Richtung halbieren, die mit der ersten einen Winkel α bildet. Zu jedem α mit $0° \le \alpha \le 180°$ gibt es einen solchen Schnitt. Für $\alpha = 180°$ ist es wieder der ursprüngliche, nur ist jetzt $s_L > s_R$. Wir fassen nun $s_L - s_R$ als Funktion f von α auf. Es ist dann $f(0) < 0$ und $f(180) > 0$. Da wir davon ausgehen können, dass f *stetig* ist, muss es also ein α^* geben mit $f(\alpha^*) = 0$. D.h.: Halbiert man das Brot in der Richtung α^*, dann wird gleichzeitig auch der Schinken halbiert. *Es gibt* also einen Schnitt, der sowohl das Brot als auch den Schinken halbiert.

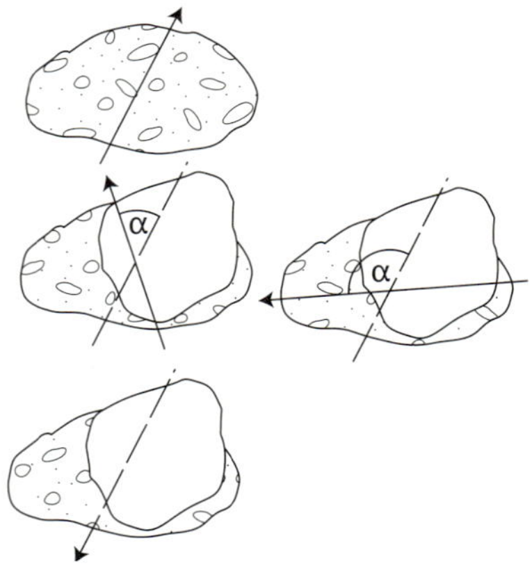

Bemerkungen:

a) Um das Schinkenbrot tatsächlich zu halbieren, muß man darüberhinaus wissen *wie* der Schnitt zu führen ist. Das sagen die Überlegungen nicht, sie geben in dieser Hinsicht keinerlei Hinweis.

b) Für einen Feinschmecker, der das Brot zusätzlich zum Schinken auch noch mit einer Scheibe Käse belegt, ist das Problem i. Allg. nicht mehr lösbar (man braucht sich nur alle drei Scheiben kreisförmig zu denken).

Stetigkeit in der Schulanalysis ?

Analysis ohne Stetigkeit?

Gegen eine deduktiv orientierte Behandlung der Stetigkeit in der Schule bestehen zu Recht Bedenken. Die Begriffsbildung ist diffizil und der schulische Ertrag – im wesentlichen Existenzsätze – ist angesichts der vorhandenen Möglichkeiten fragwürdig. Es wurde deshalb schon vorgeschlagen, sich auf problemlose („gutartige") Funktionen zu beschränken und so die Stetigkeit als unterrichtliches Problem auszuklammern, d.h. praktisch: von Stetigkeit gar nicht zu reden und so zu tun, *als ob* jede Funktion stetig sei, also gewissermaßen eine „Analysis für stetige Funktionen" zu betreiben.

Andere Begründungsbasis

Das bedeutet zunächst lediglich, das im üblichen Analysisunterricht unverkennbare Bemühen um Nähe zu einem streng deduktiven Vorgehen aufzugeben und die Begründungsbasis anders zu legen. (Zum Vergleich: Die Elementargeometrie muss in der Schule auch ohne Axiomensystem auskommen – aber nicht ohne Begründungsbasis). Es bedeutet nicht, den

Stellenwert des Grenzwertes bleibt erhalten

Infinitesimal*kalkül* in den Vordergrund zu rücken und die Begrifflichkeit demgegenüber gering zu achten. Und es bedeutet insbesondere nicht, den Begriff des *Grenzwertes* zu vernachlässigen; er ist und bleibt das A und O jeder Analysis.

Analysis

4 Ableitung

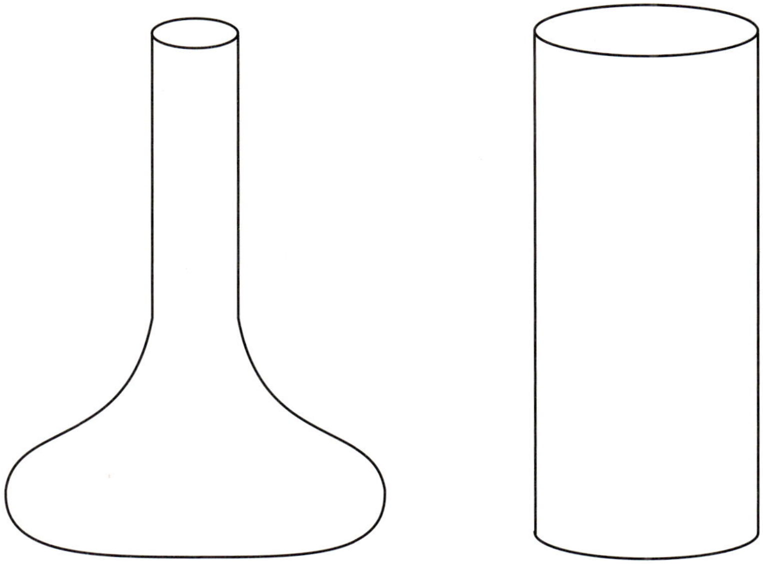

Beim Füllen der beiden Gefäße – gleicher Zufluss vorausgesetzt – steigt der Wasserspiegel im linken Gefäß zunächst *langsamer*, dann *schneller* als im rechten.

Wie kann man (wenn kein Wasser und keinerlei Hilfsmittel vorhanden sind) am linken Gefäß die Höhe finden, bei welcher der Wasserspiegel *gleich schnell* steigt wie im rechten?

Wenn wir die Abhängigkeit einer Größe von einer andern messend verfolgen, dann beziehen sich unsere Beobachtungen in der Regel auf einen zeitlich und örtlich eng begrenzten Rahmen. Wir hoffen, auf Grund der Beobachtungen zu Aussagen zu gelangen, die über diesen Rahmen hinausreichen.

Zum mathematischen Hintergrund

Das Grundproblem der Analysis

Mathematisch handelt es sich um folgendes Problem: *Von einer Funktion f kennt man den Funktionswert f(a) an der Stelle a. Gesucht werden Aussagen über weitere Funktionswerte f(x) für $x \neq a$.*

Was will die Analysis eigentlich?

Ohne irgendwelche weiteren Kenntnisse über f ist das Vorhaben natürlich aussichtslos, denn der allgemeine Funktionsbegriff (Funktion als reine Zuordnung) bindet die Funktionswerte in keiner Weise aneinander. Das Problem besteht also genauer darin, bei gegebenem f(a) und weiteren *lokalen Eigenschaften* von f an der Stelle a auf Funktionswerte f(x) mit $x \neq a$ zu schließen. Eine solche lokale Eigenschaft ist z. B. die Stetigkeit, eine andere die Differenzierbarkeit von f an der Stelle a.

Definition der Ableitung

Lokale und globale Differenzierbarkeit

Die Stelle a gehöre zur Definitionsmenge D einer Funktion f und sei ein Häufungspunkt von D. Dann nennt man f *an der Stelle a differenzierbar*, wenn der Differenzenquotient $\frac{f(a+h)-f(a)}{h}$ für $h \to a$ einen Grenzwert hat (*lokale* Differenzierbarkeit). Von einer *differenzierbaren Funktion* (ohne den Zusatz „an einer Stelle") spricht man, wenn sie an jeder Stelle $a \in D$ differenzierbar ist. Die Zuordnung

$$x \mapsto \lim_{h \to 0} \frac{f(x+h)-f(x)}{h}$$

Ableitungsfunktion

heißt *Ableitung(sfunktion)* von f und wird mit f′ bezeichnet. Die Ableitung von f an der Stelle a ist dann f′(a).

Lösung der Aufgabe am Kapitelanfang
Stülpt man das rechte Gefäß über das linke, dann markiert die Berührlinie die gesuchte Höhe.

Zerlegungsformel. Differenziale

Eine Funktion f sei an der Stelle a differenzierbar und es sei

$$r(a;h) := \frac{f(a+h)-f(a)}{h} - f'(a).$$

Es ist dann

$[f(a+h) - f(a)] - f'(a) \cdot h = r(a;h) \cdot h$

oder

$f(a+h) = f(a) + f'(a) \cdot h + r(a;h) \cdot h$ *(Zerlegungsformel)*. Bei einer an der Stelle a differenzierbaren Funktion kann man $f(a+h)$ somit „in natürlicher Weise" additiv zerlegen. Der erste Summand ist der Funktionswert an der betrachteten Stelle.

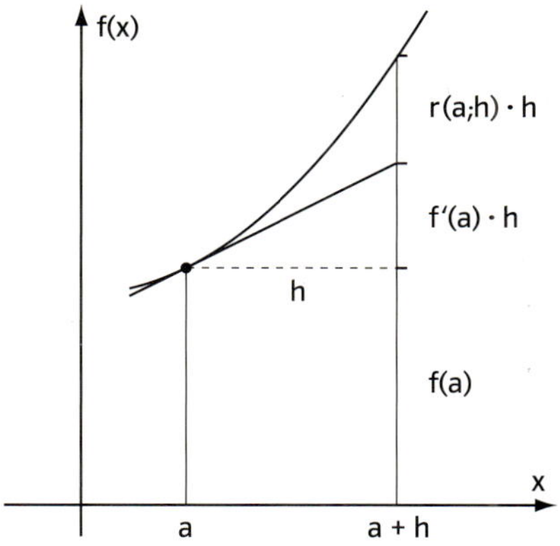

Zerlegungsformel

Der zweite Summand ist proportional zur Abweichung h, er beinhaltet den linearen Anteil des Zuwachses. Der dritte Summand liefert den danach noch verbleibenden Rest, er geht auch noch nach Division durch h gegen null für $h \to 0$.

Der zweite Summand $f'(a) \cdot h$ heißt *Differenzial der Funktion f an der Stelle a* und wird auch mit $df(x)|_{x=a}$ bezeichnet, z. B. ist $dx^2|_{x=1} = 2h$.

Was ist ein Differenzial?

Bei der speziellen Funktion $x \mapsto x$ ist $dx|_{x=a} = 1 \cdot h = h$. Verwendet man dies in der Beziehung $df(x)|_{x=a} = f'(a) \cdot h$, dann wird $df(x)|_{x=a} = f'(a) \cdot dx$ und die Ableitung an der Stelle a erscheint als *Quotient* $\frac{df(x)}{dx}$ *von Differenzialen.* Man spricht deshalb bei der Ableitung auch vom „Differenzialquotienten". Dabei ist stets zu beachten: Eine Ableitung kann im Nachhinein als Quotient aufgefasst werden, sie lässt sich jedoch nicht als Quotient *definieren.*

Ableitung als Quotient von Differenzialen

Tangente. Tangentenfunktion

Die von Kreis und Ellipse her bekannte geometrische Beschreibung einer Tangente (etwa als Gerade, die mit der Kurve nur einen einzigen Punkt gemeinsam hat) versagt bereits bei der Parabel und taugt nicht für eine allgemeine Definition. Die folgenden Bilder verdeutlichen die Problematik.

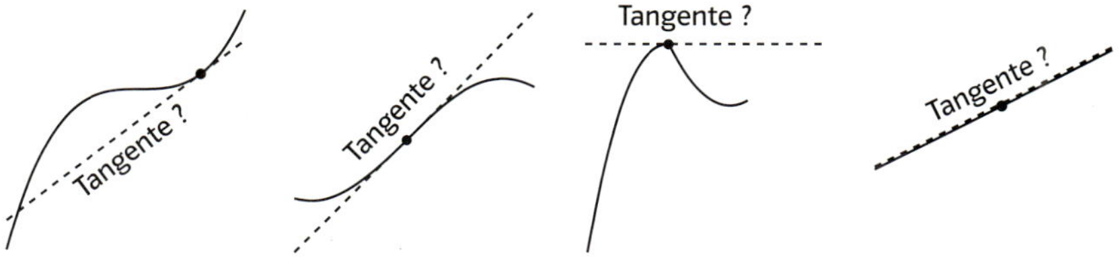

Was ist eine Tangente?

Mit Hilfe der Ableitung lässt sich genauer sagen, was man unter der Tangente in einem Punkt P einer Kurve $K: y = f(x)$ zu verstehen hat. Man beschränkt sich dabei auf Kurven, die man als Schaubilder von Funktionen f ansehen kann. Fasst man die Tangente in $P(a \mid f(a))$ auf als Grenzlage von Sekanten PQ für $Q \to P$, dann legt die anschauliche Deutung des Differenzenquotienten von f an der Stelle a nahe, die *Tangente* in P zu *definieren* als Gerade durch P mit der Steigung $f'(a)$ bzw. als Gerade durch P mit dem durch

Definition der Tangente

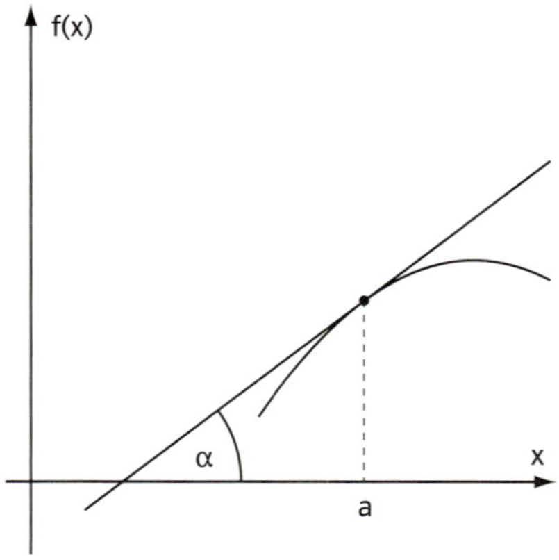

$$\tan \alpha = f'(a)$$

bestimmten Richtungswinkel $(0 \leq \alpha < \pi)$. Die Tangente ist dann Schaubild der Funktion t mit $t(x) = f(a) + f'(a)(x - a)$, der sog. Tangentenfunktion.

Bemerkungen:

a) Die Definition betrifft nur solche Punkte einer Kurve K: $y = f(x)$, für die $f'(a)$ existiert. Um auch sog. senkrechte Tangenten in Betracht ziehen zu können, muss die Definition durch Übergang zu einer Parameterdarstellung von K passend erweitert werden. Damit lassen sich dann auch Tangenten z. B. an spiralige Kurven erfassen.

„Tangentenproblem“

b) Bei der Problematik um die Tangente an eine Kurve spricht man auch vom „Tangentenproblem“. Es kann dann im Einzelfall die Frage „Wie findet man die Tangente?“ oder die Frage „Was versteht man unter einer Tangente?“ gemeint sein. Da letztlich beide Fragen mit Hilfe der Ableitung beantwortet werden, wird manchmal auch das Grundanliegen der Differenzialrechnung (die Suche nach einem Änderungsmaß) als „Tangentenproblem“ bezeichnet.

Differenzierbarkeit und Stetigkeit

Aus der Zerlegungsformel ergibt sich unmittelbar

$$\lim_{h \to 0} f(a + h) = f(a),$$

Lokaler Zusammenhang

d. h., wenn eine Funktion an der Stelle a differenzierbar ist, dann ist sie dort auch stetig. Dass die Forderung, *an einer Stelle* differenzierbar zu sein, echt mehr verlangt als „nur“ Stetigkeit, lehren schon einfache Beispiele wie $f(x) = |x|$, $a = 0$. Eine an einer Stelle a nichtdifferenzierbare Funktion kann dort durchaus noch stetig sein.

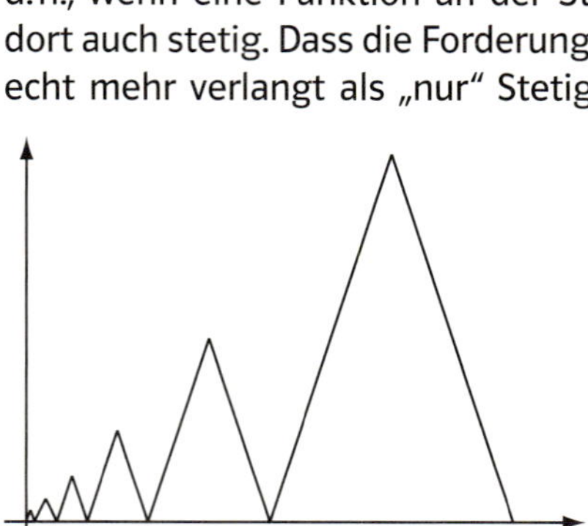

Globaler Zusammenhang

Weniger offensichtlich ist der Zusammenhang zwischen *globaler* Differenzierbarkeit und *globaler* Stetigkeit. Ersichtlich gibt es auch Funktionen, die an endlich vielen (sogar an unendlich vielen) Stellen eines Intervalls J nicht differenzierbar und trotzdem in J stetig sind. Ist aber eine Funktion (wie z. B. die Dirichlet-Funktion) an *keiner* Stelle von J differenzierbar, dann legt die Anschauung nahe, dass eine solche Funktion auch nicht mehr stetig sein kann. In Wahrheit trifft dies jedoch nicht zu. Es gibt Funktionen, die an keiner Stelle von J differenzierbar, aber trotzdem an jeder Stelle von J noch stetig sind. Die Anschauung versagt hier wohl nicht zuletzt deshalb, weil Stetigkeit weniger verlangt, als es die Vorstellung suggeriert.

Beispiel: (Stetige, nirgends differenzierbare Funktion)
Die abgebildeten „Sägezahn"-Funktionen g_1 bis g_4 sind in $[0; 1] = J$ stetig, aber an den Knickstellen nicht differenzierbar. Durch Überlagerung entstehen Funktionen

$$f_1 = g_1$$
$$f_2 = g_1 + g_2$$
$$f_3 = g_1 + g_2 + g_3$$
$$f_4 = g_1 + g_2 + g_3 + g_4, \text{ usw.,}$$

die in J stetig sind und in J ein Raster von Knickstellen besitzen. Dieses Raster verfeinert sich mit wachsende Index. Denkt man sich nun ein $x \in J$, dann ist $f_1(x)$, $f_2(x)$, $f_3(x)$, … eine monoton wachsende Zahlenfolge, die (wegen $0 \le g_i(x) \le \frac{1}{2^i}$) beschränkt ist und daher einen Grenzwert $f(x)$ hat. Von der so entstehenden Funktion f läßt sich nachweisen: Sie ist in J stetig, aber an keiner Stelle von J differenzierbar.

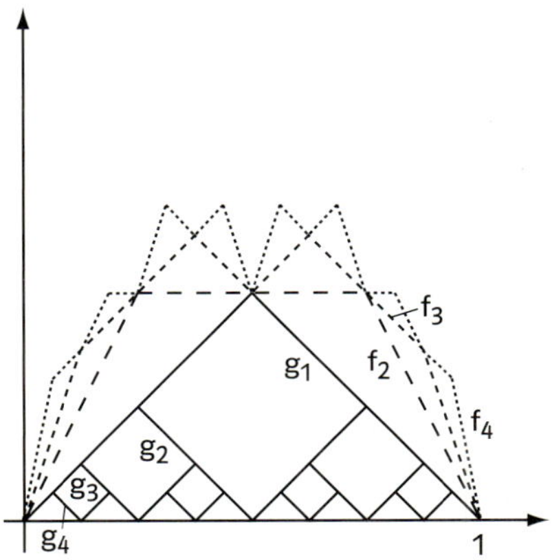

Überall stetig, aber nirgends differenzierbar

Historisches

Antike

Das Problem, an eine gegebene Kurve die Tangente zu finden, reicht bis in die Antike zurück. Bereits damals bekannt ist die Konstruktion der Tangente an einen Kegelschnitt. Archimedes (287–212) gelingt die Konstruktion der Tangente an eine (heute nach ihm benannte) Spirale.
Lange Zeit bleibt es bei dem Bemühen, eine Tangentenkonstruktion für spezielle Kurven zu finden. Gefordert wird ein Vorgehen, das von „griechischer Strenge" ist, also insbesondere jede Argumentation mit dem Unendlichen vermeidet. Die Frage, was man unter einer Tangente zu verstehen hat oder ob es eine solche überhaupt gibt, stellt sich nicht.

Anfänge des funktionalen Denkens bei Galilei

Als Galileo Galilei (1564–1642) gegen Ende des 16. Jahrhunderts beginnt, Bewegungsvorgänge experimentell zu untersuchen, da legt dies nahe, sich Zeit und Weg *variabel* zu denken und in *Abhängigkeit* voneinander. Das ist ganz ungriechisch gedacht, wird aber für die weitere Entwicklung von entscheidender Bedeutung.
Pierre Fermat (1601–1665) sieht das Tangentenproblem vor allem im Zusammenhang mit dem Lösen von Extremwertproblemen.

Tangentenproblem bei FERMAT *und* BARROW

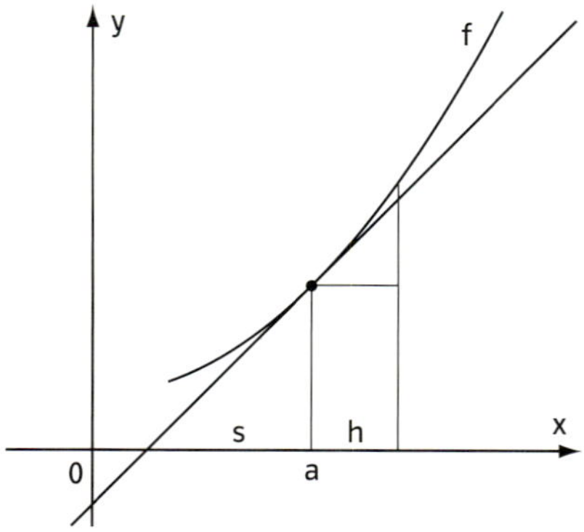

Er gibt am Beispiel der Parabel den folgenden Lösungsweg an: Es genügt, die Subtangente s zu bestimmen. Nach dem Strahlensatz ist

$\frac{s+h}{s} \approx \frac{f(a+h)}{f(a)}$ oder $\frac{f(a)}{s} \approx \frac{f(a+h)-f(a)}{h}$.

Mit $f(x) = c_1x^2 + c_2x + c_3$ ergibt sich für den letzten Quotienten $2c_1a + c_2 + c_1h$. Darin streicht FERMAT nun das letzte Glied und ersetzt gleichzeitig ≈ durch das Gleichheitszeichen. Aus der entstehenden Gleichung lässt sich s berechnen.

Was er sich an der entscheidenden Stelle (der Vernachlässigung von c_1h und dem Übergang von ≈ zu =) gedacht hat, sagt er nicht. Sein Zeitgenosse ISAAK BARROW (1630–1677) meint dazu: *In der Rechnung lasse ich alle Glieder weg, die eine Potenz von h enthalten (denn diese Glieder haben keinen Wert).* Offenbar ist hier ein neuartiger und verallgemeinerungsfähiger Ansatz vorhanden, der jedoch (im Sinne des griechischen Vorbildes) im Finiten verbleiben will.

Abkehr von „griechischer Strenge" durch NEWTON

ISAAK NEWTON (1642–1727), Schüler und Freund von BARROW, geht von kinematischen Vorstellungen aus, von sich *fließend* ändernden Größen. Er unterscheidet sich darin von seinen Zeitgenossen, die sich eine Größe aus unendlich kleinen Bestandteilen zusammengesetzt denken (und bei ihrer Argumentation z. B. ein unendlich kleines Kurvenstück mit einem Stück der Tangente gleichsetzen). Er beschreibt sein ursprüngliches Anliegen so: *Indem ich erwog, daß Größen, die in gleichen Zeiten wachsen und durch dieses Wachsen erzeugt werden, größer oder kleiner werden entsprechend der größeren oder kleineren Geschwindigkeit, mit der sie wachsen und erzeugt werden, suchte ich nach einer Methode zur Bestimmung der Größen aus der Geschwindigkeit der Bewegung oder des Wachsens, wodurch sie erzeugt werden. Diese Bewegungs- oder Wachstumsgeschwindigkeiten nannte ich Fluxionen und die erzeugten Größen Fluenten.*

Tangentenproblem als Infinitesimalproblematik

Bei seiner Auffassung geht es um den Zusammenhang zwischen einer Fluente und ihrer Fluxion (dem „Maß des Fließens"). Die Aufgabe besteht vorderhand darin, zu einer gegebenen Fluente die Fluxion zu finden, mit dem letztlichen Ziel, zu einer gegebenen Fluxion die Fluente zu bestimmen.

Bei seinen Bemühungen um die rechnerische Bestimmung einer Fluxion nennt Newton diese das *„letzte Verhältnis der hinschwindenden Zuwächse"* Δx und Δy, das weder vor noch nach dem Verschwinden dieser Zuwächse zu bilden sei, sondern genau *„im Augenblick ihres Verschwindens"*. Das ist zwar begrifflich unbefriedigend, zeigt aber etwas Bdeutsames: Es darf nicht ein unendlich kleines Δx und ein unendlich kleines Δy ins Verhältnis gesetzt werden (in heutiger Ausdrucksweise: nicht $\lim\limits_{\Delta x \to 0} \Delta x$ und $\lim\limits_{\Delta x \to 0} \Delta y$), sondern es muss das Verhältnis $\frac{\Delta y}{\Delta x}$ beim gleichzeitigen Hinschwinden von Δx und Δy (in heutiger Ausdrucksweise: $\lim\limits_{\Delta x \to 0} \frac{\Delta y}{\Delta x}$) in

Betracht gezogen werden. Auch wenn ihn seine dynamische Auffassung daran hindert, den Sachverhalt gedanklich zu voller Klarheit zu bringen, kommt NEWTON der heutigen Auffassung der Fluxion als Grenzwert doch recht nahe.

LEIBNIZ

GOTTFRIED WILHELM LEIBNIZ (1646–1716) sind kinematische Vorstellungen fremd. Ihm schwebt von Jugend an das Projekt einer „Algebra des Denkens" vor, bei der Begriffe durch Zeichen vertreten werden und das Denken in diesen Begriffen zu einer Art Rechnen mit Bezeichnungen ausgestaltet ist. Dabei misst er der Beziehung eines Begriffs zu seiner Bezeichnung besondere Bedeutung bei: *Bei den Bezeichnungen ist darauf zu achten, daß sie für das Erfinden bequem sind. Dies ist am meisten der Fall, so oft sie die innerste Natur der Sache mit Wenigem ausdrücken und gleichsam abbilden. So wird nämlich auf wunderbare Weise die Denkarbeit vermindert.*

Tangentenproblem bei LEIBNIZ

LEIBNIZ kommt durch die Beziehung $\sum_{n=1}^{N}(y_n - y_{n-1}) = y_N$ bei einer Zahlenfolge (y_n) mit $y_0 = 0$ auf den Gedanken, die y-Werte einer Kurve als Summen aufzufassen. Er denkt sich die Summanden unendlich klein und schreibt für sie dy (was an „Differenz zwischen aufeinanderfolgenden y-Werten erinnern soll). Die Steigung der Tangente stellt sich, wenn man ein unendlich kleines Kurvenstück mit einem Stück der Tangente identifiziert, als $\frac{dy}{dx}$ dar. Wichtiger als die Beseitigung begrifflicher Unklarheiten ist ihm der rechnerische Umgang mit diesen „Differenzialen", z. B. aus gegebenen Differenzialen neue zu berechnen. Im Falle $y = u \cdot v$ etwa argumentiert er so:

$$d(uv) = (u + du)(v + dv) - uv = u \cdot dv + v \cdot du + du \cdot dv;$$

nun läßt er $du \cdot dv$ (... *weil es im Vergleich zum Rest unendlich klein ist* ...) weg und erhält die Produktregel.

Weder NEWTON noch LEIBNIZ gelangen bei der Ableitung (wegen des fehlenden Grenzwertbegriffs) zu völliger Klarheit. Während NEWTON diesem Ziel etwas näher ist, bereitet LEIBNIZ mit seiner äußerst suggestiven und zweckmäßigen Notation den Boden für die kalkülmäßige Ausgestaltung infinitesimaler Überlegungen. Obwohl für ihn Differenziale keine endlichen Größen sind, kann man mit ihnen rechnerisch doch so umgehen, als wären sie solche (vgl. z. B. die Kettenregel in der Form $\frac{dz}{dy} \cdot \frac{dy}{dx} = \frac{dz}{dx}$). Erst das Transponieren des Gedanklichen ins Rechnerische verhilft den neuen Methoden zum eigentlichen Durchbruch.

Schreib- und Sprechweise

Der Name „Differenzial" wird auf Vorschlag von JOHANN BERNOULLI (1667–1748) von LEIBNIZ übernommen und ist mit der Bezeichnung d... seit etwa 1690 üblich. Der Name „Ableitung" (im Sinne von: aus der gegebenen Funktion hergeleitete Funktion, franz. *fonction derivée*) und die Bezeichnung f′(x) stammen von JOSEPH LOUIS LAGRANGE (1736–1813).

Zum Unterricht

Generelle unterrichtliche Probleme

Begriffsbildung als unterrichtliches Problem

Mit der Ableitung stellt sich das Problem einer *Begriffsbildung* (die schließlich in einer Definition mündet) mit einer Unausweichlichkeit, wie sie vielleicht nur noch beim Grenzwert und beim Integral auftritt. Die damit gestellte Aufgabe fällt im Unterricht, der ansonsten eher rechnerische und konstruktive Verfahren akzentuiert, aus dem üblichen Rahmen.

Orientierung des Denkens

Einen Begriff zu *definieren* ist das Eine, mit ihm zu arbeiten das Andere. Beim Definieren der (lokalen) Ableitung nähert man sich einer Stelle $a \in D$ sozusagen von außen und verfolgt, wie sich der Differenzenquotient dabei verhält. Bei der späteren *Verwendung* des Begriffs geht man umgekehrt von der Stelle a aus und schließt „nach außen". Im ersten Fall hat man sich die Funktion als gegeben zu denken, im zweiten als gesucht; im ersten Fall ist der Ableitungsbegriff „Endzweck", im zweiten „Mittel zum Zweck". Versucht man, die beiden unterschiedlichen Sichtweisen zu trennen, dann ist es in der Einführungsphase für einen Schüler schwierig zu begreifen, *weshalb* man einen neuen Begriff einführt – wo sich jeder Funktionswert anhand des vorhandenen Funktionsterms doch ohne weiteres berechnen lässt.

Motivation

Um das Vorgehen zu rechtfertigen, behilft man sich zuweilen schon bei der Hinführung mit einfachen Extremwertproblemen. Bei der Suche nach Extremwerten geht es aber nicht um die Ableitung *an einer Stelle*, sondern um die Ableitungs*funktion*. Der Beitrag zur Begriffsbildung ist bescheiden und ihr eigentlicher Sinn kommt nicht zum Tragen.

Grenzwert als „Hilfsbegriff"

Die Ableitung wird mit Hilfe des *Grenzwertbegriffs* definiert. Man wird nicht immer davon ausgehen können, dass dieser in der nötigen Klarheit zur Verfügung steht. Dadurch ergibt sich die Gefahr einer Häufung von gedanklichen Schwierigkeiten.

Veranschaulichung

Bei der Hinführung zur Definition hilft eine *Visualisierung* der Überlegungen anhand einer Kurve, die nahe liegt und notwendig sein mag, weniger als gemeinhin angenommen wird. Sie verdeutlicht immer nur finite Schritte, der entscheidende Schritt bleibt unsichtbar. Wohlbemerkt: Es geht nicht um die nachträgliche Veranschaulichung eines bereits vorhandenen Begriffs, die allemal hilfreich ist. Vielmehr soll der Prozess der Begriffs*bildung* angeregt werden. Der Lernende bleibt häufig am Bild kleben und „denkt mit dem Auge", so dass dieser Prozess durch das Bild eher gehemmt als befördert wird. Die Ableitung wird nicht selten geradezu mit der Tangentensteigung identifiziert und ihre weitergehende Bedeutung (z. B. für die mathematische Beschreibung realer Zusammenhänge) nicht erkannt.

Differenzenquotient

Nicht erst der Übergang zum Differenzialquotienten, schon die Einführung des Differenzenquotienten bedarf aus der Sicht eines Schülers der Rechtfertigung. Sie ist nur im Hinblick auf das letztlich verfolgte Ziel zu erbringen. Dieses muss daher bereits frühzeitig artikuliert werden.

Existenzfrage

Bereits im Wort „differenzier*bar*" schwingt die Existenzfrage mit. Ihre Erörterung setzt aber den Begriff der Ableitung voraus und kann deshalb

eigentlich erst im Nachhinein erfolgen. Eine Vermischung von Fragen der Begriffsbildung mit solchen der Existenz kann erheblich stören.
Da man in der Praxis der Differenzialrechnung nicht auf die Definition zurückgreift, sondern einfachen (finiten) Regeln folgt, treten diese Regeln bald in den Vordergrund. Sie verdrängen ob ihrer Einfachheit die schwierige infinitesimale Begriffsbildung und lassen sie als gedanklichen Luxus erscheinen. (Es wird dabei übersehen, dass die spätere Verwendung der Ableitung bei der Behandlung realer Probleme zuallererst den Begriff, erst danach jene Regeln benötigt.) Dieser Eindruck wird durch die (notwendigen) zahlreichen Übungen zu den Ableitungsregeln verstärkt, während beispielhafte Übungen zur Konkretisierung und Festigung der Definition nur spärlich auftreten.

Differenzieren als „Rechnen"

Vorschlag zur Hinführung

Einstieg

Im Rundfunk werden von Zeit zu Zeit Wasserstandsmeldungen für die Flußschifffahrt durchgegeben. Für bestimmte Orte wird jeweils der Pegelstand zu einer bestimmten Uhrzeit angegeben, meist mit dem Zusatz „Tendenz steigend" oder „Tendenz gleichbleibend" oder „Tendenz fallend". Der Pegelstand sagt dem Schiffer, ob die nötige Wassertiefe vorhanden ist, der Zusatz, womit er in naher Zukunft zu rechnen hat.
Betrachten wir an einem bestimmten Ort die Abhängigkeit des Pegelstandes von der Zeit, dann haben wir es mit einer Funktion f zu tun. Die Rundfunkmeldung liefert für einen Zeitpunkt t_0 den Funktionswert $f(t_0)$. Der Zusatz beschreibt das *Änderungsverhalten* der Funktion um diese Zeit. Ohne einen solchen Zusatz sind begründete Aussagen über Funktionswerte $f(t)$ mit $t \neq t_0$ nicht möglich.

Präzisieren der Problemstellung

Aussagen über $f(t)$ können nicht genauer sein als die Beschreibung des Änderungsverhaltens. Es handelt sich also zunächst darum, das Änderungsverhalten der Funktion genauer zu beschreiben. Ein konkretes Beispiel kann das Problem verdeutlichen.

Beispiel: (Aufblasen eines Luftballons)
Wir stellen uns vor, dass ein kugelförmiger Luftballon aufgeblasen wird, und verfolgen, wie sich seine Oberfläche in Abhängigkeit vom Radius dabei ändert. Nimmt der Radius von 10 cm um 1 mm zu, dann vergrößert sich die Oberfläche um ca. 25 cm². Beträgt der Radius bereits 15 cm und nimmt er jetzt wieder um 1 mm zu, dann vergrößert sich die Oberfläche um ca. 38 cm². Die Oberfläche reagiert beim Radius 15 cm empfindlicher auf eine Radius*änderung* als beim Radius 10 cm.

Um diese Empfindlichkeit der Oberfläche gegenüber einer Radiusänderung geht es. Kann man sie *zahlenmäßig* beschreiben, d.h. kann man zu jedem Radius eine (nur von diesem Radius abhängige) Zahl angeben, welche diese Empfindlichkeit zum Ausdruck bringt?

Sonderfall: f linear

Um das Problem zu vereinfachen, kann man zunächst anstelle der Oberfläche eine andere Größe betrachten, die für jeden Radius r auf eine Abweichung von r *gleich* empfindlich reagiert. Der Umfang eines Großkreises ist eine solche Größe. Er antwortet bei jedem r auf eine Vergrößerung von r um h mit einer Verlängerung des Umfangs um das 2π-fache von h. In diesem Fall bietet sich die Zahl $2\pi = 6{,}28\ldots$ als „Empfindlichkeitsmaß" an. Offenbar lässt sich die Überlegung auf jede Funktion f mit $f(x) = mx + c$ übertragen. Ändert sich x um h, dann ändert sich f(x) um das m-fache von h. Also gibt die Zahl m an, wie sensibel die Funktion auf eine Änderung von x reagiert.

Erste Verallgemeinerung

Wir versuchen nun, die Überlegungen auf den Fall der Oberfläche O unseres Luftballons zu übertragen. Beim Radius 10 (in cm) ist

$$O(10 + h) - O(10) = 4\pi(10 + h)^2 - 4\pi \cdot 10^2 = [80\pi + 4\pi h] \cdot h\,.$$

Jetzt steht in der eckigen Klammer keine *feste* Zahl mehr wie bisher. Bei kleinen Änderungen h ist jedoch $80\pi + 4\pi h \approx 80\pi$. Es liegt deshalb nahe, beim Radius 10 cm die Zahl $80\pi\,(= 251{,}3\ldots)$ als Maß für die Empfindlichkeit der Oberfläche bei einer Radiusänderung anzusehen. Zum Vergleich: Dieselbe Überlegung führt beim Radius 15 cm auf die Zahl $120\pi\,(= 376{,}9\ldots)$.

Zweite Verallgemeinerung

Kann man auch bei anderen Funktionen f derart zu einem „Empfindlichkeitsmaß" an einer Stelle a gelangen, indem man (der eckigen Klammer entsprechend) $\frac{f(a + h) - f(a)}{h}$ berechnet und darin die von h abhängigen Glieder vernachlässigt? Das ist leider nicht der Fall, wie man z. B. bei der Funktion sin an der Stelle $a = 0$ sieht. Hier ist wegen

$$\frac{\sin(0 + h) - \sin(0)}{h} = \frac{\sin h}{h} \quad (h \neq 0)$$

zunächst keine von h unabhängige Zahl in Sicht. Insbesondere ergibt sich eine solche Zahl nicht, indem man $h = 0$ setzt.

Übergang zum Grenzwert

Beschränken wir uns jedoch wieder auf kleine Werte von $|h|$, so stellen wir fest, dass auch jetzt $\frac{\sin h}{h}$ in der Nähe einer festen Zahl liegt, und zwar umso näher, je mehr wir mit h an 0 herangehen. Die Zahl 1, um die es hier anscheinend geht, erweist sich jetzt als Grenzwert von $\frac{\sin h}{h}$ für $h \to 0$. Im Grenzwert

h	$\frac{\sin h}{h}$
0,5	0,9589
0,2	0,9933
0,1	0,9983
0,05	0,9996
0,02	0,9999

Zusammenfassung

$$(^*) \quad \lim_{h \to 0} \frac{f(a + h) - f(a)}{h}$$

haben wir eine Zahl gefunden, die das Änderungsverhalten der Funktion f an einer Stelle a (über Angaben wie „Tendenz steigend" hinaus) *quantitativ* beschreibt. Er ist ein Maß für die „Geschwindigkeit", mit der sich die Funktionswerte ändern, wenn x die Stelle a durchläuft. (Bedeutet z. B. f(t) den Weg, den ein Auto in der Zeit t zurücklegt, dann bedeutet der Grenzwert (*) die Momentangeschwindigkeit, mit der es zur Zeit $t = a$ fährt.)
Ist g dieser Grenzwert, dann gilt für kleine Werte von $|h|$

$$f(a + h) \approx f(a) + g \cdot h.$$

Beispiel: (Kugelinhalt; $r = 0{,}8$)
Welcher Grenzwert ergibt sich für die Funktion $r \mapsto V(r)$ mit $V(r) = \frac{4}{3}\pi r^3$ (Kugelinhalt) an der Stelle $r = 0{,}8$?

$$\frac{V(0{,}8 + h) - V(0{,}8)}{h} = \frac{4}{3}\pi(1{,}92 + 2{,}4h + h^2)$$

Der Quotient strebt für $h \to 0$ gegen den Grenzwert $\frac{4}{3}\pi \cdot 1{,}92$ ($\approx 8{,}042$).
Für kleine Abweichungen ist $V(0{,}8 + h) \approx V(0{,}8) + 8{,}042 \cdot h$. – Zum Vergleich: Für $h = 0{,}01$ liefert die exakte Formel für den Kugelinhalt (auf 3 Dez.) $V(0{,}81) = 2{,}226$, während unsere Überlegungen zu $V(0{,}8) + 8{,}042 \cdot 0{,}01 = 2{,}225$ führen.

Schreib- und Sprechweise

Im vorangehenden Beispiel gehört zu jedem Radius r ein bestimmter Grenzwert g(r), der die Sensibilität des Kugelinhaltes bei einer Änderung des Radius zum Ausdruck bringt. Man erhält (auf 3 Dez.):

Ableitungsfunktion

r	0,2	0,4	0,6	1,0	1,5	2,0	3,0	5,0	...
g(r)	0,503	2,011	4,524	12,566	28,274	50,265	113,097	314,159	...

Die Funktion $r \mapsto V(r)$ bekommt so eine „Tochter"-Funktion $r \mapsto g(r)$. Um stets an ihre Herkunft zu erinnern, schreibt man für sie $r \mapsto V'(r)$ und nennt sie *die aus V abgeleitete Funktion oder die Ableitungsfunktion* (kurz: *Ableitung) von V*. Der zu einem bestimmten Radius $r = a$ gehörende Grenzwert kann dann als Funktionswert von V′ aufgefasst und mit $V'(a)$ bezeichnet werden. Allgemein: Der Grenzwert $\lim\limits_{h \to 0} \frac{f(x+h) - f(x)}{h}$ heißt *Ableitung* der Funktion f *an der Stelle* x und wird mit *f′(x)* bezeichnet.

Ableitung an einer Stelle

Schreibt man für die betrachtete Stelle nicht x, sondern x_0, und x anstelle von x+h, dann ist

Andere Schreibweisen

$$f'(x) = \lim_{x \to x_0} \frac{f(x) - f(x_0)}{x - x_0}.$$

Bei Anwendungen (z. B. in der Physik) wird die Differenz $f(x + h) - f(x)$ der Funktionswerte auch oft mit Δy (lies: delta y) und die Differenz $x - x_0$ mit Δx bezeichnet. Es ist dann

$$f'(x) = \lim_{\Delta x \to 0} \frac{f(x + \Delta x) - f(x)}{\Delta x} = \lim_{\Delta x \to 0} \frac{\Delta y}{\Delta x}.$$

Die letztgenannte Schreibweise lässt allerdings nicht mehr erkennen, zu welcher Stelle x der Grenzwert gehört.

Bemerkung: Bei Wachstumsvorgängen bedeutet die Differenz $f(x + h) - f(x)$ die „Bestandsänderung" und der Differenzenquotienten $\frac{f(x+h) - f(x)}{h}$ die „Änderungsrate" (des Bestandes im Intervall $[x; x + h]$). Die Ableitung $f'(x)$ wird dann zuweilen auch *„Momentane* Änderungsrate an der Stelle x" genannt.

„Änderungsrate"

Festigung der Definition. Ableitung in realem Bezug

Dem Zweck, Schüler mit dem Begriff der Ableitung vertraut zu machen, dürfte kaum etwas dienlicher sein als *nummerisch* durchgerechnete Beispiele. Dabei ist unerheblich, ob der Grenzwert mathematisch begründet

Nummerische Beispiele

werden kann oder nicht, wichtig ist allein, dass er (auf Grund der errechneten Daten) erkennbar ist.

Beispiel:
a) (Ableitung einer gegebenen Funktion an einer gegebenen Stelle)
Welche Ableitung hat die Funktion $f: x \mapsto \sqrt{x}$ an der Stelle $a = 1$?

h	$f(1+h) - f(1)$	$\frac{f(1+h)-f(1)}{h}$
0,2	0,0954	0,4772
0,1	0,0488	0,4881
0,05	0,0247	0,4939
0,01	0,0050	0,4988
0,001	0,0005	0,4999
↓	↓	↓
0	0	0,5 $= f'(1)$

b) (Verschiedene Funktionen, dieselbe Stelle)
Welche Ableitungen haben die Funktionen $f: x \mapsto \lg x$ und $g: x \mapsto \cos x$ für $x = 0{,}5$?

h	$\frac{\lg(0{,}5+h) - \lg 0{,}5}{h}$	$\frac{\cos(0{,}5+h) - \cos 0{,}5}{h}$
0,3	0,6804	−0,6029
0,1	0,7918	−0,5225
0,05	0,8279	−0,5012
0,01	0,8600	−0,4838
0,001	0,8677	−0,4799
↓	↓	↓
0	$f'(0{,}5)$	$g'(0{,}5)$

Als Nächstes wird der Funktion f jeweils eine *inhaltliche Bedeutung* unterlegt. Es geht darum, die formal bereits bekannten Schritte zur Ableitung im Hinblick auf diese Bedeutung zu interpretieren.

Geometrische Deutung

Bei der *geometrischen Deutung* der Funktion f als Kurve entspricht dem Differenzenquotienten $\frac{f(a+h-f(a)}{h}$ die Steigung der Sekante durch $P(a|f(a))$ und $Q(a+h|f(a+h))$. Der Grenzübergang $h \to 0$ bedeutet, daß Q auf der Kurve gegen P rückt. Die Sekante nähert sich einer durch P verlaufenden „Grenzgeraden", der *Tangente* in P. Der Ableitung $f'(a)$ entspricht die *Steigung der Tangente*. Diese geometrische Deutung ist nicht zuletzt deshalb wichtig, weil ein Schüler (z. B. durch Ablese- und Transferübungen) ein „Gefühl für die Ableitung" entwickeln kann, das später den praktischen Umgang mit ihr erheblich erleichtert.

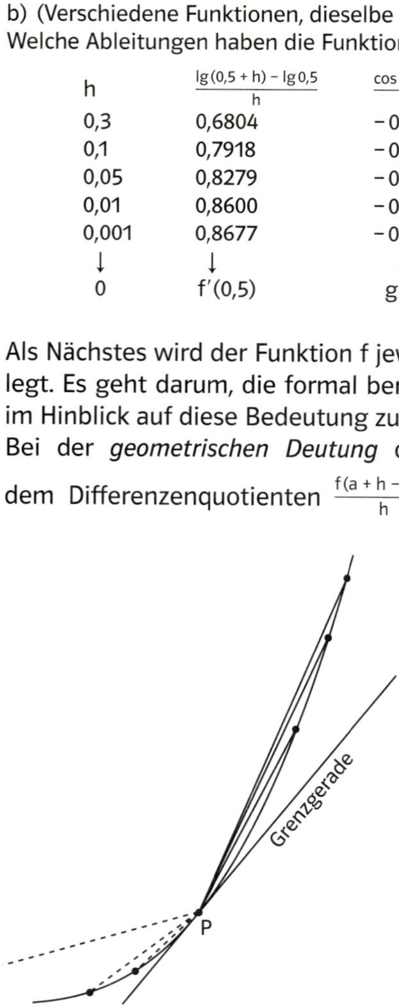

Um den Blick nicht auf das Sichtbare zu verengen, bedarf es weiterer, *nicht*-geometrischer Deutungen. Die geometrische Interpretation reicht vor allem deshalb nicht aus, weil sie in der Sekantensteigung nicht ohne weiteres einen „mittleren Wert" sieht, während bei der Verwendung der Ableitung in realen Situationen gerade die *Deutung des Differenzenquotienten als mittlerer Wert* einer interessierenden Größe in einem Intervall meist im Vordergrund steht.

Unzulänglichkeit der geometrischen Deutung

Bei einer *ungleichförmigen* geradlinigen *Bewegung* kann man (anders als bei einer gleichförmigen Bewegung) nicht mehr von *der* Geschwindigkeit, sondern nur noch von Durchschnittsgeschwindigkeiten in Zeitintervallen reden. Bedeutet t die Zeitdauer (in sek), die seit dem Durchgang durch eine Startmarke S der Bahn verstrichen ist, und s(t) die Länge des inzwischen zurückgelegten Weges (in m), dann beträgt die Durchschnittsgeschwindigkeit (in m/sek) im Intervall $[t; t+h]$

Ungleichförmige Bewegung

$$\frac{s(t+h)-s(t)}{h}.$$

Sie hängt neben t auch noch von der gewählten Intervalllänge ab; diese hat aber mit dem Bewegungsablauf selbst nichts zu tun. Aus physikalischen Gründen dürfen wir die Durchschnittsgeschwindigkeit als umso aussagekräftiger erachten, je kleiner das betrachtete Intervall ist. Es liegt daher nahe, den Grenzwert der Durchschnittsgeschwindigkeiten in $[t; t+h]$ für $h \to 0$ ins Auge zu fassen. Er ist unabhängig von h und bringt – obwohl er keine Geschwindigkeit im bisherigen Sinne ist und auch nicht in gleicher Weise wie diese gemessen werden kann – die Schnelligkeit des Bewegungsablaufs zur Zeit t zum Ausdruck. Man nennt den (der „Tachoanzeige" im Auto entsprechenden) Grenzwert die *Momentangeschwindigkeit* (in m/sek) zur Zeit t. Es dürfte nicht überflüssig sein, den Sachverhalt an einem Beispiel (wie dem vom Fenstersims des 3. Stockwerks fallenden Blumentopf mit $s(t) = 5t^2$) ausführlich zu erörtern.

Momentangeschwindigkeit

Ein analoger Sachverhalt liegt bei jedem sich zeitlich ändernden Bestand f(t) vor (z.B. Holzbestand eines Waldes; Höhe einer Pflanze; Temperatur des Kaffees in einer Kanne; Masse eines radioaktiven Materials). In solchen Fällen bedeutet $f'(t)$ allgemein die *momentane* Geschwindigkeit oder Änderungs*intensität*, mit welcher der Bestand zur Zeit t zu- oder abnimmt. Mit einem bloßen Hinweis darauf ist allerdings nicht viel getan, eine Konkretisierung an Beispielen ist unerläßlich.

Verallgemeinerung: Änderung eines Bestandes

Beispiel: (Steigender Wasserspiegel in einem Gefäß)
Mit welcher *Momentangeschwindigkeit* (in cm/s) steigt der Wasserspiegel im Gefäß, wenn gleichbleibend pro Sekunde c cm³ Wasser zufließen?
Befindet sich der Wasserspiegel zur Zeit t_0 in der Höhe $H(t_0)$ (in cm) und ist $q(t_0)$ seine Flächengröße (in cm²), dann gilt

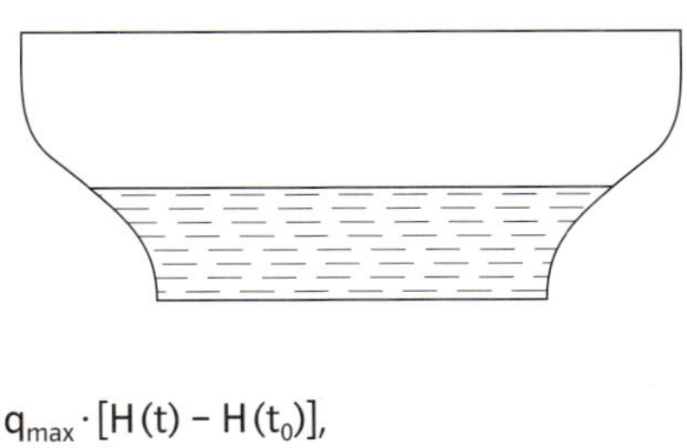

$$q_{min} \cdot [H(t) - H(t_0)] \le V(t) - V(t_0) \le q_{max} \cdot [H(t) - H(t_0)],$$

wobei q_{min} und q_{max} den kleinst- bzw. größtmöglichen in der Zeit zwischen t_0 und t erreichten Wasserspiegel bezeichnen. Für $t > t_0$ ist

$$\frac{V(t) - V(t_0)}{q_{max}} \le H(t) - H(t_0) \le \frac{V(t) - V(t_0)}{q_{min}}$$

$$\frac{ch}{q_{max}} \le H(t) - H(t_0) \le \frac{ch}{q_{min}}$$

$$\frac{c}{q_{max}} \le \frac{H(t) - H(t_0)}{h} \le \frac{c}{q_{min}}.$$

Hieraus ergibt sich für $t \to t_0$: $\quad H'(t_0) = \frac{c}{q(t_0)}$.

Das Ergebnis bestätigt die Erfahrung, dass der Wasserspiegel umso schneller steigt, je größer der Zufluß c und umso langsamer, je größer die zur Zeit t erreichte Querschnittsfläche des Gefäßes ist.

Querschnittsfunktion als Ableitung der Volumenfunktion

Bemerkung: Das zur Zeit t vorhandene Wasservolumen ist gleich dem Volumen des Gefäßes bis hin zur Höhe H. Bedeutet q_{min} den minimalen und q_{max} den maximalen Gefäßquerschnitt zwischen H_0 und H, dann ist

$$q_{min}(H - H_0) \le V(H) - V(H_0) \le q_{max}(H - H_0)$$

$$q_{min} \le \frac{V(H) - V(H_0)}{H - H_0} \le q_{max}$$

und somit $V'(H) = q(H)$. D.h.: Die Funktion $H \mapsto V(H)$, welche das *Volumen des Gefäßes* in Abhängigkeit von der Höhe H beschreibt, hat als Ableitung dessen Querschnittsfunktion $H \mapsto q(H)$.

„Starre" einer Schraubenfeder

Beispiel: (Starrheit einer Schraubenfeder)

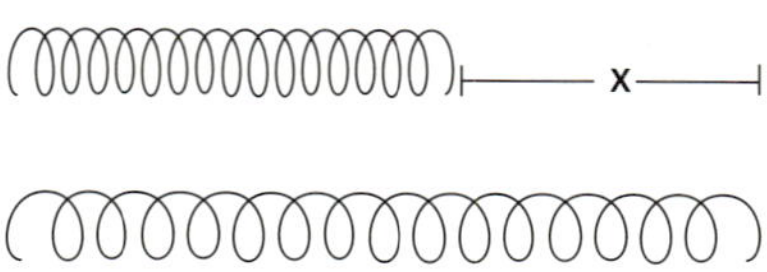

Es sei f(x) die Kraft, die erforderlich ist, um eine um die Länge x gedehnte Schraubenfeder im Gleichgewicht zu halten. Zunächst scheint f(x) proportional mit x zuzunehmen, also $\frac{f(x)}{x}$ eine von x unabhängige feste Zahl D zu sein (sie heißt „Federkonstante" oder „Richtwert der Feder"). In Wahrheit ist f(x) nicht streng proportional zu x; genau besehen ist $\frac{f(x)}{x}$ keine Konstante, sondern abhängig von x. Um genauer zu verfolgen, wie sich f(x) bei der Dehnung x ändert, denkt man sich x geringfügig um Δx vergrößert. Die Kraft nimmt dabei um $f(x + \Delta x) - f(x)$ zu. Wäre f(x) proportional zu x, also $f(x) = D \cdot x$, dann wäre $f(x + \Delta x) - f(x) = D \cdot \Delta x$ und somit $\frac{f(x + \Delta x) - f(x)}{\Delta x}$ eine Konstante. Setzen wir dies nicht voraus, dann müssen wir davon ausgehen, dass der Differenzenquotient sowohl von x als auch von Δx abhängt. Er beschreibt die Verhältnisse *an der Stelle* x umso genauer, je kleiner Δx ist. Somit bringt erst der (nicht mehr von Δx abhängige) Grenzwert

$$\lim_{\Delta x \to 0} \frac{f(x + \Delta x) - f(x)}{\Delta x} = f'(x)$$

bei der Dehnung x das Widerstreben der Feder gegen eine weitere Dehnung, die „Starre" der Feder, zum Ausdruck. - An die Stelle der bei Proportionalität geltenden Beziehung $f(x) = D \cdot x$ tritt allgemein die für *kleine* Abweichungen von x geltende Beziehung

$$\Delta f(x) \approx f'(x) \cdot \Delta x.$$

Schüttung einer Quelle

Beispiel: (Ergiebigkeit einer Quelle)

Die Intensität, mit der eine Wasserquelle sprudelt, nennt man ihre Schüttung. Sie wird in Liter pro Sekunde angegeben und ist mehr oder weniger zeitabhängig. Man müsste also streng genommen noch den Zeitpunkt angeben, zu dem die Messung stattgefunden hat. Um die Schüttung zu bestimmen, wird die Wassermenge ΔW gemessen, die während einer Zeitdauer Δt anfällt, und $\frac{\Delta W}{\Delta t}$ berechnet. Im Alltag genügt das. Aber eigentlich erhält man so nur einen mittleren Wert für das gewählte Zeitintervall. Erst der Grenzwert von $\frac{\Delta W}{\Delta t}$ für $\Delta t \to 0$ gibt die *momentane* Ergiebigkeit der Quelle, ihre Schüttung *zum Zeitpunkt t*, an.

Beispiel: (Massendichte in einem Draht)

Lokale Massendichte

Bei einem dünnen Drahtstück AB (das man sich auf die x-Achse gelegt denke) gehört zu jedem Teilstück AX der Länge x eine Masse m(x). Ist m proportional zu x, dann nennt man den Draht homogen und die von x unabhängige Größe $\frac{m(x)}{x}$ die Massen*dichte* des Drahtes. Bei einem nichthomogenen Draht ist $\frac{m(x)}{x}$ nicht konstant, so dass man zunächst nur von einer „durchschnittlichen Dichte" sprechen kann. Betrachtet man nun ein zum Intervall $[x; x + h]$ gehörendes Stück des Drahtes, dann hat dieses die Masse $m(x + h) - m(x)$ und die durchschnittliche Dichte $\frac{[m(x + h) - m(x)]}{h}$. Der Grenzwert für $h \to 0$ bringt zum Ausdruck, wie „dicht" die Masse an der Stelle x konzentriert ist. Man nennt deshalb $m'(x)$ die *lokale Massendichte an der Stelle x.*

Beispiel: (Erwärmen eines Körpers)

Spezifische Wärme

Um die Temperatur eines festen Körpers mit der Masse m um h Grad zu erhöhen, muss man ihm eine Wärmemenge $c \cdot m \cdot h$ zuführen. Die Konstante c heißt „spezifische Wärme" des Stoffes, aus dem der Körper besteht. Sie gibt an, welche Wärmemenge man braucht, um die Temperatur von 1g des Stoffes um 1 Grad zu erhöhen. Wird die Temperatur um 1 Grad gesenkt, dann wird diese Wärmemenge frei. Tabellen für c enthalten meist eine zusätzliche Angabe wie „c bei 18° C". Das ist notwendig, denn die spezifische Wärme ist temperaturabhängig. (Bei normalen Temperaturen macht sich dies kaum bemerkbar. Bei sehr tiefen Temperaturen tritt die Abhängigkeit jedoch deutlich in Erscheinung, schon geringe Wärmemengen bewirken dann ganz erhebliche Temperaturschwankungen.) Man kann dies bei der Definition der spezifischen Wärme berücksichtigen, wenn man das Zuführen einer Wärmemenge als Änderung der Wärmeenergie W(T) eines Körpers der Temperatur T auffaßt. Ein experimentell gefundener Wert $\frac{1}{m} \cdot \frac{W(T + \Delta T) - W(T)}{\Delta T}$ für c ist dann ein mittlerer Wert für das Temperaturintervall $[T; T + \Delta T]$ und erst der Grenzwert $\frac{1}{m} \cdot W'(T)$ die *spezifische Wärme* des Körpers *bei der Temperatur T.*

Beispiel: (Empfindlichkeit einer Waage)

Empfindlichkeit eines Messgerätes

Bei einer Waage bewirkt die aufgelegte Masse m einen Ausschlag des Zeigers auf einer Skala. Denkt man sich die Skala geradlinig, dann kann man den Zeigerausschlag z(m) in cm angeben. (Der Graph der Funktion $m \mapsto z(m)$ ist die sog. Eichkurve der Waage.) Im Alltag gehen wir davon aus, dass eine Erhöhung des aufgelegten Gewichts m um ein bestimmtes Δm bei jedem m stets dasselbe Δz der Anzeige bewirkt. Das ist jedoch in Wahrheit nicht der Fall; (eine Erhöhung der Massen 5 kg und 50 kg um jeweils 500 g bewirkt i. Allg. nicht genau dieselbe Zeigerdifferenz). Das Verhältnis $\frac{\Delta z}{\Delta m}$ bringt die „mittlere Empfindlichkeit" der Waage im Intervall $[m; m + \Delta m]$ zum Ausdruck und sein Grenzwert für $\Delta m \to 0$ die *Empfindlichkeit* der Waage *beim Wiegen der Masse m.*

Beispiel: (Gewinn und Verlust eines Unternehmens)

Grenzkosten einer Produktion

Ein Unternehmen produziere täglich x Stück eines Artikels (z. B. eines bestimmten Küchengerätes), der zum Preis p (in Euro/Stück) verkauft wird. Die dem Unternehmen entstehenden Produktionskosten K(x) wachsen mit x (z. B. Materialverbrauch, Löhne). Nähere Auskunft geben die Stückkosten $\frac{K(x)}{x}$. Sie sind bei kleinen Stückzahlen x relativ hoch (z. B. Installieren von Maschinen, Miete). Oft lassen sich etwas höhere Stückzahlen auch ohne entscheidenden Mehraufwand erreichen (bessere Ausnutzung der vorhandenen Kapazitäten), die Stückkosten $\frac{K(x)}{x}$ nehmen dabei ab. Bei noch weiterer Steigerung nehmen sie allerdings wieder zu (z.B. Überstunden, zusätzliche Lagerkosten). Das Unternehmen arbeitet verlustfrei, solange $p \geq \frac{K(x)}{x}$ ist. Die Bedingung läßt offen, wann der Gewinn $G(x) = p \cdot x - K(x)$ am größten ist. Er ist es, wenn er weder durch eine Steigerung noch durch eine Minderung von x vergrößert werden kann, wenn also (für $h > 0$)

$$p \cdot h - [K(x+h) - K(x)] \leq 0 \quad \text{und} \quad p \cdot h - [K(x) - K(x-h)] \leq 0$$

ist. Nimmt man nun (für die Zwecke der volkswirtschaftlichen Theorie) an, dass die Kostenfunktion K für alle $x \in \mathbb{R}^+$ erklärt und differenzierbar ist, dann gelangt man zu einer von h unabhängigen Bedingung, indem man durch h dividiert und den Grenzübergang $h \to 0$ vollzieht. Man erhält $p - K'(x) = 0$. Die derart auftretende Ableitung K′ nennt man die *Grenzkosten* der Kostenfunktion K. In anschaulicher Näherung kann $K'(x)$ verstanden werden als Kosten, die bei der vorhandenen Produktion von x Stück durch die Herstellung eines weiteren Stücks zusätzlich verursacht werden. Die gefundene Bedingung besagt: Damit der Gewinn maximal wird, müssen die Grenzkosten mit dem Preis übereinstimmen.

Die Frage der Existenz

Schon die Anschauung zeigt, dass eine stetige Funktion nicht an jeder Stelle ihrer Definitionsmenge differenzierbar sein muss (vgl. $x \mapsto |x|$, $a = 0$). Es ist indessen lehrreich zu sehen, welches Verhalten des *Differenzenquotienten* bzw. der *Sekante* das Vorhandensein eines Grenzwertes verhindern kann.

Sprung

Im einfachsten Fall hat die Funktion an einer Stelle a einen „Sprung". Sie ist dann dort nicht stetig und deshalb auch nicht differenzierbar.

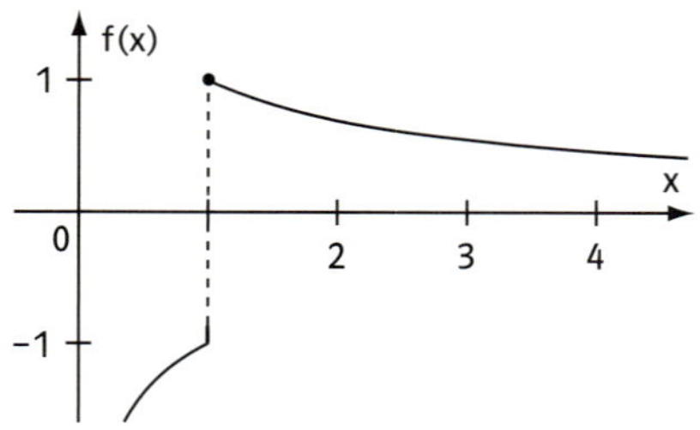

Beispiel: (Weder stetig, noch differenzierbar)
Die Funktion f mit

$$f(x) = \frac{|\ln(x)|}{x-1} \quad \text{und} \quad f(1) = 1$$

ist in $\mathbb{R}^+$ definiert. Ihr Differenzenquotient an der Stelle 1 hat keinen Grenzwert; die Funktion ist dort weder stetig noch differenzierbar.

Bemerkung: An der Nichtdifferenzierbarkeit im Falle eines Sprungs ändert sich insbesondere auch dann nichts, wenn f für $x \neq a$ differenzierbar ist und $f'(x)$ bei Annäherung an die Stelle a von links den gleichen Grenzwert hat wie bei Annäherung von rechts.

In anderen Fällen nähern sich die Sekanten zwar einer eindeutig bestimmten Grenzgeraden, aber diese verläuft parallel zur y-Achse und hat damit keine Steigung.

Grenzlage parallel zur y-Achse

Beispiel: (y-Achse als Grenzgerade)
Für die Umkehrfunktion f von $x \mapsto x^3$ ist

$$f(x) = \begin{cases} \sqrt[3]{x} & \text{für } x \geq 0. \\ -\sqrt[3]{-x} & \text{für } x < 0 \end{cases}.$$

An der Stelle $a = 0$ hat f den Differenzenquotienten

$$\frac{[f(0+h) - f(0)]}{h} = \frac{1}{\sqrt[3]{h^2}};$$

er wächst für $h \to 0$ über jede feste Zahl hinaus. Die Sekanten durch O haben die y-Achse als Grenzgerade; die Funktion f ist an der Stelle 0 nicht differenzierbar.

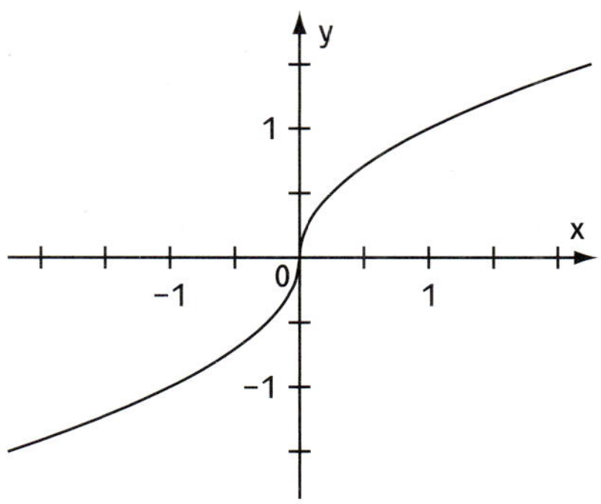

„Senkrechte Tangente"

Bemerkung: Man spricht in diesem Fall auch von einer „senkrechten Tangente" in O, weil die Veranschaulichung dies nahelegt. Die y-Achse kann jedoch im Sinne der angegebenen Definition (Tangente als Gerade mit der Steigung f′(a)) keine Tangente genannt werden. Diese Definition erweist sich hier als zu eng, denn die Anschauung sagt uns, dass der Graph als *geometrisches* – vom Koordinatensystem unabhängiges – Gebilde in O sehr wohl eine Tangente hat. Die Diskrepanz lässt sich durch Verallgemeinerung der Definition einer Tangente (mittels einer Parameterdarstellung der Kurve) beheben.

Der Differenzenquotient hat für $h \to 0$ gewiss auch dann keinen Grenzwert, wenn sich die Sekante gar keiner Grenzgeraden nähert.

Keine Grenzlage

Beispiel: (Sekanten ohne Grenzgerade)

$$f(x) = \begin{cases} x \cdot \sin\frac{1}{x} & \text{für } x \neq 0 \\ 0 & \text{für } x = 0 \end{cases}$$

Die Sekanten OP oszillieren für $P \to O$ zwischen g_1: $y = x$ und g_2: $y = -x$, ohne sich einer eindeutig bestimmten Grenzlage zu nähern. Daher ist die Funktion f an der Stelle 0 (zwar stetig, aber) nicht differenzierbar.

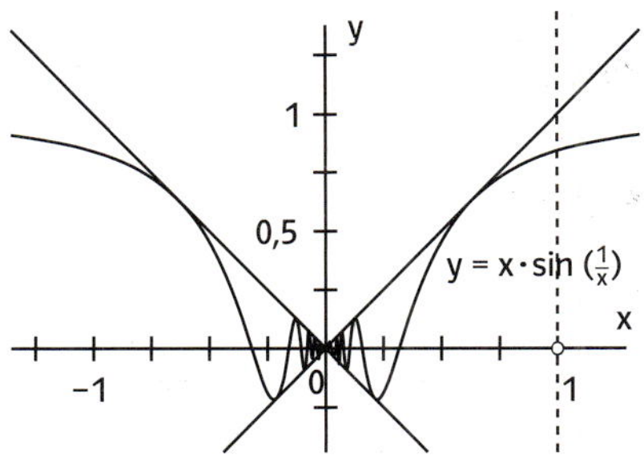

Bemerkung: Auch bei der Funktion f mit

$$f(x) = \begin{cases} x^2 \cdot \sin\frac{1}{x} & \text{für } x \neq 0 \\ 0 & \text{für } x = 0 \end{cases}$$

oszillieren die Sekanten OP. Sie schwanken jedoch immer weniger und nähern sich dabei einer Grenzlage (x-Achse). Die Funktion ist an der Stelle 0 differenzierbar mit $f'(0) = 0$, die x-Achse ist Tangente in O.

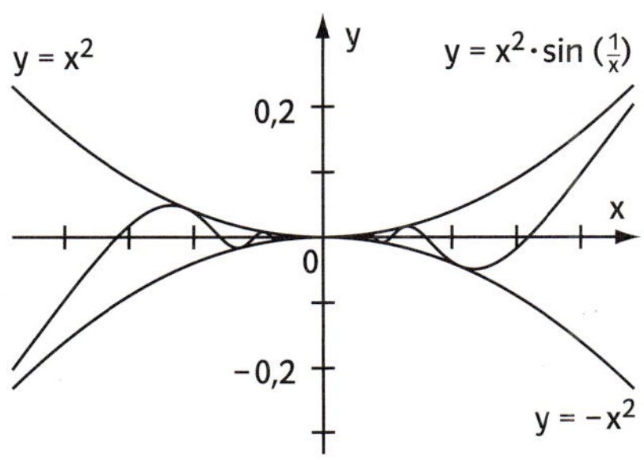

Grenzlage nicht eindeutig

Schließlich liegt Nichtdifferenzierbarkeit auch dann vor, wenn die Grenzlage der Sekanten nicht eindeutig ist.

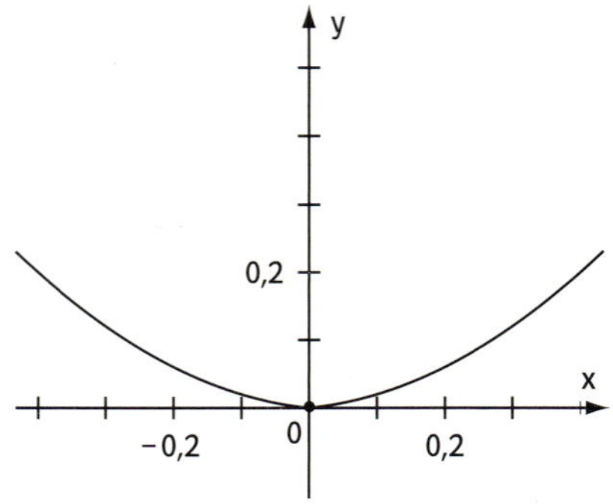

Beispiel: (Grenzlage nicht eindeutig)
a) Für die Funktion f mit
$f(x) = x^2 + 0{,}1\sqrt{x^2}$ ist

$$f(x) = \begin{cases} x^2 + 0{,}1x & \text{für } x \geq 0 \\ x^2 - 0{,}1x & \text{für } x < 0 \end{cases}$$

An der Stelle 0 hat die Grenzgerade bei Annäherung von rechts die Steigung 0,1, bei Annäherung von links die Steigung −0,1. Der Graph hat in O einen (in der Zeichnung nicht zu sehenden) „Knick". Die Funktion ist an der Stelle 0 nicht differenzierbar.

b) Jeder positiven reellen Zahl x sei der Inhalt der (in der Fig.) schraffierten Fläche zugeordnet. Ist die so definierte Funktion f an der Stelle 2 differenzierbar?

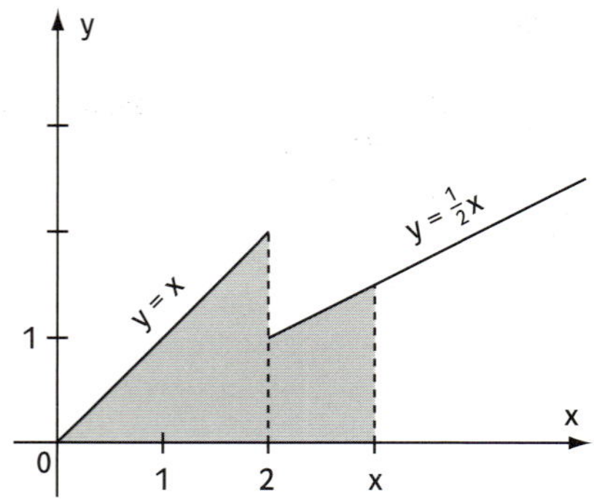

$$f(x) = \begin{cases} \frac{1}{2}x^2 & \text{für } x \leq 2 \\ \frac{1}{4}x^2 + 1 & \text{für } x > 2 \end{cases}.$$

Die Sekante durch P(2 | 2) und Q(x | f(x)) hat für $x > 2$ die Steigung $\frac{1}{4}x + \frac{1}{2}$ und für $x < 2$ die Steigung $\frac{1}{2}x + 1$.

Bei Annäherung von rechts hat die Grenzgerade die Steigung 1, bei Annäherung von links die Steigung 2. Die Funktion f ist an der Stelle 2 (zwar stetig, aber) nicht differenzierbar.

Erstes Problemlösen mit f′

Bislang fehlen Beispiele, die erkennen lassen, dass es die neue Begriffsbildung ermöglicht, bislang *ungelöste Probleme* zu lösen oder *neue Einsichten* zu gewinnen. Am eingängigsten sind wohl Extremwertprobleme. Es ist anschaulich klar, dass die Tangente im Hochpunkt einer „normalen" Kurve waagrecht verläuft. Die Zerlegungsformel

$$f(x + h) = f(x) + h\,[f'(x) + r(x, h)]$$

bestätigt das: Ist f′(x) positiv, dann trifft dies (wegen $r(x, h) \to 0$ für $h \to 0$) bei genügend kleinen | h |-Werte auch für den Inhalt der eckigen Klammer zu. In einer Umgebung von x ist dann also

Größter bzw. kleinster Funktionswert

$$f(x + h) > f(x) \text{ für } h > 0 \text{ und } f(x + h) < f(x) \text{ für } h < 0.$$

Entsprechendes gilt für $f'(x) < 0$. Also kann bei einer differenzierbaren Funktion ein Funktionswert f(x) an einer „inneren" Stelle x nur dann maximal sein, wenn f′(x) null ist.

Aus der Geometrie

Beispiel: (Rechteck mit maximalem Inhalt)
Von einer Glasplatte ist eine Ecke abgesprungen. Aus dem verbleibenden Rest soll eine möglichst große, wiederum rechteckige Platte herausgeschnitten werden.

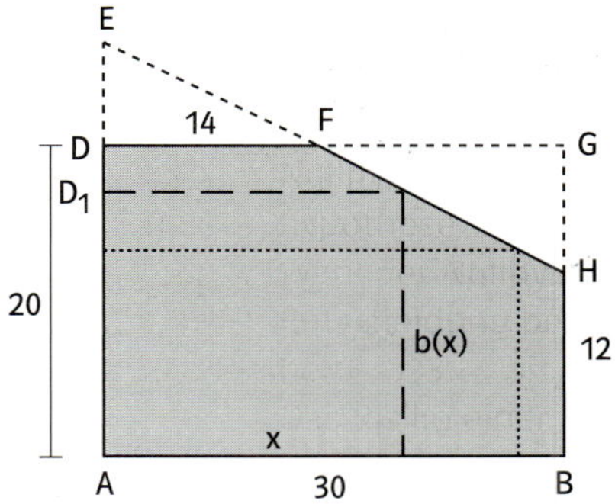

1. Schritt: Offenbar gibt es dazu viele Möglichkeiten. Eine (unverzichtbare) maßstabsgetreue Zeichnung zeigt, dass sie zu unterschiedlich großen Rechtecken führen, und dass es unter diesen ein größtmögliches gibt.
2. Schritt: Um die Rechtecksinhalte genauer vergleichen zu können, müssen wir sie berechnen. Da wir z. B. die Rechteckslänge frei wählen können, schreiben wir für sie eine *Variable* x und berechnen die Rechtecksbreite in Abhängigkeit von x. In der Figur ist DE halb so lang wie DF (wie ein Vergleich von ΔHGF und ΔFED zeigt), also $\overline{DE} = 7$. Somit ist D_xE halb so lang wie x, also $b(x) = 27 - \frac{1}{2}x$. Damit ergibt sich der Flächeninhalt $A(x) = x \cdot (27 - \frac{1}{2}x)$ und die Rechtecksinhalte lassen sich für verschiedene Werte von x exakt *berechnen*.
3. Schritt: Die Funktion $x \mapsto A(x)$, $x \in [14;30]$ hat an der Stelle x den Differenzenquotienten $27 - x - \frac{1}{2}h$ und damit die Ableitung $A'(x) = 27 - x$. Sie ist bei der Länge $x = 27$ null. Diese Länge führt zu dem gesuchten maximalen Rechteck. Die Rechnung zeigt auch, wie man es zeichnerisch findet: man braucht nur AE auf AB abzutragen.

Beispiel: (Schleudergeschwindigkeit eines Vulkans) *Aus der Physik*

Einem Zeitungsbericht zufolge schleuderte der Vesuv bei einem Ausbruch Gesteinsbrocken bis zu 2 km hoch in die Luft. Aus dieser Angabe kann man mit Hilfe der Ableitung erschließen, mit welcher Geschwindigkeit die Gesteinsbrocken aus dem Krater flogen.
Ist die Austrittsgeschwindigkeit v_0 (in m/s), dann erreicht ein Stein – wenn man von der Luftreibung absieht – nach t Sekunden die Höhe $H(t) = v_0t - \frac{1}{2}gt^2$ ($g = 9{,}81\,m/s^2$; Gravitationskonstante). Er erreicht seinen höchsten Punkt, wenn die Geschwindigkeit auf null abgenommen hat, wenn also $H'(t) = 0$ ist. Die Funktion $t \mapsto H(t)$ hat an der Stelle t den Differenzenquotienten $v_0 - gt - \frac{1}{2}gh$ und somit die Ableitung $H'(t) = v_0 - gt$. Sie wird null für $t = \frac{v_0}{g}$. Die zu diesem Zeitpunkt erreichte Höhe beträgt $H\left(\frac{v_0}{g}\right) = \frac{v_0^2}{2g}$. Nach dem Zeitungsbericht betrug diese Höhe ungefähr 2000 m. Aus $2000 = \frac{v_0^2}{2g}$ ergibt sich $v_0 \approx 198$. Die Gesteinsbrocken wurden also mit einer Geschwindigkeit von nahezu 200 m/s hochgeschleudert (schon fast vergleichbar der Geschwindigkeit, mit der eine Gewehrkugel abgeschossen wird).

Beispiel: (Essensausgabe in einer Kantine) *Aus dem Alltag*

Je billiger das Essen (bei gleichbleibender Qualität) ist, desto mehr Leute werden in der Kantine ein Abonnement nehmen, und umgekehrt. Für den Kantinenbetreiber ist es von Interesse, ob sich eine Preiserhöhung gegen die dann niedrigere Zahl der Abos im Hinblick auf seine Einnahmen aufwiegt (evtl. Arbeits- und Lohnersparnis bei gleichen Einnahmen). Dazu muss er zunächst in Erfahrung bringen, *wie stark* eine Preiserhöhung die Zahl der Abos beeinflusst.
Der Kantinenbetreiber vermutet auf Grund seiner Erfahrung, dass bei einer Preisänderung um 1 Euro jeweils etwa 50 Abonnenten abspringen bzw. neu hinzukommen werden. Derzeit sind es 200 Abonnenten bei einem Preis von 3,50 Euro/Essen. Bei einer Erhöhung um x Euro betragen die Einnahmen $E(x) = (3{,}50 + x)(200 - x \cdot 50)$ Euro. Die Funktion $x \mapsto E(x)$ hat an der Stelle x den Differenzenquotienten $25 - 100x - 50h$ und die Ableitung $E'(x) = 25 - 100x$. Sie wird null bei ei-

ner Erhöhung um 0,25 Euro. Bei einem Preis von 3,75 Euro erhöhen sich die Tageseinnahmen von derzeit 700 Euro voraussichtlich auf 750 Euro. (Der Kantinenbetreiber wird allerdings auch überlegen müssen, ob er die dabei anfallenden Mehrkosten und die damit verbundene Mehrarbeit in Kauf nehmen will.)

Von f ′ zu f

Rückblick

Durch Beispiele wie die vorangehenden tritt die Rolle der Ableitung beim Lösen von Extremwertproblemen stark in den Vordergrund. Aber eigentlich handelt es sich dabei eher um einen erfreulichen „Nebeneffekt". Letztlich geht es um etwas Grundsätzlicheres: um das *Schließen von f′ auf f* (das sich später im Lösen von Differenzialgleichungen konkretisiert). Es erscheint daher angezeigt, durch Beispiele (bei denen man f′ kennt und f sucht) nochmals auf dieses Grundproblem hinzuweisen und damit den ursprünglichen Gedankengang wiederholend zu akzentuieren.

Bevölkerungsschwund bei konstanter Zuwanderung

Beispiel: (Bevölkerungsentwicklung)
In hochindustrialisierten Ländern kommt es vor, dass die „natürliche" Bevölkerungsentwicklung rückläufig ist, während das Land gleichzeitig als begehrtes Einwanderungsland gilt. – Ein Land mit 80 Millionen Einwohnern habe eine jährliche Geburtenrate von 0,9 %, eine jährliche Sterberate von 1,1 % und eine konstante jährliche Zuwanderung von 0,17 Millionen Menschen. Welche Prognose über die künftige Bevölkerungsentwicklung lassen diese Angaben zu, wenn man annimmt, dass sich die Verhältnisse längerfristig nicht grundlegend ändern?

Mathematisierung

Bezeichnet f(t) die Einwohnerzahl des Landes nach t Jahren (von heute an gerechnet), dann ist $f(0) = 80$ (in Mio). Es interessiert f(t) für $t > 0$. In den nächsten Jahren ändert sich die Bevölkerung jeweils um

$$f(t+1) - f(t) = 0{,}17 - (0{,}011 - 0{,}009)\,f(t).$$

Nimmt man nun an, dass sich die Veränderung einigermaßen gleichmäßig über das Jahr verteilt, dann ist $f(t+h) - f(t) = [0{,}17 - 0{,}002\,f(t)] \cdot h$ und

$$\frac{f(t+h) - f(t)}{h} = 0{,}17 - 0{,}002\,f(t).$$

Für $h \to 0$ folgt (f als differenzierbar vorausgesetzt)

$$f'(t) = 0{,}17 - 0{,}002\,f(t).$$

Die gegebenen Daten führen derart zu einer Aussage über f ′. Da für kleine h-Werte

$$f(t+h) \approx f(t) + f'(t) \cdot h$$

Näherungen für die Funktionswerte

gilt, kann man damit schrittweise zu Näherungswerten für f(t), $t > 0$ gelangen.

t	h	f(t)	f′(t)	f(t + h)
0	1	80	0,01	80,01
1	1	80,01	0,01	80,02
2	1	80,02	0,01	80,03
3	1	80,03	0,01	80,04 …

Langzeitprognose mit f′

Man gewinnt den Eindruck einer gleichmäßig um etwa 10 000 pro Jahr steigenden Einwohnerzahl. Die Ableitung belehrt uns jedoch, dass dies nur anfangs (näherungsweise) zutrifft. Schreibt man nämlich f′(t) in der Form

$$f'(t) = -0{,}002\,[f(t) - 85],$$

dann zeigt sich: $f'(t) \to 0$ für $f(t) \to 85$. D. h., dass die Einwohnerzahl langfristig bei 85 Millionen stagniert.

Beispiel: (Wertminderung eines Autos)

Jährliche Wertminderung in %

Der Autohandel geht bei Mittelklassewagen bei durchschnittlicher Fahrleistung von einer jährlichen Wertminderung um etwa 18 % aus. Wie hoch ist danach der Wert eines 20 000 Euro teuren Neuwagens nach t Jahren anzusetzen?

Ist f(t) der Wert nach t Jahren, dann ist

$$f(t) - f(t+1) = 0{,}18\,f(t).$$

Mathematisierung

Nimmt man an, daß er im Intervall $[t; t+1]$ linear abfällt, dann ist

$$f(t) - f(t+h) = [0{,}18\,f(t)]\cdot h \quad \text{und} \quad \frac{f(t+h) - f(t)}{h} = -0{,}18\,f(t), \quad \text{somit } f'(t) = -0{,}18\,f(t).$$

Damit lassen sich mit $f(t+h) \approx f(t) + f'(t)\cdot h$ durch schrittweises Vorgehen Funktionswerte näherungsweise ermitteln. Wir wählen zunächst $h = 1$, dann $h = 0{,}5$.

Näherungswerte in Abhängigkeit von h

t	h	f(t)	f′(t)	f(t + h)
0	1	20 000	−3600	16 400
1	1	16 400	−2952	13 448
2	1	13 448	−2421	11 027
3	1	11 027	−1985	9 042
4	1	9 042	−1628	7 414

t	h	f(t)	f′(t)	f(t + h)
0	0,5	20 000	−3600	18 200
0,5	0,5	18 200	−3276	16 562
1	0,5	16 562	−2981	15 071
1,5	0,5	15 071	−2713	13 715
2	0,5	13 715	−2469	12 481
2,5	0,5	12 481	−2247	11 358
3	0,5	11 358	−2044	10 336
3,5	0,5	10 336	−1860	9 406
4	0,5	9 406	−1693	8 559

In beiden Fällen enthält die f(t + h)-Spalte *Näherungswerte* für jene Funktion f, für welche streng $f'(t) = -0{,}18\,f(t)$ gilt. Man kommt dieser Funktion umso näher, je kleiner h gewählt wird. Die folgende Figur verdeutlicht dies.

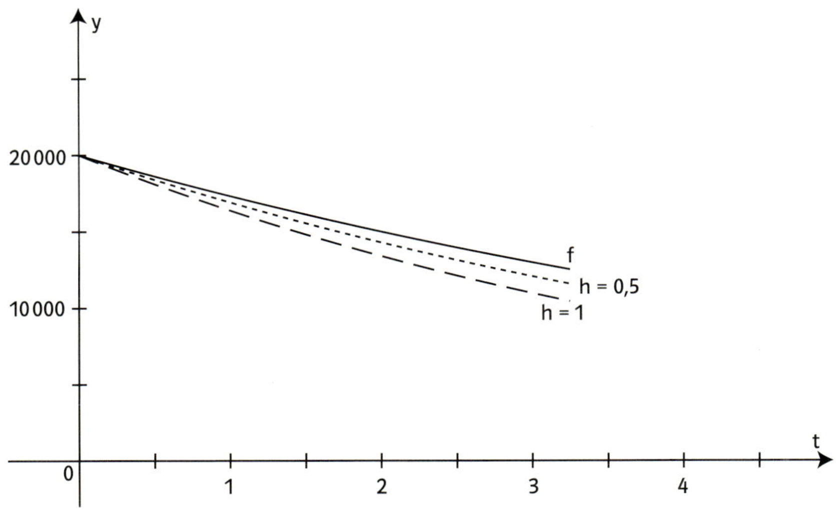

Näherungen unterschiedlicher Art

Im Vorangehenden handelt es sich bei der Annahme der Linearität in [t; t + 1] um eine *Annäherung an die Realität*, bei der Berechnung der f(t + h)-Spalten um eine *mathematische Näherung* an eine gesuchte Funktion. Die erste Näherung ist unumgänglich, die zweite dagegen lässt sich später mit Hilfe der Integralrechnung vermeiden.

Analysis

5 Integral

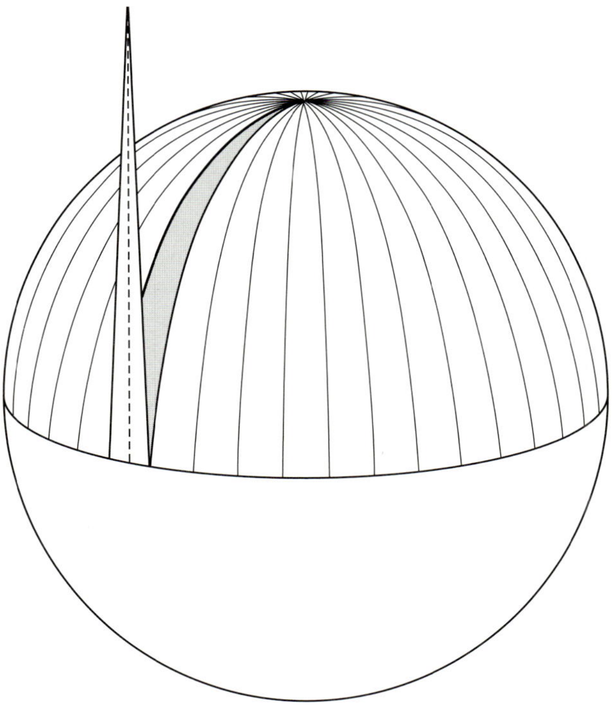

Der aufgerichtete Zwickel ist näherungsweise ein gleichschenkliges Dreieck mit einem Viertel des Großkreisumfangs als Höhe. Die Summe aller solchen Dreiecke ist eine Näherung für die Oberfläche der Kugel.

Kommt die Summe aller Dreiecke bei hinreichend schmalen Zwickeln der Kugeloberfläche *beliebig nahe*?

Im Unterschied zu Problemen, bei denen es um das Verhalten einer Funktion an einer Stelle geht und die Funktionswerte in einer beliebig kleinen Umgebung derselben von Interesse sind, müssen bei anderen Problemen alle Funktionswerte in einem gegebenen Intervall in Betracht gezogen werden. Typisch für solche Probleme ist z. B. die Frage nach der mittleren Tagestemperatur oder die Frage nach dem Inhalt einer von einer Kurve K: $y = f(x)$ begrenzten Fläche.

Zum mathematischen Hintergrund

Definition

Eine Funktion f sei auf [a; b] definiert und *beschränkt*, und es sei

$$a = x_0 < x_1 < \ldots < x_n = b$$

eine Zerlegung des Intervalls. Ist M_i das Supremum und m_i das Infimum von f(x) in $[x_i - 1; x_i]$, $i = 1, \ldots, n$, so heißt

Obersumme

$$\sum_{i=1}^{n} M_i(x_i - x_{i-1}) \text{ eine Obersumme}$$

Untersumme

$$\sum_{i=1}^{n} m_i(x_i - x_{i-1}) \text{ eine Untersumme}$$

von f über [a; b]. Derart erhält man zu jeder Zerlegung eine Obersumme und eine Untersumme und zur Menge aller möglichen Zerlegungen eine Menge von Obersummen und eine Menge von Untersummen.

DARBOUX-Definition

Falls das Infimum aller Obersummen und das Supremum aller Untersummen identisch sind, nennt man den gemeinsamen Wert das *(bestimmte) DARBOUX-Integral von f über [a; b]* und f *DARBOUX-integrierbar* über [a; b].

Zerlegungsnullfolge

Die Definition lässt zunächst keine Möglichkeit erkennen, solche Integrale systematisch zu bestimmen. Dies leistet ein anderer Ansatz. Er versucht, das Integral als *Grenzwert von Summen* zu fassen. Dabei werden *Folgen* von Zerlegungen des Intervalls [a; b] betrachtet. Von Interesse sind Zerlegungen, die durch sukzessive Unterteilung der Teilintervalle $[x_{i-1}; x_i]$ (so dass deren Längen schließlich beliebig klein werden) auseinander hervorgehen; sie heißen *Zerlegungsnullfolgen*.

CAUCHY-Definition

Ist die Funktion f in [a; b] nicht nur beschränkt, sondern sogar *stetig*, dann strebt für *jede* Zerlegungsnullfolge die Summe

$$f(x_0)(x_1 - x_0) + \ldots + f(x_{n-1})(x_n - x_{n-1})$$

(bei der also die Funktionswerte am Anfang jedes Teilintervalls genommen werden) gegen einen nur von f, a und b abhängigen, dagegen von der gewählten Zerlegung unabhängigen Grenzwert (*CAUCHY-Definition* des

Lösung der Aufgabe am Kapitelanfang

Nein!

Als Näherungswert für die Kugeloberfläche erhält man, unabhängig von der Zwickelbreite, stets $\pi^2 r^2$ (Kugeloberfläche: $4\pi r^2$).

Integrals für *stetige* Funktionen). Er stimmt bei stetigen Funktionen mit dem DARBOUX-Integral überein.

Für diffizile mathematische Untersuchungen erweist sich die Voraussetzung der Stetigkeit von f als zu einschneidend. Deshalb verzichtet man auf diese Voraussetzung und verallgemeinert den CAUCHYschen Integralbegriff. Da die durch die Stetigkeit gegebene Bindung der Funktionswerte entfällt, ist man genötigt, nun bei den Näherungssummen nicht nur den Funktionswert an einer bestimmten Stelle eines Teilintervalls, sondern *alle* Funktionswerte desselben zu berücksichtigen.
Ist z_i eine *beliebige* Stelle aus $[x_{i-1}; x_i]$, dann heißt

$$\sum_{i=1}^{n} f(z_i)(x_i - x_{i-1})$$

eine *RIEMANNN-Summe*. Zu jeder Zerlegung gibt es also (je nach Wahl der Zwischenstellen) unendlich viele RIEMANN-Summen. Denkt man sich nun aber bei jeder Zerlegung eine Wahl der Zwischenstellen getroffen, dann führt jede Zerlegungs*folge* zu einer *Folge* von RIEMANN-Summen.

RIEMANN-Summe

Wenn für *jede* Zerlegungsnullfolge die Folge der RIEMANN-Summen einen von der Wahl der Zwischenstellen unabhängigen Grenzwert hat, dann streben alle Folgen von RIEMANN-Summen zwangsläufig gegen *denselben* Grenzwert und diesen nennt man das *(bestimmte) RIEMANN-Integral der Funktion f über [a; b].* Die Funktion f nennt man dann *RIEMANN-integrierbar* über [a; b].

RIEMANN-Definition

Das RIEMANN-Integral existiert genau dann, wenn auch das DARBOUX-Integral vorhanden ist, und beide stimmen überein. Die beiden Integralbegriffe fallen also, bei aller Verschiedenheit der Definitionen, zusammen. Wenn von *Integral* oder *integrierbar* die Rede ist, dann ist (solange nichts anderes gesagt ist) dieser Integralbegriff gemeint. Da die RIEMANNsche Auffassung des Integrals als Grenzwert von Summen den Anwendungen näher ist und außerdem eine Übertragung ins Komplexe erlaubt, wird sie weithin bevorzugt.

Integral
integrierbar

Ergänzende Definitionen

Die sog. Summendefinition legt einige zusätzliche Definitionen nahe.

a) $\int_a^a f(x)\,dx := 0$

b = a

D.h.: Besteht das Integrationsintervall nur aus einer einzigen Zahl, dann soll das Integral null sein.

b) $\int_b^a f(x)\,dx := -\int_a^b f(x)\,dx$

Vertauschen der Grenzen

Es wird unterschieden, ob „von a nach b" oder „von b nach a" integriert wird; das Integral wird also zusätzlich mit einer „Orientierung" versehen. Damit lassen sich manche Aussagen einfacher und einprägsamer formulieren.

Intervall unbeschränkt

c) Wenn das *Integrationsintervall* nach oben *unbeschränkt*, die Funktion f in jedem Teilintervall [a; t] integrierbar und der Grenzwert der Integrale für $t \to +\infty$ vorhanden ist, dann soll *er* der Wert des „uneigentlichen“ Integrals über $[a; +\infty[$ sein, d.h.

$$\int_a^{+\infty} f(x)\,dx := \lim_{t\to+\infty} \int_a^t f(x)\,dx.$$

Funktion unbeschränkt

d) Ist die *Funktion unbeschränkt* in [a; b[, aber für jedes $t < b$ über [a; t] integrierbar, und ist der Grenzwert der Integrale für $t \to b$ vorhanden, dann soll dieser das „uneigentliche“ Integral von f über [a; b] sein, d.h.

$$\int_a^b f(x)\,dx := \lim_{t\to b} \int_a^t f(x)\,dx.$$

Eigenschaften von Integralen

Summenregel:
Ist f über [a; b] integrierbar und sind $z_1, z_2, z_3 \in [a; b]$, dann gilt

Additivität

$$\int_{z_1}^{z_2} f(x)\,dx + \int_{z_2}^{z_3} f(x)\,dx = \int_{z_1}^{z_3} f(x)\,dx.$$

Faktorregel:
Ist f über [a; b] integrierbar und $c \in \mathbb{R}$, dann gilt

Konstanter Faktor

$$\int_a^b [c \cdot f(x)]\,dx = c \cdot \int_a^b f(x)\,dx.$$

Monotonie:
Sind f und g integrierbar und $f(x) \le g(x)$ in [a; b], dann gilt

Monotonie

$$\int_a^b f(x)\,dx \le \int_a^b g(x)\,dx.$$

Folgerungen:

Abschätzungen

Ist f integrierbar und $f(x) \ge 0$ in [a; b], dann ist $\int_a^b f(x)\,dx \ge 0$.

Ist f integrierbar und $|f(x)| \le K$ in [a; b], dann gilt $\left|\int_a^b f(x)\,dx\right| \le K \cdot |b-a|$.

Ist f integrierbar in [a; b], dann auch |f|, und es ist $\int_a^b |f(x)|\,dx \ge \left|\int_a^b f(x)\,dx\right|$.

Die Frage der Existenz

Frage der Existenz, wenn der Integrand

...stetig ist

Bei der enormen Allgemeinheit des Funktionsbegriffs ist nicht zu erwarten, dass jede Funktion integrierbar ist; z.B. ist die DIRICHLET-Funktion über [0; 1] nicht integrierbar. Andererseits werden sich die RIEMANN-Summen nicht wesentlich ändern, wenn eine andere Wahl der Zwischenstellen z_i zu nur unwesentlich anderen Funktionswerten $f(z_i)$ führt. Es ist daher einsichtig:

Ist eine Funktion in $[a; b]$ *stetig*, dann ist sie dort integrierbar.
Da Differenzierbarkeit das Verhalten einer Funktion über die Stetigkeit hinaus noch weiter einschränkt, sind *differenzierbare* Funktionen ebenfalls integrierbar.

... differenzierbar ist

Offenbar gibt es auch integrierbare Funktionen mit endlich vielen Unstetigkeitsstellen. Es stellt sich deshalb die Frage, wie weit die Unstetigkeit einer integrierbaren Funktion gehen kann. Eine abschließende Antwort gibt das „Integrabilitätskriterium von LEBESGUE": Eine Funktion f ist über $[a; b]$ genau dann integrierbar, wenn sie in $[a; b]$ *fast überall stetig* ist. (Dabei bedeutet „fast überall", dass man für jedes $\varepsilon > 0$ die Menge der Unstetigkeitsstellen durch höchstens abzählbar viele abgeschlossene Intervalle, deren Längensumme kleiner als ε ist, überdecken kann.)

... fast überall stetig ist

Folgerungen: Ist f in $[a; b]$ beschränkt und *an höchstens abzählbar vielen Stellen unstetig*, dann ist f über $[a; b]$ integrierbar.
Alle in $[a; b]$ *monotonen* Funktionen sind integrierbar.

... monoton ist

Ändert man bei einer über $[a; b]$ integrierbaren Funktion an endlich vielen Stellen des Intervalls *die Funktionswerte*, so bleibt die Integrierbarkeit und der Integralwert erhalten.

Berechnung von Integralen

Der Integralbegriff steht und fällt mit der Möglichkeit, Integrale im konkreten Fall mit zumutbarem Aufwand numerisch zu bestimmen. Ihre Bestimmung *als Grenzwerte* ist (wenn überhaupt möglich) viel zu schwerfällig. Glücklicherweise lässt sich das Problem auf einem ganz anderen, unerwarteten Weg lösen.
Ist f in $[a; b]$ stetig und F eine *beliebige* Stammfunktion von f (d.h. F ist differenzierbar und $F'(x) = f(x)$ in $[a; b]$), dann gilt

Stammfunktion

$$\int_a^x f(t)\,dt = F(x) + c.$$

Für $x = a$ ergibt sich $0 = F(a) + c$, also ist $c = -F(a)$, und es folgt:
Ist die Funktion f in $[a; b]$ stetig und F eine beliebige Stammfunktion von f in $[a; b]$, dann gilt

$$\int_a^b f(x)\,dx = F(b) - F(a)$$

Hauptsatz

(Hauptsatz der Differenzial- und Integralrechnung).
Damit erscheint das Integral plötzlich in einem ganz anderen Kleid, nämlich als Differenz von Funktionswerten einer (beliebigen) Stammfunktion. Das macht deshalb hellhörig, weil man i. Allg. bei gegebenem f sehr viel leichter eine Stammfunktion findet als den Grenzwert von RIEMANN-Summen. *Man kann somit Integrale* (nicht nur als Grenzwerte, sondern auch) *mit Hilfe einer Stammfunktion bestimmen.*

Historisches

Bereits die Antike beschäftigt sich mit der Größe von krummlinig begrenzten Flächen. Insofern sind Probleme, die wir heute als Integrationsprobleme sehen, wesentlich älter als solche der Differenziation.

Antike

Bei den Griechen werden Flächen nicht berechnet (im Sinne der Zuordnung von Zahlen), sondern „nur“ mit anderen, z. B. Rechtecksflächen, verglichen. Die Entdeckung inkommensurabler Größen mahnt zur Vorsicht. Die Frage, was man unter dem Inhalt einer Fläche zu verstehen hat und ob man in einem konkreten Fall von einem solchen überhaupt sprechen kann, wird nicht erörtert.

Exhaustion

Als Methode praktizieren EUDOXOS VON KNIDOS (400?–347?) und EUKLID VON ALEXANDRIA (340?–270?) die (seit dem 17. Jh. so genannte) Exhaustion. Dabei wird z. B. zum Nachweis, dass Kreisinhalte sich wie die Quadrate der Durchmesser verhalten, eine Kreisfläche durch Polygonflächen, für welche diese Beziehung gilt, angenähert. Nun wird aber kein Grenzübergang vollzogen (bei dem die Kreisflächen tatsächlich „ausgeschöpft“ werden), sondern es wird gezeigt, daß das Verhältnis der Kreisinhalte weder größer noch kleiner sein kann als das Verhältnis der Durchmesserquadrate.

ARCHIMEDES

Besonders virtuos wird die Exhaustionsmethode von ARCHIMEDES VON SYRACUS (287–212) gehandhabt. Er macht ihren größten Nachteil – dass sie nicht zum Auffinden, sondern „nur“ zum Beweisen einer Vermutung taugt – durch mechanische Betrachtungen wett. Indem er sich Flächen aus Strecken (wie ein Tuch aus Fäden) und Körper aus Ebenen (wie ein Buch aus Blättern), sog. *Indivisiblen*, bestehend denkt, gelangt er durch mechanische Gleichgewichtsbetrachtungen zu Vermutungen. Diese werden dann durch einen doppelten Widerspruchsbeweis als wahr nachgewiesen. Auf diese Weise gelingt ihm insbesondere die Bestimmung des Rauminhaltes und der Oberfläche einer Kugel.

Idee der Indivisiblen

CAVALIERI

BONAVENTURA CAVALIERI (1598–1647), Schüler von GALILEI, versucht, die Indivisiblenmethode auszubauen. Er vergleicht die Indivisiblen verschiedener Flächen bzw. Körper, vermeidet aber bemerkenswerterweise, die Summe von unendlich vielen Indivisiblen zu bilden.

FERMAT

Im Verlauf des 17. Jahrhunderts beginnt man, bei der „Ausschöpfung“ von Figuren Rechtecke statt allgemeinerer Polygone zu verwenden. PIERRE DE FERMAT (1601–1665) bestimmt die Fläche unter einer Parabel mittels Rechtecken, deren unterschiedliche Breite er geschickt der Kurve anpasst. Er wendet sich von der Indivisiblenmethode ab und geht den ersten Schritt auf dem Weg zu einer Arithmetisierung der Flächenbestimmung.

Unterschiedliche Ansätze bei NEWTON und LEIBNIZ

In der weiteren Entwicklung treten zwei verschiedene Auffassungen zutage. ISAAK NEWTON (1642–1727) sieht die Flächenbestimmung als Umkehrung der Differenziation und stützt sich auf Stammfunktionen. Anders GOTTFRIED WILHELM LEIBNIZ (1646–1716), er interpretiert Flächen als „Summen“ von infinitesimalen Rechtecken.

Summendefinition von CAUCHY

Die erste präzise Definition des (bestimmten) Integrals stammt von AUGUSTIN-LOUIS CAUCHY (1789–1857). Er geht von einer beschränkten Funktion über [a; b] aus, zerlegt das Intervall in Teilintervalle und bildet

$\sum_{i=1}^{n}(x_i - x_{i-1})f(x_{i-1})$ (mit dem Funktionswert am Anfang eines Teilintervalls).

Dann weist er nach, dass diese Summen für *stetige* Funktionen bei unbegrenzter Verfeinerung der Zerlegung gegen einen Grenzwert streben, der nur noch von f, a und b (aber nicht mehr von den gewählten Zerlegungen) abhängt. Ihn definiert er als Integral. Anschließend erweitert er den Begriff auf stückweise stetige Funktionen.

Verallgemeinerung durch RIEMANN

Der CAUCHYsche Integralbegriff erfährt durch BERNHARD RIEMANN (1826–1866) eine bedeutsame Verallgemeinerung. Bei seinen Untersuchungen über Funktionen, die durch trigonometrische Reihen darstellbar sind, sieht er sich – weil die Koeffizienten Integralform haben – veranlasst, die Voraussetzung der Stetigkeit aufzugeben. Er setzt nur noch die *Beschränktheit* der Funktion voraus und *fordert* die Existenz eines Grenzwertes der „RIEMANN-Summen" für alle Zerlegungsnullfolgen und *jede beliebige Wahl der Zwischenstellen*. Gleichzeitig gibt er eine Funktion an, deren Unstetigkeitsstellen dicht liegen und die trotzdem in seinem Sinne integrierbar ist.

DARBOUX

In der Folgezeit tritt immer mehr die Frage in den Vordergrund, bei welchen „Ordinatenmengen" man überhaupt noch von einem Flächeninhalt sprechen kann. Es erweist sich dabei als zweckmäßig, anstelle der RIEMANN-Summen mit *Ober- und Untersummen* zu arbeiten. GASTON DARBOUX (1842–1917) liefert wichtige Beiträge auf dem Weg zu einer nochmaligen Erweiterung des RIEMANNschen Integralbegriffs.

Der Name „Integral"; das Integralzeichen

Der Name „Integral" wird, von JAKOB BERNOULLI (1654–1705) im Jahre 1690 vorgeschlagen, um 1700 gebräuchlich. LEIBNIZ (1646–1716) schreibt $\int y$ oder $\int y\,dx$ (ohne Grenzen; er meint damit aber stets ein bestimmtes Integral). Die heute übliche Schreibweise (mit Angabe der Integrationsgrenzen) geht auf JEAN-BAPTISTE-JOSEPH FOURIER (1768–1830) zurück.

Zum Unterricht

Generelle unterrichtliche Probleme

Gedanklicher Anspruch

Die Kompliziertheit der Begriffsbildung erfordert ungewöhnliches und länger anhaltendes gedankliches Engagement. Es ist unrealistisch, ein solches als selbstverständlich vorauszusetzen. Die Gefahr einer *gedanklichen Überfrachtung* in der Einstiegsphase zur Integralrechnung ist nicht zu unterschätzen.

Allgemeinheit der RIEMANN-Definition

Die schwierigste, jedoch entscheidende Stelle in der RIEMANN-Definition ist nicht die unbegrenzte Verfeinerung einer Zerlegung und auch nicht die Betrachtung aller möglichen Zerlegungsfolgen, sondern die beliebige Wahl der Zwischenstellen in den Teilintervallen. Deren Bedeutung kommt jedoch erst zum Tragen,wenn man auch extrem unstetige Funktionen einbezieht. Insofern ist die Summendefinition von einer im Unterricht kaum nachvollziehbaren *Allgemeinheit*.

Ober- und Untersummen

Man könnte versucht sein, die genannte Schwierigkeit durch Argumentieren mit Ober- und Untersummen aus der Welt zu schaffen. In jedem Teilintervall hat man es dann nicht mehr mit unendlich vielen Funktionswerten, sondern nur noch mit Supremum und Infimum zu tun. Man beraubt sich dabei jedoch der Möglichkeit einer systematischen *Berechnung* des Integrals *mittels Näherungssummen* und gleichzeitig eines für Anwendungen unverzichtbaren Gedankenganges.

Integral als Flächeninhalt

Der Anschaulichkeit wegen liegt es nahe, den Begriff des Integrals mit der Vorstellung eines *Flächeninhaltes* zu verbinden. Dabei wird der Flächeninhalt als problemlos und als selbstverständlich vorhanden erachtet. Für den Lernenden kann der Sinn des Vorgehens dann aber nur darin liegen, den Flächeninhalt zu *berechnen*. Er muss ein Argumentieren mit Ober- und Untersummen als wenig hilfreich empfinden und wird allenfalls ein Arbeiten mit Näherungssummen akzeptieren. In jedem Fall wird für ihn schwer zu begreifen sein, dass es um einen neuen Begriff geht.

Gefahr einer Verfrühung

Um die *Motivation* zu erhalten, wird man möglichst bald zu vorweisbaren und überzeugenden Ergebnissen kommen wollen und dazu neigen, die Definition des Integrals rasch abzutun und frühzeitig Stammfunktionen und den Hauptsatz heranzuziehen. Damit ist man aber wieder auf dem Weg zur Berechnung, nicht zur Definition des Integrals. Vor allem jedoch wird übersehen, dass die späteren Anwendungen nicht ohne Summen*definition* auskommen.

Definieren mittels Stammfunktionen?

Es gibt auch den Vorschlag, Integrale in der Schule nicht über Näherungssummen, sondern *mittels Stammfunktionen* zu *definieren*. Man geht dadurch zweifellos vielen unterrichtlichen Schwierigkeiten aus dem Weg, verzichtet jedoch auf wesentliche Lernziele. Die für Anwendungen benötigte Summendefinition wird umgangen und der Hauptsatz seiner eigentlichen Aussage beraubt. (Demgegenüber ist weniger gravierend, dass der Integralbegriff auf solche Funktionen eingeschränkt wird, die integrierbar sind *und* eine Stammfunktion haben.)

Existenzfrage

Die *Frage der Existenz* läßt sich nicht in ebenso einfacher Weise (durch anschauliche Gegenbeispiele) von der Begriffsbildung trennen wie bei der Differenzierbarkeit. Da es sich bei der Integrierbarkeit um eine sehr schwache Eigenschaft handelt, wirken Gegenbeispiele (wie etwa die DIRICHLET-Funktion) auf Schüler exotisch.

Schreibweise

Die *Schreibweise* ist für den Anfänger gewöhnungsbedürftig. In der Bezeichnung für das Integral ballen sich ungewohnt viele Informationen. Ihre Handhabung erfordert ein permanentes Mitdenken. Insbesondere wirkt das Mitführen des Differenzials befremdlich, es ist zunächst eher Fehlerquelle als Hilfe.

Anwendungen

Bei *Anwendungen* kommen (gegenüber formalen Beispielen) weitere Schwierigkeiten hinzu. Die zu integrierende Funktion ist nicht vorab gegeben. Vielmehr führt eine zunächst lokale Betrachtungsweise zu einer Summe, die hernach als RIEMANN-Summe einer (den Summanden zu entnehmenden) Funktion verstanden werden kann. In gewisser Weise geht man also bei Anwendungen den umgekehrten Weg wie bei der Definition des Integrals.

Welcher Integralbegriff ist der Schule angemessen?

Der RIEMANNsche Integralbegriff ist auf eine Allgemeinheit hin angelegt, die in der Schule nicht ausgeschöpft werden kann. Seine Bedeutung im Rahmen der Schule wird man weniger in den wissenschaftlichen Fragestellungen (die ihn veranlasst haben) und den innermathematischen Erkenntnissen (zu denen er geführt hat) sehen müssen, als vielmehr in dem grundlegenden *Gedankengang*, der zum Integral als *Grenzwert von Summen* führt.

Es erscheint daher geboten, auf die in der RIEMANN-Definition aus wissenschaftlichen Gründen beabsichtigte Allgemeinheit bewusst zu verzichten und sich (wie CAUCHY) auf *stetige* und *stückweise* stetige Funktionen zu beschränken. Die Existenz des Integrals ist dann gesichert. Man braucht bei der einzelnen Zerlegung des Integrationsintervalls nicht alle möglichen Zwischenstellen zu berücksichtigen. Es genügt, z.B. jeweils den Anfang eines Teilintervalls zu nehmen; das ist einsichtig, denn bei hinreichend feiner Unterteilung variieren die Funktionswerte innerhalb eines Teilintervalls wegen der Stetigkeit nur wenig, und dasselbe trifft dann für die RIEMANN-Summen zu.

Vereinfachung durch Beschränkung auf stetige Funktionen

Zur Hinführung

Man wird einen Einstieg wählen, bei dem die betrachtete Funktion eine inhaltliche Bedeutung hat. Er sollte nicht nur zeigen, *wie* man vorgeht, sondern auch erkennen lassen, *weshalb* man so vorgeht, dass es nicht um die *Berechnung* einer bereits hinreichend bekannten Größe geht, sondern um die *begriffliche Präzisierung* einer bislang nur undeutlich vorhandenen Vorstellung.

Zielsetzung

Jedermann weiß, was man unter der Durchschnittsnote einer Klausur oder dem Durchschnittsalter der Bewohner eines Altenheims zu verstehen hat. Manchmal ist aber auch von der „durchschnittlichen Niederschlagsmenge" oder der „Durchschnittstemperatur" die Rede. Dann ist nicht so ohne weiteres klar, was damit gemeint ist. Die Größe, um deren Durchschnittswert es geht, ändert sich nämlich *kontinuierlich*.

Was ist eine Durchschnittstemperatur?

Um die *durchschnittliche* Außentemperatur im Zeitraum zwischen zwei Uhrzeiten a und b *praktisch* zu ermitteln, wählt man Zeitpunkte

$$a = t_0 < t_1 < \ldots < t_n = b,$$

liest zu den Zeitpunkten $t_0, \ldots, t_{n-1}$ die Temperatur T ab und bildet das arithmetische Mittel der n Meßwerte

$$\overline{T} = \tfrac{1}{n}\,[T(t_0) + T(t_1) + \ldots + T(t_{n-1})].$$

Vorgehen im Alltag

Man wird in etwa gleichen Abständen (z.B. immer zur vollen Stunde) ablesen. Im Term für $\overline{T}$ kommt dies zum Ausdruck, wenn man ihn in der Form

$$\overline{T} = \frac{1}{b-a}\left[T(t_0)\,\frac{b-a}{n} + \ldots + T(t_{n-1})\,\frac{b-a}{n}\right]$$

schreibt. Jeder Messwert ist hier mit der Zeitdauer zwischen zwei aufeinanderfolgenden Zeitpunkten multipliziert:

(*) $\overline{T} = \frac{1}{b-a}[T(t_0)(t_1 - t_0) + \ldots + T(T_{n-1})(t_n - t_{n-1})].$

Diese Form zeigt auch, wie sinnvollerweise zu verfahren ist, wenn die Zeiträume zwischen den Ablesungen verschieden sind.

Unzulänglichkeit des Vorgehens

Der so ermittelte Wert $\overline{T}$ genügt meist für die Praxis. Aber es ist klar, dass sich bei einem andern (z. B. halbstündigen) Ableserhythmus ein etwas anderer Wert ergeben würde. Das Ergebnis hängt also nicht nur vom tatsächlichen Temperaturverlauf ab, sondern auch noch vom Messvorgang. Das dürfte eigentlich nicht sein. *Wie kann man den Einfluß des Messvorgangs auf das Ergebnis ausschalten?*

Übergang zum Grenzwert

Lässt sich dieser Einfluss auch praktisch nicht gänzlich ausmerzen, so lässt er sich doch wenigstens mindern. Man kommt der Realität zweifellos näher, wenn man die Temperatur in kürzeren Zeitabständen abliest. In der eckigen Klammer von (*) wird dann der *Beitrag des einzelnen Summanden kleiner*. Gleichzeitig wird jedoch die *Anzahl der Summanden größer*. Diese beiden gegenläufigen Prozesse gleichen sich so aus, dass der Klammerinhalt – wenn die Zeitabstände immer kleiner gemacht werden – einem *Grenzwert* zustrebt.

Das ist auch dann der Fall, wenn man die Zeitpunkte der Ablesungen zwischen a und b anders wählt; wichtig ist nur, dass deren Abstände gegen null gehen. Der Grenzwert, dem der Klammerinhalt zustrebt, ist immer derselbe. Das bedeutet: Der missliche Einfluss des Messvorgangs auf das Ergebnis ist erst dann *vollständig* ausgeschaltet, wenn man den Klammerinhalt durch jenen *Grenzwert* ersetzt. Demgemäß ist

$$\overline{T}^* = \frac{1}{b-a} \cdot \textit{Grenzwert}$$

als tatsächliche Durchschnittstemperatur im Zeitintervall [a; b] anzusehen.

Veranschaulichung der Überlegungen

Die zu $\overline{T}^*$ führenden Überlegungen lassen sich anschaulich verfolgen.

Deutung der Messwerte

… als Strecken

Anschauliche Deutung von ($\overline{T}$)

Die zu den einzelnen Messwerten gehörenden Strecken werden zusammengesetzt und die Gesamtstrecke in n gleiche Teile geteilt.

… als Flächen

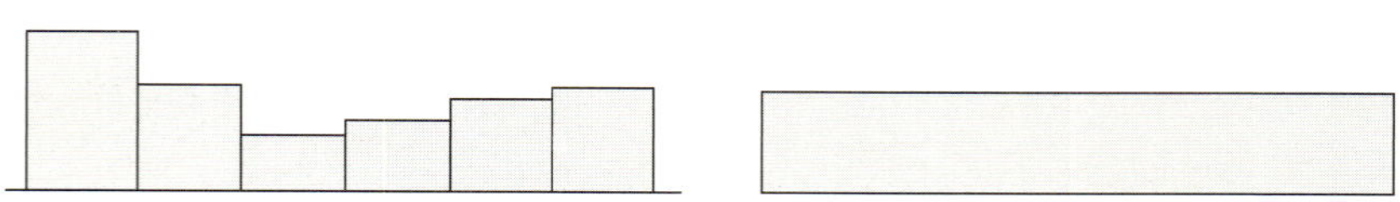

Anschauliche Deutung von (*)

Um $\overline{T}$ zu finden, ist die Gesamt*fläche* aller Rechtecke in ein Rechteck der Länge $(b - a)$ zu verwandeln; dessen Breite ist $\overline{T}$.

Übergang zum Grenzwert

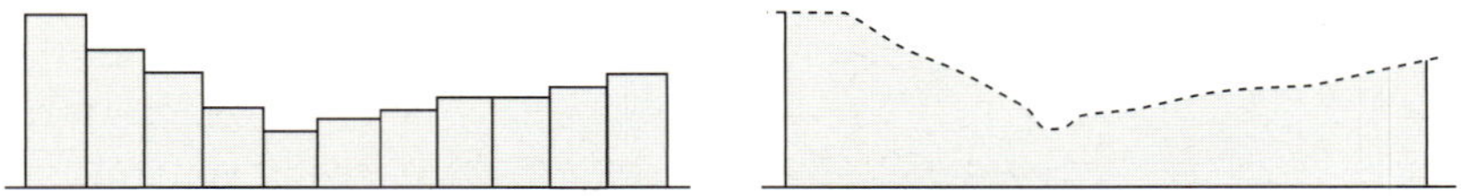

Anschauliche Deutung des Übergangs zum Grenzwert

Die Inhalte der einzelnen Rechtecke werden immer kleiner, gleichzeitig nimmt die Anzahl der Rechtecke zu. Der Grenzwert wird veranschaulicht durch den Inhalt A der Fläche unter der Temperaturkurve und die Durchschnittstemperatur $\overline{T}^*$ durch die Breite eines Rechtecks mit dem Inhalt A und der Länge $(b - a)$.

Definition des Integrals

Charakteristische Grenzübergänge

Grenzwerte wie im Vorangehenden sind ebenso grundlegend wie jene, die wir „Ableitung einer Funktion an einer Stelle" genannt haben. Handelte es sich dort um den Grenzwert eines *Quotienten von Differenzen*, so geht es nun um den Grenzwert einer *Summe von Produkten*. Man gelangt zu ihm in folgenden Schritten.

Schrittfolge zum Integral

Realität (Durchschnittstemperatur):	*Mathematisch*:
1. Schritt: Die Temperatur ändert sich in dem betrachteten Zeitraum [a; b] kontinuierlich mit der Zeit.	In einem Intervall [a; b] ist eine Funktion f gegeben. Diese Funktion ist stetig.
2. Schritt: Im Zeitraum wählt man einzelne Zeitpunkte, zu denen die Temperatur abgelesen wird.	Das Intervall wird durch $a = x_0 < x_1 < \ldots < x_n = b$ unterteilt.
3. Schritt: Jeder Meßwert wird mit der Zeitdauer bis zum nächsten Zeitpunkt multipliziert.	Es werden die Produkte $f(x_0)(x_1 - x_0)$ bis $f(x_{n-1})(x_n - x_{n-1})$ gebildet.
4. Schritt: Die Produkte werden addiert.	Die Produkte werden addiert.
Hier ist die Praxis am Ende.	Die Mathematik geht noch einen Schritt weiter.
5. Schritt:	Man *denkt* sich die Zerlegung von [a;b] immer mehr verfeinert, so dass die Teilintervalle schließlich beliebig klein werden (und gleichzeitig deren Anzahl beliebig groß). Die im 4. Schritt gebildeten Summen streben dabei gegen einen *Grenzwert*. Er ist das, was eigentlich interessiert.

Gedankliche Ergänzung des praktischen Vorgehens

Integral als Grenzwert

Zusammengefasst: Ist eine Funktion f in $[a; b]$ *stetig* und $a = x_0 < \ldots < x_n = b$ eine Zerlegung von $[a; b]$, dann streben die Summen

$$f(x_0)(x_1 - x_0) + f(x_1)(x_2 - x_1) + \ldots + f(x_{n-1})(x_n - x_{n-1})$$

bei unbegrenzter Verfeinerung der Zerlegung gegen einen *Grenzwert.* Er wird das *Integral der Funktion f über* $[a; b]$ genannt.

Nummerisches Verifizieren der Schrittfolge

Beispiel: (Nummerische Konkretisierung eines Integrals)
Die Funktion $f: x \mapsto 2^x$ ist in $[0; 1]$ stetig; sie hat also über $[0; 1]$ ein Integral.
Zerlegung des Intervalls:
Es liegt nahe, gleiche Intervalle der Länge $\frac{1}{n}$ zu wählen.
Näherungssummen:

$$S_n = f(0) \cdot \tfrac{1}{n} + f\left(\tfrac{1}{n}\right) \cdot \tfrac{1}{n} + f\left(2 \cdot \tfrac{1}{n}\right) \cdot \tfrac{1}{n} + \ldots + f\left((n-1) \cdot \tfrac{1}{n}\right) \cdot \tfrac{1}{n}$$

Für $n = 1, \ldots, 4$ erhält man (3 Dez.)

$$\begin{aligned} S_1 &= 1 && = 1 \\ S_2 &= 0{,}500 + 0{,}707 && = 1{,}207 \\ S_3 &= 0{,}333 + 0{,}420 + 0{,}529 && = 1{,}282 \\ S_4 &= 0{,}250 + 0{,}297 + 0{,}354 + 0{,}400 && = 1{,}301 \ \ldots \end{aligned}$$

Um den Grenzwert für $n \to \infty$ zu erkennen, sehen wir uns S_n genauer an.

$$\begin{aligned} S_n &= 2^0 \cdot \tfrac{1}{n} + 2^{1/n} \cdot \tfrac{1}{n} + 2^{2/n} \cdot \tfrac{1}{n} + \ldots + 2^{(n-1)/n} \cdot \tfrac{1}{n} \\ &= \tfrac{1}{n} \cdot [1 + \sqrt[n]{2} + (\sqrt[n]{2})^2 + \ldots + (\sqrt[n]{2})^{n-1}] \\ &= \tfrac{1}{n} \cdot \frac{(\sqrt[n]{2})^n - 1}{\sqrt[n]{2} - 1} \\ &= \frac{1}{n \cdot (\sqrt[n]{2} - 1)} \end{aligned}$$

Damit erhalten wir nun mühelos z.B.
$S_5 = 1{,}345$; $S_{10} = 1{,}393$; $S_{20} = 1{,}417$; $S_{50} = 1{,}432$; $S_{100} = 1{,}437$; $S_{1000} = 1{,}442$.
Man wird annehmen dürfen, dass der gesuchte Grenzwert, also das *Integral* der Funktion $x \mapsto 2^x$ über $[0; 1]$, ungefähr 1,44 beträgt. (Der genaue Wert ist $\frac{1}{\ln 2}$.)

Festigung der Definition

Nummerische Beispiele sind wichtig, genügen aber nicht, um den komplizierten zum Integral führenden *Gedankengang* hinreichend zu festigen. Es ist lehrreich, denselben Gedankengang vor wechselnden Hintergrundsituationen zu sehen.

Flächeninhalt als Integral

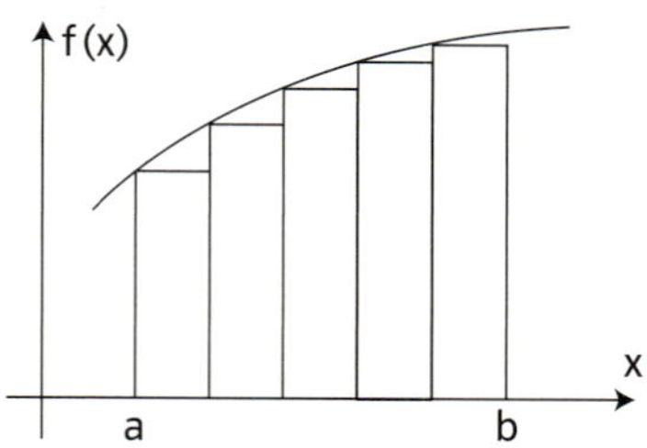

Verfolgt man den Weg zum Integral in der Figur, dann führt er zur (für einen Schüler keineswegs naheliegenden) Auffassung einer Fläche als *Grenzfigur* einbeschriebener Polygone, die sich aus Rechtecken zusammensetzen. Das Integral der „Randfunktion" liefert den *Flächeninhalt*.

Bemerkungen:
a) Bei dieser Deutung des Integrals als Flächeninhalt wird vorausgesetzt, dass die obere Berandung Schaubild einer in [a; b] stetigen Funktion f ist und die besagte Fläche einen Inhalt hat. Bei näherer Betrachtung erweist sich jedoch der Inhaltsbegriff als problematisch und weniger einfach als der Integralbegriff. Man verwendet dann umgekehrt das Integral, um den Begriff des Inhaltes zu präzisieren.
b) Wegen der engen Beziehung zum Flächeninhalt spricht man beim Problem des Integrierens (als Pendant zum „Tangentenproblem") auch vom *Flächenproblem*. Im Einzelfall kann damit ebensowohl die Berechnung als auch die Definition eines Integrals gemeint sein.

„Flächenproblem"

Die Auffassung eines Flächeninhaltes als Integral zeigt in bemerkenswerter Weise, wie Integrieren von der Linie zur Fläche führt (wobei die alte Idee der „Indivisiblen" durch den Grenzwert abgelöst wird). Noch deutlicher zeigt sich dies, wenn man eine Kreisfläche nach Art der Jahresringe eines Baumes zerlegt. Man erhält die Näherung

Von der Linie zur Fläche

$$\sum_{i=1}^{n} 2\pi\left[(i-1)\cdot\frac{r}{n}\right]\cdot\frac{r}{n} = \pi r^2\cdot\frac{n-1}{n}$$

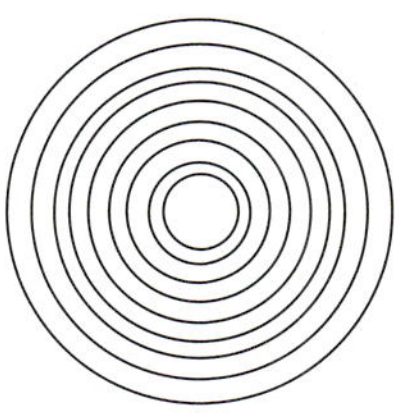

und der Kreisinhalt erscheint als *Integral* der *„Umfangsfunktion"* $x \mapsto 2\pi x$ über $[0; r]$.

Auch den *Rauminhalt* gewisser Körper kann man als Integral auffassen und berechnen. Die Funktion, um deren Integral es sich handelt, ist hier – anders als bei Flächenberechnungen – nicht vorgegeben, sondern wird erst aus den Näherungssummen ersichtlich.

Rauminhalt als Integral

Beispiel: (Volumen eines Paraboloids)
Wenn die Fläche der Parabel K: $y = x^2$ (bis zur Höhe H) um die y-Achse rotiert, dann entsteht ein Paraboloid. Sein Rauminhalt V kann als Integral aufgefasst werden. – Es liegt nahe, als berechenbare Näherungskörper Zylinder zu verwenden. Ist q(y) der Inhalt der Querschnittsfläche in der Höhe y und $\frac{H}{n}$ die Höhe eines Zylinders, dann ergibt sich für V die Näherung

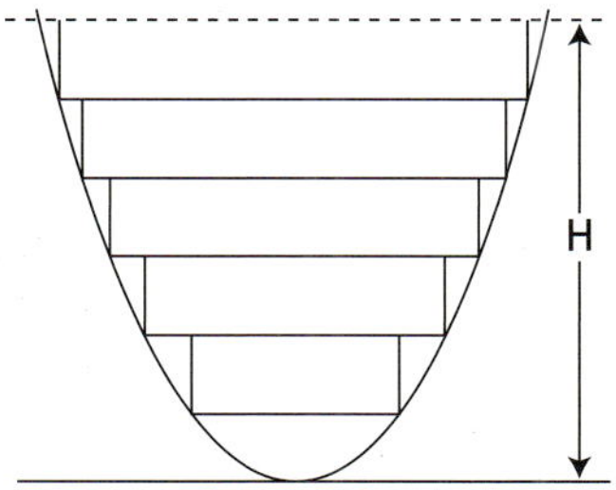

$$V_n = q(0)\frac{H}{n} + q\left(\frac{H}{n}\right)\frac{H}{n} + \ldots + q\left((n-1)\frac{H}{n}\right)\frac{H}{n}.$$

Der Rauminhalt ist das *Integral* der „Querschnittsfunktion" $y \mapsto q(y)$ über $[0; H]$.
Bestimmung des Integrals:
Wegen $x^2 = y$ ist $q(y) = \pi y$ und

Von der Fläche zum Körper

$$V_n = \pi\left(\frac{H}{n}\right)^2 [0 + 1 + 2 + \ldots + (n-1)]$$
$$= \frac{1}{2}\pi H^2\cdot\frac{n-1}{n},$$

also $\lim\limits_{n\to\infty} V_n = \frac{1}{2}\pi H^2$ der gesuchte Rauminhalt V (vgl. S. 39).

Beachte: Beim Übergang von x^2 zu y hat y die Einheit LE^2, also hat V die Einheit LE^3.

Bis dahin verbindet sich der Integralbegriff für einen Schüler noch mehr oder weniger mit geometrischen Vorstellungen. Es ist wichtig, sich davon zu lösen. Eine Gelegenheit dazu bietet etwa bei einem Wachstumsvorgang die Auffassung des *Zuwachses* als Integral der *Wachstumsgeschwindigkeit*.

Zuwachs als Integral

Beispiel: (Wachstum einer Pflanze)

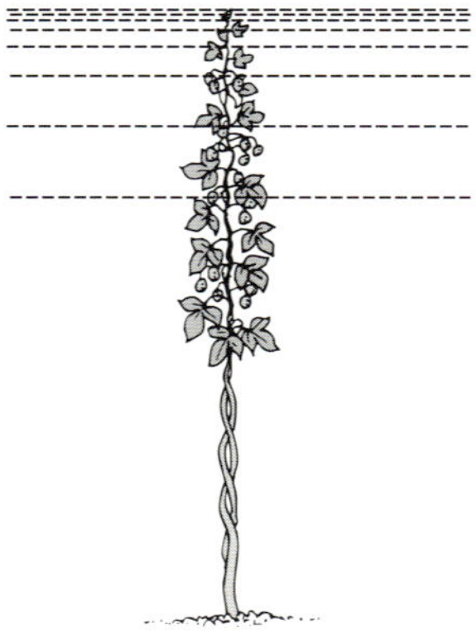

Eine Hopfenpflanze wächst am schnellsten bei einer Höhe von etwa 3 m, sie wächst dann um bis zu 25 cm/Tag. Danach verlangsamt sich ihr Wachstum. Man kann in guter Näherung annehmen, dass es dann *gleichmäßig* abnimmt. Nach weiteren 30 Tagen ist die Pflanze ausgewachsen. Wie hoch wird sie? – Die täglichen Zuwächse sind unterschiedlich, sie richten sich nach der jeweiligen Wachstums*geschwindigkeit*. Diese ändert sich nicht nur von Tag zu Tag, sondern auch von Stunde zu Stunde, von Minute zu Minute, usw.
Über sie (und nur über sie) wissen wir Bescheid: $v(t) = 25 - \frac{5}{6}t$ (in cm/Tag); sie beträgt nach einem Tag 24,2, nach 2 Tagen 23,3, nach 10 Tagen 16,7 usw. Um zu einer Näherung für den Gesamtzuwachs zu gelangen, denkt man sich den Zeitraum von 30 Tagen in kleine Intervalle unterteilt und die Wachstumsgeschwindigkeit innerhalb eines solchen konstant und gleich jener am Intervallanfang. Die sich so ergebenden Näherungen kommen der Realität umso näher, je kleiner man die Zeitintervalle wählt. Der noch zu erwartende Gesamtzuwachs erweist sich als *Integral* der Wachstumsgeschwindigkeit über [0; 30].

Entsprechende Überlegungen kann man offenbar auch bei anderen Wachstumsvorgängen anstellen (etwa für den „Wegzuwachs" eines aus der Ruhelage fallenden Steins oder eines anfahrenden Pkw, die Zunahme einer Bevölkerung, den Massenschwund bei radioaktivem Zerfall, usw.). Der Zuwachs im Zeitintervall [a; b] ist immer das *Integral der Wachstumsgeschwindigkeit*.

Bemerkung: Wenn man will, kann man auch die Bestimmung von Rauminhalten diesem Gesichtspunkt unterordnen. Im Falle des Paraboloids (vgl. Beispiel) hat man sich eine orthogonal zur Achse des Paraboloids verlaufende, nach oben wandernde Ebene zu denken. Das unterhalb derselben vorhandene Volumen nimmt in Abhängigkeit von der Höhe h (nicht der Zeit!) mit der „Geschwindigkeit" q(h) zu, und das Gesamtvolumen des Paraboloids erscheint als Integral der Querschnittsfunktion.

Physikalische Arbeit als Integral

Die Berechnung der *physikalischen Arbeit* nach der Formel $W = F \cdot s$ setzt voraus, dass längs eines geradlinigen Weges der festen Länge s die konstante Kraft F aufgewendet werden muss. Ändert sich die Kraft im Verlauf des Weges oder wirkt dieselbe Kraft bei sich ändernden Weglängen, dann muss man in kleinen Schritten vorgehen, um die Anwendung der obigen Formel als *Näherung* zu rechtfertigen.

... bei variabler Kraft

Beispiel: (Kraft nicht konstant)
Beim Dehnen einer Schraubenfeder nimmt mit der Auslenkung aus der Ruhelage auch die erforderliche Kraft zu. Der zur Dehnung auf die Länge s notwendige Arbeitsaufwand W kann also nicht direkt mittels $W = F \cdot s$ berechnet werden. Zerlegt man s jedoch in kleine Teilstücke, dann kann man die Arbeit auf jedem Teil näherungsweise nach dieser Formel berechnen (wobei man für F z.B. die am Anfang des Teilstücks vorhandene Kraft verwendet) und die „Teilarbeiten" addieren. Die erzielte Näherung für W ist umso brauchbarer, je kleiner die Teilstücke von s sind. Der *genaue* Wert für W ist das *Integral* der Funktion $x \mapsto F(x)$ über $[0; s]$.

... bei variablem Weg

Beispiel: (Weg nicht konstant)
Ein zylinderförmiger Brunnen mit $r = 1\,\text{m}$ ist $10\,\text{m}$ tief und bis $4\,\text{m}$ unter den Rand mit Wasser gefüllt. Welche Arbeit W wird beim Abpumpen des Wassers über den oberen Rand verrichtet, wenn dazu eine auf dem Wasserspiegel schwimmende Pumpe verwendet wird? – Anfangs muss das Wasser weniger weit angehoben werden als bei schon fast leerem Brunnen, die Hubwege sind verschieden. Der Hubweg h kann nur für Wasser aus einer dünnen Schicht (der Dicke $\frac{6}{n}$) näherungsweise als konstant angesehen werden. Denkt man sich das Wasser in solche Schichten zerlegt und für den Hubweg jeweils die Hubhöhe am unteren Ende der Schicht genommen, dann gelangt man (da $1\,\text{m}^3$ Wasser die Gewichtskraft 9810N hat) für W (in Nm) zum Näherungswert

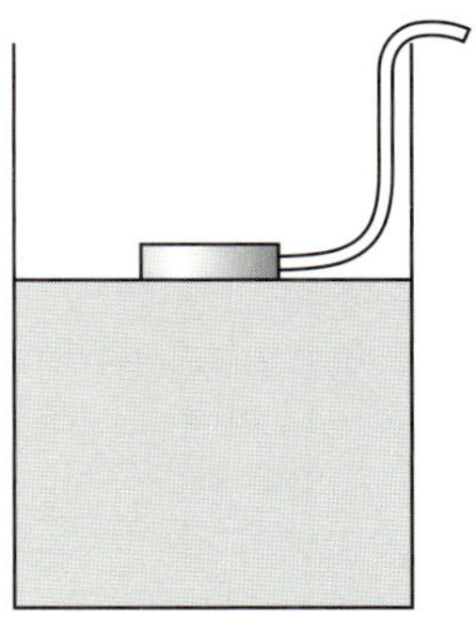

$$\pi \cdot 1^2 \cdot \tfrac{6}{n} \cdot 9810 \cdot \left(4 + 1 \cdot \tfrac{6}{n}\right) + \pi \cdot 1^2 \cdot \tfrac{6}{n} \cdot 9810 \cdot \left(4 + 2 \cdot \tfrac{6}{n}\right) + \ldots + \pi \cdot 1^2 \cdot \tfrac{6}{n} \cdot 9810 \cdot \left(4 + n \cdot \tfrac{6}{n}\right).$$

Der *genaue* Wert der aufzuwendenden Arbeit ist das *Integral* der Funktion $h \mapsto 9810\pi h$ über $[4; 10]$.

Weitere Beispiele zeigen, dass Integrale auch andernorts auftreten.

Durchfluss als Integral

Beispiel: (Durchblutung einer Ader)
Für unsere Gesundheit ist wichtig, dass pro Zeiteinheit genügend Blut durch den Querschnitt einer Blutader fließt. Man kann sich die Ader wie eine enge Röhre (Radius r) vorstellen. In der Rohrmitte fließt das Blut schneller als in der Nähe der Rohrwand. Die Funktion $x \mapsto v(x)$ beschreibe seine Geschwindigkeit in Abhängigkeit vom Abstand x zur Rohrmitte. Die in einer Zeiteinheit durch einen Rohrquerschnitt fließende Blutmenge B kann man sich näherungsweise vorstellen wie ein Teleskop. Der Radius wird dabei zerlegt und man erhält für B die Näherung $\sum\limits_{i=1}^{n} 2\pi x_{i-1}(x_i - x_{i-1}) \cdot v(x_{i-1})$.

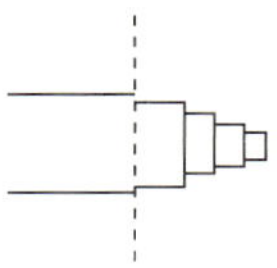

Der *Durchfluss* B ist das *Integral* der Funktion $x \mapsto 2\pi x \cdot v(x)$ über $[0; r]$.

Neben Beispielen, in denen eine gesuchte Größe sich als Integral erweist, sind auch solche lehrreich, bei welchen ein vorgegebenes Integral auf seine inhaltliche Bedeutung hin zu interpretieren ist.

Inhaltliche Deutung eines Integrals

Beispiel: (Inhaltliche Deutung eines Integrals)
a) Ein Kapital K wird auf einer Bank auf die Dauer eines Jahres angelegt. Der Zinssatz ist variabel, d. h. er kann im Laufe des Jahres unterschiedliche Werte z(t) (t in Tagen; $t \in [0; 365]$) annehmen. Welche reale Bedeutung hat das Integral der Funktion $t \mapsto K \cdot z(t)$ über [0; 365]?
b) Neuerdings gibt es in manchen Autos neben dem km-Zähler auch noch eine Anzeige, die den momentanen Benzinverbrauch (in L/km) angibt. Auf einer Fahrt sei a(x) diese Anzeige nach x gefahrenen km. Welche Auskunft gibt das Integral der Funktion $x \mapsto a(x)$ über dem Intervall [0;50]?

Ermitteln von Integralen

Das Problem der Berechnung

Der Integralbegriff hängt in der Luft, solange es an einer unterrichtsrealistischen Möglichkeit fehlt, Integrale ohne allzuviel Aufwand (insbesondere mit weniger Aufwand als bisher) zu *berechnen*. Die Bestimmung eines Integrals *als Grenzwert* ist zwar in einfachen Fällen möglich und aus Gründen des Lernziels vorübergehend sogar notwendig, bleibt aber am Ende unbefriedigend. Erst die Möglichkeit, Integrale auf simple Weise zu ermitteln, verleiht dem Begriff aus der Sicht eines Schülers das nötige Gewicht. Es ist deshalb bedenklich, mit der Berechnung von Integralen zu warten, bis systematische Verfahren zum Auffinden von Stammfunktionen entwickelt sind (oder solche Verfahren vorwegzunehmen). Man braucht sie nicht, um zum Abschluß der Begriffsbildungsphase – als einer der Höhepunkte des Analysisunterrichts – zu skizzieren, auf welch überraschend einfache Weise das Problem eine Lösung findet.

Bremsweg als Integral

Im Vorangehenden hat sich ergeben: Wenn ein Eisenbahnzug mit 54 km/h (d. h. 15 m/s) in einen Bahnhof einfährt und seine Geschwindigkeit beim Bremsen pro Sek. um 2 m/s verringert (so dass der Bremsvorgang 7,5 s dauert), dann ist der benötigte Bremsweg das Integral der Geschwindigkeit über dem Zeitintervall [0; 7,5].

Bisheriges Vorgehen

Bisher wurde der Wert dieses Integrals (also die Länge des Bremsweges s) auf folgendem Wege ermittelt: Wir denken uns das Zeitintervall [0; 7,5] in n gleiche Teilintervalle zerlegt. In jedem von ihnen ersetzen wir die sich fortwährend *ändernde* tatsächliche Geschwindigkeit durch diejenige des Intervallanfangs und erhalten so für s die Näherung

$$s_n = \frac{7{,}5}{n}\left[n \cdot 15 - 2 \cdot \frac{7{,}5}{n}(0 + 1 + 2 + \ldots + (n-1))\right] = \frac{7{,}5}{n}\left[n \cdot 15 - 2 \cdot \frac{7{,}5}{n} \cdot \frac{(n-1)n}{2}\right]$$

und für $n \to \infty$ den Grenzwert s = 56,25 (in m).

Bremswegfunktion

Dieses Ergebnis kann man auf anderm Wege sehr viel einfacher – überraschend einfach – bekommen. Wir erinnern uns, dass die Geschwindigkeit mathematisch als *Ableitung* zu verstehen ist. Sie ist die Ableitung der Funktion B, die zu jeder Zeitdauer $t \in [0; 7{,}5]$ den bis dahin vorhandenen Bremsweg B(t) angibt. Wenn es gelingt, diese Funktion B zu ermitteln, dann braucht man in ihr nur $t = 7{,}5$ zu setzen, um den ganzen Bremsweg (und damit das *Integral* der Geschwindigkeitsfunktion) zu bekommen.

Von der gesuchten Funktion B wissen wir, dass sie die Ableitung $v(t) = 15 - 2t$ hat, und dass $B(0) = 0$ ist. Zunächst müssen wir also den Prozess des Ableitens rückgängig machen. Man findet unschwer, dass alle Funktionen B_c mit $B_c(t) = 15t - t^2 + c$ beim Ableiten zu $B_c'(t) = v(t) = 15 - 2t$ führen. Damit $B(0) = 0$ ist, muß $c = 0$ sein. Also misst $B(t) = 15t - t^2$ den seit Beginn des Bremsvorgangs zurückgelegten Weg. Setzen wir darin $t = 7{,}5$, so ergibt sich $B(7{,}5) = 56{,}25$. Dies ist der gesuchte Bremsweg, also das *Integral* der Funktion v über $[0; 7{,}5]$.

Bremsweg als Funktionswert

Damit deutet sich eine neue Möglichkeit an, wie man das Integral einer Funktion f über $[a; b]$ ermitteln kann. Da es i. Allg. sehr viel einfacher ist, das „Ableiten rückgängig zu machen", als den Grenzwert von Näherungssummen zu bestimmen, lohnt es, festzuhalten:

Man suche eine Funktion F, die f als Ableitung hat und bestimme unter allen Funktionen $F + c$ diejenige F^*, für die $F^*(a) = 0$ gilt. Dann ist der Funktionswert $F^*(b)$ das gesuchte Integral.

Integral als Funktionswert

Beispiel: (Bestimmung eines Integrals)
Gesucht ist das Integral der Funktion sin über $\left[0; \frac{\pi}{2}\right]$.
1. Schritt: Wir suchen eine Funktion F mit $F'(x) = \sin(x)$.
Wegen $(-\cos)'(x) = \sin(x)$ ist $F = -\cos$ eine solche Funktion.
2. Schritt: Unter den Funktionen $F + c$ wählen wir diejenige aus, für die $-\cos(0) + c = 0$ gilt; es ist die Funktion F^* mit $F^*(x) = -\cos(x) + 1$.
3. Schritt: $F^*\left(\frac{\pi}{2}\right) = 1$, somit ist $\int\limits_0^{\pi/2} \sin(x)\,dx = 1$.

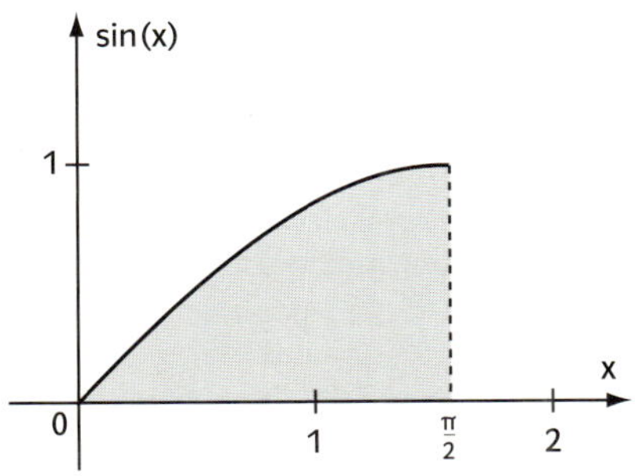

Damit sind – ohne den Hauptsatz in Gänze vorwegzunehmen, die Unterscheidung zwischen dem *Begriff* und der *Berechnung* eines Integrals zu verwischen und ohne den Gedankengang mit einer irritierend komplizierten Schreibweise zu belasten – fürs Erste genügend Möglichkeiten vorhanden, um den Begriffsbildungsprozess mit weiteren Beispielen abzuschließen.

Schreib- und Sprechweise

Es dürfte ratsam sein, die Integral*schreibweise* erst dann zu verwenden, wenn der *Gedankengang* im Wesentlichen geklärt ist.

Eine Bezeichnung für ein Integral muss dreierlei zum Ausdruck bringen: Um welche Funktion es sich handelt, welches Intervall betrachtet wird, und dass das zu beiden gehörige Integral gemeint ist. Das Zeichen

$$\int\limits_a^b f$$

Integralzeichen

(bei dem das stilisierte „S" an die Herkunft aus den Näherungssummen erinnern soll) würde dem theoretisch Genüge tun. Die Funktion f heißt *Integrand*, a und b die *Integrationsgrenzen*.
Da f meist als Term vorliegt, ist es zweckmäßig, diesen aufzuführen und

Integrand

$$\int_a^b f(x)$$

zu schreiben. Um die Bezeichnung noch mehr der Rechenpraxis anzupassen, notiert man zusätzlich noch das Differenzial der *Integrationsvariablen*:

Übliche Schreibweise

$$\int_a^b f(x)\,dx.$$

Dabei ist $f(x)\,dx$ kein Produkt (und also nicht „f von x mal d x", sondern „f von x d x" zu lesen), sondern lediglich eine schreibtechnische Zufügung zum Integralzeichen. Die Zeichenkombination

$$\int_a^b \ldots dx$$

ist als „Aufforderung" zu verstehen, mit ... (in der Funktionsvariablen x) das Integral über [a; b] zu bilden.

Warum wird das Differenzial mitgeführt?

Bemerkung zur Zweckmäßigkeit der Integralschreibweise: Ob ein Integral exakt oder nur näherungsweise bestimmt werden kann, hängt von der Form des Integranden ab. In diesem Zusammenhang ist wichtig, dass man diese Form ändern kann, indem man die Integrationsvariable x als Funktion einer andern Variablen t auffasst. In der Wahl dieser Funktion hat man alle Freiheiten, das macht die Stärke dieser Möglichkeit zur Vereinfachung des Integranden aus. – Bei der Umrechnung auf eine neue Variable lässt das Differenzial erkennen, welche Variable jeweils Integrationsvariable ist. Aber nicht nur das. Es hilft auch, die Frage zu beantworten, wie dabei Integrand und Grenzen zu ändern sind, damit der Wert des Integrals erhalten bleibt. Man findet, dass der Integrand f(x) durch $f(x(t)) \cdot x'(t)$ zu ersetzen ist. Nun ist $dx(t) = x'(t)\,dt$. D.h.: Führt man in der Bezeichnung eines Integrals das Differenzial mit, dann vollzieht sich der Übergang von x zu t denkbar einfach: Man braucht nur *sowohl den Integranden als auch das Differenzial* in t umzurechnen.

Ist $f(x) = \frac{1}{g(x)}$, dann schreibt man statt $\int_a^b \frac{1}{g(x)}\,dx$ auch $\int_a^b \frac{dx}{g(x)}$.

Beliebigkeit der Integrationsvariablen

Da z.B. $x \mapsto x^2,\ x \in \mathbb{R}$ und $u \mapsto u^2,\ u \in \mathbb{R}$ dieselbe Funktion darstellen, ist

$$\int_a^b f(x)\,dx = \int_a^b f(u)\,du;$$

der Integralwert ist unabhängig von der Wahl der Integrationsvariablen.

Von f(a) mittels f′ zu f(b). Der Hauptsatz

Beispiele konkretisieren den Integralbegriff und den zu ihm führenden Gedankengang, sie machen jedoch den *grundsätzlichen Sinnzusammenhang*, in dem das Integral zu sehen ist, nicht hinreichend deutlich. Es erscheint daher geboten, diesen – im Hinblick auf behandelte Beispiele und diese zusammenfassend – hervorzuheben.
Ist f in [a; b] definiert und $a = x_0 < x_1 < \ldots < x_n = b$, dann ist

$$f(b) = f(a) + [f(x_1) - f(x_0)] + [f(x_2) - f(x_1)] + \ldots + [f(b) - f(x_{n-1})].$$

f(b) als Summe

Für *differenzierbare* Funktionen ist

$$f(b) \approx f(a) + [f'(a)(x_1 - x_0) + f'(x_1)(x_2 - x_1) + \ldots + f'(x_{n-1})(b - x_{n-1})].$$

Näherung mittels der Ableitung

In der eckigen Klammer steht eine RIEMANN-Summe der Ableitung f′. Ist die *Ableitung stetig*, dann strebt sie bei unbegrenzter Verfeinerung der Zerlegung gegen einen Grenzwert und dieser ist f(b) − f(a). Es gilt dann also

$$(*) \qquad f(b) = f(a) + \int_a^b f'(x)\,dx.$$

Hauptsatz

D.h.: Bei stetiger Ableitung ist der Funktionswert f(b) durch f(a) und die Ableitung f′ vollständig bestimmt und mit Hilfe eines Integrals berechenbar.

Beispiel: (Bestimmung von f(b) mittels f′)
Eine Funktion f mit $f(2) = 1$ hat in [2; 5] die Ableitung $f'(x) = 4 + 3x$. – Wie groß ist f(5)?

$$f(5) = 1 + \int_2^5 (4 + 3x)\,dx$$

Berechnung des Integrals:

Mit $F(x) = 4x + \frac{3}{2}x^2$ steht eine Funktion mit $F'(x) = 4 + 3x$ zur Verfügung.
Damit ergibt sich mit $F^*(x) = F(x) - F(2) = 4x + \frac{3}{2}x^2 - 14$ für das Integral

$$\int_2^5 (4 + 3x)\,dx = F^*(5) = 43{,}5.$$

Berechnung von f(5):

$$f(5) = 1 + 43{,}5 = 44{,}5.$$

Jeder Funktionswert $f(x), x \in [a; b]$ ist derart (bei den angegebenen Voraussetzungen) *durch einen einzigen Funktionswert und das Änderungsverhalten der Funktion vollständig bestimmt* und mittels eines *Integrals* berechenbar. Darin liegt die grundsätzliche Bedeutung der Aussage (*), des sog. *Hauptsatzes der Differenzial- und Integralrechnung.*

Bedeutung des Hauptsatzes

Da nach (*)

$$\int_a^b f'(x)\,dx = f(b) - f(a) \quad \text{bzw.} \quad \int_a^b f(x)\,dx = F(b) - F(a) \qquad (\text{mit } F' = f),$$

gilt, kann der Hauptsatz auch verwendet werden, um für eine gegebene Funktion ein Integral zu berechnen. In der Schule steht diese Form des Hauptsatzes meist im Vordergrund. Seine eigentliche Bedeutung – die

Verwendung des Hauptsatzes in der Schule

Bestimmung einer Funktion aus ihrem Änderungsverhalten – gerät dann leider (allein schon infolge des Zeitbedarfs, der für die Berechnung von Integralen vorgesehen ist) oft allzusehr in den Hintergrund

Analysis

6 Regeln zur Bestimmung von Ableitungen und Stammfunktionen

$$f(x) = \frac{1}{x} = x \cdot \left(\frac{1}{x^2}\right)$$

Produktintegration:

$$\int x \cdot \left(\frac{1}{x^2}\right) dx = x \cdot \left(\frac{-1}{x}\right) - \int \left(\frac{-1}{x}\right) dx$$

$$\int \frac{1}{x}\, dx = -1 + \int \frac{1}{x}\, dx$$

$$0 = -1$$

Wo steckt der Fehler?

Die Analysis steht und fällt mit der Möglichkeit, Ableitungen und Integrale zu bestimmen. Es ist praktisch unmöglich, sie in jedem Einzelfall *als Grenzwerte* zu ermitteln. Deshalb stellt sich die Frage, ob es Mittel und Wege gibt, sich den meist mühsamen Grenzübergang zu ersparen.

Zum mathematischen Hintergrund

Stammfunktionen

Definition

Eine Funktion f sei in einem Intervall J definiert (das weder abgeschlossen noch beschränkt zu sein braucht). Dann nennt man eine differenzierbare Funktion F, für die

$$F'(x) = f(x) \quad \text{für alle } x \in J$$

gilt, eine *Stammfunktion von f* in J.

Ist F eine Stammfunktion von f, dann ist $x \mapsto F(x) + c$ ebenfalls eine solche. Aus dem Mittelwertsatz der Differenzialrechnung folgt, dass es außer Stammfunktionen dieser Form keine weiteren Stammfunktionen von f gibt.

„Unbestimmtes Integral"

Statt „F ist eine Stammfunktion von f" sagt man auch „F ist ein *unbestimmtes Integral* von f" und schreibt

Schreibweise

$$F(x) = \int f(x)\,dx$$

(ohne Grenzen). Dabei ist zu beachten, dass die rechte Seite keine *bestimmte* Funktion bezeichnet. Die Schreibweise will nur sagen, dass F eine Stammfunktion von f ist. Es ist z. B.

$$\int x^2\,dx = \tfrac{1}{3}x^3 \quad \text{und ebenso}$$

$$\int x^2\,dx = \tfrac{1}{3}x^3 + 1;$$

aus $\int f(x)\,dx = F(x)$ und $\int f(x)\,dx = G(x)$ darf man nicht auf $F = G$ schließen.

Der Name „unbestimmtes Integral" und die Verwendung des Integralzeichens für Stammfunktionen ist keineswegs naheliegend und erklärt sich erst im Nachhinein durch die Verwendung von Stammfunktionen bei der Berechnung von („bestimmten") Integralen. Nach der Definition hat eine Stammfunktion mit einem Integral zunächst *nichts zu tun*.

Existenz von Stammfunktionen

Für die *Existenz von Stammfunktionen* reicht nicht, dass f integrierbar ist.

Lösung der Aufgabe am Kapitelanfang
In der Interpretation der vorletzten Zeile.
Sie besagt nur, daß mit F auch $-1 + F$ eine Stammfunktion von f ist.

Beispiel: (Integrierbares f ohne Stammfunktion)
Die in [0; 2] integrierbare Funktion

$$f\colon x \mapsto \begin{cases} 1 & \text{für } 0 \le x < 1 \\ 2 & \text{für } 1 \le x \le 2 \end{cases}$$

hat in [0; 2] keine Stammfunktion, denn eine Funktion F mit $F'(x) = f(x)$ für $x \neq 1$ ist an der Stelle 1 nicht differenzierbar.

Bemerkung: Umgekehrt gibt es Funktionen, die zwar Stammfunktionen haben, aber nicht integrierbar sind. Die Funktion

$$f\colon x \mapsto \begin{cases} x\sqrt{x}\cdot\sin\left(\frac{1}{x}\right) & \text{für } x > 0 \\ 0 & \text{für } x = 0 \end{cases}$$

ist für $x \ge 0$ differenzierbar und somit Stammfunktion ihrer Ableitung. Die Ableitung ist jedoch bei 0 unbeschränkt und daher in einem Intervall [0; b] nicht integrierbar.

Es gilt aber jedenfalls:
Wenn f *stetig* ist, dann besitzt f Stammfunktionen.

Der methodische Grundgedanke

Beim Ermitteln von Ableitungen und Stammfunktionen kommt man natürlich nicht gänzlich ohne infinitesimale Überlegungen aus. Für gewisse grundlegende Funktionen muss die Ableitung über den Differenzenquotienten hergeleitet werden. Die Zahl der Funktionen, für welche dies unumgänglich ist, lässt sich jedoch gering halten, wenn man sich andere Funktionen *aus jenen entstanden* denkt. Man fasst also (bei gewissen Voraussetzungen über die Definitionsmengen)

Arten des Zerlegens einer Funktion

$f\colon x \mapsto u(x) + v(x)$ als *Summe* $u + v$,
$f\colon x \mapsto u(x) - v(x)$ als *Differenz* $u - v$,
$f\colon x \mapsto u(x)\cdot v(x)$ als *Produkt* $u \cdot v$,
$f\colon x \mapsto \frac{u(x)}{v(x)}$ als *Quotient* $\frac{u}{v}$,
$f\colon x \mapsto u(v(x))$ als *Verkettung* $u \circ v$
der Funktionen u und v auf. Die Ableitung bzw. eine Stammfunktion von f ergibt sich dann aus jenen von u und v oft *ohne Infinitesimalüberlegungen* durch gewöhnliches algebraisches Rechnen.

Grundfunktionen

In den Umkreis der speziellen Funktionen, deren Ableitungen bzw. Stammfunktionen *nicht* durch finites Operieren nach gewissen Regeln (sondern durch Genzübergang) gefunden werden, gehören

Einfache (unzerlegte) Funktionen

die Konstantfunktion $x \mapsto c,\ x \in \mathbb{R}$
die Identität $x \mapsto x,\ x \in \mathbb{R}$
die Potenzfunktion $x \mapsto x^n,\ x \in \mathbb{R},\ n \in \mathbb{N},\ n > 1$
die Sinusfunktion $x \mapsto \sin x,\ x \in \mathbb{R}$
die Exponentialfunktion $x \mapsto e^x,\ x \in \mathbb{R}$.

Regeln für das Ableiten zusammengesetzter Funktionen

Ist die Funktion u differenzierbar, dann auch $f = c \cdot u,\ c \in \mathbb{R}$, und es gilt

$f'(x) = c \cdot u'(x)$ *(Faktorregel)*.

Ableitungsregeln

Sind die Funktionen u und v differenzierbar, dann sind auch $u + v$, $u - v$, $u \cdot v$ und $\frac{u}{v}$ $(v(x) \neq 0)$ differenzierbar und es gilt für

$f = u + v$: $f'(x) = u'(x) + v'(x)$ *(Summenregel)*

$f = u - v$: $f'(x) = u'(x) - v'(x)$ *(Differenzregel)*

$f = u \cdot v$: $f'(x) = u'(x) \cdot v(x) + u(x) \cdot v'(x)$ *(Produktregel)*

$f = \frac{u}{v}$: $f'(x) = \frac{[v(x) \cdot u'(x) - v'(x) \cdot u(x)]}{[v(x)]^2}$ *(Quotientenregel)*.

Ist v an der Stelle x und u an der Stelle v(x) differenzierbar, dann ist auch $u \circ v$ an der Stelle x differenzierbar und es gilt für

$f = u \circ v$: $f'(x) = u'(v(x)) \cdot v'(x)$ *(Kettenregel)*.

Aus diesen grundlegenden „Regeln" folgen weitere, oft verwendete wie

$f = \frac{1}{v}$: $f'(x) = \frac{-v'(x)}{[v(x)]^2}$ *(Reziprokenregel)*

$f = \overline{u}$: $f'(y) = \frac{1}{u'(x)}$; $x = \overline{u}(y)$ *(Inversenregel)*.

Regeln für das Aufsuchen von Stammfunktionen zusammengesetzter Funktionen

„Integrationsregeln"

Die vorangehenden Ableitungsregeln lassen sich in entsprechende Regeln für Stammfunktionen übertragen. Man spricht bei diesen Regeln von „Integrationsregeln", obwohl eigentlich erst deren Fassung als Aussagen über (bestimmte) Integrale diesen Namen rechtfertigt.

Umkehrung der Faktorregel

Übertragung der Faktorregel

Wenn u eine Stammfunktion U besitzt, dann hat auch $f = c \cdot u,\ c \in \mathbb{R}$ Stammfunktionen und $c \cdot U$ ist eine solche. Es gilt also für

$f = c \cdot u$: $\int c \cdot u(x)\,dx = c \cdot \int u(x)\,dx$.

Bemerkung: Dabei ist zu beachten, dass die beiden Seiten des Gleichheitszeichens keine *bestimmte* Funktion bezeichnen, die Aussage vielmehr so zu verstehen ist: Ist U eine Stammfunktion von u, dann ist $c \cdot U$ eine Stammfunktion von $c \cdot u$.

Umkehrung der Summen- und Differenzregel

Übertragung der Summen- und Differenzregel

Sind U und V Stammfunktionen von u bzw. v, dann ist $U + V$ eine Stammfunktion von $u + v$ und $U - V$ eine Stammfunktion von $u - v$.

$f = u + v$: $\int f(x)\,dx = \int u(x)\,dx + \int v(x)\,dx$

$f = u - v$: $\int f(x)\,dx = \int u(x)\,dx - \int v(x)\,dx$.

Umkehrung der Produktregel

Übertragung der Produktregel

Der Ableitungsregel $(uv)' = u'v + uv'$ ist zu entnehmen: Sind die Ableitungen u' und v' stetig, dann haben $u'v$ und uv' Stammfunktionen, somit hat dann auch $(uv)'$ Stammfunktionen und es gilt

$$\int [u(x)v(x)]' dx = \int u'(x)v(x)dx + \int u(x)v'(x)dx \quad \text{oder}$$
$$\int u(x)v'(x)dx \quad = \int [u(x)v(x)]' dx - \int u'(x)v(x)dx.$$

Wenn man also von einer Stammfunktion von $(uv)'$ eine Stammfunktion von $u'v$ subtrahiert, dann erhält man eine Stammfunktion von uv'. Mit uv als Stammfunktion von $(uv)'$ ergibt sich, wenn v eine Stammfunktion von v' und V eine Stammfunktion von v bezeichnet, für

$f = u \cdot v$: $\quad \int u(x) \cdot v(x)dx = u(x)V(x) - \int u'(x)V(x)dx.$

Umkehrung der Quotientenregel

Bemerkung zur Übertragung der Quotientenregel: Entsprechend ergibt sich für

$f = \frac{u}{v}$: $\quad \int \frac{u(x)}{v(x)} dx = \frac{U(x)}{v(x)} + \int \frac{U(x)v'(x)}{[v(x)]^2} dx,$

was aber lediglich einer Anwendung der vorigen Regel auf $f = u \cdot \frac{1}{v}$ gleichkommt.

Umkehrung der Kettenregel

Übertragung der Kettenregel

Für eine Verkettung $F \circ v$ von differenzierbaren Funktionen F und v gilt

$$(F \circ v)' = (F' \circ v) \cdot v' \quad \text{oder (mit } F' = f)$$
$$(F \circ v)' = (f \circ v) v'.$$

Es ist nun zu überlegen, was daraus über Stammfunktionen zu entnehmen ist. Ist $v'(t) \neq 0$ und $\overline{v}$ die Umkehrfunktion von v, dann ist $F = (F \circ v) \circ \overline{v}$. Bei gegebenen Funktionen F und v ist $F \circ v$ eine Stammfunktion von $(f \circ v)v'$. Geht man umgekehrt von einer Funktion $(f \circ v)v'$ aus, dann hat eine solche Funktion für stetiges f und stetig differenzierbares v jedenfalls Stammfunktionen. Ist überdies $v(x) \neq 0$, so dass die Umkehrfunktion v von $\overline{v}$ existiert, dann besagt die *Substitutionsregel: Ist G eine Stammfunktion von* $(f \circ v)v'$, *dann ist* $G \circ \overline{v}$ *eine Stammfunktion von* f; in üblicher Ausdrucksweise

Substitutionsregel

$$\int f(v(t))v'(t)dt \Big|_{t = \overline{v}(x)} = \int f(x)dx.$$

Beispiel: (Anwendung der Substitutionsregel)
Gesucht ist eine Stammfunktion von f mit $f(x) = \frac{[1 + \ln x]}{x}$, $x \in \mathbb{R}^+$.

Mit $x(t) = e^t$ wird man auf $f(x(t))x'(t) = 1 + t$ geführt. Diese Funktion hat $G(t) = t + \frac{t^2}{2}$ als Stammfunktion. Ersetzt man darin t (gemäß $x = e^t$) durch $\ln x$, dann erhält man mit $F(x) = \ln x + \frac{[\ln x]^2}{2}$ eine Stammfunktion von f.

Bemerkungen:

a) Bei der Substitutionsregel wird vorausgesetzt, dass t in einem Intervall J_v und x in einem Intervall J_f mit $J_f = v(J_v)$ variiert. Die genannten Stammfunktionen sind solche in J_v bzw. in J_f.

b) Zur Begründung der Substitutionsregel: Ist $v'(t) \neq 0$, dann hat v eine differenzierbare Umkehrfunktion und $G \circ \overline{v}$ ist ebenfalls differenzierbar.

$$\begin{aligned}(G \circ \overline{v})'(x) &= G'(\overline{v}(x))\overline{v}'(x), \quad \text{wegen } G'(\overline{v}(x)) = f(v(\overline{v}(x)))v'(\overline{v}(x)) \\ &= f(v(\overline{v}(x)))v'(\overline{v}(x))\overline{v}'(x) \\ &= f(x)v'(\overline{v}(x))\overline{v}'(x) \\ &= f(x)(v \circ \overline{v})'(x) \\ &= f(x)\end{aligned}$$

Historisches

Um die Mitte des 17. Jahrhunderts nimmt die Neigung zu, bei der Bewältigung anstehender Probleme auf „griechische Strenge" zu verzichten und stattdessen infinitesimale Methoden heranzuziehen. ISAAC NEWTON (1642–1727) und GOTTFRIED WILHELM LEIBNIZ (1646–1716) erkennen deren (über die DESCARTESsche Beschränkung auf algebraische Kurven hinausgehende) allgemeine Bedeutung und versuchen, sie zu systematisieren und ihnen eine *algorithmische Form* zu geben. Beide Forscher arbeiten unabhängig voneinander. NEWTON gelangt etwa zehn Jahre vor LEIBNIZ zu den entscheidenden Ergebnissen, veröffentlicht diese aber erst später; die erste Veröffentlichung stammt von LEIBNIZ (1684).

Frage der Priorität

NEWTON

NEWTON rückt vom Arbeiten mit unendlich kleinen Größen ab; er schreibt: *Ich betrachte hier mathematische Größen nicht als aus sehr kleinen Teilen bestehend, sondern als beschrieben durch kontinuierliche Bewegung. Linien werden beschrieben, und hierdurch erzeugt, nicht durch Aneinandersetzen von Teilen, sondern durch kontinuierliche Bewegung von Punkten; Flächen durch Bewegung von Linien; Körper durch Bewegung von Flächen; Winkel durch Rotation von Seiten; Zeiten durch fortgesetztes Fließen; und ebenso ist es in anderen Fällen. Diese Erzeugungen finden in der Natur tatsächlich statt und werden täglich bei der Bewegung der Körper beobachtet.*

Er gibt die Fluxion (Ableitung) einer Potenz mit rationaler Hochzahl an. Die Behandlung konkreter Probleme im Rahmen der Fluxionsrechnung enthält die Summen-, Differenz-, Produkt-, Quotienten- und Kettenregel, ohne dass sie allerdings ausdrücklich als allgemeine Ableitungsregeln genannt werden. Ebenso sind in den Überlegungen zur Bestimmung einer Fluente bei gegebener Fluxion die Produktregel und die Substitutionsregel der Integralrechnung enthalten.

LEIBNIZ

LEIBNIZ ist von Anfang an darauf bedacht, eine Algebra der unendlich kleinen Größen zu schaffen; kinematische Vorstellungen liegen ihm fern. Die y-Werte einer Kurve fasst er als Summen auf (vgl. S. 57), deren Summanden er sich unendlich klein denkt und mit dy bezeichnet. Die Steigung der Tangente stellt sich, wenn man ein unendlich kleines Kurvenstück durch ein Stück der Tangente ersetzt, als $\frac{dy}{dx}$ dar. Wichtiger als die Beseitigung begrifflicher Unklarheiten ist ihm der rechnerische Umgang mit diesen „Differenzialen", z. B. wie sich aus gegebenen Differenzialen neue finden lassen. Während die Summen- und Differenzregel nahe liegen, erscheint es zunächst fraglich, ob $d(uv) = du \cdot dv$ und $d\left(\frac{u}{v}\right) = \frac{du}{dv}$ gilt. Er gibt die Regel für das Differenzieren und Integrieren von Potenzen an und erwähnt die Kettenregel als allgemeine Regel. Wenig später findet er die Produkt- und Quotientenregel der Differenzialrechnung und behandelt beim Integrieren auch die Substitution.

„Primitive Funktion"
„Stammfunktion"

Der Name „Stammfunktion von f" (im Sinne einer Funktion, von der f als Ableitung abstammt) bürgert sich bei uns um 1920–30 ein. Der bis dahin übliche Name „primitive Funktion" (i. S. von ursprüngliche Funktion; nach franz.: fonction primitive) oder „unbestimmtes Integral" wird immer seltener verwendet.

Zum Unterricht

Generelle unterrichtliche Probleme

Zerlegen als Strategie

Der Gedanke, eine gegebene Funktion als aus anderen zusammengesetzt anzusehen, ist weniger naheliegend als es zunächst scheinen mag. Es ist zwar unschwer zu erkennen, *dass* man dies so sehen kann, aber nicht ohne weiteres einzusehen, *weshalb* diese Auffassung zweckmäßig ist.

Zerlegen statt zusammensetzen

Es geht weniger um ein Verknüpfen als darum, eine gegebene Funktion hinsichtlich einer bestimmten Verknüpfung zu *zerlegen*. Dabei ist offen, bezüglich welcher Verknüpfung zu zerlegen ist. Und auch wo dies außer Frage steht, verbleiben oft mehrere Möglichkeiten. Das Zerlegen muss im Hinblick auf eine bestimmte Regel und deren Voraussetzungen vorgenommen werden.

Die Stärke der Regeln ist zugleich ihre Schwäche

Der Sinn der Regeln liegt darin, Infinitesimalüberlegungen auf *finites* Operieren zu reduzieren. Da dieses wesentlich einfacher ist als mühsame Grenzwertbetrachtungen, gerät leicht in Vergessenheit, dass es sich nach wie vor um Grenzwertbestimmungen handelt und die Regeln dieses Bestimmen lediglich erleichtern.

Gefahr der Beschränkung auf Regeln

Im Verlauf der Übungen zum Ableiten und Integrieren tritt die *Definition* der Ableitung und des Integrals fast unvermeidlich in den Hintergrund. Auch bei der üblichen Behandlung von Extremwertproblemen oder Flächenberechnungen kommt man praktisch ohne diese Definitionen aus, da nur eine vorgegebene Methode im konkreten Fall anzuwenden ist. (Nicht umsonst beschränkt sich die Schulmathematik weithin auf derartige „Anwendungen".) Dagegen lassen sich Anwendungen, die diesen Namen verdienen, nicht mit jenen Regeln allein bewältigen; sie erfordern ein Zurückgehen auf die Definition.

Die unterrichtliche Abfolge entspricht nicht der verfolgten Strategie

Der systematische Gedankengang geht dahin, zunächst einige spezielle Funktionen, dann die Ableitungs- und Integrationsregeln und danach zusammengesetzte Funktionen zu behandeln. Die übliche *unterrichtliche* Abfolge ist (aus guten Gründen) eine andere; sie gliedert mehr oder weniger nach Funktionsklassen (ganzrationale Funktionen, gebrochenrationale Funktionen, usw.). Dadurch ist für den Lernenden die *Strategie* des Vorgehens nur mehr schwer zu erkennen. Das ist nicht nur der Motivation abträglich, sondern lässt auch einen in der Mathematik generell wichtigen Gedankengang im Dunkeln.

Spezielle Funktionen

Die Anwendung von Ableitungs- und Integrationsregeln bei zusammengesetzten Funktionen setzt voraus, dass andere Ableitungen oder Stammfunktionen bekannt sind. Man kommt also nicht umhin, diese für einige wenige spezielle Funktionen ohne jene Regeln zu ermitteln.

1) Konstantfunktion

Im Falle $f(x) = c$ ist der Differenzenquotient null und daher

f(x) = c $f'(x) = 0.$

Mit $F(x) = c \cdot x$ erhält man eine Stammfunktion von f.

2) Identität

Der Differenzenquotient von $f(x) = x$ ist konstant 1 und also

f(x) = x $f'(x) = 1.$

Stammfunktion: $F(x) = \frac{x^2}{2}$.

3) Potenzfunktion mit natürlicher Hochzahl

f(x) = x^n $f(x) = x^n, x \in \mathbb{R}, n \in \mathbb{N}$

Die Funktion hat den Differenzenquotienten $\frac{[(x+h)^n - x^n]}{h}$. Aus

$a^n - b^n = (a - b)(a^{n-1} + a^{n-2}b + \ldots + b^{n-1})$ folgt mit $a = x + h$ und $b = x$

$\frac{[(x+h)^n - x^n]}{h} = (x + h)^{n-1} + (x + h)^{n-2}x + \ldots + x^{n-1}$ und somit $f'(x) = n x^{n-1}$.

Stammfunktion: $F(x) = \frac{x^{n+1}}{(n+1)}$

Bemerkungen:

„Potenzregel" a) Man spricht in diesem Zusammenhang auch von der „Potenz*regel*" (so wie man z. B. von der Produktregel spricht). Einem Schüler entgeht dann leicht, dass sie von anderer Qualität ist als allgemeine Ableitungs- und Integrationsregeln.

b) Für $n = 1$ versagt die *Regel* an der Stelle $x = 0$.

4) Sinusfunktion

Gradmaß oder Bogenmaß? Bei der geometrischen Definition der Sinusfunktion kann man den Winkel entweder im Gradmaß oder im Bogenmaß angeben. Im ersten Fall wird einer Zahl α mit $0 \le \alpha < 360$, im zweiten einer Zahl x mit $0 \le x < 2\pi$ ein Funktionswert zugeordnet. Man erhält zwei verschiedene Funktionen sin* bzw. sin. In der Elementargeometrie wird sin*, in der Infinitesimalrechnung sin bevorzugt.

Geht man von sin* aus, dann ist

α im Gradmaß

$$\frac{\sin^*(\alpha + h) - \sin^*(\alpha)}{h} = \frac{\sin^*(\alpha)\cos^*(h) + \cos^*(\alpha)\sin^*(h) - \sin^*(\alpha)}{h} \qquad \text{(h in °)}$$

$$= \sin^*(\alpha) \cdot \frac{\cos^*(h) - 1}{h} + \cos^*(\alpha) \cdot \frac{\sin^*(h)}{h}.$$

Für $h \to 0$ strebt der erste Bruch gegen 0, der zweite gegen $\frac{\pi}{180}$ (vgl. S. 36). Somit gilt

$$(\sin^*)'(\alpha) = \frac{\pi}{180} \cdot \cos^*(\alpha) \qquad (0 \le \alpha < 360).$$

Übergang zu einer andern Funktion Den Faktor $\frac{\pi}{180}$ kann man loswerden, wenn man von sin* zu einer neuen Funktion sin übergeht, indem man $\alpha = \frac{180}{\pi}x$, $0 \le x < 2\pi$ setzt. Es ist dann $\sin(x) = \sin^*\left(\frac{180}{\pi}x\right)$, so dass sin als Ergebnis des Verkettens von sin* mit einer linearen Funktion erscheint. Für diese neue Funktion gilt

$$\sin'(x) = (\sin^*)'\left(\frac{180}{\pi}x\right) \cdot \frac{180}{\pi} = \frac{\pi}{180} \cdot \cos^*\left(\frac{180}{\pi}x\right) \cdot \frac{180}{\pi} = \cos^*\left(\frac{180}{\pi}x\right), \text{ also}$$

$$\sin'(x) = \cos(x).$$

Wegen dieser besonders einfachen Beziehung wird in der Infinitesimalrechnung statt sin* die Funktion sin verwendet.

Bemerkungen:

a) Der Übergang von α zu x läßt sich anschaulich nachvollziehen. Hat ein Winkel das Gradmaß α, dann ist $x = \frac{180}{\pi}\alpha$ die Länge des zugehörigen Bogens im Einheitskreis, also das sog. Bogenmaß des Winkels. Der Übergang von α zu x beinhaltet also geometrisch den Übergang vom Gradmaß eines Winkels zu seinem Bogenmaß.

x als Bogenmaß

b) In der Infinitesimalrechnung kann man die aus der Elementargeometrie bekannte Funktion sin* weder völlig ignorieren, noch sich auf diese beschränken. Es wird deshalb im Unterricht auch zu klären sein, weshalb man von sin* zu sin übergeht. In welcher Weise dies geschieht (ob in allen Einzelheiten oder nur durch Skizzieren des Gedankengangs) ist weniger wichtig.

Stammfunktion: Offenbar ist sin eine Stammfunktion von cos und demzufolge −cos eine Stammfunktion von sin.

5) Exponentialfunktion

Allgemeine Exponentialfunktion

Eine Funktion $f: x \mapsto a^x$, $a > 0$, $x \in \mathbb{R}$ hat den Differenzenquotienten
$\frac{a^{x+h} - a^x}{h} = a^x \cdot \frac{a^h - 1}{h}$.

Die Anschauung und eine numerische Überprüfung lassen vermuten, dass der Bruchterm (also der Differenzenquotient an der Stelle 0) für $h \to 0$ einen Grenzwert hat. Die gesuchte Ableitung dürfte also die Form $f'(x) = k \cdot a^x$ haben mit einer, je nach Wahl der Basis anderen, Konstanten k. Die Anschauung läßt weiter vermuten, daß es eine bestimmte Basis gibt, für welche diese Konstante k den Wert 1 hat. Die zugehörige Exponentialkurve berührt die Gerade $g: y = x + 1$ in $A(0|1)$. Setzt man die Existenz einer solchen Basis voraus, dann handelt es sich zunächst darum zu untersuchen, welcher Wert für sie in Frage kommt.

Auf der Suche nach einer speziellen Basis

Methodische Leitidee: Die Anschauung zeigt, dass durch jeden Punkt P auf g im 1. Feld eine Exponentialkurve verläuft; zu jedem P gehört also eine bestimmte Basis. Wählt man nun eine Punkt*folge* (P_n), die gegen A rückt, dann wird zu untersuchen sein, wie sich die zugehörige Folge der Basen verhält.

Eine Funktion $x \mapsto a^x$ die für $x = \frac{1}{n}$ den Funktionswert $1 + \frac{1}{n}$ annimmt, hat die Basis $a_n = \left(1 + \frac{1}{n}\right)^n$. Die Folge (a_n) hat für $n \to \infty$ einen Grenzwert, nämlich die sog. EULERsche Zahl

$\left(1 + \frac{1}{n}\right)^n$

$$e = 2{,}718\ldots.$$

Basis e

Die spezielle Exponentialfunktion mit der Basis e (sie wird auch „natürliche Exponentialfunktion" genannt) wird mit exp bezeichnet:

$$\exp: x \to e^x, x \in \mathbb{R}.$$

Die Funktion exp

Um nachzuprüfen, ob ihr Differenzenquotient an der Stelle 0 tatsächlich den erwarteten Grenzwert hat, wird man dessen Existenz voraussetzen. Man kann sich dann auf eine spezielle Nullfolge beschränken und findet (vgl. S. 36)

$$\lim_{h \to 0} \frac{e^h - 1}{h} = 1.$$

Ableitung und Stammfunktion von exp

$f(x) = a^x$

Für die Funktion exp gilt also

$$exp'(x) = exp(x).$$

Die Funktion exp ist ihrer Ableitung gleich und hat deshalb sich selbst auch als Stammfunktion. Diese besondere Eigenschaft hebt sie unter allen anderen Exponentialfunktionen hervor. Sie erleichtert den Umgang mit Exponentialfunktionen ganz erheblich.

exp' mittels ln

Schreibt man die allgemeine Exponentialfunktion mit $f(x) = a^x$ in der Form $f(x) = (e^{\ln a})^x = e^{(\ln a)x}$, dann findet man $f'(x) = e^{(\ln a)x} \cdot \ln a = a^x \cdot \ln a$.

Bemerkungen:

Ein anderer Zugang zu exp'

a) Wenn die Funktion ln zur Verfügung steht, dann kann man (um $exp'(0) = 1$ nachzuweisen) auch so argumentieren: Mit der Nullfolge (h_n), $h_n = \ln\left(1 + \frac{1}{n}\right)$ folgt wegen $\left(1 + \frac{1}{n}\right)^n \to e$ und der Stetigkeit der ln-Funktion

$$\lim_{n\to\infty} \frac{e^{h_n} - 1}{h_n} = \lim_{n\to\infty} \frac{1}{n \cdot \ln(1 + 1/n)} = \lim_{n\to\infty} \frac{1}{\ln(1 + 1/n)^n} = \frac{1}{\ln(e)} = 1.$$

Integraldarstellung von ln

b) Falls man die Anfangsgründe der Integralrechnung bereits hinter sich hat, kann man auch von der Integraldarstellung der Funktion ln ausgehen und die Funktion exp als deren Umkehrfunktion einführen. Die Ableitung exp′ ergibt sich dann aus der bekannten Ableitung der Funktion ln (also *ohne* die Folge $\left(\left(1 + \frac{1}{n}\right)^n\right)$).

Anlass für diesen Zugang kann das Versagen der Potenzregel für $n = -1$ sein. Im Einzelnen:

Man definiert für $x > 0$ eine Funktion L durch

$$L: x \mapsto \int_1^x \frac{1}{t}\,dt.$$

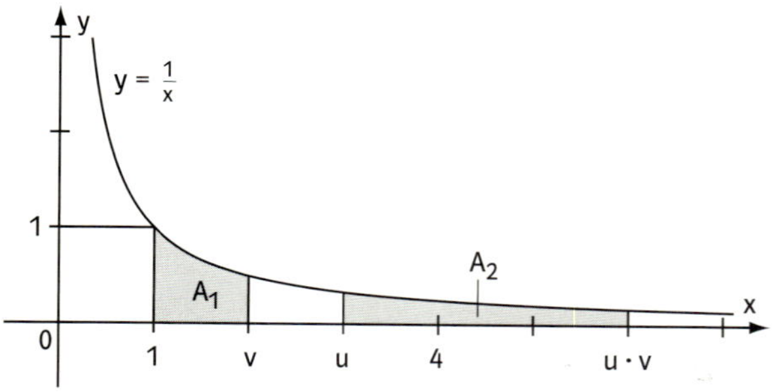

Es ist $L(x) > 0$ für $x > 1$, $L(1) = 0$, $L(x) < 0$ für $0 < x < 1$. L ist differenzierbar, also stetig, und streng monoton wachsend. Die Veranschaulichung läßt offen, wie sich L für $x \to +\infty$ und $x \to 0$ verhält. In der Figur wird das Zunehmen des Flächeninhaltes mit wachsendem x gekennzeichnet durch den gleichen Inhalt der Flächen A_1 und A_2 (Parallelstreckung in Achsenrichtung mit den Streckfaktoren u bzw. $\frac{1}{u}$). Demnach ist $L(uv) - L(u) = L(v)$ oder $L(uv) = L(u) + L(v)$ und somit $L(x^n) = n\,L(x)$ und $L\left(\frac{1}{x^n}\right) = -n\,L(x)$ für $n \in \mathbb{N}$. Wählt man darin $x = 2$ und $n \to \infty$, so zeigt sich: $L(x) \to +\infty$ für $x \to +\infty$ und $L(x) \to -\infty$ für $x \to 0$. Da L als stetige Funktion mit zwei Funktionswerten auch jeden Zwischenwert annimmt, ist $\mathbb{R}$ die Wertemenge von L.

exp als Umkehrfunktion

Als streng monotone Funktion hat L eine *Umkehrfunktion* E. Diese ist differenzierbar. Mit $E(y) = x$ gilt $E'(y) = \frac{1}{L'(x)} = \frac{1}{[1/E(y)]} = E(y)$.

Um für E eine *Potenzdarstellung* zu gewinnen, wird die Zahl e durch die Bedingung $L(e) = 1$ bzw. $E(1) = e$ als Basis festgemacht und gezeigt: $E(y) = e^y$. Dies ist genau dann der Fall, wenn $L(E(y)) = L(e^y)$ gilt. Ist zunächst $y = \frac{p}{q}$; $p, q \in \mathbb{N}$, dann ist $L(E(\frac{p}{q})) = \frac{p}{q}$ und ebenso ist $L\left([e^{\frac{1}{q}}]^p\right) = p\,L(e^{\frac{1}{q}}) = p \cdot \frac{1}{q} \cdot L(e) = \frac{p}{q}$. Da E stetig ist, gilt die Potenzdarstellung auch für irrationales y. Die Funktion L erweist sich damit als Logarithmusfunktion.

Um die Zahl e *numerisch* zu konkretisieren, kann man von

$\frac{1}{n}\cdot\frac{n}{n+1} < L\left(1+\frac{1}{n}\right) < \frac{1}{n}$

ausgehen. Danach ist

$\frac{n}{n+1} < L\left[\left(1+\frac{1}{n}\right)^n\right] < 1$

$e^{\frac{n}{n+1}} < \left(1+\frac{1}{n}\right)^n < e,$

also e der Grenzwert von $\left(\left(1+\frac{1}{n}\right)^n\right)$ für $n \to \infty$.

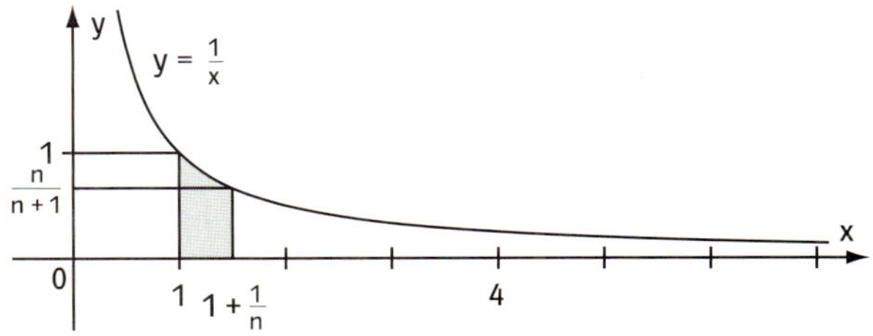

Vergleich der Vorgehensweisen

Anders als beim zuerst beschriebenen Vorgehen verfolgt der zuletzt (in Bemerkung b)) dargestellte Weg den Gedanken, Näheres über eine gewiß existierende, aber nicht näher bekannte Stammfunktion von $x \mapsto \frac{1}{x}$ zu erfahren. Diese Fragestellung ist naheliegend und von grundsätzlicher Bedeutung. Im vorliegenden Fall ist jedoch zu bedenken, daß der Gedankengang letztlich weitergehende Hilfsmittel (Mittelwertsatz, Zwischenwertsatz) erfordert und nicht eben einfach ist. Insbesondere aber wird die zentrale Rolle der Basis e für die Behandlung von Exponentialfunktionen nicht hinreichend deutlich. So wird der Übergang von einer Stammfunktion für $x \mapsto \frac{1}{x}$ zu ihrer Umkehrfunktion zunächst allein durch die Einsicht belohnt, daß es sich bei dieser Stammfunktion um eine Logarithmusfunktion handelt. Die Funktion exp spielt hier die Rolle einer „Hilfsfunktion", während diese Rolle in Wahrheit der Funktion ln zukommt.

Bemerkung: Zur Einführung der Zahl e und der Funktion exp wird – um der Auffassung von exp als „Wachstumsfunktion" näher zu sein – auch der folgende Weg beschritten.

exp als Funktion eines „stetigen" Wachstums

1 Euro wird als Kapital auf die Bank gelegt; diese zahlt jährlich p% Zinsen. Wie entwickelt sich das Guthaben im Laufe der Zeit bei „Zinseszins", wenn der Zinszuschlag jeweils nach $\frac{1}{n}$ Jahr erfolgt?

Zuschlag jeweils nach 1 Jahr: Nach t Jahren beträgt das Guthaben $G(t) = \left(1+\frac{p}{100}\right)^t$.

Zuschlag jeweils nach $\frac{1}{n}$ Jahr: $G_n(t) = \left(1+\frac{p}{(100\,n)}\right)^{nt}$.

Speziell für p = 100 ergibt sich *nach 1 Jahr*: $G_n(1) = \left(1+\frac{1}{n}\right)^n$.

Übergang zu *stetigem* Wachstum: Für $n \to \infty$ strebt $G_n(1)$ gegen e; das Guthaben wächst (theoretisch!) innerhalb eines Jahres auf 2,718... Euro an.

Bei dieser Hinführung sind die einzelnen Schritte (mit Ausnahme des letzten) leicht nachvollziehbar. Sie macht auch verständlich, weshalb man bei Exponentialfunktionen von „Wachstumsfunktionen" spricht. Der Zugang lässt aber nicht erkennen, *weshalb* die (immerhin aus recht unrealistischen Annahmen hervorgehende) Funktion exp unter allen Exponentialfunktionen eine Sonderrolle spielt. Überdies ist zu bedenken, daß die Verwendung der Funktion exp bei Wachstumsvorgängen leicht zu Mißverständnissen und Unklarheiten führt. Das in der Hinführung genannte p bedeutet nicht, daß ein Bestand $f(t) = a^t = e^{(\ln a)t}$ (t in Jahren) jährlich um p% zunimmt; p ist „nur" ein theoretischer Wert, der keine direkte reale Rolle spielt.

Summen- und Differenzregel

Wie ist die Ableitungsregel zu verstehen?

Die Ableitungsregeln für Summe und Differenz sind in der Form

$$(u+v)' = u' + v' \quad \text{bzw.} \quad (u-v)' = u' - v'$$

zwar einprägsam, aber nicht ganz klar.

Beispiel: (Verschiedene Lesarten)
a) „Eine Summe wird abgeleitet, indem man …"
b) „Wenn man die Ableitungen von u und v addiert, dann erhält man …"
c) „Wenn sowohl u als auch v als auch u + v differenzierbar ist, dann gilt …"
d) „Wenn u und v differenzierbar sind, dann auch u + v und es gilt …"

Gleiches gilt auch für die noch folgenden Regeln. Es genügt nicht, sie nur formal anzugeben. Erst eine wörtliche Fassung macht klar, ob die Existenz vorausgesetzt oder behauptet wird.
Aus $(u+v)' = u' + v'$ wird auf

Was sagt die Integrationsregel?

$$\int (u+v)(x)\,dx = \int u(x)\,dx + \int v(x)\,dx$$

geschlossen, d.h.: Sind bei einer Funktion $f = u + v$ für u und v Stammfunktionen U bzw. V vorhanden, dann hat auch f Stammfunktionen und $U + V$ ist eine solche. – Beachte: Im Unterschied zur Ableitungsregel, die von der *Gleichheit* gewisser Funktionen spricht, bringt das Gleichheitszeichen der Integrationsregel keine Gleichheit von Funktionen zum Ausdruck.

Faktorregel

Aus der Ableitungsregel für Summen folgt für $n \in \mathbb{N}$: $(nf)' = nf'$. Eine Verallgemeinerung davon ist die für alle $c \in \mathbb{R}$ gültige Faktorregel

$$(c \cdot f)' = c \cdot f'.$$

Formulierung der Regel

Man wird sich entscheiden müssen, ob man formulieren will „Ist sowohl f als auch $c \cdot f$ differenzierbar, dann gilt …" oder „Ist f differenzierbar, dann auch $c \cdot f$ und es gilt …". Die übliche Kurzfassung (Ein konstanter Faktor bleibt beim Ableiten erhalten) geht von der ersten Form aus.
Die entsprechende Integrationsregel

$$\int c \cdot f(x)\,dx = \int c \cdot f(x)\,dx$$

Was sagt ihre Umkehrung?

besagt: Ist F eine Stammfunktion von f, dann ist $c \cdot F$ eine Stammfunktion von $c \cdot f$. Der Sinn des Gleichheitszeichens versteht sich wiederum nicht von selbst.

Produktregel

1) Ableiten eines Produkts
Bei Produktfunktionen wie $x \mapsto x \cdot \sin(x)$ tritt die Frage auf nach einer Verallgemeinerung der Faktorregel auf nichtkonstante Faktoren. Die naheliegende Vermutung $(u \cdot v)' = u' \cdot v'$ ist zu schön, um wahr zu sein. Ändert sich bei einem Produkt $a \cdot b$ der Faktor a um α und der Faktor b um β, dann ändert sich das Produkt um $a\beta + b\alpha + \alpha\beta$. Für Funktionen u und v bedeutet das:

Hinführung

$$u(x+h) \cdot v(x+h) - u(x) \cdot v(x)$$
$$= u(x)\,[v(x+h) - v(x)] + v(x)\,[u(x+h) - u(x)] + [u(x+h) - u(x)]\,[v(x+h) - v(x)].$$

Nach Division durch h liefert $h \to 0$:
Wenn bei einer Funktion $f = u \cdot v$ die Faktorfunktionen u und v differenzierbar sind, dann ist auch die Produktfunktion f differenzierbar und es gilt $f'(x) = u'(x)v(x) + u(x)v'(x)$.

Formulierung

Um bei einer Anwendung der Regel Versehensfehler zu vermeiden empfiehlt es sich, auf der rechten Seite mit der Ableitung des ersten Faktors zu beginnen und die Reihenfolge der Faktoren beizubehalten.

2) Integrieren eines Produkts
Die Produktregel für Ableitungen zeigt: Bei differenzierbaren Funktionen u und v ist $u \cdot v$ eine Stammfunktion von $(u'v + uv')$. Wenn die Ableitungen u' und v' überdies stetig sind, dann hat auch jeder der Summanden $u'v$ und uv' Stammfunktionen. Das ist deshalb von Interesse, weil sich manchmal zum einen von ihnen eine Stammfunktion sofort angeben lässt, zum andern dagegen nicht. Möglicherweise kann man dann von einer (bekannten) Stammfunktion F_1 für $u'v$ auf eine Stammfunktion für uv' schließen.

Hinführung

Weil uv eine Stammfunktion von $(uv)'$ und $uv' = (uv)' - u'v$ ist, wird man die Funktion $uv - F_1$ in Betracht ziehen. Sie ist wegen $(uv - F_1)' = (uv)' - u'v$ eine Stammfunktion von uv'. Es gilt also

$$\int u(x)v'(x)\,dx = u \cdot v - \int u'(x)v(x)\,dx.$$

Anders als frühere Regeln liefert dies keine Möglichkeit, eine Stammfunktion für uv' mittels Stammfunktionen für u und v' unmittelbar zu berechnen, sondern führt das Problem lediglich auf ein anderes derartiges Problem zurück. Bei ihm ist der eine Faktor des gegebenen Integranden durch seine Ableitung, der andere durch eine seiner Stammfunktionen ersetzt. Eben dies kann eine erhebliche *Vereinfachung* bedeuten.

Unterschied zu früheren Integrationsregeln

Beispiel: (Stammfunktion für uv' mit Hilfe einer Stammfunktion für $u'v$)
Im Falle $f(x) = x \cdot \sin x$ mit $u(x) = x, v'(x) = \sin x$ ist $u'(x)v(x) = -\cos x$ und $u(x)v'(x) = x \cdot \sin x$. Während man für $u'v$ eine Stammfunktion kennt (nämlich $-\sin$), ist für uv' zunächst keine in Sicht. Das obige Ergebnis besagt, daß F mit $F(x) = -x \cdot \cos x + \sin x$ eine Stammfunktion für f ist.

In der rechnerischen Praxis ist ein Produkt $u(x)v(x)$ gegeben und eine Stammfunktion gesucht. Man hat sich dann in der obigen Beziehung v' durch v und v durch V ersetzt zu denken und erhält so

$$\int u(x)v(x)\,dx = u(x)V(x) - \int u'(x)V(x)\,dx,$$

Formulierung der Regel

d.h.: Wenn man mit irgendeiner Stammfunktion V von v das Produkt uV bildet und eine Stammfunktion von $u'V$ subtrahiert, dann erhält man eine Stammfunktion von uv. Man nennt dies die *Regel zur Produktintegration* oder *partiellen Integration* (weil in $u'v + uv'$ nur ein Teil integriert wird). In der formalen Fassung der Regel ist wieder zu beachten, dass sie keine Gleichheitsaussage beinhaltet; für eine Stammfunktion F_1 von $u'V$ und eine Stammfunktion F_2 von uv ist i. Allg. $F_2 \neq uV - F_1$.

„Partielle" Integration

Bei der Anwendung der Regel auf ein gegebenes Produkt ist zu überlegen, welchem Faktor man die Rolle von u und welchem man die Rolle von v

Wann ist die Regel nützlich?

zuweisen will. Man wird darauf achten, ob ein Faktor (den man dann als „u" wählt) beim Ableiten einfacher und der andere durch Übergang zu einer Stammfunktion nur unwesentlich komplizierter wird. In solchen Fällen führt das Vorgehen oft, aber keineswegs immer, zum Erfolg.

Typische Beispiele

Beispiel: (Wahl von u und v)
Gesucht wird eine Stammfunktion für $f(x) = x \cdot \ln x$.
Mit $u(x) = \ln x$, $v(x) = x$ und $V(x) = \frac{x^2}{2}$ ist $u(x)V(x) = \left(\frac{x^2}{2}\right)\ln x$ und $u'(x)V(x) = \frac{x}{2}$.
Also ist F mit $F(x) = \left(\frac{x^2}{2}\right)\ln x - \frac{x^2}{4}$ eine Stammfunktion für f.
Mit $u(x) = x$ und $v(x) = \ln x$ gestaltet sich die Aufgabe weniger einfach, weil man zunächst eine Stammfunktion für die Funktion ln benötigt.

Mit der Regel zur Produktintegration lassen sich weitere bislang nicht bekannte Stammfunktionen ermitteln. Die folgenden Beispiele sind typisch.

Beispiel: (Ein Faktor transzendent)
$f(x) = x \cdot e^x$
Mit $u(x) = x$, $v(x) = e^x$ und $V(x) = e^x$ erhält man

$$\int x e^x dx = x e^x - \int 1 \cdot e^x dx = e^x(x-1).$$

Beachte: Man könnte auch $V(x) = e^x + 1$, $\int u'(x)V(x)dx = e^x + x + 2$ wählen und fände

$$\int x e^x dx = e^x(x-1) - 2.$$

Beispiel: (1 als Faktor)
$f(x) = \ln x,\ x > 0$
Fasst man $\ln x$ als Produkt $1 \cdot \ln x$ auf, dann folgt mit $u(x) = \ln x$, $v(x) = 1$

$$\int \ln x\, dx = x \cdot \ln x - \int \tfrac{1}{x} \cdot x\, dx = x(\ln x - 1).$$

Beispiel: (Teilintegrale gleichwertig)
$f(x) = \sin x \cdot \cos x$
Setzt man $u(x) = \sin x$ und $v(x) = \cos x$, dann ergibt sich

(*) $$\int \sin x \cdot \cos x\, dx = \sin^2 x - \int \cos x \cdot \sin x\, dx,$$

d.h. wenn man von $\sin^2$ eine Stammfunktion F_1 für $\sin x \cdot \cos x$ subtrahiert, dann erhält man wieder eine Stammfunktion F_2 für $\sin x \cdot \cos x$. Wegen $F_2 = F_1 + c$ gilt also im Sinne der Gleichheit von Funktionen $F_1 + c = \sin^2 - F_1$ oder $F_1 = \frac{(\sin^2 - c)}{2}$.
Somit ist $\frac{(\sin^2 - c)}{2}$ und damit auch $\frac{\sin^2}{2}$ eine Stammfunktion von f. Man kann also praktisch den letzten Summanden in (*) nach links bringen und beide Stammfunktionen identifizieren.

Reziprokenregel

$f = \frac{1}{v}$

Der Übergang von einer Funktion v, $v(x) \neq 0$ zur reziproken Funktion $f = \frac{1}{v}$ ist ein einfacher Sonderfall der Quotientenbildung.
Der Differenzenquotient von f lässt sich in einfacher Weise durch jenen von v ausdrücken.

$$\frac{f(x+h) - f(x)}{h} = -\frac{v(x+h) - v(x)}{h} \cdot \frac{1}{v(x) \cdot v(x+h)}.$$

Für $h \to 0$ folgt:

Ist v differenzierbar, dann ist f ebenfalls differenzierbar und

$$f'(x) = \frac{-v'(x)}{[v(x)]^2}.$$

Formulierung der Regel

Die Reziprokenregel ist rechenpraktisch und als Zwischenschritt zur Quotientenregel von Nutzen. Sie führt insbesondere zu den Ableitungen von Potenzfunktionen mit negativ-ganzen Hochzahlen.

$f(x) = x^z$, z ganz

Für das Aufsuchen von Stammfunktionen folgt

$$\int \frac{v'(x)}{[v(x)^2]}\,dx = -\frac{1}{v(x)},$$

d.h., die Funktion $f = \frac{v'}{v^2}$ hat $F = \frac{-1}{v}$ als Stammfunktion. Allerdings wird ein Integrand nur selten die spezielle Form von f haben.

Quotientenregel

Aus Reziproken- und Produktregel ergibt sich

$$\left(u \cdot \tfrac{1}{v}\right)' = u' \cdot \tfrac{1}{v} + u \cdot \tfrac{-v'}{v^2} = \tfrac{u' \cdot v - u \cdot v'}{v^2},$$

d.h. falls in einer Quotientenfunktion $f = \frac{u}{v}$, $v(x) \neq 0$ die Funktionen u und v differenzierbar sind, dann ist f ebenfalls differenzierbar und es gilt

$$f'(x) = \frac{u'(x)v(x) - u(x)v'(x)}{[v(x)]^2}.$$

Formulierung der Regel

Bemerkung: Um Vorzeichenfehler zu vermeiden, empfiehlt es sich, immer im Zähler mit der Ableitung des Zählers (von f) zu beginnen, oder aber stets zuerst den Nenner $[v(x)]^2$ zu notieren und danach im Zähler mit v(x) fortzufahren.

Für das Aufsuchen von Stammfunktionen ergeben sich aus der genannten Regel keine neuen (wesentlich über die Produktintegration hinausreichenden) Möglichkeiten; die Herleitung der Quotientenregel macht das verständlich.

Kettenregel

1) Verketten

Man wird das *Verketten* zunächst als zeitliches Nacheinanderausführen von zwei Zuordnungsvorschriften interpretieren (z.B. wird ein Geldbetrag zuerst in englische Pfund, dann diese in US-Dollar umgetauscht). Aus zwei Funktionen u und v entsteht dabei eine dritte neue Funktion f: $x \mapsto u(v(x))$, die „Verkettung" von u und v. Da i. Allg. u(v(x)) und v(u(x)) verschieden sind, unterscheidet man „äußere" und „innere" Funktion.

Übergang von u und v zu f

– Wichtiger als die Bestimmung der Verkettung bei gegebenen Funktionen u und v ist umgekehrt das *Erkennen einer gegebenen Funktion* als Verkettung und die Bestimmung sowohl der inneren als auch der äußeren Funktion. Für eine rechte Handhabung der Kettenregel ist dies eine unerlässliche Voraussetzung.

Übergang von f zu u und v

Problem der Schreibweise

Im Unterricht macht weniger der Begriff als die Schreibweise der drei involvierten Funktionen Schwierigkeiten. Wählt man zwecks deutlicher Unterscheidung von verketteten Funktionen und Verkettung verschiedene Buchstaben (etwa u, v und f), dann wird zwar der Unterschied deutlich, nicht aber der Zusammenhang. Diesen bringt die Bezeichnung $u \circ v$ (lies: u nach v) für die Verkettung besser zum Ausdruck. Will man das Zeichen $u \circ v$ vermeiden und möglichst nahe an der gewohnten Funktionsschreibweise bleiben, dann wird man $x \to v(x)$, $v \to u(v)$ und $x \to u(v(x))$ schreiben. Das ist aber von Nachteil beim Ableiten der Verkettung, denn $u'(v(x))$ und $u'(v)$ bezeichnen nicht die Ableitung der Verkettung und $[u(v(x))]'$ ist nicht im Einklang mit der bisherigen Schreibweise.

Bemerkung: Vollends verwirrend wird die Sache, wenn man – etwa um eine gegebene Funktion als Verkettung darzutun – fälschlicherweise $f(x) = f(v(x))$ (statt $f(x) = u(v(x))$) und danach $f'(x) = f'(v(x))v'(x)$ (statt $f'(x) = u'(v(x))v'(x)$) schreibt.

2) Substituieren

In der Infinitesimalrechnung treten im Zusammenhang mit dem Verketten rechenpraktische Varianten auf, die es zu beachten gilt.

Übergang von $f = u \circ v$ zu u

Die Kettenregel erfordert den *Übergang von der Verkettung zur äußeren Funktion*. Dazu wird ein gewisses $v(x)$ kurz z gesetzt und $f(x)$ in die neue Variable z umgeschrieben; man „substituiert" $v(x)$ durch z. Dabei erhält man (nicht etwa $f(z)$, sondern) ein $u(z)$ mit einer neuen Funktion u. Danach ist $f(x) = u(v(x))$. Man schreibt auch $f(x) = u(z)|_{z = v(x)}$.

Übergang von u zu $f = u \circ v$

Die umgekehrte Prozedur, der *Übergang von der äußeren Funktion zur Verkettung*, tritt z.B. bei der Suche nach Stammfunktionen auf. Dort ist es manchmal vorteilhaft, in $f(x)$ die Variable x durch $v(t)$ zu substituieren und zu der evtl. einfacheren Verkettung $f \circ v$ überzugehen. In diesem Fall ist $f(x)|_{x = v(t)} = (f \circ v)(t)$.

Substituieren bedeutet also mehr als bloßes Ersetzen (z.B. eines Terms durch einen äquivalenten), es beinhaltet den *Übergang zu einer anderen Funktion*.

3) Ableiten einer Verkettung

Wie hängt bei einer Verkettung $f = u \circ v$ die Ableitung f' mit den Ableitungen v' und u' zusammen?

Hinführung

Man kann von den Differenzenquotienten der drei Funktionen ausgehen, also $\frac{u(v(x+h)) - u(v(x))}{h}$ für f, $\frac{u(z+k) - u(z)}{k}$ für u und $\frac{v(x+h) - v(x)}{h}$ für v.

Es liegt nahe, darin $z = v(x)$ und $k = v(x+h) - v(x)$ zu setzen und die drei Differenzenquotienten (unter der Voraussetzung $v(x+h) - v(x) \neq 0$) zu vergleichen. Man findet:

Formulierung der Kettenregel

Ist die (innere) Funktion v an der Stelle x und die (äußere) Funktion u an der Stelle $v(x)$ differenzierbar, dann ist auch die Verkettung $f = u \circ v$ an der Stelle x differenzierbar und es gilt

$$f'(x) = u'[v(x)] \cdot v'(x).$$

Um die Ableitung der Verkettung $u \circ v$ zu bekommen, hat man also zunächst u' zu bilden und darin die Funktionsvariable durch $v(x)$ zu ersetzen, danach ist $u'[v(x)]$ mit $v'(x)$ zu multiplizieren, kurz:

$$f'(x) = u'(z)\,|_{z = v(x)} \cdot v'(x).$$

Beispiel: (Ableiten nach der Kettenregel)

$$f(x) = (x^2 - 1)^3$$

a) Welche Ableitung hat f an der Stelle 2?
Mit $v(x) = x^2 - 1$ und $u(z) = z^3$ ist $v'(x) = 2x$ und $u'(z) = 3z^2$. Bei v ist die Ableitung an der Stelle 2, bei u an der Stelle $v(2) = 3$ zu nehmen. Man erhält

$$f'(2) = u'(3) \cdot v'(2) = 108.$$

b) Welche Ableitung hat f an der Stelle x?
Ersetzt man in $u'(z) = 3z^2$ die Variable z durch $v(x) = x^2 - 1$, dann erhält man $u'(v(x)) = 3(x^2 - 1)^2$ und hieraus $f'(x) = 3(x^2 - 1)^2 \cdot 2x = 6x(x^2 - 1)^2$.

Praxis der Kettenregel

Die Hauptschwierigkeit bei der Anwendung der Kettenregel liegt weniger in dem zusätzlichen Faktor $v'(x)$ als darin, die (nicht explizit ausgewiesene) äußere Funktion u zu erkennen. Man wird vor dem Griff zur Kettenregel das *zweckmäßige Zerlegen* einer gegebenen Funktion in eine innere und eine äußere Funktion üben und dabei (zumindest anfangs) neben f auch die Funktionen u und v ausführlich hinschreiben müssen.

Bemerkungen:

Herleitung mit der Zerlegungsformel

a) Man kann bei der Herleitung der Kettenregel auch ohne die zusätzliche Voraussetzung $v(x+h) - v(x) \neq 0$ auskommen. Sind u und v differenzierbar, dann ist nach der Zerlegungsformel

$$u(z+k) - u(z) = [u'(z) + \varepsilon]k \quad \text{mit } \varepsilon \to 0 \text{ für } k \to 0 \text{ und}$$
$$v(x+h) - v(x) = [v'(x) + \delta]h \quad \text{mit } \delta \to 0 \text{ für } h \to 0.$$

Setzt man in der ersten Gleichung $z = v(x)$ und $k = v(x+h) - v(x)$, dann folgt

$$\frac{[u(v(x+h)) - u(v(x))]}{h} = [u'(v(x)) + \varepsilon][v'(x) + \delta] \to u'(v(x))v'(x) \text{ für } h \to 0.$$

Differenzialschreibweise

b) Die Differenzialschreibweise

$$\frac{df}{dx} = \frac{df}{dv} \cdot \frac{dv}{dx}$$

ist zwar leicht zu merken, dem Verständnis aber nicht sehr förderlich. Sie macht zu wenig deutlich, daß bei der „Ableitung von f nach v" nicht von f, sondern von einer ganz anderen Funktion die Rede ist und ignoriert, dass v in den beiden Quotienten verschiedene Bedeutung hat.

$f = u \circ v \circ w$

c) Der Name „Kettenregel" wird noch einsichtiger, wenn es um eine Verkettung von mehr als zwei Funktionen geht. Im Falle $f = u \circ v \circ w$ ist

$$f'(x) = u'(y)\,|_{y = v(w(x))} \cdot v'(z)\,|_{z = w(x)} \cdot w'(x).$$

An solchen Fällen erkennt man auch, dass die Zerlegung einer gegebenen Funktion nicht eindeutig ist; z.B. kann $f(x) = (x^2 - 1)^3$ als Verkettung von $w(x) = x^2 - 1$ und $v(z) = z^3$ oder von $w(x) = x^2$ und $v(z) = z - 1$ und $u(y) = y^3$ aufgefasst werden. Entscheidend ist, dass die „Teilfunktionen" bekannte Ableitungen haben.

Durch die Kettenregel (und deren Kombination mit anderen Ableitungsregeln) erweitert sich der Kreis der Funktionen, deren Ableitungen man mühelos angeben kann, ganz enorm. Insbesondere folgt für

$f(x) = \sin(ax+b)$ *$f(x) = a^x$*

$$f(x) = \sin(ax + b) \qquad f'(x) = a \cdot \cos(ax + b)$$
$$f(x) = a^x = e^{\ln a \cdot x} \qquad f'(x) = e^{\ln a \cdot x} \cdot \ln a = a^x \cdot \ln a.$$

f(x) = u(ax + b)

Häufig ist die innere Funktion *linear*; in diesem Sonderfall gilt
$f(x) = u(ax + b) \qquad f'(x) = a \cdot u'(ax + b).$

4) Integration durch Substitution
Die Beziehung $(U \circ v)' = (u \circ v) \cdot v'$ (mit einer Stammfunktion U für u) läßt sich auf zweierlei Weise zum Auffinden von Stammfunktionen nutzen.
1. Möglichkeit:

Von U zu einer Stammfunktion von (u∘v)v′

Hat eine Funktion f die spezielle Form $f(x) = u(v(x))v'(x)$ mit einer stetigen Funktion u und einer stetig differenzierbaren Funktion v, dann hat $(u \circ v)v'$ Stammfunktionen und $U \circ v$ ist eine solche:

$$U(z)\,\big|_{z = v(x)} = \int u(v(x))v'(x)\,dx.$$

Beispiel: (Integration durch Substitution; 1. Art)
a) $f(x) = \sin^2 x \cdot \cos x$
Mit $u(z) = z^2$ und $v(x) = \sin x$ ist $f = (u \circ v)v'$. Die Funktion u hat U mit $U(z) = \frac{z^3}{3}$ als Stammfunktion. Also ist F mit $F(x) = \frac{(\sin x)^3}{3}$ eine Stammfunktion von f.
b) $f(x) = (2x + 1)^3$
Jetzt hat f nicht die erforderliche Form, mit $v(x) = 2x + 1$ und $u(z) = z^3$ ist $f(x) = u(v(x))$, der Faktor $v'(x)$ fehlt. Da v linear ist, kann man f jedoch auf die gewünschte Form bringen: $f(x) = \frac{1}{2}[(2x + 1)^3 \cdot 2]$ und erhält $F(x) = \frac{1}{2}\left[\frac{1}{4}(2x + 1)^4\right]$.

2. Möglichkeit:

Von einer Stammfunktion von (u∘v)v′ zu U

Im Vorangehenden wurde gezeigt, wie man zu einer Stammfunktion von $(u \circ v)v'$ gelangt, wenn eine Stammfunktion U der äußeren Funktion bekannt ist. Umgekehrt kann man, wenn man eine Stammfunktion G von $(u \circ v)v'$ kennt, auch zu einer Stammfunktion U von u gelangen.
Für die gesuchte Funktion U ist $U \circ v$, ebenso wie G, eine Stammfunktion von $(u \circ v)v'$. Aus $U \circ v$ lässt sich die Funktion U gewinnen, indem man mit der Umkehrfunktion $\overline{v}$ von v verkettet. Ebenso lässt sich aus G eine Stammfunktion für u gewinnen, indem man $G \circ \overline{v}$ bildet. Es gilt also

Formulierung der Regel

$$\int u(v(t))v'(t)\,dt\,\big|_{t = \overline{v}(z)} = \int u(z)\,dz,$$

in Worten: Wenn man in einer Stammfunktion für $(u \circ v)v'$ die Funktionsvariable t durch $\overline{v}(z)$ substituiert, dann erhält man eine Stammfunktion für u.

Beispiel: (Konkretisierung des Sachverhalts)
$G(t) = \sqrt{\ln t}$, $t \in \mathbb{R}^+$ ist Stammfunktion von $f(t) = \frac{1}{2t\sqrt{\ln t}}$. Mit $v(t) = \ln t$ und $u(z) = \frac{1}{2\sqrt{z}}$ ist $f(t) = (u \circ v)(t) \cdot v'(t) = u(v(t))v'(t)$. Substituiert man in G die Variable t durch $\overline{v}(z) = e^z$, dann erhält man mit $U(z) = \sqrt{\ln(e^z)} = \sqrt{z}$ eine Stammfunktion von u.

Die gewonnene Einsicht scheint zunächst wenig ergiebig, denn sie geht davon aus, dass man eine Stammfunktion G von $(u \circ v)v'$ kennt. Sie wird es erst, wenn man die Kurzfassung gewissermaßen von rechts nach links liest: Ersetzt man in einem gegebenen $u(z)$ die Variable z durch $v(t)$, ermittelt für den *neuen* Integranden *$u(v(t))v'(t)$* eine Stammfunktion und substituiert in dieser t durch $\overline{v}(z)$, dann erhält man eine Stammfunktion für u. Weil man dabei in der Wahl von v freie Hand hat, kann man es häufig so einrichten, dass der Integrand $u(v(t))v'(t)$ wesentlich *einfacher* ist als $u(z)$.

Stärke des Verfahrens

Beispiel: (Integration durch Substitution; 2. Art)
Gesucht ist eine Stammfunktion von $u(z) = e^z\sqrt{1 + e^z}$.
Substitution: u(z) legt nahe, es mit dem Ansatz $z(t) = \ln t$ zu versuchen.

Neuer Integrand: $e^{\ln t}\sqrt{1 + e^{\ln t}} \cdot \frac{1}{t} = \sqrt{1 + t}$

Stammfunktion: $\int \sqrt{1 + t}\,dt = \frac{2}{3}(1 + t)^{\frac{3}{2}}$

Stammfunktion für u: Mit $t(z) = e^z$ folgt $\int u(z)\,dz = \frac{2}{3}(1 + e^z)^{\frac{3}{2}}$.

Um der rechnerischen Praxis näher zu sein, schreiben wir nun in der obigen Kurzfassung f statt u und x statt z:

$$\int f(v(t))\,v'(t)\,dt\,\Big|_{t = \bar{v}(x)} = \int f(x)\,dx$$

und halten für diesen Weg zu einer Stammfunktion F von f fest:

Schrittfolge des Vorgehens

1. Schritt: In dem gegebenen f(x) wird x durch v(t) „ersetzt".
2. Schritt: Für $f(v(t)) \cdot v'(t)$ wird eine Stammfunktion ermittelt.
3. Schritt: In dieser Stammfunktion wird t durch $\bar{v}(x)$ „ersetzt".

Merk-"regel"

Um in dem neuen Integranden $f(v(t))\,v'(t)$ den Faktor $v'(t)$ nicht zu vergessen, braucht man sich nur zu merken, dass in $f(x)\,dx$ *sowohl f(x) als auch das Differenzial dx* (dieses gemäß $dx = v'(t)\,dt$) in t umzurechnen ist.

Bemerkung: Im konkreten Fall ist es oft leichter, zu $f(v(t))\,v'(t)$ eine Stammfunktion zu finden, als danach t wieder durch x auszudrücken (also $\bar{v}(x)$ zu ermitteln). Geht es „nur" um die Berechnung eines *bestimmten* Integrals, dann kann man sich diesen Schritt sparen, bei t bleiben und stattdessen die (in x vorgeschriebenen) Grenzen in t umrechnen. Das Vorgehen wird dadurch noch praktikabler.

Inversenregel

1) Umkehrfunktion

Umkehrfunktion

Wenn bei einer Funktion $x \mapsto f(x), x \in [a; b]$ für $x_1 \neq x_2$ stets auch $f(x_1) \neq f(x_2)$ ist, dann hat die umgekehrte Zuordnung $f(x) \mapsto x$ ebenfalls die Eigenschaften einer Funktion. Sie heißt *Umkehrfunktion von f* und wird mit $\bar{f}$ bezeichnet. Es gilt also $\bar{f}(f(x)) = x$. Eine in [a; b] *streng monotone* Funktion f hat eine Umkehrfunktion $\bar{f}$.
Der Begriff Umkehrfunktion erhält seine Bedeutung nicht zuletzt durch die Möglichkeit, neue Funktionen als Umkehrfunktionen von schon bekannten zu *definieren*.

Problem der Schreibweise

Eine nicht zu unterschätzende unterrichtliche Schwierigkeit (vor allem wenn die Ausgangsfunktion f und ihre Umkehrfunktion nebeneinander auftreten) liegt in der Schreibweise. Man wird gut daran tun, als Funktionsvariable der Umkehrfunktion nicht wieder x, sondern z. B. y zu schreiben mit $\bar{f}(y) = x$. Bei einer Veranschaulichung der Umkehrfunktion anhand des Schaubildes *von f* ist dann die y-Achse Abszissen- und die x-Achse Ordinatenachse. Ein solcher Wechsel der Achsen wird vermieden, wenn man für f und $\bar{f}$ dieselbe Abszissenvariable x wählt; das Schaubild von $\bar{f}$ ist dann Spiegelbild des Schaubildes von f bez. der 1. Winkelhalbierenden.

Veranschaulichung

2) Ableiten der Umkehrfunktion

Es ist zu fragen, ob die Umkehrfunktion einer differenzierbaren Funktion f ebenfalls differenzierbar ist und wie ggf. ihre Ableitung mit f′ zusammenhängt.

Mit $\bar{f}(y) = x$ bzw. $f(x) = y$ und speziell $\bar{f}(b) = a$, $f(a) = b$ ist

$$\frac{\bar{f}(y) - \bar{f}(b)}{y - b} = \frac{x - a}{f(x) - f(a)} = \frac{1}{\frac{f(x) - f(a)}{x - a}}.$$

Daraus folgt:

Formulierung der Regel

Ist f an der Stelle a differenzierbar und $f'(a) \neq 0$, dann ist (dank der Stetigkeit von $\bar{f}$) die Umkehrfunktion $\bar{f}$ an der Stelle $b = f(a)$ ebenfalls differenzierbar und es ist $\bar{f}'(b) = \frac{1}{f'(a)}$.

$$\overline{\bar{f}'}\,(y) = \frac{1}{f'(x)} \qquad (y = f(x)).$$

Beispiel: (Ableitung an einer Stelle)

Die Funktion sin hat in $\left[0; \frac{\pi}{2}\right]$ eine Umkehrfunktion $\bar{f}$ mit der Definitionsmenge [0; 1].

Es ist $\sin\left(\frac{\pi}{6}\right) = \frac{1}{2}$. Welche Ableitung hat $\bar{f}$ an der Stelle $\frac{1}{2}$?

$$\bar{f}'\left(\frac{1}{2}\right) = \frac{1}{\sin'\left(\frac{\pi}{6}\right)} = \frac{1}{\cos\left(\frac{\pi}{6}\right)} = \frac{2}{\sqrt{3}}$$

Beispiel: (Ableitungsfunktion)

$f(x) = \ln x$

Die Funktion f ist Umkehrfunktion der Funktion exp. Schreibt man für die gegebene Funktion $\bar{f}(y) = \ln y$, dann ist $\bar{f}'(y) = \frac{1}{f'(x)}$ mit $f(x) = e^x = f'(x)$, also

$$\bar{f}'(y) = \frac{1}{e^x} = \frac{1}{e^{\ln y}} = \frac{1}{y}.$$

Kehrt man nun wieder zur ursprünglichen Schreibweise zurück, so erhält man $f'(x) = \frac{1}{x}$.

Bemerkung: Will man im letzten Beispiel die gegebenen Bezeichnungen f und x beibehalten, dann ist die Inversenregel in der Form

Inversenregel in einer Variablen

$$f'(x) = \frac{1}{\bar{f}'(f(x))} \text{ mit } \bar{f}(x) = e^x$$

anzuwenden. Man erhält $f'(x) = \frac{1}{e^{\ln x}} = \frac{1}{x}$. – Wie sich wiederum zeigt, liegen die Schwierigkeiten bei der *Praxis der Inversenregel* weniger im Begrifflichen als in der *Schreibweise*. Die Schreibweise der Regel muss zur Problemstellung und zur Schreibweise der gegebenen Funktion „passen". Ist eine in f und x geschriebene Funktion (mittels ihrer Inversen $\bar{f}$) abzuleiten, dann wird man die Regel in der Form

$$f'(x) = \frac{1}{\bar{f}'(y)}$$

verwenden; dagegen ist

$$\bar{f}'(y) = \frac{1}{f'(x)}$$

angebracht, wenn nach der Ableitung der Umkehrfunktion einer in f und x vorliegenden Funktion gefragt ist.

Mit der Inversenregel (und deren Kombination mit früheren Regeln) kann man nun auch z. B. Wurzel- und Logarithmusfunktionen ableiten.

Beispiel: (Wurzelfunktionen)
Die Funktion f mit $f(x) = \sqrt[n]{x}$, $n \in \mathbb{N}$ ist für $x > 0$ die Umkehrfunktion von $x \mapsto x^n$. Man notiert sie besser in der Form $\bar{f}(y) = \sqrt[n]{y}$ und kann dann (wie gewohnt) $f(x) = x^n$ schreiben. Die Inversenregel $\bar{f}'(y) = \frac{1}{f'(x)}$ liefert $\bar{f}'(y) = \frac{1}{(n x^{n-1})} = \frac{1}{[n y^{1-1/n}]}$. Somit hat

f(x) = $\sqrt[q]{x^p}$

$$f(x) = \sqrt[n]{x} = x^{\frac{1}{n}} \text{ die Ableitung } f'(x) = \tfrac{1}{n} x^{\frac{1}{n}-1}.$$

Bemerkung: Für $f(x) = x^{\frac{p}{q}} = (x^{\frac{1}{q}})^p$; $p, q \in \mathbb{N}$ folgt nach der Kettenregel $f'(x) = \frac{p}{q} x^{\frac{p}{q}-1}$. Die Inversenregel zeigt, dass man auch im Falle $f(x) = 1/\sqrt[q]{x^p}$ nach der sog. Potenzregel ableiten kann, Letztere gilt also bei allen *rationalen* Hochzahlen. Schließlich erkennt man mittels der Kettenregel und ln′, dass sie sogar für alle *reellen* Hochzahlen gilt; man braucht nur x^r in der Form $e^{r \ln x}$ zu schreiben.

f(x) = x^r

Beispiel: (Logarithmusfunktionen)
Die allgemeine Logarithmusfunktion $y \mapsto {}_a\log y$; $a, y > 0$ ist Umkehrfunktion von $f: x \mapsto a^x$ und hat daher die Ableitung ${}_a\log'(y) = \frac{1}{f'(x)}$. Mit $f'(x) = a^x \ln a$ und $x = {}_a\log y$ folgt ${}_a\log'(y) = \frac{1}{y \cdot \ln a}$ oder, in üblicher Schreibweise, ${}_a\log'(x) = \frac{1}{x \cdot \ln a}$.

f(x) = $_a$log(x)

Eine unmittelbare Anleitung, wie man von einer Stammfunktion für f zu einer solchen für $\bar{f}$ gelangen kann, ist der Inversenregel nicht zu entnehmen.

Anmerkung zur Formulierung der Integrationsregeln

Die mit der Nichteindeutigkeit der Stammfunktion (bzw. dem Gebrauch des Gleichheitszeichens bei Stammfunktionen) verbundenen Schwierigkeiten entfallen, wenn man die Integrationsregeln für *bestimmte* Integrale formuliert. Das ändert nichts daran, dass diese Regeln im Grunde keine Aussagen über Integrale (also Zahlen), sondern über *Funktionen* beinhalten und man also in jedem Fall – egal wie man am Ende formuliert – den Zusammenhang zwischen einer Funktion und ihrer Stammfunktion in Betracht ziehen muss.

Analysis

7 Anwendung der Infinitesimalrechnung bei der Untersuchung und Bestimmung von Funktionen

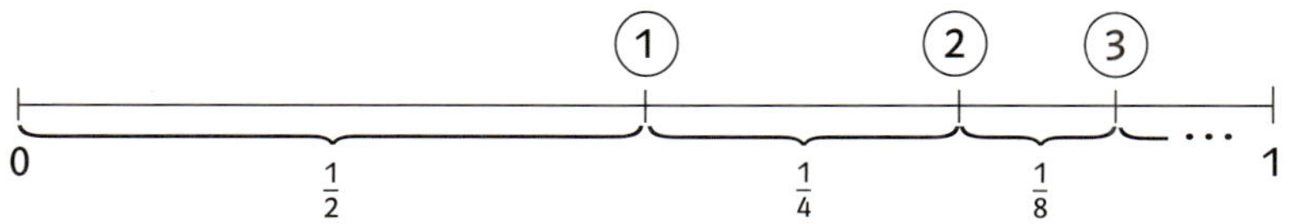

Man stelle sich die natürlichen Zahlen als Kugeln vor mit den Nummern 1, 2, 3, ..., die sich in einem Korb befinden. Nach einer *halben* Stunde wird die Kugel Nr. 1 herausgenommen, nach einer weiteren *viertel* Stunde die Kugel Nr. 2, nach einer weiteren *achtel* Stunde die Kugel Nr. 3, usw..

Ist der Korb nach Ablauf einer Stunde leer?

Antwort von A: Nein, denn nach jeder Entnahme befinden sich noch unendlich viele Kugeln im Korb.

Antwort von B: Ja, denn jede Kugelnummer wird vor Ablauf einer Stunde irgendwann herausgenommen.

Wer hat Recht?

Mit der Redeweise „Gegeben ist eine Funktion" ist gemeint, dass eine Zuordnungsvorschrift vorliegt. Wir wissen dann z. B. noch nicht, ob die Funktionswerte mit wachsendem Argument zu- oder ob sie abnehmen, ob es einen größten Funktionswert gibt usw. Das *Änderungsverhalten* der Funktion ist noch nicht bekannt. Die Ableitung kann helfen, solche Fragen zu beantworten.
Im umgekehrten Fall kennt man zwar das Änderungsverhalten, nicht aber die Zuordnungsvorschrift. So können wir z. B. am Fahrtenschreiber eines Lkw zu jedem Zeitpunkt ablesen wie schnell er fuhr, aber wir wissen nicht, wo er sich in diesem Moment auf seiner Route befand. Jetzt handelt es sich darum, aus dem Änderungsverhalten auf die *Funktion* zu schließen.

Zum mathematischen Hintergrund

Vorbemerkung

Umgebung: Unter einer Umgebung (genauer: ε-Umgebung) $U(x_0)$ einer Zahl x_0 versteht man für irgendein $\varepsilon > 0$ die Menge $\{x \in \mathbb{R} \mid |x - x_0| < \varepsilon\}$.

Definitionen

Monotonie: Eine Funktion f nennt man in einem Intervall J monoton zunehmend, wenn für alle $x_1, x_2 \in J$ mit $x_1 < x_2$ gilt: $f(x_1) \leq f(x_2)$; im Falle $f(x_1) \geq f(x_2)$ nennt man die Funktion in J monoton abnehmend. Ist das Gleichheitszeichen ausgeschlossen, dann spricht man von strenger Monotonie.
Schranke: Ist $f(x) \leq K$ für alle $x \in J$, dann heißt K eine obere Schranke von f in J. Entsprechend ist eine untere Schranke zu verstehen. Eine Funktion heißt beschränkt, wenn sie sowohl eine obere als auch eine untere Schranke hat.
Lokales Extremum: f sei in einem Intervall J definiert. Dann heißt ein Funktionswert $f(x_0)$ lokales Maximum von f an der Stelle x_0, wenn es eine Umgebung $U(x_0)$ gibt, in der $f(x) \leq f(x_0)$ für alle $x \in U(x_0) \cap J$ gilt. Entsprechend ist ein lokales Minimum definiert.
Globales Extremum: Ein Funktionswert $f(x_0)$, $x_0 \in J$ heißt globales Maximum von f in J, wenn $f(x) \leq f(x_0)$ für alle $x \in J$ gilt. Im Falle $\geq$ (statt $\leq$) spricht man von einem globalen Minimum.

Lösung der Aufgabe am Kapitelanfang
B!
Nach jeder Entnahme befinden sich zwar noch unendlich viele Kugeln im Korb, aber daraus darf man nicht schließen, dass dies nach Ablauf einer vollen Stunde immer noch so sein wird. (Zum Vergleich: Man deute die Zeitdauer bis zu einer Entnahme als Teilstrecke PT einer Strecke PQ der Länge 1 und betrachte die Menge der Punkte auf der Reststrecke.)

Lokales Verhalten einer Funktion

Was meint „lokales Verhalten"?

Eine Funktion f sei in einem Intervall J definiert und $x_0 \in J$. Aussagen, die das *lokale* Verhalten von f an der Stelle x_0 beschreiben, sind von der Art „Es gibt eine Umgebung $U(x_0)$, in der für alle $x \in U(x_0) \cap J$ ... gilt". Über die „Größe" dieser Umgebung ist nichts ausgesagt, sie kann beliebig klein sein.
Die bloße Kenntnis des Funktionswertes $f(x_0)$ lässt noch keinerlei Aussagen über $f(x)$ mit $x \neq x_0$ zu.

1) Stetige Funktionen
Ist f an der Stelle x_0 stetig und $f(x_0)$ positiv, dann gibt es eine Umgebung $U(x_0)$, in der *alle* Funktionswerte positiv sind. Entsprechendes gilt, wenn $f(x_0)$ negativ ist.

Trennungseigenschaft der Ableitung

2) Differenzierbare Funktionen
Ist f an einer inneren Stelle $x_0 \in J$ differenzierbar, dann gilt
$f(x_0 + h) = f(x_0) + [f'(x_0) + r(x_0;h)]h$ mit $r(x_0;h) \to 0$ für $h \to 0$.
Falls $f'(x_0) > 0$ ist, gibt es daher eine Umgebung $U(x_0)$, in der
$f(x) > f(x_0)$ für $x > x_0$
$f(x) < f(x_0)$ für $x < x_0$.
Entsprechendes trifft für $f'(x_0) < 0$ zu. Man nennt dies auch die „Trennungseigenschaft" der Ableitung.

Notwendige Bedingung für lokale Extremwerte

Aus der Trennungseigenschaft folgt als *notwendige Bedingung für lokale Extrema*: Ist $f(x_0)$ ein inneres lokales Extremum und ist f an der Stelle x_0 differenzierbar, dann muss $f'(x_0) = 0$ sein. Umgekehrt braucht jedoch, wenn $f'(x_0) = 0$ ist, x_0 keine Extremstelle zu sein (vgl. $f(x) = x^3$).

Bemerkungen:
a) Ist x_0 ein Randpunkt des Intervalls J und $f(x_0)$ ein lokales Extremum, dann kann die (einseitige) Ableitung $f'(x_0)$ von 0 verschieden sein. Umgekehrt braucht für einen Randpunkt x_0, wenn $f'(x_0) = 0$ ist, $f(x_0)$ kein Extremum zu sein (Gegenbeispiel: $f(x) = x^2 \sin\left(\frac{1}{x}\right)$, $f(0) = 0$, $x \geq x_0 = 0$; vgl. S. 67).

Trennungseigenschaft und lokale Monotonie

b) Die Trennungseigenschaft verführt zu der Vorstellung, dass jede an einer inneren Stelle x_0 differenzierbare Funktion mit $f'(x_0) \neq 0$ „im Kleinen monoton" verläuft. Dem ist nicht so (Gegenbeispiel: $f(x) = x + x^2 \sin\left(\frac{1}{x}\right)$, $f(0) = 0$, $x_0 = 0$).

Globales Verhalten einer Funktion

Mit „globalem Verhalten" ist das Verhalten in einem *vorgegebenen* Intervall gemeint. Es ist unerheblich, ob das Intervall „groß" oder „klein" ist.

Kleinste obere bzw. größte untere Schranke

1) Beschränkte Funktionen
Eine in J beschränkte Funktion muss keinen größten oder kleinsten Funktionswert haben. Dagegen haben die Funktionswerte einer solchen Funktion immer eine eindeutig bestimmte kleinste obere und eine eindeutig bestimmte größte untere Schranke.

2) Stetige Funktionen

Ist f in einem *abgeschlossenen* Intervall stetig, dann gilt:

- f ist beschränkt.

Satz vom Maximum, Zwischenwertsatz

- Die kleinste obere und die größte untere Schranke sind Funktionswerte.
- Mit $f(x_1)$ und $f(x_2)$ ist auch jede Zahl zwischen $f(x_1)$ und $f(x_2)$ ein Funktionswert (Zwischenwerteigenschaft).

3) Differenzierbare Funktionen

Für differenzierbare Funktionen folgt aus den in 2) genannten Existenzsätzen:

- Ist f in [a; b] stetig und in]a; b[differenzierbar, dann gibt es im Innern eine Stelle ξ, so dass gilt:

Mittelwertsatz

  $f(b) = f(a) + f'(\xi)(b - a)$ (Mittelwertsatz der Differenzialrechnung).

Funktionen mit gleicher Ableitung

- Ist f in [a; b] stetig und in]a; b[differenzierbar mit $f'(x) = 0$ für alle $x \in]a; b[$, dann ist f in [a; b] konstant. Damit gleichbedeutend: Sind Funktionen f und g in [a; b] stetig und in]a; b[differenzierbar mit $f'(x) = g'(x)$ für alle $x \in [a; b]$, dann unterscheiden sich f und g in [a; b] nur durch eine additive Konstante.

Hinreichende Bedingungen für lokale Extremwerte

- Es sei x_0 eine innere Stelle eines Intervalls J, in dem f differenzierbar ist. Ist $f'(x_0) = 0$, und erfährt die Ableitung $f'(x)$ beim Durchgang durch die Stelle x_0 einen Vorzeichenwechsel, dann ist $f(x_0)$ ein lokales Extremum. (Ein Vorzeichenwechsel liegt gewiss dann vor, wenn f zweimal differenzierbar ist mit $f'(x_0) = 0$, aber $f''(x_0) \neq 0$.)

Monotonie

- Ist f in [a; b] stetig und in]a; b[differenzierbar mit $f'(x) \geq 0$ für alle $x \in]a; b[$, dann wächst f in [a; b] monoton. Entsprechendes gilt für $f'(x) \leq 0$. Im Falle $f'(x) > 0$ bzw. $f'(x) < 0$ ist die Monotonie streng.

Abschätzung

- Ist f in [a; b] stetig und in]a; b[differenzierbar mit $k < |f'(x)| < K$, dann gilt für der Zuwachs $k(b - a) < |f(b) - f(a)| < K(b - a)$.

Integralfunktionen

Für eine in [a; b] stetige (oder auch nur integrierbare) Funktion f ist

Integralfunktion I_a

$$I_a\colon x \mapsto \int_a^x f(t)\,dt,\ x \in [a; b]$$

Stetigkeit von I_a

eine wohldefinierte Funktion, deren Funktionswerte Integrale sind. Sie heißt *Integralfunktion* von f zur Stelle a. Die Integralfunktion I_a ist in [a;b] *stetig*.

Zur Begründung:

$I_a(x + h) - I_a(x) = \int_x^{x+h} f(t)\,dt$. Die Funktion f ist in [a; b] beschränkt und daher $|I_a(x + h) - I_a(x)| < K \cdot |h|$. Für $h \to 0$ folgt $I_a(x + h) \to I_a(x)$.

Differenzierbarkeit von I_a

Ist der *Integrand stetig*, dann ist die Funktion I_a in [a; b] sogar differenzierbar und es ist $I_a'(x) = f(x)$.

Zur Begründung:

$\frac{I_a(x+h) - I_a(x)}{h} = \frac{1}{h}\int\limits_x^{x+h} f(t)\,dt$. Ist $f(t_1)$ das Minimum, $f(t_2)$ das Maximum von f in [x; x + h], dann gilt $\frac{1}{h}f(t_1)\cdot h \le \frac{1}{h}\int\limits_x^{x+h} f(t)\,dt \le \frac{1}{h}\cdot f(t_2)\cdot h$. Für $h \to 0$ streben, da f stetig ist, $f(t_1)$ und $f(t_2)$ gegen f(t) und dasselbe muss für den Differenzenquotienten zutreffen.

Integralfunktionen und Stammfunktionen

Ist jede Stammfunktion eine Integralfunktion?

Jede Integralfunktion I_α, $a \le \alpha \le b$ einer in [a; b] stetigen Funktion f ist eine Stammfunktion von f in [a; b]. Umgekehrt muss aber nicht jede Stammfunktion einer in [a; b] stetigen Funktion f eine dieser Integralfunktionen sein. Für eine Integralfunktion I_α gilt $I_\alpha(\alpha) = 0$; Integralfunktionen sind also Stammfunktionen, die in [a; b] eine Nullstelle haben. Hat eine Stammfunktion keine Nullstelle in [a; b], dann kann sie nicht Integralfunktion von f in [a; b] sein.

Beispiel: (Stammfunktion, aber nicht Integralfunktion)
a) Für $f(x) = e^x$, $x \in \mathbb{R}$ ist F mit $F(x) = e^x$ eine Stammfunktion. F hat keine Nullstelle und kann deshalb nicht als Integralfunktion dargestellt werden. Von den Stammfunktionen der Funktion exp sind nur diejenigen der Form $F(x) = e^x - c$ mit $c > 0$ Integralfunktionen.
b) Für $f(x) = 1{,}5\sqrt{x}$, $x \ge 0$ ist sowohl $F(x) = x\sqrt{x} - 1$ als auch $F^*(x) = x\sqrt{x} + 1$ eine Stammfunktion. Während F Integralfunktion zur Stelle $\alpha = 1$ ist, lässt sich F^* nicht als Integralfunktion darstellen.

Der Hauptsatz

Ist f in [a; b] stetig und F *irgendeine* Stammfunktion von f in [a; b], dann ist

$$\int\limits_a^x f(t)\,dt = F(x) + c.$$

Für x = a ergibt sich 0 = F(a) + c, also c = −F(a). Unter den angegebenen Voraussetzungen gilt also

$$\int\limits_a^b f(t)\,dt = F(b) - F(a)$$

Hauptsatz 1. Fassung

(Hauptsatz der Differenzial- und Integralrechnung).
In dieser Fassung zeigt der Satz, wie man bei stetigem f das Integral über [a; b] mit Hilfe einer Stammfunktion F von f berechnen kann.
Man kann den Hauptsatz auch so formulieren:
Für eine in [a; b] stetig differenzierbare Funktion f ist

$$\int\limits_a^b f'(t)\,dt = f(b) - f(a) \quad \text{bzw.} \quad f(b) = f(a) + \int\limits_a^b f'(t)\,dt\,.$$

Hauptsatz 2. Fassung

In dieser Fassung sagt der Satz, dass bei stetiger Ableitung der Funktionswert f(b) durch f(a) und f′ bestimmt ist. Und nicht nur dies. Da anstelle von b jedes $x \in [a; b]$ stehen kann, ist

$$f(x) = f(a) + \int_a^x f'(t)\,dt,$$

d. h.: Die Funktion f ist durch f(a) und ihre Ableitung (ihr Änderungsverhalten) vollständig bestimmt.

Unter welchen Voraussetzungen gilt der Hauptsatz?

Bemerkung: Wenn der im Hauptsatz auftretende Integrand f(x) (1. Fassung) bzw. f′(x) (2. Fassung) in [a; b] stetig ist, dann existiert sowohl das Integral als auch eine Stammfunktion und es besteht die im Satz behauptete Gleichheit. Erfüllt der Integrand nur die schwächere Bedingung der Integrierbarkeit, dann muss für die Gültigkeit des Satzes die Existenz einer Stammfunktion vorausgesetzt werden (weil es integrierbare Funktionen ohne Stammfunktion gibt). Umgekehrt reicht das Vorhandensein einer Stammfunktion für die Gültigkeit des Satzes nicht aus (weil es Funktionen gibt, die zwar eine Stammfunktion haben, aber nicht integrierbar sind).

Differenziation und Integration als inverse Operationen

Ist f in [a; b] stetig, dann ist

Differenzieren einer Integralfunktion

$$\frac{d}{dx}\left[\int_a^x f(t)\,dt\right] = f(x),$$

das Differenzieren macht die Operation des Integrierens rückgängig.
Ist f in [a; b] stetig differenzierbar, dann ist

Integrieren einer Ableitung

$$\int_a^x \left[\frac{d}{dt} f(t)\right] dt = f(x),$$

wobei umgekehrt das Integrieren die Operation des Differenzierens rückgängig macht. Bei stetig differenzierbaren Funktionen können daher Differenzieren und Integrieren als inverse Operationen verstanden werden.

Historisches

Tangenten- und Flächenbestimmung vor Newton und Leibniz

Das Problem, an eine gegebene Kurve die Tangente zu bestimmen, ist im 17. Jahrhunderts seit langem bekannt und in Einzelfällen auch gelöst. Dasselbe gilt für das Problem, die Größe einer krummlinig begrenzten Fläche zu bestimmen. Bei diesen Bemühungen zeigt sich da und dort der inverse Charakter der beiden Probleme, er wird aber nicht als wesentlich erkannt. Die Überlegungen verbleiben bei den Besonderheiten des Einzelfalls. Differenzieren und Integrieren werden noch nicht als eigenständige, neue Operationen gesehen.

Barrow

Isaak Barrow (1630–1677) erkennt zwar den Zusammenhang der beiden Probleme, er argumentiert aber nach Art der traditionellen Geometrie, so dass die gewonnene Einsicht nicht die entscheidenden Früchte trägt. Erst Isaak Newton (1642–1727) und Gottfried Wilhelm Lebniz (1646–1716) machen die *Operationen* des Differenzierens und Integrierens zum Gegenstand ihrer Betrachtungen und liefern mit dem Hauptsatz das entscheidende Ergebnis.

NEWTON: Fläche als „Entstehendes"

NEWTON sieht die Fläche A unter einer Kurve K: $y = f(x)$ nicht als etwas fest Gegebenes, sondern stellt sich vor, dass diese durch Bewegung der Strecke PQ nach rechts im Entstehen begriffen ist. Er vergleicht die Geschwindigkeit, mit der die Fläche A dabei zunimmt, mit der Wachstumsgeschwindigkeit der eingezeichneten Rechtecksfläche. Diese Geschwindigkeiten, sagt er, verhalten sich wie PQ zu PR. Da die Rechtecksfläche mit der Geschwindigkeit 1 zunimmt, drückt PQ die Geschwindigkeit aus, mit der A wächst. Somit entsteht A durch „Antidifferenziation" aus der Randfunktion f.

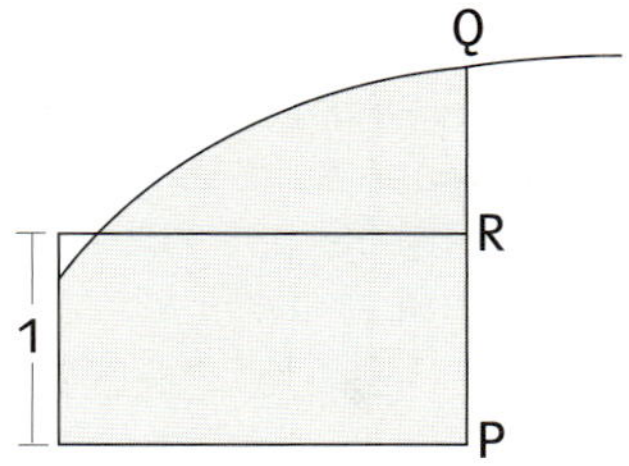

LEIBNIZ: Fläche als „Summe"

LEIBNIZ geht ganz anders vor. Er sieht die Fläche nicht als etwas Fließendes, sondern als Summe von unendlich kleinen Summanden. Wegweisend für ihn mag eine Beobachtung an Zahlenfolgen sein (vgl. S. 57): Ist (a_n) eine gegebene Folge und (d_n) die „Differenzfolge" mit $d_0 = 0, d_n = a_n - a_{n-1}$, (z. B. $a_n = n^2$, $d_n = 2n-1$), dann ist a_n die Summe der ersten n Glieder von (d_n). Er überträgt dies nun auf Summen unendlich kleiner Summanden. Ein y-Wert wird als Summe „omn.dy" (omnia dy, alle dy) – erst später schreibt er $\int dy$ – unendlich kleiner Summanden dy aufgefasst und dementsprechend die Fläche als „omn.ydx". Ist $y = \frac{dz}{dx}$ für eine Größe z, dann wird omn.ydx = omn.dz = z. Also führt Antidifferenziation zur Flächengröße.

Zum Unterricht

Generelle unterrichtliche Probleme

Prüfungsanforderungen

Der Analysisunterricht kann weder ignorieren, dass am Ende eine *Prüfung* abzulegen ist, noch sich ganz auf diese konzentrieren. Der Anspruch, auf die Prüfung vorbereitet zu werden, ist berechtigt. Andererseits vermag diese (insbesondere bei zentraler Aufgabenstellung) nicht allen Zielvorstellungen, die man üblicherweise mit dem Analysisunterricht verbindet, gerecht zu werden. In der Praxis sieht man sich leider oft genötigt, eher den Unterricht nach der zu erwartenden Prüfung als umgekehrt die Prüfung nach dem erteilten Unterricht auszurichten.

Motivation

Um die Begriffsbildungen und Verfahrensweisen der Analysis zu verstehen, ist ein gedankliches Engagement erforderlich, das bisher in dieser Dringlichkeit nicht üblich und meist auch gar nicht vonnöten war. Beim Versuch, Schüler zu *motivieren*, ist der beliebte Hinweis auf spätere Anwendungen und den Nutzen der Theorie (nicht nur unterrichtlich) fragwürdig.

Gedankliche Leitlinien

Da im Unterricht Neues zur Festigung und Gewöhnung geübt werden muss, und man eine Kumulation von Schwierigkeiten zu vermeiden sucht, werden übergeordnete *gedankliche Leitlinien* zeitlich – und damit einhergehend auch gedanklich – zerrissen.

Rechentechniken

Die formale Untersuchung einer gegebenen Funktion mit Hilfe ihrer Ableitung und ihren Stammfunktionen kommt mit den *Techniken* des Differenzierens und Integrierens aus sowie bekannten Methoden, wie diese zu verwenden sind. Begriffsbildungen und Begründungen, in welchen die *neue Denkweise* zum Ausdruck kommt, geraten dadurch fast zwangsläufig in den Hintergrund.

Veranschaulichung

Die neuen Begriffe und Methoden sind vordergründig *anschaulich* nachvollziehbar. Die Anschauung ist oft so eindringlich, dass eine logische Präzisierung oder Rechtfertigung dem Neuling nicht nur als überflüssig, sondern geradezu als abwegig erscheinen muss. Eine generelle Warnung vor Begründungen durch die Anschauuung hilft wenig, da oft naheliegende Gegenbeispiele fehlen und eine auf jeden Bezug zur Anschauung verzichtende Begründung weder in jedem Fall möglich noch subjektiv überzeugender ist.

Zielsetzung

Die Frage, welche *Zielsetzung* (über das Vermitteln von Techniken hinaus) den Analysisunterricht letztlich bestimmen sollte, wird nicht einvernehmlich beantwortet. Von „Verständnis für die grundlegenden Begriffsbildungen und Verfahrensweisen" ist ebenso die Rede wie von „mathematischer Strenge". In der Praxis wird meist ein Sowohl-als-auch versucht. Das ist unbefriedigend, weil unterschiedliche Zielsetzungen für den Unterricht unterschiedliche Konsequenzen haben.

Beschränktheit

Eine erste Einteilung der Funktionen unterscheidet diese danach, ob die Funktionswerte beliebig groß bzw. klein werden können oder nicht. Ist weder das Eine noch das Andere der Fall, dann nennt man die Funktion *beschränkt*. Im Normalfall gibt es dann einen größten und einen kleinsten Funktionswert.

Beschränkt ohne Extremwerte

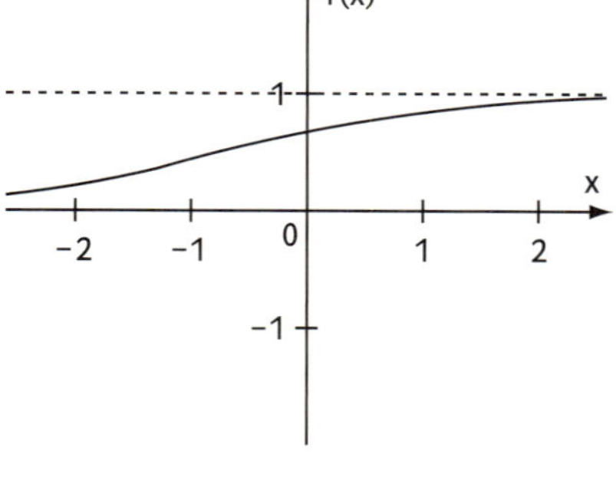

Es gibt jedoch auch Funktionen, die beschränkt sind und dennoch keinen größten bzw. kleinsten Funktionswert haben (z. B. $f(x) = \frac{2^x}{(1 + 2^x)}$). In solchen Fällen gibt es zwar kein Maximum oder Minimum, aber immer noch eine kleinste obere bzw. größte untere Schranke, welche die Variabilität der Funktionswerte beschreibt. Sie tritt nun an die Stelle des fehlenden Maximums oder Minimums. Will man den Begriff „Schranke" so fassen, dass er bei Vorhandensein eines Maximums bzw. Minimums mit diesem zusammenfällt, dann hat man unter einer oberen Schranke eine Zahl K zu verstehen, für die $f(x) \leq K$ gilt für alle x. (Würde man $\leq$ durch $<$ ersetzen, dann wäre z. B. im Falle eines Maximums keine kleinste obere Schranke vorhanden.) Entsprechend für eine untere Schranke. Bei der gewählten Definition hat

Definition einer Schranke

jede beschränkte Funktion eine eindeutig bestimmte kleinste obere und größte untere Schranke.

Monotonie

Ein besonders einfaches *Änderungsverhalten* einer Funktion ist gegeben, wenn mit wachsenden x-Werten aus einem Intervall J auch die Funktionswerte zunehmen, wenn also für $x_1 < x_2$ stets auch $f(x_1) < f(x_2)$, oder wenigstens $f(x_1) \leq f(x_2)$, ausfällt. Im ersten Fall nennt man die Funktion *streng monoton* zunehmend, im zweiten monoton zunehmend in J. Entsprechend ist „streng monoton abnehmend" und „monoton abnehmend" zu verstehen.

Definition der Monotonie

Untersuchungen auf Monotonie sind i. Allg. beschwerlich. Sie vereinfachen sich meist, wenn man – falls f differenzierbar ist – die Ableitung zu Hilfe nimmt. Ist f in [a; b] monoton zunehmend, dann ist $\frac{f(x) - f(x_0)}{x - x_0} \geq 0$ für alle $x_0 \in [a; b]$, also notwendig $f'(x_0) \geq 0$. Entsprechendes gilt bei monoton abnehmenden Funktionen. Die Aussage lässt sich (wie das Beispiel $f(x) = x^3$ zeigt) auch bei strenger Monotonie nicht verschärfen.

Notwendiges Kriterium

Entscheidend ist nun die Frage, ob man auch umgekehrt von $f'(x) \geq 0$ bzw. von $f'(x) \leq 0$ auf Monotonie schließen kann. Nach dem Mittelwertsatz ist

$$f(x_2) - f(x_1) = f'(\xi)(x_2 - x_1); \quad \xi \in]x_1; x_2[\subseteq J,$$

im Falle $f'(x) \geq 0$ also $f(x_2) \geq f(x_1)$. Für $f'(x) > 0$ gilt $f(x_2) > f(x_1)$.

Ist f in [a; b] stetig und im Innern differenzierbar, dann folgt aus

$f'(x) \geq 0$ bzw. $f'(x) \leq 0$	*$f'(x) > 0$ bzw. $f'(x) < 0$*
die Monotonie von f in [a; b]	*die strenge Monotonie von f in [a;b]*

(Monotoniesatz).

Hinreichendes Kriterium

Bemerkung: Der Monotoniesatz ist ein globaler Satz. Von „lokaler Monotonie" an einer Stelle x_0 spricht man, wenn es eine Umgebung von x_0 gibt, in der f monoton ist. Eine an einer Stelle x_0 differenzierbare Funktion f mit $f'(x_0) \neq 0$ braucht in x_0 nicht lokal monoton zu sein (vgl. S. 117). Ist jedoch zusätzlich f' in x_0 stetig, dann verläuft f lokal monoton durch x_0.

„Lokale" Monotonie

Der Monotoniesatz zeigt erstmals, wie man mit Hilfe der Ableitung zu einer Aussage über unbekannte Funktionswerte gelangen kann. Dieser Aspekt ist vorrangig. Er ist im Unterricht bedeutsamer als der *logische* Zusammenhang des Monotoniesatzes mit anderen Sätzen.

Extremstellen. Extremwerte

Beim Definieren, was unter einem Extremwert zu verstehen ist, mag man zunächst dazu neigen, einen Funktionswert $f(x_0)$ „Maximum von f in [a; b]" zu nennen, wenn $f(x) < f(x_0)$ gilt für alle von x_0 verschiedenen $x \in [a; b]$. Funktionen wie z. B. sin zeigen jedoch, dass es zweckmäßiger ist, darin < durch ≤ zu ersetzen. (Bei einer konstanten Funktion ist dann allerdings der Funktionswert sowohl Maximum als auch Minimum.)

Definition

Auf der Suche nach Extremwerten geht es im Grunde darum, unendlich viele Funktionswerte hinsichtlich ihrer Größe zu vergleichen. Was zunächst unmöglich erscheint, gelingt, wenn man statt einzelner Funktionswerte das *lokale Änderungsverhalten* der Funktion (also die Ableitung an einer Stelle, falls die Funktion differenzierbar ist) in Betracht zieht. Man vergleicht dann jedoch $f(x_0)$ nur mit den Funktionswerten in unmittelbarer Nachbarschaft von x_0 und erhält deshalb nur Auskunft über ein *lokales* Extremum.

1) Lokale Extremwerte

Nimmt eine in einem Intervall differenzierbare Funktion f an einer *inneren* Stelle einen extremalen Funktionswert an, dann kann (wegen der Trennungseigenschaft von f′) weder $f'(x_0) > 0$ noch $f'(x_0) < 0$ gelten; es muss also *notwendig*

Notwendiges Kriterium

$$f'(x_0) = 0$$

sein. Allerdings zeigt dies allein noch nicht, ob $f(x_0)$ Maximum ist oder Minimum; es ist nicht einmal sicher, dass $f(x_0)$ wirklich ein Extremum ist (vgl. $f(x) = x^3$, $x_0 = 0$). Die Bedingung $f'(x) = 0$ sortiert also unter allen Funktionswerten lediglich solche aus, die für ein Extremum in Frage kommen. Das ist schon viel, denn häufig fallen nur endlich viele Funktionswerte durch das „Sieb" $f'(x) = 0$.

Welche weiteren, über $f'(x) = 0$ hinausgehenden Bedingungen garantieren, dass $f(x_0)$ ein lokales Maximum bzw. Minimum ist? Ein Maximum liegt vor, wenn es eine Umgebung $U(x_0)$ gibt, in der f für $x < x_0$ streng monoton zu- und für $x > x_0$ streng monoton abnimmt. Das trifft zu, wenn in $U(x_0)$

$$f'(x) > 0 \text{ für } x < x_0 \text{ und } f'(x) < 0 \text{ für } x > x_0$$

gilt. Man sagt dann, dass die Ableitung beim Durchgang durch die Stelle x_0 einen „Vorzeichenwechsel" (von + nach −) erfährt.

Erstes hinreichendes Kriterium

Wenn eine Funktion f in einer Umgebung von x_0 differenzierbar ist, und $f'(x)$ beim Durchgang durch die Stelle x_0 einen Vorzeichenwechsel von + nach − oder von − nach + erfährt, dann ist $f(x_0)$ ein lokales Maximum bzw. lokales Minimum von f.

Bemerkungen:

a) Ist eine Funktion f in $U(x_0)$ differenzierbar, und erfährt $f'(x)$ an der Stelle x_0 einen Vorzeichenwechsel, dann muss $f'(x_0) = 0$ gelten (Mittelwertsatz für Ableitungen von DARBOUX).

b) Der Satz gilt auch, wenn f an der Stelle x_0 selbst nicht mehr differenzierbar, sondern nur noch stetig ist.

c) Was ein Vorzeichenwechsel bedeutet, kann ein Gegenbeispiel verdeutlichen. Die Funktion f mit $f(x) = 2x^2 + x^2 \sin\left(\frac{1}{x}\right)$ für $x \neq 0$ und $f(0) = 0$ ist für alle $x \in \mathbb{R}$ differenzierbar und hat an der Stelle 0 ein lokales Minimum. Ihre Ableitung ist dort jedoch ohne Vorzeichenwechsel. Das Beispiel zeigt überdies, dass x_0 auch dann Extremstelle sein kann, wenn kein Vorzeichenwechsel vorliegt. Ein anderes Beispiel hierfür liefert eine konstante Funktion.

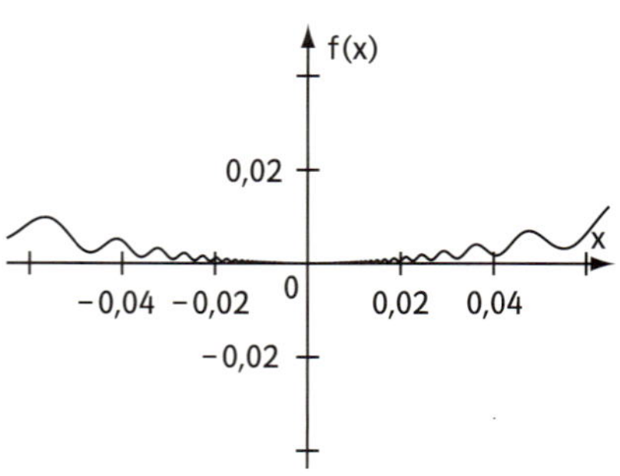

Bei zweimal differenzierbaren Funktionen, deren Ableitung leicht zu bekommen ist, lässt sich die Untersuchung auf einen Vorzeichenwechsel oft vereinfachen. Ein solcher liegt (nach der Trennungseigenschaft der Ableitung) gewiss dann vor, wenn $f'(x_0) = 0$ und $f''(x_0) \neq 0$ ist. Man kann also evtl. durch bloßes „Einsetzen" in $f''(x)$ feststellen, dass ein VZW vorliegt.

Zweites hinreichendes Kriterium

Bei einer in $U(x_0)$ differenzierbaren und an der Stelle x_0 zweimal differenzierbaren Funktion f mit

$f'(x_0) = 0$ und $f''(x_0) < 0$	*$f'(x_0) = 0$ und $f''(x_0) > 0$*
ist $f(x_0)$ lokales Maximum	*ist $f(x_0)$ lokales Minimum.*

Vergleich der Kriterien

Im Einzelfall kann einmal das eine, ein andermal das andere der beiden *hinreichenden* Kriterien einfacher sein. Das erste Kriterium ist insofern leistungsfähiger als es erfüllt sein kann, wenn das zweite nicht erfüllt ist (vgl. $f(x) = x^4$, $x_0 = 0$). Der umgekehrte Fall kann nicht vorkommen.
Die Kriterien sind *nicht* anwendbar, wenn x_0 nicht im Innern (sondern am Rand) eines Intervalls liegt. In diesem Fall ist eine eingehendere Untersuchung des Wachstumsverhaltens von f für $x \to x_0$ unumgänglich.

Verallgemeinerung

Bemerkung: Aus dem Satz von TAYLOR folgt: Ist f in einem Intervall J mindestens n-mal ($n \geq 2$) differenzierbar und x_0 eine innere Stelle von J mit

$$f'(x_0) = f''(x_0) = \ldots = f^{(n-1)}(x_0) = 0, \text{ aber } f^{(n)}(x_0) \neq 0,$$

dann ist $f(x_0)$

bei geradem n	ein lokales Extremum,
bei ungeradem n	kein lokales Extremum.

Die vorangehenden Überlegungen lassen sich anschaulich unterlegen. Es ist jedoch zu beachten, dass schon beim *Begriff des Extremums* eine über die Anschauung hinausgehende Definition erforderlich ist. Gleiches gilt für die Unterscheidung von lokalen und globalen Extremwerten.
Die Aufgabe, alle Extremwerte einer Funktion (sofern es solche gibt) zu bestimmen, kann schwierig und ein Zurückgehen auf die Definition unumgänglich sein. Die Schulmathematik beschäftigt sich deshalb fast ausschließlich mit Extremwerten *differenzierbarer* Funktionen. Die angewandten Verfahren lösen das Problem meist nicht zwangsläufig und vollständig, sondern arbeiten mit *Bedingungen*, die aus der Gesamtheit aller x-Werte gewisse aussondern. Dabei sind diese Bedingungen entweder

notwendig-hinreichend

notwendig, aber nicht hinreichend oder
hinreichend, aber nicht notwendig.

Eine notwendige Bedingung liefert möglicherweise zu viele, eine hinreichende zu wenige x-Werte.

Beispiel: (Notwendig, hinreichend)
Es seien die durch 6 teilbaren natürlichen Zahlen gesucht.
Notwendige Bedingung: Eine 6er-Zahl muss jedenfalls durch 2 teilbar sein.
Hinreichende Bedingung: Jede durch 12 teilbare Zahl ist auch durch 6 teilbar.
Die notwendige Bedingung führt zu den Zahlen 2, 4, 6, …,
die hinreichende zu den Zahlen 12, 24, 36, … .

Gedankliche Schwierigkeiten

Im Falle der Extremstellen ist man zu diesem etwas umständlichen Vorgehen gezwungen, weil eine einfache sowohl notwendige als auch hinreichende Bedingung fehlt. Für einen Schüler ist die Situation in dieser Deutlichkeit neu. Eine nur beiläufige Unterscheidung von „notwendig" und „hinreichend" täuscht darüber hinweg, wie gedanklich kompliziert der Sachverhalt in Wahrheit ist. Während einsichtig ist, dass eine notwendige Bedingung als „Mindestforderung" i. Allg. noch nicht ausreicht, wird eine hinreichende Bedingung leicht in dem Sinne als „ausreichend" missverstanden, dass ihr Nichterfülltsein eine Nichtextremstelle anzeigt.

2) Globale Extremwerte

Frage der Existenz

Ein globaler Extremwert ist nach Definition auch ein lokaler Extremwert. Falls ein globaler Extremwert vorhanden ist, handelt es sich um den größten bzw. kleinsten lokalen Extremwert. Umgekehrt muss der größte bzw. kleinste lokale Extremwert (falls es ihn gibt) aber nicht globaler Extremwert sein; evtl. gibt es, obwohl lokale Extremwerte existieren, gar keinen solchen. Da die bisherige Vorgehensweise zu lokalen Extremwerten führt, ist bei globalen Extremwerten zunächst die Frage der Existenz von Interesse.

… bei beschränkten Funktionen

Beschränkte Funktionen: Eine in einem Intervall beschränkte Funktion braucht keinen globalen Extremwert zu besitzen. Sie kann auch nur lokale oder auch überhaupt keine Extremwerte haben.

Beispiel: (In einem offenen Intervall beschränkt; kein globales Extremum)
a) Nur lokale Extremwerte: $J =]-2; 2[$; $f(x) = x - x^3$.
b) Ohne Extremwerte: $J =]0; 1[$; $f(x) = x$.

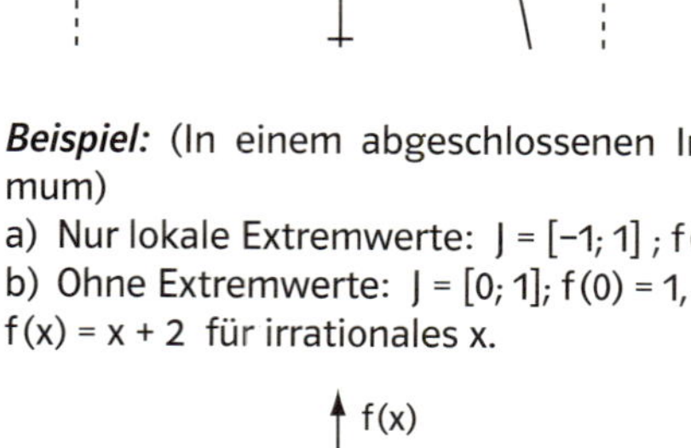

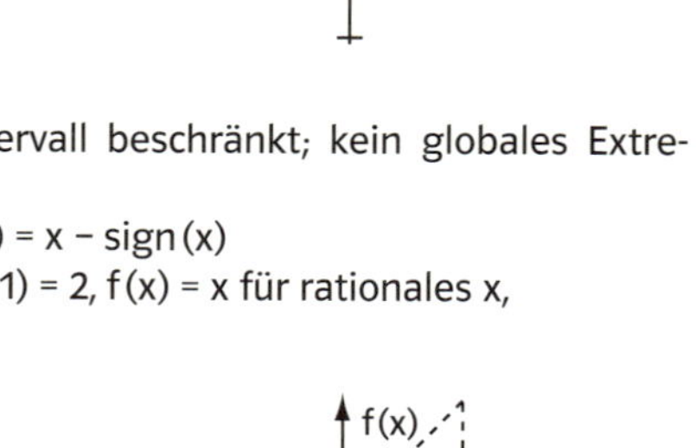

Beispiel: (In einem abgeschlossenen Intervall beschränkt; kein globales Extremum)
a) Nur lokale Extremwerte: $J = [-1; 1]$; $f(x) = x - \text{sign}(x)$
b) Ohne Extremwerte: $J = [0; 1]$; $f(0) = 1$, $f(1) = 2$, $f(x) = x$ für rationales x, $f(x) = x + 2$ für irrationales x.

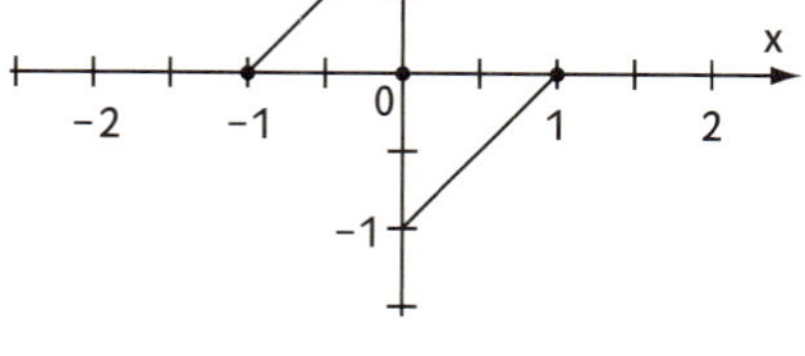

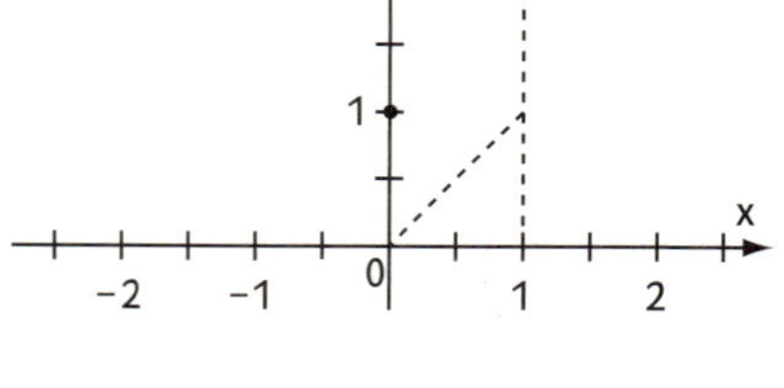

... bei stetigen Funktionen

Stetige Funktionen: Eine in einem abgeschlossenen Intervall stetige Funktion f hat immer ein globales (und damit auch ein lokales) Maximum und ein globales Minimum. Ist f nur im Innern des Intervalls stetig, dann brauchen weder globale noch lokale Extrema vorhanden zu sein.

Beispiel: (In einem Intervall stetig)
$J = [0; 1]$; $f(x) = x^2 + 3$. $f(1)$ ist globales Maximum, $f(0)$ globales Minimum.
$J =]0; 1[$; $f(x) = x^2 + 3$. Weder globale noch lokale Extremwerte.

... bei differenzierbaren Funktionen

Differenzierbare Funktionen: Da differenzierbare Funktionen stetig sind, gilt hinsichtlich der Existenz von Extremwerten jedenfalls das zu stetigen Funktionen Gesagte. Darüberhinaus ermöglicht es nun die Differenzialrechnung, Extremwerte systematisch zu bestimmen.

Untersuchung

... bei abgeschlossenem Intervall

... bei offenem Intervall

Eine in einem *abgeschlossenen* Intervall differenzierbare Funktion f wird zuerst auf *innere* lokale Extremstellen untersucht und die zugehörigen Extremwerte mit den Funktionswerten an den Intervallenden verglichen. Sind keine inneren Extremstellen vorhanden, dann sind die Randwerte globale Extremwerte. Auch eine in einem *offenen* (oder halboffenen) Intervall differenzierbare Funktion wird zunächst auf innere lokale Extremstellen untersucht. Danach ist das Verhalten der Funktion am Rande des Intervalls (also z. B. für $x \to +\infty$) zu überprüfen. Dabei kann es sich erweisen, dass Funktionswerte auftreten, welche bisherige lokale Extremwerte über- bzw. unterschreiten und dadurch ein globales Extremum verhindern.

Beispiel: (Randverhalten)

$f(x) = \frac{x^2}{(x^2+1)}$, $x \in \mathbb{R}$

$x_0 = 0$ ist die einzige innere Extremstelle mit $f(0)$ als Minimum. Da $f(x) \geq 0$ für alle x, handelt es sich um ein globales Minimum. Da bei beiderseits unbeschränktem Intervall Randextrema entfallen, $f(x) > 0$ ist für $x \neq 0$ und keine weiteren lokalen Extremwerte vorhanden sind, gibt es kein globales Maximum.

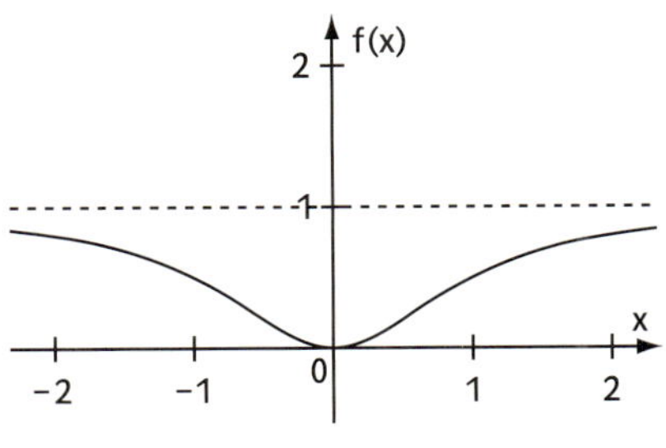

Extremwertaufgaben

Das Thema „Extremwerte" wird in der Schule im Rahmen der Differenzialrechnung ausführlich (nicht zuletzt wegen der damit verbundenen rechnerischen Möglichkeiten) und mit einem gewissen Hang zur Verselbstständigung behandelt. Das birgt die Gefahr, dass zwei wichtige Aspekte über Gebühr in den Hintergrund treten: Das allgemeine Problem der Extremwerte einer Funktion ist wesentlich umfassender und – vor allem – die Möglichkeit, Extremwerte zu bestimmen, ist nur ein „Zwischenergebnis" auf dem Weg zur Bestimmung einer Funktion auf Grund ihres Änderungsverhaltens.

Bemerkung: Eine deutliche Unterscheidung zwischen „lokalen" und „globalen" Extremwerten ist unerlässlich. Ist nur von „Extremwerten" die Rede, so kann das (z. B. in Aufgabenstellungen) zu Unklarheiten führen.

Wendepunkte

Definition

Ist eine Funktion f in einer Umgebung $U(x_0)$ zweimal differenzierbar, und erfährt $f''(x)$ beim Durchgang durch die Stelle x_0 einen Vorzeichenwechsel, dann nennt man x_0 eine Wendestelle von f. An einer Wendestelle x_0 ist notwendig $f''(x_0) = 0$. Als Wendestellen einer in einem Intervall definierten Funktion kommen also nur x-Werte mit $f''(x) = 0$ in Frage.

„Trendwende"

Beispiel: (Bewegungsablauf)
Ist s(t) der von einem Auto in der Zeit t zurückgelegte Weg, dann markiert eine Wendestelle t_0 der Funktion $t \rightarrow s(t)$ einen Zeitpunkt, zu dem das Auto von einer beschleunigten in eine verzögerte Bewegung (oder umgekehrt) übergeht.

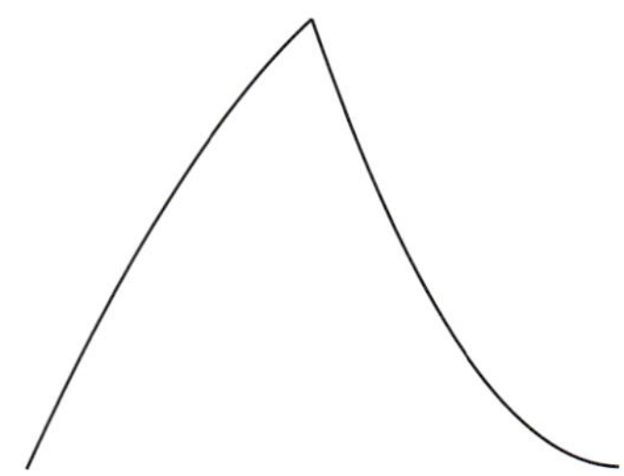

Die Bedingung $f''(x) = 0$

Bemerkungen:
a) Eine Funktion f mit
$f''(x) < 0$ für $x < x_0$ und
$f''(x) > 0$ für $x > x_0$
(oder umgekehrt) muss an der Stelle x_0 keine Wendestelle haben. Sie ist möglicherweise in x_0 nicht differenzierbar.
b) Auch eine in $U(x_0)$ zweimal differenzierbare Funktion f mit $f''(x_0) = 0$ muss in x_0 keine Wendestelle haben (vgl. $f(x) = x^4$, $x_0 = 0$).

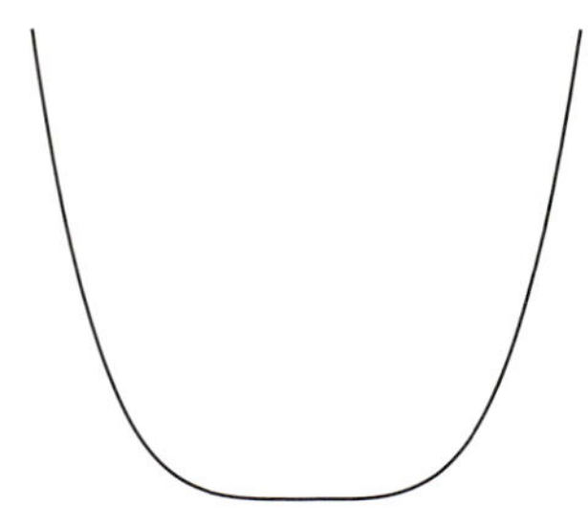

Linkskurve
Rechtskurve

Im Unterricht verführt der Name „Wende"-„Punkt" (und das Fehlen eines Namens für den zu einer Wendestelle gehörenden Funktionswert) dazu, von Anfang an anschaulich-geometrisch zu argumentieren und im Falle $f''(x) > 0$ von einer „Linkskurve", im Falle $f''(x) < 0$ von einer „Rechtskurve" zu reden. Eine Definition, die ohne Rückgriff auf die Anschauung auskommt, scheint sich danach zu erübrigen. Der Versuch, ausschließlich mit geometrischen Eigenschaften des Schaubildes und ohne f'' auszukommen, bleibt jedoch unbefriedigend und kann Unklarheiten zurücklassen.

Wendepunkt als geometrischer Begriff

Bemerkung: Eine Funktion mit dem nebenstehenden Schaubild hat laut Definition in x_0 keinen Wendepunkt (weil sie dort nicht differenzierbar ist). Aber natürlich wird man bei rein geometrischer Betrachtungsweise $x_0 = 0$ als Wendestelle der Kurve ansprechen wollen. Das zeigt, dass die obige Definition zwar keineswegs überflüssig ist, aber den geometrischen Verhältnissen nicht ganz gerecht wird – und das Thema „Wendepunkte" eigentlich eher in die Differenzialgeometrie als in die Funktionenlehre gehört.

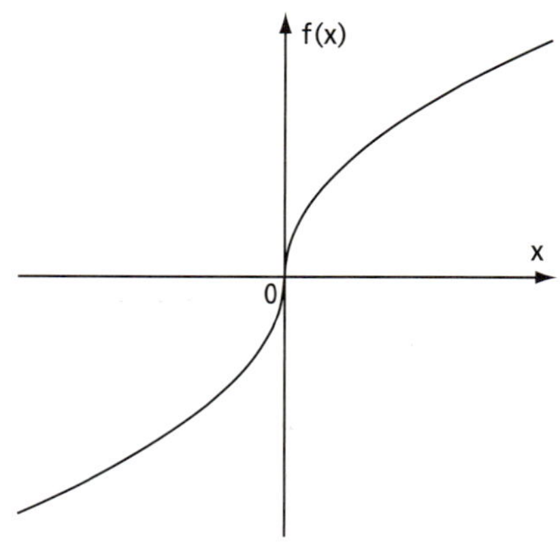

Bestimmung von Funktionen

Bei der Aufgabe, eine gesuchte Funktion zu bestimmen, geht man oft davon aus, dass die Funktion von einem gewissen Typ ist (z. B. ganzrational vom Grad 2). Das ist angezeigt, wenn ein inhaltlicher Hintergrund (z. B. ein Wachstumsvorgang) einen bestimmten Typ nahelegt. In der Schulmathematik fehlt häufig ein solcher Hintergrund. Aufgaben zur Funktionsbestimmung entarten dann leicht zu bloßen Gelegenheiten, bereitgestellte Kenntnisse über f und f′ einzuüben. Das eigentliche Problem (eine Funktion ohne Kenntnis des Funktionstyps allein *aus ihrem Änderungsverhalten* zu bestimmen) kommt dabei nicht oder nur unzureichend zum Vorschein. Ein Schüler dürfte für die neue Fragestellung zunächst wenig Verständnis aufbringen, denn er kennt bislang nur die Reihenfolge „erst die Funktion, dann ihre Ableitung". Er kann sich nur schwer vorstellen, dass sich die Ableitung einer Funktion ermitteln lässt ohne die Funktion selbst zu kennen.

Übliche Fragestellung

Eigentliche Fragestellung

Beispiel: (f′ bekannt, f unbekannt)
Den in der Figur dargestellten Körper kann man sich durch Rotation der schraffierten Fläche unter der Kurve K: $y = \frac{1}{x}$ um die x-Achse entstanden denken. Zu jedem $x > 1$ gehört ein solcher Körper. Sein Rauminhalt sei V(x). V(x) ist unbekannt.
Betrachtet man nun den Differenzenquotienten $\frac{V(x+h) - V(x)}{h}$, dann zeigt sich, dass dieser für $h \to 0$ gegen die Querschnittsfläche q(x) an der Stelle x strebt. Diese lässt sich leicht berechnen, es ist $q(x) = \frac{\pi}{x^2}$. Somit ist in diesem Fall die Ableitung $V'(x) = \frac{\pi}{x^2}$ bekannt, obwohl man V(x) nicht kennt. Dabei richtet sich das Interesse letztlich auf V(x) und die Möglichkeit, Rauminhalte solcher Körper zu berechnen.

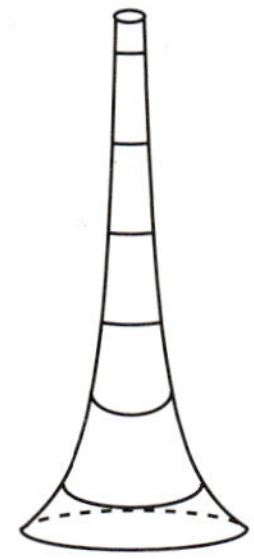

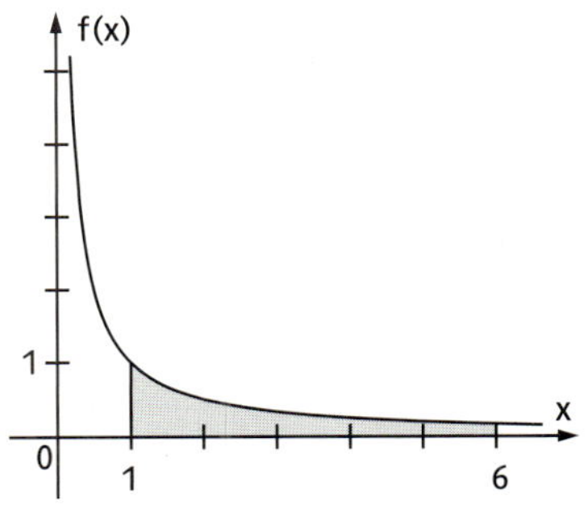

Anhand derartiger Beispiele kann und muss zunächst die *neue Problemstellung* verdeutlicht werden. Es geht um die den bisherigen Gedankengang (Wie erhält man zu einer gegebenen Funktion die Ableitung?) umkehrende Frage, ob und wie man die Funktionswerte einer in [a; b] differenzierbaren Funktion ermitteln kann, wenn deren Ableitung bekannt ist.

Neuartigkeit der Problemstellung

Ohne wenigstens *einen* Funktionswert zu kennen, geht es gewiss nicht, weil f und f + c dieselbe Ableitung haben. Es sei also f(a) bekannt und ebenso die Ableitung f′(x), $x \in [a; b]$, in einem Beispiel: $x \in [1; 3]$, $f(1) = 2$, $f'(x) = x^2$. Die bekannten Ableitungsregeln zeigen, dass in diesem Fall Funktionen der Form $f(x) = \frac{x^3}{3} + c$ in Frage kommen. Die Bedingung $f(1) = 2$ führt auf $c = \frac{5}{3}$ und damit zu $f(x) = \frac{x^3}{3} + \frac{5}{3}$, speziell zu $f(3) = \frac{32}{3}$.

Von f′ zu f

Allgemein: Um die Funktion f zu finden, aus der das gegebene f′ entstanden ist, muss man den Prozess des Ableitens *rückgängig* machen. Hat man irgendeine Funktion f* mit $(f^*)' = f'$ gefunden, dann ist $f(x) = f^*(x) + c$. Weil für $x = a$ die Beziehung $f(a) = f^*(a) + c$ besteht, muss $c = f(a) - f^*(a)$ sein.

Somit erhält man für die gesuchte Funktion f und $x \in [a; b]$

Ergebnis

$$f(x) = f^*(x) + [f(a) - f^*(a)] \quad \text{oder} \quad f(x) = f(a) + [f^*(x) - f^*(a)],$$

also insbesondere $f(b) = f(a) + [f^*(b) - f^*(a)]$.

Beispiel: (f als Rauminhaltsfunktion)
Im vorangehenden Beispiel war V die unbekannte Funktion, die jedem $x > 1$ einen bestimmten Rauminhalt zuordnet. Die Ableitung von V ist bekannt, es ist $V'(x) = q(x) = \frac{\pi}{x^2}$. An der Stelle 1 ist der Rauminhalt null, also ist $V(a) = V(1) = 0$.
Wir suchen irgendeine Funktion V^*, für deren Ableitung $(V^*)'(x) = \frac{\pi}{x^2}$ gilt. Mit $V^*(x) = -\frac{\pi}{x}$ haben wir eine solche Funktion gefunden. Also ist

$$V(x) = -\tfrac{\pi}{x} + [0 - (-\pi)] = \pi - \tfrac{\pi}{x}.$$

Damit sind wir in der Lage, unbekannte Rauminhalte zu berechnen, z. B. hat der zwischen $x = 1$ und $x = 3$ gelegene Körper den Rauminhalt

$$V(3) = \pi - \tfrac{\pi}{3} \approx 2{,}09 \quad (\text{in VE} = \text{LE}^3 \text{ gemessen}).$$

Entsprechend hat der zwischen $x = 2$ und $x = 5$ gelegene Körper den Inhalt

$$V(5) - V(2) = \left(\pi - \tfrac{\pi}{5}\right) - \left(\pi - \tfrac{\pi}{2}\right) \approx 0{,}94.$$

Stammfunktion

Man *kann* solche Beispiele zum Anlass nehmen, um den Begriff „Stammfunktion" einzuführen. Die Frage, wie man zu einer gegebenen Funktion eine Stammfunktion findet (falls es eine solche überhaupt gibt), liegt dann nahe.

Stammfunktion und Integral

Mit Integralen hat dies alles vorerst nichts zu tun. Darin zeigt sich, dass „Stammfunktion" und „Integral" zunächst gänzlich verschiedene Begriffe sind, die erst durch den (nicht umsonst so genannten) *Hauptsatz* in Zusammenhang gebracht werden.

Bemerkungen:
a) Um den Zusammenhang zwischen Stammfunktion und Integral herzustellen, *muss* man nicht – wie üblich – vom Integral ausgehen. Er ergibt sich auch von hier aus. Vergleicht man für eine in [a; b] differenzierbare Funktion f das obige Ergebnis

$$f(b) = f(a) + [f^*(b) - f^*(a)]$$

Von der Stammfunktion zum Integral

bei einer Zerlegung $a = x_0 < x_1 < \ldots < x_n = b$ und $x_{i+1} - x_i = h$ mit

$$\begin{aligned} f(b) &= f(a) + [(f(x_1) - f(a)) + (f(x_2) - f(x_1)) + \ldots + (f(b) - f(x_{n-1}))] \\ &= f(a) + \lim_{h \to 0} [(f'(a)h) + (f'(x_1)h) + \ldots + (f'(x_{n-1})h)], \end{aligned}$$

dann zeigt sich, dass $f^*(b) - f^*(a)$ nichts Anderes ist als das *Integral* von f' über [a; b].

Was bedeutet „integrieren"?

b) Der Zusammenhang mit Integralen macht verständlich, weshalb man beim Aufsuchen von Stammfunktionen auch von „integrieren" spricht. Das Wort meint ursprünglich das Wiederherstellen einer Funktion aus ihrer Ableitung. Sinngemäß sollte dann eigentlich die wiederhergestellte *Funktion* „Integral" heißen (wie das im „unbestimmten Integral" noch anklingt), während dieser Name heutzutage einen Grenzwert – also eine Zahl – bezeichnet.

Analysis

8 Infinitesimalrechnung in realem Bezug

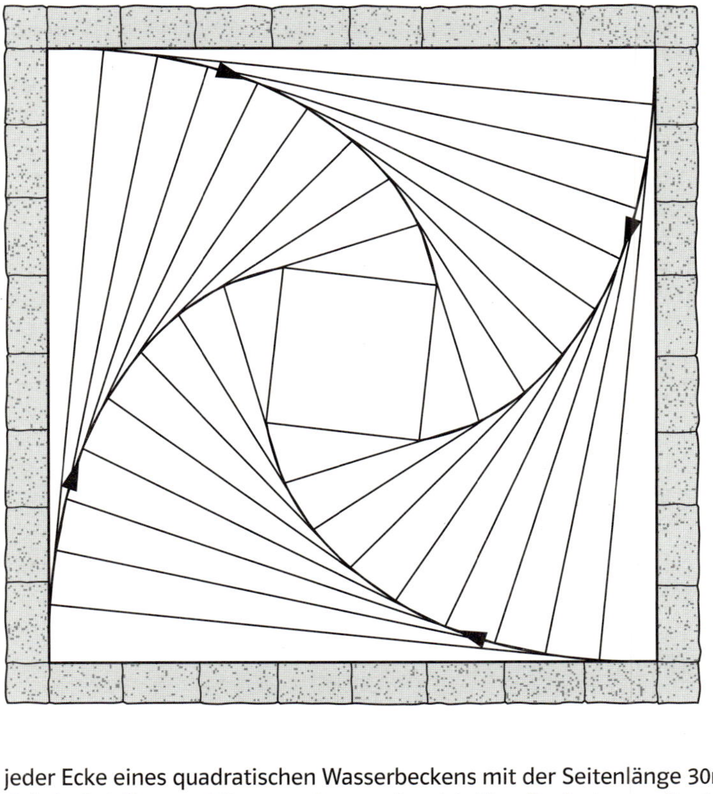

In jeder Ecke eines quadratischen Wasserbeckens mit der Seitenlänge 30m wird ein Spielboot zu Wasser gelassen, das sich über Funk steuern lässt. Alle vier Boote starten gleichzeitig und sind gleich schnell. Jedes Boot verfolgt das (im Uhrzeigersinn) unmittelbar vor ihm fahrende Boot und *ändert seine Richtung fortwährend so, dass es in Richtung zu diesem schwimmt.*

Wie lang ist der Weg eines Bootes bis zum Treffpunkt in der Beckenmitte?

Die ersten Anwendungen waren keine Anwendungen

Bei einer auf die Realität bezogenen Mathematik spricht man gerne von *Anwendungen*. Das klingt so, als ob die involvierte „reine" Mathematik bereits vorhanden sei und nun benützt werden soll, um reale Sachverhalte zu erhellen und Voraussagen zu treffen. Der Unterricht in Schule und Hochschule verführt zu dieser Sichtweise. In Wahrheit ist die Situation meist eine andere: Man steht vor einem realen Problem und fragt sich, *ob* eine und ggf. *welche* mathematische Argumentation weiterhelfen könnte.

Ohne Beschönigung geht es nicht

Eine Mathematik, welche die Realität in allen Einzelheiten korrekt wiedergibt, müsste ebenso kompliziert sein wie diese und würde damit ihren Zweck verfehlen. Um Mathematik sinnvoll einsetzen zu können, muss man an der Realität *vereinfachende Abstriche und Idealisierungen* vornehmen. Welche dies im Einzelnen sind, ist nicht immer ohne weiteres zu sehen.

Bei der *Infinitesimalrechnung* sind die Beziehungen zwischen Realität und Mathematik besonders eng. Sie ist nicht als Theorie entstanden, die sich im Nachhinein als anwendbar erwies; schon die grundlegenden Begriffsbildungen gingen aus dem Bemühen hervor, mit real Gegebenem gedanklich zurecht zu kommen.

Zum mathematischen Hintergrund

Vorab: Grundsätzliches zum Thema „Größen"

1) Größen

Was ist eine „Größe"?

Von „Größen" spricht man üblicherweise bei Dingen, die man messen kann. Der Begriff ist damit nur grob umschrieben. Wir nehmen an, dass im einfachsten Fall (sog. skalarer Größen) für *gleichartige* Größen bzw. Größen desselben *Größenbereichs* G die folgenden, am Beispiel der Längen leicht nachvollziehbaren Annahmen zutreffen.

Die Elemente von G sind vergleichbar, d. h. es gibt auf G eine Relation $<$ mit der Eigenschaft: Für $a, b \in G$ ist entweder $a < b$ oder $a = b$ oder $b < a$. Mit $a < b$ und $b < c$ ist auch $a < c$.

Elemente von G kann man durch eine Operation + zusammenfügen; diese Operation ist assoziativ und kommutativ. Es gibt auch eine eingeschränkte Form des Wegnehmens: Für $a < b$ gibt es genau ein $c \in G$ mit $a + c = b$.

Für alle $a \in G$, $\alpha \in \mathbb{R}^+$ ist $\alpha \cdot a \in G$. Jedes $b \in G$ ist in der Form $\alpha \cdot a$, $\alpha \in \mathbb{R}^+$ darstellbar. Dabei gilt: $\alpha \cdot (a + b) = \alpha \cdot a + \alpha \cdot b$; $(\alpha + \beta) \cdot a = \alpha \cdot a + \beta \cdot a$; $\alpha \cdot (\beta \cdot a) = (\alpha\beta) \cdot a$.

Lösung der Aufgabe am Kapitelanfang

Die Richtung eines Bootes und die Richtung seines Verfolgers sind stets orthogonal. Also wird gewissermaßen die ursprünglich beiden Booten gemeinsame Beckenseite auf die Bahn des Verfolgers „aufgewickelt". Der Weg eines Bootes ist somit 30m lang.

Beispiel: (Größen)
Beim Zusammensetzen von Strecken (längs einer Geraden) erhält man keine eindeutig bestimmte Ergebnis*strecke*, eindeutig ist nur deren Länge. Strecken sind keine Größen, dagegen sind Streckenlängen solche. Dgl. sind Temperaturen und Uhrzeiten keine Größen (denn man kann sie nicht sinnvoll addieren), Größencharakter haben dagegen Temperatur*unterschiede* und Zeit*dauern*.

2) Messen von Größen

Maßzahl und Einheit

Beim Messen von Größen wird nach Vorgabe einer „Einheitsgröße" $e \in G$ jeder Größe $a = \alpha \cdot e$ aus G die Zahl $\alpha \in \mathbb{R}^+$ als *Maßzahl von a bez. e* zugeordnet. Da eine solche Abbildung von G nach $\mathbb{R}^+$ von der Einheitsgröße abhängt, wird bei Messergebnissen nicht nur die Maßzahl, sondern auch die willkürlich gewählte Einheit angegeben. Empirisch relevant ist nur die von dieser Willkür gereinigte Information.

Informationsgehalt von Maßzahlen

Beispiel: (Empirisch relevante Information)
Eine Längenangabe wie „3 Ruthen" gibt für sich allein noch keine Auskunft über die Wirklichkeit. Dagegen besagen zwei Längenangaben wie „3 Ruthen" und „6 Ruthen" (unabhängig davon *wie* lang eine Ruthe ist), dass die zweite Länge doppelt so groß ist wie die erste.

Was heißt „messen"?

Bemerkung: Oft spricht man auch dann noch von „messen", wenn es sich nicht um Größen im o.a. Sinne handelt. So z.B., wenn wir die Härte von Mineralien (in Härtegraden) oder Temperaturen (in Celsiusgraden) angeben. Es ist dann besonders sorgfältig zwischen der in den Messwerten enthaltenen (etwa durch die Wahl des Nullpunktes und der Einheit bedingten) Willkür und der tatsächlich in ihnen enthaltenen Aussage über die Wirklichkeit zu unterscheiden. Man liest sonst leicht eine Bedeutung aus den Messwerten heraus, die sie in Wahrheit gar nicht haben. Insbesondere zeigt eine solche Unterscheidung , welche Operationen bei der mathematischen Verarbeitung der Messwerte zulässig und welche nicht sinnvoll sind.

Messskalen

Je nach der in den Meßwerten steckenden Willkür hat man es mit verschiedenen *Messskalen* zu tun. Eine Messskala ist mathematisch festgelegt durch die zulässigen Transformationen von $\mathbb{R}$ in sich. Beispielsweise sind bei einer „Rangskala" alle monotonen Transformationen zulässig; empirisch bedeutsam ist nur das, was sich dabei *nicht* ändert – ein Gesichtspunkt, der bei der Beschreibung der Realität mittels Zahlen von genereller Bedeutung ist und erst hinfällig wird, wenn man nicht mehr mit Zahlen, sondern mit den Dingen selbst arbeitet.

Beispiel: (Messskalen)

Rangskala

Ein Mineral nennt man härter als ein anderes, wenn es jenes ritzt. Bringt man die größere Härte durch eine größere Zahl zum Ausdruck, dann handelt es sich bei den zugeordneten Zahlen um eine *Rang-* oder *Ordinalskala*. Die Härtezahl („Härtegrad") zeigt, welches Mineral härter ist – aber auch nur dies. Die übliche Skala der Schulnoten von 1 bis 6 ist im Grunde ebenfalls von dieser Art, man könnte sie ohne Informationsverlust durch andere absteigende Zahlen (oder – wie früher – eine Buchstabenfolge) ersetzen. Ersichtlich ist es bei einer Rangskala z.B. nicht sinnvoll, das arithmetische Mittel zu bilden.
Bei Temperaturangaben in °C oder °F (Fahrenheit) liegt ein willkürlich gewählter Nullpunkt und eine willkürlich gewählte Einheit zu Grunde.

°C	0	10	20	30	40	50	…	100
°F	32	50	68	86	104	122	…	212

In beiden Fällen zeigt der Vergleich von zwei Messwerten, welcher Körper wärmer ist. Dagegen ist es nicht sinnvoll, Temperaturangaben zu addieren; in °C ist z.B.

20 + 30 = 50, in °F jedoch 68 + 86 = 154 ≠ 122. Deshalb kann man auch nicht sagen, ein Körper von 40° C sei „doppelt so warm" wie einer mit 20° C, denn die Aussage wird hinfällig, wenn man die Temperatur in °F misst. Im Hinblick auf die Realität sind nur Temperatur*differenzen* relevant: Erwärmt man einen Körper der Temperatur T_1 um $d_1°$ auf die Temperatur T_2 und danach um weitere $d_2°$ auf die Temperatur T_3, dann beträgt der Unterschied zwischen T_1 und T_3, egal ob man in °C oder in °F misst, $(d_1 + d_2)°$. Man nennt deshalb die Celsiusskala bzw. Fahrenheitskala eine *Intervallskala*.

Intervallskala

Wird beim Messen der Temperatur der absolute Nullpunkt der Temperatur verwendet, dann ist nur noch die Einheit willkürlich. (Entsprechendes gilt z. B. beim Messen von Gewichten.) Es ist dann zusätzlich auch das *Verhältnis* von Messwerten von der gewählten Einheit unabhängig (so dass man nun mit Recht sagen kann, ein Körper mit 40° K sei „doppelt so warm" wie einer mit 20° K). Die Kelvinskala ist eine sog. *Verhältnisskala*.

Verhältnisskala

Sog. abgeleitete Größen

3) Multiplizieren und Dividieren von Größen

Aus gegebenen Größen (z. B. Weglängen oder Zeitdauern) kann man neue Größen bilden, z. B. Flächeninhalte oder Geschwindigkeiten. Sie kommen zwar von den Ausgangsgrößen her, sind aber von anderer Art.

Bei vorliegenden Größenbereichen G und H kann man die Paare (g; h) mit $g \in G$, $h \in H$ bilden und (wie z. B. die Deutung von g und h als Seitenlängen eines Rechtecks nahelegt) $(\alpha g; h) = (g; \alpha h)$ setzen. Ist e die Einheit für G, f jene für H, und $(g; h) = (\alpha e; \beta f)$, dann ist $(g; \alpha h) = (e; \alpha\beta f) = (\alpha\beta e; f)$. Alle Größenpaare mit demselben Zahlprodukt $\alpha\beta$ bilden eine Klasse „gleicher" Paare und $\alpha\beta$ kann als „Masszahl" der Klasse von (g; h) bez. der Klasse von (e; f) angesehen werden. Mithilfe solcher Masszahlen lässt sich nun für die Klassen eine Addition einführen; die Summe der Klassen mit den Maßzahlen $\alpha\beta$ bzw. $\gamma\delta$ ist die Klasse mit der Maßzahl $\alpha\beta + \gamma\delta$. Entsprechend funktioniert der Größenvergleich. Die Gesamtheit der Klassen erweist sich dabei als (neuer) Größenbereich. Die zu $\alpha\beta$ gehörende Klasse darin versteht man als *Produkt* der Größen g und h. Bezeichnet man Klassen durch Überstreichen, dann ist $g \cdot h = \alpha\beta\overline{(e; f)}$. Darin bleibt zunächst offen, wie $\overline{(e; f)}$ im Hinblick auf die Realität zu interpretieren ist.

Produkte von Größen

Beispiel:

a) (Flächeninhalt eines Rechtecks)

Bezeichnet $\overline{(1\,cm; 1\,cm)}$ den Platzbedarf eines Zentimeterquadrates (für den man üblicherweise $1\,cm^2$ schreibt) und $\overline{(2\,cm; 3\,cm)}$ die Flächengröße eines Rechtecks mit den Seitenlängen 2 cm und 3 cm, dann zeigt die Geometrie: $\overline{(2\,cm; 3\,cm)} = 6 \cdot \overline{(1\,cm; 1\,cm)}$. Dafür kann man nun schreiben: $2\,cm \cdot 3\,cm = 6 \cdot 1\,cm^2 = 6\,cm^2$.

b) (Physikalische Arbeit)

Versteht man $\overline{(e; f)} = \overline{(1\,N; 1\,m)}$ als Arbeit (die Erfahrung berechtigt dazu), dann erhält man

$$2\,N \cdot 3\,m = 6 \cdot \overline{(1\,N; 1\,m)} \quad \text{und mit} \quad \overline{(1\,N; 1\,m)} =: 1\,Nm$$
$$2\,N \cdot 3\,m = 6 \cdot 1\,Nm = 6\,Nm.$$

Das Produkt zweier Größen kann auch eine reine Zahl sein, z. B. haben Brechwerte von Linsen (in Dioptrien) den Charakter von Größen und deren Produkt mit einer Länge (in m) ist eine unbenannte Zahl. Setzt man in einem solchen Fall wie üblich die Einheiten so fest, dass $e \cdot f = 1$ ist, dann folgt $g \cdot h = \alpha\beta$. Größen g und h heißen zueinander *reziprok*, wenn dabei $\alpha\beta = 1$ ist. Die zu g reziproke Größe wird mit 1/g oder g^{-1} bezeichnet.

Reziproke Größe

Beispiel: (Linsengleichung)
Die sog. Linsengleichung $\frac{1}{g} + \frac{1}{b} = \frac{1}{f}$ liefert eine Beziehung zwischen den Reziproken von Längen, nämlich den Reziproken der Gegenstandsweite g, der Bildweite b und der Brennweite f .

Unter der Division einer Größe g durch eine Größe h hat man die Multiplikation von g mit der Reziproken von h zu verstehen, es ist also $\frac{g}{h} = g \cdot \left(\frac{1}{h}\right)$.

Quotienten von Größen

Beispiel: (Quotient von Größen)
Bedeutet g die Weglänge 6 m und h die Zeitdauer 3 s, dann erhält man $6\,\text{m} : 3\,\text{s} = 6\,\text{m} \cdot \frac{1}{3\,\text{s}} = 2\left(1\,\text{m} \cdot \frac{1}{1\,\text{s}}\right)$, wofür man kurz $2\frac{\text{m}}{\text{s}}$ schreibt.

4) Beziehungen zwischen Größen
Zwischen zwei (oder mehreren) Größenbereichen können gesetzmäßige Abhängigkeiten bestehen. Sind x und y Variable für Größen, dann nennt man eine Gleichung in x und y eine *Größengleichung*. Eine solche Gleichung nimmt keinen Bezug auf eine (willkürliche) Einheit und bringt insofern einen Sachverhalt prägnant zum Ausdruck.

Größengleichung

Beispiel: (HOOKEsches Gesetz als Größengleichung)
Wenn wir das HOOKEsche Gesetz in der Form $\frac{y}{x} = D$ oder $y = D \cdot x$ aufschreiben, dann besagt das, dass die wirkende Kraft y der durch sie verursachten Verlängerung x proportional ist – unabhängig davon, in welchen Einheiten die Verlängerung und die Kraft gemessen werden.

Quantitative Aussagen, wie man sie z. B. bei Experimenten verfolgt, erfordern die Angabe der Größen mittels Maßzahl (Zahlenwert) und Einheit. Sind x und y Größenvariablen, dann hat das HOOKEsche Gesetz die Form

$$\frac{y}{\text{N}} = \frac{D}{\text{N/m}} \cdot \frac{x}{\text{m}} \quad \text{oder} \quad y = D \cdot x \;\; (y \text{ in N};\; x \text{ in m};\; D \text{ in } \tfrac{\text{N}}{\text{m}}).$$

In der letzten Gleichung sind x und y Variablen für (Maß-)Zahlen; D bedeutet eine bez. x und y konstante Zahl. Man nennt die Gleichung $y = D \cdot x$ im Unterschied zu einer Größengleichung eine *Zahlenwertgleichung*. Eine Zahlenwertgleichung verliert beim Übergang zu anderen Einheiten i. Allg. ihre Gültigkeit. Der in Klammern gesetzte Zusatz ist also unerlässlich; zumindest muss vorab geklärt sein, welche Einheiten verwendet werden.

Zahlenwertgleichung

Beispiel: (HOOKEsches Gesetz als Zahlenwertgleichung)
Bei Experimenten mit einer Feder habe sich die „Federkonstante“ $D = 0{,}2\,\frac{\text{N}}{\text{m}}$ ergeben. Dann lautet die zugehörige Zahlenwertgleichung

$$y = 0{,}2 \cdot x \;\; (y \text{ in N; } x \text{ in m}) \quad \text{oder} \quad y = 0{,}002 \cdot x \;\; (y \text{ in N; } x \text{ in cm}).$$

Wenn einer Gleichung in den Größenvariablen x und y ein kausaler Zusammenhang zu Grunde liegt, dann führt jedes gewählte x zu einem be-

Größenfunktion

stimmten y. Es liegt dann eine Abbildung des Bereichs der Größen x in den Bereich der Größen y vor, m.a.W.: y ist eine Funktion von x. Dieser Aspekt bringt bei der mathematischen Behandlung realer Zusammenhänge (z.B. mittels der Infinitesimalrechnung) evtl. entscheidende Vorteile.

Beispiel: (HOOKEsches Gesetz als Abbildung)
Man hat es mit der Funktion $x \mapsto D \cdot x$ (x in m; D in $\frac{N}{m}$) zu tun. Um den physikalischen Sachverhalt deutlicher zu machen, schreibt man oft (obwohl nicht ganz korrekt) auch

$$x \mapsto F(x) = D \cdot x.$$

Darin bedeutet F(x) eine Kraft und F die Abbildung.

Mathematische Beschreibung realer Sachverhalte

Geometrische und physikalische Gesetzmäßigkeiten behalten an jedem Ort des Raumes (wenn man alle Einflussfaktoren mittransportiert denkt) ihre Gültigkeit. Und sie gelten selbstverständlich auch unabhängig von der Art und Weise, wie wir sie beschreiben.

Koordinatensystem als Hilfsmittel

Nimmt man zur Beschreibung ein Koordinatensystem zu Hilfe, dann ist zu bedenken, dass im Hinblick auf die Realität nur das von Bedeutung ist, was in gleicher Weise in *jedem* (hier: kartesischen) Koordinatensystem gilt. Um zu einer sachgerechten Aussage zu kommen, muss man das in Koordinaten Gegebene gewissermaßen von der darin enthaltenen (durch die Wahl des Koordinatensystems bedingten) Willkür befreien.

Das „Geometrische" an einer Geradengleichung

Beispiel: (Geradengleichung)
Eine Gerade g mag in einem gegebenen (ebenen) x_1, x_2-Koordinatensystem die Gleichung

$$x_2 = 2x_1 - 1$$

haben. Dieselbe Gerade kann in einem andern x_1^*, x_2^*-Koordinatensystem die Gleichung

$$x_2^* = \frac{1}{3}x_1^* - \frac{1}{3}\sqrt{2}$$

haben. *Geometrisch* an diesen Gleichungen ist weder die Steigung noch der Achsenabschnitt, sondern allein die Linearität der Gleichungen; sie bringt die Geradlinigkeit zum Ausdruck.

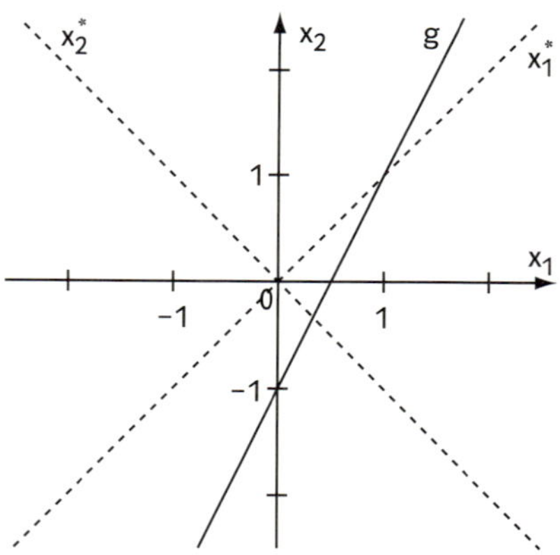

Bemerkung: Physiker unterscheiden *skalare*, *vektorielle* und *tensorielle* Größen.

Skalar

Eine physikalische Größe wie z.B. eine Masse, die sich (ohne Bezug auf ein Koordinatensystem) durch eine einzige Zahl beschreiben lässt, nennt man eine „skalare Größe" und die zugeordnete Zahl einen „Skalar". Ein *Skalar* ist also eine Zahl, die sich beim Übergang zu einem anderen Koordinatensystem nicht ändert.

Vektor

Eine Kraft ist keine skalare, sondern eine „vektorielle Größe". Um sie zu beschreiben, braucht man ein Koordinaten*tripel*. Dieselbe Kraft wird in verschiedenen Koordinatensystemen durch verschiedene Tripel beschrieben. Diese Tripel hängen in einer bestimmten, allein durch die Änderung des Koordinatensystems bedingten Weise miteinander zusammen. Somit wird eine vektorielle Größe, kurz: ein *Vektor*,

beschrieben durch ein Zahlentripel, das sich beim Übergang zu einem andern Koordinatensystem dementsprechend transformiert.
Es gibt auch Fälle, in denen weder Skalare noch Vektoren ausreichen, um einen physikalischen Sachverhalt zu beschreiben. Ein solcher Fall liegt z. B. vor, wenn einer Kraft eine andere Kraft (also einem Vektor ein anderer Vektor) zugeordnet ist. Man braucht dann ein 9-Tupel von Zahlen. Beim Übergang zu einem anderen Koordinatensystem sind diese Zahlen – damit sie nach wie vor dieselbe Zuordnung beschreiben – entsprechend zu transformieren. In diesem Fall spricht man von einem *Tensor*.

Tensor

Infinitesimalrechnung und Realität

Eine Aussage wie „Der Stab ist genau 1 m lang" oder „Die Masszahl der Länge ist irrational" lässt sich experimentell nicht überprüfen, ist also *physikalisch* ohne Sinn. Wenn ein Physiker eine Länge mit 1 m angibt, dann sieht er sich berechtigt, die Länge *innerhalb der interessierenden Genauigkeit* mit 1 m *anzunehmen*. Entsprechend verhält es sich bei Grenzwerten. Der Physiker ist im Recht, wenn er den Grenzwert einer Folge durch ein Folgenglied mit hinreichend hoher Nummer ersetzt – solange er dabei innerhalb der verlangten Genauigkeit bleibt; er muss dies geradezu, wenn er den physikalischen Sinn wahren will. In diesem Sinne verwendet er dann auch Differenzenquotienten anstelle von Differenzialquotienten und spricht von „unendlich" kleinen Größen, wo er solche innerhalb der verlangten Genauigkeit meint. Die Verwendung von exakten Größenangaben und Grenzübergängen stellt eine *idealisierende Extrapolation der Wirklichkeit* dar. Die Bedeutung dieser Extrapolation wird deutlich, wenn man an die enorme Vereinfachung denkt, welche durch den Übergang vom Differenzenquotienten zur Ableitung oder von der Näherungssumme zum Integral erreicht wird.

Was bedeutet „unendlich" für den Praktiker?

Differenz statt Differenzial

Anmerkung zum Thema Anwendungen

Fragen nach der Mathematik als Schulfach werden oft mit dem Hinweis auf die Anwendbarkeit der Mathematik beantwortet. Gemeint ist damit ihre vordergründige *Nützlichkeit*. Diese lässt sich (auch in der Schule) an vielen Beispielen belegen und steht außer Frage. Dennoch liefert dieses Argument, so überzeugend es heutzutage klingen mag, kein zutreffendes Bild. Man braucht, um das einzusehen, nur in die Geschichte der Mathematik zu gehen. In der Blüte der griechischen Mathematik und bis zum Beginn der Neuzeit spielten Anwendungen (im heutigen Sinne) keine oder doch nur eine sehr untergeordnete Rolle. Triebfeder war vielmehr das Bemühen, mit der uns umgebenden Wirklichkeit *gedanklich* zurecht zu kommen.

Mathematik – weil sie nützlich ist?

Zum Unterricht

Bei der Infinitesimalrechnung in der Schule geht es weniger darum, das eine oder andere konkrete Problem zu lösen, als darum zu zeigen, *dass* und *in welcher Weise* sie überhaupt hilfreich sein kann.
Um dies zu zeigen, wird manchmal mathematischen Fragestellungen im Nachhinein eine inhaltliche Bedeutung unterlegt. Solche „eingekleideten Aufgaben" sind schon deshalb meist wirklichkeitsfremd, weil sie fast immer Vorgaben hinsichtlich der mathematischen Fassung eines realen Problems und der anzuwendenden Methode enthalten.

Generelle unterrichtliche Probleme

Prüfungsunfreundlichkeit sog. Anwendungen

Da ist – leider – zunächst der Umstand zu nennen, dass realistische Problemstellungen *für Prüfungszwecke wenig geeignet* sind. Sie schreiten nicht von Leichtem zu Schwierigerem fort und differenzieren deshalb nicht in wünschenswerter Weise. Die Hauptschwierigkeit liegt nicht selten in der Mathematisierung eines Problems, also am Anfang. Sie kann nicht in ebenso einfacher Weise eingeübt werden wie ein innermathematisches Verfahren. Infolgedessen beschränken sich Prüfungsaufgaben (und als Folge davon bedauerlicherweise oft auch der Unterricht) auf innermathematische und mehr oder weniger pseudorealistische Fragestellungen.

Zeitbedarf

Für die unterrichtliche Erörterung eines realistischen Problems braucht man vor allem eines – *Zeit*. Schüler brauchen Zeit, um sich mit einer vorgegebenen Situation vertraut zu machen. Sie brauchen wiederum Zeit, um das mit ihr gegebene Problem zu erkennen. Sie brauchen ein drittes Mal Zeit, um vernünftige Lösungsvorschläge zu formulieren. Schließlich muss Zeit vorhanden sein, um verschiedene Lösungsvorschläge zu bewerten und Irrwege als solche zu erkennen. Die unterrichtlichen Rahmenbedingungen lassen einen derartigen Zeitaufwand nur selten zu.

Auswirkungen auf die Unterrichtsform

Das Für und Wider eines Lösungsvorschlags lässt sich ergiebig nur im Unterrichtsgespräch diskutieren. Es bedarf dazu also einer bestimmten, evtl. von der sonst üblichen abweichenden *Unterrichtsform*, die gelernt sein will. Sie ist nicht nur zeit-, sondern auch kraftaufwendig. Denkansätze müssen hinsichtlich der zu erwartenden Konsequenzen sofort taxiert und akzentuiert oder korrigiert, unklare und missverständliche (aber gut gemeinte) Verbalisierungen rasch in ihrer Intention erfasst und verarbeitet werden.

Scheu vor dem Fachfremden

Es kommt hinzu, dass wir uns als Mathematiker nur ungern auf *nichtmathematisches Terrain* begeben. Schuld daran sind nicht allein vermeintlich unzureichende Fachkenntnisse und abschreckende Fachtermini. In Wahrheit verzichten wir nicht gern auf die Sicherheit und Klarheit unseres Faches, setzen wir uns nur widerstrebend den Risiken einer unfrisierten Fragestellung aus.

Techniken und vorgefertigte Methoden genügen nicht

Differenzialquotient und Integral sind komplizierte Begriffe. Im Unterricht werden sie zwar eingeführt, aber dies geschieht allzuoft anhand einer abstrakten Funktion ohne inhaltliche Bedeutung und mit dem Ziel, schon bald zu den Techniken des Differenzierens und Integrierens zu kommen. Das mag genügen, um z. B. Extremwertaufgaben zu lösen und Inhalte zu berechnen, für die mathematische Behandlung einer realen Problemsituation genügt es nicht. Hier stehen nicht die Techniken im Vordergrund, sie sind nur Hilfsmittel. Man muss erst einmal erkennen, *dass* eine Ableitung oder ein Integral im Spiel ist. Ein Schüler wird dazu nur in der Lage sein, wenn er die zugehörigen Grenzübergänge anhand *inhaltlich unterschiedlicher Situationen* kennengelernt – gründlich kennengelernt – hat, kurz: wenn der *Begriffsbildungsprozess* im Unterricht die nötige Aufmerksamkeit erfuhr.

Von der Ableitung zur Funktion – statt umgekehrt

Daneben ist zu beachten, dass reale Probleme in der Regel eine *grundsätzlich andere mathematische Fragestellung* enthalten als die gewohnte. Man geht nicht mehr von einer bekannten oder global ermittelbaren Funktion aus und sucht deren Ableitung oder Integral, sondern umgekehrt: man weiß etwas über das Änderungsverhalten einer Funktion im Kleinen und möchte etwas über ihr globales Verhalten herausfinden. Mathematisch steht somit nicht eine Funktion, sondern eine Differenzialgleichung im Vordergrund, und die Aufgabe besteht darin, diese zu lösen. Wenn im bisherigen Unterricht die Bestimmung einer Funktion aus Kenntnissen über ihre Ableitung nicht als fundamentales Problem auftrat, fehlt dem Schüler die entscheidende gedankliche Leitlinie.

Arbeiten mit Näherungen

Auch wenn die generelle Zielsetzung deutlich ist, bleibt die wohl schwierigste Frage, wie man beim konkret vorliegenden Problem zu einer *Aussage über das Änderungsverhalten* einer Funktion gelangt. Die dazu notwendigen Überlegungen ändern sich von Fall zu Fall. Sie erfordern evtl. einen Rückgriff auf Kenntnisse aus anderen mathematischen Teilgebieten oder gar anderen Fächern. Aber nicht nur dies. Es gilt, die im Kleinen durch Übergang zu Näherungen möglichen *Vereinfachungen* zu nutzen. Das ist nur möglich, wenn eine Näherung weder zu gut, noch zu schlecht ist.

Der springende Punkt: Lokal statt global

Grenzübergänge statt Grenzwerten

Bei der Untersuchung von gegebenen Funktionen oder Kurven mit den Mitteln der Infinitesimalrechnung arbeitet man zwar letztlich mit Grenzwerten, aber man kommt ohne *Grenzübergänge* aus. Das ist in realen Situationen meist anders. Es genügt dann nicht zu wissen, wie man mit Grenzwerten umgeht, man muss auch wissen, *wie man zu ihnen gelangt*. Wir verfolgen die Überlegungen zunächst an drei Beispielen.

Erstes Beispiel: (Bevölkerungsentwicklung)
Ein Land hat derzeit 50 Mio Einwohner. Seine Wachstumsrate beträgt 2%. Die Einwohnerzahl wird (wenn sich die Verhältnisse inzwischen nicht wesentlich ändern) im nächsten Jahr um 1 Mio zunehmen, im übernächsten um 1,02 Mio usw. In t Jahren, von heute an gerechnet, wird das Land voraussichtlich $50 \cdot 1{,}02^t$ Einwohner haben.

Der Ausdruck $50 \cdot 1{,}02^t$ ist auch für nichtganzzahlige Werte von t erklärt. Berechnet man mit seiner Hilfe die Einwohnerzahl von „Zwischenzeiten", dann schließt man vom Verlauf im Großen auf den Verlauf im Kleinen. Die Infinitesimalrechnung geht den umgekehrten Weg.

Ansatz für den lokalen Zuwachs

Die Bevölkerungszahl B(t) wächst im Zeitraum [t; t + h] um B(t + h) − B(t). Der Zuwachs hängt sowohl von B(t) als auch von h ab. Die Abhängigkeit von B(t) wird man als Proportionalität annehmen dürfen (z. B. wird sich der Zuwachs halbieren, wenn man nur die Hälfte der Bevölkerung in Betracht zieht). Weiter kann man davon ausgehen, dass das Wachstum innerhalb eines *kleinen* Zeitraumes h praktisch gleichmäßig, d. h. linear, verläuft. Es erscheint daher gerechtfertigt, auf der Suche nach B(t) von dem Ansatz

$$B(t+h) - B(t) = k \cdot B(t) \cdot h \quad \text{oder} \quad \frac{B(t+h) - B(t)}{h} = k \cdot B(t) \qquad (k \text{ konstant})$$

auszugehen. Dieser *durch die Realität nahegelegte* Ansatz wird nun *mathematisch* weiterbehandelt. Dabei setzt man voraus, dass B eine differenzierbare Funktion ist. Der Differenzenquotient strebt dann für $h \to 0$ gegen einen Grenzwert und für ihn gilt $B'(t) = k\,B(t)$. Diese Beziehung ist nicht nur formal einfacher. Sie ist vor allem von h unabhängig und hat den Vorteil, dass im Weiteren die Infinitesimalrechnung eingesetzt werden kann. (Dabei ergibt sich $B(t) = 50e^{0{,}0198t}$, das ist praktisch wieder das eingangs genannte Ergebnis.)

Übergang zur Ableitung

Zweites Beispiel: (Psychophysisches Grundgesetz)
Das Ticken einer Uhr ist bei Nacht, wenn alles still ist, gut zu hören. Bei Tag, wenn z. B. das Radio für eine erhebliche Geräuschkulisse sorgt, hören wir es nicht. Beidemal ist die von der Uhr ausgehende Reizstärke S dieselbe, unsere Reizempfindung E aber ist offenbar nicht dieselbe. Wie hängt E von S ab?

Von der Realität zur Mathematik

Einen kleinen Unterschied der Reizstärke S nehmen wir – wenn überhaupt – umso deutlicher wahr, je kleiner S ist, und umso weniger deutlich, je größer S ist (z. B. nehmen wir beim Radio eine geringfügige Erhöhung der Lautstärke bei leiser Einstellung deutlicher wahr als bei „voller" Lautstärke). Aber eine größere Abweichung h von einer gegebenen Reizstärke S hören wir besser als eine kleinere. Es liegt nahe, diesen bei kleinen (aber noch hörbaren) Werten von h gegebenen Erfahrungen mathematisch durch den Ansatz

$$E(S+h) - E(S) = k \cdot \frac{1}{S} \cdot h \quad \text{oder} \quad \frac{E(S+h) - E(S)}{h} = k \cdot \frac{1}{S} \qquad (k \text{ konstant})$$

Rechnung zu tragen. Soweit die Realität; die weiteren Überlegungen sind innermathematischer Art. Wir nehmen an, dass E eine differenzierbare Funktion von S ist. Dann hat der Differenzenquotient für $h \to 0$ einen Grenzwert E′(S) und für ihn muss $E'(S) = k \cdot \frac{1}{S}$ gelten. (Aus dieser Bedingung folgt $E(S) = k \cdot \ln S + d$, d konstant).)

Bemerkung: Ist S_0 die Reizstärke mit $E(S_0) = 0$, bei der das Nochhören ins Nichtmehrhören übergeht), dann folgt $E(S) = k \cdot \frac{S}{S_0}$ $(S > S_0)$. Empirische Untersuchungen haben diese (nach Weber und Fechner benannte) Gesetzmäßigkeit weitgehend bestätigt.

In den vorangehenden Beispielen geht es jeweils um eine unbekannte Funktion f. Beidemal wird nicht global, sondern lokal argumentiert. Man versucht, für den *lokalen Zuwachs* $f(x+h)-f(x)$ einen der Realität angepassten Ansatz zu finden. Dies geschieht letztlich deswegen, weil die Verhältnisse *im Kleinen mathematisch wesentlich einfacher* zu fassen sind.

Warum wird lokal argumentiert?

Die Differenz $f(x+h)-f(x)$ hängt sowohl von x als auch von h ab. Die wichtigste Vereinfachung betrifft die Abhängigkeit von h. Bei *jeder* vernünftigen (d.h. hier: differenzierbaren) Funktion darf man davon ausgehen, dass sich im Kleinen der Zuwachs $f(x+h)-f(x)$ bei festem x *proportional* zu h ändert (vgl. S. 53; Zerlegungsformel). Man kann dem durch einen Ansatz der Form

Abhängigkeit des Zuwachses

… von der Abweichung h

(Nur noch von x abhängige Größe)·h

Rechnung tragen. Das ist der eigentliche Grund, weshalb man bei sog. Anwendungen nur *differenzierbare* Funktionen in Betracht zieht.

Damit sind die den lokalen Zuwachs hervorbringenden Einflussfaktoren reduziert auf jene, welche den Bestand an der Stelle x (also f(x)) bestimmen. Sie (oder doch die dominierenden unter ihnen) lassen sich i. Allg. auf Grund der realen Gegebenheiten erkennen und oft in einfacher Weise (z.B. als Proportionalität oder Antiproportionalität) mathematisch ausdrücken. Beim Übergang vom Differenzenquotienten zur Ableitung bewegt man sich anschließend auf *mathematischem* Terrain, denn die Realität kennt keine Grenzwerte.

… vom Bestand f(x)

Die durch den Übergang zu lokaler Betrachtung möglichen Vereinfachungen werden auch in der *Integralrechnung* beim Aufstellen von Näherungssummen genutzt. Anders als in der Theorie (wo man bei der Definition des Integrals von einer *gegebenen* Funktion ausgeht) geht man bei realen Problemen von einer Näherungssumme aus. Die Funktion, welche später als Integrand auftreten wird, ist dabei noch gar nicht in Sicht.

Drittes Beispiel: (Oberfläche eines Torus)

Ein Torus ist ein Körper ohne Ecken und Kanten, seine Oberfläche ist durchweg uneben. Es ist deshalb zunächst keine Formel in Sicht, um z.B. die Oberfläche zu berechnen. Man weiß nur, dass die Oberfläche durch die Abmessungen r und R bestimmt ist.

Lokale Argumentation beim Integral

Denkt man sich den Torus in n gleiche, dünne „Scheiben" zerschnitten, dann kann man den zu einer Scheibe gehörenden Teil der Oberfläche näherungsweise auffassen als Mantel eines Zylinders mit dem Grundkreisradius r und der Höhe $\frac{2\pi R}{n}$. Dieser Mantel hat den Flächeninhalt $\frac{4\pi^2 rR}{n}$.

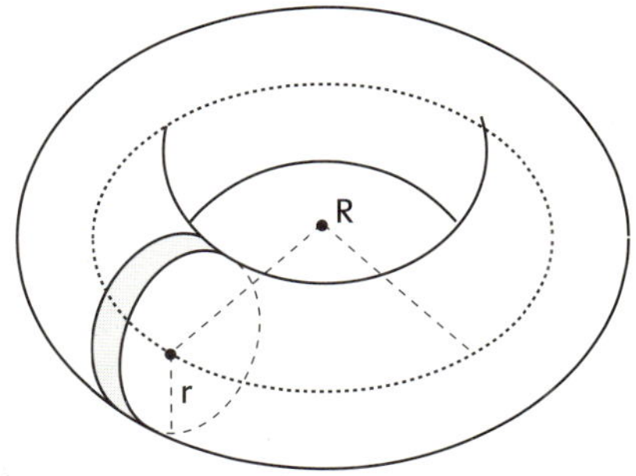

Die in diesem Beispiel durch den Übergang zu lokaler Betrachtung erzielte Vereinfachung besteht darin, die Mantelfläche eines Zylinders, anders als

Worin besteht die Vereinfachung?

den ausgeschnittenen Teil der Torusoberfläche, *berechnen* zu können und so zu einer *Näherungssumme* für die Torusoberfläche zu gelangen.

Probleme der Näherung

Beim Aufstellen einer Näherungssumme wird die Vereinfachung mit einer Ungenauigkeit erkauft. Dabei ist zu beachten: Oft bieten sich für eine Näherung mehrere Möglichkeiten an. Außerdem ist nicht immer ohne weiteres erkennbar, ob die mit einer Näherung verbundene Ungenauigkeit noch in Kauf genommen werden kann (vgl. S. 73).

Mathematisieren einer gegebenen Situation

Einführen von Variablen

Bei realen Problemen geht es zwar generell um Beziehungen zwischen Größen, aber im konkreten Fall weiß man zunächst nicht immer, *welche* Größen in Betracht zu ziehen sind.

Beispiel:
a) (Temperaturausgleich)
Wie schnell kühlt sich heißer Kaffee in einer Tasse auf Zimmertemperatur ab?
b) (Optimierung einer Konservendose)
Ein Betrieb stellt aus Dünnblech zylinderförmige Konservendosen (z. B. für Sauerkraut) her. Die Dosen sollen 0,5 Liter fassen. Welche Zylinderform ist für den Hersteller am günstigsten?

In a) ist klar, dass die Kaffeetemperatur in Abhängigkeit von der Zeit interessiert. Anders in b). Es ist zwar klar, dass das „Günstigsein" optimiert werden soll, aber „Günstigsein" ist keine Größe. Wie kann man quantifizieren? Und gar eine *Beziehung* zwischen Größen ist nirgends in Sicht. Man muss (wohlbemerkt: ungefragt) nach einer Größe suchen, deren Änderung das „Günstigsein" bzw. dessen Substitut beeinflusst.

Frage der Einheiten

Als Nächstes muss man sich um die *Einheiten* kümmern. Es kann sein, dass gegebene Daten umzurechnen sind oder ungewohnte Einheiten auftreten.

Beispiel: (Luftdruck)
Der Luftdruck p über dem Erdboden nimmt mit zunehmender Höhe h exponentiell ab; es gilt $p(h) = Ce^{-kh}$. Um die Konstanten C und k zu bestimmen, braucht man zweierlei: Einheiten für h und p sowie einige Meßwerte.

Im Falle dieses Beispiels ist es üblich, 1 km als Einheit für h und 1 hPa (Hektopascal) als Einheit für p zu verwenden. Stehen die Meßwerte 1000 hPa für den Luftdruck am Boden und 300 hPa für den Luftdruck in 10 km Höhe zur Verfügung, dann ist C = 1000 (in hPa). Während dies auch bei einer andern Druckeinheit gilt, hängt der Zahlenwert für k von der gewählten Einheit der Höhe ab. Ist diese Einheit 1 km, dann findet man k = 0,12 (in 1/km), bei der Einheit 1 m indessen k = 0,00012 (in 1/m). – Schüler müssen eine gewisse Scheu vor dem Umgang mit weniger vertrauten Einheiten überwinden und lernen, sich evtl. benötigte Zusatzinformationen andernorts *selbst* zu besorgen.

Manchmal ist es unumgänglich oder doch wenigstens ratsam, ein *Koordinatensystem* einzuführen. Ein solches hat mit dem realen Problem eigentlich nichts zu tun, sondern ist ein von uns beigebrachtes Hilfsmittel zur bequemeren Beschreibung. Bei seiner Wahl hat man grundsätzlich alle Freiheiten, es ist eine reine Frage der Zweckmäßigkeit.

Einführung eines Koordinatensystems

Beispiel: (Wahl eines Koordinatensystems)
Zwischen zwei Masten muss ein Kabel verlegt werden. Um die einseitig beanspruchten Masten nicht über Gebühr zu belasten, soll das Kabel 1 m durchhängen. Welche Richtungen hat das Kabel an den Masten?

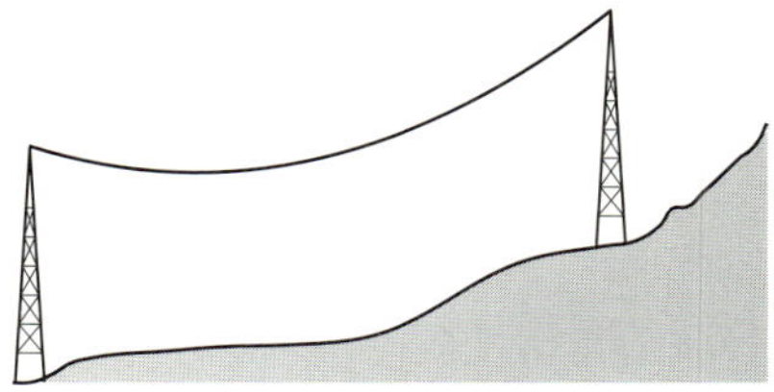

Um die Frage zu beantworten, braucht man die Gleichung der von dem Kabel gebildeten Kurve. Nimmt man näherungsweise an, dass das Kabel in Form einer Parabel (2. Ordnung) hängt, dann wird man zwischen den folgenden Möglichkeiten eines Koordinatensystems wählen.

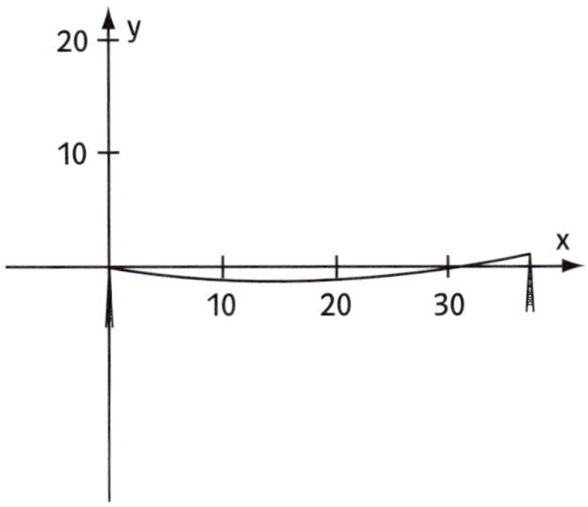

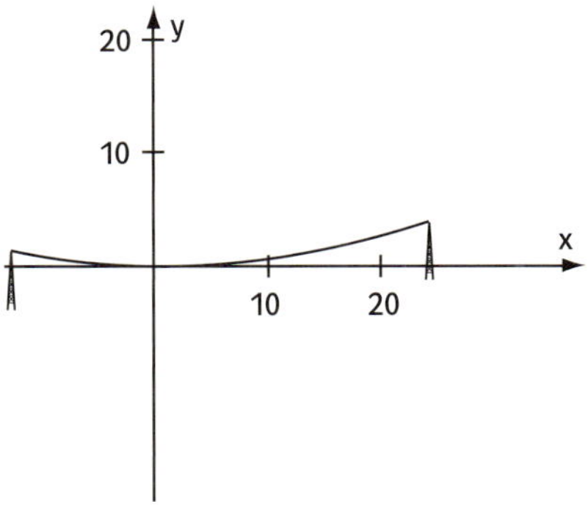

Legt man den Ursprung in die Spitze des linken Mastens, dann muss man, um den Durchhang zu berücksichtigen, den Tiefpunkt in allgemeiner Form ermitteln. Das lässt sich vermeiden, wenn man den (unbekannten) Tiefpunkt als Ursprung wählt und die Spitze des linken Mastens mit $S(-d\,|\,1)$ ansetzt. – Um das Koordinatensystem *zweckmäßig* zu wählen, muss man vorausschauend die Folgen einer Wahl bedenken und verschiedene Möglichkeiten gegeneinander abwägen.

Übergang von Größen zu Maßzahlen

In einem Größenbereich bestimmen sich nach Vorgabe einer Einheit die Größen und ihre Maßzahlen gegenseitig. Beziehungen zwischen Größen kann man deshalb, *wenn die verwendeten Einheiten festgelegt sind*, auch als Beziehung zwischen den Maßzahlen beschreiben.

Von der Größe zu ihrer Maßzahl

Beispiel: (Von Größen zu Maßzahlen)
In der Gleichung $F = m \cdot a$, worin F eine Kraft, m eine Masse und a eine Beschleunigung bedeutet, sind die Buchstaben zunächst Variablen für Größen (Größengleichung). Bei Anwendungen muss man diese Größen mit Maßzahl und Einheit angeben. Vereinbart man nun, m in kg, a in m/sek², F in N anzugeben, dann erhält man $\mathrm{F = m \cdot a}$, worin F, m und a Variablen für *Zahlen* sind (Zahlenwertgleichung).

Einheiten bei Ableitung und Integral

Die Ableitung einer Größe nach einer andern ist eine Größe; ihre Einheit ergibt sich aus dem Differenzenquotienten. Entsprechendes gilt für ein Integral; die Einheit richtet sich nach den zugehörigen Näherungssummen.

Beispiel: (Zahlenwertgleichung bei Ableitung und Integral)
Bei geradliniger Bewegung gilt $v(t) = \frac{ds(t)}{dt} = s'(t)$. Zahlenwertgleichung:

$$\mathrm{v(t) = s'(t)} \quad (t \text{ in sek; } s \text{ in m; } v \text{ in m/s}).$$

Umgehrt gilt für den zurückgelegten Weg $\mathrm{s} = \int_{t_1}^{t_2} \mathrm{v(t)\,dt}$ mit der Zahlenwertgleichung

$$\mathrm{s} = \int_{t_1}^{t_2} \mathrm{v(t)\,dt} \quad (t \text{ in sek; } v \text{ in m/sek; } s \text{ in m}).$$

Beachte: Weil im Integral der Teil v(t) dt kein Produkt ist, lässt sich die Einheit von s nicht (bzw. nur formal) mit den Einheiten von v und dt begründen.

Von der Näherungssumme zum Integral

Veränderter Zugang zum Integral

Bei der Verwendung des Integrals in Anwendungen darf man nicht übersehen, dass der Begriff dabei unter einem anderen, für einen Schüler neuen Aspekt auftritt. Die Hinführung zum Integral ging von einer *gegebenen Funktion* aus und zielte auf den Grenzwert gewisser Näherungssummen. Jetzt führen inhaltliche Überlegungen zuerst zu Näherungssummen (ohne dass bis dahin von einer Funktion die Rede war), welche die interessierende Größe als „Grenzgröße" haben. Dabei stellt sich die Frage: Handelt es sich bei diesen Näherungssummen um RIEMANN-Summen, und nicht zuletzt: Um welche Funktion (als Integrand) handelt es sich in diesem Fall? Es versteht sich von selbst, dass Techniken des Integrierens nicht genügen, um solche Fragen zu beantworten.

Nicht jede Näherungssumme ist eine RIEMANN-Summe

Beispiel: (Frage nach dem Integranden)
Ein kreisförmiges Sonnensegel füllt sich bei Regen bis zum Überlaufen mit Wasser und beult dadurch nach unten aus. Welches Gewicht muss das Segel tragen?

Man denkt sich das Wasser in hohlzylinderförmige Schichten zerlegt. Sind r_i und r_{i+1}, $r_i < r_{i+1}$ die Radien einer Schicht und wählt man $h(r_i)$ als deren Höhe, dann beträgt ihre Gewichtskraft (da 1 Liter Wasser 9,81 N schwer ist) ungefähr $\pi(r_2^2 - r_1^2)\,h(r) \cdot 9{,}81$ (in N) und die des ganzen Segels ungefähr

$$\pi(r_1^2 - 0^2)\,h(0)\,9{,}81 + \pi(r_2^2 - r_1^2)\,h(r_1)\,9{,}81 + \ldots .$$

Die Umformung $r_{i+1}^2 - r_i^2 = (r_{i+1} + r_i)(r_{i+1} - r_i)$ führt auf

$$\pi(r_1 + 0)(r_1 - 0)\,h(0)\,9{,}81 + \pi(r_2 + r_1)(r_2 - r_1)\,h(r_1)\,9{,}81 + \ldots$$

und zeigt, dass es sich um eine RIEMANN-Summe handelt und insbesondere, dass es sich bei der involvierten Funktion um die Funktion $r \mapsto 2\pi \cdot r \cdot h(r)$, $r \in [0; R]$ handelt.

Die Frage der Formulierung

Wie realitätsnah sollte bzw. darf eine Formulierung sein?

Realistische Probleme haben mit Mathematik zunächst nichts zu tun. Eine Formulierung, die mathematische Begriffe verwendet, ist immer mehr oder weniger unrealistisch.

Beispiel: (Verschiedene Formulierungen des gleichen Problems)

Drei Formulierungsmöglichkeiten

1. Formulierung: Die von der x-Achse, den Geraden g_1: $x = 40$ und g_2: $x = -40$ sowie der Kurve K: $y = -0{,}005x^2 + 40$ eingeschlossene Fläche rotiert um die x-Achse. Wie groß ist der Rauminhalt des entstehenden „Fasses“ ?

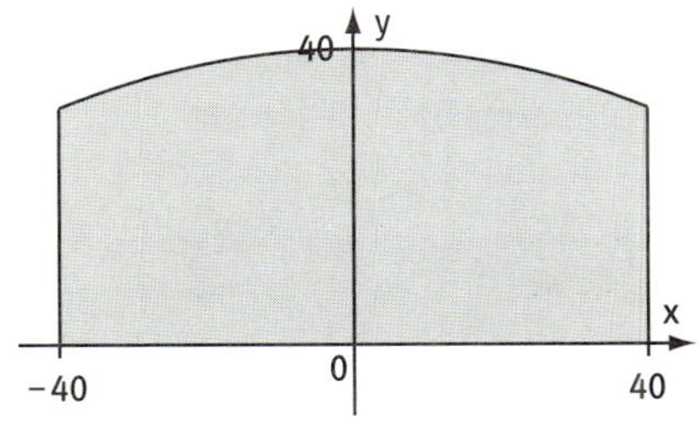

2. Formulierung: Ein Fass hat die in der Zeichnung angegebenen Maße. Die obere Randkurve kann man näherungsweise als Teil einer Parabel 2. Ordnung ansehen. Welchen Rauminhalt hat das Fass?

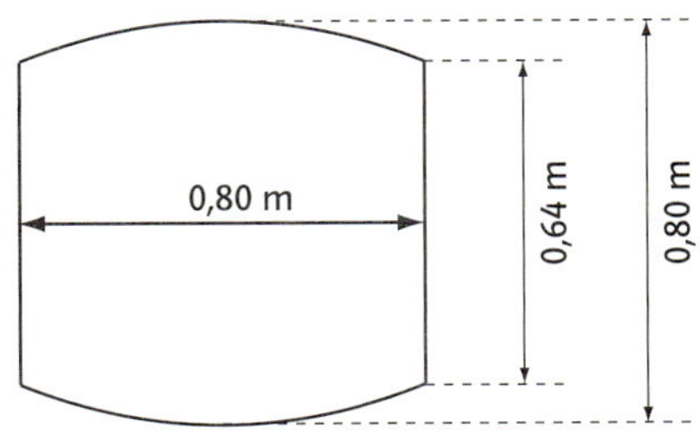

3. Formulierung: In einem Keller steht ein altes Fass. Um sein Fassungsvermögen zu ermitteln, könnte man es mittels eines Meßgefäßes mit Wasser füllen. Aber das wäre umständlich. Einfacher ist es, das Fass mit dem Meterstab abzumessen und danach sein Fassungsvermögen zu berechnen. Welche Maße des Fasses braucht man? Wie kann man die bauchige Form berücksichtigen? Nimm für die benötigten Abmessungen selbstgewählte Meßwerte an und berechne danach das Fassungsvermögen „deines“ Fasses.

Vergleich der drei Varianten

Bei der ersten Formulierung wird eine innermathematische Fragestellung im Nachhinein andeutungsweise auf die Wirklichkeit bezogen. Alle wesentlichen Schritte der Mathematisierung (z. B. Einführung eines geeigneten Koordinatensystems, Bestimmung der Kurve K, Wahl der Einheiten, sinnvolles Runden des Ergebnisses) sind dem Schüler abgenommen.

Bei der zweiten Formulierung muss der Schüler erkennen, dass er das Fass als Drehkörper auffassen kann, dass er ein Koordinatensystem braucht und darin die Gleichung der oberen Randkurve. Der Text und die Lage des Fasses in der Zeichnung geben Hinweise und liefern die benötigten Maßangaben.

Erst in c) ist das Problem so gefasst, wie es sich in der Praxis stellt. Der Schüler muss sich zunächst klar werden, *welche* Maße er braucht und wie er sich diese praktisch verschaffen kann. Die Formulierung enthält keinen Hinweis auf die zu verwendende Mathematik. Sie ist hinsichtlich dessen, was der Schüler tun soll, nicht eindeutig und lässt verschiedene Möglichkeiten offen (der Korrektor wird es zu schätzen wissen).

Lösbarkeit
Lösungswege
Eindeutigkeit

Realen Problemen ist eine realistische Formulierung angemessen. Eine solche lässt offen, ob das Problem überhaupt lösbar ist, auf welchem Wege es lösbar ist und ob es nur eine einzige oder mehrere Lösungen gibt. Das sind wohl einige der Gründe, weshalb solche Formulierungen im schulischen Alltag selten anzutreffen sind. Andererseits dürfte kaum zu bestreiten sein, dass sie motivierend wirken, in vielfältiger Weise herausfordern und die persönliche Einstellung zur Mathematik beeinflussen können.

Umgangssprachliche Fassung mathematischer Überlegungen

Mathematische Fachsprache und Alltagssprache

Die Beschäftigung mit einem realen Problem zwingt zu mündlicher und schriftlicher Verbalisierung. Für einen Außenstehenden ist nicht von vorneherein klar, was sich ein Schüler überlegt, wie er vorgeht, warum er gerade so und nicht anders vorgeht, was ein von ihm verwendeter Buchstabe zu bedeuten hat, wie ein rechnerisches Ergebnis zu verstehen ist, usw. Erfahrungsgemäß tun sich Schüler mit der Darstellung sehr schwer. Das liegt nur zum Teil an unzureichendem sprachlichen Vermögen. Es zeigt sich darin auch, dass die Alltagssprache (Muttersprache) anders strukturiert ist als die mathematische Fachsprache und mathematische Begriffe sich nicht immer problemlos einbetten lassen. Schüler müssen erst allmählich lernen, aus der sprachlichen Formulierung einer Aufgabenstellung den mathematischen Kern herauszuschälen. Ebenso müssen sie umgekehrt lernen, Mathematisches umgangssprachlich zu formulieren. Auch dies gehört zu den Lernzielen eines anwendungsorientierten Unterrichts und muss als Schülerleistung honoriert werden.

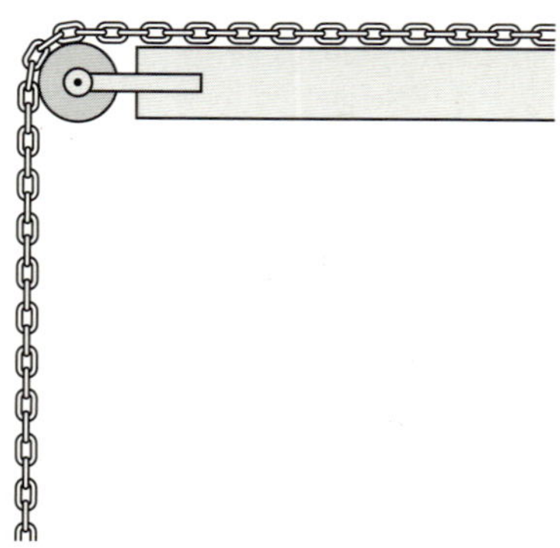

Beispiel: (Überlegung in Worten)
Eine lose hängende, 8 m lange und 160 N schwere Kette soll über eine Rolle in die Waagerechte gezogen werden. Dazu muss man Arbeit verrichten. Wie groß ist sie? – Die Antwort könnte in diesem Fall etwa so aussehen:

Verbalisieren einer Überlegung

Beim Ziehen braucht man umso weniger Kraft, je kürzer das noch hängende Stück der Kette ist. Für die gesuchte Arbeit A gilt (in Nm) $160 \cdot 8 > A > 0$. Eine genauere Abschätzung erhält man, wenn man sich den hängenden Teil der Kette wiederholt nur um ein kleines Stückchen (von der Länge 8 m auf die Länge x_1 m, von der Länge x_1 m auf die Länge x_2 m usw.) verkürzt denkt und für jeden Abschnitt dieselbe Abschätzung wie oben vornimmt. Man erhält (in Nm):

$$[20(8 - x_1)] \cdot 8 + [20(x_1 - x_2)]\,x_1 + \ldots > A > [20(8 - x_1)]\,x_1 + [20(x_1 - x_2)]\,x_2 + \ldots.$$

Verfeinert man die Unterteilung, dann nähern sich beide Schranken dem Integral der Funktion $x \mapsto 20x$ über dem Intervall $[0; 8]$.

$$A = \int_0^8 20x\,dx = [10x^2]\Big|_0^8 = 640$$

Die gesuchte Arbeit beträgt etwa 640 Nm. Dieses Ergebnis ist als Näherungswert für die tatsächlich verrichtete Arbeit zu verstehen, denn die Kette wurde wie ein Seil behandelt und die Reibung vernachlässigt.

Besonders fehleranfällig sind Überlegungen zum Grenzverhalten einer Funktion. Wenn ein Schüler in eigenen Worten formulieren soll, dann wird seine Darstellung fast unvermeidlich ungenau, unvollständig oder missverständlich ausfallen. Man wird Nachsicht walten lassen.

Zur Auswahl der sog. Anwendungen

Im Unterricht wird die Infinitesimalrechnung bislang vorzugweise bei „Kurvendiskussionen“ und „Kurvenbestimmungen“ eingesetzt. Es handelt sich darum, versteckte Eigenschaften einer vorhandenen Funktion aufzuspüren oder eine allgemeine Gesetzmäßigkeit auf Grund vorgegebener spezieller Eigenschaften festzumachen. Das ist im Grundsatz gewiss eine richtige und wichtige Aufgabenstellung. Sie bleibt in der unterrichtlichen Praxis allerdings unbefriedigend, wenn lediglich bereitgestellte *Methoden angewendet* werden, während das für die Infinitesimalrechnung Typische, das *Argumentieren „im Kleinen“ und das Ausnützen der dadurch möglichen Vereinfachungen*, nicht hinreichend zum Tragen kommt. Es erscheint denkbar, den Umfang der traditionellen Funktionsuntersuchungen und -bestimmungen zu begrenzen und durch typische, die Eigenart infinitesimaler Methoden hervorkehrende Beispiele zu ergänzen.

Unzulänglichkeit der gängigen Beispiele

Anwendungsbeispiele

Unterrichtliche sog. Anwendungsbeispiele lassen sich allgemein danach unterscheiden, ob der Übergang zu Ableitung bzw. Integral *als Grenzübergang mit inhaltlicher Bedeutung* vollzogen werden muss oder nicht.

1) Beispiele *ohne* inhaltliche Argumentation „im Kleinen“
Bei einer Reihe von Anwendungen tritt die Ableitung in ihrer *geometrischen* Bedeutung als Steigung der Tangente auf. Der Grenzübergang von der Sekante zur Tangente tritt nicht explizit in Erscheinung. Im Vordergrund stehen geometrische Begriffe wie Tangente, Normale, Subtangente, Subnormale usw. Man nimmt an, dass die in Rede stehende Kurve durch

Ableitung in ihrer geometrischen Bedeutung

$$y = f(x)$$

mit einer differenzierbaren Funktion f dargestellt wird. Ist $f'(x) \neq 0$, dann gilt für die Länge s_T der Subtangente und die Länge s_N der Subnormalen

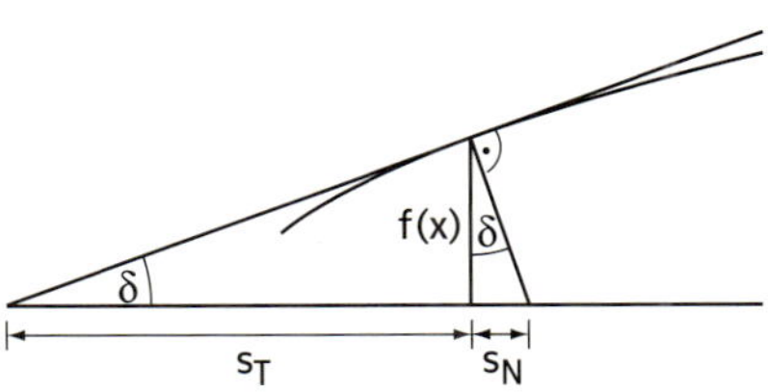

Subtangente
Subnormale

$$s_T(x) = \left| \frac{f(x)}{f'(x)} \right|$$

$$s_N(x) = | f(x) \cdot f'(x) |.$$

Bemerkung: Um die Ergebnisse als *geometrische* Aussagen zu erweisen, wäre – streng genommen – noch ihre Unabhängigkeit vom Koordinatensystem nachzuweisen. Im Unterricht darf als hinreichend geklärt gelten, welche Eigenschaften sich bei Änderung des Koordinatensytems ändern und welche nicht.

Untersuchung einer Parabel

Beispiel 1: (Untersuchung einer Kurve)
Um eine Parabel auf geometrische Eigenschaften zu untersuchen, denken wir uns eine Halbparabel K durch

$$K\colon y = \sqrt{x},\ x \in [0; +\infty[$$

dargestellt und finden $f(x) \cdot f'(x) = \frac{1}{2}$; d.h. *die Subnormale ist für alle Kurvenpunkte gleich lang.* Da $\frac{f(x)}{f'(x)} = 2x$, *halbiert der Scheitel die Subtangente.*

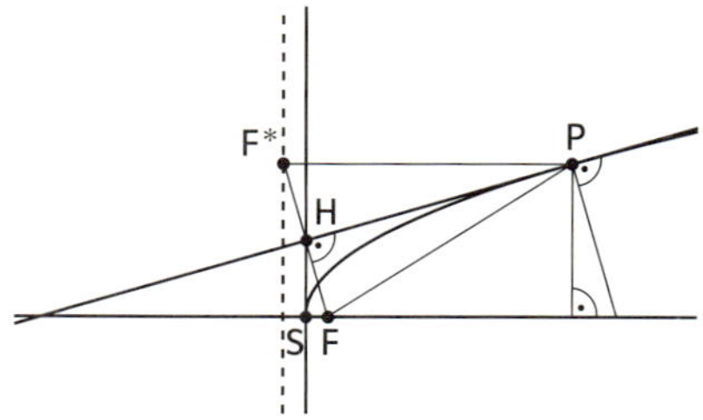

Folgerung (ohne weitere Rechnung): Ist H der Schnittpunkt der Tangente t in P mit der Scheiteltangente, dann schneidet die Orthogonale zu t durch H die Parabelachse *für alle P im gleichen Punkt F* (da die Subnormale konstant ist, muss $\overline{SF}$ ebenfalls konstant sein; „Brennpunkt"). Daraus ergibt sich nun alles Weitere.

Bemerkung: Die Überlegungen kann man in gleicher Weise für irgendeine der Kurven K_t: $y = t\sqrt{x}$ anstellen. Dahinter steckt die Möglichkeit, Kurven*scharen* mit Hilfe der Ableitung parameterfrei zu beschreiben und zu untersuchen.

Kurven mit konstanter Subtangente

Beispiel 2: (Bestimmung einer Kurve)
Bei welchen Kurven sind alle Subtangenten gleich lang? Damit eine Subtangente vorhanden ist, muss $f'(x) \neq 0$ sein. Wir setzen überdies $f(x) > 0$ voraus. Aus $\frac{f(x)}{f'(x)} = c$ folgt $\frac{f'(x)}{f(x)} = \frac{1}{c}$ und hieraus $\ln[f(x)] = \left(\frac{1}{c}\right)x + d$ sowie $f(x) = e^d \cdot e^{\left(\frac{1}{c}\right)x}$.
Unter den genannten Voraussetzungen haben *Kurven mit konstanter Subtangente* Gleichungen der Form $y = ae^{kx}$.

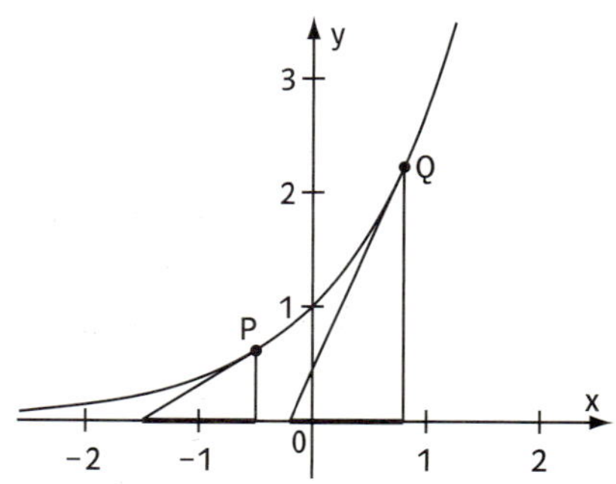

Bemerkung: Es liegt danach nahe, nach Kurven zu fragen, für welche der Tangenten- bzw. Normalen*abschnitt* (d.h. das Stück der Tangente bzw. Normalen vom Kurvenpunkt bis zur x-Achse) konstant ist. Während man im zweiten Fall erwartungsgemäß auf Kreise geführt wird, stößt man im ersten auf eine bislang unbekannte Kurve, die sog. Schleppkurve oder „Traktrix".

„Hundekurve"

Beispiel 3: (Schleppkurve)
Welche Kurve entsteht, wenn jemand auf gerader Straße geht und seinen abseits laufenden (völlig willenlosen!) Hund an einer straffen Leine der Länge a hinter sich herzieht?
Wir führen ein Koordinatensystem so ein, dass der Spaziergänger in O startet und auf der positiven y-Achse geht. Der Hund befinde sich zu Beginn in H(a | 0) und allgemein in P(x | f(x)). – Die Zeichnung zeigt: Ist α der Winkel, den die Leine mit der Richtung der positiven x-Achse bildet, dann ist

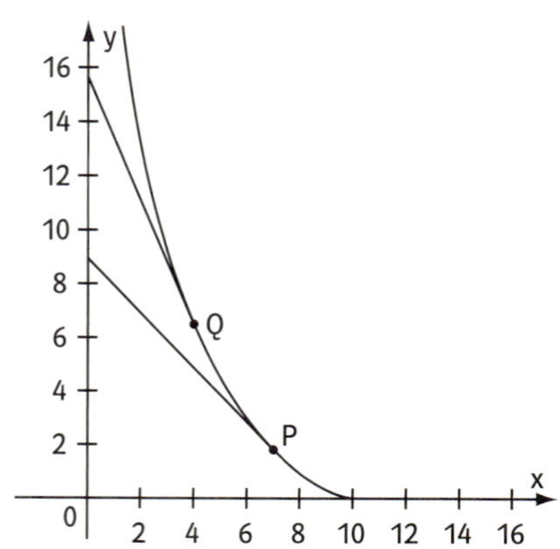

$\tan(\pi - \alpha) = \frac{\sqrt{a^2 - x^2}}{x}$, somit $f'(x) = -\frac{\sqrt{a^2 - x^2}}{x}$. Setzt man z. B. $a = 10$ (in m), dann kann man die Kurve mittels $f(x + h) \approx f(x) + f'(x) \cdot h$ punktweise annähern.

Bemerkung zur Gleichung der Schleppkurve:
Die Substitution $x = a \sin t$, $0 < t \leq \frac{\pi}{2}$ führt auf $-a \int \cot t \cdot \cos t \, dt$.
Produktintegration: $a \int \cot t \cdot \cos t \, dt = -a\left[\cos t + \int \frac{1}{\sin t} dt\right] = -a\left[\cos t + \ln\left(\tan \frac{t}{2}\right)\right]$.
Drückt man darin t durch x aus, dann findet man

$$f(x) = -\sqrt{a^2 - x^2} - a \cdot \ln\left(\frac{a - \sqrt{a^2 - x^2}}{x}\right).$$

Das Problem der Kurvenbestimmung kann sich auch aus einer technischen Fragestellung ergeben. Eine solche kann dem Schüler den Weg zeigen, der von der Praxis zur Theorie und von dort zurück zur Praxis führt.

Beispiel 4: (Autoscheinwerfer)
Die Lichtstrahlen aus einem Autoscheinwerfer sollten (bei Fernlicht) möglichst parallel verlaufen. Wie muss man die spiegelnde Innenfläche des Scheinwerfers biegen, damit dies der Fall ist?

Kurvenbestimmung aus technischem Anlaß

Die Spiegelfläche muss rotationssymmetrisch sein. Sie darf aber nicht Kugelform haben. Wegen der Symmetrie kann man sich auf die Hälfte eines Längsschnittes beschränken; das Problem reduziert sich dadurch auf die Bestimmung einer Kurve K. Es ist gelöst, wenn man die Gleichung $y = f(x)$ von K in einem Koordinatensystem kennt. Man wird die Richtung der Lichtstrahlen als x-Richtung wählen und den Ursprung ins Glühbirnchen legen. Die spezifische Form von K ist durch das Reflexionsgesetz bedingt. Es verlangt, dass für jeden Punkt $P(x \mid y)$ der Kurve K gilt:

$$\alpha = \beta \quad \text{und deshalb} \quad \gamma = \delta.$$

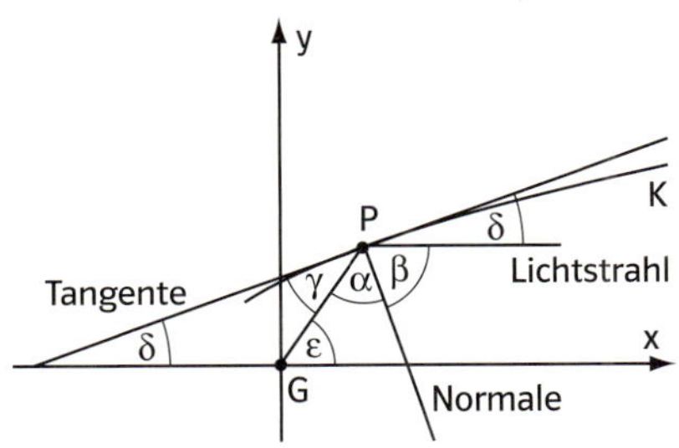

Reflexionsgesetz

Da letztlich f(x) gesucht ist, müssen wir dies nun auf das Koordinatensystem beziehen. Darin ist $\tan\delta = f'(x)$. Da $\gamma = \delta$, ist $\varepsilon = 2\delta$ und $\tan\varepsilon = \tan\delta\, 2 = \frac{f(x)}{x}$.

Reflexionsgesetz und Ableitung

Wegen $\tan 2\delta = \frac{2\tan\delta}{1 - (\tan\delta)^2}$ (s. Formelsammlung) folgt $\frac{f(x)}{x} = \frac{2f'(x)}{1 - [f'(x)^2]}$ oder

… rechnerisch

(*) $\quad \frac{f(x)}{f'(x)} = 2x + f(x) \cdot f'(x)$, d. h.

$$s_T(x) = 2x + s_N(x).$$

… geometrisch

Diese Beziehung zwischen Subtangente und Subnormale ist charakteristisch für *Parabeln* (vgl. Beispiel 1). Die gesuchte Kurve K ist somit eine (Halb-)Parabel und

$$f(x) = a\sqrt{x + d}.$$

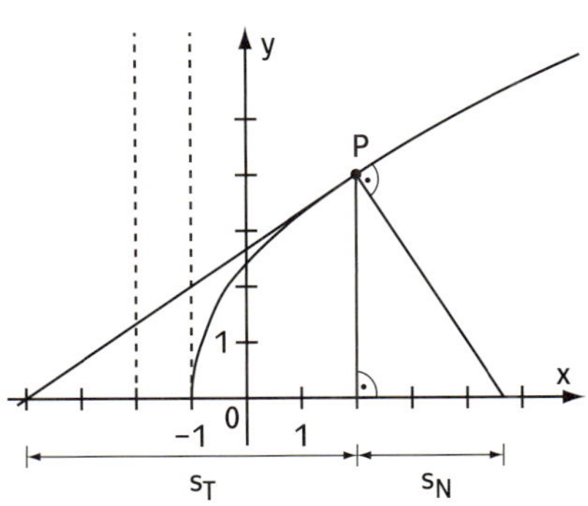

Ergebnis: Hat der Scheitel S vom Glühbirnchen den Abstand d, dann muss die spiegelnde Fläche ein Profil der Form K_a: $y = a\sqrt{x + d}$ haben. Mit der (noch freien) Wahl von a besteht die Möglichkeit, weiteren Wünschen technischer Art Rechnung zu tragen.

Bemerkung zur *rechnerischen* Herleitung von f(x): Die Beziehung (*) ist relativ kompliziert, vor allem wegen des auftretenden Produkts $f(x)f'(x)$. Wir schreiben $s_N(x)$ dafür, ersetzen gleichzeitig $f'(x)$ durch $\frac{s_N(x)}{f(x)}$ und erhalten

(**) $[f(x)]^2 = 2xs_N(x) + [s_N(x)]^2$.

Ableiten beider Seiten führt auf

$$2f(x)f'(x) = 2s_N(x) + 2xs_N'(x) + 2s_N(x)s_N'(x) \quad \text{oder}$$
$$0 = s_N'(x)[2x + 2s_N(x)].$$

In dieser Bedingung für $s_N(x)$ ist der Inhalt der eckigen Klammer von null verschieden und somit $s_N'(x) = 0$. Für die gesuchte Kurve K muss $s_N(x) = c$ (konstant) sein. Die Bedingung (**) reduziert sich auf $[f(x)]^2 = 2cx + c^2$ oder $f(x) = \sqrt{2cx + c^2}$.

Im folgenden Beispiel liefert die Ableitung eine erhellende Information über ein spezielles Wachstumsverhalten.

Die Ableitung macht eine empirische Erscheinung einsichtig

Beispiel 5: (Logistisches Wachstum)
Bei empirischen Untersuchungen führt die grafische Veranschaulichung von Messwerten oft (u.a. in Biologie, Volkswirtschaft, Medizin, Demoskopie) auf Kurven, die wie ein langgezogenes „S" aussehen. Warum tritt diese Kurvenform in der Praxis so häufig auf?

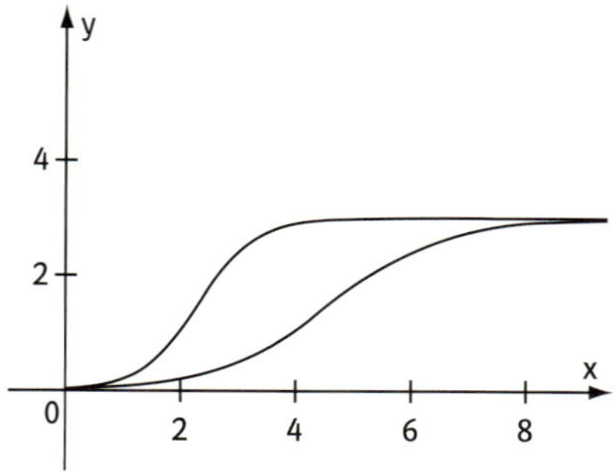

Es ist relativ einfach, Gleichungen $y = f(x)$ für diese Kurvenform anzugeben. Berücksichtigt man, dass eine solche Kurve für $x \to +\infty$ durch eine Gerade g: $y = G$, für $x \to -\infty$ durch die x-Achse begrenzt ist und monoton ansteigt, dann zeigen meist schon wenige probeweise Ansätze (z.B. mit einem grafikfähigen Rechner), dass $y = \frac{G}{(1 + a^{-(x-b)})}$ für $G > 0$, $a > 1$, $b > 0$ das Verlangte leistet.

Für die S-Form ist charakteristisch, dass die Kurve zunächst nur ganz langsam ansteigt, der Anstieg dann zu- und danach allmählich wieder abnimmt. Dieses Verhalten muss in der Ableitung von $f(x) = \frac{G}{(1 + a^{-(x-b)})}$ zum Ausdruck kommen. Das Ableiten von f wird einfacher, wenn wir $a^{-(x-b)}$ in der Form ce^{-kx} (mit $a = e^k$) schreiben. Es ist dann

$$f(x) = \frac{G}{(1 + ce^{-kx})} \quad \text{und} \quad f'(x) = \frac{G \cdot c \cdot k \cdot e^{-kx}}{(1 + ce^{-kx})^2}.$$

Um zu sehen, wie $f'(x)$ mit $f(x)$ zusammenhängt, drücken wir $f'(x)$ durch $f(x)$ aus:

Rechnerische Charakterisierung einer S-Form

(*) $f'(x) = \frac{k}{G} \cdot f(x) \cdot [G - f(x)]$.

Interpretation im Hinblick auf die Realität

Der Zusammenhang (*) besagt: Ist $f(x)$ der augenblickliche Bestand einer sich ändernden Größe und $G - f(x)$ der bis zur Grenze G noch fehlende Restbestand, das sog. „Sättigungsmanko", dann wird die Geschwindigkeit, mit der sich der Bestand ändert, *sowohl durch den augenblicklich vorhandenen Bestand als auch durch das noch vorhandene Sättigungsmanko* gesteuert; sie ist zum Produkt aus beiden proportional. – Man kann sich das etwa so vorstellen: Wenn ein neues Haushaltsgerät auf den Markt kommt, dann verkauft es sich anfangs nur schleppend. Der „Markt" hat zwar ein großes Käuferpotential, aber dieses muss erst „erschlossen" werden. Je mehr Leute das Gerät besitzen, desto bekannter wird es (Von-Mund-zu-Mund-Propaganda; Reklame). Das Gerät verkauft sich zunehmend leichter. Nach geraumer Zeit beginnt sich jedoch auszuwirken, dass inzwischen die meisten kaufwilligen Haushalte das Gerät besitzen und es bei anderen nur schwer an den Mann zu bringen ist. Der Verkauf beginnt zu verebben.

Die S-Form ist demnach immer dann zu erwarten, wenn ein Wachstum durch äußere Umstände grundsätzlich beschränkt ist (z.B. wegen Erschöpfung der Ressourcen oder wegen der Begrenztheit des Lebensraumes) und die Intensität des Wachstums näherungsweise sowohl zum momentanen Bestand als auch zum noch verfügbaren „Freiraum" (dem Sättigungsmanko) proportional ist.

2) Beispiele *mit* inhaltlicher Argumentation „im Kleinen"
Um ein praktisches Problem via Mathematik zu lösen, muss sowohl die Realität (durch vereinfachende Annahmen und Idealisierungen) der Mathematik, als auch umgekehrt die Mathematik (z. B. durch Einführung eines geeigneten Koordinatensystems) der Realität angepasst werden. Ob das mathematische Resultat die tatsächlichen Verhältnisse zutreffend beschreibt, kann letztlich nur ein *empirischer* Vergleich zeigen. Erweist es sich dabei, dass das theoretische Ergebnis allzusehr neben der Wirklichkeit liegt, dann waren die eingangs getroffenen idealisierenden Annahmen zu gravierend und müssen durch subtilere ersetzt werden. Die aufzuwendende Mathematik wird dann allerdings meist ebenfalls komplizierter.

Theorie und Wirklichkeit

Beispiele wie die beiden folgenden bleiben zwar noch anschaulich-geometrisch, können aber einer vermeintlichen Bindung des Integrals an ein kartesisches Koordinatensystem entgegenwirken.

Beispiel 6: (Flächenberechnung ohne kartesische Koordinaten)
Neben der gewohnten Veranschaulichung einer Funktion in einem kartesischen Koordinatensystem gibt es noch andere Arten der Veranschaulichung (die sich u. U. als zweckmäßiger erweisen). – Es sei eine Funktion

$$x \to f(x), \quad x > 0, \quad f(x) > 0$$

gegeben. Um f zu veranschaulichen, fassen wir x als Bogenmaß eines Winkels auf, den wir an eine vorgegebene Halbgerade mit dem Anfangspunkt O antragen. Auf seinem freien Schenkel tragen wir eine Strecke OP der Länge f(x) ab. Die Punkte P, zu denen wir derart gelangen, bilden (so nehmen wir an) eine Kurve. Sie schließt mit den Halbgeraden $x = a$ und $x = b > a$ eine Fläche ein. Wie groß ist ihr Flächeninhalt A?

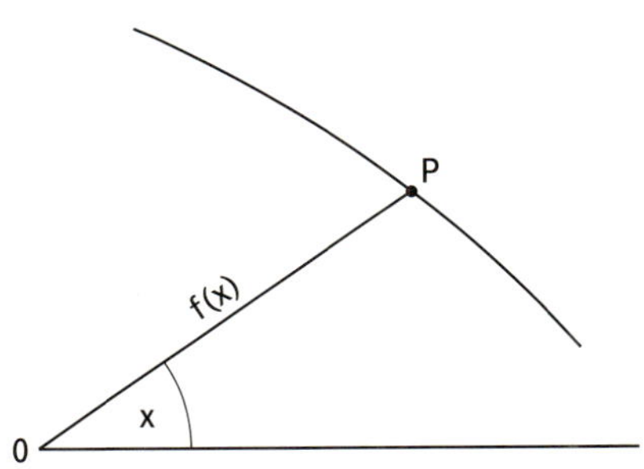

Polarkoordinaten

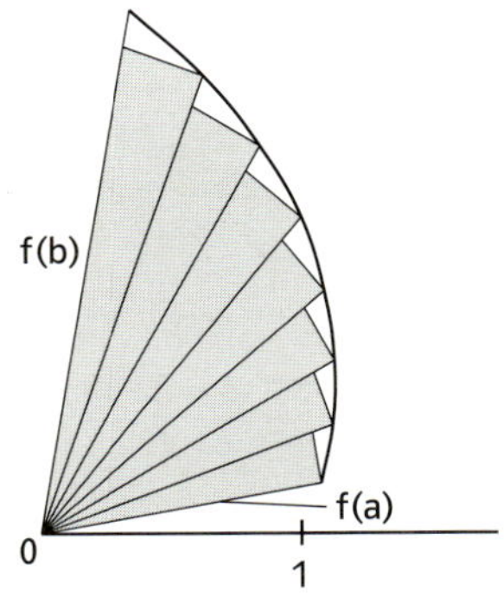

Flächeninhakt eines „Sektors" als Integral

Wir zerlegen den Winkel b – a durch

$$a = x_0 < x_1 < \ldots < x_n = b$$

in Teilwinkel $x_{i+1} - x_i$ und ersetzen die zugehörige Teilfläche durch einen Kreissektor mit dem Radius $f(x_i)$. Da sein Bogen die Länge $f(x_i)(x_{i+1} - x_i)$ hat, beträgt sein Flächeninhalt $\frac{1}{2} f(x_i)(x_{i+1} - x_i) \cdot f(x_i)$. Die Summe $\frac{1}{2}[f(x_0)]^2(x_1 - x_0) + \ldots + \frac{1}{2}[f(x_{n-1})]^2(x_n - x_{n-1})$ ist ein Näherungswert für A. Bei unbegrenzter Verfeinerung der Zerlegung strebt die Näherungssumme gegen A. Somit gilt:

$$A = \frac{1}{2}\int_a^b [f(x)]^2\,dx.$$

Die obige Figur zeigt $f(x) = e^{x/2}$ mit $a = 0{,}17$, $b = 1{,}40$ (entspr. 10° bzw. 80°):

$$A = \frac{1}{2}\int_{0,17}^{1,4} [e^{x/2}]^2\,dx = \frac{1}{2}[e^x]\Big|_{0,17}^{1,40} = 1{,}43 \text{ (in LE}^2\text{)}.$$

Technischer Anlass

Beispiel 7: (Schleifmaschine)

Bei automatischen Schleifmaschinen für (zylinder- oder kegelförmige) Bohrer wird die Schneide des Bohrers am rotierenden, aber ansonsten feststehenden sog. Schleifkopf entlanggeführt. Die Schneide muss dabei mit dem Schleifkopf einen gleichbleibenden Winkel bilden. Für den Konstrukteur stellt sich in diesem Zusammenhang das folgende *Problem:* Bei welcher (ebenen) Kurve K ist der Winkel zwischen der Richtung von einem festen Punkt O zu einem Punkt $P \in K$ einerseits und und der Tangente in P andererseits für alle Punkte der Kurve gleich groß?

Kennzeichnende Eigenschaft der gesuchten Kurve

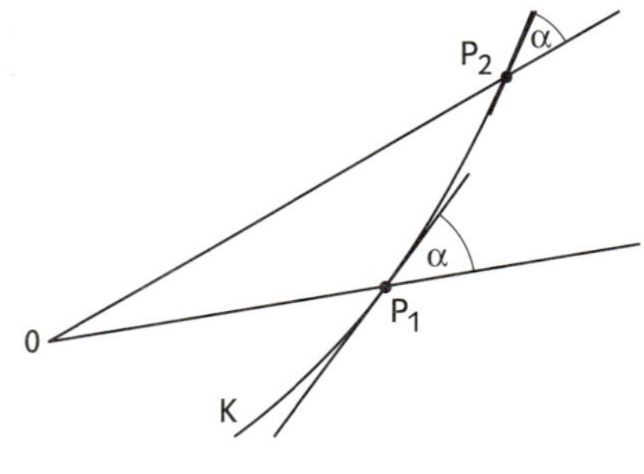

Einführen von Koordinaten

Die einfachste Kurve mit dieser Eigenschaft ist der Kreis; er kommt jedoch aus technischen Gründen nicht in Frage. Für $0 < \alpha < \frac{\pi}{2}$ wird sich die gesuchte Kurve (wie ein zeichnerischer Versuch zeigt) vermutlich spiralenförmig um den gegebenen Punkt O winden. Ein kartesisches Koordinatensystem ist also ungünstig. Es erscheint zweckmäßiger, einen Punkt $P \in K$ durch seinen Abstand r von O und den Winkel φ, den OP mit einer festen Richtung bildet, festzulegen. Die Zuordnung $\varphi \mapsto r(\varphi)$ (φ im Bogenmaß) ist dann eine Funktion. Wir versuchen, sie zu finden.

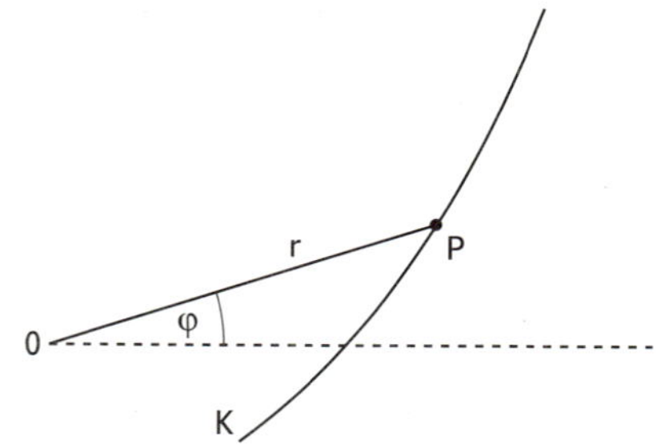

Der Fig. ist zu entnehmen:

$$r(\varphi + h) - r(\varphi) = \overline{AP_2}.$$

Da der Kreisbogen b von A nach P_1 die Länge $r(\varphi) \cdot h$ hat, gilt

$$(*) \quad \frac{[r(\varphi + h) - r(\varphi)]}{h} = \frac{\overline{AP_2}}{b/r(\varphi)} = \frac{\overline{AP_2}}{b}\, r(\varphi).$$

Für $h \to 0$ strebt die Richtung von AP_2 gegen die Richtung von OP_1. Der Bogen b gelangt dabei in beliebige Nähe zur Orthogonalen in P_1 auf OP_1, so dass

$\measuredangle P_2P_1A$ gegen $\left(\frac{\pi}{2}\right) - \alpha$ und der Quotient $\frac{\overline{AP_2}}{b}$ gegen $\tan\left[\left(\frac{\pi}{2}\right) - \alpha\right]$ strebt. Aus (*) folgt damit

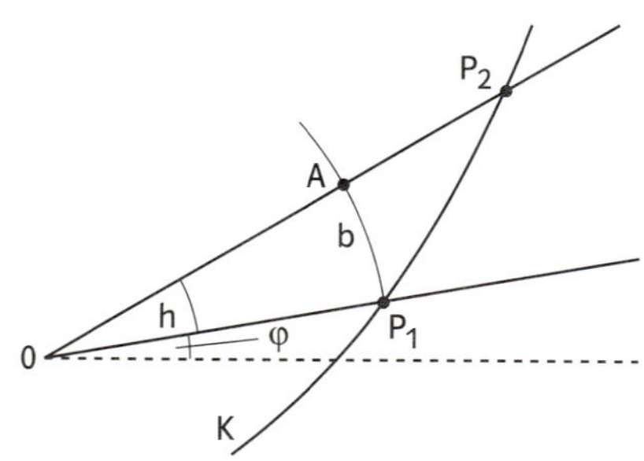

Kennzeichnung mittels der Ableitung

$$r'(\varphi) = \tan\left[\left(\frac{\pi}{2}\right) - \alpha\right] \cdot r(\alpha) \text{ oder}$$

$$\frac{r'(\varphi)}{r(\varphi)} = \cot\alpha.$$

Hierin ist die linke Seite die Ableitung von $\ln[r(\varphi)]$, die rechte von $(\cot\alpha) \cdot \varphi$. Also gilt

$$\ln[r(\varphi)] = (\cot\alpha) \cdot \varphi + d \text{ und}$$

$$r(\varphi) = e^{(\cot\alpha)\varphi + d} = Ce^{(\cot\alpha)\varphi}.$$

Logarithmische Spiralen

Alle Kurven $K_\alpha : r(\varphi) = Ce^{(\cot\alpha)\varphi}$ haben die merkwürdige Eigenschaft, dass in jedem Punkt $P \in K_\alpha$ die Richtung von OP mit der Richtung der Tangente in P den *gleichen Winkel* α bildet.

Bemerkung: Die mathematische Darstellung ist für die elektronische Steuerung von Schleifapparaturen wichtig.

Um das für die Infinitesimalrechnung typische „Argumentieren im Kleinen" weiter zu verdeutlichen, muss sich der Lernende auch vom Bezug zur Geometrie freimachen. Beispiele wie die folgenden mögen ihm dabei helfen.

Physikalische Arbeit

Beispiel 8: (Aufstellen einer Leiter)
Welche Arbeit ist aufzuwenden, um eine Leiter mit der Gewichtskraft G (in N) und der Länge L (in m), die an einem Ende am Boden festgemacht ist, von der Horizontalen in die Vertikale zu bringen? – Der Schwerpunkt bewegt sich beim Aufstellen auf einem Kreisbogen mit dem Radius $\frac{L}{2}$. Die aufzuwendende Kraft wirkt tangential zum Kreisbogen und nimmt von G bis 0 ab. Bildet die Leiter mit der Horizontalen den Winkel x (Bogenmaß), dann beträgt sie $F(x) = G \cdot \cos x$.

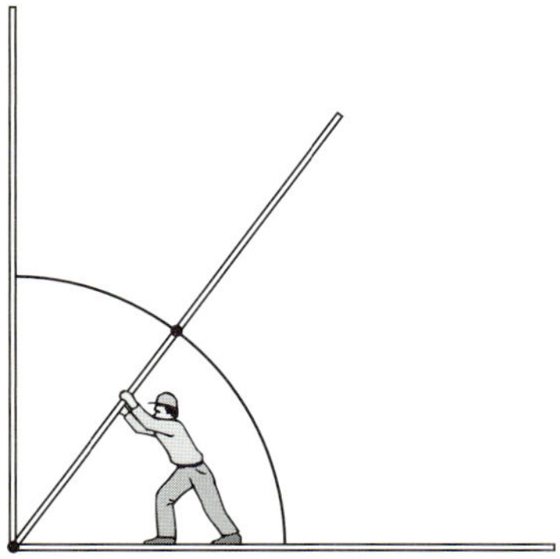

Weil F(x) nicht konstant ist, zerlegen wir $\left[0; \frac{\pi}{2}\right]$ durch $0 = x_0 < x_1 < \ldots < x_n = \frac{\pi}{2}$. Beim Übergang von x_i zu x_{i+1} legt der Schwerpunkt den Weg $\frac{L}{2}(x_{i+1} - x_i)$ zurück. Somit ist

$$F(x_0)\cdot\frac{L}{2}\cdot(x_1 - x_0) + F(x_1)\cdot\frac{L}{2}\cdot(x_2 - x_1) + \ldots + F(x_{n-1})\cdot\frac{L}{2}\cdot(x_n - x_{n-1})$$

eine Näherung für die gesuchte Arbeit W. Sie kommt W umso näher, je feiner wir die Zerlegung wählen. Die Arbeit W erweist sich als Integral der Funktion $x \mapsto G\cdot\frac{L}{2}\cdot\cos x$ über $\left[0; \frac{\pi}{2}\right]$ und beträgt demnach

$$W = G\cdot\frac{L}{2}\int_0^{\pi/2}\cos x\,dx = G\cdot\frac{L}{2} \text{ (in Nm).}$$

CO-Gehalt der Zimmerluft

Beispiel 9: (Luftverschmutzung)
Zigarettenrauch enthält etwa 4% Vol (Volumenprozent) giftiges Kohlenmonoxyd CO. Wenn in einem Zimmer geraucht wird, dann erhöht sich der CO-Gehalt der Zimmerluft. Allerdings entweicht auch fortwährend ein Teil der Zimmerluft nach draußen und wird durch Frischluft ersetzt. Wie ändert sich die CO-Konzentration in der Zimmerluft bei diesem Prozeß?

Vereinfachende Annahmen

Um dem Problem beizukommen, müssen wir es zunächst durch einige *idealisierende Annahmen vereinfachen*. Wir nehmen an, dass pro min z Liter Zigarettenrauch entstehen und ebensoviel Zimmerluft aus dem Zimmer abzieht. Außerdem gehen wir davon aus, dass sich der Zigarettenrauch augenblicklich und vollständig mit der Zimmerluft vermischt. Da es einen Unterschied macht, ob in einem kleinen oder in einem großen Zimmer geraucht wird, nehmen wir weiter an, dass das Zimmer V Liter Luft enthält.

Welche Faktoren beeinflussen den CO-Gehalt?

Der CO-Gehalt K(t) der Zimmerluft zum Zeitpunkt t wird durch zwei Einflußfaktoren bestimmt: Das durch den Zigarettenrauch hinzukommende und das durch „Belüftung" entfernte CO. Pro min kommen 0,04z Liter CO hinzu und ziehen gleichzeitig $\left[\frac{K(t)}{V}\right]\cdot z$ Liter ab. Es ist also $K(t+1) - K(t) = 0{,}04z - \left[\frac{K(t)}{V}\right]z$. Setzen wir nun K als differenzierbar voraus, dann dürfen wir näherungsweise annehmen, dass K(t) in [0; 1] linear zunimmt:

Lokale Linearisierung

$$K(t+h) - K(t) = \left[0{,}04z - \left(\frac{K(t)}{V}\right)z\right]\cdot h$$

$$\frac{[K(t+h) - K(t)]}{h} = 0{,}04z - \left[\frac{K(t)}{V}\right]z.$$

Die rechte Seite ist von h unabhängig, die linke hat für $h \to 0$ den Grenzwert $K'(t)$.

$$K'(t) = 0{,}04z - \left[\frac{K(t)}{V}\right] z \quad \text{(z in L/min; V in L; K(t) in L; K'(t) in L/min)}$$

Mit Hilfe dieses „Steckbriefes" für die Funktion K können wir diese nun finden.

Übergang zur Ableitung

$$K'(t) = \tfrac{z}{V}[0{,}04V - K(t)]$$

$$\frac{-K'(t)}{0{,}04V - K(t)} = -\frac{z}{V}$$

$$\ln[0{,}04V - K(t)] = -\tfrac{z}{V}t + d$$

Bestimmung von K

$$K(t) = 0{,}04V - Ce^{-(z/V)t}$$

Interpretation des rechnerischen Ergebnisses

Enthielt die Zimmerluft vor dem Rauchen kein CO, dann ist $K(0) = 0$, $C = 0{,}04V$ und

$$K(t) = 0{,}04V[1 - e^{-(z/V)t}].$$

Nach dieser Gesetzmäßigkeit steigt also der CO-Gehalt von anfänglich 0 L bis gegen 0,04V L an.

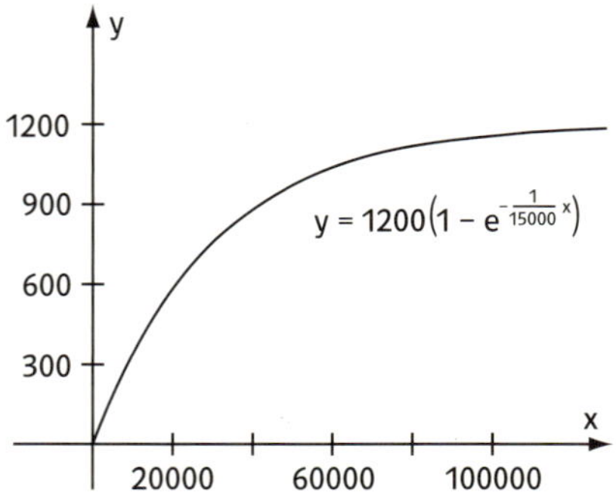

In einem $30\,m^3$ großen Raum, in dem pro min 2 Liter CO neu hinzukommen (s. Fig.), dauert es unter den angegebenen Bedingungen nur etwa 45 min, bis eine gesundheitsschädliche CO-Konzentration (die bei etwa 0,012 % beginnt) vorhanden ist.

Das vorangehende Beispiel handelte von einem *Mischungsproblem*. Solche Probleme treten in der Realität häufig auf, sie reichen von Migrationsproblemen bei Bevölkerungen über die Wirkung von Medikamenten bis zu Fragen der Ökologie. Das folgende Beispiel beschäftigt sich mit verschiedenen Varianten eines solchen Problems.

Beispiel 10: (Mischungsproblem)

Mischungsproblem mit Variationen

In einem großen Tank sind in 1000 Liter Wasser 50 kg Salz gelöst. Der Tank hat einen Zufluss und einen Abfluss sowie eine Rühranlage, die für stets gute Durchmischung sorgt. Pro min fließen 10 Liter des Tankinhaltes ab.

Wir variieren nun den Zufluss nach Menge und Salzgehalt und fragen jeweils nach der Salzmenge S(t) zur Zeit t im Tank.

A: Zufluss reines Wasser

Zufluss salzlos

Fall 1: Zufluss 10 L/min; Abfluss 10 L/min

Zufluss = Abfluss

Für die im Zeitintervall [t; t + h] aus dem Tank entfernte Salzmenge S(T) − S(t + h) gilt

$$\frac{S(t+h)}{1000} \cdot 10 \cdot h < S(t) - S(t+h) < \frac{S(t)}{1000} \cdot 10 \cdot h$$

$$-0{,}01\,S(t+h) > \frac{S(t+h) - S(t)}{h} > -0{,}01\,S(t).$$

Für $h \to 0$ folgt $S'(t) = -0{,}01\,S(t)$ und hieraus mit $S(0) = 50$

$$S(t) = 50e^{-0{,}01t} \quad \text{(S in kg).}$$

Daran ist abzulesen, dass es zunehmend schwieriger wird, das Salz aus dem Tank zu entfernen. So dauert es etwa 22 min, um den anfänglichen Salzgehalt von 5 % um 1 % zu reduzieren, aber über 3 h, um einen Salzgehalt von 0,8 % (trinkbares Wasser) zu bekommen.

Zufluss > Abfluss

Fall 2: Zufluss 15 L/min; Abfluss 10 L/min

$$\frac{S(t+h)}{1000 + 5(t+h)} \cdot 10 \cdot h < S(t) - S(t+h) < \frac{S(t)}{1000 + 5t} \cdot 10 \cdot h$$

Für $h \to 0$ folgt $S'(t) = -\frac{2}{200+t}S(t)$ oder $\frac{S'(t)}{S(t)} = -\frac{2}{200+t}$ und hieraus mit $S(0) = 50$

$$S(t) = \frac{50}{(1 + 0{,}005t)^2}.$$

Jetzt enthält der Tank schon nach etwa $2\frac{4}{5}$ h (ca. 1850 L) trinkbares Wasser.

Zufluss < Abfluss

Fall 3: Zufluss 5 L/min, Abfluss 10 L/min; nach 200 min ist der Tank leer.

$$\frac{S(t+h)}{1000-5(t+h)}\cdot 10\cdot h < S(t) - S(t+h) < \frac{S(t)}{1000-5t}\cdot 10\cdot h$$

$$S'(t) = -\frac{2}{200-t}S(t);\quad \frac{S'(t)}{S(t)} = 2\,\frac{-1}{200-t}$$

$$S(t) = 50\,(1 - 0{,}005\,t)^2$$

Trinkbares Wasser ist nach etwa derselben Zeit wie im Fall 2 vorhanden, wobei allerdings nur noch etwa 160 L im Tank sind.

Die Fälle 1 – 3 im Vergleich

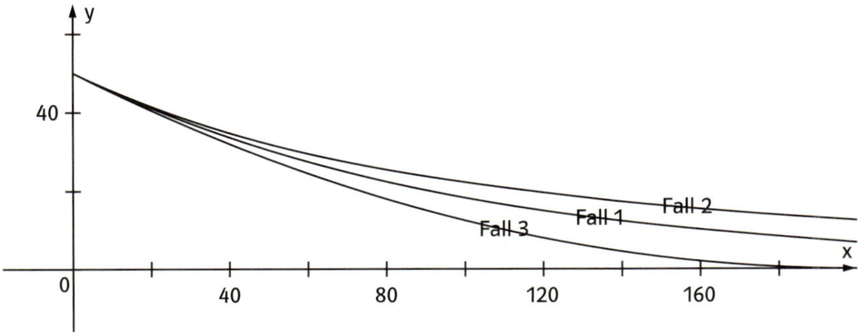

Veranschaulichung der Fälle 1 – 3

Bemerkung: Allgemein gilt bei einem Zufluss von z L/min ($z \neq 10$)

$$S(t) = 50\left(1 + \frac{z-10}{1000}t\right)^{-\frac{10}{z-10}}.$$

Fall 1 als Grenzfall

Schreibt man dies in der Form

$$S(t) = 50\left[\left(1 + \frac{t}{\frac{1000}{z-10}}\right)^{-\frac{1000}{z-10}}\right]^{-0{,}01},$$

dann erkennt man, dass sich für $z \to 10$ der Fall 1 ergibt.

Zufluss salzhaltig

B: Zufluss salzhaltig

Zufluss = Abfluss

Fall 1*: Zufluss 10 L/min mit 0,2 kg Salz/L; Abfluss 10 L/min.
Der Salzgehalt im Tank nimmt zu.

$$\left[2 - \frac{S(t)}{1000}\right]\cdot 10\cdot h > S(t+h) - S(t) > \left[2 - \frac{S(t+h)}{1000}\right]\cdot 10\cdot h$$

$$S'(t) = 0{,}01\,[200 - S(t)]$$

$$S(t) = 200 - 150e^{-0{,}01t}$$

Erwartungsgemäß nähert sich die Salzkonzentration im Tank asymptotisch der Konzentration des Zuflusses (beschränktes Wachstum).

Zufluss > Abfluss

Fall 2*: Zufluss 15 L/min mit 0,2 kg Salz/L; Abfluss 10 L/min

$$\left[3 - \frac{S(t)}{1000+5t}\right]\cdot 10\cdot h > S(t+h) - S(t) > \left[3 - \frac{S(t+h)}{1000+5t}\right]\cdot 10\cdot h$$

$$S'(t) = 3 - \frac{S(t)}{100+0{,}5t}$$

Es liegt nahe, versuchsweise an die Stelle der im Fall 1* auftretenden Zahl 200 die auf lange Sicht im Tank vorhandene Salzkonzentration $\frac{1000+5t}{5} = 200 + t$ zu setzen und an die Stelle von $150e^{-0{,}01t}$ einen Term der Form $\frac{c}{(1+0{,}005t)^2}$ (vgl. Fall 2). Wegen $S(0) = 50$ wäre dann $c = 150$. Die Probe bestätigt:

$$S(t) = 200 + t - \frac{150}{(1+0{,}005t)^2}.$$

Die Salzkonzentration nähert sich zunehmend der Konzentration 0,2 des Zuflusses.

Zufluss < Abfluss

Fall 3*: Zufluss 5 L/min mit 0,2 kg Salz/L; Abfluss 10 L/min.
Nach 200 min ist der Tank leer.
Bei zunehmendem Salzgehalt ist

$$\left[1-\frac{S(t+h)}{100-5(t+h)}\right]\cdot 10\cdot h < S(t+h)-S(t) < \left[1-\frac{S(t)}{1000-5t}\right]\cdot 10\cdot h,$$

bei abnehmendem Salzgehalt

$$\left[1-\frac{S(t)}{1000-5t}\right]\cdot 10\cdot h < S(t+h)-S(t) < \left[1-\frac{S(t+h)}{100-5(t+h)}\right]\cdot 10\cdot h, \text{ also}$$

$$S'(t) = 1-\frac{S(t)}{100-0{,}5t}.$$

Eine analoge Überlegung wie im Fall 2* führt auf

$$S(t) = 200 - t - 150(1-0{,}005t)^2.$$

Der Salzgehalt im Tank nimmt zunächst zu, erreicht nach etwa 67 min seinen Höchstwert und sinkt danach wieder ab. Die Konzentration nähert sich für $t \to 200$ dem Wert 0,2 kg/L des Zuflusses.

Die Fälle 1–3* im Vergleich*

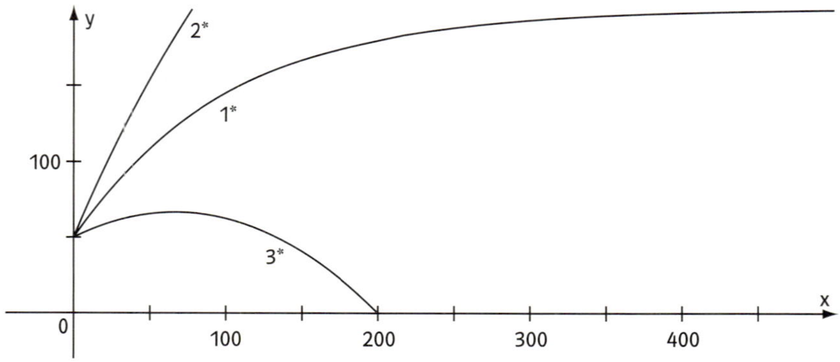

Veranschaulichung der Fälle 1*–3*

Die Integralrechnung kann auch dienlich sein, um einen empirischen Sachverhalt gedanklich zu vereinfachen, indem sie z. B. erlaubt, sich die Masse eines ausgedehnten Körpers in einem Punkt konzentriert zu denken.

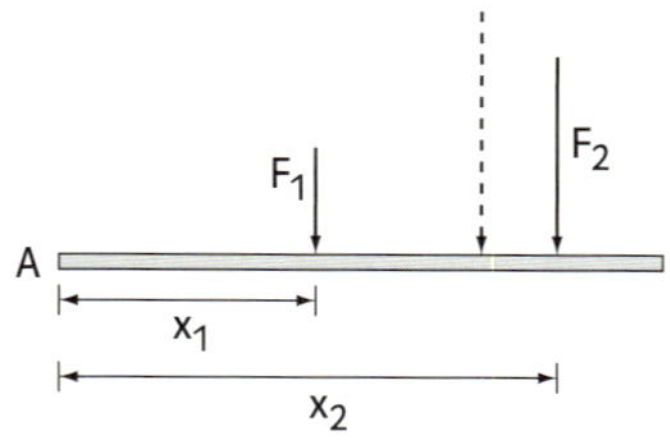

Beispiel 11: (Bestimmung des Schwerpunkts)
An einem einseitigen Hebel der Länge L kann man zwei Kräfte F_1 und F_2 mit den Abständen x_1 bzw. x_2 vom Hebellager A durch eine einzige Kraft $F_s = F_1 + F_2$ ersetzen, deren Abstand x_s von A durch

$$(*) \qquad x_s F_s = x_1 F_1 + x_2 F_2$$

festgelegt ist. Entsprechendes gilt bei mehr als zwei Kräften. Aus Erfahrung wissen wir: Eine solche Reduktion auf eine einzige Kraft ist auch dann möglich, wenn ein ausgedehnter Körper auf dem Hebel liegt. Wo hat man sich in diesem Fall den Angriffspunkt der Gewichtskraft zu denken?

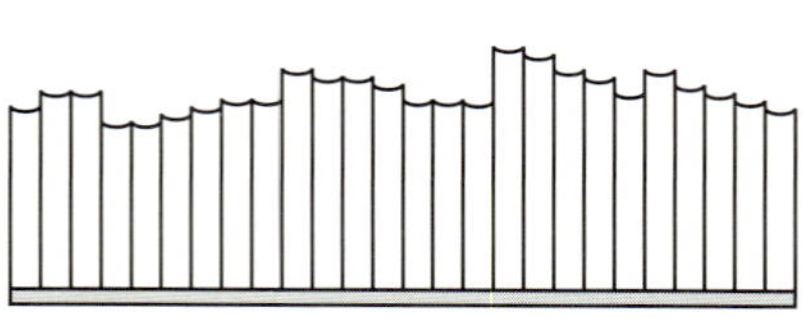

Schwerpunkt eines homogenen Körpers

Reduktion von Kräften

Zerlegen eines Kontinuums

Bei einer kontinuierlich verteilten Belastung (vgl. z. B. ein Bücherbrett) gibt es eine Funktion $x \mapsto F(x)$, die zu jedem $x \in [0; L]$ die im Intervall $[0; x]$ vorhandene Belastung angibt. Um den Anschluss an (*) zu finden, denken wir uns den Körper durch

$0 = x_0 < x_1 < \ldots < x_n = L$ orthogonal zur x-Achse in Scheiben der Dicke $\frac{L}{n}$ zerschnitten. Danach sagt

$$x_s \cdot \text{Gewichtskraft des ganzen Körpers} = \sum_i x_i \cdot \text{Gewichtskraft der i-ten Scheibe},$$

wo der Angriffspunkt der Ersatzkraft *ungefähr* zu suchen ist. Schreibt man dies (für einen *homogenen* Körper mit der Dichte ϱ und dem Volumen V) in der Form

$$x_s \cdot (V \cdot \varrho \cdot g) = \sum_i x_i \cdot (V_i \cdot \varrho \cdot g) \qquad (V_i\text{: Volumen der i-ten Scheibe; } g\text{: Gravitationskonstante})$$

Annäherung im Kleinen

und nähert V_i mittels des Körperquerschnitts $q(x_i)$ durch $q(x_i)(x_{i+1} - x_i)$ an, dann folgt

$$x_s \cdot \int_0^L q(x)\,dx = \int_0^L x \cdot q(x)\,dx \quad \text{und}$$

$$x_s = \int_0^L x \cdot q(x)\,dx \Big/ \int_0^L q(x)\,dx.$$

Übergang zum Integral

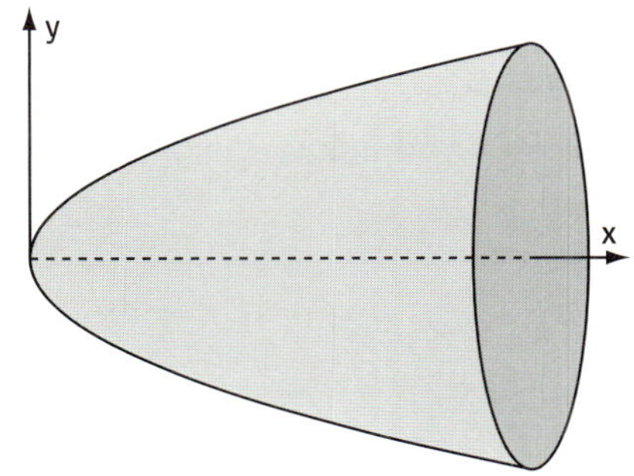

Für den abgebildeten paraboloidförmigen Körper mit dem durch K: $y = \sqrt{x}$ gegebenen Profil erhält man

$$x_s = \int_0^L x \cdot \pi x\,dx \Big/ \int_0^L \pi x\,dx$$

$$= \tfrac{2}{3} L\,.$$

Beispiel 12: (Mittlere Stromstärke eines Wechselstroms)

Welche Elektrizitätsmenge Q transportiert ein Wechselstrom i mit der Periodendauer T, der gemäß

$$i(t) = i_{max} \cdot \sin\left(\tfrac{2\pi}{T} \cdot t\right)$$

von der Zeit abhängt, während einer halben Periodendauer? Welche Stromstärke i_g hat ein Gleichstrom, der die gleiche Elektrizitätsmenge transportiert?

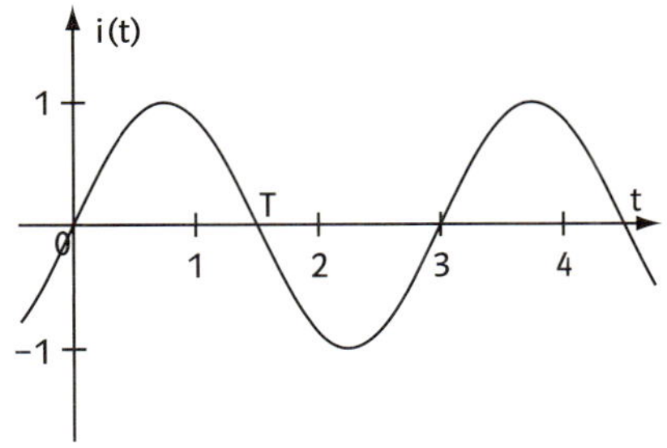

„Mittlere" Stromstärke

a) Da i(t) im Zeitintervall $\left[0; \frac{T}{2}\right]$ nicht konstant ist, denken wir uns das Intervall durch $0 = t_0 < t_1 < \ldots < t_n = \frac{T}{2}$ unterteilt und Q durch

$$i(t_0)(t_1 - t_0) + \ldots + i(t_{n-1})(t_n - t_{n-1})$$

angenähert. Die Elektrizitätsmenge Q ist das Integral der Funktion $t \mapsto i(t)$ über $\left[0; \frac{T}{2}\right]$.

Näherung mittels Gleichstromstärken

$$Q = \int_0^{T/2} i(t)\,dt = i_{max} \int_0^{T/2} \sin\left(\tfrac{2\pi}{T} \cdot t\right) dt = i_{max} \tfrac{T}{2\pi}\left[-\cos\left(\tfrac{2\pi}{T} \cdot t\right)\right]\Big|_0^{T/2} = \tfrac{T}{\pi} \cdot i_{max}$$

b) Für die gesuchte Gleichstromstärke i_g soll $i_g \cdot \frac{T}{2} = \frac{T}{\pi} \cdot i_{max}$ gelten. Daraus ergibt sich

$$i_g = \tfrac{2}{\pi} \cdot i_{max} \approx 0{,}64\,i_{max}.$$

elektrolytischer Mittelwert

Die Stromstärke i_g ist als „mittlere Stromstärke" des Wechselstroms im Intervall $\left[0; \frac{T}{2}\right]$ zu verstehen.

effektiver Mittelwert

Bemerkung: Die errechnete Stromstärke i_g heißt auch *elektrolytischer Mittelwert* der Wechselstromstärke. Ein anderer Mittelwert ist der (z. B. bei Motoren entscheidende) *Effektivwert* der Wechselstromstärke, die *Effektivstromstärke* i_{eff}. Sie ist definiert als Stromstärke eines Gleichstroms, der in einer halben Periodendauer dieselbe *Arbeit* verrichtet wie der Wechselstrom; für sie gilt:

$$i_{eff} \approx 0{,}71\, i_{max}.$$

Analytische Geometrie

9 Vorbemerkungen zur „analytischen“ Geometrie

Wege zum Rechnen in der Geometrie

„synthetisch" – „analytisch"

Von „Analytischer Geometrie" spricht man – im Unterschied zur „Synthetischen Geometrie", einer Geometrie im Sinne Euklids –, wenn zur Erörterung geometrischer Fragen Verfahrensweisen der Arithmetik, Algebra oder Analysis eingesetzt werden. Der Name verweist somit weniger auf einen Inhalt, als auf eine Methode.
Es gibt im Grunde drei Möglichkeiten, wie man geometrische Fragen einer *rechnerischen* Behandlung zugänglich machen kann.

Der rein synthetische Weg

Der erste Weg verläuft ganz innerhalb der synthetischen Geometrie. Von Zahlen wird kein Gebrauch gemacht, man arbeitet ausschließlich mit geometrischen Objekten (z. B. Strecken). Für diese Objekte werden geometrisch Verknüpfungen so erklärt, dass algebraische Rechengesetze gelten. Wenn Koordinaten auftreten, dann sind diese Koordinaten geometrische Dinge; dasselbe gilt z. B. für die Koeffizienten in einer Geradengleichung.

Der rein analytische Weg

Ein anderer, in gewisser Weise umgekehrter Weg versucht, bereits bei der Grundlegung die Voraussetzungen für ein rechnerisches Vorgehen zu schaffen. Er geht von algebraischen Gegebenheiten aus, z. B. vom Körper der reellen Zahlen, und *nennt* gewisse Objekte „Punkte", andere „Geraden" und wieder andere „Ebenen". Derart wird ein geometrischer Bereich algebraisch nachgebildet. Er kann dann mit den Methoden der Arithmetik, Algebra und Analysis untersucht werden.

Der meist beschrittene Weg

Der Schule sind die beiden skizzierten „methodenreinen" Wege verwehrt; der erste ist zu langwierig und mühsam, der zweite zu abstrakt. Der Weg, den die Schule geht, ist eine Art Mischform. Er unterscheidet zunächst strikt zwischen Gegenständen der Geometrie und solchen der Arithmetik. Die unabhängig von der Geometrie existierenden reellen Zahlen werden nun mittels eines Koordinatensystems dazu verwendet, geometrische Gegenstände zu beschreiben. Anstelle dieser Gegenstände selbst werden deren arithmetische „Stellvertreter" rechnerisch untersucht.

Koordinatensysteme. Zahlen als Punktkoordinaten

Anonymität der Punkte

In der Geometrie des Anschauungsraumes sind zunächst alle Punkte gleichwertig, denn ein Punkt hat keinerlei individuelle Eigenschaften, die ihn von anderen Punkten unterscheiden. Die durch ein *Koordinatensystem* erzielte Vereinfachung besteht darin, Punkte zu identifizieren. Jeder Punkt erhält „sein" Etikett (von Koordinaten), das ihn von anderen Punkten unterscheidet und aufgrund dessen er jederzeit wiedererkannt werden kann.

Was bringt ein Koordinatensystem?

Das ist ein Vorteil, welcher der Geometrie von Haus aus nicht eigen ist, sondern den wir uns durch unser Zutun verschaffen.

Unabhängigkeit vom Koordinatensystem

Er will bezahlt sein. Ein durch Rechnen mit Koordinaten erzieltes Ergebnis beinhaltet nur insoweit eine *geometrische* Aussage, als es von dem zugrundegelegten Koordinatensystem unabhängig ist. Geometrisch daran ist nur das, was sich beim Übergang zu einem andern Koordinatensystem *nicht* ändert.

Hochpunkt und Wendepunkt eines Funktionsschaubildes

Beispiel: (Geometrie und Koordinatensystem)
Bei der üblichen Veranschaulichung einer Funktion in einem kartesischen Koordinatensystem erhält man eine Kurve. Man redet von einem Hochpunkt der Kurve, einem Wendepunkt usw., als ob es sich beide Mal um eine geometrische Eigenschaft handle. Verwendet man nun zur Beschreibung derselben *Kurve* ein gedrehtes Koordinatensystem, dann bleibt der Wendepunkt ein Wendepunkt, während ein Hochpunkt seine Bedeutung verliert. Ein Wendepunkt enthält eine *geometrische* Aussage über die *Kurve*, ein Hochpunkt dagegen beinhaltet keine Aussage über die Kurve (sondern über die veranschaulichte *Funktion*).

Geometrische Eigenschaften als Invarianten bei Abbildungen

Beim Übergang von einem gegebenen Koordinatensystem (z.B. der Ebene) zu einem neuen erhält derselbe Punkt $P(x_1|x_2)$ neue Koordinaten $P(x_1^*|x_2^*)$. Bezieht man auch die neuen Koordinaten auf das alte System, dann erhält man zu $P(x_1|x_2)$ einen neuen Punkt $P^*(x_1^*|x_2^*)$ und die Zuordnung $P \mapsto P^*$ ist eine eineindeutige Abbildung. Die Unabhängigkeit geometrischer Eigenschaften vom Koordinatensystem erweist sich so als *Invarianz gegenüber gewissen Abbildungen.*
In der schulischen Praxis sind uns die in Frage kommenden Abbildungen meist vertraut, wir kennen ihre Invarianten. Beschränkt man sich in diesem Fall bei der Interpretation eines rechnerischen Ergebnisses (über die durch Koordinaten gegebene Figur) ausschließlich auf solche Invarianten, dann braucht man sich um jene Abbildungen nicht weiter zu kümmern und kann mit *einem* Koordinatensystem und *einer* Figur auskommen.

Geometrische Interpretation eines Rechenergebnisses

Beispiel: (Geometrie durch Rechnen mit Koordinaten)
In einem gleichseitigen Dreieck ABC mit der Seitenlänge a sei F die Mitte von AB. Es soll gezeigt werden: Verlängert man CA über A hinaus um $\overline{AF}$ bis A^*, dann ist $\overline{A^*F} = \overline{FC}$.
Im eingezeichneten Koordinatensystem ist

$F\left(\frac{a}{2}\middle|0\right)$, $C\left(\frac{a}{2}\middle|\frac{a}{2}\sqrt{3}\right)$, $A^*\left(-\frac{a}{4}\middle|-\frac{a}{4}\sqrt{3}\right)$ und

$$\overline{A^*F} = \sqrt{\left(\frac{a}{2}+\frac{a}{4}\right)^2 + \left(\frac{a}{4}\sqrt{3}\right)^2} = \frac{a}{2}\sqrt{3} = \overline{FC}.$$

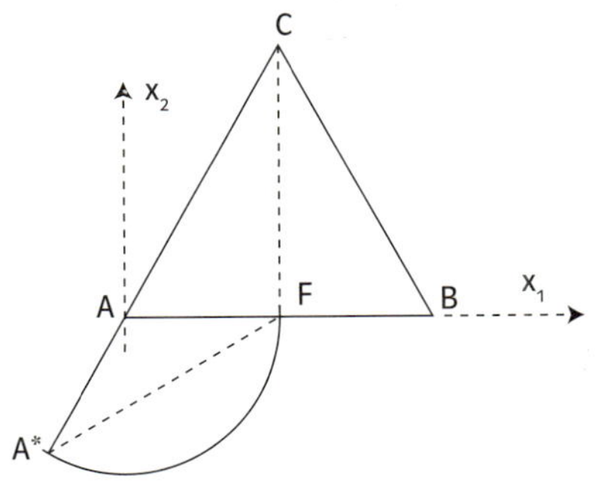

Da Kongruenzabbildungen Streckenlängen nicht ändern, ist dies eine vom Koordinatensystem unabhängige, (kongruenz-)*geometrische* Aussage.

Bemerkung: Ein Vergleich des geführten Nachweises mit einem Nachweis *ohne* Koordinaten (die Orthogonale zu AC durch F ist Mittelsenkrechte von A*C) zeigt den Unterschied der „analytischen" und der „synthetischen" Vorgehensweise.

Affine Eigenschaften

Spätestens seit FELIX KLEIN (1849–1925; Erlanger Programm 1872) dienen Abbildungen auch dazu, geometrische Eigenschaften zu sortieren. *Affine* Eigenschaften sind solche, die bei „affinen" (d.h. durch LGS vermittelte eineindeutige) Abbildungen erhalten bleiben. Sie sind von nicht quantitativer Art und haben mit Verbinden, Schneiden, Parallelität zu tun; sie ignorieren, wie lang eine Strecke ist oder wie stark zwei Geraden gegeneinander

Metrische Eigenschaften

geneigt sind. *Metrische* Eigenschaften sind von quantitativer Art; es sind solche, die sogar gegenüber „orthogonalen" Abbildungen (wie z. B. Achsenspiegelungen, bei denen das vermittelnde LGS gewisse zusätzliche Eigenschaften hat) invariant sind.

Beispiel: (Affin – metrisch)
Die Eigenschaft eines Punktes M, Mittelpunkt einer Strecke PQ zu sein, bleibt bei affinen Abbildungen erhalten: Sind M^*, P^*, Q^* die Bildpunkte, dann ist M^* die Mitte von P^*Q^*; es handelt sich also um eine affine Eigenschaft. Dagegen ist i. Allg. P^*Q^* nicht mehr gleich lang wie PQ. Nur wenn die affine Abbildung speziell eine orthogonale Abbildung ist, ist nicht nur M^* die Mitte von P^*Q^*, sondern P^*Q^* auch gleich lang wie PQ.

Lagebeziehungen

In GOETHES „Farbenlehre" ist zu lesen: ... *Am wünschenswertesten wäre jedoch, dass man die Sprache, wodurch man die Einzelheiten eines gewissen Kreises bezeichnen will, aus dem Kreise selbst nähme, die einfachste Erscheinung als Grundformel behandelte und die mannigfaltigeren von daher ableitete und entwickelte.* Aus eben diesem Grunde versucht die analytische Geometrie – neben dem Rechnen mit Koordinaten – mit geometrischen Objekten selbst (anstatt mit den zu ihrer Beschreibung verwendeten Zahlen) zu rechnen.

Geometrische Objekte als Rechenobjekte

Die naheliegendsten geometrischen Dinge, an die man dabei als Rechenobjekte denken mag, sind die Punkte. Nun ist aber ein Punkt für sich allein ziemlich nichtssagend. Punkte werden erst interessant durch die *Beziehungen*, in denen sie *zueinander* stehen. Die besonderen Beziehungen, in denen die Punkte einer Figur zueinander stehen, machen die *geometrischen Eigenschaften* der Figur aus; geometrische Eigenschaften sind letztlich nichts anderes als *Lagebeziehungen zwischen Punkten*.

Lagebeziehungen von Punkten zueinander

Beispiel: (Lagebeziehungen)
a) Im Alltag ist „... liegt 100 km östlich von ..." eine Lagebeziehung zwischen Orten.
b) Die Punkte P einer Kreislinie befinden sich zum Kreismittelpunkt M in einer besonderen Lagebeziehung; sie wird in der Geometrie durch „Alle Strecken MP sind kongruent" beschrieben.

Pfeil als Ausdruck einer Lagebeziehung

Um eine solche Lagebeziehung geht es, wenn wir einen *Pfeil* (d.h. eine orientierte Strecke) zeichnen. Er drückt aus, dass sein Endpunkt zum Anfangspunkt in einer bestimmten Lagebeziehung steht. In *derselben Beziehung* stehen die Punkte von gewissen anderen Punktepaaren. Sie ist durch Länge, Richtung und Orientierung des Pfeils bestimmt. Wenn wir den Pfeil durch einen gleichlangen, parallelen und gleichorientierten Pfeil an anderer Stelle ersetzen, so geht keinerlei Information verloren. Der betrachteten Lage*beziehung* ent-

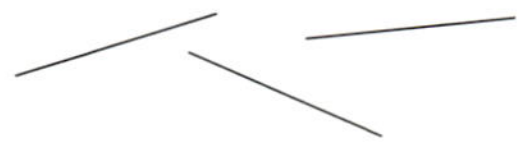

gleiche Länge

spricht somit ein Pfeil, der beliebig (parallel) verschoben werden darf. Die Vorstellung eines „beweglichen" Pfeils ist in der Geometrie ungewohnt (wenngleich wir z. B. mit „Parallelogramm" eigentlich auch eine gewisse Figur meinen, die beliebig verschoben und sogar affin deformiert werden darf). Näher liegt die Vorstellung einer Ortsverlagerung („Translation") aller Punkte der Ebene und vielleicht noch näher deren Veranschaulichung durch eine *Klasse* von gleichlangen, parallelen und gleichorientierten Pfeilen.

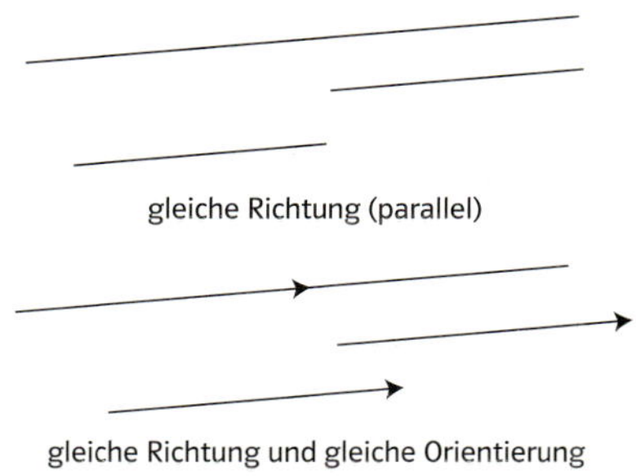

Lagebeziehung

… als Translation

… als Klasse von Pfeilen

Addieren von Pfeilklassen

Die Deutung einer Lagebeziehung als Ortsverlagerung lässt erkennen, dass man Lagebeziehungen verknüpfen kann. Pfeilklassen $\overrightarrow{AB}$ und $\overrightarrow{CD}$ bestimmen (durch die aus der Fig. ersichtliche Konstruktionsvorschrift) eindeutig eine weitere Pfeilklasse $\overrightarrow{EF}$. Die Verknüpfung erweist sich als kommutativ und assoziativ und wird „Addition" genannt. Damit stehen mit den Pfeilklassen *geometrische* Rechenobjekte zur Verfügung. Es sind, wenn auch nicht die einzigen, so doch wohl die elementarsten geometrischen Objekte dieser Art.

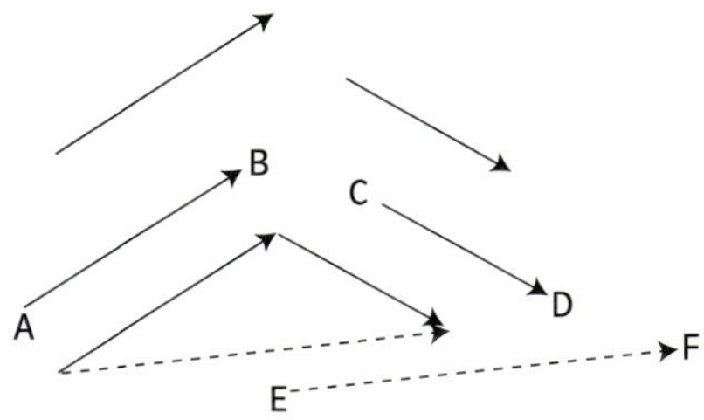

Analytische Geometrie und lineare Algebra

Auf der Hochschule kommt analytische Geometrie heutzutage oft nur (noch) im Rahmen der linearen Algebra zur Sprache. Das hängt mit der engen Beziehung zusammen, die man zwischen einem Raum, in dem man Geometrie treibt (affiner Punktraum), und einem Vektorraum herstellt. Ein *affiner Raum* wird aufgefasst als nichtleere Menge A von „Punkten", auf der ein Vektorraum V von „Translationen" einfach transitiv operiert (d. h. jedes $v \in V$ bewirkt eine Bijektion τ_v von A auf sich, und zu gegebenen Punkten $P, Q \in A$ gibt es stets genau einen Vektor $v \in V$ mit $\tau_v(P) = Q$). Damit wird bereits bei der Grundlegung die Möglichkeit eines rechnerischen Vorgehens geschaffen, denn die Untersuchung eines affinen Raumes läuft darauf hinaus, den zugehörigen Vektorraum zu untersuchen. Die Unterscheidung zwischen affiner und metrischer Geometrie (falls der Vektorraum euklidisch ist) bietet sich bei diesem Zugang in natürlicher Weise an.

Von der linearen Algebra zur Geometrie

Einem Algebraiker mag diese Grundlegung sehr entgegenkommen, einem Geometer dürfte sie zu wenig „geometrisch" sein. Er kommt von einer synthetischen Grundlegung der Geometrie her und möchte zeigen, dass ein geometrischer Raum auch algebraische Züge trägt. Insbesondere interessiert ihn, welche Axiome man *mindestens* braucht, um z. B. zur Struktur ei-

Von der Geometrie zur linearen Algebra

nes Vektorraumes zu gelangen und welche zusätzlichen Annahmen nötig sind, um diese Struktur anzureichern. Die Unterscheidung zwischen affiner und metrischer Geometrie ergibt sich bei diesem Zugang aus den verwendeten Axiomgruppen.

Beide Standpunkte sind für die Schule problematisch

Die Schule kann sich weder den einen noch den andern der beiden Standpunkte unmittelbar zu eigen machen. Der Standpunkt des Algebraikers setzt ein Abstraktionsvermögen und Methodenbewusstsein voraus, über das der Schüler nicht verfügt (nicht umsonst wird noch in Vorlesungen über lineare Algebra fortwährend an geometrisches Hintergrundwissen appelliert). Der Geometer andererseits verfolgt mit der Erörterung von Grundlagenfragen eine Zielsetzung, welche der Schule nicht angemessen ist – weil sie dem Schüler, indem sie die Gestalthaftigkeit der Geometrie ignoriert, ein falsches Bild von Mathematik vermittelt.

Analytische Geometrie in der Schule

Die Tendenz der Hochschule, analytische Geometrie als lineare Algebra zu sehen, ist auch in der Schule spürbar. Sie führt dort zu mancherlei Verunsicherungen, insbesondere was die Grundlegung und allgemeine Zielsetzung des Unterrichts angeht.

Was wird vorausgesetzt?

Die Schule kommt nicht umhin, die analytische Geometrie als „Fortsetzung der Elementargeometrie mit anderen Mitteln" anzusehen und auf eine vom bisher Gelernten unabhängige, eigenständige Grundlegung zu verzichten. Das bedeutet, frühere Ergebnisse der Kongruenz- und Ähnlichkeitslehre zu akzeptieren und auch die reellen Zahlen als gegeben vorauszusetzen. Insbesondere bleiben „Punkt" und „Gerade" weiterhin Grundbegriffe, während (anders als in der Wissenschaft) „Vektor" ein abgeleiteter Begriff ist. Als Konsequenz ist eine Scheidung zwischen affiner und metrischer Geometrie nicht mehr von der Grundlegung her vorgezeichnet, sondern allenfalls aus didaktischen Gründen erwägenswert.

Was soll erreicht werden?

Das maßgebende Lernziel ist weniger inhaltlicher, als methodischer Art. Es geht darum, dem Schüler zu vermitteln, dass und warum und wie man dahin gelangt, in der Geometrie *rechnerisch* vorzugehen. Dieses generelle Vorhaben unterscheidet sich von herkömmlichen Absichten des Geometrieunterrichts in der Akzentuierung. Unterrichtsinhalt und Unterrichtsform müssen sich dem vorrangigen Ziel, ein adäquates *Methodenbewusstsein* hervorzubringen, unterordnen.

Traditionelle Inhalte, aber zeitgemäße Methoden

Die geometrischen Inhalte, denen sich die Schule dazu widmet, sind ganz unspektakulär und „altmodisch" (aber unverzichtbar). Der Unterricht braucht deswegen nicht unmodern zu sein. Er wird zeitgemäß durch die Behandlung unverzichtbarer Inhalte nach *zeitgemäßen Gesichtspunkten und Methoden*. Allerdings ist es dabei mit bloßen Hinweisen – im Sinne von Ausblicken – auf abstrakte Begriffsbildungen und Zusammenhänge nicht getan. Man darf sich über die Wirkung solcher Ausblicke keiner Täuschung hingeben. Ein Schüler kann nur zur Kenntnis nehmen, was ihm erzählt wird; dass eine Begriffsbildung sinnvoll und das Vorgehen vernünftig ist, kann er nicht erkennen. (Er hört z. B., dass man den dreidimensionalen

Raum zu n-dimensionalen Räumen verallgemeinern kann; aber was ist damit gewonnen?) Einem Schüler fehlt die mathematische Erfahrung, um solche Ausblicke bei ihm bildend wirksam werden zu lassen.

Koordinaten- oder Vektorgeometrie?

Im Weiteren stellt sich die Frage, ob man sich auf das Rechnen mit Koordinaten beschränken oder ob man auch mit Vektoren (Pfeilklassen) arbeiten will. Im ersten Fall gelangt man zu einer analytischen Geometrie früheren Stils, einer sog. *Koordinatengeometrie*. Dagegen erhebt sich der Vorwurf, dass sie leicht in weitläufige Rechnerei ausarte, welche genuin geometrische Aspekte zu sehr überdecke, und Strukturbegriffe (wie z. B. der Begriff des Vektorraumes), die in der heutigen Mathematik eine herausragende Rolle spielen, keine oder nicht genügend Beachtung fänden.

Koordinatengeometrie

In dieser Hinsicht scheint eine *Vektorgeometrie* (d. h. ein mit Pfeilklassen arbeitendes und auf Koordinaten so weit wie möglich verzichtendes Vorgehen) günstiger. Durch Rechnen mit Pfeilklassen wird manches, wenn auch durchaus nicht alles, einfacher als beim Rechnen mit Koordinaten. Man darf jedoch nicht übersehen, dass der Schüler bisher ernstlich nur mit Zahlen gerechnet hat. Für ihn ist es ein Novum, dass man auch mit geometrischen Dingen rechnen kann. Es kommt hinzu, dass dieses Rechnen nicht durchweg in gewohnten Bahnen verläuft. Man kommt deshalb im Unterricht nicht umhin, zumindest vorübergehend das *Rechnen mit Pfeilklassen* (sowohl in seiner algebraischen als auch in seiner zeichnerischen Ausprägung) zum Unterrichtsgegenstand zu machen.

„Vektorgeometrie"

Rechnen mit Pfeilklassen

Ein Weiteres ist zu bedenken: Es wäre naheliegend, vor *Verwendung* von Vektoren in der Geometrie erst das Addieren *und* Multiplizieren von Vektoren zu erörtern und einzuüben. Danach könnten geometrische Inhalte in der von der Elementargeometrie her gewohnten Reihenfolge behandelt werden. Meist ist die tatsächliche Abfolge jedoch eine andere. Man belässt es zunächst bei der Addition und S-Multiplikation von Vektoren, verwendet diese Operationen nun in der Geometrie, kehrt danach zwecks Einführung der skalaren Multiplikation zum Thema „Rechnen mit Vektoren" zurück und setzt schließlich die Geometrie mit der Behandlung metrischer Fragen fort. Es kommt dadurch zu einer Scheidung zwischen affiner und metrischer Geometrie wie sie in der Wissenschaft (dort aus anderen Gründen) üblich ist. Diese Unterscheidung bringt einen Gesichtspunkt in den Unterricht, den ein Schüler kaum verstehen kann. Er erwartet, da die Elementargeometrie überwiegend von quantitativen Beziehungen handelt, auch in der analytischen Geometrie von Anfang an nicht nur affine, sondern auch metrische Begriffe.

Konsequenzen für die inhaltliche Abfolge

Unterscheidung von affinen und metrischen Eigenschaften

So wünschenswert es erscheinen mag, einen ersten Eindruck von den zweifellos grundlegenden Begriffen und Vorgehensweisen der *linearen Algebra* zu vermitteln, wird sich die Schule – jedenfalls solange es um analytische Geometrie geht – in dieser Hinsicht bescheiden müssen. Schließlich kommt der Begriff des Vektorraumes nicht aus der Geometrie, diese liefert nur besonders eingängige Beispiele.

Historisches

Schon in der Antike verwenden Landmesser „Länge“ (von Ost nach West) und „Breite“ (von Nord nach Süd), um einen Ort festzulegen. Astronomen gehen entsprechend vor und bildende Künstler verwenden Linienraster, um einen Entwurf vergrößernd zu übertragen.

Antike

Auch die Geometrie greift zu solchen Hilfsmitteln. Beim Studium sog. geometrischer Örter (Kegelschnitte) verwendet APOLLONIUS VON PERGE (262 v. Chr. – 190 v. Chr.) Strecken, um Orte von Punkten zu beschreiben. Trotz Verwendung solcher „Koordinaten“ kann man bei diesem Vorgehen jedoch noch nicht von analytischer Geometrie sprechen. Die Koordinaten sind nicht unabhängig von der betrachteten Figur frei gewählte Hilfsmittel, sondern gehören zur Geometrie der Figur. Die Untersuchungen sind in traditionell griechischem Stil gehalten; sie enthalten zwar Ergebnisse, die man im Nachhinein algebraisch interpretieren kann, sie werden aber nicht in der Sprache der Algebra formuliert.

Übergang zur Neuzeit

Von *analytischer* Geometrie kann erst dann die Rede sein, wenn Koordinaten als frei gewählte (von einem betrachteten geometrischen Sachverhalt unabhängige) Hilfsmittel eingesetzt werden und Algebra und Geometrie, zu wechselseitiger Erhellung beitragend, zusammenwirken. Das setzt voraus, dass jedes der beiden Gebiete zuvor hinreichend entwickelt ist. Am Beginn der Neuzeit trifft dies für die Geometrie fraglos zu. Neu ist, dass auch die Algebra (die sich bis dahin vornehmlich mit dem Lösen von Gleichungen beschäftigt hat) dank VIETA (fanz. FRANCOIS VIÈTE, 1540 – 1603) nach Form und Inhalt einen Stand erreicht hat, der sie handlicher erscheinen lässt als man dies vom Vorgehen in der Geometrie her kennt.

VIETA

FERMAT und DESCARTES

In dieser Situation wirken die Arbeiten von PIERRE DE FERMAT (1601 – 1665) und RENÉ DESCARTES (1596 – 1650) bahnbrechend. Beide setzen sich die Verbindung von geometrischen und algebraischen Methoden zum Ziel. Sie gelten deshalb als Begründer der analytischen Geometrie. FERMAT geht etwas früher neue Wege. Deren grundsätzliche Bedeutung erörtert DESCARTES in der Abhandlung *Géometrie*, veröffentlicht 1637 als Anhang zum *Discours de la méthode*.

Fortschritte bei FERMAT

FERMAT gibt Ergebnissen von Apollonius über geometrische Örter eine algebraische Form und deutet „unbestimmte“ Gleichungen mit zwei Unbekannten geometrisch. Er schreibt: *Sobald in einer Schlußgleichung zwei unbekannte Größen auftreten, hat man einen (geometrischen) Ort, und der Endpunkt der einen Größe beschreibt eine gerade oder krumme Linie … Die Gleichungen kann man aber bequem versinnlichen, wenn man die beiden unbekannten Größen in einem gegebenen Winkel (den wir meist gleich einem rechten nehmen) aneinandersetzt und von der einen die Lage und den einen Endpunkt gibt.* FERMAT gibt die Gleichungen von Kegelschnitten an und erkennt diese als Sonderfälle der allgemeinen Gleichung zweiten Grades in zwei „Variablen“. Er übernimmt die etwas schwerfällige Ausdrucksweise von VIETA und sieht sich wie dieser dem Homogenitätsprinzip verpflichtet, wonach man nur Strecken zu Strecken, Flächen zu Flächen (was gleiche Exponenten in allen Gliedern bedeutet) addieren kann, nicht aber z. B. Strecken zu Flächen.

DESCARTES verwendet eine zweckmäßigere Schreibweise (die weitgehend noch heute üblich ist) und bricht mit dem bisher als unantastbar geltenden Homogenitätsprinzip. Er deutet Zahlen als Strecken und zeigt, dass man mit Strecken Operationen vornehmen kann, die dem Addieren, Subtrahieren, Multiplizieren, Dividieren und Quadratwurzelziehen entsprechen. Das Ergebnis einer solchen Konstruktion ist jeweils wieder eine *Strecke* (insbesondere ist das Produkt keine Rechtecksfläche). Dadurch werden auch Terme wie $a^2b^2 + b$ geometrisch sinnvoll. Um die Operationen im Hinblick auf eine geometrische Konfiguration algebraisch nutzen zu können, muss man die Lage von Punkten mittels Strecken beschreiben. Zu diesem Zweck verwendet DESCARTES ein „Koordinatensystem", wobei er mit einer Achse für positive „Abszissen" auskommt, an die er unter gleichem Winkel die „Ordinaten" anträgt.

Überwindung des Homogenitätsprinzips bei DESCARTES

Welches Ziel DESCARTES verfolgt, wird schon im ersten Satz der *Géometrie* deutlich: ...*Alle Probleme der Geometrie können leicht auf einen solchen Ausdruck gebracht werden, dass es nachher nur der Länge gewisser gerader Linien bedarf, um diese Probleme zu konstruieren.* Wenig später sagt er, wie man vorzugehen hat: ... *Soll nun irgend ein Problem gelöst werden, so betrachtet man es zuvörderst als bereits vollendet und führt für alle Linien, die für die Konstruktion nötig erscheinen, sowohl für die unbekannten als auch für die anderen, Bezeichnungen ein. Dann hat man, ohne zwischen bekannten und unbekannten Linien irgendeinen Unterschied zu machen, in der Reihenfolge, die die Art der gegenseitigen Abhängigkeit dieser Linien am natürlichsten hervortreten lässt, die Schwierigkeiten der Aufgabe zu durchforschen, bis man ein Mittel gefunden, um ein und dieselbe Größe auf zwei verschiedene Arten darzustellen; dies gibt dann eine Gleichung* ... DESCARTES sieht als Quintessenz eines Konstruktionsproblems eine Gleichung und die Aufgabe, diese (konstruktiv) zu lösen. Gleichzeitig ist er damit in der Lage, mittels der Gleichungen die vielfältigen Konstruktionsprobleme sachgerecht nach Typen zu unterscheiden.

Das Anliegen DESCARTES

DESCARTES treibt in der *Géometrie* zwar keine analytische Geometrie (z. B. kommt darin – anders als bei FERMAT – keine Geradengleichung vor), aber er zeigt, dass die Algebra helfen kann, in der Geometrie neue Einsichten zu gewinnen und wird dadurch zu einem Wegbereiter für die analytische Geometrie. Nicht nur für sie. Indem FERMAT und DESCARTES Abhängigkeiten (wie sie durch Gleichungen mit zwei „Variablen" vermittelt werden) studieren und durch Kurven veranschaulichen, leisten sie auch für den Funktionsbegriff und die Infinitesimalrechnung (Tangentenproblem) Geburtshilfe.

Wegbereiter von analytischer Geometrie und Analysis

Eine Zäsur erfährt die Entwicklung der analytischen Geometrie (zweihundert Jahre später) durch die Arbeiten von WILLIAM ROWAN HAMILTON (1805–1865) und HERMANN GRASSMANN (1809–1877). HAMILTON ist mehr algebraisch, GRASSMANN mehr geometrisch orientiert.

HAMILTON und GRASSMANN

HAMILTON untersucht (vor geometrischem und physikalischem Hintergrund), angeregt durch die Entdeckung der komplexen Zahlen, „mehrgliedrige" Zahlen und stößt dabei 1843 auf die viergliedrigen Quaternionen mit einem eingliedrigen skalaren und einem dreigliedrigen vektoriellen Bestandteil. Die nichtkommutative Multiplikation von Quaternionen führt

Der Leitgedanke bei HAMILTON

im einen Teil auf das (negative) skalare, im andern auf das vektorielle Produkt von Vektoren. Die Überschreitung der Dimension drei und der Verzicht auf eine gewohnte Rechenregel erweisen sich als bedeutsame Neuerungen.

GRASSMANNS „Ausdehnungslehre"

GRASSMANN schreibt in seiner *„Ausdehnungslehre"* (1862): *Es geht darum, die sinnlichen Anschauungen der Geometrie zu allgemeinen, logischen Begriffen zu erweitern und zu vergeistigen ....* Er beschreitet innerhalb der Geometrie einen Weg, der in etwa mit dem Vorgehen der heutigen linearen Algebra vergleichbar ist. Was ihn auf diesen Weg führt, beschreibt er so: *... Den ersten Anstoß gab mir die Betrachtung des Negativen in der Geometrie. Ich gewöhnte mich, die Strecken AB und BA als entgegengesetzte Größen aufzufassen .... Strecken wurden nicht als bloße Längen aufgefaßt, sondern an ihnen zugleich die Richtung festgehalten. So drängte sich der Unterschied auf zwischen der Summe der Längen und zwischen der Summe solcher Strecken, in denen zugleich die Richtung festgehalten war ... Am Gesetz, dass AB + BC = AC sei, wurde auch dann noch festgehalten, wenn A, B, C nicht in einer geraden Linie lagen.*

GRASSMANN sieht Größen in einer „Zahlbeziehung" zueinander, wenn sich eine von ihnen als Linearkombination der andern darstellen lässt, er unterscheidet in der Sache lineare Abhängigkeit und Unabhängigkeit und nennt das, was wir n-dimensionalen Vektorraum nennen, ein „Gebiet n-ter Stufe". Der Name „Vektor" kommt bei ihm nicht vor, er spricht von „extensiven Größen". Auf der Suche nach einer Multiplikation rückt das von zwei Vektoren aufgespannte Parallelogramm ins Blickfeld, denn dessen Fläche wird $m \cdot n$-mal so groß, wenn man die Vektoren auf das m-fache bzw. n-fache vergrößert. GRASSMANN nennt die orientierte Flächengröße des Parallelogramms das „äußere Produkt" (weil es nur dann von null verschieden ist, wenn der zweite Vektor *ganz außerhalb des Gebietes des ersten liegt*). Betrachtungen zum allgemeinen Satz des PYTHAGORAS führen ihn zum Produkt eines Vektors mit dessen Projektion auf einen zweiten; dabei auftretende Analogien zum Distributivgesetz veranlassen ihn, dies als eigenständige Produktbildung, als (im Unterschied zum äußeren) „inneres Produkt" aufzufassen.

„Äußeres" und „inneres" Produkt

Sprech- und Schreibweise

Der Name „Koordinaten" geht auf LEIBNIZ zurück. FERMAT und DESCARTES sprechen von „Ordinaten", „Abszisse" wird als Fachwort erst im 18. Jh. üblich. Der Name „Vektor" stammt von HAMILTON, die Bezeichnungen $a \cdot b$ für das skalare und $a \times b$ für das vektorielle Produkt von dem amerikanischen Physiker JOSIAH WILLARD GIBBS (1839–1903).

Analytische Geometrie

10 Vektoren

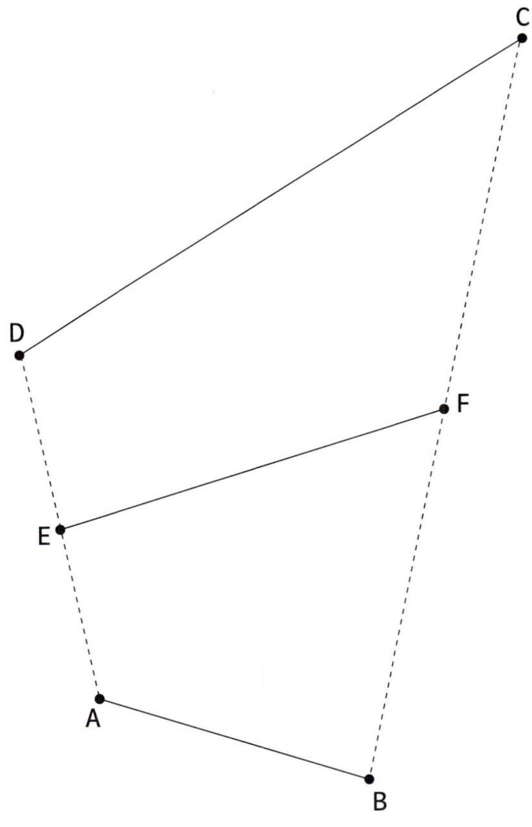

Gegeben sind zwei Strecken AB und CD in beliebiger Lage.
Es sei E die Mitte von AD und F die Mitte von BC.

Wie ändert sich die Strecke EF, wenn man AB und (unabhängig davon) CD beliebig parallel verschiebt?

Gewöhnliche Größen werden durch die Angabe einer Einheit und einer Maßzahl hinreichend beschrieben. Es gibt auch Dinge, die erst durch *mehrere* (z. B. sich auf unterschiedliche Qualitäten beziehende) derartige Angaben ausreichend bestimmt sind. Solche Dinge werden durch „Vektoren" beschrieben.

Zum mathematischen Hintergrund

Vektorräume

Es gehört zu den Besonderheiten der heutigen Mathematik, die betrachteten Objekte (Zahlen, Vektoren, Geraden usw.) nicht mehr durch ihre individuellen Eigenschaften zu beschreiben, sondern *ausschließlich* durch die Regeln, die beim Umgang mit ihnen jeweils zu beachten sind. In der Arithmetik und Algebra steht nicht das Rechen*objekt* im Vordergrund, sondern der Rechen*bereich*.

Vektorraum

Ein (reeller) *Vektorraum* ist eine nichtleere Menge V, für deren Elemente eine „Addition" und eine „Subtraktion" mit den bei Zahlen gültigen Regeln erklärt ist. Außerdem kann man die Elemente von V mit reellen Zahlen vervielfachen („S-Multiplikation"), wobei für alle $\vec{a}, \vec{b} \in V$ und alle $r, s \in \mathbb{R}$ gilt:

$$r(\vec{a} + \vec{b}) = r\vec{a} + r\vec{b};\ (r + s)\vec{a} = r\vec{a} + s\vec{a};\ r(s\vec{a}) = (rs)\vec{a}\,.$$

Die bisherigen Forderungen verlangen nur, dass $r\vec{a}$ ein Element von V ist. Sie lassen offen, um welches Element es sich dabei handelt (z. B. sind sie erfüllt, wenn $r\vec{a} = \vec{o}$ gilt für alle $\vec{a} \in V, r \in \mathbb{R}$). Man fordert deshalb zusätzlich noch

$$1\vec{a} = \vec{a} \text{ für alle } \vec{a} \in V.$$

Vektor

Die Elemente eines solchen Rechenbereichs nennt man *Vektoren*.
Die von einem Vektorraum verlangten Eigenschaften sind nichts anderes als die vernünftigerweise an einen Rechenbereich zu stellenden Minimalforderungen, wenn dessen Elemente *keine Zahlen* sind.

Lösung der Aufgabe am Kapitelanfang
Die Strecke EF erfährt eine Parallelverschiebung.

Begründung:
$$\begin{aligned}\overrightarrow{EF} &= \overrightarrow{AF} - \overrightarrow{AE}\\ &= \overrightarrow{AB} + \tfrac{1}{2}\overrightarrow{BC} - \tfrac{1}{2}\overrightarrow{AD}\\ &= \overrightarrow{AB} + \tfrac{1}{2}(\overrightarrow{AC} - \overrightarrow{AB}) - \tfrac{1}{2}\overrightarrow{AD}\\ &= \tfrac{1}{2}\overrightarrow{AB} + \tfrac{1}{2}(\overrightarrow{AC} - \overrightarrow{AD})\\ &= \tfrac{1}{2}(\overrightarrow{AB} + \overrightarrow{DC})\end{aligned}$$

Da die Strecken AB und DC bei Parallelverschiebung in ihren Pfeilklassen verbleiben, gilt dasselbe für EF.

Bemerkung: In der Physik nennt man eine *gerichtete Größe im Erfahrungsraum* (z.B. eine Kraft) eine „vektorielle Größe" oder kurz einen „Vektor". Zur Beschreibung verwendet man Koordinaten. Will man *dieselbe* Größe (also insbesondere dieselbe Richtung im Erfahrungsraum) in einem andern Koordinatensystem beschreiben, dann muss man ihre Koordinaten in ganz bestimmter Weise durch andere ersetzen. Ein „Vektor im Sinne der Physik" ist derart durch ein bestimmtes *Verhalten seiner Koordinaten beim Übergang zu einem andern Koordinatensystem* gekennzeichnet. Es zeigt sich, dass man so definierte Vektoren wie „Vektoren im Sinne der Mathematik" behandeln kann.

Vektorielle Größen

Lineare Unabhängigkeit

Ein Vektorraum V unterscheidet sich von anderen Rechenbereichen (mit nur einer Verknüpfung) vor allem darin, dass nicht nur die innere Verknüpfung der Addition, sondern auch die äußere Verknüpfung der S-Multiplikation nicht aus dem Bereich hinausführt. Sind $\vec{a}_1, \ldots, \vec{a}_n \in V$, dann ist auch jede *Linearkombination* $x_1\vec{a}_1 + \ldots + x_n\vec{a}_n;\ x_i \in \mathbb{R}$ ein Vektor aus V. Das ist deshalb bedeutsam, weil man derart unendlich viele Vektoren mittels endlich vieler darstellen kann. Lässt sich *jeder* Vektor aus V als Linearkombination von $\vec{a}_1, \ldots, \vec{a}_n$ darstellen, dann nennt man $\{\vec{a}_1, \ldots, \vec{a}_n\}$ ein *Erzeugendensystem* von V.

Linearkombination

Erzeugendensystem

Für das Arbeiten mit Erzeugendensystemen ist es äußerst hinderlich, dass die Darstellung eines beliebigen Vektors als Linearkombination i.Allg. nicht eindeutig ist. Die *Eindeutigkeit* ist gegeben, wenn

$$x_1\vec{a}_1 + \ldots + x_n\vec{a}_n = y_1\vec{a}_1 + \ldots y_n\vec{a}_n \quad \textit{nur}\text{ für } x_i = y_i \quad \text{oder}$$

(*) $$(x_1 - y_1)\vec{a}_1 + \ldots + (x_n - y_n)\vec{a}_n = \vec{o} \quad \textit{nur}\text{ für } x_1 - y_1 = \ldots = x_n - y_n = 0$$

gilt. Man sagt in diesem Fall, dass die Vektoren $\vec{a}_1, \ldots, \vec{a}_n$ *linear unabhängig* sind. In allen andern Fällen nennt man sie *linear abhängig*. Die Bedingung (*) zeigt, wie sich die Forderung der Eindeutigkeit *rechnerisch* ausdrückt: Die Darstellung eines Vektors $\vec{v}$ in der Form $\vec{v} = x_1\vec{a}_1 + \ldots + x_n\vec{a}_n$ ist (falls überhaupt möglich) genau dann in den Koeffizienten eindeutig, wenn die Vektoren $\vec{a}_i$ so geartet sind, dass die Gleichung $r_1\vec{a}_1 + \ldots + r_n\vec{a}_n = \vec{o}$ in den Variablen r_i nur durch $r_i = 0$ für alle i erfüllbar ist.

Lineare Unabhängigkeit

Sind n Vektoren linear abhängig, dann lässt sich mindestens einer von ihnen als Linearkombination der übrigen darstellen. Beachte: Nach (*) kann auch ein einzelner Vektor linear unabhängig sein.

Basis. Dimension

Von besonderem Interesse sind linear unabhängige Erzeugendensysteme. Man nennt ein solches eine Basis des Vektorraums. Ist $(\vec{a}_1, \ldots, \vec{a}_n)$ eine Basis von V, dann lässt sich jeder Vektor $\vec{v} \in V$ eindeutig in der Form

Basis

$$\vec{v} = x_1\vec{a}_1 + \ldots + x_n\vec{a}_n;\quad x_i \in \mathbb{R}$$

darstellen (d.h. die Koeffizienten x_i sind eindeutig bestimmt). Man kann zeigen, dass jeder Vektorraum eine Basis hat.

In einem Vektorraum gibt es nicht nur eine, sondern unendlich viele Basen. Das ist einerseits ein gewisser Nachteil, weil eine mittels einer Basis gewonnene Aussage nur dann auch eine Aussage über den Vektorraum liefert, wenn sie für *alle* Basen gilt. Andererseits ist es ein Vorteil, weil man die Basis einer speziellen Fragestellung anpassen kann.

Dimension

Alle Basen eines Vektorraumes enthalten *gleich viele* Vektoren. Die Anzahl der in einer Basis vertretenen Vektoren beinhaltet somit eine Aussage über den Vektorraum. Man nennt sie seine *Dimension*. Die Dimension eines Vektorraumes charakterisiert diesen geradezu, denn alle Vektorräume derselben Dimension n erweisen sich als isomorph.

Punkträume

Vom Vektorraum zum affinen Punktraum

In einem geometrischen Raum sind alle Punkte gleichwertig, er ist *homogen*. In einem Vektorraum dagegen spielt der Nullvektor eine Sonderrolle, die ihn von allen andern Vektoren unterscheidet. Um einen homogenen Raum nachzubilden und gleichzeitig die Grundlagen für ein rechnerisches Vorgehen zu schaffen, denkt sich der Mathematiker eine nichtleere Menge M (deren Elemente er „Punkte" nennt), die mit einem Vektorraum V (dessen Elemente er „Translationen" nennt) in folgender Weise gekoppelt ist:

- Jedem geordneten Punktepaar (P; Q) ist eindeutig ein Vektor aus V zugeordnet; er wird mit $\overrightarrow{PQ}$ bezeichnet
- Zu jedem Paar $(P; \vec{v})$, $P \in M$, $\vec{v} \in V$ gibt es genau einen Punkt $Q \in M$ derart, dass $\overrightarrow{PQ} = \vec{v}$ gilt
- Sind $P, Q, R \in M$, dann gilt $\overrightarrow{PQ} + \overrightarrow{QR} = \overrightarrow{PR}$.

Affiner Punktraum

Eine Menge M, die mit einem Vektorraum derart verbunden ist, heißt *affiner Punktraum* (kurz: *affiner Raum*). Hat der Vektorraum V die Dimension n, dann spricht man von einem *n-dimensionalen* affinen Raum.

EUKLIDischer Punktraum

In einem affinen Punktraum, der nichts weiter als das Gesagte voraussetzt, sind Strecken*länge* und Winkel*weite* nicht definiert, so dass man nicht parallele Strecken und ebenso Winkel hinsichtlich ihrer Größe nicht vergleichen kann. Dies wird erst möglich, wenn der Vektorraum zusätzliche Eigenschaften hat. Ist auf dem Vektorraum auch eine Skalarmultiplikation vorhanden (EUKLIDischer Vektorraum), dann nennt man M einen *EUKLIDischen Punktraum*.

Zum Unterricht

Im Unterricht stehen nicht durch Axiome festgelegte abstrakte Punkträume und Vektorräume im Vordergrund, sondern die Punkte des Anschauungsraumes und die geometrisch definierten Pfeilklassen als Vektoren. Wenn im Folgenden von Vektoren die Rede ist, dann sind – solange nichts anderes gesagt ist – Pfeilklassen gemeint.

Generelle unterrichtliche Probleme

Grundlegung. Unterrichtliche Abfolge

Anders als in der Analysis hat man es im Unterricht der analytischen Geometrie weder mit einer allgemein akzeptierten *Grundlegung*, noch mit einer zwingend vorgeschriebenen *Abfolge von Unterrichtsinhalten* zu tun.

Geometrischer Rechenbereich

Der Gedanke, mit irgendwelchen Dingen zu *rechnen*, die keine Zahlen sind, ist für den Schüler ungewohnt, und ebenso ist es der Gedanke, in der *Geometrie* zu rechnen (statt zu konstruieren). Es ist nicht selbstverständlich, beim Zusammensetzen von Pfeilen nach der Parallelogrammregel von einer Addition zu sprechen und das Vervielfachen eine Multiplikation mit Skalaren zu nennen. Wenn gar, wie beim Multiplizieren, gewohnte Rechenregeln zum Teil ihre Gültigkeit verlieren, dann wird ein Anfänger dieses Operieren nur mit Vorbehalten ein „Rechnen" nennen wollen.

Methodenbewusstsein

Die neuen Rechenobjekte (Pfeilklassen) entstehen durch Abstraktion, indem man vom Ort eines Pfeiles absieht. Ein solcher gedanklicher Verzicht auf eine sichtbare Eigenschaft fällt dem Schüler schwer. Der Abstraktionsschritt bedarf deshalb einer Rechtfertigung. Sie kann nur aus dem *Methodenbewusstsein* kommen. Es genügt nicht zu sagen *wie* man vorgeht, es muss auch klar werden, *weshalb* man zum Begriff der Pfeilklasse übergeht.

Unterscheidung affin – metrisch

Eine strikte Trennung zwischen *affinen* und *metrischen* Eigenschaften, so sinnvoll und naheliegend sie aus wissenschaftlicher Sicht sein mag, ist unterrichtlich problematisch. Für einen Schüler ist schwer einsehbar, weshalb er (noch) nicht von der „Länge" eines Pfeiles oder von „gleichschenkligen Dreiecken" reden kann, weshalb er zwar von „parallel", nicht aber von „orthogonal" reden darf. Man wird natürlich keine metrischen Begriffe verwenden, solange man sie nicht braucht; aber es ist fragwürdig, sie nur deshalb zu vermeiden, weil es auch ohne sie geht.

Gedanklicher Anspruch

Dem Unterricht droht eine gedankliche Überlastung. Es ist deshalb unerlässlich, neu gewonnene Einsichten durch spezifische *Strategien* handwerklicher Art (z. B. wie man lineare Unabhängigkeit rechnerisch verwertet) zu konkretisieren und zu verankern.

Räumliches Vorstellungsvermögen

Die Eigenart der neuen Vorgehensweise wird besonders deutlich, wenn man bekannte geometrische Sachverhalte erneut behandelt, diesmal vektoriell. Aber dabei darf es natürlich nicht bleiben. Die Leistungsfähigkeit der neuen Methoden muss sich auch an neuen Fragestellungen, z. B. aus der räumlichen Geometrie, erweisen. Dabei kann ein nur unzureichend entwickeltes *räumliches Vorstellungsvermögen* den Unterricht erheblich behindern.

Sog. Anwendungen

Die Frage nach realen *Anwendungen* stellt sich nicht zuletzt in der Hoffnung, dadurch die Motivation zu fördern. Es zeigt sich, dass Anwendungen im Rahmen der Schule eher spärlich gesät sind. Meist haben sie mehr mit linearer Algebra (z. B. mit Gleichungssystemen) zu tun, als mit eigentlich geometrischen Fragen. Und wo es sich um Geometrie handelt (z. B. bei der Frage nach einem geometrischen Ort), sind nichtvektorielle Darstellungen (z. B. Parameterdarstellungen) oft zweckdienlicher. Auch in der Schulphysik wird zwar viel von Vektoren geredet, aber selten mit ihnen gerechnet.

Man wird sich zu diesem Umstand bekennen müssen und sich nicht mit „Pseudoanwendungen" behelfen dürfen, die ohnehin keinen Schüler von der Nützlichkeit des Gelernten überzeugen.

Pfeilklasse als Veranschaulichung einer Lagebeziehung

Geometrische Relevanz eines Rechenergebnisses

Im Vordergrund steht die Frage, ob man auch in der Geometrie (wie beim Rechnen mit Zahlen) formal operieren kann. Einen ersten Hinweis gibt das in Ansätzen bereits vorhandene Rechnen mit Koordinaten in einem kartesischen Koordinatensystem. Es wird genauer zu überlegen sein, inwiefern es zu *geometrischen* – d.h. von einem Koordinatensystem unabhängigen – Einsichten führt.

Lagebeziehung von Punkten zueinander

Wenn ein Dreieck ABC der Ebene durch die Koordinaten $A(a_1|a_2)$, $B(b_1|b_2)$, $C(c_1|c_2)$ seiner Ecken gegeben ist, dann ist seine Lage gewiss keine geometrische Eigenschaft des Dreiecks, denn sie hängt vom gewählten Koordinatensystem ab. Dagegen ist die *gegenseitige* Lage der drei Punkte *zueinander* eine geometrische Eigenschaft der Figur, denn sie ist in jedem Koordinatensystem dieselbe. Beschränkt man sich (der Einfachheit wegen) auf solche Koordinatensysteme, die durch eine Parallelverschiebung auseinander hervorgehen, dann kommt dies rechnerisch darin zum Ausdruck, dass die Differenzenpaare $(b_1 - a_1|b_2 - a_2)$, $(c_1 - b_1|c_2 - b_2)$, $(c_1 - a_1|c_2 - a_2)$ in allen Koordinatensystemen dieselben sind.

Somit drückt z.B. $(b_1 - a_1|b_2 - a_2)$ eine bestimmte *Lagebeziehung* aus, in welcher der Punkt B zum Punkt A steht. Man kann sie veranschaulichen durch eine Strecke von bestimmter Länge, bestimmter Richtung und bestimmter Orientierung, kurz: durch einen *Pfeil*. Der Ort, an dem ein solcher Pfeil auftaucht, ist völlig nebensächlich; in der Fig. steht Q zu P in derselben Lagebeziehung wie S zu R.

Pfeil

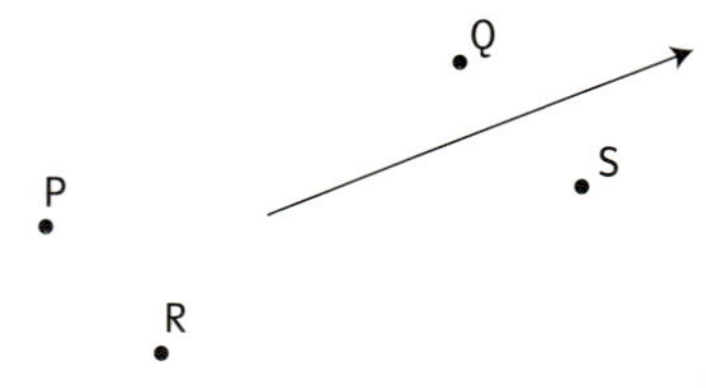

Um deutlich zu machen, dass es allein auf die Länge, Richtung und Orientierung des Pfeils ankommt, sagt man auch:

Pfeilklasse

Der betrachteten Lagebeziehung entspricht (nicht ein einzelner Pfeil, sondern) „nur" eine *Klasse* von gleich langen, gleich gerichteten und gleich orientierten Pfeilen.

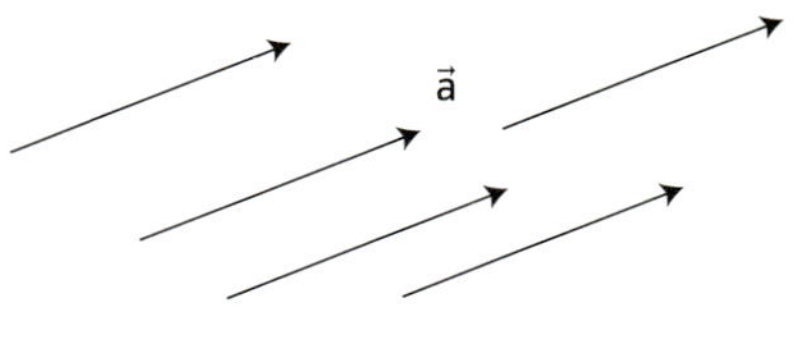

Pfeilklassen als Rechenobjekte geometrischer Art

Mit den Pfeilklassen hat man nun Objekte, die mit einem Koordinatensystem nichts mehr zu tun haben, sondern – indem sie eine gewisse Lagebeziehung zum Ausdruck bringen – von geometrischer Art sind. Sie haben nachweislich die folgende bemerkenswerte Eigenschaft:

Steht Q zu P in derselben Lagebeziehung wie Q* zu P* und steht R zu Q in der gleichen Lagebeziehung wie R* zu Q*, dann steht auch R zu P in *derselben* Lagebeziehung wie R* zu P*.

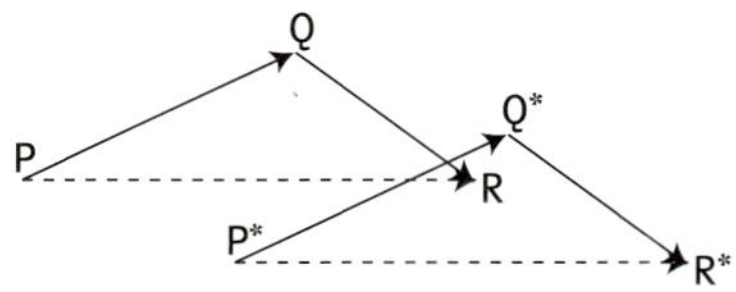

Verknüpfen von Pfeilklassen

Auf diese Weise ist also zwei Pfeilklassen wieder eine Pfeilklasse eindeutig zugeordnet, d.h. eine *Verknüpfung* für Pfeilklassen erklärt. Man nennt sie, da sie kommutativ und assoziativ ist, „Addition" und schreibt

$$\overrightarrow{PQ} + \overrightarrow{QR} = \overrightarrow{PR}\,.$$

Fortsetzung auf Pfeilklassen im Raum

Damit besteht die Möglichkeit, ohne Verwendung eines Koordinatensystems mit Dingen geometrischer Art zu *rechnen* (wobei sich dieses Rechnen vorerst allerdings auf das Addieren beschränkt). Dieses Ergebnis ist umso bemerkenswerter, als es uneingeschränkt auch dann gilt, wenn es sich nicht nur um eine Ebene, sondern um beliebige Pfeile des *Raumes* handelt. Es schafft einen rechnerischen Zusammenhang, der nicht nur die *Längen* von Strecken, sondern darüberhinaus auch deren *Richtungen und Orientierungen* berücksichtigt.

Addieren von Pfeilklassen

Ein einfaches Beispiel kann den methodischen Unterschied zum gewohnten Vorgehen in der synthetischen Geometrie verdeutlichen. Es zeigt darüberhinaus, was ein Schüler braucht, um sich die neue Art des Vorgehens in der analytischen Geometrie zu eigen zu machen.

Beweismethoden im Vergleich

Beispiel: (Vergleich der Methoden)
Es soll gezeigt werden: Wenn in einem Viereck zwei Seiten parallel und gleichlang sind, dann trifft dies auch für die beiden andern Seiten zu.

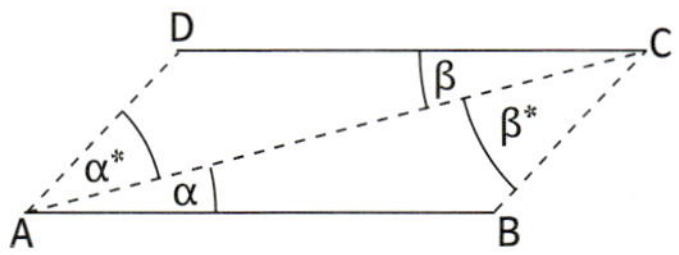

Elementargeometrischer Beweis:

$AB \parallel CD$	(Voraussetzung)
$\alpha = \beta$	(Wechselwinkel an Parallelen)
$\triangle ACD \cong \triangle ABC$	(nach sws)
$\overline{AD} = \overline{BC}$	
$\alpha^* = \beta^*$	
$AD \parallel BC$	

Vektorieller Beweis:

$\overrightarrow{AB} = \overrightarrow{DC}$	(Voraussetzung)
$\overrightarrow{AB} + \overrightarrow{BD} = \overrightarrow{DC} + \overrightarrow{BD}$	(Beidseitig + $\overrightarrow{BD}$)
$= \overrightarrow{BD} + \overrightarrow{DC}$	(Vertauschen)
$\overrightarrow{AD} = \overrightarrow{BC}$	(Zusammenfassen)

Im konkreten Fall ist eine Pfeilklasse (wie schon das vorangehende Beispiel zeigt) nicht durch einen Pfeil, sondern durch ein geordnetes Punktepaar gegeben. Das Addieren und Subtrahieren von Pfeilklassen in „Punktschreibweise" will gelernt sein. Ohne die grundlegende Beziehung

$$\overrightarrow{PQ} + \overrightarrow{QR} = \overrightarrow{PR},$$

Praxis des Addierens

die sowohl von links nach rechts („zusammenfassen") als auch von rechts nach links („erweitern") zu lesen ist, speziell ohne

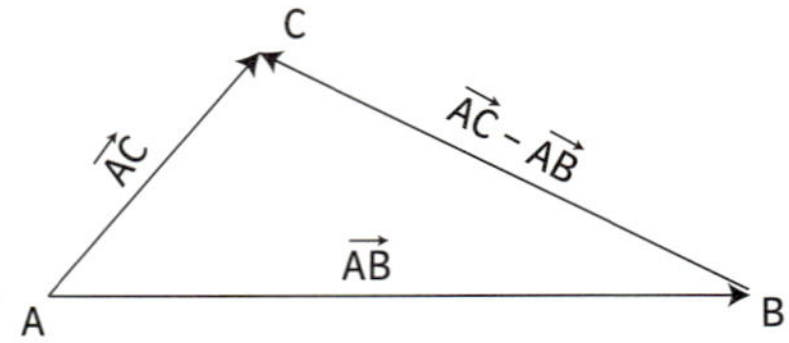

Subtrahieren

$$\overrightarrow{QP} = -\overrightarrow{PQ} \text{ und}$$
$$\overrightarrow{AP} - \overrightarrow{AQ} = \overrightarrow{QP}$$

kommt kaum eine Umformung aus. Hinweise auf die zeichnerische Bedeutung von Umformungen dürfen nicht davon abhalten, die Rechen*techniken* zu erkennen und sich anzueignen.

Additives Umformen einer Vektorgleichung

Um eine geometrische Aussage rechnerisch zu beweisen, müssen zunächst Voraussetzung und Behauptung vektoriell ausgedrückt werden. Danach muss man versuchen, durch Umformungen vom einen zum andern zu gelangen. Um die jeweils „richtige" Umformung zu finden, muss man wissen, was durch einen Umformungsschritt erreicht werden soll und welche spezielle Umformung dabei hilfreich ist. So wie ein Schüler im Algebraunterricht lernen musste Zahlgleichungen umzuformen, muss er nun lernen, mit Vektorgleichungen zweckmäßig umzugehen.

Beispiel: (Additives Umformen von Vektorgleichungen)
Es soll mittels Addieren von Pfeilklassen gezeigt werden: In einem Dreieck ist die Verbindungsstrecke zweier Seitenmitten parallel zur dritten Seite und halb so lang wie diese.

Voraussetzung: $\overrightarrow{BA_1} = \overrightarrow{A_1C}$ und $\overrightarrow{AB_1} = \overrightarrow{B_1C}$

Behauptung: $\overrightarrow{A_1B_1} + \overrightarrow{A_1B_1} = \overrightarrow{BA}$

Beweis: Die Behauptung setzt $\overrightarrow{A_1B_1}$ in Beziehung zu $\overrightarrow{BA}$. Man versucht daher, $\overrightarrow{A_1B_1}$ so umzuformen, dass Ecken des Dreiecks ABC auftreten und die Voraussetzungen ins Spiel kommen. Eine Zeichnung kann den Weg weisen, mehr nicht.

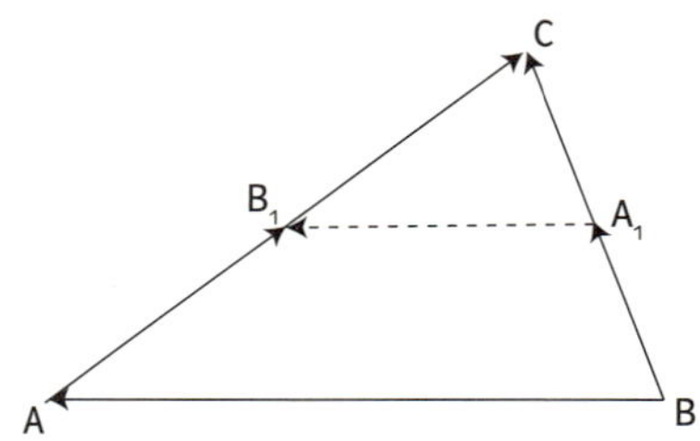

$$\begin{aligned}\overrightarrow{A_1B_1} + \overrightarrow{A_1B_1} &= (\overrightarrow{A_1C} + \overrightarrow{CB_1}) + (\overrightarrow{A_1C} + \overrightarrow{CB_1})\\ &= (\overrightarrow{A_1C} + \overrightarrow{CB_1}) + (\overrightarrow{BA_1} + \overrightarrow{B_1A})\\ &= \overrightarrow{BA_1} + \overrightarrow{A_1C} + \overrightarrow{CB_1} + \overrightarrow{B_1A}\\ &= \overrightarrow{BC} + \overrightarrow{CA}\\ &= \overrightarrow{BA}\end{aligned}$$

S-Multiplikation

Vektorraum als spezielle Gruppe

Bisher wurde nur benutzt, dass die Pfeilklassen bez. + eine kommutative Gruppe bilden. Es wurde außer Acht gelassen, dass sie – indem sie zusätzlich eine S-Multiplikation mit reellen Zahlen zulassen – eine *besondere* kommutative Gruppe bilden.

Beispiel: (Zum Unterschied zwischen „Gruppe" und „Gruppe mit S-Multiplikation")
I. Allg. kann man in einer kommutativen Gruppe aus $a + a = 0$ nicht auf $a = 0$ schließen (wie z. B. die Halbdrehungen um einen festen Punkt zeigen). Handelt es sich jedoch um eine Gruppe mit S-Multiplikation, dann ist $a + a = 2a$ und aus $2a = 0$ folgt $a = 0$.

Bei Pfeilklassen liegt es nahe, $r\overrightarrow{PQ}$ (mit $r \in \mathbb{R}$) zu schreiben für die Klasse, deren Pfeile zu jenen von $\overrightarrow{PQ}$ parallel sind, die $|r|$-fache Länge haben und für $r > 0$ wie $\overrightarrow{PQ}$, für $r < 0$ entgegengesetzt orientiert sind. Das Rechnen mit Pfeilklassen reduziert sich dadurch (bis auf einen wichtigen Rest) auf das Rechnen mit reellen Zahlen. Die dabei geltenden Regeln

Vervielfachen von Pfeilklassen

$$r\overrightarrow{PQ} + s\overrightarrow{PQ} = (r+s)\overrightarrow{PQ}; \quad r(s\overrightarrow{PQ}) = (rs)\overrightarrow{PQ}$$

verstehen sich fast von selbst. Geometrisch bedeutsamer ist die weitere Regel

Rechenregeln für die S-Multiplikation

$$r(\overrightarrow{PQ} + \overrightarrow{UV}) = r\overrightarrow{PQ} + r\overrightarrow{UV}.$$

Sie gilt auf Grund des Strahlensatzes. Mit dieser Rechenregel vereinnahmt man (über die Kongruenzlehre hinaus) auch Ergebnisse der Ähnlichkeitslehre als Beweismittel. Das führt verständlicherweise oft zu erheblichen Vereinfachungen und zu neuen Einsichten.

Beispiel: (Vereinfachung durch Verwenden der S-Multiplikation)
In einem vorangehenden Beispiel wurde ohne S-Multiplikation gezeigt: In einem Dreieck ist die Verbindungsstrecke zweier Seitenmitten parallel zur dritten Seite und halb so lang wie diese. – Die S-Multiplikation vereinfacht die Begründung:

Anwendung der S-Multiplikation

$$\overrightarrow{A_1B_1} = \tfrac{1}{2}\overrightarrow{CA} - \tfrac{1}{2}\overrightarrow{CB} = \tfrac{1}{2}(\overrightarrow{CA} - \overrightarrow{CB}) = \tfrac{1}{2}\overrightarrow{BA}.$$

Zum Begriff des Vektorraumes

Um Addition und S-Multiplikation für die Zwecke der Geometrie nutzbar zu machen, braucht man – im Rahmen der Schule – den Begriff des Vektorraumes nicht. Natürlich ist es unbenommen, den Rechenbereich der Pfeilklassen „Vektorraum" zu nennen und die Pfeilklassen „Vektoren", aber man benennt dann ein inhaltliches Beispiel, ein Modell, nicht den abstrakten Begriff.

Vektorraum der Pfeilklassen als Modell

Um den Vektor*raum* zu begreifen, genügt es nicht, seine Axiome zu kennen. Man muss von weiteren Eigenschaften wissen, die *als logische Folge* untrennbar mit dem System dieser Axiome verbunden sind und den Vektorraum erst eigentlich ausmachen. Mit solchen Folgerungen kann die Schulmathematik aber nur in bescheidenem Maße aufwarten. Außerdem dienen sie einem Lernziel, das mit den in der analytischen Geometrie verfolgten Lernzielen nicht viel zu tun hat; es ist eher geeignet, den Schüler zu verwirren, als ihm neue Einsichten in der Geometrie zu eröffnen. Die Vektorraumstruktur ist zweifellos von grundlegender Bedeutung, aber die Einsicht, *weshalb* der Begriff Vektorraum gebildet wird, erschließt sich erst im Hinblick auf nichtgeometrische Gegenstände. Die Hoffnung, es schon durch Verwendung des bloßen Namens zu schaffen, ähnelt jener, die Bedeutung von „Edelmetall" zu vermitteln indem man Gold ein Edelmetall nennt.

Ein Vektorraum ist mehr als die Summe seiner Axiome

Für eine *Definition* des Vektorraumbegriffs *durch Axiome* fehlt in der Schule, da kaum deduziert wird, ein konkreter Anlass. Versucht man dennoch, die Axiome durch Abstraktion aus Beispielen zu gewinnen, dann bleibt der Sinn der Begriffsbildung auf der Strecke. Beispiele zeigen allenfalls, dass es Vektorräume gibt; sie zeigen nicht, weshalb es lohnt, eine gewisse Gesamtheit von Eigenschaften zu einem neuen Begriff zusammenzufassen.

Lineare Unabhängigkeit

Formale Definition

Die übliche Definition der Unabhängigkeit (wonach Vektoren $\vec{a}_1, \ldots, \vec{a}_n$ *linear unabhängig* heißen, wenn die Vektorgleichung $x_1\vec{a}_1 + \ldots + x_n\vec{a}_n = \vec{o}$ nur durch $x_1 = \ldots = x_n = 0$ erfüllbar ist) ist auf einen abstrakten n-dimensionalen Vektorraum V hin angelegt. Man braucht den Begriff dort, um zur eindeutigen Darstellbarkeit der Vektoren aus V durch möglichst wenige feste Vektoren aus V und Skalaren zu kommen. Eine solche Darstellung ermöglicht es, die Körpereigenschaften des Skalarbereichs für die Untersuchung von V zu nutzen.

Sinn der Definition

„abhängig" als „abhängig von …"

Die Definition wirkt zunächst befremdlich. Das liegt vor allem am Gebrauch von „abhängig" in der Umgangssprache. Das Wort wird dort stets im Sinne einer Relation als „abhängig *von* …" verwendet. Demnach wäre ein Vektor $\vec{v}$ von Vektoren $\vec{a}_1, \ldots, \vec{a}_n$ abhängig zu nennen, wenn er sich als Linearkombination der $\vec{a}_i$ darstellen lässt. Und mehrere Vektoren wären „voneinander unabhängig" zu nennen, wenn sich keiner von ihnen als Linearkombination der übrigen ausdrücken lässt. Einen einzelnen Vektor für sich allein (un)abhängig zu nennen, wäre sinnlos.

Der anschauliche Sachverhalt

Man muss sich fragen, ob bei Beschränkung auf das Modell der Pfeilklassen die schwierige allgemeine Definition der linearen Unabhängigkeit noch angemessen ist, zumal der anschauliche Hintergrund denkbar einfach ist: Die Pfeile von Klassen der Ebene dürfen nicht zu ein und derselben Geraden bzw. von Klassen des Raumes nicht zu ein und derselben Ebene parallel sein. Offen bleibt allenfalls die Frage, wie man bei nicht zeichnerisch gegebenen Vektoren feststellt, ob sie diese Bedingung erfüllen. Bei nur zwei Vektoren ist das kein Problem, sie dürfen nicht Vielfache voneinander sein. Anders bei drei Vektoren. Auch wenn je zwei von ihnen „tauglich" sind, braucht das für alle drei noch nicht zu gelten. Es darf keine der drei Pfeilklassen eine Linearkombination der beiden andern sein, es darf also

… und seine rechnerische Fassung

weder $\vec{a}_1 = x_2\vec{a}_2 + x_3\vec{a}_3$ bzw. $\vec{a}_1 - x_2\vec{a}_2 - x_3\vec{a}_3 = \vec{o}$
noch $\vec{a}_2 = y_1\vec{a}_1 + y_3\vec{a}_3$ bzw. $\vec{a}_2 - y_1\vec{a}_1 - y_3\vec{a}_3 = \vec{o}$
noch $\vec{a}_3 = z_1\vec{a}_1 + z_2\vec{a}_2$ bzw. $\vec{a}_3 - z_1\vec{a}_1 - z_2\vec{a}_2 = \vec{o}$

mit gewissen $x_i, y_j, z_k \in \mathbb{R}$ gelten. Das lässt sich einfacher, nämlich mit nur einer Gleichung, sagen: Die Vektorgleichung $x_1\vec{a}_1 + x_2\vec{a}_2 + x_3\vec{a}_3 = \vec{o}$ (in den Variablen x_1, x_2, x_3) darf weder nach $\vec{a}_1$, noch nach $\vec{a}_2$ oder $\vec{a}_3$ „auflösbar" sein. Das ist dann der Fall, wenn

(*) $x_1\vec{a}_1 + x_2\vec{a}_2 + x_3\vec{a}_3 = \vec{o}$ *nur* durch $x_1 = x_2 = x_3 = 0$ erfüllbar

ist. – Man wird nicht umhin können, einer *Gesamtheit* von Vektoren mit dieser Eigenschaft einen Namen zu geben. Vielleicht sollte man anfangs besser von einer (zur Gewinnung einer Basis) „brauchbaren Gesamtheit" oder dgl. reden. In einer solchen Gesamtheit darf derselbe Vektor mehrfach vorkommen, und sie kann auch nur aus einem einzigen Vektor bestehen.

Lineare Unabhängigkeit als Eigenschaft einer Gesamtheit

Bemerkung: Die Sprechweise „Die Vektoren $\vec{a}_1, \ldots, \vec{a}_n$ sind linear unabhängig" wird leicht dahin missverstanden, dass *jeder* der Vektoren $\vec{a}_i$ linear unabhängig ist. Sie meint jedoch mehr als nur dies. Auch wenn jeder einzelne Vektor einer Gesamtheit von Vektoren i.S. der Definition linear unabhängig ist, kann die Gesamtheit dennoch linear abhängig sein. (Zum Vergleich: Eine aus symmetrischen Dreiecken bestehende Gesamtfigur kann unsymmetrisch sein.) Die Eigenschaft der linearen Unabhängigkeit bezieht sich stets auf eine *Gesamtheit* von Vektoren – auch wenn diese evtl. nur aus einem einzigen Vektor besteht.

Solange man sich im Bereich der Pfeilklassen bewegt, hat (*) den Rang einer *rechnerischen Bedingung*. Sie muss erfüllt sein, wenn Vektoren für eine Basis taugen sollen, und sie ist erfüllt, wenn Vektoren eine Basis bilden. Um die Einsicht zu festigen, darf es nicht bei gedanklichen Erörterungen bleiben, sie muss auch in rechenpraktischen Auswirkungen deutlich werden.

Lineare Unabhängigkeit als rechnerisches Kriterium

Beispiel: (Eine Folgerung aus der linearen Unabhängigkeit)
In dem angegebenen Viereck schneiden sich AD und BC in einem Punkt S. Es gibt somit Zahlen t und s, so dass

$$\overrightarrow{AS} = t\,\overrightarrow{AD} \text{ und } \overrightarrow{BS} = s\,\overrightarrow{BC}.$$

Um t und s zu bestimmen, gehen wir von

$$\overrightarrow{AB} + s\,\overrightarrow{BC} = t\,\overrightarrow{AD}$$

aus. Wir stellen darin $\overrightarrow{AD}$ als Linearkombination von $\overrightarrow{AB}$ und $\overrightarrow{BC}$ dar; in dem gezeichneten Viereck ist

$$\overrightarrow{AD} = \tfrac{1}{4}\,\overrightarrow{AB} + \tfrac{3}{2}\,\overrightarrow{BC}. \text{ Somit gilt}$$

$$\left(1 - \tfrac{t}{4}\right)\overrightarrow{AB} + \left(s - \tfrac{3t}{2}\right)\overrightarrow{BC} = \vec{o}.$$

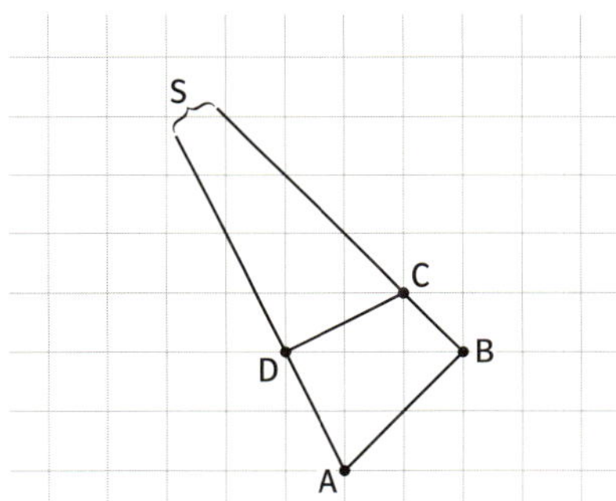

Da die Vektoren $\overrightarrow{AB}$ und $\overrightarrow{BC}$ linear unabhängig sind, müssen beide Klammerinhalte null sein. Das ist für t = 4 und s = 6 der Fall..

Basis. Koordinaten

Bei der Behandlung der linearen Unabhängigkeit darf das, worum es letztlich geht – Basis und Dimension – nicht aus dem Blickfeld geraten. Wollte man didaktisch konsequent sein, dann wäre die Abfolge lineare Unabhängigkeit → Basis geradezu umzukehren, es wäre zunächst die Basis als „Gesamtheit von Vektoren, mit deren Hilfe sich jeder andere eindeutig als Linearkombination darstellen lässt" einzuführen; danach führt die Suche nach einer Basis zwangsläufig zur linearen Unabhängigkeit. Obwohl jedermann weiß, dass der Basisbegriff leichter zu verstehen ist als der Begriff der linearen Unabhängigkeit, geht die Schule diesen Weg nicht – weil die Hochschule ihn nicht geht. Vektoren sind meist durch ihre *Koordinaten bez. einer Basis* gegeben. Um die Zuordnung zu den Basisvektoren sicherzustellen, werden sie wie diese als n-Tupel geschrieben.

Zur Hinführung

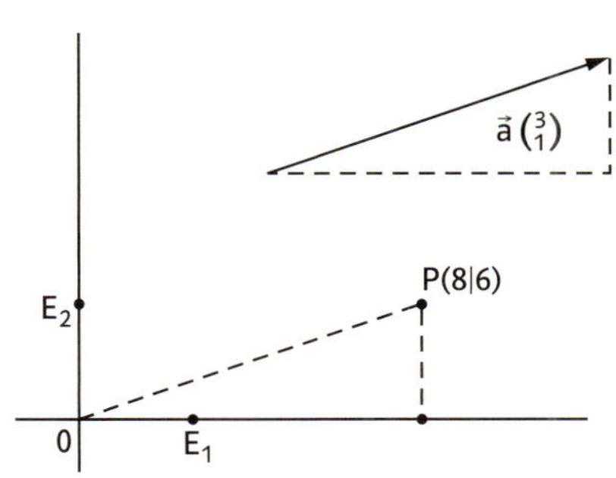

Koordinaten von Punkten

Koordinaten von Vektoren

Liegt (z. B. in der Ebene) ein Koordinatensystem (O; E_1; E_2) vor, so wird ($\overrightarrow{OE_1}$; $\overrightarrow{OE_2}$) als Basis für die Pfeilklassen verwendet. Man hat es dann meist gleichzeitig mit Punkt- und Vektorkoordinaten zu tun. Das kann zu gedanklichen Unklarheiten führen. Der Unterschied zeigt sich, wenn man durch eine Parallelverschiebung zu einem andern Koordinatensystem übergeht: ein Punkt ändert seine Koordinaten, dagegen bleiben die Koordinaten eines Vektors dieselben.

Bemerkung: Koordinaten von Punkten werden meist als Zeilen, Koordinaten von Vektoren zur Unterscheidung als Spalten geschrieben.

Transformationsverhalten

Beispiel: (Übergang zu einem andern Koordinatensystem)
Der Punkt P(1 | 2) in einem gegebenem Koordinatensystem bestimmt den Vektor $\overrightarrow{OP}$ mit den Koordinaten $\binom{1}{2}$. Beim Übergang zu einem neuen Koordinatensystem mit dem Ursprung O*(3 | 4), das aus dem vorhandenen durch eine Parallelverschiebung hervorgeht, bekommt der Punkt P neue Koordinaten. Wegen $\overrightarrow{OP} = \overrightarrow{OO^*} + \overrightarrow{O^*P}$ hat der Vektor $\overrightarrow{O^*P}$ die Koordinaten $\left[\binom{1}{2} - \binom{3}{4}\right] = \binom{-2}{-2}$. Der *Punkt* P hat im neuen System die Koordinaten (−2 | −2). Dagegen hat der *Vektor* $\overrightarrow{OP}$ im neuen System *dieselben* Koordinaten wie im alten.

Bemerkung: Soll der Punkt P mittels seiner Lagebeziehung zu O* beschrieben werden, dann tritt an die Stelle von $\overrightarrow{OP}$ der Vektor $\overrightarrow{O^*P}$. Die in diesem Zusammenhang hin und wieder zu hörende Redeweise, dass „der Ortsvektor $\overrightarrow{OP}$ (vgl. S. 187) beim Übergang zum neuen Koordinatensystem seine Koordinaten ändert", ist irreführend; $\overrightarrow{OP}$ behält seine Koordinaten und verliert lediglich seine Eigenschaft, Ortsvektor von P zu sein.

Zur Schreibweise

Die Koordinaten*schreibweise* bei Vektoren bedarf der Erwähnung. Hat ein Vektor $\vec{a}$ die Koordinaten $\binom{a_1}{a_2}$, dann liegt es nahe – analog zur Schreibweise bei Punkten –, ihn mit $\vec{a}\binom{a_1}{a_2}$ zu bezeichnen. Beim Rechnen mit Vektoren erweist sich diese Schreibweise jedoch als ungünstig. Hier ist es zweckmäßiger, $\vec{a} = \binom{a_1}{a_2}$ zu schreiben (also $\vec{a}$ und $\binom{a_1}{a_2}$ als verschiedene Namen für denselben Vektor aufzufassen). Während man bei Punkten, da man mit ihnen nicht rechnet, üblicherweise $P(p_1 | p_2)$ schreibt (und $P = (p_1 | p_2)$ evtl. beanstandet), ist es bei Vektoren gerade umgekehrt.

Existenzfrage

Die *Existenz* einer Basis folgt bei Pfeilklassen aus den geometrischen Voraussetzungen, in anderen Fällen dürften Beispiele für Basen genügen. Eine weitergehende Erörterung der Existenzfrage ist Sache der Hochschule.
Anders steht es mit der zweckgemäßen *Wahl einer Basis.* Da eine Basis als sachgerechtes Hilfsmittel beim Arbeiten mit Vektoren anzusehen ist, muss man auch lernen, mit diesem umzugehen.

Basiswechsel

Beispiel: (Übergang zu einer andern Basis)
In der abgebildeten Pyramide ABCD sei F Schwerpunkt der Grundfläche ABC. Bez. der Basis ($\overrightarrow{AD}$, $\overrightarrow{AB}$, $\overrightarrow{AC}$) stellt sich $\overrightarrow{FD}$ in der Form
$\overrightarrow{FD} = \overrightarrow{AD} - \overrightarrow{AF} = \overrightarrow{AD} - \frac{1}{3}\overrightarrow{AB} - \frac{1}{3}\overrightarrow{AC}$ dar, hat $\overrightarrow{FD}$ also die Koordinaten $\left(1; -\frac{1}{3}; -\frac{1}{3}\right)$.

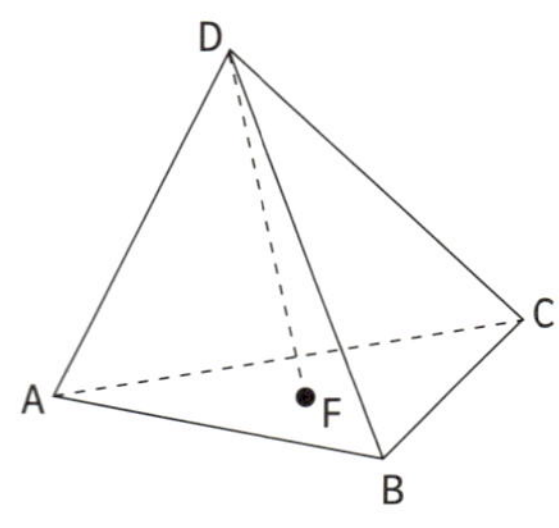

Bei der

Basis $(\overrightarrow{AB}; \overrightarrow{BC}; \overrightarrow{CD})$

findet man $\overrightarrow{FD} = \frac{1}{3}\overrightarrow{AB} + \frac{2}{3}\overrightarrow{BC} + \overrightarrow{CD}$, hat $\overrightarrow{FD}$ also die Koordinaten $\left(\frac{1}{3}; \frac{2}{3}; 1\right)$.

Wahl einer passenden Basis

Beispiel: (Wahl einer Basis)
In einem Trapez ABCD werden die Diagonalen AC und BD durch ihren Schnittpunkt S im Verhältnis AB:CD der Grundseiten geteilt (Strahlensatz). – Wie lässt sich das *vektoriell* beweisen?

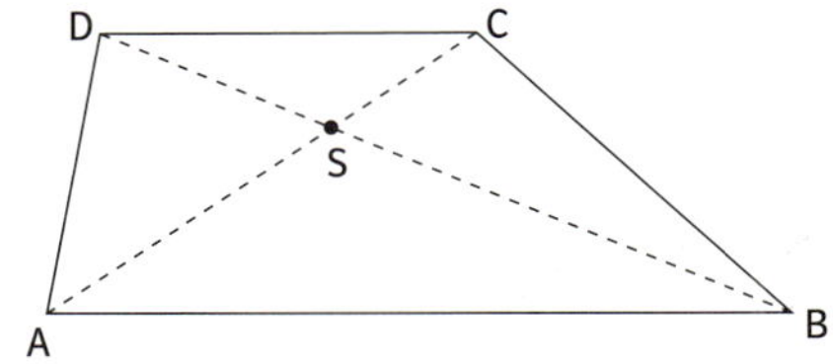

a) Mit $\overrightarrow{SC}$ und $\overrightarrow{SD}$ als Basisvektoren gilt für gewisse k, a, b ∈ ℝ sowohl
$\overrightarrow{AB} = k\overrightarrow{DC} = k(\overrightarrow{SC} - \overrightarrow{SD}) = k\overrightarrow{SC} - k\overrightarrow{SD}$
als auch
$\overrightarrow{AB} = \overrightarrow{SB} - \overrightarrow{SA} = a\overrightarrow{DS} - b\overrightarrow{CS}$.
Aus $k\overrightarrow{SC} - k\overrightarrow{SD} = a\overrightarrow{DS} - b\overrightarrow{CS}$ oder $(k - b)\overrightarrow{SC} + (k - a)\overrightarrow{DS} = \vec{o}$ und der linearen Unabhängigkeit der Basisvektoren folgt $a = b = k$.
b) Man könnte z.B. auch $\overrightarrow{AB}$ und $\overrightarrow{AD}$ als Basisvektoren wählen. Diese Basis ist der vorliegenden Fragestellung weniger gut angepasst, die Rechnung gestaltet sich deshalb etwas umständlicher. – Es sei $\overrightarrow{AB} = k\overrightarrow{DC}$. Dem Dreieck ABS ist zu entnehmen: $t\overrightarrow{AC} + r\overrightarrow{DB} = \overrightarrow{AB}$. Durch Umschreiben auf die Basisvektoren folgt $(t - r)\overrightarrow{AD} + \frac{t}{k + r - 1}\overrightarrow{AB} = \vec{o}$ und hieraus, da die Klammerinhalte null sein müssen, $t = r = \frac{k}{1 + k}$. Das besagt: $\overrightarrow{AS} = k\overrightarrow{SC}$ und $\overrightarrow{BS} = k\overrightarrow{SD}$.

Dimension

Die *Definition* des Dimensionsbegriffs beruht auf dem Satz, dass alle Basen eines Vektorraumes gleich viele Vektoren enthalten. Dessen Beweis übersteigt den üblicherweise eingehaltenen schulischen Rahmen. Der *Sinn* des Begriffs ergibt sich aus der Einsicht, dass alle Vektorräume derselben Dimension n isomorph sind. Die Dimension kennzeichnet also eine bestimmte abstrakte Vektorraumstruktur.

Sinn der Definition

In der analytischen Geometrie der Schule ergibt sich aus der geometrischen Grundlegung, dass in der Ebene jeweils zwei, im Raum jeweils drei linear unabhängige Pfeilklassen eine Basis bilden. Der eigentliche Anlass zur Bildung des Begriffs der Dimension fehlt. Da auch der Sinn des Begriffs allenfalls andeutungsweise erörtert wird, erscheint seine Bedeutung im Rahmen der Schule stark relativiert.

Stellenwert im Rahmen der Schule

Hilfsmittel: Lineare Gleichungssysteme (LGS)

In der analytischen Geometrie steht man oft vor der Aufgabe, ein LGS zu lösen. Hat ein Schüler damit Probleme, so kann dies das eigentliche unterrichtliche Vorhaben ganz erheblich stören. Man sollte solche Schwierigkeiten nicht gering achten, sie lassen sich nicht ad hoc aus der Welt schaffen.

LGS aus der Sicht der analytischen Geometrie

Im Hinblick auf die analytische Geometrie erscheint dies auch deshalb geboten, weil es dabei häufig um LGS mit mehr als zwei Variablen geht und die Nichtlösbarkeit von gleichem Interesse ist wie die Lösbarkeit. Hilfreich ist eine Lösungsstrategie, die unterrichtspraktikabel ist und in *jedem* Fall zum Ziel führt – auch wenn man in diesem oder jenem Einzelfall vielleicht ein abweichendes Vorgehen für zweckmäßiger erachten und praktizieren wird. Grundlegend ist (neben den bekannten Gleichungsumformungen) die Einsicht, dass sich die Lösungsmenge nicht ändert, wenn man eine Gleichung des LGS durch *deren* „Summe" mit einer andern Gleichung *ersetzt*.

Beispiel: (Lösungsstrategie)

$2x_1 + x_2 - x_3 = 1$	(1)	
$2x_1 - x_2 + 3x_3 = 9$	(2)	
$3x_1 + 2x_2 - 4x_3 = -5$	(3)	
$2x_1 + x_2 - x_3 = 1$	(1)	(1) wird beibehalten. Aus (2) und (3) wird x_2 eliminiert.
$4x_1 + 2x_3 = 10$	(4) = (1)+(2)	
$7x_1 + 2x_3 = 13$	(5) = 2·(2)+(3)	
$2x_1 + x_2 - x_3 = 1$	(1)	(1) und (4) werden beibehalten. Aus (5) wird x_3 eliminiert.
$4x_1 + 2x_3 = 10$	(4)	
$3x_1 = 3$	(6) = (5)−(4)	
$x_1 = 1;\ x_3 = 3;\ x_2 = 2$		Lösung: (1; 2; 3)

Um deutlich zu machen, dass bei jedem Schritt das LGS als *Ganzes* äquivalent umgeformt wird, werden bis zum Schluss alle Gleichungen des LGS mitgeführt.

Analytische Geometrie

11 Verwendung von Vektoren zur relativen Ortsbestimmung

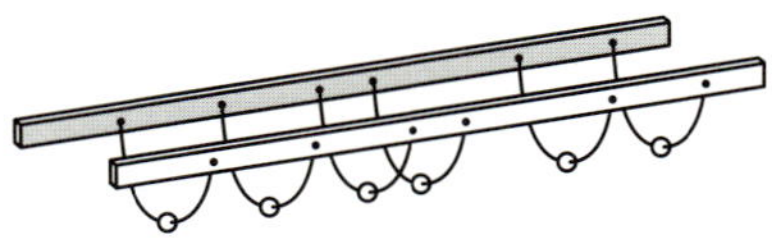

Zwei Latten mit identischer Lochung sind durch Gummischnüre lose verbunden. Die Mitte jeder Schnur ist durch eine Kugel markiert.

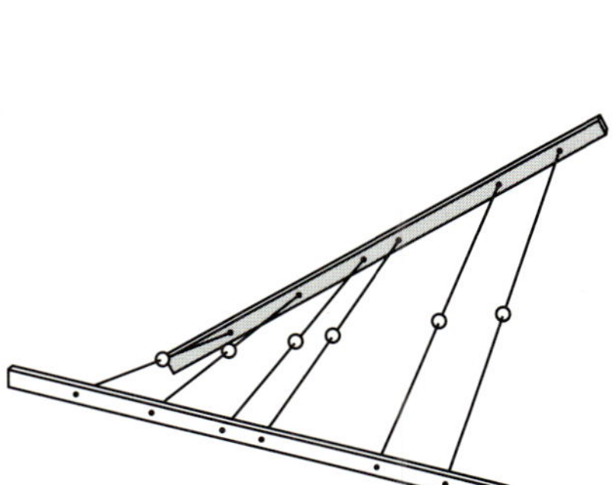

Die Schnüre werden (bei windschiefer Lage der Latten) straff gespannt.
Liegen die Kugeln nun in gerader Linie?

Um eine geometrische Konfiguration (z. B. ein Parallelogramm) vektoriell zu untersuchen, genügt es i. Allg. nicht zu wissen, dass jedem Punktepaar (P; Q) ein Vektor $\overrightarrow{PQ}$ zugeordnet ist. Man braucht eine eineindeutige Korrespondenz zwischen *Punkten* und *Vektoren*, die es erlaubt, den Ort eines Punktes durch einen Vektor anzugeben.

Zum mathematischen Hintergrund

Ortsvektoren

„Antragen" eines Vektors an einen Punkt

Ist A ein gegebener Punkt und $\vec{a}$ eine gegebene Pfeilklasse bzw. Translation, dann gibt es *genau einen* Punkt B mit

$$\overrightarrow{AB} = \vec{a}.$$

Ein Punkt A und ein Vektor $\vec{a}$ bestimmen zusammen eindeutig einen Punkt B. – Nach Vorgabe eines *festen* Punktes A gehört also zu jedem Vektor ein bestimmter Punkt P, und umgekehrt. Man kann somit Vektoren benutzen, um die Lage von Punkten *relativ zu A* festzulegen.

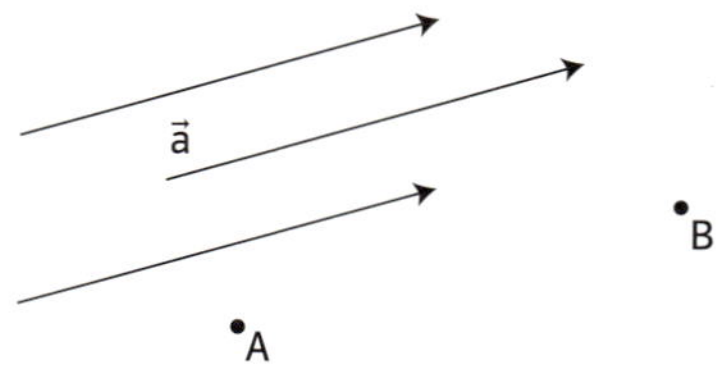

fester Bezugspunkt

Um die unterschiedliche Lage verschiedener Punkte zueinander vektoriell zu beschreiben, ist es zweckmäßig, einen Punkt O ein für allemal als *Bezugspunkt* („Ursprung") auszuwählen und im Verlauf einer geometrischen

Lösung der Aufgabe am Kapitelanfang

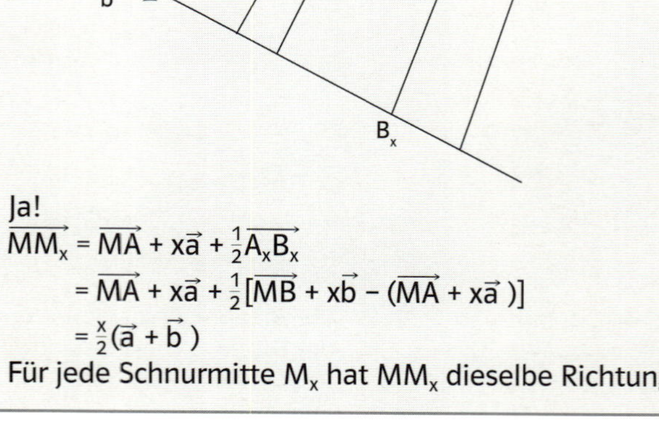

Ja!

$$\overrightarrow{MM_x} = \overrightarrow{MA} + x\vec{a} + \tfrac{1}{2}\overrightarrow{A_xB_x}$$
$$= \overrightarrow{MA} + x\vec{a} + \tfrac{1}{2}[\overrightarrow{MB} + x\vec{b} - (\overrightarrow{MA} + x\vec{a})]$$
$$= \tfrac{x}{2}(\vec{a} + \vec{b})$$

Für jede Schnurmitte M_x hat MM_x dieselbe Richtung.

Untersuchung als solchen festzuhalten. Ein Vektor (also eine Pfeilklasse bzw. Translation), der verwendet wird, um den Ort eines Punktes P bez. O festzulegen, nennt man *Ortsvektor von P bezüglich O* (kurz: *Ortsvektor von P*).

Ortsvektor

Bemerkungen:
a) Der Bezugspunkt O ist ein Hilfspunkt; eine Beziehung zwischen Ortsvektoren bez. O bringt nur dann einen *geometrischen* Sachverhalt zum Ausdruck, wenn sie bei *jeder* Wahl von O bestehen bleibt.

Bezugspunkt als Hilfspunkt

b) In der Physik besteht u. U. Veranlassung, auch ortsfeste (an einen Punkt „gebundene") Einzelpfeile in Betracht zu ziehen. Man sollte in diesem Fall (um des Schülers willen) nicht von „Ortsvektoren" reden. Wollte man in der analytischen Geometrie einen Ortsvektor als Einzelpfeil auffassen, dann stünde man vor dem Problem, Vektoren verschiedener Vektorräume zu addieren.

Ein Ortsvektor ist kein ortsgebundener Pfeil

c) Da jeder Ortsvektor bez. O einen Punkt bestimmt und umgekehrt, könnte man versucht sein, ein *Rechnen mit Punkten* einzuführen. Die Summe P + Q zweier Punkte ist dabei der Punkt R mit $\overrightarrow{OR} = \overrightarrow{OP} + \overrightarrow{OQ}$ und rP ist der Punkt S mit $\overrightarrow{OS} = r\overrightarrow{OP}$. Rechenergebnisse sind Punkte, deren Lage von O abhängt. Übergang zu einem andern Bezugspunkt bedeutet Parallelverschiebung der Punkte und Unabhängigkeit vom Bezugspunkt Invarianz gegenüber Parallelverschiebungen. Beim Rechnen mit Pfeilklassen (statt Punkten) entfällt der Nachweis dieser Invarianz, denn Pfeilklassen sind unempfindlich gegen Parallelverschiebungen.

Rechnen mit Punkten?

d) Man kann – wenn man will – in der Ortsbestimmung mittels Pfeilklassen eine gewisse Analogie sehen zum Vorgehen in der Analysis. Dort schließt man mit Hilfe des *momentanen* Änderungsmaßes $f'(x_0)$ auf benachbarte Funktionswerte, wobei diese nur „bezüglich $f(x_0)$" bestimmt sind. Entsprechend schließt man in der Geometrie mittels der „Lageänderung" $\vec{a}$ auf den Ort eines Punktes P, wobei dieser nur bezüglich O bestimmt ist (mit *momentanen* Lageänderungen befasst sich die Differenzialgeometrie). Die Analysis betrachtet Änderungen einer *Größe*, die Geometrie Änderungen des *Ortes*.

Vergleich mit dem Vorgehen in der Analysis

Koordinaten

Bei gegebener Basis hat jeder Vektor *seine* Koordinaten. Umgekehrt bestimmen Koordinaten bei vorgegebener Basis eindeutig einen Vektor. Die Koordinaten eines Vektors sind also ein „zahlenmäßiges" Etikett, mittels dessen der einzelne Vektor identifiziert und mit anderen verglichen werden kann.

Koordinaten eines Vektors

Eine solche Etikettierung gelingt auch für die *Punkte* z. B. einer Ebene, wenn man zu einer Basis $(\vec{e_1}; \vec{e_2})$ für die Vektoren einen festen, für alle Punkte der Ebene verbindlichen Punkt O als Bezugspunkt sowie Punkte E_1, E_2 mit $\overrightarrow{OE_1} = \vec{e_1}$ und $\overrightarrow{OE_2} = \vec{e_2}$ herausgreift und $(O; E_1; E_2)$ als Koordinatensystem verwendet.

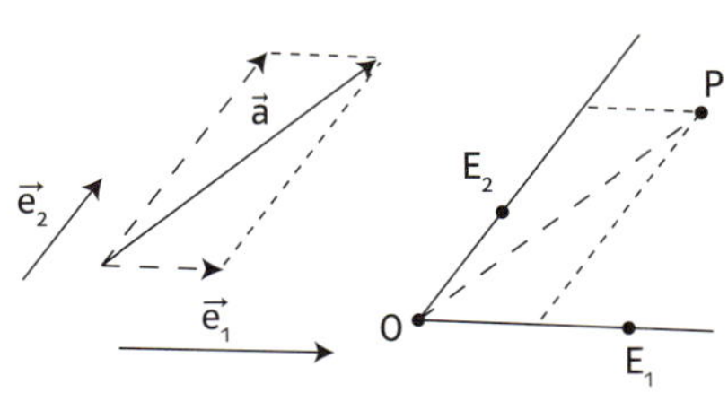

Koordinaten eines Punktes

In diesem Fall besteht zwischen den *Koordinaten eines Punktes* $P(p_1 | p_2)$ und den *Koordinaten seines Ortsvektors* $\vec{a} = \binom{a_1}{a_2}$ bez. O ein einfacher Zusammenhang: sie sind identisch. Dadurch ist es möglich, von Vektorkoordinaten auf Punktkoordinaten zu schließen und umgekehrt.

Zusammenhang

Zum Unterricht

Generelle unterrichtliche Probleme

Ortsunabhängigkeit eines Vektors

Während ein Schüler mit der Beschreibung von Punkten durch Koordinaten bereits einigermaßen vertraut ist, stößt die Verwendung von Vektoren auf mancherlei Schwierigkeiten. Sie hängen letztlich damit zusammen, dass eine Pfeilklasse kein begrenztes, in einfacher Weise visualisierbares und lokalisierbares Objekt ist.

Problem der Visualisierung

Die unterrichtlichen Probleme betreffen weniger die Algebra der Vektoren; solange keine Punkte im Spiel sind, bleiben sie erträglich. Ernstlich treten sie dort zutage, wo es um den *Zusammenhang von Vektoren und Punkten* geht. Wenn wir von dem „Vektor PQ" reden und gleichzeitig einen Pfeil von P nach Q einzeichnen, dann neigt ein Schüler dazu, den Namen auf den Pfeil zu beziehen, auf das was er *sieht*. Die Übermacht des Auges lässt das dabei zu *Denkende*, die Pfeil*klasse*, in den Hintergrund treten. Insofern kann die Veranschaulichung (ohne die man jedoch nicht auskommt) die Verwendung von Vektoren geradezu beeinträchtigen.

Ortsvektor

Besonders deutlich zeigt sich das am Beispiel des Ortsvektors. Während ein „Richtungsvektor" nicht ortsgebunden gesehen wird, ist dies bei einem Ortsvektor häufig der Fall. Er wird als Pfeil von O nach P missverstanden, während der Name (wie auch der Name „Richtungsvektor") in Wahrheit lediglich den Verwendungszweck andeutet, die Natur des Vektors aber unberührt lässt. Als Folge davon können Irritationen auftreten, wenn (wie im Falle $\vec{x} = \vec{p} + t\vec{a}$) Ortsvektoren und Richtungsvektoren zu addieren sind.

Übergang von Punkten zu Vektoren

Koordinaten einer Lagebeziehung (Pfeilklasse)

Sind in der Ebene Punkte $P(p_1 \mid p_2)$, $Q(q_1 \mid q_2)$, $R(r_1 \mid r_2)$ gegeben, dann kommt die durch die Koordinaten gelieferte *geometrische* Information (welche die Lage der Punkte *zueinander* betrifft) nicht unmittelbar von den Koordinaten selbst, sondern von den Differenzenpaaren $(q_1 - p_1; q_2 - p_2)$, $(r_1 - q_1; r_2 - q_2)$, $(r_1 - p_1; r_2 - p_2)$.
Sie ermöglichen es, *von P ausgehend*, Q zu finden (von Q ausgehend R zu finden; von P ausgehend R zu finden) und bestimmen somit die Lage von Q *bezüglich* P (von R bez. Q; von R bez. P).

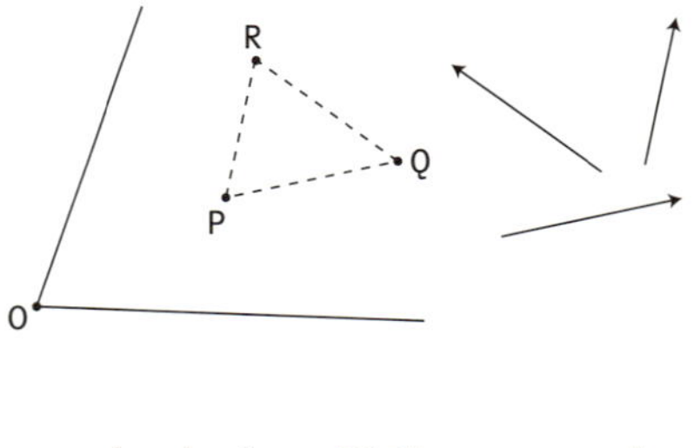

Es liegt nahe, ein solches Differenzenpaar durch einen Pfeil zu veranschaulichen. Dabei kommt es ausschließlich auf die Länge, Richtung und Orientierung des Pfeils an, während der Ort, an dem sich der Pfeil befindet, völlig nebensächlich ist. Durch einen gezeichneten Pfeil wird somit „nur" eine Pfeil*klasse* festgelegt (so wie das Logo einer Kaufhauskette nicht eine bestimmte Filiale, sondern nur die „Klasse" aller ihrer Filialen kennzeichnet). Dieser Verzicht auf den in der Zeichnung stets mitgegebenen Ort ist für einen Schüler gewöhnungsbedürftig. Es dürfte nicht überflüssig sein, ihn – über innergeometrische Betrachtungen hinaus – anhand einer Alltagssituation zu verdeutlichen.

Beispiel: (Zeitpunkt und Zeitdauer)
Eine Uhrzeit (z. B. 10 Uhr) bezieht sich stets auf die jeweilige Ortszeit; durch „10 Uhr" wird z. B. in Stuttgart ein anderer Zeit*punkt* benannt als in Denver (USA). Die Angabe einer Uhrzeit allein lässt noch nicht einmal erkennen, um welche Tageszeit es sich handelt. Erst Zeit*unterschiede* (Zeit*dauern*) geben darüber Auskunft; erst wenn wir erfahren, dass der Zeitunterschied zwischen Stuttgart und Denver 8 h beträgt, können wir z. B. von der Tageszeit in Stuttgart auf die Tageszeit in Denver schliessen. Anders als Uhrzeiten sind Zeit*unterschiede* nicht vom Ort abhängig, eine Wartezeit von 10 Uhr bis 12 Uhr dauert in Stuttgart gleich lang wie in Denver. Deshalb ist die Angabe einer Zeit*dauer* (egal wann sie „anfängt" und wann sie „aufhört") im Hinblick auf die Wirklichkeit aussagekräftiger als die Angabe einer Uhrzeit; z. B. ergeben eine Wartezeit von 2 h und eine solche von 3 h eine Gesamtwartezeit von 5 h, dagegen ist es sinnlos, Uhrzeiten (z. B. die Abfahrtszeit 9 Uhr eines Zuges und die Abfahrtszeit 13 Uhr) zu addieren.

Zwei verschiedene Zeitpunkte bestimmen eine Zeitdauer

Zeitdauern kann man empirisch sinnvoll addieren

Um in der Geometrie bei Erörterungen über eine gegebene Figur (z. B. ein Dreieck) Vektoren einzuführen, pflegt man auf gegebene Strecken Pfeile zu zeichnen. Das ist außerordentlich praktisch, aber nicht ganz problemlos. Es dürfte ratsam sein, zumindest anfangs Strecken und Pfeile getrennt zu zeichnen.

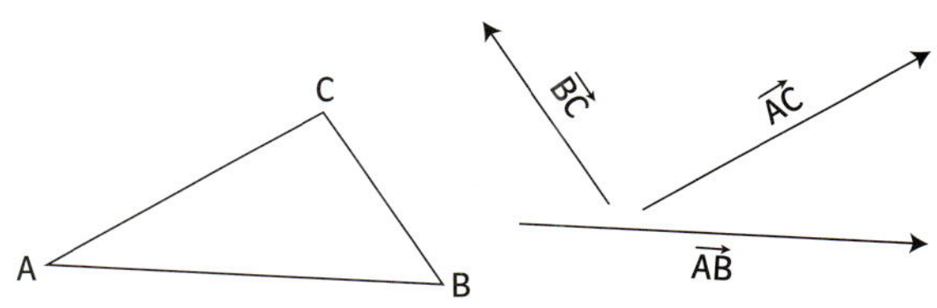

Übergang von Vektoren zu Punkten. Ortsvektoren

Ein Vektor (Pfeilklasse, Translation) $\vec{a}$ bestimmt für sich allein noch keinen Ort. Ist aber zusätzlich ein Punkt O vorhanden, dann gibt es zu $\vec{a}$ und O genau einen Punkt X, der zu O in der durch den Vektor vorgeschriebenen Beziehung steht. Wird derart die *Lage eines Punktes X relativ zu einem Punkt O* durch einen Vektor angegeben, dann nennt man den Vektor auch *Ortsvektor von X bezüglich O*. (Ein Ortsvektor ist also nicht etwa ein Pfeil, sondern eine Pfeilklasse wie jede andere.) – Ein Vergleich mit einer Alltagssituation kann erhellend wirken.

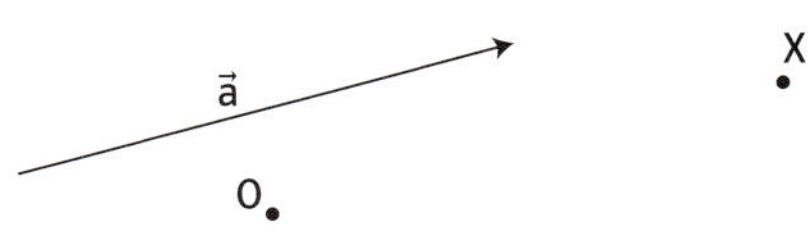

Bestimmung eines Punktes X mittels seiner Lagebeziehung zu O

Ortsvektor

Beispiel: (Beschreibung eines Zeitpunktes mittels einer Zeitdauer)
Wenn wir von „10 Minuten nach 12 Uhr" sprechen, dann geben wir den Zeit*punkt* 12.10 Uhr mittels des Zeitpunktes 12.00 Uhr und der Zeit*dauer* 10 min an.

fester Bezugspunkt

Der Name Ortsvektor als „Vektor, der einen Ort angibt" erweist sich als zweckmäßig, wenn man ein und denselben Punkt O als Bezugspunkt festhält und mit der dadurch entstehenden eineindeutigen Korrespondenz zwischen Vektoren und Punkten arbeitet. Für einen Punkt P des Raumes mit den Koordinaten (p_1; p_2; p_3) gilt

$$\overrightarrow{OP} = \overrightarrow{OA} + \overrightarrow{AP'} + \overrightarrow{P'P}$$
$$= p_1\overrightarrow{OE_1} + p_2\overrightarrow{OE_2} + p_3\overrightarrow{OE_3},$$

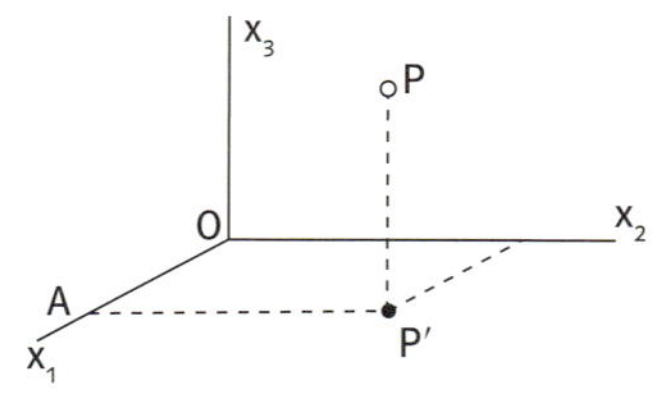

Koordinaten von P bzw. von $\overrightarrow{OP}$

d. h., *die Vektorkoordinaten des Ortsvektors von P und die Punktkoordinaten von P stimmen überein.* Diese Übereinstimmung ermöglicht den Übergang von den Koordinaten einer Pfeilklasse zu den Koordinaten eines Punktes – und umgekehrt.

Bestimmung von Punktkoordinaten durch Rechnen mit Ortsvektoren

Beispiel: (Von Pfeilklassen zu Punkten)
Der Punkt A(1 | 2 | 3) und die beiden Pfeilklassen $\overrightarrow{AB} = \begin{pmatrix}2\\1\\4\end{pmatrix}$, $\overrightarrow{AD} = \begin{pmatrix}0\\5\\6\end{pmatrix}$ bestimmen zusammen ein Parallelogramm ABCD im Raum. Welche Koordinaten haben die Ecken B, C, D?
Übergang zu Ortsvektoren:

$$\overrightarrow{OA} = \begin{pmatrix}1\\2\\3\end{pmatrix};\ \overrightarrow{OB} = \overrightarrow{OA} + \overrightarrow{AB} = \begin{pmatrix}3\\3\\7\end{pmatrix};\ \overrightarrow{OC} = \overrightarrow{OB} + \overrightarrow{AD} = \begin{pmatrix}3\\8\\13\end{pmatrix};\ \overrightarrow{OD} = \overrightarrow{OA} + \overrightarrow{AD} = \begin{pmatrix}1\\7\\9\end{pmatrix}$$

Übergang von Ortsvektoren zu Punktkoordinaten: B(3 | 3 | 7), C(3 | 8 | 13), D(1 | 7 | 9).

Beispiel: (Verwendung von Ortsvektoren)
a) Für die Mitte M einer Strecke PQ gilt $\overrightarrow{PM} = \frac{1}{2}\overrightarrow{PQ}$. Die Beziehung reicht nicht aus, um z. B. in einem Parallelogramm ABCD die unterschiedliche Lage der Mitten M_{AB} und M_{DC} von Gegenseiten zu beschreiben. Dies ermöglichen Ortsvektoren:

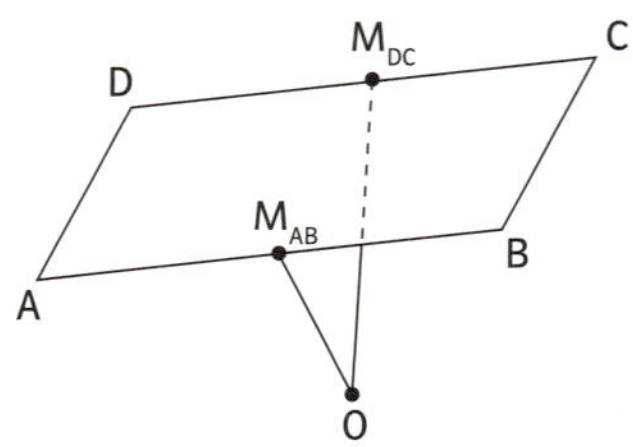

$$\overrightarrow{OM_{AB}} = \overrightarrow{OA} + \tfrac{1}{2}\overrightarrow{AB};\ \overrightarrow{OM_{DC}} = \overrightarrow{OD} + \tfrac{1}{2}\overrightarrow{AB}.$$

b) Die Beziehung $\overrightarrow{PM} = \frac{1}{2}\overrightarrow{PQ}$ drückt sich in Ortsvektoren aus durch

Geometrie mittels Ortsvektoren

(*) $\overrightarrow{OM} = \frac{1}{2}(\overrightarrow{OP} + \overrightarrow{OQ})$.

Wählt man statt O einen andern Bezugspunkt O*, so geht (*) über in

$$\overrightarrow{OO^*} + \overrightarrow{O^*M} = \tfrac{1}{2}[(\overrightarrow{OO^*} + \overrightarrow{O^*P}) + (\overrightarrow{OO^*} + \overrightarrow{O^*Q})] \text{ oder } \overrightarrow{O^*M} = \tfrac{1}{2}(\overrightarrow{O^*P} + \overrightarrow{O^*Q}).$$

Die Beziehung (*) gilt also bei jeder Wahl eines Bezugspunktes. Darin zeigt sich, dass M *geometrisch* bestimmt ist.

Zum Vergleich: Bei gegebenen Punkten P und Q gilt für den durch $\overrightarrow{OS} = \overrightarrow{OP} + \overrightarrow{OQ}$ bestimmten Punkt S bezüglich eines Punktes O* die Beziehung $\overrightarrow{O^*S} = \overrightarrow{OO^*} + \overrightarrow{O^*P} + \overrightarrow{O^*Q}$; die Lage von S hängt nicht allein von P und Q, sondern auch vom gewählten Bezugspunkt ab.

Darstellung einer Geraden mittels Koordinaten

In einem (nicht notwendig kartesischen) Koordinatensystem sei eine Gerade gegeben. Wie drückt sich ihre Geradlinigkeit in den Koordinaten eines variablen Punktes X der Geraden aus?

Wie drückt sich Geradlinigkeit in Koordinaten aus?

1) Geraden in der Ebene

Die Frage lässt sich so verstehen: Ein Punkt $X(x_1 | x_2)$ bewege sich auf unbekanntem Wege von $P(p_1 | p_2)$ nach $Q(q_1 | q_2)$. Wie kann man an den Bewegungen seiner „Schatten" $X'(x_1 | 0)$ und $X''(0 | x_2)$ auf den Koordinatenachsen erkennen, dass der Weg geradlinig verläuft?

Er ist es genau dann, wenn für

$$\overrightarrow{P'X'} = r\overrightarrow{P'Q'}$$

mit demselben r stets auch

$$\overrightarrow{P''X''} = r\overrightarrow{P''Q''}$$

gilt, also $x_1 - p_1 = r(q_1 - p_1)$ und $x_2 - p_2 = r(q_2 - p_2)$, somit

(*) $\qquad (x_1 - p_1)(q_2 - p_2) = (x_2 - p_2)(q_1 - p_1)$.

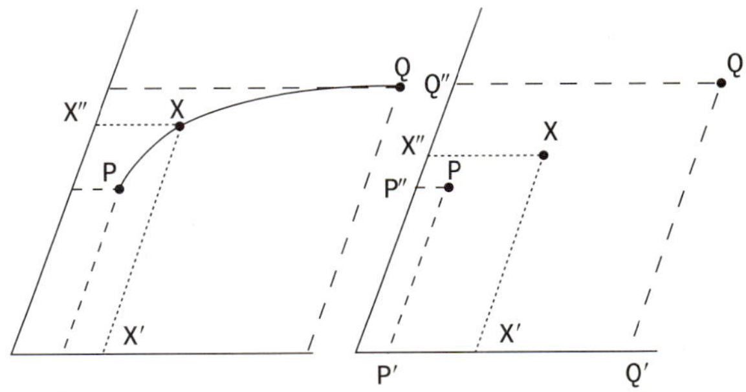

In dieser Gleichung zwischen den Koordinaten von X haben p_i und q_i mit der Geradlinigkeit nichts zu tun. Diese kommt in der *Linearität* der Gleichung zum Ausdruck, denn es gilt auch umgekehrt: Erfüllen die Koordinaten von Punkten $P(p_1 | p_2)$ und $Q(q_1 | q_2)$ eine lineare Gleichung

$$ax_1 + bx_2 + c = 0 \qquad \text{(a, b nicht beide null)},$$

dann genügt jede Lösung der Bedingung (*).

Geradengleichung in der Ebene

Beispiel: (Untersuchung mittels Koordinaten)

In einem Dreieck ABC sei $A^*B^* || AB$. Es soll untersucht werden, ob der Schnittpunkt P von AB^* und A^*B auf der Seitenhalbierenden s_c liegt (wie man aufgrund einer Zeichnung vermuten könnte).

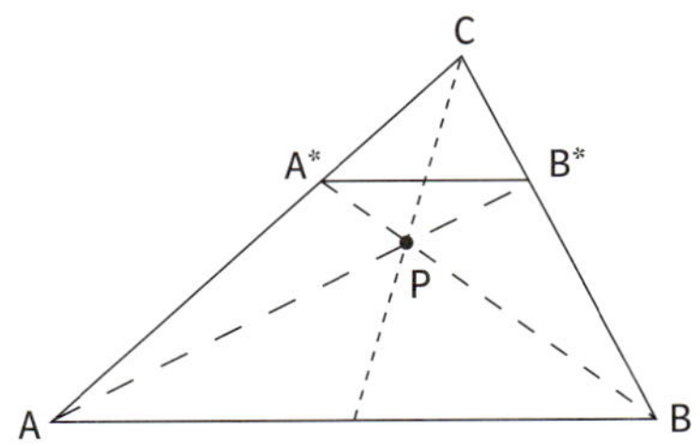

Geometrie mittels Koordinaten

Einführung eines Koordinatensystems:
Als Ursprung wählen wir A, als x_1-Achse die Gerade durch A und B mit B als Einheitspunkt, als x_2-Achse die Gerade durch A und C mit C als Einheitspunkt.

Lineare Gleichungen statt Geraden:
Die Gerade durch A^* und B^* hat eine Gleichung der Form $x_2 = k$. Mittels Geradengleichungen findet man $P\left(\frac{1-k}{2-k} \middle| \frac{k}{2-k}\right)$. Die Gerade CP schneidet AB in dem von k unabhängigen Punkt $D(0{,}5 | 0)$, also ist CD die Seitenhalbierende s_c. Da man bei jedem Dreieck mit solch einem angepassten Koordinatensystem arbeiten kann, gilt dies für alle Dreiecke.

Bemerkungen:

Sonderfälle einer Geradengleichung

a) Die Auffassung einer Gleichung $x_1 = d$ bzw. $x_2 = d$ als Geradengleichung setzt voraus, dass sie als Gleichung in *zwei* Variablen verstanden wird, also ausführlicher in der Form $1x_1 + 0x_2 = d$ bzw. $0x_1 + 1x_2 = d$ zu schreiben wäre.

Unabhängigkeit vom Koordinatensystem

b) Will man mit ein und demselben Koordinatensystem auskommen, dann bieten sich zwei Wege an um zu zeigen, dass das Ergebnis für *alle* Dreiecke gilt. 1. Weg: Man setzt die Koordinaten der Ecken variabel an (die Rechnung wird dann natürlich aufwendiger). 2. Weg: Man führt die Rechnung für ein konkretes Dreieck durch und zeigt, dass dieses Dreieck durch eine geraden- und teilverhältnistreue Abbildung auf jedes andere Dreieck abgebildet werden kann.

2) Geraden im Raum

Lineare Gleichung in drei Variablen

Zunächst ist die Vermutung auszuräumen, dass eine lineare Gleichung

$$ax_1 + bx_2 + cx_3 + d = 0 \qquad \text{(a, b, c nicht alle null)}$$

eine Gerade im Raum darstellt.

Ist z.B. $a \neq 0$, dann zeigt $x_1 = -\frac{1}{2}(bx_2 + cx_3 + d)$, dass die Gleichung für jede Wahl von x_2, x_3 genau eine Lösung hat. Das dargestellte geometrische Gebilde G erstreckt sich in diesem Fall also „flächenartig" über die ganze x_2, x_3-Ebene hinweg. Der naheliegendste Verdacht geht dahin, dass es sich um eine Ebene handelt. In diesem Fall müsste mit zwei Punkten $P(p_1|p_2|p_3)$ und $Q(q_1|q_2|q_3)$ jeweils die ganze Gerade durch P und Q zu G gehören. Da diese Gerade aus den Punkten $R(p_1 + t(q_1 - p_1)|p_2 + t(q_2 - p_2)|p_3 + t(q_3 - p_3))$, $t \in \mathbb{R}$ besteht, lässt sich dies rechnerisch leicht bestätigen. Eine lineare Gleichung in den drei Variablen x_1, x_2, x_3 stellt also keine Gerade dar, sondern eine *Ebene*.

Koordinatendarstellung einer Geraden im Raum

Da eine Gerade im Raum als Schnitt zweier Ebenen aufgefasst werden kann, lässt sie sich demzufolge durch ein *System von zwei linearen Gleichungen in drei Variablen* darstellen. Eine Koordinatendarstellung durch eine einzige Gleichung ist nicht möglich.

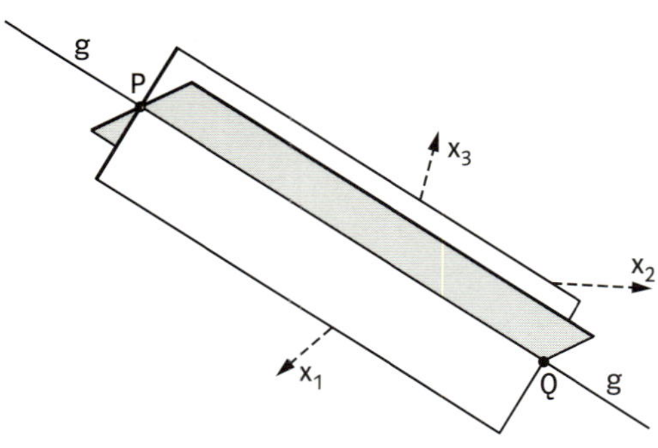

Beispiel: (Koordinatendarstellung einer Geraden im Raum)
Gesucht ist eine Koordinatendarstellung der Geraden g durch $P(6|-2|4)$ und $Q(0|2|-1)$. – Jede Ebene mit einer Gleichung der Form
$5tx_1 + 5x_2 + (4 - 6t)x_3 - (6 + 6t) = 0$ geht sowohl durch P als auch durch Q. Für $t = \frac{1}{3}$ ergibt sich

$$5x_1 + 15x_2 + 6x_3 - 24 = 0,$$

für $t = -6$ erhält man

$$-6x_1 + x_2 + 8x_3 + 6 = 0.$$

Somit ist das LGS

$$\begin{aligned} 5x_1 + 15x_2 + 6x_3 - 24 &= 0 \\ -6x_1 + x_2 + 8x_3 + 6 &= 0 \end{aligned}$$

eine Koordinatendarstellung von g. Bei anderer Wahl von t hätte sich ein anderes LGS, aber die gleiche Gerade g ergeben.

Darstellung einer Geraden mittels Vektoren

Die Koordinatendarstellung einer Geraden kommt der Anschauung nicht eben entgegen, da sich die Geradlinigkeit lediglich in den ersten Potenzen von Variablen widerspiegelt. Anschaulich leichter nachvollziehbar ist eine Darstellung durch Vektoren. Sie hat überdies den Vorteil, dass sie für Geraden der Ebene und Geraden des Raumes formal gleich aussieht.

Vektorielle Fassung der Geradlinigkeit

Ist g eine gegebene Gerade und P ein Punkt auf ihr, dann bedeutet die Geradlinigkeit von g, dass für alle $X \in g$ die Vektoren $\overrightarrow{PX}$ Vielfache desselben Vektors $\vec{a}\,(\neq \vec{o})$, also von der Form $t\vec{a}$, $t \in \mathbb{R}$ sind. Weil dasselbe dann auch für jedes Vielfache $(\neq \vec{o})$ von $\vec{a}$ zutrifft, ist nur die *Richtung* von $\vec{a}$ geometrisch relevant. Um auch die unterschiedliche Lage verschiedener Geraden erfassen und insbesondere parallele Geraden unterscheiden zu können, genügt es, zusätzlich den Ortsvektor irgendeines Punktes $P \in g$ anzugeben. Eine Gerade ist also durch $\overrightarrow{OX} - \overrightarrow{OP} = t\vec{a}$ oder

Berücksichtigung der Lage

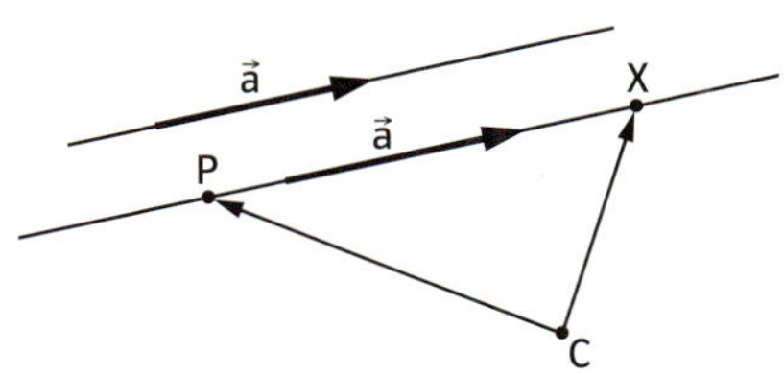

$$\overrightarrow{OX} = \overrightarrow{OP} + t\vec{a};\ \vec{a} \neq \vec{o},\ t \in \mathbb{R}$$

Vektordarstellung einer Geraden

ausreichend beschrieben.
Darin sind $\overrightarrow{OP}$, $\vec{a}$ und $\overrightarrow{OX}$ völlig gleichartige Vektoren (Pfeilklassen), die lediglich unterschiedlichen geometrischen Zwecken dienen. Die Vektoren $\overrightarrow{OP}$ und $\overrightarrow{OX}$ dienen dazu, Punkte in ihrer Lage bez. O festzulegen, während $\vec{a}$ eine Richtung bestimmt. Über diese „globale" Charakterisierung einer Geraden hinaus ermöglicht der Parameter t, die Lage von Punkten innerhalb der Geraden zu vergleichen.

Was erwartet ein Schüler, wenn es darum geht, eine Gerade mittels Pfeilklassen zu beschreiben? Aufgrund seiner Erfahrungen mit Geraden in ebenen Koordinatensystemen wird er wahrscheinlich eine *Gleichung* für Pfeilklassen erwarten, deren Lösungen Ortsvektoren von Punkten der Geraden sind. Die Darstellung $\overrightarrow{OX} = \overrightarrow{OP} + t\vec{a}$ führt jedoch zu einer andern Sichtweise. Sie legt nahe, sie im Sinne von

Vom Gleichungs- zum Funktionsaspekt

$$t \mapsto \overrightarrow{OP} + t\vec{a}$$

als *Funktion* zu verstehen, die jedem $t \in \mathbb{R}$ einen Ortsvektor zuordnet. Mit dem Übergang zu Vektoren wird der Gleichungsaspekt vom Funktionsaspekt abgelöst. Ein Schüler muss sich mit dieser Änderung der Sichtweise erst vertraut machen. Ist der Sachverhalt geklärt, dann fällt es nicht schwer, in den anstehenden Aufgaben der analytischen Geometrie zwei Hauptaufgaben der Funktionenlehre wiederzuerkennen: Zu gegebenem Argumentwert ist der Funktionswert bzw. zu gegebenem Funktionswert der Argumentwert zu ermitteln.

Substituieren statt Umformen

Beispiel: (Gleichungs- bzw. Funktionsaspekt)
In einem ebenen Koordinatensystem sind $x_1 + 0{,}5x_2 = 1$ und $x_2 = -2x_1 + 2$ verschiedene Gleichungen derselben Geraden g. Man gelangt von der einen zur andern durch gewöhnliche algebraische *Gleichungsumformungen*.
Auch $\vec{x} = \binom{1}{0} + t\binom{-0{,}5}{1}$ und $\vec{x} = \binom{1}{0} + s\binom{1}{-2}$ sind Darstellungen dieser Geraden g. Man gelangt von der ersten zur zweiten jedoch nicht durch eine algebraische Umformung, sondern durch Übergang zu einer andern Funktion mittels einer *Substitution* (t wird durch s = −2t substituiert).

Darstellung einer Ebene im Raum mittels Vektoren

Die Darstellung einer Ebene

$$e\colon ax_1 + bx_2 + cx_3 + d = 0$$

durch eine lineare Koordinatengleichung sagt nur, ob ein Punkt P in der Ebene liegt oder nicht. Sie lokalisiert ihn nicht innerhalb der Ebene.

Beispiel: (Lage von P innerhalb e)
Die Punkte A(1|1|2), B(2|0|1), C(4|3|9) liegen auf der Ebene $e\colon x_1 + 2x_2 - x_3 = 1$. Dasselbe gilt für P(3|1|4). Es ist jedoch nicht ohne weiteres zu sehen, ob sich P im Innern des Dreiecks ABC befindet oder nicht.

Vektordarstellung einer Ebene

In dieser Hinsicht ist eine Vektordarstellung

$$e\colon \overrightarrow{OX} = \overrightarrow{OP} + t\vec{a} + s\vec{b}$$

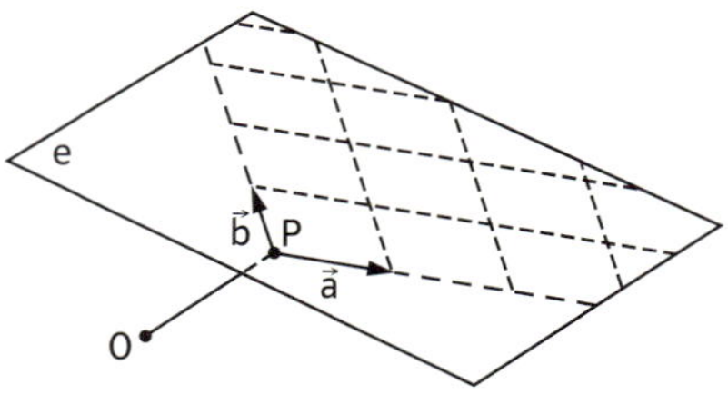

mit linear unabhängigen Vektoren $\vec{a}$ und $\vec{b}$ günstiger. Die beiden Vektoren $\vec{a}$ und $\vec{b}$ legen die Stellung der Ebene e im Raum fest, der Vektor $\overrightarrow{OP}$ deren Lage zu O. Die Ebene wird durch eine Funktion beschrieben, die jedem Paar (t; s) reeller Zahlen den Ortsvektor bez. O eines Punktes der Ebene zuordnet. Denkt man sich innerhalb der Ebene e ein Koordinatensystem (P, E_1, E_2) mit $\overrightarrow{PE_1} = \vec{a}, \overrightarrow{PE_2} = \vec{b}$, dann sind t und s die Koordinaten des Punktes $X \in e$ in diesem Koordinatensystem.

Deutung der Parameter als Koordinaten

Teilverhältnisse

Das Verhältnis AB : CD zweier Strecken – definiert als Quotient der Maßzahlen ihrer Längen bei gleicher LE – ist eine von der Maßeinheit unabhängige Zahl, in der eine *geometrische* Beziehung beider Strecken zueinander zum Ausdruck kommt.

Definition

Eine Strecke PQ wird durch einen inneren Punkt X in zwei Teile zerlegt.

Teilen einer Strecke

I. Allg. ist dabei PX : XQ ≠ QX : XP. Man kann deshalb nur bei einer *orientierten* Strecke PQ von *dem* Verhältnis T(P, X, Q) sprechen, in dem X die Strecke PQ teilt. Es ist

$$T(P, X, Q) := PX : XQ.$$

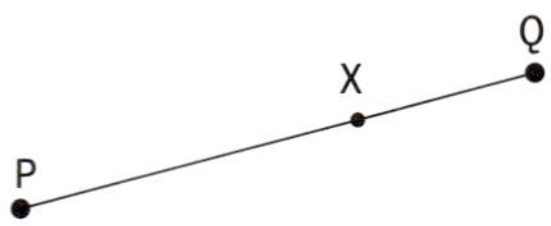

Umgekehrt bestimmt dann jedes Teilverhältnis mit $0 < T(P, X, Q) < +\infty$ eindeutig einen inneren Punkt X von PQ.

Das Teilverhältnis steht in einfachem Zusammenhang mit der Zahl t in der Darstellung $\overrightarrow{PX} = t\,\overrightarrow{PQ}$. Es ist $t = PX : PQ$ und somit

$$T(P, X, Q) = \frac{t}{1-t}.$$

Teilverhältnis und Vektordarstellung

Beispiel: (Zusammenhang von t und T(P, X, Q))

Für $t = \frac{1}{4}$ ist $T(P, X, Q) = \frac{1}{3}$.

Für $T(P, X, Q) = \frac{3}{4}$ ergibt sich $t = \frac{3}{7}$,

allgemein: $t = \frac{T(P, X, Q)}{[1 + T(P, X, Q)]}$.

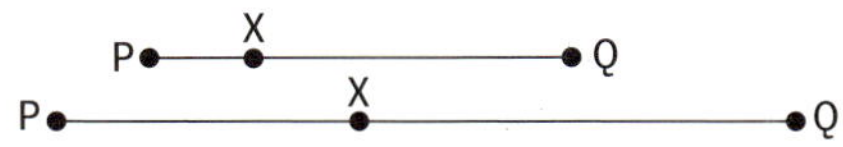

Bemerkungen:

a) Die Beziehung $\overrightarrow{PX} = t\,\overrightarrow{PQ}$ legt nahe, den Begriff des Teilverhältnisses auf alle von Q verschiedenen Punkte der Geraden durch P und Q zu erweitern. Für X = P ist $T(P, X, Q) = 0$, für Punkte X außerhalb von PQ ist T(P, X, Q) negativ.

Äußerer Teilpunkt

b) In der Elementargeometrie wird das Teilverhältnis mit Hilfe von Streckenlängen definiert. Ein Ergebnis $T(P, X, Q) = r$ macht jedoch keinerlei Aussage über Längen, z. B. besagt $T(P, X, Q) = 1$ ausschließlich, dass X die Mitte von PQ ist. Das Teilverhältnis ist ein Begriff der *affinen* Geometrie und wird demgemäß bei einem deduktiven Aufbau der Geometrie (anhand von $\overrightarrow{PX} = t\,\overrightarrow{PQ}$) ohne Verwendung von Streckenlängen definiert.

Teilverhältnis als affiner Begriff

Meist ist t einfacher zu bestimmen als T(P,X,Q), da man die Vorteile des Rechnens mit Vektoren nutzen kann. Das wird besonders deutlich, wenn der Teilpunkt X nicht unmittelbar (z.B. durch seine Koordinaten), sondern nur mittelbar als Schnittpunkt gewisser Strecken AB und CD gegeben ist.

Beispiel: (Aus der ebenen Geometrie)

In einem Parallelogramm ABCD seien A_1 und D_1 die Mitten von AB bzw. AD. In welchen Verhältnissen teilen CA_1 und CD_1 die Diagonale BD?

Bestimmen eines Teilverhältnisses

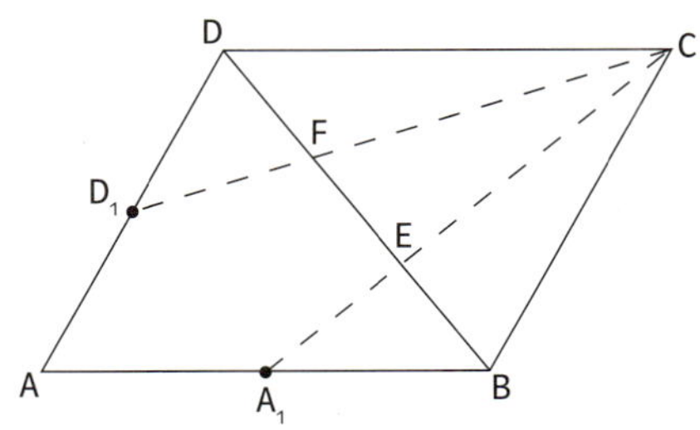

Die Teilpunkte seien E und F. Um ein Teilverhältnis ins Spiel zu bringen, schreiben wir

$$\overrightarrow{BE} = t\,\overrightarrow{BD}.$$

Zur Bestimmung von t brauchen wir eine Gleichung. Da eine Gleichung für Vektoren sehr viel leichter zu bekommen ist (man braucht nur ein geeignetes Dreieck zu „umfahren"), gehen wir von

$$t\,\overrightarrow{BD} + \overrightarrow{EC} + \overrightarrow{CB} = \vec{o}$$

Strategie des Vorgehens

aus. Darin setzen wir, weil E durch A_1C bestimmt ist, $\overrightarrow{EC} = s\,\overrightarrow{A_1C}$ und erhalten

$$t\,\overrightarrow{BD} + s\,\overrightarrow{A_1C} + \overrightarrow{CB} = \vec{o}.$$

Entscheidend ist nun, wie man von dieser Vektorgleichung zu Zahlgleichungen für t und s gelangt. Zunächst führen wir die darin auftretenden Vektoren auf die *linear unabhängigen* Vektoren $\overrightarrow{BC}$ und $\overrightarrow{CD}$ zurück:

$$t(\overrightarrow{BC} + \overrightarrow{CD}) + s\left(\tfrac{1}{2}\overrightarrow{AB} + \overrightarrow{BC}\right) + \overrightarrow{CB} = \vec{o}$$

$$(t + s - 1)\overrightarrow{BC} + \left(t - \tfrac{1}{2}s\right)\overrightarrow{CD} = \vec{o}.$$

In dieser letzten Gleichung muss, weil $\overrightarrow{BC}$ und $\overrightarrow{CD}$ linear unabhängig sind, *jeder Klammerinhalt null* sein. Aus dem entstehenden LGS ergibt sich $\frac{1}{3}$ für t und $\frac{2}{3}$ für s,

d. h. E teilt sowohl BD als auch A_1C im Verhältnis 1:2. Entsprechendes gilt für F. Die Diagonale BD wird durch E und F in drei gleiche Teile geteilt.

Teilverhältnisse in der räumlichen Geometrie

Beispiel: (Aus der räumlichen Geometrie)
In einer beliebigen dreiseitigen Pyramide mit der Grundfläche OAB und der Spitze C sei S_0 (S_A, S_B, S_C) der Schwerpunkt der O (A, B, C) gegenüberliegenden Dreiecksfläche. Schneiden sich die Strecken OS_0, AS_A, BS_B, CS_C in einem Punkt S? Und, falls dies zutrifft: Teilt S jede dieser Strecken im *gleichen* Verhältnis? Und, falls auch dies zutrifft: Wie groß ist dieses Verhältnis?

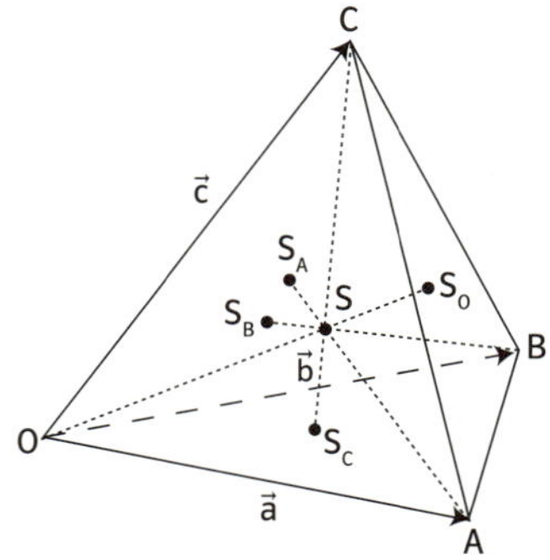

Für die Gerade g_0 durch O und S_0 gilt

$$g_0: \vec{x} = \tfrac{t}{3}\vec{a} + \tfrac{t}{3}\vec{b} + \tfrac{t}{3}\vec{c}$$

und entsprechend für g_A, g_B, g_C

$$g_A: \vec{x} = \tfrac{t}{3}\vec{b} + \tfrac{t}{3}\vec{c} + (1-t)\vec{a}$$

$$g_B: \vec{x} = \tfrac{t}{3}\vec{c} + \tfrac{t}{3}\vec{a} + (1-t)\vec{b}$$

$$g_C: \vec{x} = \tfrac{t}{3}\vec{a} + \tfrac{t}{3}\vec{b} + (1-t)\vec{c}.$$

Beim Parameterwert $t = \frac{3}{4}$ führt jede der Geraden zum *gleichen* Punkt S mit dem Ortsvektor $\vec{x_s} = \frac{1}{4}(\vec{a} + \vec{b} + \vec{c})$, d. h. die vier Geraden schneiden sich in S.

Da in den Geraden die Vektoren $\overrightarrow{OS_0}$ bzw. … bzw. $\overrightarrow{CS_C}$ als Richtungsvektoren verwendet wurden, zeigt der gemeinsame Parameterwert $\frac{3}{4}$, dass S die vier Strecken OS_0, AS_A, BS_B und CS_C im *gleichen* Verhältnis teilt, nämlich im Verhältnis 3:1.

Analytische Geometrie

12 Multiplizieren von Vektoren mit Vektoren

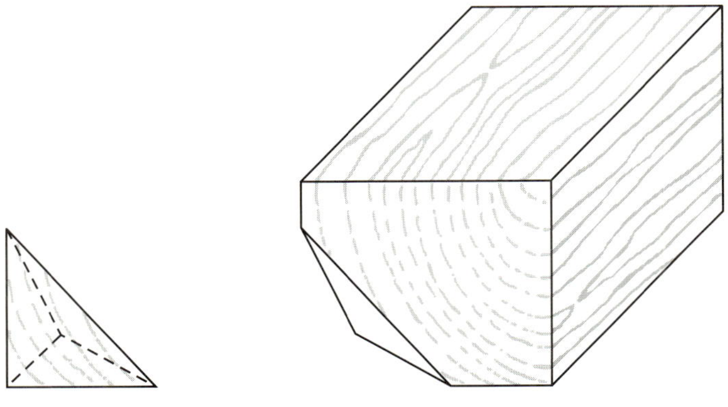

Kann man von einem quaderförmigen Stück Holz
eine „Ecke" so absägen, dass die dreieckige
Schnittfläche rechtwinklig ist?

Addition und S-Multiplikation von Vektoren reichen nicht aus, um z.B. auszudrücken, dass ein Dreieck gleichschenklig oder rechtwinklig ist. Will man auch solche quantitativen Eigenschaften rechnerisch behandeln, dann stellt sich die Frage nach weiteren Rechenoperationen mit Vektoren.

Zum mathematischen Hintergrund

Allgemeines zur Einführung einer Multiplikation

Eine Verknüpfung ⊗ für Vektoren wird man nur dann „Multiplikation" nennen können, wenn sie mit den bereits vorhandenen Verknüpfungen (Addition und S-Multiplikation) in angemessener Weise zusammenhängt, d. h. wenn

Forderungen an eine „Multiplikation"

(*) $\vec{a} \otimes (\vec{b} + \vec{c}) = \vec{a} \otimes \vec{b} + \vec{a} \otimes \vec{c}$ und
$(r\vec{a}) \otimes \vec{b} = \vec{a} \otimes (r\vec{b}) = r(\vec{a} \otimes \vec{b}),\ r \in \mathbb{R}$

gilt. Damit diese Zeilen überhaupt einen Sinn haben, müssen die ⊗-Produkte ihrerseits Elemente irgendeines Vektorraumes sein.

Folgerungen

Welche Konsequenzen ergeben sich aus diesen Forderungen? Ist der gegebene Vektorraum 2dimensional und $(\vec{e_1}, \vec{e_2})$ eine Basis, dann folgt für

$$\vec{a} = a_1\vec{e_1} + a_2\vec{e_2},\ \vec{b} = b_1\vec{e_1} + b_2\vec{e_2}$$

(1) $$\vec{a} \otimes \vec{b} = [a_1b_1(\vec{e_1} \otimes \vec{e_1}) + a_2b_2(\vec{e_2} \otimes \vec{e_2})] + [a_1b_2(\vec{e_1} \otimes \vec{e_2}) + a_2b_1(\vec{e_2} \otimes \vec{e_1})].$$

Lösung der Aufgabe am Kapitelanfang

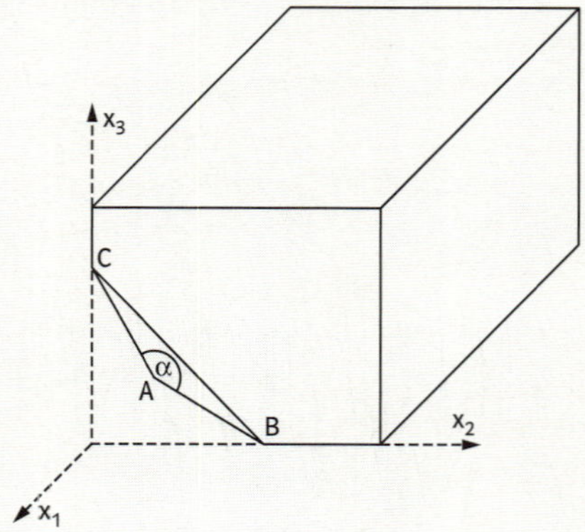

Nein!
In der Fig. sei A(−a | 0 | 0), B(0 | b | 0), C(0 | 0 | c). Dann ist

$$\cos\alpha = \frac{a^2}{\sqrt{a^2+c^2}\,\sqrt{a^2+b^2}} > 0.$$

Entsprechendes gilt für β und γ.
Das Dreieck der Schnittfläche ist stets spitzwinklig.

Für Vektoren eines 3-dimensionalen Vektorraumes erhält man entsprechend

(2) $\vec{a} \otimes \vec{b} = [a_1b_1(\vec{e_1} \otimes \vec{e_1}) + a_2b_2(\vec{e_2} \otimes \vec{e_2}) + a_3b_3(\vec{e_3} \otimes \vec{e_3})]$
$+ [a_2b_3(\vec{e_2} \otimes \vec{e_3}) + a_3b_2(\vec{e_3} \otimes \vec{e_2}) + a_3b_1(\vec{e_3} \otimes \vec{e_1}) + a_1b_3(\vec{e_1} \otimes \vec{e_3})$
$+ a_2b_1(\vec{e_2} \otimes \vec{e_1}) + a_1b_2(\vec{e_1} \otimes \vec{e_2})]$.

Eine „Multiplikation" ist also bereits durch die vier bzw. neun Produkte der Basisvektoren festgelegt. Dabei ist jedoch zu bedenken, dass $\vec{a} \otimes \vec{b}$ nicht von der willkürlich gewählten Basis abhängen darf, sie muss bei jeder Basis zum *gleichen* – nur von $\vec{a}$ und $\vec{b}$ abhängigen – Ergebnis führen.

dim V = 2

Bemerkung: Nur in einem Vektorraum der Dimension 2 kann man zusätzlich zu der vorhandenen Addition und S-Multiplikation eine weitere Verknüpfung „·" so einführen, dass das Produkt wieder ein Vektor desselben Vektorraumes ist und *alle* vom Rechnen in ℝ her bekannten Verknüpfungsregeln gelten. In (1) hat man dazu $\vec{e_1} \otimes \vec{e_1} = 1$, $\vec{e_2} \otimes \vec{e_2} = -1$, $\vec{e_1} \otimes \vec{e_2} = \vec{e_2} \otimes \vec{e_1} = 1$ zu setzen; man erhält (bis auf Isomorphie) den Körper der komplexen Zahlen. In Vektorräumen höherer Dimension kann man zwar „Multiplikationen" einführen, muss aber auf die eine oder andere gewohnte Rechenregel verzichten.

dim V > 2

Skalares Produkt von Vektoren

Die erste eckige Klammer in (2) geht im Sonderfall $\vec{b} = \vec{a}$ über in

$$a_1^2(\vec{e_1} \otimes \vec{e_1}) + a_2^2(\vec{e_2} \otimes \vec{e_2}) + a_3^2(\vec{e_3} \otimes \vec{e_3}).$$

Geometrische Deutung im Sonderfall $\vec{a} \otimes \vec{a}$

Dieser Ausdruck bekommt *bei kartesischen Koordinaten* einen geometrischen Sinn, wenn man die auftretenden Produkte der Basisvektoren mit 1 ansetzt, denn dann ergibt sich im Falle der Pfeilklassen das Längenquadrat der Pfeile von $\vec{a}$. Auch für $\vec{b} \neq \vec{a}$ lässt sich bei dieser Setzung der Inhalt

(3) $a_1b_1 + a_2b_2 + a_3b_3$

der ersten eckigen Klammer in (2) (der durch „Überschieben" von (a_1, a_2, a_3) und (b_1, b_2, b_3) zustande kommt) geometrisch deuten; er bedeutet

$$|\vec{a}| \cdot |\vec{b}| \cdot \cos\measuredangle(\vec{a}, \vec{b}).$$

Verallgemeinerung der geometrischen Deutung

Diese Möglichkeit einer geometrischen Deutung zeigt bereits, dass (3) nicht von der gewählten Basis abhängt. Das macht die Verknüpfung

$$(\vec{a}, \vec{b}) \mapsto a_1b_1 + a_2b_2 + a_3b_3$$

Skalarprodukt

geometrisch interessant. Da die in (*) genannten Mindestforderungen erfüllt sind, spricht man – obwohl das Produkt nicht wieder ein Vektor, sondern eine reelle Zahl ist – von einer *Multiplikation* und nennt (3) das *skalare Produkt* von $\vec{a}$ und $\vec{b}$, in Zeichen $\vec{a} \cdot \vec{b}$.

Besonderheiten des Skalarprodukts

Die skalare Multiplikation ist distributiv und kommutativ, jedoch nicht assoziativ. Ein skalares Produkt kann 0 sein, auch wenn keiner der Faktoren der Nullvektor ist; $\vec{a} \cdot \vec{b} = 0$ besagt geometrisch lediglich, dass $\vec{a}$ und $\vec{b}$ orthogonal sind. Weil sowohl $\vec{a} \cdot \vec{x_1} = c$ als auch $\vec{a} \cdot \vec{x_2} = c$ (somit $\vec{a} \cdot (\vec{x_1} - \vec{x_2}) = 0$) auch für $\vec{x_1} \neq \vec{x_2}$ gelten kann, ist die skalare Multiplikation nicht umkehrbar.

Streckenlängen und Winkelweiten lassen sich mit der skalaren Multiplikation in der Form

$$|\vec{a}| = \sqrt{\vec{a} \cdot \vec{a}};\ \cos \sphericalangle(\vec{a}, \vec{b}) = \frac{\vec{a} \cdot \vec{b}}{|\vec{a}| \cdot |\vec{b}|}$$

ausdrücken und ggf. berechnen.

Bemerkungen:
a) Man nennt das skalare Produkt auch (nach GRASSMANN) „inneres Produkt" oder (wegen der Schreibweise) „Punktprodukt".

Basisfreie Definition

b) Will man in einem beliebigen reellen Vektorraum V *ohne Bezug auf eine Basis* zu einer Skalarmultiplikation gelangen, dann ist zu fordern, dass es eine Abbildung von $V \times V$ nach $\mathbb{R}$ gibt, die symmetrisch, bilinear und positiv definit ist. Man kann dann die zuletzt angegebenen Beziehungen benützen, um „Betrag" und „Winkel" von Vektoren zu *definieren*.

Vektorielles Produkt von Vektoren

Zur Definition des Skalarprodukts wurde in (2) nur die erste eckige Klammer in Betracht gezogen. Auch der zweiten lässt sich ein geometrischer Sinn abgewinnen.

Geometrische Deutung in der Ebene

Sind in (1) $\vec{e_1}$ und $\vec{e_2}$ orthogonale Einheitsvektoren, dann liegt es nahe, die „Produkte" $\vec{e_i} \otimes \vec{e_j}$ als orientierte Flächeninhalte von Quadraten zu deuten und demgemäß $\vec{a} \otimes \vec{b} = a_1b_2 - a_2b_1$ zu setzen. Das „Produkt" ist dann eine Zahl, deren Betrag den elementargeometrischen Inhalt $|\vec{a}| \cdot |\vec{b}| \cdot \sin \sphericalangle(\vec{a}, \vec{b})$ des von $\vec{a}$ und $\vec{b}$ aufgespannten Parallelogramms angibt.

Folgt man in (2) bei einem Rechtssystem ebenfalls der Deutung von $\vec{e_i} \otimes \vec{e_j}$ als orientierter Flächeninhalt, so wird man auf

Geometrische Deutung im Raum

$$\vec{a} \otimes \vec{b} = (a_2b_3 - a_3b_2) - (a_3b_1 - a_1b_3) + (a_1b_2 - a_2b_1)$$

geführt. Darin erscheinen zunächst nur die einzelnen Summanden geometrisch sinnvoll. So bedeutet etwa der dritte Summand den Flächeninhalt eines von „ebenen" Vektoren mit den Koordinaten (a_1, a_2) bzw. (b_1, b_2) aufgespannten Parallelogramms; man kann es sich als Projektion des von $\vec{a}$ und $\vec{b}$ *im Raum* aufgespannten Parallelogramms $P_{ar}(\vec{a}, \vec{b})$ längs der dritten Achse auf die 1, 2-Ebene entstanden denken. Für die beiden andern Summanden gilt Entsprechendes. Untersucht man nun, wie der Inhalt von $P_{ar}(\vec{a}, \vec{b})$ mit den Inhalten seiner Projektionen zusammenhängt, dann zeigt sich:

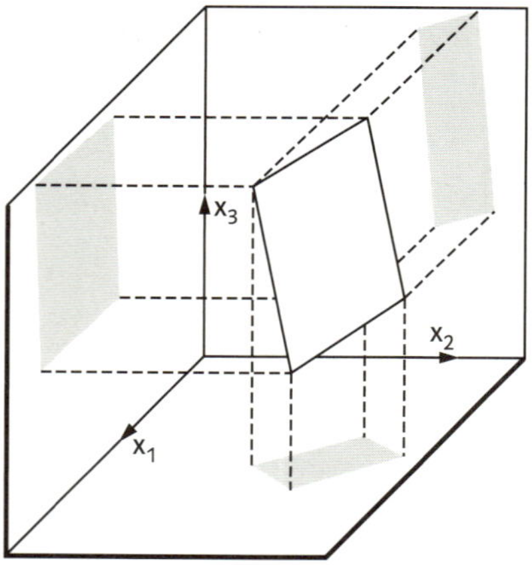

Von Flächeninhalten zum Vektor

$$|\text{Flächeninhalt von } P_{ar}(\vec{a}, \vec{b})|$$
$$= \sqrt{(a_2b_3 - a_3b_2)^2 + (a_3b_1 - a_1b_3)^2 + (a_1b_2 - a_2b_1)^2}.$$

Hierin kann man die rechte Seite verstehen als Betrag eines Vektors mit den Koordinaten $(a_2b_3 - a_3b_2; a_3b_1 - a_1b_3; a_1b_2 - a_2b_1)$. Er ist orthogonal zu den Vektoren $\vec{a}$ und $\vec{b}$ und bildet mit ihnen (in dieser Reihenfolge) ein Rechtssystem.

Zu jedem Paar $(\vec{a}, \vec{b})$ des Raumes gehört derart in geometrisch sinnvoller Weise ein bestimmter Vektor. Man nennt ihn das *vektorielle Produkt* der Vektoren $\vec{a}$ und $\vec{b}$ und bezeichnet ihn mit $\vec{a} \times \vec{b}$. Es ist also

Vektorielles Produkt

$$\vec{a} \times \vec{b} = (a_2b_3 - a_3b_2)\vec{e_1} + (a_3b_1 - a_1b_3)\vec{e_2} + (a_1b_2 - a_2b_1)\vec{e_3}$$

oder (mit $\vec{e}^*$ als Einheitsvektor, so dass $\vec{a}, \vec{b}, \vec{e}^*$ ein Rechtssystem bilden)

$$\vec{a} \otimes \vec{b} = \left[|\vec{a}| \cdot |\vec{b}| \cdot \sin \sphericalangle(\vec{a}, \vec{b})\right] \vec{e}^*.$$

Besonderheiten des vektoriellen Produkts

Die vektorielle Multiplikation erfüllt die Distributivitätsforderung. Sie ist aber weder kommutativ (denn es ist $\vec{b} \times \vec{a} = -(\vec{a} \times \vec{b})$) noch assoziativ. Auch kann ein Produkt der Nullvektor sein, obwohl keiner der Faktoren $\vec{o}$ ist; es gibt deshalb keine „vektorielle Division“.

Bemerkungen:

a) Das vektorielle Produkt wird auch mit $[\vec{a}, \vec{b}]$ bezeichnet. Statt „vektorielles Produkt“, kurz „Vektorprodukt“, wird es auch (nach GRASSMANN) „äußeres Produkt“ oder (wegen der Schreibweise) „Kreuzprodukt“ genannt.

b) Anders als das Skalarprodukt ist das Vektorprodukt nur für einen Vektorraum der Dimension 3 definiert.

Zum Unterricht

Generelle unterrichtliche Probleme

Unzulänglichkeit der linearen Operationen

Man wird davon ausgehen müssen, dass die Unzulänglichkeit der bisherigen Vektoroperationen im Hinblick auf quantitative Eigenschaften geometrischer Figuren nicht jedem Schüler hinreichend bewusst ist. Es fehlt dann ein *Anlass*, nach weiteren Operationen mit Vektoren Ausschau zu halten.

Rechnen statt berechnen

Noch weniger liegt auf der Hand, dass eine Abhilfe schaffende Operation die Form einer neuen *Rechenart* annimmt. Für einen Schüler läge es zweifellos näher, sich mit der Berechnung von Längen und Winkeln mittels kartesischer Koordinaten zufrieden zu geben – fern jedem Gedanken an eine „Multiplikation“ von Vektoren.

Probleme einer geometrischen Definition

Eine *koordinatenunabhängige, geometrische Definition* (z. B. des Skalarprodukts durch $\vec{a} \cdot \vec{b} := |\vec{a}| \cdot |\vec{b}| \cdot \cos \sphericalangle(\vec{a}, \vec{b})$) erscheint zunächst weit hergeholt und „unnatürlich“. Die naheliegende Frage, wie man zu dem verwendeten Term kommt, bedarf einer Antwort. Vor allem aber ist nicht einsichtig, weshalb man in dem Term das Ergebnis einer *Verknüpfung* sieht. Während man bisher beim Einführen einer Verknüpfung stets von einer Verknüpfungsvorschrift ausging und nach dem Ergebnis fragte, nimmt man hier umgekehrt das Ergebnis vorweg und erklärt es zum Resultat einer neu-

Vom Ergebnis zur Verknüpfung – statt umgekehrt

en Verknüpfung. Dabei ist vorerst noch gar nicht sicher, dass die so eingeführte Verknüpfung gewohnten Regeln gehorcht und deshalb als neue Rechenart überhaupt angesprochen werden kann. Und erst recht ist nicht absehbar, dass man sie als eine Art „Multiplizieren" auffassen kann.

Produkt von Vektoren als Zahl

Verzicht auf gewohnte Rechenregeln

Im Falle der Skalarmultiplikation kommt hinzu, dass sie aus dem Bereich des gegebenen Vektorraumes hinausführt. Der damit verbundene *Verzicht auf die Assoziativität* zwingt zu bedachtsamem Umgang mit Klammern und gerät leicht zu einer Quelle von *Rechenfehlern*. Erst recht gilt dies für das vektorielle Multiplizieren, da es überdies auch nicht kommutativ ist.

Zwei Multiplikationen nebeneinander

Was den Lernenden in besonderem Maße befremdet, ist die Existenz von *zwei Multiplikationen* nebeneinander. Man wird bei der gemeinsamen Namengebung Vorsicht walten lassen und insbesondere nicht voreilig von „Multiplikationen" reden. Die dem Mathematiker gegebene Freiheit, Verknüpfungen nach Belieben einzuführen und zu benennen, ist dem Schüler ungewohnt und suspekt; er unterwirft sich nur ungern ausschließlich formalen Vorschriften.

Unterschiedlicher Zugang in Schule und Hochschule

Als Lehrer haben wir die Einführung der skalaren (und evtl. der vektoriellen) Multiplikation nicht unter den in der Schule gegebenen mathematischen Voraussetzungen kennengelernt. Der Hochschule geht es um die *basisunabhängige* Einführung quantitativer Begriffe in abstrakte Vektorräume; sie verwendet dazu Bilinearformen. In der Schule sind quantitative Begriffe durch die Elementargeometrie bereits vorgegeben, man verfolgt lediglich das Ziel, ihnen durch Rechnen mit Vektoren beizukommen. Deshalb erscheint manches, das man im Studium als Definition kennengelernt hat, im Unterricht nun als Satz. Selbstverständlich wird man nicht alles Beweisbare auch beweisen, aber um des Schülers willen darf die Klarheit des Gedankenganges keinen Schaden nehmen.

Geometrische Reichweite des bisherigen Rechnens mit Vektoren

Standortbestimmung

Um vektoriell zu untersuchen,
- ob ein Punkt X auf einer gegebenen Geraden g liegt
- ob gegebene Geraden parallel sind
- welches Längenverhältnis gegebene *parallele* Strecken haben,

bedarf es nur der Addition und S-Multiplikation von Vektoren. Dagegen können wir bei Beschränkung auf diese beiden Operationen z. B. nicht vektoriell ausdrücken, dass
- ein Dreieck rechtwinklig ist
- ein Dreieck gleichschenklig ist.

Die Orthogonalität von Strecken AB und CD müsste in einer *linearen* Beziehung zwischen den Vektoren $\overrightarrow{AB}$ und $\overrightarrow{CD}$ zum Ausdruck kommen. Eine solche existiert aber nur, wenn die Strecken AB und CD parallel sind.

Wollte man sich beim Rechnen mit Vektoren auf das Addieren und S-Multiplizieren beschränken, dann blieben wichtige geometrische Gesetzmäßigkeiten (wie z. B. der Satz vom Umkreis eines Dreiecks oder der Satz des PYTHAGORAS) einer rechnerischen Behandlung unzugänglich.

Eine mögliche Hinführung zur skalaren Multiplikation

Zur Koordinatendarstellung vor geometrischem Hintergrund

In einem beliebigen Dreieck ABC der Ebene sei $\overrightarrow{AB} = \vec{c}$, $\overrightarrow{AC} = \vec{b}$, $\overrightarrow{CB} = \vec{a}$, also $\vec{a} + \vec{b} = \vec{c}$; in kartesischen Koordinaten:

$$a_1 + b_1 = c_1,\ a_2 + b_2 = c_2.$$

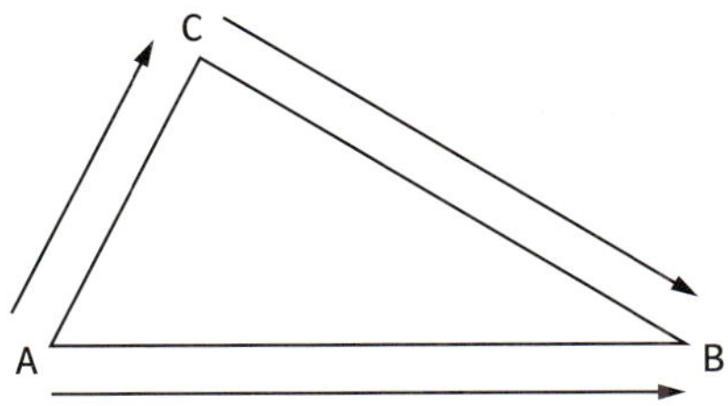

Dann gilt

$$(^*) \qquad c_1^2 + c_2^2 = (a_1^2 + a_2^2) + (b_1^2 + b_2^2) + 2(a_1b_1 + a_2b_2)$$
$$= |\vec{a}|^2 + |\vec{b}|^2 + 2(a_1b_1 + a_2b_2).$$

Ein Vergleich mit dem allgemeinen Satz von PYTHAGORAS

$$|\vec{c}|^2 = |\vec{a}|^2 + |\vec{b}|^2 - 2|\vec{a}||\vec{b}|\cos\gamma$$

zeigt (wegen $\gamma = \pi - \sphericalangle(\vec{a}, \vec{b})$):

$$a_1b_1 + a_2b_2 = |\vec{a}||\vec{b}|\cos\sphericalangle(\vec{a}, \vec{b}).$$

Die von dem Term $a_1b_1 + a_2b_2$ gelieferten Werte hängen also nur von *geometrischen* Gegebenheiten ab, sie sind in Wahrheit von dem gewählten Koordinatensystem unabhängig.

Schreibt man (*) ausführlicher in der Form

$$(c_1c_1 + c_2c_2) = (a_1a_1 + a_2a_2) + (b_1b_1 + b_2b_2) + 2(a_1b_1 + a_2b_2),$$

dann erkennt man, dass die vier Klammerinhalte nach *derselben Prozedur* gebildet sind. Sie wird besonders augenfällig, wenn man die auftretenden Koordinatenpaare in Spaltenform nebeneinander schreibt:

Übergang zur Auffassung als Verknüpfung

$$\begin{pmatrix} c_1 \\ c_2 \end{pmatrix}\begin{pmatrix} c_1 \\ c_2 \end{pmatrix} \quad \begin{pmatrix} a_1 \\ a_2 \end{pmatrix}\begin{pmatrix} a_1 \\ a_2 \end{pmatrix} \quad \begin{pmatrix} b_1 \\ b_2 \end{pmatrix}\begin{pmatrix} b_1 \\ b_2 \end{pmatrix} \quad \begin{pmatrix} a_1 \\ a_2 \end{pmatrix}\begin{pmatrix} b_1 \\ b_2 \end{pmatrix}.$$

Vereinbaren wir nun, das Zeichen $\circ$ (lies: punkt) zwischen zwei Spalten zu schreiben um auszudrücken „Mit diesen Spalten soll die genannte Prozedur ausgeführt werden“, dann erhalten wir aus (*)

$$\begin{pmatrix} c_1 \\ c_2 \end{pmatrix}\circ\begin{pmatrix} c_1 \\ c_2 \end{pmatrix} = \begin{pmatrix} a_1 \\ a_2 \end{pmatrix}\circ\begin{pmatrix} a_1 \\ a_2 \end{pmatrix} + \begin{pmatrix} b_1 \\ b_2 \end{pmatrix}\circ\begin{pmatrix} b_1 \\ b_2 \end{pmatrix} + 2\left[\begin{pmatrix} a_1 \\ a_2 \end{pmatrix}\circ\begin{pmatrix} b_1 \\ b_2 \end{pmatrix}\right] \quad \text{und es ist}$$
$$\begin{pmatrix} a_1 \\ a_2 \end{pmatrix}\circ\begin{pmatrix} b_1 \\ b_2 \end{pmatrix} = |\vec{a}||\vec{b}|\cos\sphericalangle(\vec{a}, \vec{b}).$$

Beispiel: ($\circ$ konkret)

a) $\begin{pmatrix} 2 \\ 3 \end{pmatrix}\circ\begin{pmatrix} -4 \\ 5 \end{pmatrix} = 2\cdot(-4) + 3\cdot 5 = 7$ b) $\begin{pmatrix} -0{,}2 \\ 0{,}5 \end{pmatrix}\circ\begin{pmatrix} 4 \\ 1 \end{pmatrix} = (-0{,}2)\cdot 4 + 0{,}5\cdot 1 = -0{,}3$

Die auftretenden Koordinaten gelten für ein bestimmtes kartesisches Koordinatensystem. Verwendet man stattdessen ein anderes kartesisches Koordinatensystem, dann erhält man mit den entsprechenden Vektorkoordinaten des neuen Systems in a) wieder die Zahl 7 und in b) wieder die Zahl −0,3.

Erste „Anwendung“

Sind Vektoren $\vec{a}$ und $\vec{b}$ durch ihre Koordinaten gegeben, dann kann man die leicht zu berechnende Zahl $\vec{a}\circ\vec{b} = a_1b_1 + a_2b_2$ (bzw. $= a_1b_1 + a_2b_2 + a_3b_3$) benutzen, um Längen und Winkel zu bestimmen. Es ist

$$|\vec{a}||\vec{a}| = \sqrt{\vec{a}\circ\vec{a}} \quad \text{und} \quad \cos\sphericalangle(\vec{a}, \vec{b}) = \frac{\vec{a}\circ\vec{b}}{|\vec{a}||\vec{b}|}.$$

Beispiel: (Berechnung von Längen und Winkeln)
Das Dreieck ABC mit A(1|2|2), B(2|10|4), C(−5|2|3) sei Grundfläche einer Pyramide mit der Spitze S(3|5|8).

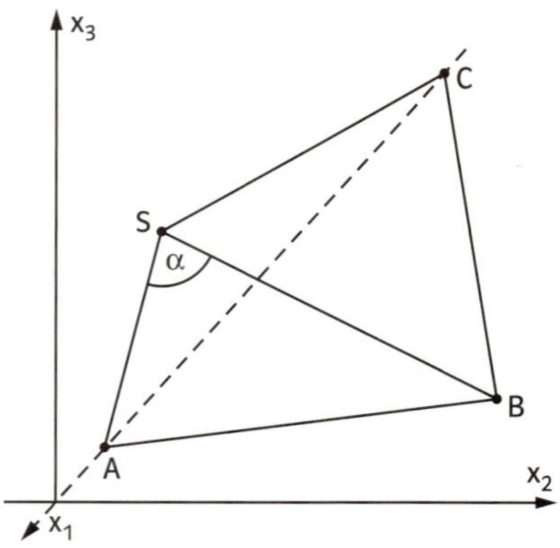

$$\overrightarrow{SA} = \begin{pmatrix} -2 \\ -3 \\ -6 \end{pmatrix}; \overrightarrow{SB} = \begin{pmatrix} -1 \\ 5 \\ -4 \end{pmatrix}$$

Berechnung von $\overline{SA}$:

$$\overline{SA} = \sqrt{\overrightarrow{SA} \circ \overrightarrow{SA}} = \sqrt{4 + 9 + 36}$$
$$= 7 \text{ (in LE)}$$

Berechnung von $\alpha = \sphericalangle(\overrightarrow{SA}, \overrightarrow{SB})$:

$$\cos\alpha = \frac{\overrightarrow{SA} \circ \overrightarrow{SB}}{|\overrightarrow{SA}||\overrightarrow{SB}|}$$
$$= \frac{(-2)(-1) + (-3)5 + (-6)(-4)}{7\sqrt{1 + 25 + 16}}$$
$$= 0{,}2425 \text{ (4 Dez.)}; \quad \alpha \approx 76 \text{ (in °)}$$

∘ als Rechenart

Bei der Berechnung von

(*) $\quad \vec{a} \circ \vec{b} = a_1b_1 + a_2b_2$ bzw. $\vec{a} \circ \vec{b} = a_1b_1 + a_2b_2 + a_3b_3$

ist es gleichgültig, welches kartesische Koordinatensystem wir verwenden; das Ergebnis ist stets dasselbe. Durch

$$(\vec{a}, \vec{b}) \mapsto \vec{a} \circ \vec{b}$$

Die neue Verknüpfung als Rechenart

ist also jedem Paar von Vektoren eine *vom verwendeten Koordinatensystem unabhängige* reelle Zahl zugeordnet. Da wir die Absicht verfolgen, Streckenlängen und Winkelweiten durch „Rechnen mit Vektoren" zu gewinnen, liegt der Gedanke nahe, das Zeichen ∘ als Zeichen für eine neue *Rechenart* mit Vektoren aufzufassen. Allerdings verspricht das nur dann einen Gewinn, wenn die zugehörigen Rechenregeln nicht allzu kompliziert sind und diese neue Rechenart auf einfache Weise mit der bereits vorhandenen Addition zusammenhängt.

Das ist tatsächlich der Fall. Wie die in jedem kartesischen Koordinatensystem gültige Beziehung (*) zeigt, gilt

sowohl $\quad \vec{a} \circ \vec{b} = \vec{b} \circ \vec{a}$

als auch $\quad \vec{a} \circ (\vec{b} + \vec{c}) = \vec{a} \circ \vec{b} + \vec{a} \circ \vec{c}$.

Skalare Multiplikation

Die Analogie zum Zahlenrechnen ist nicht zu übersehen. Man nennt deshalb die Verknüpfung ∘ eine *Multiplikation* und $\vec{a} \circ \vec{b}$ (weil es sich dabei um eine *Zahl* handelt) *skalares Produkt* der Vektoren $\vec{a}$ und $\vec{b}$. Statt des Zeichens ∘ schreibt man üblicherweise einfach einen Malpunkt und liest ihn „mal".

Beweisen durch Rechnen

Beispiel: (Rechnerischer Beweis des THALESsatzes mittels skalarer Multiplikation)
Satz: Liegt die Ecke C eines Dreiecks ABC auf dem Halbkreis über AB, dann sind AC und BC orthogonal.

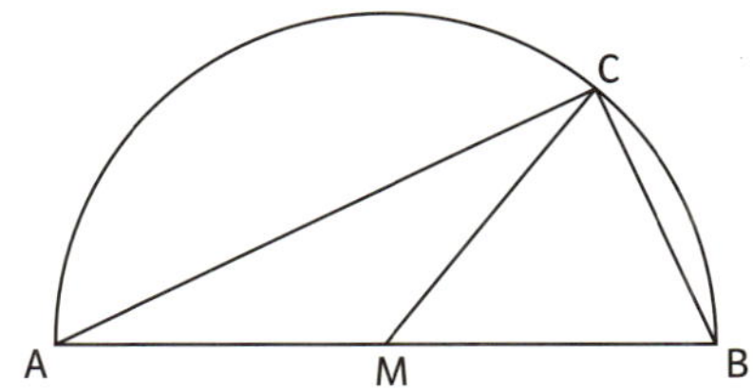

Voraussetzung: $(\overrightarrow{AM})^2 = (\overrightarrow{MB})^2 = (\overrightarrow{MC})^2$

Behauptung: $\overrightarrow{AC} \cdot \overrightarrow{BC} = 0$

Beweis: $\overrightarrow{AC} = \overrightarrow{MC} - \overrightarrow{MA}$;

$\overrightarrow{BC} = \overrightarrow{MC} - \overrightarrow{MB}$

$$\overrightarrow{AC} \cdot \overrightarrow{BC} = (\overrightarrow{MC} - \overrightarrow{MA}) \cdot (\overrightarrow{MC} - \overrightarrow{MB}) = (\overrightarrow{MC})^2 - \overrightarrow{MC} \cdot \overrightarrow{MB} - \overrightarrow{MA} \cdot \overrightarrow{MC} + \overrightarrow{MA} \cdot \overrightarrow{MB}$$

$$= (\overrightarrow{MC})^2 - \overrightarrow{MC} \cdot \overrightarrow{AM} + \overrightarrow{AM} \cdot \overrightarrow{MC} - (\overrightarrow{MA})^2 = 0$$

Bedarf es einer formalen Definition?

Bei der Einführung der Skalarmultiplikation im Rahmen der Schulmathematik ist es weder notwendig noch zweckmäßig, sich aus formalen Gründen auf eine der beiden Definitionsmöglichkeiten festzulegen (entweder die geometrische oder die Definition mittels Koordinaten). Sie bringen unterschiedliche Aspekte des Skalarprodukts zum Ausdruck, die man beide – den geometrischen sowohl als den algebraischen – braucht. Auch die Fassung des skalaren Produkts als „$|\vec{a}| \cdot$(Projektion von $\vec{b}$ auf $\vec{a}$)"oder „$|\vec{b}| \cdot$(Projektion von $\vec{a}$ auf $\vec{b}$)" kann bei heuristischen Überlegungen eine Hilfe sein.

Praxis der skalaren Multiplikation

Umgang mit Klammern

Das Distributiv- und Kommutativgesetz sowie die Regel $(r\vec{a}) \cdot \vec{b} = a \cdot (r\vec{b}) = r(\vec{a} \cdot \vec{b})$ sind einfach zu handhaben. Dagegen ist es für den Anfänger gewöhnungsbedürftig, dass die skalare Multiplikation *nicht assoziativ* ist. Um Fehlern zu entgehen, muss er sich stets vor Augen halten, dass das Produkt eine *Zahl* ist. So sind z. B. beim Übergang von $\vec{a}^2 = \vec{a} \cdot \vec{b}$ zu $(\vec{a}^2)\vec{b} = (\vec{a} \cdot \vec{b})\vec{b}$ die Klammern unerlässlich, wie überhaupt der Umgang mit Klammern eine ungewohnte gedankliche Präsenz erfordert.

Nichtumkehrbarkeit

Eine weitere Fehlerquelle liegt in der *Nichtumkehrbarkeit* der skalaren Multiplikation in ihren unterschiedlichen Erscheinungsformen. Aus $\vec{a} \cdot \vec{x} = 0$ und $\vec{a} \neq \vec{o}$ kann man nicht auf $\vec{x} = \vec{o}$, aus $\vec{a} \cdot (\vec{x}_1 - \vec{x}_2) = 0$ oder $\vec{a} \cdot \vec{x}_1 = \vec{a} \cdot \vec{x}_2$ nicht auf $\vec{x}_1 = \vec{x}_2$ schließen; eine Gleichung $\vec{a} \cdot \vec{x} = c$ ist nicht nach $\vec{x}$ auflösbar. Schließlich darf man einen Bruchterm wie $\frac{\vec{a} \cdot \vec{a}}{\vec{a} \cdot \vec{b}}$ weder mit $\vec{a}$ „kürzen" noch mit einem Vektor „erweitern".

Um Fehler gering zu halten ist es ratsam, den Malpunkt (anders als bei Zahlvariablen) stets zu setzen, anfangs vielleicht sogar deutlich als „$\circ$".

Anwendungen der skalaren Multiplikation

1) Darstellung von Geraden und Ebenen

In der Koordinatendarstellung einer

Gerade g in der Ebene	Ebene e im Raum
$ax_1 + bx_2 + c = 0$	$ax_1 + bx_2 + cx_3 + d = 0$

Von der Koordinatendarstellung zur Vektordarstellung

kann man $ax_1 + bx_2$ bzw. $ax_1 + bx_2 + cx_3$ als skalares Produkt eines Ortsvektors mit dem „Koeffizientenvektor" verstehen. Ist $P(p_1 | p_2)$ bzw. $P(p_1 | p_2 | p_3)$ ein Punkt von g bzw. e und daher

$$ap_1 + bp_2 + c = 0 \qquad ap_1 + bp_2 + cp_3 + d = 0,$$

dann können wir schreiben:

$$\left[\begin{pmatrix} x_1 \\ x_2 \end{pmatrix} - \begin{pmatrix} p_1 \\ p_2 \end{pmatrix}\right] \cdot \begin{pmatrix} a \\ b \end{pmatrix} = 0 \quad \text{bzw.} \quad \left[\begin{pmatrix} x_1 \\ x_2 \\ x_3 \end{pmatrix} - \begin{pmatrix} p \\ p_2 \\ p_3 \end{pmatrix}\right] \cdot \begin{pmatrix} a \\ b \\ c \end{pmatrix} = 0.$$

Der Koeffizientenvektor liefert die zu g bzw. e *orthogonale* Richtung, er ist ein „Normalenvektor" $\vec{n}$ von g bzw. e. Die Ortsvektoren $\vec{x}$ von g bzw. e genügen einer Vektorgleichung

$$(\vec{x} - \vec{p}) \cdot \vec{n} = 0.$$

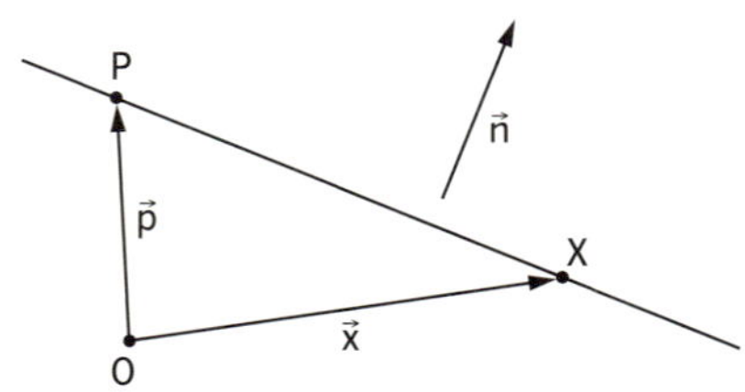

Normalenform

Diese „Normalenform"-Darstellung erlaubt, bei gegebenen Vektoren $\vec{p}$ und $\vec{n}$ die Gleichung der durch sie bestimmten Geraden bzw. Ebene unmittelbar anzugeben. I. Allg. wird jedoch $\vec{n}$ nicht bekannt sein. Man verwendet die Darstellung deshalb meist, um zu einer Geraden eine orthogonale Gerade oder eine orthogonale Ebene zu finden.

Beispiel:

a) (Mittelsenkrechte einer Strecke)

Sind P und Q(≠P) Punkte der Ebene, dann hat die Mitte M von PQ den Ortsvektor $\overrightarrow{OM} = \frac{1}{2}(\overrightarrow{OP} + \overrightarrow{OQ})$. Die Gerade durch P und Q hat $\overrightarrow{OP} - \overrightarrow{OQ}$ als Richtungsvektor, er ist Normalenvektor der gesuchten Mittelsenkrechten. Für diese gilt also

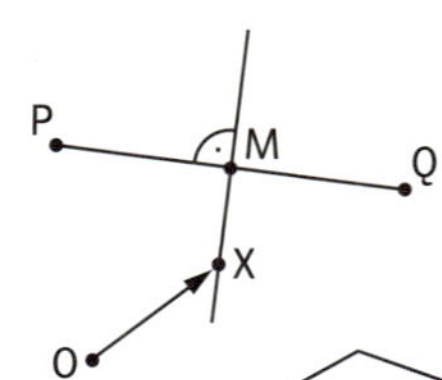

Skalarprodukt und Orthogonalität

$$\left[\vec{x} - \tfrac{1}{2}(\overrightarrow{OP} + \overrightarrow{OQ})\right] \cdot (\overrightarrow{OP} - \overrightarrow{OQ}) = 0.$$

b) (Tangentialebene einer Kugel)

Ist B Punkt einer Kugelfläche

K: $(\vec{x} - \overrightarrow{OM})^2 = r^2$,

dann ist

e: $(\vec{x} - \overrightarrow{OB}) \cdot (\overrightarrow{OB} - \overrightarrow{OM}) = 0$ oder

$(\vec{x} - \overrightarrow{OM}) \cdot (\overrightarrow{OB} - \overrightarrow{OM}) = r^2$

Tangentialebene an K in B.

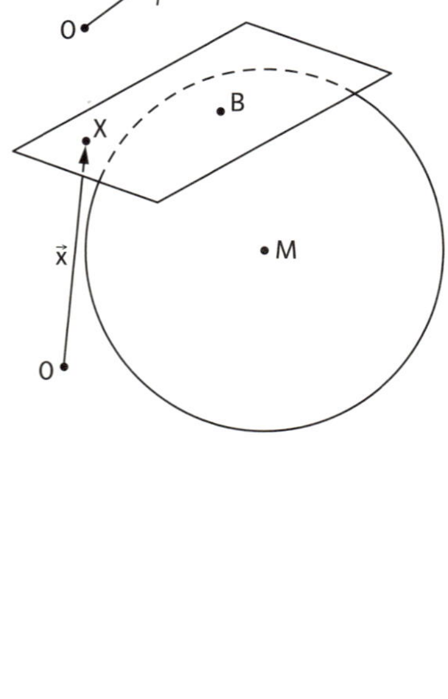

Die Normalenform liefert die gesuchten Ortsvektoren nicht in der bis dahin gewohnten Form $\vec{x} = \ldots$, sondern nur „indirekt". Ein Schüler hegt mehr oder weniger deutlich die Erwartung, dass diese Gleichung nun formal nach $\vec{x}$ aufgelöst wird. Dass dies wegen der Nichtumkehrbarkeit der skalaren Multiplikation nicht geschieht, bedarf zumindest der Erwähnung.

Normalenform als „implizite" Darstellung

Beispiel: (Schnitt zweier Geraden der Ebene)
Durch g: $(\vec{x} - \overrightarrow{OP}) \cdot \vec{n}_g = 0$ und h: $(\vec{x} - \overrightarrow{OQ}) \cdot \vec{n}_h = 0$ sind Geraden g und h gegeben. Für linear unabhängige Vektoren $\vec{n}_g$ und $\vec{n}_h$ haben sie einen Schnittpunkt S. Dessen Ortsvektor lässt sich jedoch nicht koordinatenfrei aus dem System beider Gleichungen gewinnen.

2) Berechnung von Abständen
Es gehört zu den Standardaufgaben der analytischen Geometrie des Raumes, den Abstand eines Punktes P von einer Ebene e zu bestimmen. Ist man dabei am Fußpunkt des Lotes von P auf e nicht weiter interessiert, dann kann man (nach LUDWIG OTTO HESSE (1811–1874)) wie folgt verfahren.

Abstand eines Punktes von einer Ebene

$$\overrightarrow{FR} = \overrightarrow{OR} - \overrightarrow{OF}, \text{ wegen } \overrightarrow{OF} = \overrightarrow{OP} + \overrightarrow{PF} \text{ also}$$
$$= \overrightarrow{OR} - \overrightarrow{OP} - \overrightarrow{PF}.$$

Ist $\vec{n}_0$ ein Normalen*einheits*vektor von e, dann ist $\overrightarrow{FR} = t\vec{n}_0$ mit einer Zahl t, deren Betrag der gesuchte Abstand d ist, und somit

$$t\vec{n}_0 = \overrightarrow{OR} - \overrightarrow{OP} - \overrightarrow{PF}.$$

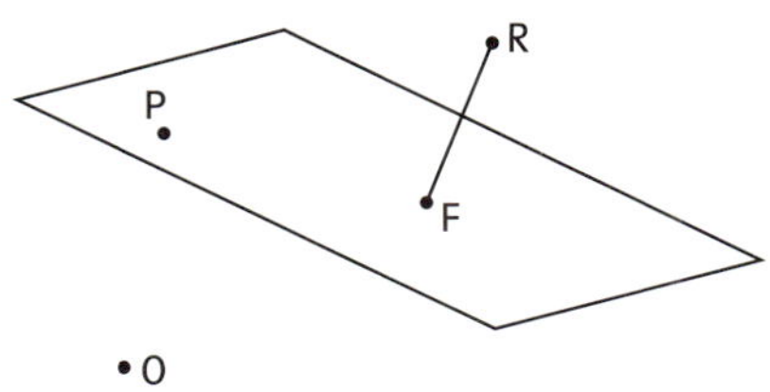

Um die Zahl t zu isolieren, wird beidseitig mit $\vec{n}_0$ skalar multipliziert:

$$t = (\overrightarrow{OR} - \overrightarrow{OP}) \cdot \vec{n}_0$$
$$d = |t| = |(\overrightarrow{OR} - \overrightarrow{OP}) \cdot \vec{n}_0|.$$

Ein Vergleich mit der Ebenengleichung $(\overrightarrow{OX} - \overrightarrow{OP}) \cdot \vec{n} = 0$ zeigt: Verwendet man zur Darstellung der Ebene einen Normaleneinheitsvektor, dann braucht man nur für $\vec{x}$ den Ortsvektor von R einzusetzen, um d zu bekommen.

Beispiel: (Abstand eines Punktes von einer Ebene; Ebene in Normalenform)

$$e: \left[\vec{x} - \begin{pmatrix}1\\2\\3\end{pmatrix}\right] \cdot \begin{pmatrix}1\\-2\\2\end{pmatrix} = 0\,;\ R(4|1|5).\ \text{Mit } \vec{n}_0 = \tfrac{1}{3}\begin{pmatrix}1\\-2\\2\end{pmatrix} \text{ wird e: } \left[\vec{x} - \begin{pmatrix}1\\2\\3\end{pmatrix}\right] \cdot \tfrac{1}{3}\begin{pmatrix}1\\-2\\2\end{pmatrix} = 0 \text{ und}$$

$$d = \left|\left[\begin{pmatrix}4\\1\\5\end{pmatrix} - \begin{pmatrix}1\\2\\3\end{pmatrix}\right] \cdot \tfrac{1}{3}\begin{pmatrix}1\\-2\\2\end{pmatrix}\right| = 3.$$

R hat von e den Abstand 3 (in LE).

Beispiel: (Abstand eines Punktes von einer Ebene; Ebene in Koordinatenform)
e: $3x_1 + x_2 + 2x_3 + 1 = 0$; $R(-3|1|2)$. Die Ebenengleichung ist Koordinatenform von $\vec{x} \cdot \vec{n} - \vec{p} \cdot \vec{n} = 0$. Mit $|\vec{n}| = \sqrt{14}$ und $\vec{n}_0 = \frac{\vec{n}}{|\vec{n}|}$ erhält man

$$e: \frac{3x_1 + x_2 + 2x_3 + 1}{\sqrt{14}} = 0 \text{ und } d = \left|\frac{3\cdot(-3) + 1\cdot 1 + 2\cdot 2}{\sqrt{14}}\right| = \frac{4}{\sqrt{14}} \text{ (in LE).}$$

3) Gewinnung neuer geometrischer Einsichten

Ihre eigentliche Bedeutung erhält die skalare Multiplikation durch die Möglichkeit, geometrische Gesetzmäßigkeiten durch Rechnen mit Vektoren zu gewinnen.

Beweis des Satzes vom Höhenschnittpunkt

Beispiel: (Höhen eines Dreiecks)
Wie gelangt man durch Rechnen mit Vektoren zu dem aus der Elementargeometrie bekannten Satz vom Höhenschnittpunkt eines Dreiecks ABC?
Der Schnittpunkt von h_a und h_b sei H.

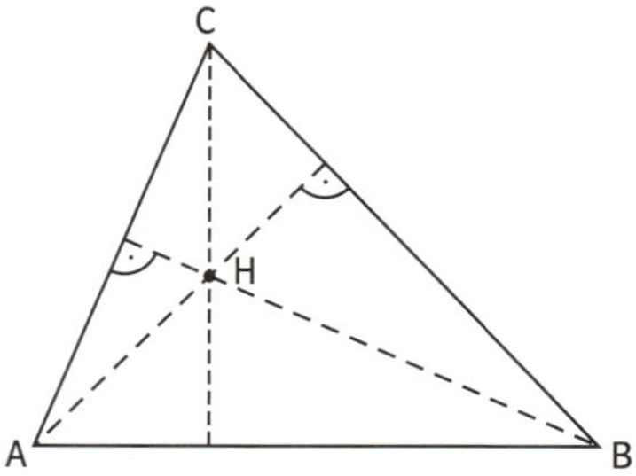

Voraussetzung: $\overrightarrow{AH}\cdot\overrightarrow{BC} = 0$; $\overrightarrow{BH}\cdot\overrightarrow{AC} = 0$

Behauptung: $\overrightarrow{CH}\cdot\overrightarrow{AB} = 0$

Beweis: Um die Seiten des Dreiecks mit H in Zusammenhang zu bringen, schreiben wir
$\overrightarrow{BC} = \overrightarrow{BH} + \overrightarrow{HC}$ und $\overrightarrow{AC} = \overrightarrow{AH} + \overrightarrow{HC}$.

Die Voraussetzung lautet dann
$\overrightarrow{AH}\cdot(\overrightarrow{BH} + \overrightarrow{HC}) = 0$;
$\overrightarrow{BH}\cdot(\overrightarrow{AH} + \overrightarrow{HC}) = 0$
oder $\overrightarrow{AH}\cdot\overrightarrow{BH} = -\overrightarrow{AH}\cdot\overrightarrow{HC}$; $\overrightarrow{BH}\cdot\overrightarrow{AH} = -\overrightarrow{BH}\cdot\overrightarrow{HC}$.
Danach ist $\overrightarrow{CH}\cdot\overrightarrow{AB} = \overrightarrow{CH}\cdot(\overrightarrow{AH} + \overrightarrow{HB}) = \overrightarrow{CH}\cdot\overrightarrow{AH} + \overrightarrow{CH}\cdot\overrightarrow{HB} = \overrightarrow{AH}\cdot\overrightarrow{BH} - \overrightarrow{AH}\cdot\overrightarrow{BH} = 0$. Also geht die Höhe h_c ebenfalls durch H.
Die Rechnung zeigt noch mehr. Interpretiert man das skalare Produkt $\vec{u}\cdot\vec{v}$ zweier Vektoren als „$|\vec{u}|\cdot$(Projektion von $\vec{v}$ auf $\vec{u}$)", dann besagt $\overrightarrow{AH}\cdot\overrightarrow{BH} = \overrightarrow{AH}\cdot\overrightarrow{CH} = \overrightarrow{BH}\cdot\overrightarrow{CH}$: Der Schnittpunkt H teilt jede Höhe so, dass das Produkt beider Abschnitte bei allen drei Höhen dasselbe ist.

Eine Eigenschaft des gleichseitigen Dreiecks

Beispiel: (Untersuchungen am gleichseitigen Dreieck)
In einem gleichseitigen Dreieck ABC seien auf den Seiten die Punkte E, F, G so gewählt, dass AE, BF und CG je ein Drittel der betreffenden Seitenlänge betragen. Ist EG ⊥ AB?

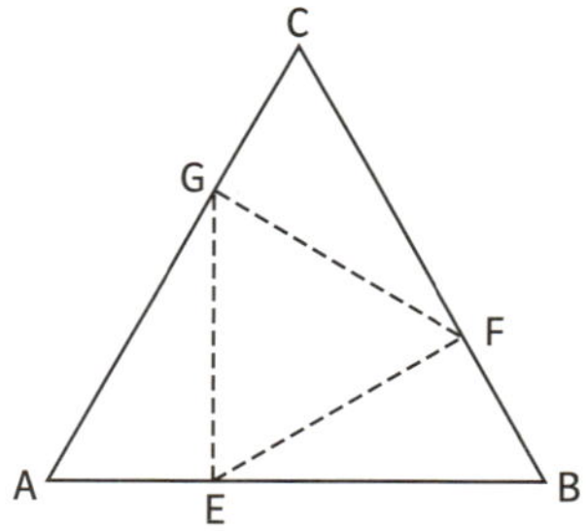

Voraussetzung: $(\overrightarrow{AB})^2 = (\overrightarrow{BC})^2 = (\overrightarrow{CA})^2$

Zu untersuchen ist das skalare Produkt
$\left(\frac{2}{3}\overrightarrow{AC} - \frac{1}{3}\overrightarrow{AB}\right)\cdot\overrightarrow{AB}$ oder $(2\overrightarrow{AC} - \overrightarrow{AB})\cdot\overrightarrow{AB}$.

$$\begin{aligned}(2\overrightarrow{AC} - \overrightarrow{AB})\cdot\overrightarrow{AB} &= [2\overrightarrow{AC} - (\overrightarrow{AC} + \overrightarrow{CB})]\cdot\overrightarrow{AB}\\ &= (\overrightarrow{AC} - \overrightarrow{CB})\cdot\overrightarrow{AB}\\ &= (\overrightarrow{AC} - \overrightarrow{CB})(\overrightarrow{AC} + \overrightarrow{CB})\\ &= (\overrightarrow{AC})^2 - (\overrightarrow{CB})^2\\ &= 0.\end{aligned}$$

Die Strecken EG und AB sind also orthogonal. Aus Symmetriegründen gilt dasselbe für EF und BC sowie FG und AC.

Bemerkung: Ein Vergleich mit dem sehr einfachen nichtvektoriellen Beweis (Streifenschar parallel zu h_c) zeigt, dass eine vektorielle Begründung keineswegs immer – wenn auch sehr oft, vor allem bei räumlichen Betrachtungen – einfacher ausfällt als eine elementargeometrische Argumentation.

Neben einfachen punktuellen Beispielen vermögen vor allem kleinere eigene Untersuchungen aus der Raumgeometrie den Schüler von der Nützlichkeit der skalaren Multiplikation zu überzeugen.

Dreiseitige Pyramiden

Beispiel: (Untersuchungen an dreiseitigen Pyramiden)
Vorbemerkung: Im Folgenden betrachten wir ausschließlich *dreiseitige* Pyramiden. Eine dreiseitige Pyramide nennen wir *regelmäßig*, wenn ihre Grundfläche ein gleichseitiges Dreieck ABC ist und alle Seitenkanten gleich lang sind. Sind überdies die Seitenkanten gleich lang wie die Grundkanten, dann heißt die Pyramide „Tetraeder".

a) Regelmäßige dreiseitige Pyramiden

Fragestellung

Die Anschauung lässt vermuten: Bei einer regelmäßigen dreiseitigen Pyramide sind Gegenkanten (d. h. Kanten ohne gemeinsamen Punkt) orthogonal.

Voraussetzung: $(\overrightarrow{AB})^2 = (\overrightarrow{BC})^2 = (\overrightarrow{CA})^2$;
$(\overrightarrow{SA})^2 = (\overrightarrow{SB})^2 = (\overrightarrow{SC})^2$

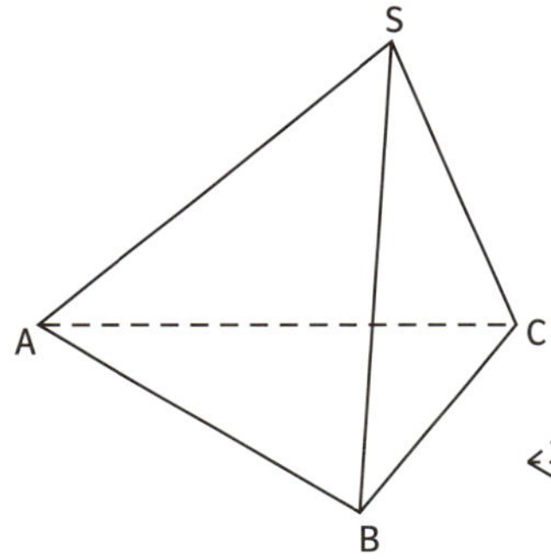

Aus $(\overrightarrow{AB})^2 = (\overrightarrow{BC})^2$ oder
$(\overrightarrow{AB} + \overrightarrow{BC}) \cdot (\overrightarrow{AB} - \overrightarrow{BC}) = 0$
folgt $\overrightarrow{AC} \cdot (\overrightarrow{AB} - \overrightarrow{BC}) = 0$.

Wir formen so um, dass $\overrightarrow{SB}$ auftritt.

$$\overrightarrow{AC} \cdot (\overrightarrow{AS} + \overrightarrow{SB} - \overrightarrow{BS} - \overrightarrow{SC}) = 0$$
$$\begin{aligned} 2\overrightarrow{AC} \cdot \overrightarrow{SB} &= \overrightarrow{AC} \cdot (\overrightarrow{SC} + \overrightarrow{SA}) \\ &= (\overrightarrow{SC} - \overrightarrow{SA}) \cdot (\overrightarrow{SC} + \overrightarrow{SA}) \\ &= (\overrightarrow{SC})^2 - (\overrightarrow{SA})^2 \\ &= 0 \end{aligned}$$

Für andere Paare von Gegenseiten gilt aus Symmetriegründen Entsprechendes. Die Vermutung trifft also zu.

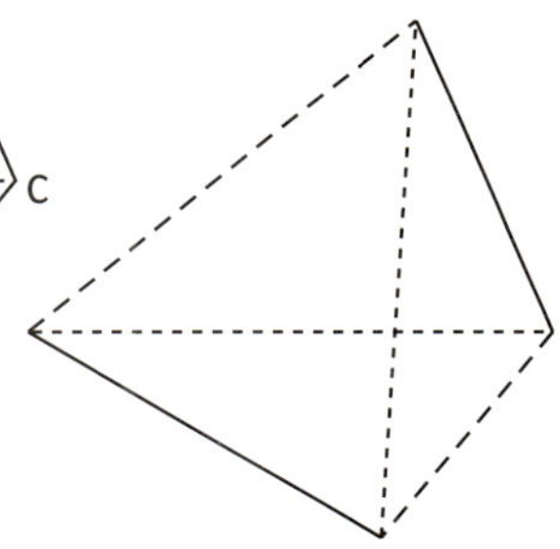

Umkehrung der Fragestellung

b) Dreiseitige Pyramiden mit gleichseitiger Grundfläche
Ist eine dreiseitige Pyramide mit gleichseitiger Grundfläche und orthogonalen Gegenkanten regelmäßig?

Voraussetzung: $(\overrightarrow{AB})^2 = (\overrightarrow{BC})^2 = (\overrightarrow{CA})^2$;
$\overrightarrow{AB} \cdot \overrightarrow{SC} = \overrightarrow{BC} \cdot \overrightarrow{SA} = \overrightarrow{CA} \cdot \overrightarrow{SB} = 0$

Wir versuchen, daraus eine Aussage über die Längen der Seitenkanten zu gewinnen.

$\overrightarrow{AB} = \overrightarrow{SB} - \overrightarrow{SA}$; $\overrightarrow{BC} = \overrightarrow{SC} - \overrightarrow{SB}$

$$\begin{aligned} (\overrightarrow{SB} - \overrightarrow{SA})^2 &= (\overrightarrow{SC} - \overrightarrow{SB})^2 \\ -2\overrightarrow{SB} \cdot \overrightarrow{SA} + (\overrightarrow{SA})^2 &= (\overrightarrow{SC})^2 - 2\overrightarrow{SC} \cdot \overrightarrow{SB} \\ (\overrightarrow{SA})^2 - (\overrightarrow{SC})^2 &= 2\overrightarrow{SB} \cdot (\overrightarrow{SA} - \overrightarrow{SC}) \\ &= 2\overrightarrow{SB} \cdot \overrightarrow{CA} \\ &= 0 \end{aligned}$$

Entsprechend folgt, dass die Kanten $\overrightarrow{SA}$ und $\overrightarrow{SB}$ gleichlang sind. Unter den dreiseitigen Pyramiden mit gleichseitiger Grundfläche haben nur die regelmäßigen jeweils orthogonale Gegenkanten.

Gibt es solche Pyramiden?

c) Dreiseitige Pyramiden mit beliebiger Grundfläche
Ein Beispiel (s. Fig.) zeigt, dass es dreiseitige Pyramiden gibt, bei denen nur ein einziges Gegenkantenpaar orthogonal ist. Andererseits gibt es aber auch Pyramiden (s. Fig.) mit nichtgleichseitiger Grundfläche, bei denen alle drei Gegenkantenpaare orthogonal sind. Gibt es auch dreiseitige Pyramiden mit genau zwei orthogonalen Gegenkantenpaaren?

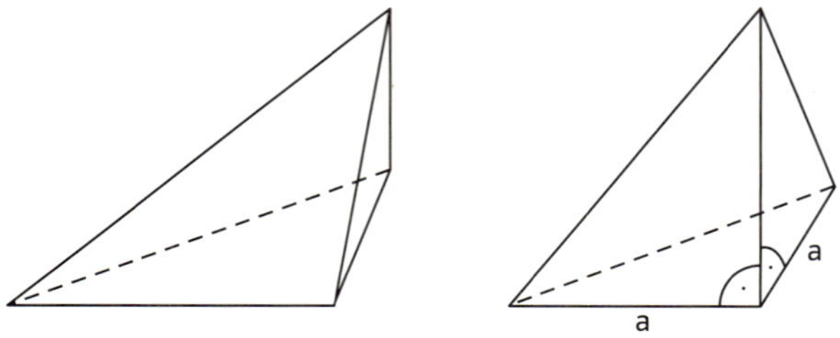

Voraussetzung: $\overrightarrow{AB}\cdot\overrightarrow{SC}=0$; $\overrightarrow{BC}\cdot\overrightarrow{SA}=0$
Um die Kante $\overrightarrow{AC}$ des fraglichen Kantenpaares einzuführen, schreiben wir die erste Voraussetzung in der Form $(\overrightarrow{AC}+\overrightarrow{CB})\cdot(\overrightarrow{SA}+\overrightarrow{AC})=0$ und erhalten

$$\overrightarrow{AC}\cdot\overrightarrow{SA}+\overrightarrow{AC}\cdot\overrightarrow{AC}+\overrightarrow{CB}\cdot\overrightarrow{SA}+\overrightarrow{CB}\cdot\overrightarrow{AC}=0$$
$$\overrightarrow{AC}\cdot(\overrightarrow{SA}+\overrightarrow{AC}+\overrightarrow{CB})=0$$
$$\overrightarrow{AC}\cdot\overrightarrow{SB}=0.$$

Wenn zwei Gegenkantenpaare orthogonal sind, dann trifft dies auch für das dritte Paar zu; es gibt also keine dreiseitigen Pyramiden mit genau zwei Paaren orthogonaler Gegenkanten.

Welche Pyramiden haben einen Höhenschnittpunkt?

d) Höhen einer beliebigen dreiseitigen Pyramide
Nicht alle dreiseitigen Pyramiden haben einen Höhenschnittpunkt H (s. vorige Figur links). Andererseits gibt es nichtregelmäßige dreiseitige Pyramiden, bei denen dies der Fall ist (s. vorige Figur rechts). Frage: Welche dreiseitigen Pyramiden haben einen Höhenschnittpunkt?

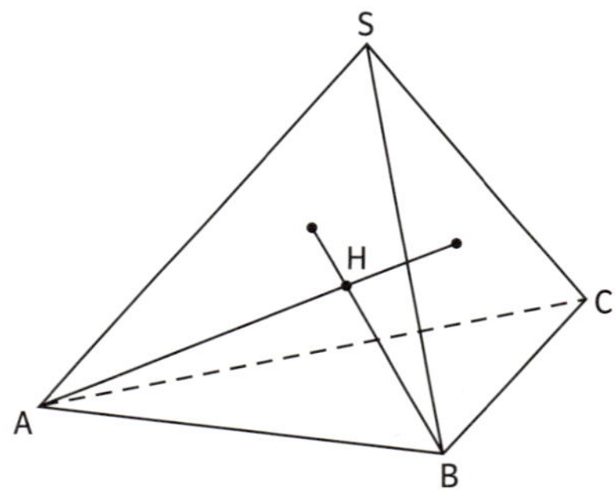

Wenn H existiert und $\overrightarrow{n_A}$ Normalenvektor von $\triangle BCS$, $\overrightarrow{n_B}$ Normalenvektor von $\triangle ACS$ ist, dann gibt es reelle Zahlen s und t mit

$$s\overrightarrow{n_A}=\overrightarrow{AB}+t\overrightarrow{n_B}.$$

Da $\overrightarrow{n_A}$ und $\overrightarrow{n_B}$ zu $\overrightarrow{SC}$ orthogonal sind, folgt durch skalare Multiplikation mit $\overrightarrow{SC}$

$$0=\overrightarrow{AB}\cdot\overrightarrow{SC}.$$

D.h.: Wenn H existiert, dann sind Gegenkanten orthogonal.

Es bleibt zu untersuchen, ob es dreiseitige Pyramiden mit orthogonalen Gegenkanten gibt, die keinen Höhenschnittpunkt haben.
Da Gegenkanten orthogonal sind, enthält die zu SC orthogonale Ebene durch AB die Lote von A und B auf die jeweils gegenüberliegende Seitenfläche. Die beiden Lotgeraden haben einen Schnittpunkt H. Der Vektor $\overrightarrow{CH}$ ist Normalenvektor der Seitenfläche ABS, denn $\overrightarrow{CH}\cdot\overrightarrow{SA}=(\overrightarrow{BH}-\overrightarrow{BC})\cdot\overrightarrow{SA}=\overrightarrow{BH}\cdot\overrightarrow{SA}-\overrightarrow{BC}\cdot\overrightarrow{SA}=0$ und ebenso $\overrightarrow{CH}\cdot\overrightarrow{SB}=0$. Für $\overrightarrow{SH}$ folgt $\overrightarrow{SH}\cdot\overrightarrow{AB}=(\overrightarrow{CH}-\overrightarrow{CS})\cdot\overrightarrow{AB}=\overrightarrow{CH}\cdot\overrightarrow{AB}-\overrightarrow{CS}\cdot\overrightarrow{AB}=0$ und ebenso $\overrightarrow{SH}\cdot\overrightarrow{BC}=0$. Also ist H Höhenschnittpunkt der Pyramide. – Ergebnis: In einer dreiseitigen Pyramide haben die Höhen genau dann einen gemeinsamen Punkt, wenn Gegenkanten orthogonal sind.

Man wird nicht versäumen darauf hinzuweisen, dass derlei räumliche Einsichten ohne Vektoren und Skalarmultiplikation nur sehr viel mühsamer zu bekommen sind.

Skalarmultiplikation und Drehsinn

Bei allen Vorzügen der skalaren Multiplikation darf man eine Unzulänglichkeit, die ihr anhaftet, nicht übersehen: Sie nimmt (wie das Kommutativgesetz zeigt) keine Rücksicht auf einen evtl. Drehsinn in der Ebene oder im Raum. Daher lassen sich Gesetzmäßigkeiten, bei denen dieser eine wesentliche Rolle spielt, nicht ohne weiteres mittels skalarer Multiplikation behandeln.

Beispiel: (Ein Satz über Dreiecke)
Satz: Errichtet man über den Seiten eines Dreiecks ABC *nach außen* Quadrate, und sind A_1, B_1, C_1 deren Mittelpunkte, dann sind die Strecken AA_1 und B_1C_1 orthogonal und gleichlang. Entsprechendes gilt für BB_1 und A_1C_1 sowie CC_1 und A_1B_1.
Beweis: Der Punkt A_1 wird durch $\overrightarrow{BA_1} \cdot \overrightarrow{CA_1} = 0$ und $(\overrightarrow{BA_1})^2 = (\overrightarrow{CA_1})^2$ nicht hinreichend beschrieben, denn dasselbe gilt auch für den Spiegelpunkt von A_1 bez. BC. Ist M_{BC} die Mitte von BC, dann ist von Bedeutung, dass $M_{BC}A_1$ aus $M_{BC}B$ durch eine Vierteldrehung *in mathematisch positivem Sinne* hervorgeht.

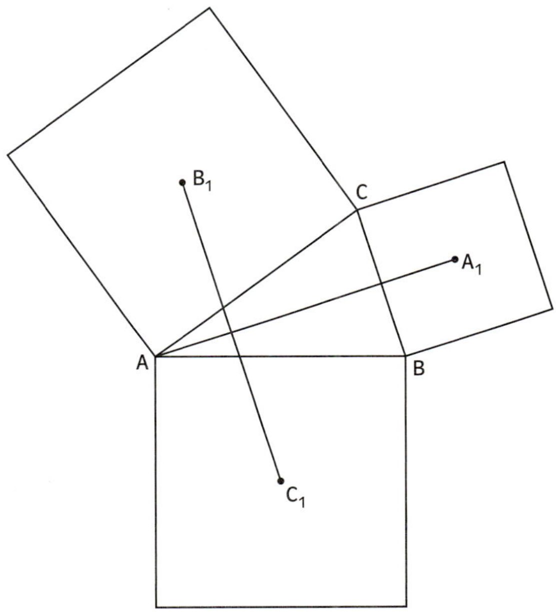

Bezeichnen wir einen Vektor, der aus $\vec{x}$ durch eine mathematisch positive Vierteldrehung entsteht, mit $\vec{x}^*$, dann gilt

$$\overrightarrow{AA_1} = \tfrac{1}{2}(\overrightarrow{AB} + \overrightarrow{AC}) + \tfrac{1}{2}(\overrightarrow{AB} - \overrightarrow{AC})^* \text{ und}$$

$$\begin{aligned}\overrightarrow{C_1B_1} &= \overrightarrow{AB_1} - \overrightarrow{AC_1}\\ &= \tfrac{1}{2}(\overrightarrow{AC} + \overrightarrow{AC}^*) - \tfrac{1}{2}(\overrightarrow{AB} + \overrightarrow{BA}^*)\\ &= \tfrac{1}{2}(\overrightarrow{AC} - \overrightarrow{AB}) + \tfrac{1}{2}(\overrightarrow{AC}^* - \overrightarrow{BA}^*).\end{aligned}$$

Wegen $(-\vec{x})^* = -(\vec{x})^*$; $\vec{x}^* + \vec{y}^* = (\vec{x} + \vec{y})^*$; und $(\vec{x}^*)^* = -\vec{x}$ ergibt sich hieraus

$$\begin{aligned}\overrightarrow{C_1B_1} &= -\tfrac{1}{2}(\overrightarrow{AB} - \overrightarrow{AC}) + \tfrac{1}{2}(\overrightarrow{AC} + \overrightarrow{AB})^*\\ &= \left[\tfrac{1}{2}(\overrightarrow{AB} - \overrightarrow{AC})^*\right]^* + \tfrac{1}{2}(\overrightarrow{AC} + \overrightarrow{AB})^*\\ &= \left[\tfrac{1}{2}(\overrightarrow{AB} - \overrightarrow{AC})^* + \tfrac{1}{2}(\overrightarrow{AC} + \overrightarrow{AB})\right]^*\\ &= \overrightarrow{AA_1}^*.\end{aligned}$$

Also entsteht $\overrightarrow{C_1B_1}$ aus $\overrightarrow{AA_1}$ durch eine Vierteldrehung, womit alles bewiesen ist.

Bemerkung: Der erörterte Dreieckssatz kann als Sonderfall eines Satzes über Vierecke angesehen werden: Errichtet man über den Seiten eines beliebigen Vierecks nach außen Quadrate, dann sind die Verbindungsstrecken von gegenüberliegenden Quadratmitten orthogonal und gleich lang.

Vektorielle Multiplikation

Rechnen mit Flächen im Raum?

Das Rechnen mit Pfeilklassen ist ein Rechnen mit *Strecken unter Berücksichtigung ihrer Richtung*. Es stellt sich die Frage, ob man in entsprechender Weise auch mit ebenen *Flächen unter Berücksichtigung ihrer Stellung im Raum* rechnen kann. Anlass, so zu fragen, geben u. a. physikalische Größen (wie z. B. das Drehmoment), die von zwei vektoriellen Größen $\vec{a}$, $\vec{b}$ abhängen und die man geometrisch als Flächeninhalt eines von $\vec{a}$ und $\vec{b}$ aufgespannten Parallelogramms deuten kann.

Vektorielle Deutung orientierter Flächeninhalte

Ein solches Parallelogramm hat einen Flächeninhalt vom Betrag
(*) $\quad |\vec{a}|\,|\vec{b}| \sin\sphericalangle(\vec{a}, \vec{b})$.
Seine Stellung im Raum kann durch eine sowohl zu $\vec{a}$ als auch zu $\vec{b}$ orthogonale Pfeilklasse $\vec{n}$ beschrieben werden. Aus den Bedingungen

$$a_1n_1 + a_2n_2 + a_3n_3 = 0$$
$$b_1n_1 + b_2n_2 + b_3n_3 = 0$$

ergibt sich, dass z.B.

$$\vec{n} = (a_2b_3 - a_3b_2)\vec{e_1} + (a_3b_1 - a_1b_3)\vec{e_2} + (a_1b_2 - a_2b_1)\vec{e_3}$$

ein Vektor der gesuchten Art ist. Sein Betrag stimmt mit (*) überein. Er ist so orientiert, dass mit $(\vec{e_1}; \vec{e_2}; \vec{e_3})$ auch $(\vec{a}; \vec{b}; \vec{n})$ ein Rechtssystem bildet; d.h. die Orientierung von $\vec{n}$ entspricht der Vorwärtsbewegung einer Rechtsschraube, wenn man „$\vec{a}$ auf dem kürzesten Weg nach $\vec{b}$ dreht".

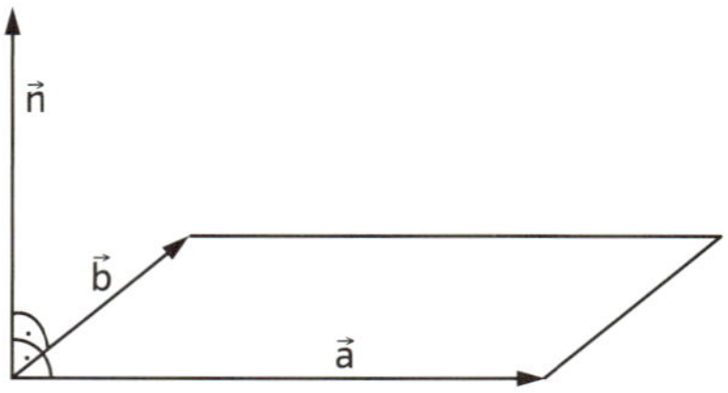

Einem geordneten Paare $(\vec{a}, \vec{b})$ linear unabhängiger Vektoren ist derart ein eindeutig bestimmter Vektor $\vec{n}$ zugeordnet. Man bezeichnet ihn mit

× als Verknüpfung

$$\vec{a} \times \vec{b} \quad \text{(lies: kreuz).}$$

Die Pfeilklasse $\vec{a} \times \vec{b}$ steht gleichzeitig für die Stellung eines von $\vec{a}$ und $\vec{b}$ im Raum aufgespannten Parallelogramms wie für dessen Flächengröße und Orientierung, nicht jedoch für dessen spezielle Gestalt. – Für linear abhängige Vektoren setzt man in naheliegender Weise $\vec{a} \times \vec{b} = \vec{o}$.

Es ist nun zu fragen, wie die Verknüpfung × mit der Addition und S-Multiplikation zusammenhängt. Man findet (anhand geometrischer Überlegungen oder der Koordinatendarstellung)

$$\vec{a} \times (\vec{b} + \vec{c}) = \vec{a} \times \vec{b} + \vec{a} \times \vec{c} \quad \text{und} \quad (\vec{a} + \vec{b}) \times \vec{c} = \vec{a} \times \vec{c} + \vec{b} \times \vec{c}$$

× als Multiplikation

$$(r\vec{a}) \times \vec{b} = \vec{a} \times (r\vec{b}) = r(\vec{a} \times \vec{b})\,; \quad r \in \mathbb{R}.$$

Die Distributivität bez. + legt nahe, die Verknüpfung × als weitere *Multiplikation* (neben der skalaren Multiplikation ·) aufzufassen und $\vec{a} \times \vec{b}$ das *vektorielle Produkt* von $\vec{a}$ und $\vec{b}$ zu nennen. Man muss dabei jedoch in Kauf nehmen, dass diese Multiplikation weder assoziativ noch kommutativ (sondern „alternativ": $\vec{b} \times \vec{a} = -(\vec{a} \times \vec{b})$) ist.

Anwendungen der vektoriellen Multiplikation

1) Abstände, Flächen- und Rauminhalte

Trotz der genannten „Defekte" erweist sich das vektorielle Multiplizieren in der Geometrie als nützlich, zunächst einfach deshalb, weil die Koordinaten von $\vec{a} \times \vec{b}$ leicht zu merken und dadurch Rechenergebnisse oft einfacher zu bekommen sind.

Beispiel: (Bestimmen eines orthogonalen Vektors)

Orthogonaler Vektor

Um einen zu $\vec{a} = \begin{pmatrix} 2 \\ 1 \\ 3 \end{pmatrix}$ und zu $\vec{b} = \begin{pmatrix} -1 \\ 4 \\ -2 \end{pmatrix}$ orthogonalen Vektor $\vec{n}$ zu ermitteln, braucht man nur $\begin{pmatrix} 2 \\ 1 \\ 3 \end{pmatrix} \times \begin{pmatrix} -1 \\ 4 \\ -2 \end{pmatrix}$ zu berechnen. Man erhält $\begin{pmatrix} 1\cdot(-2) - 3\cdot 4 \\ 3\cdot(-1) - 2\cdot(-2) \\ 2\cdot 4 - 1\cdot(-1) \end{pmatrix} = \begin{pmatrix} -14 \\ 1 \\ 9 \end{pmatrix}$.

Windschiefe Geraden

Beispiel: (Abstand windschiefer Geraden)
Für windschiefe Geraden $g\colon \vec{x} = \overrightarrow{OP} + t\overrightarrow{m_g}$ und $h\colon \vec{x} = \overrightarrow{OQ} + s\overrightarrow{m_h}$ mit dem gemeinsamen Lot F_gF_h gilt:

$$(*) \qquad \overrightarrow{OP} + \overrightarrow{PF_g} + \overrightarrow{F_gF_h} + \overrightarrow{F_hQ} + \overrightarrow{QO} = \vec{o}.$$

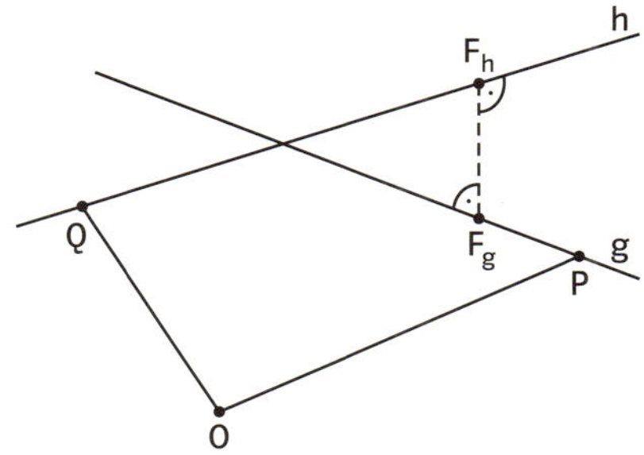

Setzt man $\overrightarrow{F_gF_h} = r\overrightarrow{n_0}$ mit dem Einheitsvektor $\overrightarrow{n_0} = \frac{\overrightarrow{m_g} \times \overrightarrow{m_h}}{|\overrightarrow{m_g} \times \overrightarrow{m_h}|}$, dann ist $|r|$ der Abstand von g und h. Um r zu isolieren, multiplizieren wir (*) skalar mit $\overrightarrow{n_0}$ durch und erhalten

$$\overrightarrow{OP} \cdot \overrightarrow{n_0} + \overrightarrow{F_gF_h} \cdot \overrightarrow{n_0} + \overrightarrow{QO} \cdot \overrightarrow{n_0} = 0$$
$$|r| = |(\overrightarrow{OQ} - \overrightarrow{OP}) \cdot \overrightarrow{n_0}|.$$

Flächenberechnung

Beispiel: (Flächeninhalt eines Dreiecks)
Für den Flächeninhalt A des Dreiecks PQR mit P(1|4|2), Q(6|−1|5), R(3|2|−1) gilt:

$$|A| = \tfrac{1}{2}\left|\overrightarrow{PQ} \times \overrightarrow{PR}\right| = \tfrac{1}{2}\left|\begin{pmatrix} 5 \\ -5 \\ 3 \end{pmatrix} \times \begin{pmatrix} 2 \\ -2 \\ -3 \end{pmatrix}\right| = \tfrac{1}{2}\left|\begin{pmatrix} 21 \\ 21 \\ 0 \end{pmatrix}\right| = \tfrac{1}{2}\sqrt{21^2 + 21^2 + 0^2} = \tfrac{21}{2}\sqrt{2} \text{ (in FE)}$$

Flächenvergleich

Beispiel: (Flächenvergleich)
In einem von $\vec{a}$ und $\vec{b}$ aufgespannten Parallelogramm sind gegenüberliegende Seiten in vier bzw. drei gleiche Teile geteilt. Das Parallelogramm wird umlaufen und jeweils der erste Teilpunkt einer Seite mit dem ersten Teilpunkt der nächsten Seite verbunden. Das entstehende „Innenparallelogramm“ hat den Flächeninhalt

$$A = \left|\left(\tfrac{3}{4}\vec{a} + \tfrac{1}{3}\vec{b}\right) \times \left(\tfrac{2}{3}\vec{b} - \tfrac{1}{4}\vec{a}\right)\right|$$
$$= \left|\tfrac{1}{2}(\vec{a} \times \vec{b}) - \tfrac{1}{12}(\vec{b} \times \vec{a})\right|$$
$$= \tfrac{7}{12}\left|\vec{a} \times \vec{b}\right|,$$

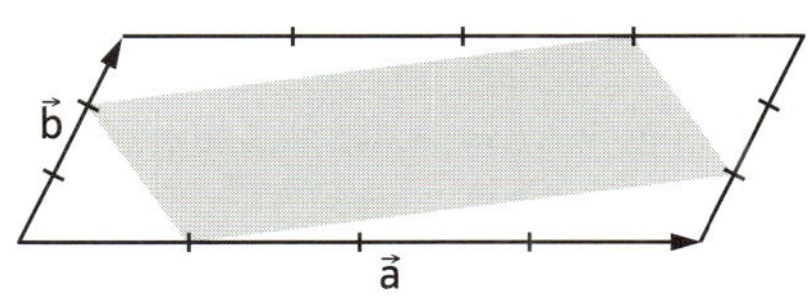

er beträgt also $\frac{7}{12}$ des Inhalts der Ausgangsfigur.

Rauminhalt

Beispiel: (Volumen von Spat und Pyramide)
Ein räumlicher Spat (Parallelflach, Parallelepiped) wird von drei linear unabhängigen Vektoren $\vec{a}, \vec{b}, \vec{c}$ aufgespannt. Seine Grundfläche hat den Flächeninhalt $|\vec{a} \times \vec{b}|$.

… eines Spats

Die Höhe h des Spats ergibt sich durch Skalarmultiplikation von $\vec{c}$ mit dem zu $\vec{a}$ und $\vec{b}$ orthogonalen Einheitsvektor $\frac{\vec{a} \times \vec{b}}{|\vec{a} \times \vec{b}|}$, es ist $h = \frac{|(\vec{a} \times \vec{b}) \cdot \vec{c}|}{|\vec{a} \times \vec{b}|}$.

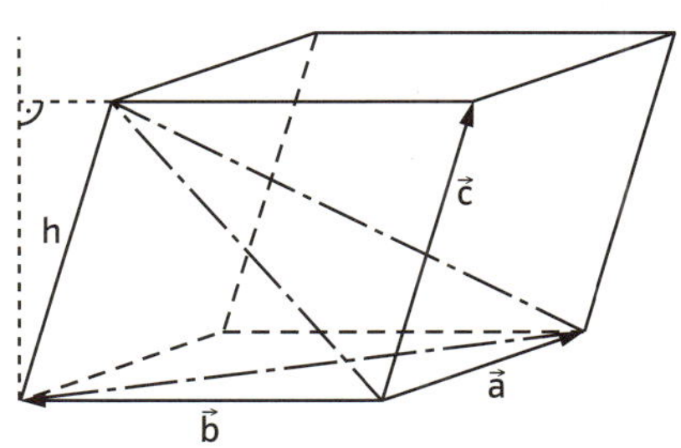

Somit hat der Spat den *Rauminhalt*

$$V_{Spat} = \left|(\vec{a} \times \vec{b}) \cdot \vec{c}\right|.$$

… einer Pyramide

Eine durch $\vec{a}, \vec{b}, \vec{c}$ gegebene *dreiseitige Pyramide* hat demzufolge den Rauminhalt

$$V_{pyr} = \tfrac{1}{6}\left|(\vec{a} \times \vec{b}) \cdot \vec{c}\right|,$$

denn es ist $V_{pyr} = \frac{1}{3}Gh$ und $G = \frac{1}{2}|\vec{a} \times \vec{b}|$.

Bilden $(\vec{a}, \vec{b}, \vec{c})$ ein Rechtssystem, dann ist $(\vec{a} \times \vec{b}) \cdot \vec{c}$ positiv, andernfalls negativ.

2) Geometrische Beziehungen

Mit skalarer und vektorieller Multiplikation lassen sich grundlegende geometrische Beziehungen rechnerisch einfach zum Ausdruck bringen. Es bedeutet

orthogonal	$\vec{a}\cdot\vec{b} = 0$	Orthogonalität
parallel	$\vec{a}\times\vec{b} = \vec{o}$	Parallelität
komplanar	$(\vec{a}\times\vec{b})\cdot\vec{c} = 0$	Komplanarität.

Untersuchung auf Parallelität

Beispiel: (Parallelität von Geraden)

Im abgebildeten Spat ist A mit einem Punkt $G \in EF$ und ein Punkt $H \in AB$ mit der Mitte M einer Seitenfläche verbunden. Bei welcher Lage von G und H sind AG und HM parallel?

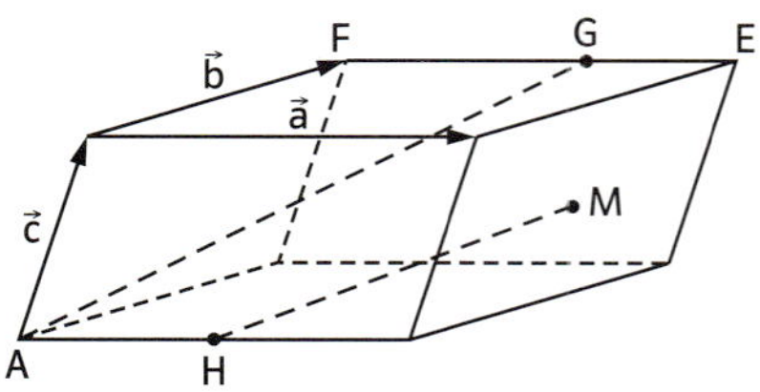

$$\overrightarrow{AG} = \vec{b} + \vec{c} + t\vec{a}$$

$$\overrightarrow{HM} = \overrightarrow{AM} - \overrightarrow{AH} = \vec{a} + \tfrac{1}{2}\vec{b} + \tfrac{1}{2}\vec{c} - s\vec{a}$$

$$\overrightarrow{AG}\times\overrightarrow{HM} = \left(\tfrac{t}{2} + s - 1\right)(\vec{a}\times\vec{b}) + \left(\tfrac{t}{2} + s - 1\right)(\vec{a}\times\vec{c})$$

$$= \left(\tfrac{t}{2} + s - 1\right)\left[\vec{a}\times(\vec{b} + \vec{c})\right]$$

Damit Parallelität vorliegt, müssen t und s in der Beziehung $\frac{t}{2} + s - 1 = 0$ oder $t = 2(1 - s)$ stehen. Das Ergebnis lässt sich in Sonderfällen wie $s = 1; \frac{1}{2}; \frac{3}{4}; 0$ unmittelbar anschaulich nachvollziehen.

Untersuchung auf Komplanarität

Beispiel: (Komplanarität von Punkten, mit Koordinaten)

Liegt P(5|4|6) in der durch A(1|2|3), B(2|3|5) und C(−1|2|4) bestimmten Ebene e?

$$\overrightarrow{AB} = \begin{pmatrix}1\\1\\2\end{pmatrix}, \overrightarrow{AC} = \begin{pmatrix}-2\\0\\1\end{pmatrix}, \overrightarrow{AP} = \begin{pmatrix}4\\2\\3\end{pmatrix};\ \overrightarrow{AB}\times\overrightarrow{AC} = \begin{pmatrix}1\\-5\\2\end{pmatrix};\ (\overrightarrow{AB}\times\overrightarrow{AC})\cdot\overrightarrow{AP} = \begin{pmatrix}1\\-5\\2\end{pmatrix}\cdot\begin{pmatrix}4\\2\\3\end{pmatrix} = 0$$

Der Punkt P liegt in der Ebene e.

Beispiel: (Komplanarität von Punkten, ohne Koordinaten)

In einem Spat ABCDEFGH sei auf der räumlichen Diagonalen DF der Punkt T durch $\overrightarrow{DT} = \frac{1}{3}\overrightarrow{DF}$ bestimmt. Liegt T in der Ebene AHC?

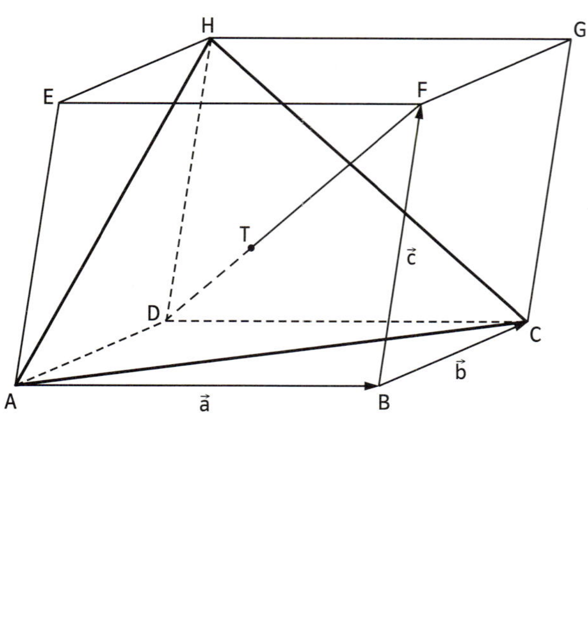

$\overrightarrow{AC} = \vec{a} + \vec{b};\ \overrightarrow{AH} = \vec{b} + \vec{c};\ \overrightarrow{AT} = \frac{1}{3}(\vec{a} + 2\vec{b} + \vec{c})$

$(\overrightarrow{AC}\times\overrightarrow{AH})\cdot\overrightarrow{AT}$

$= \frac{1}{3}[(\vec{a} + \vec{b})\times(\vec{b} + \vec{c})]\cdot(\vec{a} + 2\vec{b} + \vec{c})$

$= \frac{1}{3}[(\vec{a}\times\vec{b}) + (\vec{a}\times\vec{c}) + (\vec{b}\times\vec{c})]\cdot(\vec{a} + 2\vec{b} + \vec{c})$

$= \frac{1}{3}[(\vec{a}\times\vec{b})\cdot\vec{c} + 2(\vec{a}\times\vec{c})\cdot\vec{b} + (\vec{b}\times\vec{c})\cdot\vec{a}]$

Da $(\vec{a}\times\vec{b})\cdot\vec{c} = (\vec{b}\times\vec{c})\cdot\vec{a} = -(\vec{a}\times\vec{c})\cdot\vec{b}$,

folgt somit $(\overrightarrow{AC}\times\overrightarrow{AH})\cdot\overrightarrow{AT} = 0$.

Ergebnis: Die Ebene AHC teilt die räumliche Diagonale DF im Verhältnis 1:2. Aufgrund dieser Einsicht kann man z.B. in einem Schrägbild den Durchstoßpunkt der räumlichen Diagonalen DF durch die Ebene AHC sehr einfach konstruieren.

Eine versteckte Eigenschaft von Pyramiden

Beispiel: (Ein Satz über Pyramiden)
Denkt man sich bei einem Quader zu jedem Rechteck seiner Oberfläche eine nach außen weisenden Vektor, dessen Betrag dem Rechtecksinhalt gleich ist, dann ist die Summe $\vec{s}$ dieser Vektoren offenbar $\vec{o}$. Wir verfolgen nun die entsprechende Summe $\vec{s}$ bei einer dreiseitigen Pyramide.

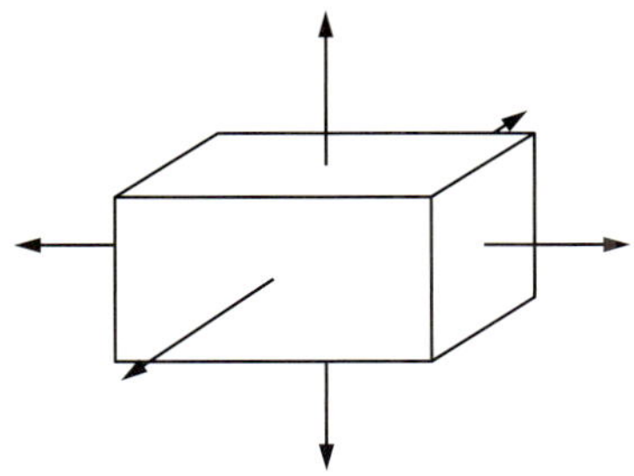

Mit den Bezeichnungen der Figur ist

$$\vec{s} = \tfrac{1}{2}[\overrightarrow{BD} \times \overrightarrow{BA} + \overrightarrow{BC} \times \overrightarrow{BD} + \overrightarrow{CA} \times \overrightarrow{CD} + \overrightarrow{AC} \times \overrightarrow{AB}].$$

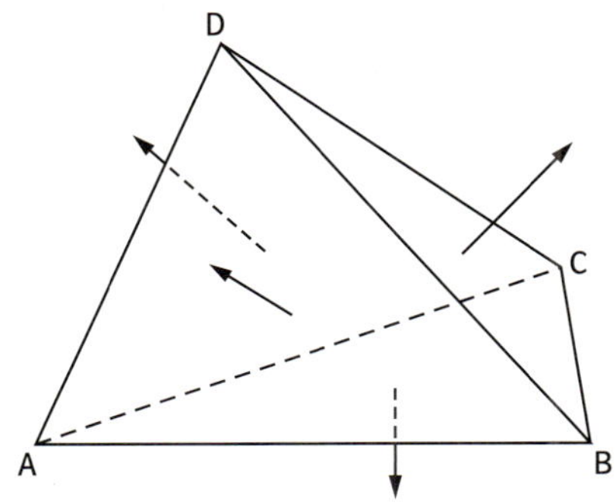

Drücken wir alle auf der rechten Seite auftretenden Vektoren durch $\overrightarrow{AB}, \overrightarrow{AC}, \overrightarrow{AD}$ aus, dann folgt

$$\vec{s} = \tfrac{1}{2}[(\overrightarrow{AD} - \overrightarrow{AB}) \times \overrightarrow{BA} + (\overrightarrow{AC} - \overrightarrow{AB}) \times (\overrightarrow{AD} - \overrightarrow{AB}) + \overrightarrow{CA} \times (\overrightarrow{AD} - \overrightarrow{AC}) + \overrightarrow{AC} \times \overrightarrow{AB}]$$

und hieraus nach Auflösen der Klammern $\vec{s} = \vec{o}$.
D.h.: Setzt man die „Flächenvektoren" der Pyramide aneinander, dann erhält man einen *räumlichen* Streckenzug, der sich schließt.

Bemerkung: In analoger Weise kann man bei einem Dreieck zu jeder Seite den orthogonalen, nach außen weisenden Vektor mit der Seitenlänge als Betrag betrachten. Die Summe dieser drei Vektoren ist $\vec{o}$. Es kommt darin zum Ausdruck, dass sich drei Strecken unter Beibehaltung ihrer Richtung zu einem Dreieck zusammenfügen lassen. Entsprechend kommt bei Pyramiden (und allgemeiner bei Polyedern) durch $\vec{s} = \vec{o}$ rechnerisch zum Ausdruck, dass man die betrachteten Flächen unter Beibehaltung ihrer Stellung im Raum zu einem geschlossenen Körper zusammenfügen kann.

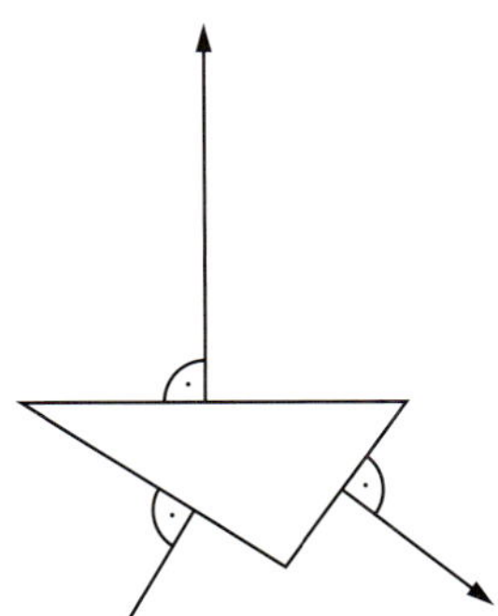

Die vektorielle Multiplikation im Rahmen der Schulmathematik

Das Vektorprodukt

Das vektorielle Produkt spielt in der analytischen Geometrie der Schule eine etwas stiefmütterliche Rolle. Das hat mehrere Gründe.

... auf der Hochschule

Die Hochschule ist stets um Verallgemeinerungen bemüht. Sie stört sich daran, dass das vektorielle Multiplizieren auf den 3-dimensionalen Raum beschränkt ist. Seine Bedeutung für die Physik wird meist mit einem Hinweis abgetan. Wenn Physik nicht Studienfach ist, wird damit nicht viel erreicht.

… in der Schule

In der Schule spielt die analytische Geometrie der Ebene aus didaktischen Gründen eine wichtige Rolle und Streckenlängen und Winkelweiten eine wichtigere als Flächeninhalte. Die vektorielle Multiplikation als Besonderheit einer räumlichen Geometrie gerät dadurch fast zwangsläufig in den Hintergrund. Schließlich ist für eine weitergehende nutzbringende Verwendung des vektoriellen Multiplizierens in der analytischen Geometrie vorab noch der Zusammenhang mit dem skalaren Multiplizieren zu klären (wie er etwa in

$$\vec{a}\cdot(\vec{b}\times\vec{c}) = \vec{b}\cdot(\vec{c}\times\vec{a}) = \vec{c}\cdot(\vec{a}\times\vec{b}) = -\vec{a}\cdot(\vec{c}\times\vec{b}) = -\vec{b}\cdot(\vec{a}\times\vec{c}) = -\vec{c}\cdot(\vec{b}\times\vec{a})$$

und $(\vec{a}\cdot\vec{b})^2 + (\vec{a}\times\vec{b})^2 = \overrightarrow{a^2b^2}$

zum Ausdruck kommt). Auf diesen Zusammenhang näher einzugehen, verbietet sich meist schon aus zeitlichen Gründen. Es ist dennoch bedauerlich, wenn ein Schüler im Mathematikunterricht dem Vektorprodukt überhaupt nicht begegnet und nur im Physikunterricht – dort ganz gewiss – damit konfrontiert wird.

Analytische Geometrie

13 Vektorielle Größen

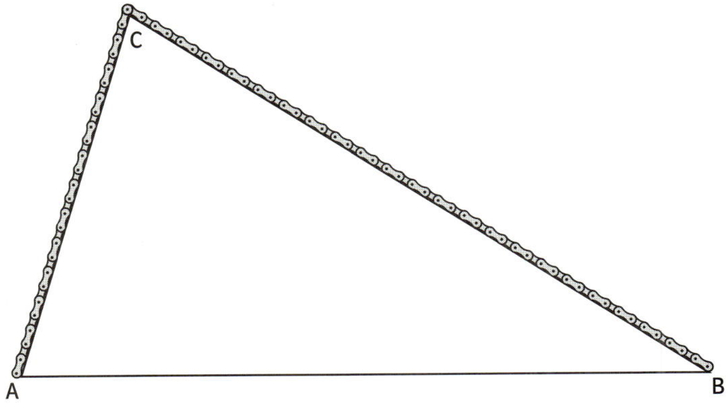

Auf einem Dreiecksgerüst ABC verlaufe eine Kette von A über C nach B.
Die Kette sei reibungsfrei (z. B. auf Rollen) gelagert und werde zunächst in C festgehalten.

Nun wird die Kette losgelassen.
Gleitet sie nach einer Seite hin ab oder bleibt sie in Ruhe?

„Vektoren" in Mathematik und Physik

Sowohl im Mathematikunterricht als auch im Physikunterricht ist von Vektoren die Rede. Die jeweils verfolgten Gesichtspunkte könnten jedoch unterschiedlicher kaum sein. Für den Mathematiker ist ein Vektor ein „Element eines Vektorraumes", d. h. irgendetwas, mit dem man nach gewissen wohlbestimmten Regeln rechnen kann. Für den Physiker ist ein Vektor eine „gerichtete Größe". Ein Schüler dürfte allein kaum imstande sein, den Vektor des Mathematikunterrichts und den Vektor des Physikunterrichts gedanklich unter einen Hut zu bringen.

Zum mathematischen Hintergrund

Wirklichkeit und Modell

Realität und mathematisches Modell

Beim Messen einer realen Größe wird dieser eine Maßzahl zugeordnet. Anstelle der Größe selbst wird dann im weiteren diese Maßzahl betrachtet. Manchmal legen es die Umstände nahe, statt eines arithmetischen ein geometrisches Objekt (z. B. eine Strecke) zuzuordnen. Dieses „Ersetzen" realer durch mathematische Objekte geschieht in der Hoffnung, dass sich Beziehungen zwischen realen Größen in mathematischen Beziehungen zwischen arithmetischen oder geometrischen Dingen widerspiegeln. Ist dies der Fall, dann entsteht innerhalb der Mathematik ein sog. *mathematisches Modell* eines Wirklichkeitsbereichs. Das Modell lässt zwar immer einiges außer Acht (so wie ein Schwarzweißfoto ein zwar getreues, aber keineswegs vollständiges Bild eines Blumenbeets liefert) und geht von Annahmen aus, die in der Realität niemals streng erfüllt sind, es hat aber den großen Vorzug, formalen Operationen zugänglich zu sein.

Skalare Größen

Welche Größen nennt man Skalare?

Es gibt physikalische Größen, wie z. B. eine Länge oder eine Masse, die durch Angabe einer Einheit und einer einzigen Zahl bereits ausreichend beschrieben sind, d.h., diese Angaben genügen, um die physikalische Wirkung einer solchen Größe zu beurteilen. Man spricht von einer *skalaren Größe* (oder einfach einem *Skalar*). Rauminhalte, die physikalische Arbeit, Zeitangaben, Temperaturen, Dichten sind skalare Größen.

Lösung der Aufgabe am Kapitelanfang
Die Kette bleibt in Ruhe.
Hat 1 cm der (als homogen angenommenen) Kette die Gewichtskraft q, dann zieht die Kraft $F_L = \overline{AC} \cdot q \cdot \sin\alpha$ die Kette nach links unten.
Die gleich große Kraft $F_R = \overline{BC} \cdot q \cdot \sin\beta$ zieht sie nach rechts unten.

Bemerkungen:
a) Nicht alles, was sich durch eine einzige Zahl beschreiben lässt, ist eine skalare Größe. Ein Skalar ist unabhängig vom Ort, an dem er auftritt. Verwendet man ein Koordinatensystem, so sind die Koordinaten eines Punktes oder der Abstand eines Punktes vom Ursprung zwar Zahlen, aber keine Skalare. Dagegen liefert für Punkte $P(p_1 | p_2 | p_3)$ und $Q(q_1 | q_2 | q_3)$ der Term $(q_1 - p_1)^2 + (q_2 - p_2)^2 + (q_3 - p_3)^2$ in jedem kartesischen Koordinatensystem dieselbe Zahl; diese gegenüber Koordinatentransformationen invariante Zahl steht somit für eine skalare Größe.
b) Wollte man eine skalare Größe nicht arithmetisch, sondern geometrisch repräsentieren, dann könnte dies durch eine Strecken*länge* geschehen oder durch eine *beliebig im Raum bewegliche* Strecke bzw. eine Äquivalenzklasse *kongruenter* Strecken.

Gerichtete Größen

Es gibt auch reale Größen, wie z. B. Kräfte, bei denen die Angabe einer einzigen Maßzahl nicht genügt, um ihre Wirkung zu beurteilen. Zwei Kräfte können gleich stark sein und dennoch an einem Körper unterschiedliche Wirkungen hervorbringen. Die Wirkung einer Kraft hängt nicht nur von ihrem Betrag, sondern auch von ihrer *Richtung und Orientierung* (dem Richtungssinn) ab.
Betrag, Richtung und Orientierung kann man geometrisch durch einen Pfeil zum Ausdruck bringen. Ein Pfeil, der dies und nichts weiter ausdrückt, darf beliebig parallel verschoben werden; die von ihm gelieferte Information ändert sich dadurch nicht.
Ein Gerichtetes, das sich durch einen Pfeil darstellen lässt, braucht keine physikalische *Größe* zu sein; dazu fehlt noch die Addierbarkeit. Wenn auch das Addieren – im Sinne der Parallelogrammregel für Pfeile – *physikalisch sinnvoll* ist, dann spricht man von einer *gerichteten Größe* (oder einer *vektoriellen Größe* oder kurz einem *Vektor*). Translationen, Windgeschwindigkeiten, im gleichen Punkt angreifende Kräfte sind Beispiele für gerichtete Größen.

Welche Größen nennt man Vektoren?

Vektoren aus der Sicht der Mathematik

Ein Mathematiker geht von einem *Vektorraum* aus. Dessen Elemente nennt er „Vektoren". Vektoren sind also irgendwelche Dinge, die man zusammensetzen (addieren) und vervielfachen (mit reellen Zahlen multiplizieren) kann, wobei bestimmte Rechenregeln gelten. Aus diesen Rechenregeln folgt, dass man jeden Vektor eines Vektorraumes aus den Vektoren einer Basis linear kombinieren und durch Koordinaten kennzeichnen kann.

Die Vektoren des Mathematikers

Die Darstellung von Vektoren durch Koordinaten bringt insofern Vorteile, als die Koordinaten Zahlen (Elemente eines Körpers) sind, mit denen man in gewohnter Weise rechnen kann. Sie hat jedoch einen gravierenden Nachteil: Ergebnisse, die man durch Rechnen mit Koordinaten gewinnt, gelten zunächst nur *bezüglich der gewählten Basis*. Um Aussagen über den Vektorraum als solchen zu bekommen, muss man sich von diesem Bezug

Darstellung mittels Koordinaten

zu einer Basis nachträglich wieder frei machen. Dazu untersucht man, ob sich das Ergebnis ändert, wenn man zu einer andern Basis übergeht. Nur was gegenüber (gewissen) Koordinatentransformationen invariant ist, gibt Auskunft über die Struktur des Vektorraums.

Koordinatendarstellung und Basiswechsel

Eine Koordinatentransformation, angewandt auf einen Vektor, ändert diesen nicht, wohl aber seine Darstellung. Das ist ebenso trivial wie bedeutsam, denn die Art und Weise wie sich die Koordinaten dabei ändern, ist für Vektoren charakteristisch. Vektoren werden beschrieben durch Zahlentupel, die sich beim Übergang zu einer andern Basis *in einer spezifischen* (durch den Zusammenhang der Basen bestimmten) *Weise transformieren.* Bei der Koordinatendarstellung von Vektoren in der linearen Algebra handelt es sich also keineswegs um bloße Zahlenschemata (Matrizen, wie es die „reine" Algebra manchmal glauben macht), sie beinhalten ein typisches Transformationsverhalten.

Beispiel: (Zur Abgrenzung)
Dass sich nicht hinter jedem Zahlentripel ein Vektor verbirgt, zeigt ein einfaches Beispiel: Sind OA, OB, OC drei Strecken und a, b, c die Maßzahlen ihrer Längen, dann hindert nichts daran, das Tripel (a,b,c) zu bilden. Der Übergang zu einem andern Koordinatensystem ist ohne Auswirkung auf dieses Tripel. Dieses hat somit nicht vektoriellen (sondern skalaren) Charakter.

Vektoren aus der Sicht der Physik

Im Sonderfall des geometrischen Vektorraums der Pfeilklassen wird dies alles anschaulich nachvollziehbar. Jede Pfeilklasse ($\neq \vec{o}$) bestimmt eine *Richtung im Raum.* Zu jedem Vektor gehört zwar ein Zahlentripel von Koordinaten; umgekehrt bestimmt ein beliebiges Zahlentripel aber noch keine Richtung (es führt in verschiedenen Koordinatensystemen zu unterschiedlichen Richtungen). Dies ist erst dann der Fall, wenn sich das Tripel beim Übergang zu einem andern Koordinatensystem so transformiert, dass die neuen Koordinaten wieder die *ursprüngliche* Richtung beschreiben.

Wann beschreibt ein Zahlentripel eine Richtung?

Für einen *Physiker* steht die letztgenannte, geometrische Sicht im Vordergrund. Er begegnet bei seinen Untersuchungen neuartigen „Größen" und beschreibt diese durch Tripel von Messwerten, bezogen auf ein räumliches Koordinatensystem. Um sicherzustellen, dass ein solches Tripel eine *Richtung im Raum* (die mit Koordinaten nichts zu tun hat) kennzeichnet, muss er prüfen, ob es sich beim Übergang zu einem andern Koordinatensystem in der dazu erforderlichen Weise transformiert. Erst wenn dies der Fall ist, kann er von einer *gerichteten* „Größe" sprechen. Über dies hinaus muss der Physiker nun untersuchen, ob sich dieses Gerichtete mit Gleichartigem zusammensetzen lässt (und damit als physikalische *Größe* angesprochen werden kann) und ob dieses Zusammensetzen der *Parallelogrammregel* folgt. Dann – und nur dann – handelt es sich um eine *gerichtete* (oder *vektorielle*) *Größe.*

Was ist eine „gerichtete Größe"?

Beispiel: (Zur Abgrenzung)
Nicht alles, was sich durch einen Pfeil beschreiben lässt, hat den Charakter einer gerichteten Größe. Eine Drehung eines starren Körpers um eine Achse lässt sich durch einen Pfeil beschreiben, wenn man vereinbart, dass die Richtung des Pfeils die Richtung der Drehachse angibt, seine Orientierung den Drehsinn (im Sinne einer Rechtsschraube) und seine Länge (in cm) den Drehwinkel (in Grad). Führt man zwei Drehungen um sich schneidende Drehachsen nacheinander aus, dann ist das Ergebnis wieder eine Drehung um eine Achse.

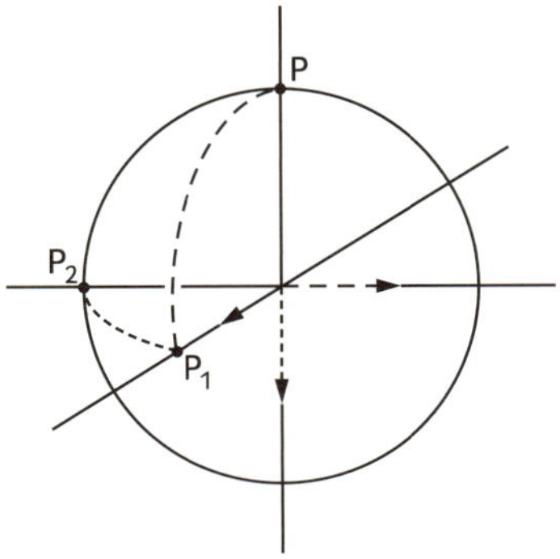

Nicht alles, was gerichtet ist, ist auch eine Größe

Die Resultante wird jedoch *nicht* durch die nach der Parallelogrammregel ermittelte Pfeilsumme der beiden Drehungen dargestellt. Drehungen sind, obwohl sie sich durch Pfeile beschreiben lassen, keine „gerichteten Größen".

Bemerkung: Das Zusammensetzen von Drehungen ist – wie der Physiker sagt – nur bei „unendlich kleinen" Drehwinkeln von der einfachen Art der Vektoraddition. Man kann sich diese Vereinfachung zunutze machen, um mit Hilfe der Infinitesimalrechnung von Winkelgeschwindigkeiten auf Bahnkurven zu schließen.

Zuweilen wird alles, was sich durch einen Pfeil veranschaulichen lässt, ein „Vektor" genannt. Das kann zu Irritationen führen; beispielsweise werden dann Kräfte mit verschiedenen Angriffspunkten an einem elastischen Körper „Vektoren" genannt, obwohl man sie gar nicht addieren kann.

Zusammenhang beider Sichtweisen

Im geometrischen Vektorraum der Pfeilklassen des Raumes hat jeder Vektor eine *Richtung*. Auch in 3-dimensionalen Vektorräumen, die nichts mit Geometrie zu tun haben, könnte man die Vektoren als „mit einer Richtung versehen" auffassen, wenn man die Gesamtheit aller von einem Vektor ($\neq \vec{o}$) linear abhängigen Vektoren eine „Richtung" nennen wollte. Das ist bemerkenswert, denn die abstrakte Definition der Vektoren lässt nicht ohne weiteres erkennen, inwiefern Vektoren „gerichtet" sind.
Geht man andererseits von Zahlentripeln aus, die sich beim Übergang zu einer andern Basis so transformieren wie Vektorkoordinaten, dann trifft dasselbe für die Summe solcher Tripel und das r-fache eines Tripels zu, wobei die Rechengesetze eines Vektorraumes gelten.

Inwiefern sind

… Elemente eines Vektorraumes „gerichtet"?

… "gerichtete" Zahlentripel Elemente eines Vektorraums?

Gebundene und freie gerichtete Größen

Um die Wirkung einer gerichteten Größe (z.B. einer Kraft) zu beurteilen, genügt es oft nicht, nur deren Betrag, Richtung und Orientierung zu kennen. Auch der Ort, an dem sie auftritt (der Angriffspunkt der Kraft) kann von Bedeutung sein und ist es in der Regel.

ortsgebunden
liniengebunden
frei

Ist die Wirkung von Ort zu Ort verschieden, dann hat man es mit einer *ortsgebundenen* Größe (bzw. einem ortsgebundenen Pfeil) zu tun. Ist die Wirkung in allen Punkten einer Geraden dieselbe, für Punkte außerhalb der Geraden aber eine andere, dann spricht man von einer *liniengebundenen* gerichteten Größe. Ist schließlich die Wirkung an allen Orten des Raumes dieselbe, dann nennt man die Größe eine *freie* gerichtete Größe.

Beispiel:
a) (Ortsgebundene gerichtete Größe)
Ein Eisenstückchen erfährt in jedem Punkt eines inhomogenen Magnetfeldes eine Kraft. Diese ändert sich i.Allg. von Ort zu Ort und wird deshalb an jedem Ort durch einen ortsgebundenen Pfeil veranschaulicht.

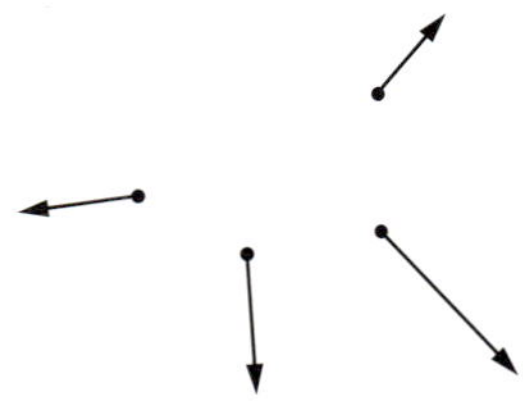

b) (Liniengebundene gerichtete Größe)
Die Wirkung einer Kraft, die an einem starren, um eine feste Achse drehbaren Körper angreift, ändert sich nicht, wenn man sie in einem andern Punkt ihrer „Wirkungslinie" angreifen lässt. Dagegen ändert sie sich, wenn man mit dem Angriffspunkt aus dieser Linie heraustritt. Der die Kraft repräsentierende Pfeil ist ein liniengebundener Pfeil.

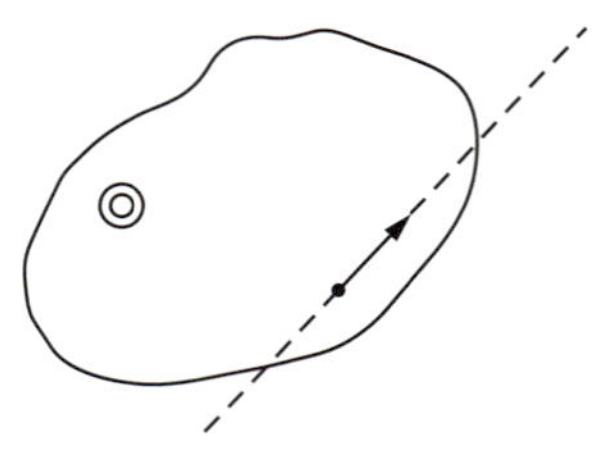

c) (Freie gerichtete Größe)
Bei einem Fluss, der gleichmäßig ruhig und träge dahinfließt, kann man von einer Strömungsgeschwindigkeit reden. Sie lässt sich durch einen Pfeil veranschaulichen, der weder orts- noch liniengebunden ist. Die Strömungsgeschwindigkeit ist eine freie gerichtete Größe.

Bemerkung: Ein weniger offensichtliches, aber eben deshalb lehrreiches Beispiel für eine freie gerichtete Größe liefert ein *Kräftepaar* (antiparallele und gleichstarke Kräfte mit verschiedenen Wirkungslinien) am starren Körper.

Kräftepaar

Die beiden Kräfte versuchen, den Körper zu drehen. Ihr Drehvermögen lässt sich durch einen Pfeil darstellen, dessen Länge dem Produkt „Betrag der Kraft · Abstand der Wirkungslinien" entspricht, dessen Richtung zur Ebene der Kräfte orthogonal ist und dessen Orientierung mit dem Drehsinn des Kräftepaares eine Rechtsschraube bildet; das Kräftepaar ist demnach als gerichtet anzusehen. Experimente zei-

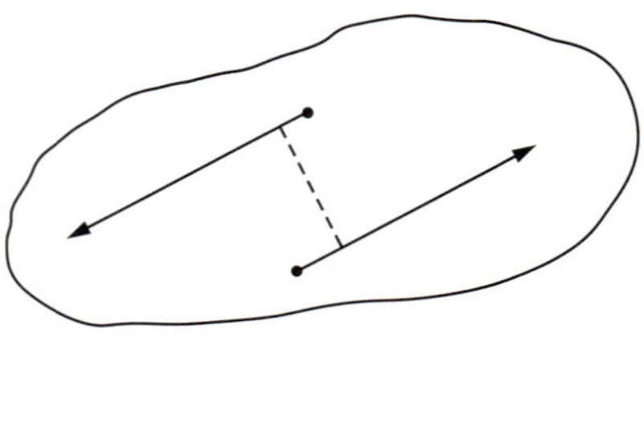

gen, dass sich das Drehvermögen des Kräftepaares nicht ändert, wenn man es als Ganzes parallel verschiebt. Somit ist es belanglos, wo wir den Pfeil anbringen, es handelt sich um einen freien Pfeil.

„Ortsvektoren" in Mathematik und Physik

Der „Ortsvektor"

Im geometrischen Vektorraum der Pfeilklassen ist der „Ortsvektor von P bez. O" die dem geordneten Punktepaar (O; P) zugeordnete *Pfeilklasse*. Statt sie – wie üblich – durch einen Pfeil von O nach P zu veranschaulichen, könnte man als Repräsentant auch einen parallel verschobenen Pfeil zeichnen.

... des Mathematikers

Bemerkung: Die in *O festgemachten Pfeile* bilden ebenfalls einen Vektorraum, insofern könnte man auch den *Pfeil von O nach P* „Ortsvektor von P" nennen. Man macht sich dann aber von einem Bezugspunkt abhängig, während es dem Geometer gerade auf die Unabhängigkeit von einem solchen ankommt. Würde man in der Geometrie anstelle von Pfeilklassen mit in O festgemachten Pfeilen operieren, dann wäre bei jedem Ergebnis (um es als *geometrisch* zu erweisen) nachträglich zu zeigen, dass es von O unabhängig ist.

... des Physikers

Der Physiker hat es vorrangig mit *ortsgebundenen gerichteten Größen* zu tun. Er spricht von „*Orts*vektoren" um auszudrücken, dass sie an den Ort gebunden sind. Ein so verstandener Ortsvektor wird durch einen einzelnen Pfeil veranschaulicht.
Damit ist – grob gesprochen – der „Ortsvektor" in der Mathematik eine Pfeilklasse, in der Physik ein ortsfester Pfeil. Der mehr oder weniger gleichzeitige Gebrauch desselben Namens für unterschiedliche Begriffe sorgt verständlicherweise leicht für Verwirrung.

Grundsätzliches zur Verwendung von Vektoren in der Physik

In der Physik sind Rechenregeln physikalisch begründet

Ein Vektorraum ist ein mathematischer *Bereich*, in dem klar festgelegt ist, welche Operationen mit seinen Objekten möglich und wie sie auszuführen sind. In einem Wirklichkeitsbereich dagegen stehen gewisse *Objekte* im Vordergrund. Für sie ist keineswegs von vorneherein geklärt, ob und wie man mit ihnen rechnerisch verfahren kann. Dies muss erst der empirische Befund erweisen.
Ist eine gerichtete Größe *ortsgebunden*, dann ist physikalisch der von dem betreffenden Ort ausgehende, an diesen Ort „gebundene" *Pfeil* von Interesse. Bei der mathematischen Behandlung gerichteter Größen wird an die Stelle des Einzelpfeils die zugehörige *Pfeilklasse* gesetzt und mit dieser operiert, m.a.W., die Mathematik arbeitet ausschließlich mit „freien" Vektoren. Ein rechnerisches Ergebnis bezieht sich mathematisch auf Pfeilklassen; wie es physikalisch zu verstehen ist, ob eine darin auftretende Pfeilklasse für eine gebundene oder eine freie gerichtete Größe steht, das muss die Physik entscheiden.

Kraft als „liniengebundener Vektor"

Beispiel: (Resultierende Kraft)
Um die Resultierende zweier Kräfte, die im gleichen Punkt P eines starren Körpers angreifen, zu ermitteln, betrachtet der Mathematiker die zugehörigen Pfeilklassen. Deren Summe zeigt die Stärke, Richtung und Orientierung der resultierenden Kraft, ihre Wirkungslinie zeigt sie nicht. Sie ist noch kein vollwertiger „Ersatz" für die Gesamtwirkung beider Kräfte. Ein solcher ergibt sich erst, wenn man die Pfeile der Summenklasse auf jene einschränkt, die auf der Wirkungslinie liegen (nach GRASSMANN JR. nennt man diese neue geometrische Figur einen „Stab"). Physikalisch gesehen wurden zwei liniengebundene Kräfte addiert, das Ergebnis ist wiederum eine liniengebundene Kraft.

Drehmoment als „liniengebundener Vektor"

Beispiel: (Drehmoment)
Eine starre Scheibe sei um eine feste Achse a drehbar. Greift in P eine zu a orthogonale Kraft an, so hat sie drehende Wirkung. Das Drehvermögen der Kraft ändert sich nicht, wenn man statt P einen andern Punkt P* ihrer Wirkungslinie als Angriffspunkt wählt. Dagegen ändert es sich, wenn P* nicht auf der Wirkungslinie liegt. Um das Drehvermögen der Kraft mathematisch zu beschreiben, zieht man die der Kraft und (O; P) zugeordneten Pfeilklassen $\vec{F}$ bzw. $\vec{r}$ heran und bildet mit ihnen

$$\vec{r} \times \vec{F}.$$

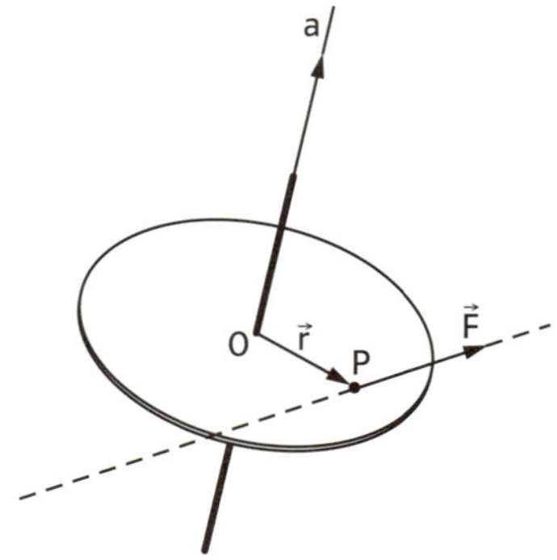

Die Pfeile dieser Pfeilklasse haben die Richtung der Drehachse und bilden mit $\vec{r}$ und $\vec{F}$ (in dieser Reihenfolge) eine Rechtsschraube; die Länge der Pfeile ist ein Maß für die Stärke (den Betrag) des Drehvermögens. Mehr sagt die Pfeil*klasse* $\vec{r} \times \vec{F}$ nicht aus. Insbesondere zeigt sie nicht, dass es sich um das Drehvermögen *bezüglich der vorgegebenen Achse* a handelt. Ein vollwertiges mathematisches Äquivalent für das Drehvermögen der Kraft hat man erst dann vor sich, wenn man nur jene Pfeile des Vektorprodukts in Betracht zieht, die auf der Achse a liegen. In diesem Sinne ist ein Drehmomentenpfeil an die Drehachse *gebunden*.

Einheiten bei gerichteten Größen

Einen mit einer Orientierung versehenen geradlinigen Weg kann man durch

$$\vec{s} = |\vec{s}| \cdot \vec{e_s} \qquad (\vec{e_s}\text{: Einheitsvektor})$$

Weg

beschreiben. Will man in der Koordinatendarstellung die Einheiten mitführen, dann schreibt man z. B.

$$\begin{pmatrix} 2\,\text{m} \\ 1\,\text{m} \\ 2\,\text{m} \end{pmatrix} = 3\,\text{m} \cdot \begin{pmatrix} \frac{2}{3} \\ \frac{1}{3} \\ \frac{2}{3} \end{pmatrix};$$

die Einheit steht beim Betrag, der Richtungsvektor bleibt ohne Einheit.

Arbeit

Wirkt längs des Weges die konstante Kraft $\begin{pmatrix} 3\,\text{N} \\ 2\,\text{N} \\ 4\,\text{N} \end{pmatrix}$, dann erhält man als Arbeit

$$W = \begin{pmatrix} 3\,\text{N} \\ 2\,\text{N} \\ 4\,\text{N} \end{pmatrix} \cdot \begin{pmatrix} 2\,\text{m} \\ 1\,\text{m} \\ 2\,\text{m} \end{pmatrix} = 6\,\text{Nm} + 2\,\text{Nm} + 8\,\text{Nm} = 16\,\text{Nm}.$$

Entsprechend verfährt man z. B. bei der Berechnung eines Drehmoments:

Greift im Punkt P mit $\overrightarrow{OP} = \begin{pmatrix} 2\,\text{m} \\ 1\,\text{m} \\ 5\,\text{m} \end{pmatrix}$ die Kraft $\vec{F} = \begin{pmatrix} 4\,\text{N} \\ 3\,\text{N} \\ 2\,\text{N} \end{pmatrix}$ an, dann ist

Drehmoment

$$\vec{M} = \overrightarrow{OP} \times \vec{F} = \begin{pmatrix} 2\,\text{m} \\ 1\,\text{m} \\ 5\,\text{m} \end{pmatrix} \times \begin{pmatrix} 4\,\text{N} \\ 3\,\text{N} \\ 2\,\text{N} \end{pmatrix} = \begin{pmatrix} -13\,\text{Nm} \\ 16\,\text{Nm} \\ 2\,\text{Nm} \end{pmatrix} \approx 20{,}71\,\text{Nm} \cdot \begin{pmatrix} -0{,}63 \\ 0{,}77 \\ 0{,}10 \end{pmatrix}$$

ihr Drehmoment bez. O.

Historisches

Vor aller Historie

Unsere Vorstellung von „Natur“ als eines uns Gegenüberstehenden und von uns Unabhängigen ist das Ergebnis eines langwährenden Prozesses der Auseinandersetzung (im eigentlichen Sinn des Wortes) mit der Umwelt. Bei diesem Prozess sind Erkenntnisse, die wir heute zur Physik rechnen, und solche, die wir heute zur Mathematik zählen, anfangs noch eng miteinander verflochten. Sie bedingen und befruchten sich gegenseitig. Verständlicherweise, weil am unmittelbarsten aus Alltagserfahrungen entspringend, stehen dabei mechanische Probleme im Vordergrund. Für Leonardo da Vinci (1452–1519) ist *„die Mechanik … das Paradies der mathematischen Wissenschaften, weil man mit ihr zur schönsten Frucht des mathematischen Wissens gelangt“.*

Alltagserfahrungen als Wurzel

Galileo Galilei (1564–1642) gelangt zu der Erkenntnis, dass die Natur *„in mathematischen Lettern geschrieben“* ist; wer der Natur auf die Schliche kommen will, muss sie experimentell befragen und dabei neben qualitativen auch, ja sogar vor allem, auf quantitative Aspekte achten. Er weist damit der Mathematik eine Bedeutung zu, die sie bis dahin nicht hatte und bis heute behalten hat.

Mathematik als Wegweiser

Vektoren treten zuerst in der Mechanik auf als Kräfte und Geschwindigkeiten. Simon Stevin (1548–1620) beschäftigt sich um 1600 mit der Parallelogrammregel für Kräfte und Gilles Personne Roberval (1602–1675) erkennt um 1635 ihre Bedeutung für Geschwindigkeiten. Galilei stößt im Zusammenhang mit der Überlagerung von Bewegungen auf das Parallelogrammgesetz. Translationen (im Sinne von Punktabbildungen) treten erst 1832 bei Giusto Bellavitis (1803–1880) als Vektoren auf.

Entdeckung der Parallelogrammregel

Zum Unterricht

Generelle unterrichtliche Probleme

Als Erstes stellt sich die Frage des *Lernziels*. Die Bedeutung der Mathematik für die Physik zeigt sich ernstlich erst in der sog. Theoretischen Physik. Von ihr kann in der Schule nicht die Rede sein. Hier kann es nur darum gehen, für den Schüler sichtbar zu machen, dass und inwiefern sich empirisch Bedeutsames mittels mathematischer Begriffe einigermaßen zutref-

Frage des Lernziels

fend *beschreiben* lässt. Im Vordergrund stehen nicht so sehr Lernziele des Könnens, als solche der Einsicht und des Verstehens, der Sinngebung.

Übergang zu einer andern Sichtweise

Solange man es bei einem bloßen Hinweis auf die „Anwendbarkeit" des Vektorbegriffs belässt, kann man die Sichtweise des Mathematikers beibehalten. Will man mehr tun, dann kommt man nicht umhin, vorübergehend vom Mathematiker zum Physiker zu mutieren. Ein solcher *Wechsel des Standpunktes* – innerhalb des Mathematikunterrichts – fällt Schülern schwer. Wenn man von einer physikalischen Problemstellung ausgeht, dann hat die Empirie Vorrang. Die Verwendung mathematischer Begriffe und Verfahrensweisen wird durch nichtmathematische Erwägungen gesteuert, sie nötigen evtl. zu einer Modifikation des im Mathematikunterricht Gelernten. Dieses Unterwerfen unter nichtmathematische Entscheidungskriterien – wohlbemerkt: im Mathematikunterricht – stellt ein eigenständiges unterrichtliches Problem dar.

Unterschiedliche Denkweisen

Was man dabei nicht übersehen darf: Der Physiker *denkt anders* als der Mathematiker, er denkt nicht deduktiv, sondern induktiv. Die Mathematik ist ihm nicht System, das sich allein durch seine innere Stimmigkeit rechtfertigt, sondern Hilfsmittel, zu dem er nach Bedarf greift und dessen Verwendung sich durch den *empirischen Befund* rechtfertigen muss. Ob eine sog. physikalische Größe eine gerichtete Größe ist oder nicht, ob sie durch eine Zahl oder ein Zahlentripel, eine Strecke, einen Pfeil oder eine Pfeilklasse angemessen beschrieben wird, muss die Erfahrung lehren.

Fachliche Vorkenntnisse

Ein Mindestmaß an fachlichen Vorkenntnissen ist unerlässlich. Wenn solche nicht vorhanden sind – z.B. weil die zeitlichen Abfolgen im Mathematik- und Physikunterricht nicht aufeinander abgestimmt sind – können sie nicht ad hoc beigebracht werden. Evtl. muss auch der Lehrer, der nicht in jedem Fall in beiden Fächern zuhause ist, sich der nötigen Fachkenntnisse erst vergewissern.

Koordinatentransformationen

Um zu verstehen, was ein Element eines Vektorraumes (als Rechenobjekt) mit einer gerichteten Größe zu tun hat, kommt man nicht umhin, Koordinatendarstellungen und deren Veränderung beim Übergang zu einer andern Basis in Betracht zu ziehen. *Koordinatentransformationen* werden aber in der Schule üblicherweise nicht thematisiert. Dadurch droht eine gravierende Verständnislücke, die ein Schüler von sich aus wohl nicht zu schließen vermag. Man wird sich nicht den rechnerischen Beschwernissen von Koordinatentransformationen aussetzen wollen, wohl aber den grundsätzlichen Gedankengang skizzieren müssen.

gerichtet – vektoriell (gerichtet)

Verständnisprobleme dürften insbesondere dann entstehen, wenn zwischen *gerichtet* und *vektoriell* nicht genügend deutlich unterschieden wird. Ein Schüler wird dadurch verführt, alles, was sich durch einen Pfeil repräsentieren lässt, einen Vektor zu nennen und wie einen solchen zu behandeln. Es ist nicht damit getan, eine Größe (wie z.B. die Winkelgeschwindigkeit) zur „gerichteten Größe" zu erklären und im weiteren dementsprechend mit ihr zu verfahren; der Schritt bedarf einer physikalischen Begründung.

Sog. gebundene Vektoren

Entsprechendes gilt, wenn einmal von *freien* Vektoren, ein andermal von *gebundenen* Vektoren die Rede ist. Will man auf diese Ausdrucksweise nicht gänzlich verzichten, dann ist zu bedenken, dass weder die Sprech- und Schreibweise noch die Veranschaulichung durch Pfeile den Sinngehalt der Unterscheidung hinreichend deutlich erkennen lässt.

Wege als gerichtete Größen

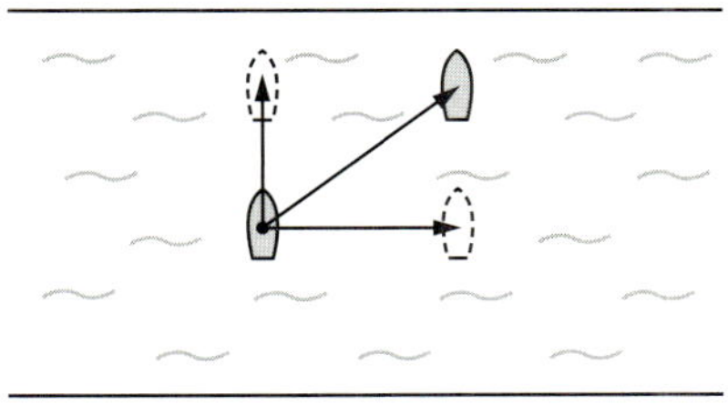

Überlagerung von Bewegungen

Der Weg eines Motorbootes, das einen Fluß überquert, wird durch die Motorkraft des Bootes und die Strömung des Flusses bestimmt. Wie hängt die tatsächliche Bewegung des Bootes mit den einfacheren denkbaren Bewegungen des Bootes bei abgestelltem Motor bzw. in ruhendem Gewässer zusammen? Die Erfahrung zeigt:
Die beiden „Teilbewegungen" beeinflussen sich beim Zusammenwirken gegenseitig nicht; man darf sich vorstellen, dass das Boot erst die eine, danach die andere der beiden Teilbewegungen ausführt (*Unabhängigkeitsprinzip* für Bewegungen, NEWTON 1687). Dadurch wird es möglich, von den einfacheren Teilbewegungen auf die weniger einfache reale Bewegung des Bootes zu schließen. Neben den Weglängen spielen dabei offenbar die *Richtungen* der drei Wege eine wesentliche Rolle. Es liegt deshalb nahe, zur mathematischen Beschreibung des Zusammenhangs zwischen dem realen Weg s und den beiden „Teilwegen" s_1 und s_2 Pfeilklassen (als Inbegriff von Streckenlänge, -richtung und -orientierung) zu verwenden. Es ist dann

Gerichtete Wege

$$\vec{s} = \vec{s_1} + \vec{s_2}.$$

D. h.: Um den tatsächlichen Weg des Bootes zu bekommen, muss man die beiden andern Wege im *Sinne der Parallelogrammregel* zusammensetzen.

Geschwindigkeiten als gerichtete Größen

Die im vorangehenden betrachtete Bootsfahrt dauere t Sek. Es sei $v_1 = \frac{s_1}{t}$ (in m/s) die Geschwindigkeit des Bootes in ruhendem Gewässer und $v_2 = \frac{s_2}{t}$ die Geschwindigkeit bei abgeschaltetem Motor. Dann beträgt seine tatsächliche Geschwindigkeit v nicht $v_1 + v_2$. Um sie zu ermitteln, muss man die Richtungen der Wege mitberücksichtigen. Da $\vec{s} = \vec{s_1} + \vec{s_2}$, ist

Vom gerichteten Weg zur gerichteten Geschwindigkeit

$$\frac{\vec{s}}{t} = \frac{\vec{s_1}}{t} + \frac{\vec{s_2}}{t}.$$

Die Beziehung zeigt: Fasst man die drei Glieder als (in Richtung des jeweiligen Weges) *gerichtete* Geschwindigkeiten auf, dann gilt

$$\vec{v} = \vec{v_1} + \vec{v_2}.$$

D. h.: Bei einer Überlagerung von Bewegungen ergibt sich die gerichtete Geschwindigkeit der resultierenden Bewegung durch Addition der gerichteten Einzelgeschwindigkeiten *nach der Parallelogrammregel*.

Winkelgeschwindigkeit als gerichtete Größe

Drehbewegung

Neben der geradlinig fortschreitenden ist die *gleichförmige Drehbewegung* um eine Achse die wichtigste Bewegungsart. Sie kann mit verschiedener Schnelligkeit vonstatten gehen, ein Wasserrad dreht sich langsamer als eine Schiffschraube. Wie lässt sich die Schnelligkeit einer Drehbewegung (ihre „Drehgeschwindigkeit") mathematisch fassen?

Von der Bahngeschwindigkeit zur Winkelgeschwindigkeit

Die „Bahngeschwindigkeit" eines Punktes P ist umso größer, je weiter er von der Drehachse entfernt ist. Sie ist daher keine für alle Punkte in gleicher Weise zutreffende, die Schnelligkeit der Drehbewegung charakterisierende Größe. Dagegen überstreichen die Strecken OP und OQ in gleichen Zeiten gleich große *Winkel* und die gemeinsame Größe φ dieser Winkel hängt nur von der Schnelligkeit der Drehbewegung ab. Man wählt deshalb den „je Sekunde überstrichenen Winkel", d.h. den Quotienten

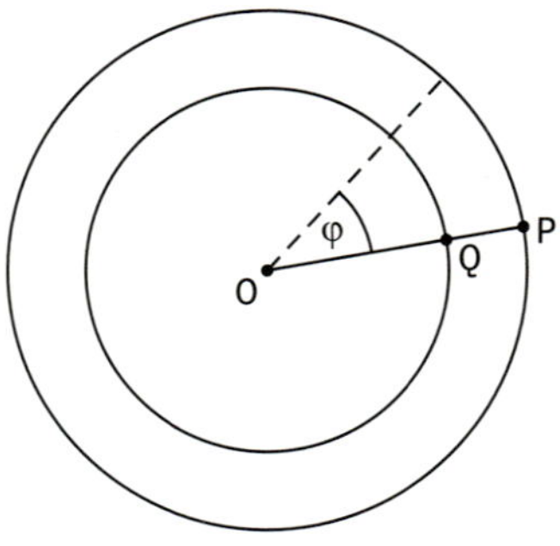

Überstrichener Winkel φ im Bogenmaß : Benötigte Zeit t in Sekunden

Winkelgeschwindigkeit

als Maß für die Schnelligkeit. Der Quotient $\varphi : t$ wird *Winkelgeschwindigkeit* der Drehbewegung genannt und mit ω (omega) bezeichnet. Da φ eine reine Zahl ist, hat ω die Einheit 1/sek.

Auffassung einer Winkelgeschwindigkeit …

Man kann noch einen Schritt weiter gehen und zusätzlich auch noch die *Drehachse* und den *Drehsinn* in die Beschreibung aufnehmen, wenn man die Winkelgeschwindigkeit durch einen Pfeil der Länge ω auf der Drehachse darstellt, dessen Orientierung mit dem Drehsinn eine Rechtsschraube bildet.

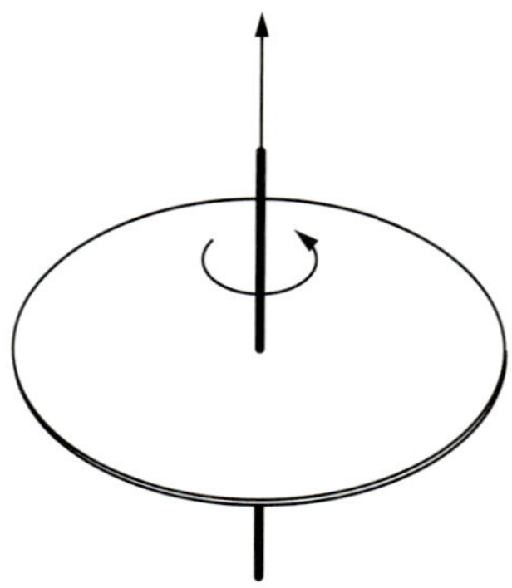

… als gerichtet

Die Winkelgeschwindigkeit wird dadurch „gerichtet". Das bedeutet aber noch nicht, dass sie eine *vektorielle* Größe ist. Dazu müssten Winkelgeschwindigkeiten nach Vorschrift der Parallelogrammregel zu addieren sein. Sind sie das?

… als gerichtete Größe

Folgende Frage ist zu untersuchen. Ein Punkt P drehe sich mit der gerichteten Winkelgeschwindigkeit $\vec{\omega_1}$ um eine Achse durch O und gleichzeitig mit der Winkelgeschwindigkeit $\vec{\omega_2}$ um eine zweite Achse, die ebenfalls durch O geht. Der Punkt führt dann – wie sich zeigen lässt – insgesamt wieder eine Drehung um eine Achse durch O aus. Frage: Erhält man die Winkelgeschwindigkeit $\vec{\omega}$ dieser resultierenden Drehung durch Addition von $\vec{\omega_1}$ und $\vec{\omega_2}$ nach der Parallelogrammregel? – Experimente bestätigen:

$$\vec{\omega} = \vec{\omega_1} + \vec{\omega_2}.$$

Winkelgeschwindigkeiten erweisen sich somit als *vektorielle Größen*.

Addieren von Winkelgeschwindigkeiten

Bemerkungen:

a) Zum gleichen Ergebnis führt die folgende *Überlegung*. Bewegt sich ein Punkt P mit der Winkelgeschwindigkeit ω um eine Achse, dann hat er die Bahngeschwindigkeit $v_P = \frac{(r \cdot \varphi)}{t} = r \cdot \omega$. Für einen beliebigen Punkt O* der Drehachse gilt mit $\overline{O^*P} = p$

$$v_P = (p \cdot \sin\alpha) \cdot \omega$$

und $\vec{v_P} = \vec{\omega} \times \vec{p}$.

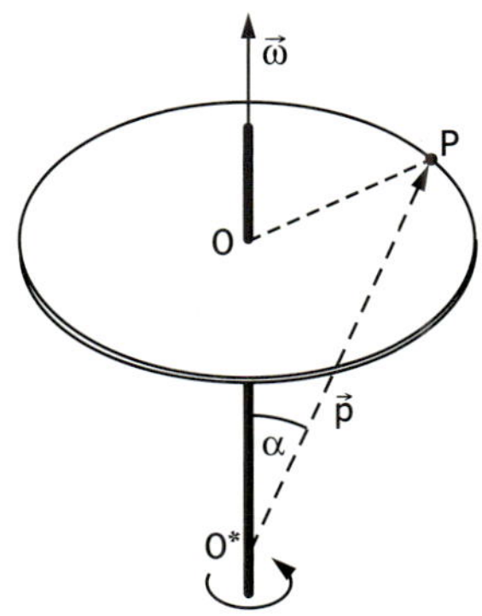

Ist nun die Bewegung von P das Ergebnis von zwei Drehungen um Achsen durch O, dann ist $\vec{v_P}$ die vektorielle Summe der Bahngeschwindigkeiten $\vec{v_{1P}}$ und $\vec{v_{2P}}$ also

$$\vec{v_P} = \vec{v_{1P}} + \vec{v_{2P}}$$
$$= \vec{\omega_1} \times \vec{p} + \vec{\omega_2} \times \vec{p}.$$
$$= (\vec{\omega_1} + \vec{\omega_2}) \times \vec{p}.$$

Die resultierende Drehung hat also die Winkelgeschwindigkeit $\vec{\omega_1} + \vec{\omega_2}$.

b) Bei der Drehung um eine Achse ergibt sich für alle Punkte O* der Achse dasselbe Produkt $\vec{\omega} \times \vec{p}$ (wie seine Deutung als Flächeninhalt unmittelbar zeigt), $\vec{\omega}$ ist eine liniengebundene gerichtete Größe.

Kräfte

Die Wirkung einer Kraft wird durch ihre *Stärke* allein (gemessen in N) nur sehr unvollständig beschrieben, zwei gleich starke Kräfte können recht unterschiedliche Wirkungen hervorbringen. Offenbar kommt es auch auf die *Richtung* und *Orientierung* an, in der eine Kraft wirkt; Kräfte werden deshalb durch Pfeile veranschaulicht. Meist reicht aber auch die Angabe von Stärke, Richtung und Orientierung einer Kraft noch nicht aus, um ihre Wirkung zu beurteilen; auch ihr *Angriffspunkt* will berücksichtigt sein.

Betrag, Richtung, Orientierung

Math. Beschreibung einer Kraft

Angriffspunkt

Da Kräfte ausschließlich an ihren Wirkungen zu erkennen sind, bedarf es experimenteller Erfahrung, um bei der Verwendung des Kraftbegriffs einige Sicherheit zu gewinnen. Es ist deshalb unumgänglich, stets von der erfahrbaren Wirkung einer Kraft auszugehen. Schüler können sich dabei allerdings häufig nur auf Alltagserfahrungen berufen.

1) Kräfte mit gleichem Angriffspunkt

Experimente zeigen, dass es zu zwei Kräften, die im gleichen Punkt P angreifen, eine dritte Kraft gibt, die ihnen das Gleichgewicht hält. Das Zusammenwirken zweier Kräfte kann also als Wirkung einer Einzelkraft, der Gegenkraft jener dritten, aufgefasst werden. Man nennt sie die *Resultierende* der beiden Kräfte. Durch den Übergang von zwei (oder mehreren) Kräften zu einer Einzelkraft lassen sich z.B. Gleichge-

Resultierende

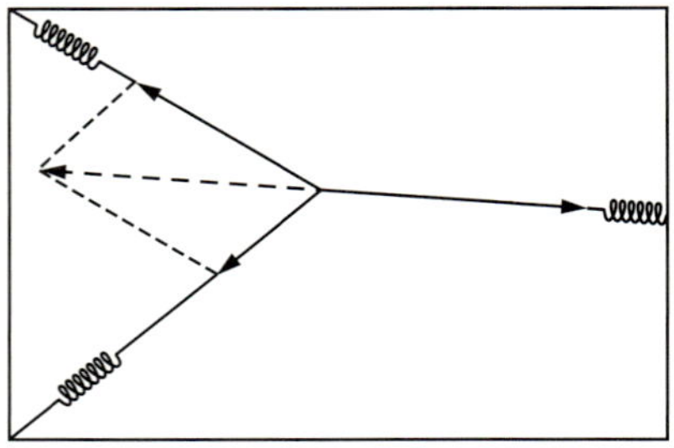

wichtsbetrachtungen gedanklich erheblich vereinfachen. Experimente zeigen, wie man die in P angreifende Resultierende bekommt. Sie hängt mit den beiden Ausgangskräften über die überraschend einfache *Parallelogrammregel* zusammen: Die Resultierende ist Diagonale in dem von den Pfeilen der Ausgangskräfte aufgespannten Parallelogramm. Bei der „Addition" von Kräften handelt es sich also um eine vektorielle Addition. Kräfte mit gleichem Angriffspunkt sind daher vektorielle Größen.

Parallelogrammregel

Bemerkung: *Ortsgebundene* Kräfte, die an verschiedenen Stellen auftreten, sind auch dann als verschieden anzusehen, wenn sie denselben Betrag und dieselbe Richtung und Orientierung haben. Zu solchen Kräften gibt es keine resultierende Einzelkraft, welche sie zu ersetzen vermöchte. Für einen Schüler ist es irritierend, wenn man Kräfte schlechthin (freie sowohl als ortsgebundene) „Vektoren" nennt, obwohl man sie evtl. gar nicht addieren kann.

2) Kräfte am starren Körper

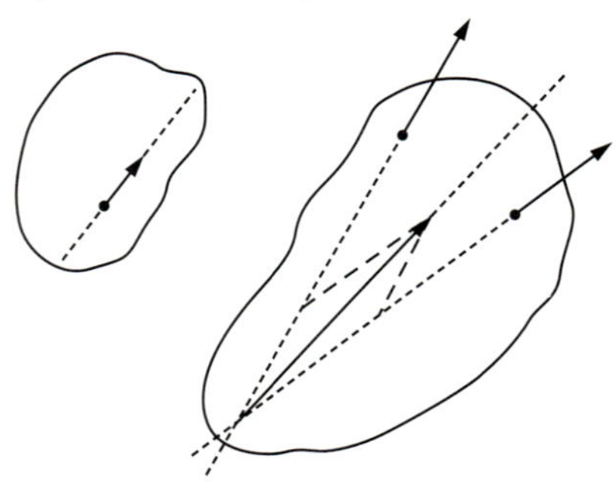

Ist der Angriffspunkt einer Kraft ein Punkt eines *starren* Körpers, dann ändert sich die Wirkung der Kraft – wie das Experiment zeigt – nicht, wenn man einen andern Punkt ihrer „Wirkungslinie" (den man sich ebenfalls als Punkt des Körpers oder mit diesem starr verbunden zu denken hat) als Angriffspunkt wählt. Die Kraft ist hier eine *liniengebundene* gerichtete Größe (Fig. a). Deshalb haben zwei Kräfte mit verschiedenen Angriffspunkten, deren Wirkungslinien sich schneiden, eine nach Betrag, Richtung, Orientierung und Wirkungslinie eindeutig bestimmte Resultierende (Fig.b).

Wirkungslinie

Resultierende von Kräften mit verschiedenen Angriffspunkten

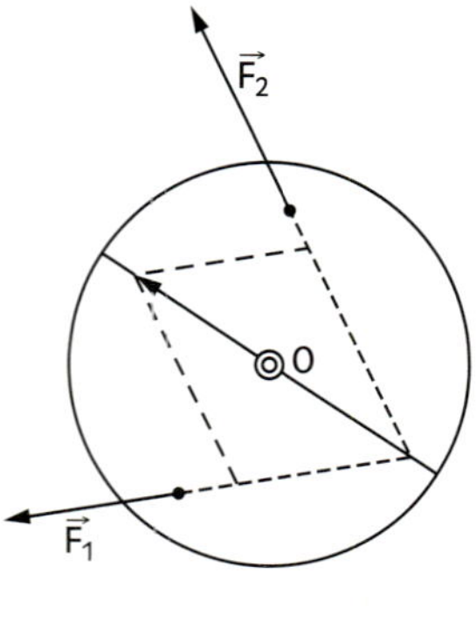

Beispiel: (Resultierende)
In der Fig. ist eine um O drehbare starre Scheibe dargestellt, an der zwei Kräfte $\vec{F_1}$ und $\vec{F_2}$ angreifen. $\vec{F_1}$ versucht die Scheibe rechtsherum, $\vec{F_2}$ sie linksherum zu drehen. Die Resultierende zeigt, dass sich die Scheibe im angegebenen Fall unter dem Einfluss beider Kräfte zusammen *nicht* dreht, sondern lediglich eine Kraft auf das Lager O ausgeübt wird.

Zerlegen einer Kraft in Komponenten

Die Parallelogrammregel hat eine weitere wichtige Konsequenz. Sie schafft die Möglichkeit, eine Kraft in Komponenten vorgeschriebener Richtungen zu *zerlegen*. Dabei wird der bisherige Gedankengang umgekehrt. Einem Schüler wird dies ohne ausdrücklichen Hinweis vielleicht nicht hinreichend bewusst; den veränderten Gang der Konstruktion wird er üben müssen.

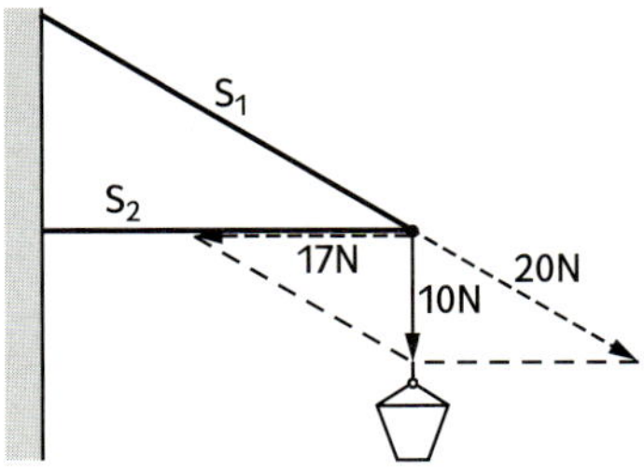

Beispiel: (Zerlegen einer Kraft in Komponenten)
In der Fig. wird eine 10 N schwere Lampe von zwei Stangen S_1 und S_2 gehalten. Die Zerlegung der Gewichtskraft in Komponenten mit den Richtungen der Stangen zeigt, dass S_1 mit einer Kraft von etwa 20 N an der Wand zerrt und S_2 mit etwa 17 N gegen die Wand drückt.

3) Parallele Kräfte am starren Körper

Parallele Kräfte gleicher Orientierung

Auch zwei gleichorientierte Kräfte mit *parallelen Wirkungslinien* haben eine Resultierende, deren Wirkungslinie teilt den Abstand AB der gegebenen Wirkungslinien im umgekehrten Verhältnis der Kräfte. Man braucht, um dies einzusehen, sich nur in A und B zusätzlich entgegengesetzt gleiche Kräfte mit gemeinsamer Wirkungslinie zu denken.

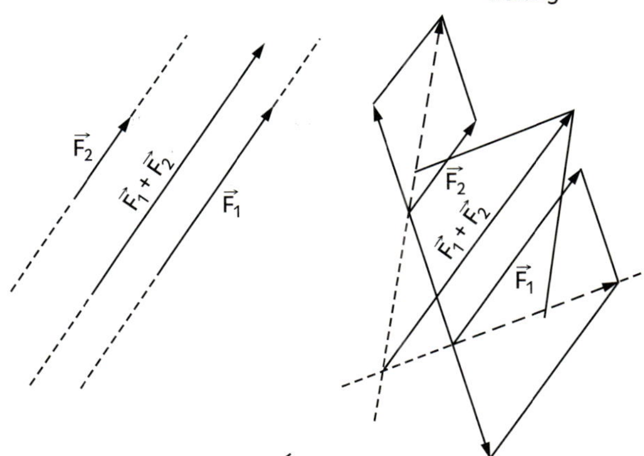

Kräftepaar

Dagegen versagt die Parallelogrammregel, wenn zwei Kräfte *gleich* stark und parallel, aber *entgegengesetzt orientiert* sind und verschiedene Wirkungslinien haben. Man nennt zwei solche Kräfte ein *Kräftepaar*. In diesem Fall gibt es keine resultierende Einzelkraft, welche dieselbe Wirkung hervorbringt. Ein Kräftepaar beinhaltet ein gewisses *Drehvermögen*.

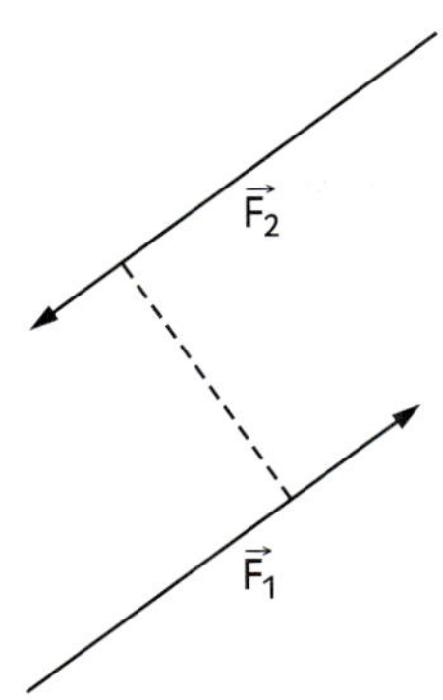

Auch Kräfte, deren Wirkungslinien *windschief* sind, haben keine Resultierende. Sie sind daher (zwar gerichtet, aber) keine vektoriellen Größen.

Gesamtwirkung mehrerer Kräfte

Bemerkung: Die Gesamtwirkung von mehreren an einem starren Körper angreifenden Kräften lässt sich stets auf die Wirkung einer Einzelkraft und eines Kräftepaares reduzieren.

Physikalische Arbeit

Sonderfall

Bei der Faustformel

Arbeit W = (Kraft F) mal (Weg s)

für die physikalische Arbeit wird vorausgesetzt, dass der Weg geradlinig ist und in jedem Punkt des Weges dieselbe Kraft in Richtung des Weges wirkt. Weist die Kraft in eine andere Richtung, dann ist „Kraft" durch „Kraftkomponente in Richtung des Weges" zu ersetzen, es gilt dann

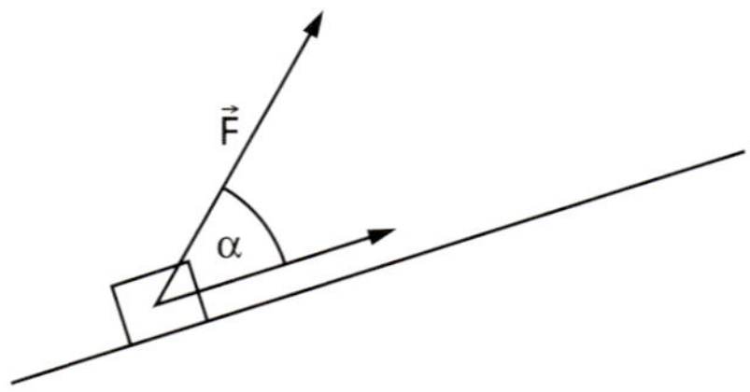

Verallgemeinerung

$W = (F \cdot \cos\alpha) \cdot s.$

Man muss also i. Allg. auch die Richtung der Kraft und die Richtung des We-ges mit in Betracht ziehen. Tut man dies, dann berechnet sich die Arbeit formal als *skalares Produkt*

$W = \vec{F} \cdot \vec{s}.$

Bemerkungen:

a) Das skalare Produkt ist mathematisch definiert für Vektoren ein und desselben Vektorraumes, also für Vektoren, die man auch addieren kann. Die vektoriellen Größen $\vec{F}$ und $\vec{s}$ kann man jedoch *aus physikalischen Gründen nicht* addieren. Es zeigt sich: Nicht alles, was der Vektorraum (der Pfeilklassen) hergibt, ist physikalisch sinnvoll und damit physikalisch erlaubt.

b) Dass man $\vec{F}$ und $\vec{s}$ als *ortsgebundene* Größen aufzufassen hat wird deutlich bei der Berechnung von W in einem sog. Kraftfeld bei beliebigem Weg; dort ändern sich die Kraft und die Richtung des Weges i. Allg. von Ort zu Ort.

Drehmoment

Drehende Wirkung einer Kraft

Eine starre Scheibe sei um eine zu ihr orthogonale feste Achse drehbar gelagert. Greift in einem Punkt P der Scheibe eine in ihrer Ebene liegende Kraft vom Betrag F an, deren Wirkungslinie an der Achse vorbeiläuft, dann versucht diese, die Scheibe zu *drehen*. Wie lässt sich diese Drehwirkung mathematisch beschreiben?

Das Drehvermögen der Kraft ist umso ausgeprägter, je größer die Kraft ist. Es ändert sich nicht, wenn man die Kraft in ihrer Wirkungslinie verschiebt; maßgebend ist der Abstand a der Wirkungslinie von der Drehachse (der sog. Kraftarm).

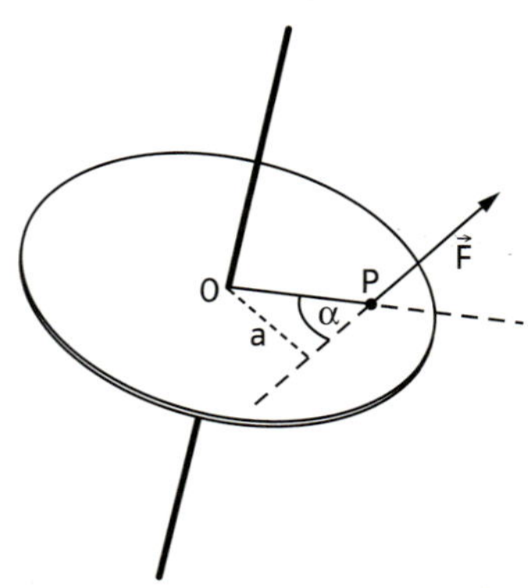

Wird dieser Abstand halbiert und gleichzeitig die Kraft verdoppelt, so bleibt dies ohne Einfluss auf die Drehwirkung. Derart zeigt sich, dass das Produkt $F \cdot a$ das Drehvermögen M der Kraft zum Ausdruck bringt. Mit $a = \overline{OP} \cdot \sin\alpha$ erhält man

$$M = F \cdot \overline{OP} \cdot \sin\alpha.$$

Will man die Richtung und Orientierung der Kraft und der Strecke OP mit in Betracht ziehen und schreibt für die rechte Seite $\overrightarrow{OP} \times \vec{F}$, dann erscheint das Drehvermögen „gerichtet". In $\overrightarrow{OP} \times \vec{F}$ wird seine Stärke, die Richtung der Drehachse (bzw. die Stellung der Scheibe im Raum) und der Drehsinn erfasst. Man nennt

Definition des Drehmoments einer Kraft

$$\overrightarrow{OP} \times \vec{F}$$

das *Drehmoment* $\vec{M}$ (momentum, lat.: Bewegkraft) der Kraft $\vec{F}$.

Es ist noch zu prüfen, ob sich Drehmomente im Sinne der Parallelogrammregel addieren. Ist in der Ebene der Scheibe neben der in P angreifenden Kraft $\vec{F_1}$ noch eine zweite in Q angreifende Kraft $\vec{F_2}$ vorhanden, und schneiden sich die Wirkungslinien in R, dann gilt für das Drehmoment der resultierenden Kraft $\vec{F}$

Drehmoment als vektorielle Größe

$$\overrightarrow{OR} \times \vec{F} = \overrightarrow{OR} \times (\vec{F_1} + \vec{F_2}) = \overrightarrow{OR} \times \vec{F_1} + \overrightarrow{OR} \times \vec{F_2}$$

$$\vec{M} = \vec{M_1} + \vec{M_2}.$$

Drehmomente addieren sich also gemäß der Parallelogrammregel und erweisen sich damit als gerichtete Größen. Da ein Drehmoment nur bez. der vorgegebenen Achse gilt, handelt es sich um eine an diese Achse *gebundene* gerichtete Größe.

Beispiel: (Resultierendes Drehmoment)
In den Punkten P(3 | 2 | 0) und Q(0 | 2 | 0) greifen die Kräfte

$$\vec{F_P} = \begin{pmatrix} 2 \\ 2 \\ 0 \end{pmatrix} \text{ bzw. } \vec{F_Q} = \begin{pmatrix} -2 \\ 1 \\ 0 \end{pmatrix} \text{ an.}$$

Resultierendes Drehmoment bez. der Drehachse durch O:

$$\vec{M} = \begin{pmatrix} 3 \\ 2 \\ 0 \end{pmatrix} \times \begin{pmatrix} 2 \\ 2 \\ 0 \end{pmatrix} + \begin{pmatrix} 0 \\ 2 \\ 0 \end{pmatrix} \times \begin{pmatrix} -2 \\ 1 \\ 0 \end{pmatrix} = \begin{pmatrix} 0 \\ 0 \\ 6 \end{pmatrix}$$

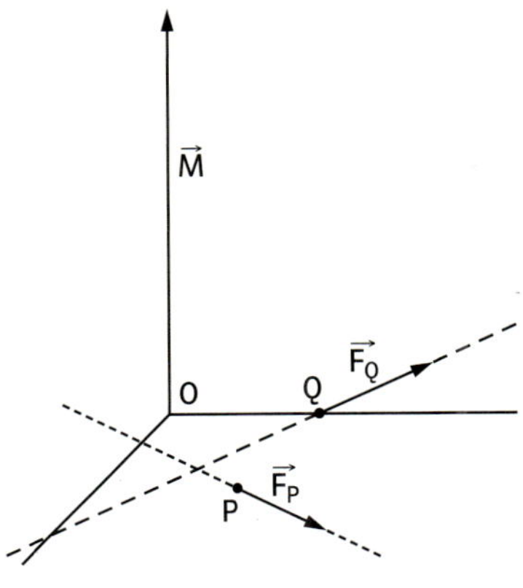

Flächenvektoren

Die Deutung des Vektorprodukts $\vec{a} \times \vec{b}$ von Pfeilklassen als Pfeilklasse ist insofern unbefriedigend, als Eigenschaften des Vektorprodukts, mit denen man es z. B. in der Physik laufend zu tun hat, anschaulich nicht zum Ausdruck kommen. Insbesondere wird nicht augenfällig, dass sich der Betrag des Vektorprodukts ver-k-facht, wenn man einen der beiden Faktoren ver-k-facht. Sucht man nach einer geometrischen Figur, die dies widerspiegelt, dann bietet sich das *Parallelogramm* an.

Deutung des Vektorprodukts als orientierter Inhalt einer Parallelogrammfläche

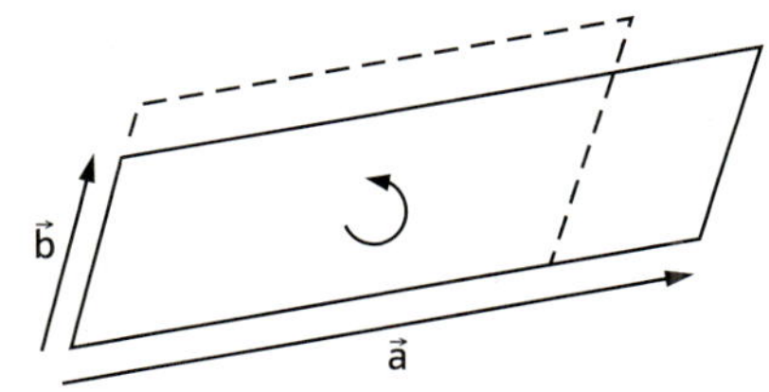

Ein Parallelogramm, das zwei vom gleichen Punkt ausgehende Pfeile

aus $\vec{a}$ bzw. $\vec{b}$ aufspannen, hat den Flächeninhalt $|\vec{a}| \cdot |\vec{b}| \cdot \sin\alpha$. Er repräsentiert den Betrag des Vektorprodukts und ändert sich nicht, wenn man einen der Pfeile mit k multipliziert und gleichzeitig den andern durch k dividiert. Schließlich kann man auch noch die Reihenfolge der Faktoren des Vektorprodukts durch den Umlaufsinn des Parallelogramms berücksichtigen.
Somit kann man im Produkt $\vec{a} \times \vec{b}$ statt einer Pfeilklasse auch den orientierten Flächeninhalt eines Parallelogramms sehen.

Beispiel: (Veranschaulichung des Drehmoments)
Das Drehmoment $\vec{M} = \overrightarrow{OP} \times \vec{F}$, das eine Kraft $\vec{F}$ bez. der Achse durch O in P ausübt, wird widergegeben durch das eingezeichnete Parallelogramm. Eine Kraft $\vec{F^*} = \frac{1}{2}\vec{F}$ erzeugt im Punkt Q mit $\overrightarrow{OQ} = 2\overrightarrow{OP}$ dasselbe Drehmoment. Läuft die Wirkungslinie der Kraft durch O, dann ist der Flächeninhalt des Parallelogramms (und damit das Drehmoment der Kraft) null. Das von $\vec{F}$ erzeugte Drehmoment ist extremal, wenn das Parallelogramm zum Rechteck wird, also die Kraft orthogonal zu OP ist.

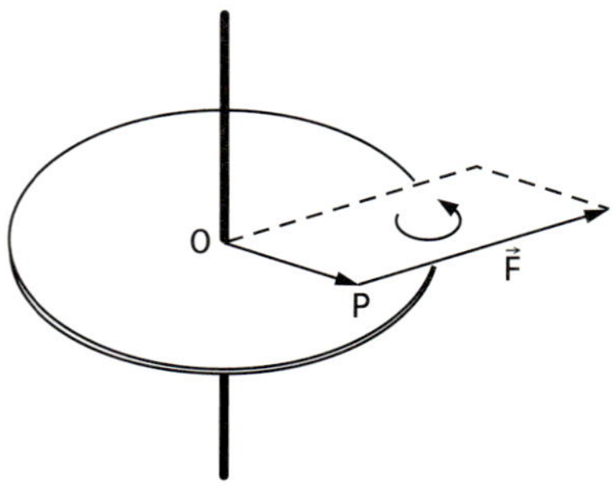

Im Unterricht wird man es bei dieser, von der üblichen abweichenden *Veranschaulichung* des Vektorprodukts und sich unmittelbar daraus ergebenden Folgerungen belassen.

Vom Parallelogramm zum Bivektor

Bemerkung: Mathematisch stellt sich die weitergehende Frage, inwiefern man orientierten Parallelogrammen Vektorcharakter zusprechen kann. Das neue geometrische Objekt, mit dem man es dabei zu tun hat, ist ein Parallelogramm, das man in seiner Ebene nach Belieben zu einem andern Parallelogramm mit gleichem Flächeninhalt und gleicher Orientierung verformen und das man im Raum parallel verschieben darf. Eine Klasse von Parallelogrammen, die derart auseinander hervorgehen, nennt man einen *Bivektor*. Der Name „... vektor" ist gerechtfertigt, denn es zeigt sich, dass man solche Objekte addieren und vervielfachen kann, so dass sie einen (zum Vektorraum der Pfeilklassen isomorphen) Vektorraum bilden. – Diese neuen geometrischen Objekte wurden erstmals von GRASSMANN untersucht. Er nennt sie „Plangrößen".

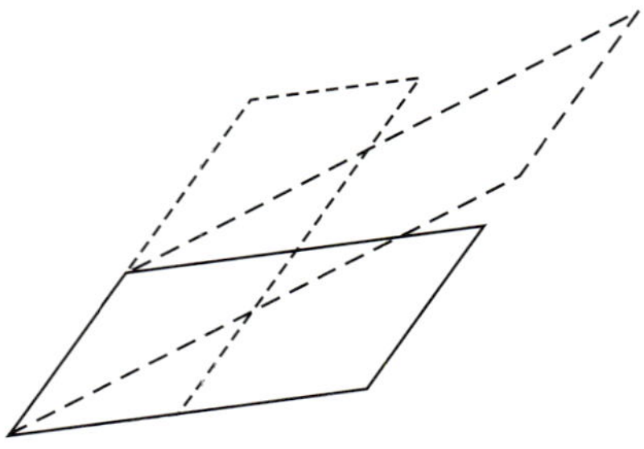

Flächengleiche Parallelogramme

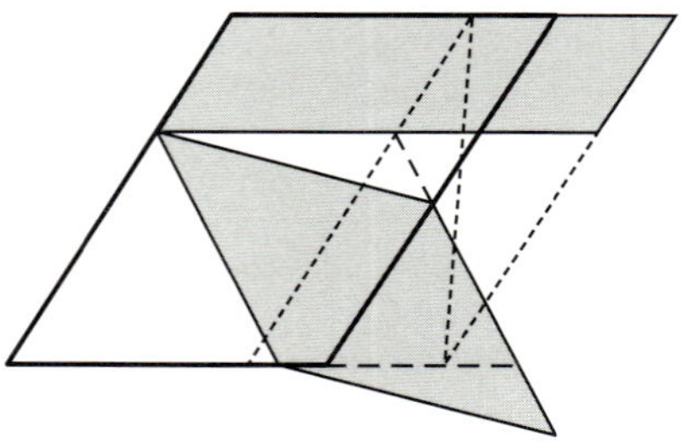

Flächensumme von Parallelogrammen

Stochastik

14 Zufallsexperimente

Mo	?
Di	?
Mi	?
Do	?
Fr	?

Ein Mathematiklehrer teilt seiner Klasse mit: „Wir werden an einem Tag x der nächsten Woche eine Klassenarbeit schreiben. Welcher Tag dies ist, das werdet ihr erst am Morgen des Tages x bei Schulbeginn erfahren."

Schüler A: Der Freitag scheidet aus, denn dann wüßten wir bereits am Donnerstag Bescheid. Also kommt der Donnerstag als letztmöglicher Tag in Frage. Er scheidet damit, aus demselben Grunde, ebenfalls aus. So kann man weiter schließen. Fazit: Die Klassenarbeit kann, wenn der Lehrer seine Bedingung einhalten will, gar nicht geschrieben werden.

Schüler B: Mein gesunder Menschenverstand sagt mir, dass die Klassenarbeit sehr wohl (z. B. am Montag oder Dienstag) geschrieben werden kann.

Wer hat Recht?

Die Stochastik wird in der Schule, anders als Analysis und Analytische Geometrie, nicht vor dem Hintergrund einer deduktiven mathematischen Theorie gelehrt. Eine solche Theorie gibt es zwar, aber ihre Auswirkung auf den Unterricht hält sich in Grenzen. Der Grund liegt weniger in der Kompliziertheit der Theorie, als darin, dass diese ohne den permanenten Bezug zur empirischen Realität für den Lernenden ihren *Sinn* verliert. Im Stochastikunterricht werden deshalb elementare Begriffsbildungen und Verfahrensweisen der Stochastik anhand *empirischer* Gegebenheiten entwickelt.

Zum mathematischen Hintergrund

Zufällige Erscheinungen

Im Alltag nennen wir ein Vorkommnis „zufällig", wenn es nicht zwangsläufig, sondern ohne erkennbaren Grund und unerwartet auftritt.

Zufällige Erscheinungen

Eine solche Erscheinung ist *nicht voraussagbar*. Auch wenn man annimmt, dass jede Erscheinung eine Ursache hat und aus dieser Ursache mit Notwendigkeit folgt, können wir dennoch im konkreten Fall außerstande sein, sie vorherzusagen. Die Ursache kann unbekannt oder nur unvollständig fassbar sein, bei bekannter Ursache kann der Weg von ihr zur Erscheinung äußerst kompliziert sein.

Beispiel: (Zufällige Erscheinungen)

a) Beim Würfeln mit einem Spielwürfel nennen wir z. B. die Augenzahl 6 (und ebenso alle andern) zufällig. Ob diese oder jene Augenzahl fällt, hängt von vielen Faktoren ab (Kleine Unsymmetrien des Würfels, Besonderheiten der Handbewegung usw.); sie ist letztlich durch die Gesamtheit solcher Einflussfaktoren bestimmt (*determiniert*). Wenn wir sie „zufällig" nennen, dann ist damit lediglich gemeint, dass wir faktisch außerstande sind, sie vorherzusagen. In diesem Sinne sind „zufällig" und „determiniert" keine Gegensätze, wohl aber „zufällig" und „sicher" (d. h. faktisch voraussagbar). Beim Würfeln ist die Summe einer Augenzahl und der gegenüberliegenden nicht zufällig, sondern sicher, denn wir können voraussagen, dass sie 7 beträgt.

zufällig – sicher

b) Bei einer statistischen Erhebung (z. B. über das Alter von Personen) nennen wir das Ergebnis einer Einzelbefragung zufällig, solange wir nicht voraussagen können wie die Befragung ausfallen wird. Es ist unerheblich, dass wir das Ergebnis auf anderem Wege (z. B. mit Hilfe des Einwohnermeldeamts) zweifelsfrei ermitteln könnten.

Lösung der Aufgabe am Kapitelanfang

B!

Die Aussage von A: „Wenn die Arbeit bis Mittwochabend nicht geschrieben wurde, dann muss sie am Donnerstag stattfinden" ist wahr. Ihre Prämisse braucht jedoch nicht wahr zu sein. Man kann deshalb nicht auf „Der Donnerstag scheidet als möglicher Termin aus" schließen. Damit ist auch die weitere Argumentation hinfällig.

Ergebnismengen

Eine zufällige Erscheinung kann, muss aber nicht auftreten. Insofern sind stets mindestens zwei Möglichkeiten im Spiel. Die in einer konkreten Situation vorhandenen Möglichkeiten werden so unterschieden, dass in jedem Fall nur eine einzige von ihnen realisierbar ist. Und es darf auch kein Zweifel bestehen, welche Möglichkeiten überhaupt in Frage kommen. Anders ausgedrückt: Die vorhandenen Möglichkeiten müssen im Sinne der Mathematik eine Menge bilden, die sog. *Ergebnismenge*. Wir nehmen vorerst an, dass Ergebnismengen *endliche* Mengen sind.

Ergebnismenge

Beispiel: (Ergebnismenge)
Anke geht in die Stadt und trifft dort zufällig Freunde. In diesem Fall ist M_1: „Anke trifft Bert" und M_2: „Anke trifft Chris" keine ausreichende Unterscheidung zweier Möglichkeiten, weil diese sich gegenseitig nicht ausschließen. Das ist erst dann der Fall, wenn man genauer unterscheidet: „A trifft B, aber C nicht", „A trifft C, aber B nicht", „A trifft sowohl B als auch C". Schließlich ist es auch möglich, dass A weder B noch C (sondern andern Freunden) begegnet. Also ist erst

{B, aber C nicht; C, aber B nicht; B und C; weder B, noch C}

eine befriedigende Aufzählung von Möglichkeiten. In jedem Fall muss genau eine dieser Möglichkeiten eintreten.

Eine Ergebnismenge ist durch die Umstände, unter denen eine zufällige Erscheinung auftritt, nicht zwangsläufig bestimmt, sondern muss *von uns* festgelegt werden. Das kann in verschiedener Weise geschehen; man wird sich von der jeweiligen Interessenlage leiten lassen.

Festlegen der Ergebnismenge

Zufallsexperimente

Im Falle des obigen Beispiels kann Anke, wenn sie bei ihrem Gang in die Stadt Bert und Chris getroffen hat, i. Allg. keinerlei Aussage darüber machen, wen sie bei ihrem nächsten Gang in die Stadt treffen wird. Eine solche *Prognose* wird sie allenfalls dann wagen, wenn die Beteiligten gleichbleibenden Gewohnheiten folgen. Da es auf derartige Voraussagen aber ganz wesentlich ankommt, beschränkt man sich auf Vorgänge, die *unter gleichbleibenden Bedingungen beliebig oft wiederholbar* sind.

Wiederholbarkeit als Voraussetzung für eine Prognose

Beispiel: (Wiederholbarkeit)
a) Beim Werfen eines Spielwürfels können wir davon ausgehen, dass sich – wie oft man auch werfen mag – weder der Würfel noch die Unterlage dadurch merklich verändert.
b) Wenn aus einem Stapel verdeckter Karten eine Karte zu ziehen ist, dann ist dieser Vorgang nur dann unter gleichen Bedingungen beliebig oft wiederholbar, wenn die gezogene Karte vor der nächsten Ziehung in den Stapel zurückgelegt und der Stapel neu gemischt wird.

In Wahrheit gibt es in der Realität keine Vorgänge, die unter genau denselben Bedingungen beliebig oft wiederholbar sind. Die Forderung der „Wiederholbarkeit unter gleichen Bedingungen" ist eine *theoretische* Forderung, also eine Annahme oder Voraussetzung, von der man bei weiteren Überlegungen ausgeht. Sie ist sinnvoll, weil sie in der Wirklichkeit oftmals *näherungsweise* erfüllt ist und Überlegungen ganz erheblich vereinfacht.

Zufallsexperiment

Einen unter gleichbleibenden Bedingungen beliebig oft wiederholbaren Vorgang, bei dem mit jeder Durchführung genau eines von mehreren möglichen Ergebnissen realisiert wird, nennt man ein *Zufallsexperiment*.

Bemerkung: Diese Beschreibung eines Zufallsexperiments ist natürlich keine Definition. Mathematisch relevant daran ist zunächst nur die Ergebnismenge. Eine *begriffliche* Fassung kommt nicht ohne Wahrscheinlichkeiten aus.

Empirisches Gesetz der großen Zahlen

Voraussagen (die man bei diesen Überlegungen als Fernziel stets im Auge haben muss) werden durch die folgende *empirische* Tatsache ermöglicht.
Ein Zufallsexperiment mit der Ergebnismenge $\{e_1, ..., e_k\}$ werde n-mal durchgeführt und danach für ein Ergebnis e_i der Quotient

Relative Häufigkeiten

$$\frac{\text{Anzahl der Durchführungen, bei denen das Ergebnis } e_i \text{ auftrat}}{\text{Anzahl } n \text{ aller Durchführungen}},$$

Verhalten bei großem n

Richtwert

die sog. *relative Häufigkeit* $h_n(e_i)$ des Ergebnisses e_i, berechnet. Verfährt man für unterschiedliche n-Werte in dieser Weise, dann scheinen die Quotienten $h_n(e_i)$ mit wachsendem n einem Grenzwert zuzustreben. Sie können zwar für kleines n erheblich schwanken, sind aber bei großem n erkennbar stabil (*Empirisches Gesetz der großen Zahlen*). Man kann deshalb für die relativen Häufigkeiten von e_i in *langen Serien* einen für alle n solcher Serien in gleicher Weise geltenden festen *Richtwert* $r(e_i)$ angeben, von dem die (zufälligen) relativen Häufigkeiten nur noch mäßig abweichen. Ist ein solcher Richtwert bekannt, dann kann man voraussagen, dass das Ergebnis e_i in einer hinreichend langen Serie etwa $n \cdot r(e_i)$-mal auftreten wird.

Beispiel: (Ermitteln von Richtwerten)
Ein Flaschenkork ist in verschiedenlange zylinderförmige Stücke zerschnitten. Beim Werfen dieser Stücke wird das kleine meist auf eine Querschnittsfläche, das große meist auf eine Mantellinie fallen. Beim mittleren Stück ist selbst eine so vage Voraussage kaum möglich. Durch das Ermitteln von Richtwerten erhält man genauere Auskunft.

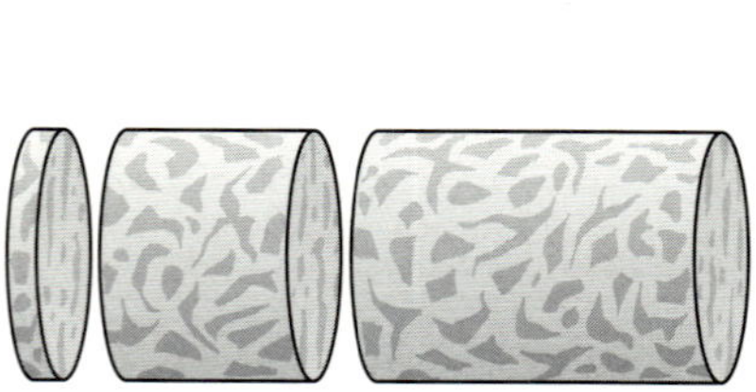

Bemerkungen:
a) In einem Richtwert kommen objektive Eigenschaften (im vorangehenden Beispiel geometrische und physikalische Eigenschaften des geworfenen Korkstücks) zum Ausdruck. Sie sind durch Messungen nicht zu fassen.
b) In einer konkreten Situation kann es geboten erscheinen, für ein gewisses Ergebnis den Richtwert mit 0 anzusetzen. Das bedeutet nicht zwangsläufig, dass die-

ses Ergebnis nie aufgetreten ist. Es besagt nur, dass es im Vergleich zu anderen Ergebnissen außerordentlich selten auftrat.

c) Man könnte versucht sein, statt von der *„Stabilisierung* der relativen Häufigkeiten" vom „Grenzwert der relativen Häufigkeiten für $n \to \infty$" zu sprechen. Die Zufälligkeit der relativen Häufigkeiten lässt jedoch die Verwendung des mathematischen Grenzwertbegriffs nicht zu. Es sei z. B. beim Werfen einer Münze r(Kopf) = c mit $0 < c < 1$ ein realistischer Richtwert. Wegen der Zufälligkeit *kann man nicht ausschließen*, dass auch in einer sehr, sehr langen Serie kein einziges Mal „Kopf" fällt. In diesem (sehr unwahrscheinlichen) Fall ist die Bedingung $|h_n(\text{Kopf}) - c| < \varepsilon$ für alle $n > n_0$ bei hinreichend kleinem ε nicht erfüllt.

Richtwert und Grenzwert

Wahrscheinlichkeiten

Als Richtwerte taugen in einer konkreten Situation z. B. die in einer sehr langen Serie von Durchführungen aufgetretenen relativen Häufigkeiten. Eventuell ist es jedoch angezeigt, statt dieser Brüche (mit großem Nenner) einfache Näherungswerte zu verwenden. Man muss dabei lediglich berücksichtigen, dass es sich um Näherungswerte für relative Häufigkeiten handelt, d. h., man muss darauf achten, dass die Summe der Näherungswerte 1 ergibt.

Für Überlegungen allgemeiner Art begnügt man sich mit der schwächeren Forderung, *dass* jedem Ergebnis e_i eine reelle Zahl $P(e_i)$ zwischen 0 und 1 (je einschl.) zugeordnet ist und für die Zahlen $P(e_1), \ldots, P(e_k)$

$$P(e_1) + \ldots + P(e_k) = 1$$

gilt. Ist das der Fall, dann nennt man die Zahlen $P(e_i)$, $i = 1, \ldots, k$ *Wahrscheinlichkeiten*. Die Abbildung P der Ergebnismenge nach [0; 1] heißt Wahrscheinlichkeits*verteilung*.

Wahrscheinlichkeit
W.sverteilung

Ereignisse und ihre Wahrscheinlichkeiten

In einer gegebenen realen Situation eine passende Wahrscheinlichkeitsverteilung zu finden, ist oft mühsam (und evtl. teuer). Man ist daher bestrebt, sich diese Mühe nur *einmal* zu machen und andere Wahrscheinlichkeiten, die in dieser Situation von Interesse sind, mittels der *vorhandenen* Ergebnismenge und der *vorhandenen* Wahrscheinlichkeitsverteilung zu ermitteln.

Verallgemeinerung der Fragestellung

Beispiel: (Vom Ergebnis zum Ereignis)
Die vier Triebwerke T_1, T_2, T_3, T_4 eines Flugzeugs werden auf ihre Zuverlässigkeit überprüft. Bei den Untersuchungen ergibt sich eine Wahrscheinlichkeit, mit der das Triebwerk T_1 bei einer Dauerbelastung (von z. B. 10 Stunden) ausfällt. Entsprechende Wahrscheinlichkeiten ergeben sich für T_2, T_3 und T_4. – Um die Flugtauglichkeit der Maschine zu beurteilen, ist es jedoch auch wichtig zu wissen, mit welcher Wahrscheinlichkeit (bei einem 10stündigen Flug) z. B. höchstens ein Triebwerk ausfällt, zwei der vier Triebwerke ausfallen, nur das Triebwerk T_4 ausfällt usw.

Jede Durchführung eines Zufallsexperiments endet mit genau einem der Ergebnisse e_i. Damit ist aber nicht nur die Frage beantwortet, welches

Ergebnis eingetroffen ist. Auch weitergehende Fragen wie die, ob *eines von mehreren* interessierenden Ergebnissen eingetreten ist, werden beantwortet. Es besteht deshalb Veranlassung, als „verallgemeinerte Ergebnisse" auch *Teilmengen* der Ergebnismenge $\{e_1, \ldots, e_k\} = :S$ ins Auge zu fassen. Jede Teilmenge der Ergebnismenge S nennt man ein (zu diesem Zufallsexperiment gehörendes) *Ereignis*. Die einelementigen Teilmengen $\{e_i\}$ heißen *Elementarereignisse*, die Teilmenge $\varnothing$ heißt *unmögliches Ereignis*, die Teilmenge S *sicheres Ereignis* und $S \backslash A$ (S „ohne" A; $\overline{A}$) das *Gegenereignis* von A. Endet eine Durchführung des Zufallsexperiments mit einem Ergebnis $e_i \in A$, dann sagt man „Das Ereignis A ist eingetreten"; gleichzeitig mit A sind auch alle andern Ereignisse eingetreten, die e_i als Element enthalten.

Ereignis

Besondere Ereignisse

Eintreten eines Ereignisses

Wahrscheinlichkeit eines Ereignisses

Unter der *Wahrscheinlichkeit eines Ereignisses* A versteht man die Summe der Wahrscheinlichkeiten aller Ergebnisse, die zu A gehören. Dem unmöglichen Ereignis wird die Wahrscheinlichkeit 0 zugeordnet.

Ereignisse bei unendlichen Ergebnismengen

Bemerkung: Die Beschränkung auf *endliche* Ergebnismengen klammert viele praktische Fragestellungen aus. Sie erlaubt z. B. nicht, die Lebensdauer einer Glühlampe als Zufallsergebnis aufzufassen. Will man auch *unendliche* Ergebnismengen in Betracht ziehen, dann steht man vor der Aufgabe, jedem *„Ereignis"* eine Zahl zwischen 0 und 1 zuzuordnen als quantitatives Maß für die Möglichkeit des Eintretens. Offenbar kann dies nun aber nicht mehr in gleicher Weise geschehen wie bei endlichen Ergebnismengen. Bei *überabzählbaren* Ergebnismengen kommt ein gravierendes weiteres Hindernis hinzu. Es gibt dann nachweislich überhaupt keine Zuordnung, die *jeder* Teilmenge von S eine „Wahrscheinlichkeit" zuordnet. Man ist in diesem Fall genötigt, unter den Teilmengen von S eine Auswahl zu treffen derart, dass für die ausgewählten Teilmengen eine solche Zuordnung *existiert*. Die Auswahl muss darüberhinaus sicherstellen, dass sie mit A und B auch $A \cup B$, $A \cap B$ und die Komplemente $\overline{A}$, $\overline{B}$ enthält. Genauer: Die ausgewählten Teilmengen von S müssen eine sog. Sigma-Algebra (σ-Algebra) E bilden. Ist eine solche Auswahl getroffen, und existiert eine Abbildung P von E nach [0; 1] mit

$$P(\varnothing) = 0\,;\; P(S) = 1$$

$$P(\cup A_i) = \Sigma P(A_i) \quad \text{für höchstens abzählbar viele, disjunkte } A_i \in E,$$

dann nennt man jedes $A \in E$ ein *Ereignis*, E einen *Ereignisraum* und die A zugeordnete Zahl P(A) *Wahrscheinlichkeit* von A.

Bei unendlichen Ergebnismengen werden die „Ergebnisse" von den „Elementarereignissen" abgelöst. Die Begriffe „Ereignis" und „Wahrscheinlichkeit" bedingen sich gegenseitig. Deshalb basiert die *Wahrscheinlichkeitstheorie* auf einem sog. *Wahrscheinlichkeitsraum* (S; E; P).

Wahrscheinlichkeitsraum

Klassische Definition der Wahrscheinlichkeit

Bei einem vorliegenden Spielwürfel werden wir nie mit Sicherheit wissen, ob alle Augenzahlen dieselbe Chance haben. In Wahrheit dürfte dies kaum der Fall sein. Dennoch ist es sinnvoll, bis zum Erweis des Gegenteils dies *anzunehmen* – wenn auch nur aus „Mangel an Beweisen".

Gleichverteilung

Unter der Voraussetzung, dass die Ergebnismenge endlich ist und von den Ergebnissen $e_1, \ldots, e_k$ keines bevorzugt auftritt, dass also alle dieselbe Chance haben realisiert zu werden, entfällt auf jedes Ergebnis e_i die Wahrscheinlichkeit $P(e_i) = \frac{1}{k}$. Man nennt eine solche konstante Wahrscheinlichkeitsverteilung eine *Gleichverteilung*. Ein Ereignis A, das r Ergebnisse umfasst, hat dann die Wahrscheinlichkeit $P(A) = \frac{r}{k}$. Bei Beschränkung auf endliche Ergebnismengen und gleichwahrscheinliche Ergebnisse kann $P(A) := \frac{r}{k}$ auch als „klassische" Definition der Wahrscheinlichkeit eines Ereignisses dienen.

Wahrscheinlichkeit bei Gleichverteilung

Historisches

Das Hantieren mit „Würfeln" (Steine, Früchte, Tierknochen) ist von alters her bekannt. Man dürfte sich davon ursprünglich bei Unsicherheit eine Entscheidungshilfe im Sinne einer *Fügung* erhofft haben. Die darin liegende subjektive Sicht (Wahrscheinlichkeit als *subjektive Wahrscheinlichkeit*, als Grad der Zuverlässigkeit einer Voraussage, der Glaubwürdigkeit einer Aussage, der Bereitschaft zu einer Wette) bleibt lange Zeit die vorherrschende und tritt in veränderter Form auch heute noch auf. Späterhin überwiegt die auf statistischer Erfahrung beruhende objektive Sicht (Wahrscheinlichkeit als *objektive Wahrscheinlichkeit*, als relative Häufigkeit bei oftmaliger Durchführung eines Zufallsexperiments, als Manifestation der physikalischen Eigenschaften z. B. eines Würfels). Verschiedentliche Versuche, den Begriff der Wahrscheinlichkeit inhaltlich zu definieren, bleiben unbefriedigend; man verzichtet schließlich auf eine explizite Definition und begnügt sich mit einer „impliziten".

Subjektive Wahrscheinlichkeit

Objektive Wahrscheinlichkeit

Der Anstoß zu Bemühungen um eine Quantifizierung des Unsicherheitsgrades kommt von Glücksspielern. Ein gewisser Chevalier de Méré beklagt sich im Jahre 1654 bei Blaise Pascal (1623–1662) über die Mathematik.

Anfänge der Wahrscheinlichkeitsrechnung

Pascal

Der Chevalier, offenbar ein gewiefter Glücksspieler, weiß aus Erfahrung, dass es für einen Würfelspieler vorteilhaft ist, auf „mindestens eine Sechs bei 4 Würfen" zu wetten. Da es bei einem Doppelwurf (d. h. einem Wurf mit zwei Würfeln) 6-mal soviele Möglichkeiten gibt, muss es – so argumentiert er – auch vorteilhaft sein, auf „mindestens eine Doppelsechs bei $6 \cdot 4 = 24$ Würfen" zu wetten. Dem widersprechen jedoch seine Erfahrungen als Spieler. (Tatsächlich ist die Gewinnwahrscheinlichkeit im ersten Fall 0,518, im zweiten 0,491.)

Es kommt daraufhin zu einem Briefwechsel Pascals mit Pierre de Fermat (1601–1665) über Fragen des Glücksspiels. Darin geht es hauptsächlich um die Frage wie ein Gewinn aufzuteilen ist, wenn ein Spiel vorzeitig abgebrochen werden muss („problème des parties").

Fermat

Im einfachsten Fall spielen A und B um einen Geldbetrag, indem sie eine ideale Münze werfen. Fällt „Zahl", erhält A einen Punkt, sonst B. Wer zuerst 3 Punkte hat, gewinnt den Geldbetrag. Das Spiel wird beim Stande „A 1 Punkt, B kein Punkt" abgebrochen. Wollte man den ausgesetzten Betrag im Verhältnis der noch fehlenden Punkte aufteilen, dann müsste A drei, B zwei Teile bekommen. Pascal hält es für gerechter, im Verhältnis der zum Zeitpunkt des Abbruchs bestehenden Gewinnchancen (d. h. im Verhältnis 11:5) aufzuteilen.

Huygens

Um dieselbe Zeit weilt der Niederländer Christiaan Huygens (1629 – 1695) in Paris und hört von den Problemen, mit denen sich Pascal und Fermat beschäftigen. Er schreibt daraufhin, ohne deren Ergebnisse im Einzelnen zu kennen, eine Abhandlung „Über Berechnungen bei Glücksspielen" (*De ratiociniis in ludo aleae*), die zunächst maßgebend bleibt. Darin werden zwar Fragestellungen bei Glücksspielen diskutiert, der Verfasser möchte seine Überlegungen aber nicht auf Glücksspiele beschränkt wissen: ... *bei aufmerksamem Studium des Gegenstandes bemerkt der Leser, dass er sich nicht nur mit Spielen beschäftigt, sondern dass hier die Grundlagen einer tiefsinnigen und höchst interessanten Theorie gegeben werden.*

Erste Veröffentlichung

Erstes Lehrbuch
Jakob Bernoulli

Noch das erste Lehrbuch der Wahrscheinlichkeitsrechnung, die erst 1713 posthum erscheinende „Kunst des Vermutens" (*ars coniectandi*) von Jakob Bernoulli (1654 – 1705), enthält im ersten Teil die Überlegungen von Huygens mit einem Kommentar von Bernoulli. Nach ausführlicher Behandlung der Kombinatorik wird das empirische Gesetz der großen Zahlen im Spezialfall alternativer Ergebnisse mathematisch begründet. Schließlich findet sich darin der Versuch, über Glücksspiele hinaus auch in Situationen des Alltags die Zuverlässigkeit von Möglichkeitsaussagen quantitativ abzuwägen.

Klassische Definition der Wahrscheinlichkeit
Laplace

Die Entwicklung einer „Chancenverhältnis-Rechnung" bei Glücksspielen geht von der Annahme aus, dass gewisse Fälle gleichmöglich sind. Die erste, auf dieser Annahme beruhende, ausdrückliche Definition der Wahrscheinlichkeit stammt von Pierre Simon Laplace (1749 – 1827). Er schreibt, dass die Wahrscheinlichkeit eines Ereignisses ... *durch Zurückführung aller Ereignisse derselben Art auf eine gewisse Anzahl gleichmöglicher Fälle, d. h. solcher, über deren Existenz wir in gleicher Weise unschlüssig sind, und durch Bestimmung der dem Ereignis günstigen Fälle* gefunden wird. Für Laplace ist die Wahrscheinlichkeit eines Ereignisses das Verhältnis der Anzahl „günstiger" zur Anzahl aller möglichen Fälle.

Zum Unterricht

Generelle unterrichtliche Probleme

Eigenart der stochastischen Denkweise

Die „spezifische Denkweise der Stochastik", von der oft die Rede ist, hat mit ihrem besonderen Verhältnis zur Realität zu tun. Die z. B. aus dem Analysisunterricht geläufige Unterscheidung zwischen Theorie und Anwendungen gibt es in der Stochastik nicht. Statt eine Theorie (sofern man von „Theorie" sprechen kann) anzuwenden, wird diese umgekehrt durch *Mathematisieren realer Situationen* gewonnnen. Insofern ist die Denkweise der Stochastik eher jener der Physik als der sonst in der Mathematik üblichen vergleichbar. Der Lernende hat nicht zu prüfen, inwieweit gelernte Mathematik auf die Wirklichkeit passt, sondern muss sich fragen, inwieweit in einer realen Situation Züge mathematischer Art vorhanden sind. Er erfährt, wie die adäquaten Begriffe und Verfahrensweisen *entstehen*.

Dabei kann er nur auf seinen gesunden Menschenverstand bauen. Im bisherigen Mathematikunterricht wurde er vor diesem aber immer wieder gewarnt und angehalten, lieber der Mathematik zu vertrauen. Es rächt sich nun, dass Schüler bisher im Großen und Ganzen gut gefahren sind, wenn sie diese Warnung ernst genommen und sich dem mathematischen Formalismus überlassen haben. Dieselben Schüler haben nun erhebliche Probleme, mit der Stochastik zurechtzukommen.

Stochastisches Denken contra Formalismus

Ein weiteres Dilemma des Unterrichts besteht darin, dass Stochastik einerseits nicht als System unterrichtet werden sollte, man andererseits ganz ohne ein solches aber nicht auskommt. Ein konsequent *genetischer* Zugang kommt (zumindest lange Zeit) ohne Definition der Wahrscheinlichkeit aus und entwickelt die Regeln der Wahrscheinlichkeitsrechnung anhand von exemplarischen Problemen. Sosehr man ein solches Vorgehen für angemessen halten mag, sosehr man einen deduktiv orientierten Einstieg als Sünde wider den Geist der Stochastik empfinden mag und wie verlockend punktuelle Beispiele sein mögen: Der faktische Unterricht braucht einen gedanklichen „roten Faden". Der Lehrer braucht ihn, und Schüler brauchen ihn auch. Die von ihm ausgehende stabilisierende Wirkung ist umso unverzichtbarer, je realitätsnäher und unsystematischer man vorgeht.

Ein „roter Faden" ist unerlässlich

Die Stochastik ist in die Schulmathematik (noch) nicht hinreichend integriert. Im schlimmsten Fall wird sie als eigenes Teilgebiet behandelt. Es lässt sich dann kaum vermeiden, dass sich ein Schüler das eine Mal (z. B. bei Fragen der beschreibenden Statistik) unterfordert, ein anderes Mal (z. B. bei stetigen Verteilungen) überfordert fühlt. Aber auch wenn man stochastische Überlegungen zeitlich entzerrt, sie der Altersstufe und dem Vorwissen anpasst und möglichst organisch in das Mathematikcurriculum einfügt, bleibt ihre – durch die permanente Nähe zur Realität bedingte – Eigenart spürbar. Es scheint, dass eine befriedigende Integration der Stochastik in die Schulmathematik letztlich nur gelingen kann, wenn gleichzeitig nichtstochastische Inhalte mehr als üblich *realitätsbezogen* unterrichtet werden.

Integration in die Schulmathematik

Vollständige Listen von Möglichkeiten

Man wird nicht umhin könnnen, den Gebrauch des Wortes „zufällig" (im Unterschied zu „sicher" und „determiniert") kurz zu erörtern. Von einem *zufälligen* Vorkommnis wird man jedenfalls nur dann reden können, wenn mehrere Möglichkeiten im Spiel sind und wir nicht voraussagen können, welche von ihnen eintreten wird.

zufällig – sicher – determiniert

Standardbeispiel einer Zufallssituation kann das Ziehen aus einer Urne sein. Es zeigt über den Zufallscharakter hinaus, dass man wissen muss, was als Möglichkeit überhaupt in Frage kommt (ob man z. B. auf die Farbe oder stattdessen auf die Nummer der gezogenen Kugel achten will und welche Farben bzw. Nummern in der Urne vertreten sind). Vielleicht noch deutlicher zeigt sich das, worauf es bei einer solchen „Bestandsaufnahme" ankommt, beim Entwerfen eines Fragebogens für eine Umfrage. Man wird

Unterscheidung und Aufzählung aller Möglichkeiten

den Fragebogen so anlegen, dass jeder Befragte eine der darin genannten Möglichkeiten ankreuzen muss und keine überflüssigen aufgeführt sind. Überdies wird man zu verhindern suchen, dass er mehr als eine Möglichkeit ankreuzt, weil dies die Auswertung der Umfrage erschwert. Danach lassen sich anhand eines ausgefüllten Fragebogens auch anderweitige Fragen (z. B. Zu welcher Steuergruppe gehört die befragte Person?) beantworten. Je „feiner" die aufgeführten Möglichkeiten unterteilt sind, desto mehr Informationen wird man später dem Fragebogen entnehmen können.

Beispiel: (Umfrage unter Schülern nach der Klassenstufe)
Fragebogen A: 5, 6, 7, 8, 9, 10, 11, 12
Fragebogen B: Primarstufe, Sekundarstufe I, Sekundarstufe II
Anhand des ausgefüllten Fragebogens A kann man den Fragebogen B ohne weiteres ausfüllen, nicht so umgekehrt.

Mathematiker nennen die in einer solchen Liste aufgeführten Möglichkeiten *Ergebnisse* und ihre Gesamtheit eine *Ergebnismenge*. Sie sprechen von einer „...menge" um auszudrücken, dass die aufgeführten Möglichkeiten wohlunterschieden sind und die Zugehörigkeit zur Gesamtheit außer Frage steht.

Mehr oder weniger gewiss?

Bei systematischem Vorgehen würde als Nächstes das Thema „Ereignisse" anstehen. Es entspricht jedoch nicht dem, was ein Schüler erwartet. Er kann noch nicht erkennen, dass Ereignisse und das Operieren mit ihnen für die anvisierte Wahrscheinlichkeitsrechnung grundlegend sind. Für einen Schüler liegt es bei Zufallssituationen näher, von „eher" oder „eher nicht", von „wahrscheinlich", „Vermutung" oder „Chance" zu reden.

Abwägen von Unsicherheiten gegeneinander

Beispiel: (Ungewissheit im Alltag)
Jedermann sind Wendungen geläufig wie „Anna ist *eher* älter als Kurt", „Der Zug wird *wahrscheinlich* Verspätung haben", „Das Haus wurde *vermutlich* vor 1960 gebaut", „Der Kandidat hat die *Chance*, die Wahl zu gewinnen", usw.

Dabei werden Unsicherheiten gegeneinander abgewogen mit dem Ziel, sie in eine Rangfolge zu bringen. Solche *qualitativen* Abschätzungen sind für den Lernenden eine wichtige Station auf dem Weg zu einer quantitativen Bewertung. Er erkennt, dass wir bei Unsicherheiten im Alltag meist nicht alle Möglichkeiten für „gleich ungewiss" oder „gleich gewiss" halten und entwickelt ein Gefühl für den Gewissheits*grad*. Gleichzeitig zeigen ihm Beispiele, dass ihn dieses Gefühl manchmal im Stich lässt.

Gewissheitsgrad

Beispiel: (Gewissheitsgrad)

a) Wenn wir eine Bergtour machen möchten, dann hören wir zuvor den Wetterbericht. Er gibt uns zwar keine absolute Sicherheit, verstärkt aber evtl. unsere Hoffnung auf gutes Wetter und beeinflusst dadurch unsere Entscheidung.

Gewissheitsgrad als Entscheidungshilfe

b) Ein Eisenbahnzug kann in einen Bahnhof mit Verspätung, pünktlich oder zu früh einfahren. Als Reisende stellen wir uns darauf ein, dass der Zug eher pünktlich eintreffen wird als verspätet und eher verspätet als verfrüht. Wir orientieren unser Verhalten an der Rangfolge pünktlich-verspätet-verfrüht.

c) Auf dem Bahnhof erwarten wir einen Bekannten, der seine Ankunft mit einem bestimmten Zug angekündigt hat. Wider Erwarten kommt er nicht. Er könnte die Abfahrt des Zuges verpasst oder einen andern Zug genommen haben, er könnte falsch umgestiegen sein o. a.; das Eine ist *ebenso* ungewiss wie das Andere.

„wahrscheinlich" in der Umgangssprache

Die Alltagssprache verwendet das Wort „wahrscheinlich" durchweg im Sinne von wahrscheinlicher (weniger ungewiss). Insoweit ist eine Unterscheidung von „Gewissheitsgraden" bei alternativen Möglichkeiten geläufig. Man wird jedoch auf die Umstände, die eine solche Unterscheidung veranlassen, etwas näher eingehen müssen.

subjektive Einschätzung

Wenn jemand sagt „Das Unfallopfer wird wahrscheinlich überleben", so ist dies eine *subjektive* Einschätzung in einer einmaligen Situation; ein anderer Beteiligter wird diese Meinung vielleicht nicht teilen. Die geäußerte Ungewissheit wird nach geraumer Zeit zur Gewissheit. Sagen wir dagegen „Der Zug wird wahrscheinlich Verspätung haben", dann sehen wir uns durch Erfahrungen, die wir und Andere in der gleichen Situation wiederholt gemacht haben, dazu veranlasst. Jetzt basiert unser Urteil auf *objektiven* Fakten. Die Ungewissheit bleibt bestehen, auch wenn der nächste Zug pünktlich oder verfrüht einfahren sollte.

Einschätzung aufgrund objektiver Gegebenheiten

Im weiteren richtet sich das Augenmerk auf Ungewissheit in Situationen der zweiten Art. Wir fragen, ob mit Hilfe der objektiven Gegebenheiten sogar eine *zahlenmäßige* Unterscheidung von Gewissheitsgraden möglich ist.

Wie gewiss?

Genese des Wahrscheinlichkeitsbegriffs

Die Wahrscheinlichkeitstheorie geht davon aus, dass eine Wahrscheinlichkeitsverteilung vorliegt und untersucht Folgerungen, die sich daraus ergeben. Die Frage, wie man in einer konkreten Situation zu einer passenden Verteilung kommt, interessiert sie nur am Rande. Das darf nicht dazu verführen, sich im Unterricht auf denselben Standpunkt zu stellen und es bei einer formalen Definition der Wahrscheinlichkeit zu belassen. Für den Neuling ist es außerordentlich wichtig zu sehen, wie der mathematische Wahrscheinlichkeitsbegriff in einem für jedermann nachvollziehbaren Gedankengang *entstanden* ist.

Ein erster Anlass findet sich schon im Alltag. Hier begnügt man sich nicht immer mit einer Rangfolge, sondern will es unter Umständen genauer wissen.

Vergleich von Gewissheitsgraden

Beispiel: (Präzisierung einer Rangfolge)
a) Aus der Tageszeitung: „Die Gefahr, im Straßenverkehr zu verunglücken, ist für einen Radfahrer etwa *3-mal so groß* wie für einen Fußgänger".
b) Erfahrene Würfelspieler wissen: „Beim Werfen mit zwei Würfeln ist die Chance, die Augensumme 3 zu werfen, etwa *doppelt so groß* wie für die Augensumme 2".

Der empirische Befund

Was berechtigt zu solcherlei Aussagen? Die gängige Begründung lautet: „Umfangreiche statistische Erhebungen haben ergeben, dass …". Eine statistische Erhebung stellt aber zunächst nur fest, was *war*; das ist an und für sich nur von geringem Interesse. Bedeutsam werden solche Aussagen erst indem sie suggerieren: Wenn es bisher so war, dann wird es in anderen vergleichbaren Fällen und in Zukunft auch so oder ähnlich sein. Dass eine solche Hoffnung nicht unberechtigt ist, zeigt die *Erfahrung*.
Ersetzt man nämlich eine statistische Erhebung mit *sehr vielen* Daten, in der das zufällige Ergebnis e_i z. B. in einem Drittel aller Fälle auftritt, durch eine neue umfangreiche Erhebung, dann tritt darin e_i wiederum in etwa einem Drittel aller beobachteten Fälle auf. Man nennt diese Erfahrung auch das *Empirische Gesetz der großen Zahlen*. Diese Gesetzmäßigkeit weist den Weg, wie man bei Vorgängen mit mehreren möglichen Ergebnissen den Zufall gewissermaßen „ausschalten" kann: Man überlasse eine Vielzahl von beobachteten Fällen dem Zufall und stelle fest, mit welchem Anteil $\frac{r}{n}$ dabei das Ergebnis e_i auftritt. Dann ist, falls *n sehr groß* ist, die Zahl $\frac{r}{n}$ so gut wie *nicht mehr vom Zufall abhängig*.

Zwar zufällig, aber fast sicher

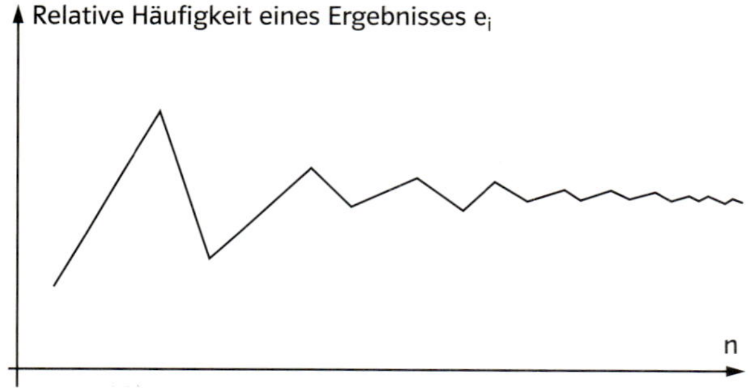

Auf diese Weise gelingt es also, den Zufall zu „überlisten". Restlos und vollkommen gelingt dies zwar nicht, denn $\frac{r}{n}$ wird auch für sehr sehr großes n nicht immer exakt dieselbe Zahl sein, aber das anfängliche starke Schwanken der Zahlen $\frac{r}{n}$ verebbt bei großen n-Werten zu einem kaum mehr wahrnehmbaren „Zittern". Die relativen Häufigkeiten $\frac{r}{n}$ für das Auftreten einer Möglichkeit e_i *stabilisieren sich* so deutlich, dass man einen *nicht mehr vom Zufall abhängigen* „Richtwert" $r(e_i)$ für sie angeben kann. Als Richtwert kann z. B. eine bei großem n ermittelte relative Häufigkeit $\frac{r}{n}$ dienen. Man kann aber auch einen Näherungswert für $\frac{r}{n}$ als Richtwert wählen. In diesem Fall wird man darauf achten, dass – wie bei relativen Häufigkeiten –

Richtwert

$$0 \leq r(e_i) \quad \text{und} \quad r(e_1) + r(e_2) + \ldots + r(e_k) = 1$$

Gewissheitsgrad als Zahl

ist. Ein solcher Richtwert $r(e_i)$ bringt uns dem Ziel, den Gewissheitsgrad einer Möglichkeit e_i durch eine Zahl anzugeben, einen wesentlichen Schritt näher. Da der Richtwert umso größer sein wird, je häufiger e_i in langen Serien auftritt (je „gewisser" also e_i ist), kann die Zahl $r(e_i)$ als *Maß* dienen *für die Gewissheit*, mit der die zufällige Möglichkeit e_i realisiert wird.

Beispiel: (Empirisches Gesetz der großen Zahlen)
Im Becken einer Fischzuchtanstalt wimmelt es von kleinen Fischen. Um herauszubekommen, ob sie das zum Aussetzen nötige Mindestgewicht bereits erreicht haben, wird wiederholt ein Fisch zufällig entnommen, gewogen und wieder ins Becken zurückgeworfen. Diesen Vorgang wiederholt man solange, bis sich die relative Häufigkeit (Anzahl der entnommenen „reifen" Fische / Anzahl aller entnommenen Fische) nur noch unwesentlich ändert. Erweist sich nun z. B. $\frac{4}{5}$ als Richtwert, dann beschreibt $\frac{4}{5}$ den Gewissheitsgrad, mit einem zufällig herausgegriffenen Fisch einen reifen Fisch zu erwischen. Man kann also davon ausgehen, dass etwa 80 % aller Fische das Mindestgewicht erreicht haben.

Bemerkung: Die den möglichen Ergebnissen $e_1, \ldots, e_k$ zugeordneten Richtwerte $r(e_1), \ldots, r(e_k)$ messen den Gewissheitsgrad zunächst nur im Sinne einer Rangfolge. Inwiefern es sich dabei um ein *additives* Maß handelt, kann erst später erörtert werden.

Zufallsexperimente

Nach dieser Skizzierung des gedanklich einzuschlagenden Weges erscheint es geboten, die typischen Züge einer Zufallssituation zusammenfassend nochmals zu akzentuieren und zu standardisieren.
Der erwähnte Stabilisierungseffekt ist nicht zu erwarten, wenn sich die äußeren Bedingungen im Verlauf der Beobachtungen permanent ändern (wenn z. B. beim Würfeln der Würfel oder die Unterlage aus weicher Knetmasse besteht und sich bei jedem Wurf verformt). Wir beschränken uns deshalb auf solche Vorgänge, die *bei gleichbleibenden äußeren Bedingungen beliebig oft* durchgeführt werden können.

Wann ist ein Stabilisierungseffekt zu erwarten?

Beispiel: (Wiederholbarkeit unter gleichen Bedingungen)
a) Bei Würfelspielen können wir davon ausgehen, dass der (evtl. verfälschte) Würfel und die Unterlage durch einen Wurf nicht beschädigt werden.
b) Ebenso ist das Ziehen aus einer Urne beliebig oft unter gleichen Bedingungen wiederholbar, wenn man jeweils vor einer weiteren Ziehung die gezogene Kugel wieder in die Urne zurücklegt und gut durchmischt. – Beim Ziehen *ohne Zurücklegen* dagegen ändern sich die Bedingungen, unter denen gezogen wird, mit jedem Zug. Außerdem ist der Vorgang nicht beliebig oft wiederholbar.
c) Bei statistischen Erhebungen durch eine Umfrage wird dieselbe Person nicht zweimal befragt. Die Befragung einer Person findet also – streng genommen – nicht unter den gleichen Bedingungen statt wie die Befragung der vorigen. Ist der befragte Personenkreis jedoch sehr umfangreich, dann verändert sich die in Frage kommende Population durch die Herausnahme einer Person so gut wie nicht. Man kann die Umfrage *näherungsweise* als wiederholte Realisierung *desselben* Vorgangs auffassen.

Einen Vorgang, bei dem genau eine von mehreren Möglichkeiten $e_1, \ldots, e_k$ eintritt, und der unter gleichen Bedingungen beliebig oft wiederholbar ist, nennt man ein *Zufallsexperiment*. Die Möglichkeiten e_i nennt man seine (möglichen) *Ergebnisse*.

Zufallsexperiment

Diese Beschreibung hält mathematischen Anforderungen zwar nicht stand, ist aber im Hinblick auf die Praxis sinnvoll und ausreichend. Mit ihr wird versucht, unter den dem Zufall unterliegenden Vorgängen solche auszusondern, bei welchen man berechtigterweise von Richtwerten (und später von Wahrscheinlichkeiten) reden kann.
Die Beschreibung bedarf einer Ergänzung. Ein Schüler denkt bei dem Namen „Zufallsexperiment" an einen realen Vorgang und erachtet demgemäß z.B. das Drehen eines Glücksrades mit der Ergebnismenge $\{0; 1\}$ und das Überprüfen von Glühbirnen auf

0: intakt; 1: defekt

Gleichheit von Zufallsexperimenten

als verschiedene Zufallsexperimente, obwohl die Ergebnismengen (und vielleicht auch die zugeordneten Richtwerte) dieselben sind. Da die Mathematik eine solche Unterscheidung realer Vorgänge nicht nachvollziehen kann, lässt sie diese ganz außer Acht und spricht nur dann von *verschiedenen* Zufallsexperimenten, wenn die Ergebnismengen oder die Zuordnungen der Richtwerte verschieden sind. Die „Vergröberung" der Wirklichkeit, welche man dabei in Kauf nimmt, ist unumgänglich, wenn man mathematisch argumentieren will.

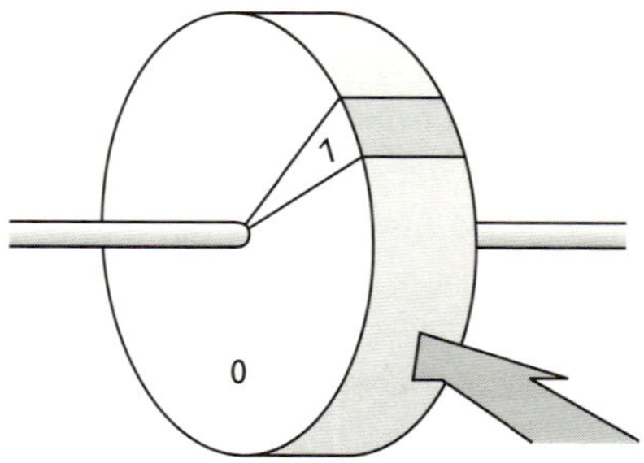

Bemerkung: Da es nur auf die Ergebnismenge und die Zuordnung der Richtwerte ankommt, kann man einen realen Vorgang modellhaft nachvollziehen z.B. als Ziehen aus einer (zuvor passend bestückten) Urne. Ein derartiges *Simulieren* eines realen Vorgangs hebt nicht nur das mathematisch Wesentliche klar hervor. Es erlaubt auch, in theoretisch komplizierten Fällen anstehende Fragen „empirisch" zu verfolgen.

Bei Zufallsexperimenten können wir davon ausgehen, dass für die relativen Häufigkeiten seiner Ergebnisse Richtwerte existieren. Wie groß diese Richtwerte im Einzelfall sind, hängt von der jeweiligen empirischen Situation ab. Will man sich auf das beschränken, was in *jedem* Fall gilt, so bleibt dies: Jedem der Ergebnisse $e_1, \dots, e_k$ ist eine reelle Zahl $P(e_i)$ zugeordnet mit

Wahrscheinlichkeitsverteilung

$$0 \le P(e_i) \le 1 \quad \text{und} \quad P(e_1) + \dots + P(e_k) = 1.$$

Man muss sich damit abfinden, dass die „Wahrscheinlichkeitsmasse 1" auf die Ergebnisse $e_1, \dots, e_k$ verteilt ist.
Das ist sehr viel weniger als ein Schüler erwartet. Er hat evtl. den Eindruck, dass der Bezug zu einer Zufallssituation nur noch durch den Namen „Wahrscheinlichkeit" gewahrt ist, in der Sache aber verloren geht.

Ereignisse

Bis dahin trägt die Begriffsbildung „Wahrscheinlichkeit“ wenig Früchte. Sie zeigen sich erst, wenn man Ereignisse (genauer: den Ereignisraum) in Betracht zieht. Ein Ereignis ist jedoch ein heikler Unterrichtsgegenstand. Warum gibt man sich nicht mit „Ergebnissen“ zufrieden? Die Ergebnismenge S wird so festgelegt, dass sie einer bestimmten Fragestellung Rechnung trägt. Ändert sich die Interessenlage, dann wäre demgemäß eigentlich auch die Ergebnismenge zu ändern. Da es nun aber i. Allg. sehr mühsam ist, zu einer Ergebnismenge eine passende Wahrscheinlichkeitsverteilung zu ermitteln, versucht man, mit der vorhandenen Ergebnismenge S und der bereits ermittelten Verteilung auszukommen. Man ist dann jedoch gezwungen, neben den Ergebnissen von S auch andere „Ausgangsmöglichkeiten“ ins Auge zu fassen.

Änderung der Interessenlage

Beispiel: (Vom Ergebnis zum Ereignis)
Eine Exportfirma registriert bei jedem Artikel, in welches Land er geht. Als Ergebnisse sind alle europäischen, aber auch einzelne nichteuropäische Länder vorgesehen sowie „sonstige“. Im Nachhinein möchte man vielleicht wissen, ob ein Artikel z. B. „ins europäische Ausland“, „nach Osteuropa“, „nach Übersee“ usw. exportiert wurde.

Die Vielfalt möglicher Fragestellungen scheint zunächst unbegrenzt. Zugelassen sind alle, von denen nach Durchführung des Zufallsexperiments (wenn dieses also z. B. mit e_3 geendet hat) zweifelsfrei feststeht, wie sie zu beantworten sind. Zu einer solchen Fragestellung müssen also wohlbestimmte Ergebnisse gehören, bei denen sie mit „ja“, und wohlbestimmte andere, bei denen sie mit „nein“ zu beantworten ist. Mathematisch: Diese beiden Gesamtheiten müssen Teilmengen der Ergebnismenge S sein.
Im weiteren beschränkt man sich auf solche Fragestellungen, bei denen dies der Fall ist. Die zugehörigen Teilmengen von S nennt man (zufällige) *Ereignisse*. Ob Ereignisse A und B gleich oder verschieden sind, wird dementsprechend ausschließlich anhand der Teilmengen von S entschieden – nicht z. B. durch die involvierten realen Vorgänge. Solange es „nur“ um die mathematische Behandlung von Ereignissen geht, kann man geradezu sagen: Ein Ereignis *ist* eine Teilmenge von S. Umgekehrt ist jede Teilmenge von S (auch wenn es evtl. schwer fällt, sie verbal zu beschreiben) als Ereignis anzusehen.

Welche Fragestellungen sind zugelassen?

Ereignisse

Beispiel: (Ereignisse)
In einer Urne sind alle Kugeln nummeriert. Ein Teil der Kugeln ist rot, der Rest weiß.
a) Durch „Die Nummer ist gerade“ ist ein Ereignis A, durch „Die Kugel ist rot“ ein Ereignis B beschrieben. Sind nun alle Kugeln mit gerader Nummer rot, alle mit ungerader Nummer weiß, dann handelt es sich beidemal um dasselbe Ereignis, es ist A = B.
b) {2, 5, 7} ist ein Ereignis, obwohl es sich nicht in gewohnt einfacher Weise (mittels einer gemeinsamen Eigenschaft) in Worten beschreiben lässt.

Ereignis als Menge

Einem Schüler muss es zunächst geradezu absurd erscheinen, ein Ereignis als *Menge* aufzufassen. Er kennt Ereignis als „besonderes Ereignis" oder „freudiges Ereignis", eine Menge dagegen stellt er sich (irrtümlich) als einen „Haufen von Dingen" vor. Es bedarf im Unterricht besonderer Behutsamkeit und Sorgfalt, um ihn zu überzeugen, dass die mathematische Begriffsbildung *sinnvoll* ist.

Unmögliches Ereignis
Sicheres Ereignis

Bemerkung: Die Ereignisse ∅ und S bereiten einem Schüler, der sich mit dem Hinweis auf formale Vorteile nicht zufrieden gibt, besondere Schwierigkeiten. Nach Vereinbarung ist eine verbale Beschreibung zugelassen, wenn für jedes Element von S feststeht, ob die Beschreibung darauf zutrifft oder nicht. Diese Forderung ist insbesondere dann erfüllt, wenn die Beschreibung zweifelsfrei auf *keines* oder auf *alle* Elemente von S zutrifft. Also wird z. B. beim Werfen eines üblichen Spielwürfels durch „Augenzahl mit fünf Teilern" bzw. „Augenzahl < 7" ein *Ereignis* beschrieben.

Wahrscheinlichkeit eines Ereignisses

Von $P(e_i)$ zu $P(A)$

Bei n Durchführungen eines Zufallsexperiments seien die Ergebnisse e_i und e_j mit den relativen Häufigkeiten $h_n(e_i)$ bzw. $h_n(e_j)$ aufgetreten. Dann hat das Ereignis $\{e_i; e_j\}$ die relative Häufigkeit $h_n(e_i) + h_n(e_j)$. In langen Serien von Wiederholungen eines Zufallsexperiments erhält man daher aus Richtwerten $r(e_i)$ und $r(e_j)$ in $r(e_i) + r(e_j)$ einen Richtwert für $\{e_i; e_j\}$. Es liegt daher nahe zu vereinbaren: Unter der *Wahrscheinlichkeit eines Ereignisses A* versteht man die *Summe* der Wahrscheinlichkeiten aller Ergebnisse, die zu A gehören. Die Definition lässt offen, welche Wahrscheinlichkeit dem unmöglichen Ereignis ∅ zukommt; da es nie eintritt, wird $P(\emptyset) = 0$ gesetzt.
Auf den Unterschied zwischen einem Ergebnis e_i und dem Elementarereignis $\{e_i\}$ wird man nicht weiter eingehen und ihn allenfalls erwähnen, wo dies unumgänglich erscheint (wie z. B. beim Verknüpfen von Ereignissen). Der Begriff des Elementarereignisses spielt bei Beschränkung auf endliche Ergebnismengen – anders als bei unendlichen Ergebnismengen – keine grundlegende Rolle, er ist hier im Grunde entbehrlich.

Gleichverteilungen

Gleichverteilung als Annahme

Im Unterricht kommt man einerseits nicht ohne konkrete Beispiele aus, andererseits ist es zu zeitaufwendig, Richtwerte (z. B. für einen verfälschten Würfel oder einen zerschnittenen Korken, vgl. S. 236) empirisch zu ermitteln. Man behandelt deshalb mit Vorliebe den *idealen Würfel*, die ideale Münze oder die Urne, um die *Voraussetzung einer Gleichverteilung* zu haben. Hier sind die Wahrscheinlichkeiten in der Form $\frac{r}{k}$ angebbar. Da bei der Bestimmung von $\frac{r}{k}$ jedoch alsbald Fragen der Kombinatorik, die den Schüler über Gebühr in Anspruch nehmen, hinzukommen, entsteht leicht der falsche Eindruck, dass die Wahrscheinlichkeitsrechnung lehrt, wie man Wahrscheinlichkeiten ab ovo *berechnet*. Will man ihn korrigieren, dann ist ein ausdrücklicher Hinweis auf Gegenbeispiele, bei denen die Voraussetzung einer Gleichverteilung offensichtlich nicht gegeben ist, unerlässlich.

Beispiel: (Nichtgleichverteilung)
a) Die Wahrscheinlichkeit, an einem bestimmten Wochentag einen Brief zu bekommen, ist nicht für alle Wochentage dieselbe.
b) Bei der maschinellen Fertigung einer Massenware sollte in der Endkontrolle das Ergebnis „Artikel einwandfrei" eine möglichst große und das Ergebnis „Artikel schadhaft" eine möglichst kleine Wahrscheinlichkeit haben.

Klassischer Wahrscheinlichkeitsbegriff

Beim Übergewicht, das Gleichverteilungen im praktischen Unterricht gegenüber Nichtgleichverteilungen zweifellos haben, muss man fragen, ob sich die Schule nicht auf den klassischen Wahrscheinlichkeitsbegriff beschränken sollte. Das hieße jedoch, zugunsten der Mathematik auf die gebotene permanente Nähe zur Wirklichkeit zu verzichten. Statt die Mathematik der Realität anzupassen, käme das einer Anpassung der Realität an die Mathematik gleich. Auch der Vorschlag, zunächst nur gleichverteilte Fälle zu behandeln und im Nachhinein zu verallgemeinern, bleibt unbefriedigend. Die vermeintliche Einfachheit des klassischen Wahrscheinlichkeitsbegriffs ist vordergründig. Sie liegt mehr in der *Berechenbarkeit* von Wahrscheinlichkeiten der Form $\frac{r}{k}$ (unter Ausklammern des *Problems* der Gleichverteilung) als in der Begriffsbildung. Ein wesentliches Lernziel kann dadurch in Gefahr geraten.

Hilfsmittel: Kombinatorik

Rechnen statt Zählen

Die Bestimmung von Wahrscheinlichkeiten der Form $\frac{r}{k}$ bei Gleichverteilung führt zwangsläufig auf Fragen der Kombinatorik. Sie lehrt, wie man (große) Anzahlen durch *Rechnen* – statt durch langwieriges Abzählen – ermitteln kann. Die Kombinatorik wäre eigentlich an anderer Stelle besser aufgehoben, da sie mit Wahrscheinlichkeiten im Grunde nichts zu tun hat. Im Stochastikunterricht wirkt sie, allein schon des unvermeidlichen zeitlichen Aufwandes wegen, als Fremdkörper, der den Blick auf das hier Wesentliche allzuleicht verstellt.
Es geht zunächst darum, einige besonders häufig vorkommende Fälle zu unterscheiden und die zugehörigen Formeln herzuleiten. Dazu ist es ratsam, die Formeln mit *demselben „realen" Hintergrund* zu unterlegen. Einen solchen Hintergrund liefert z.B. das Urnenmodell. Man hat es dann vorrangig mit den folgenden Fällen A bis E zu tun. Der jeweils angegebene Term liefert die Anzahl der möglichen Ergebnisse.

Die wichtigsten Fälle

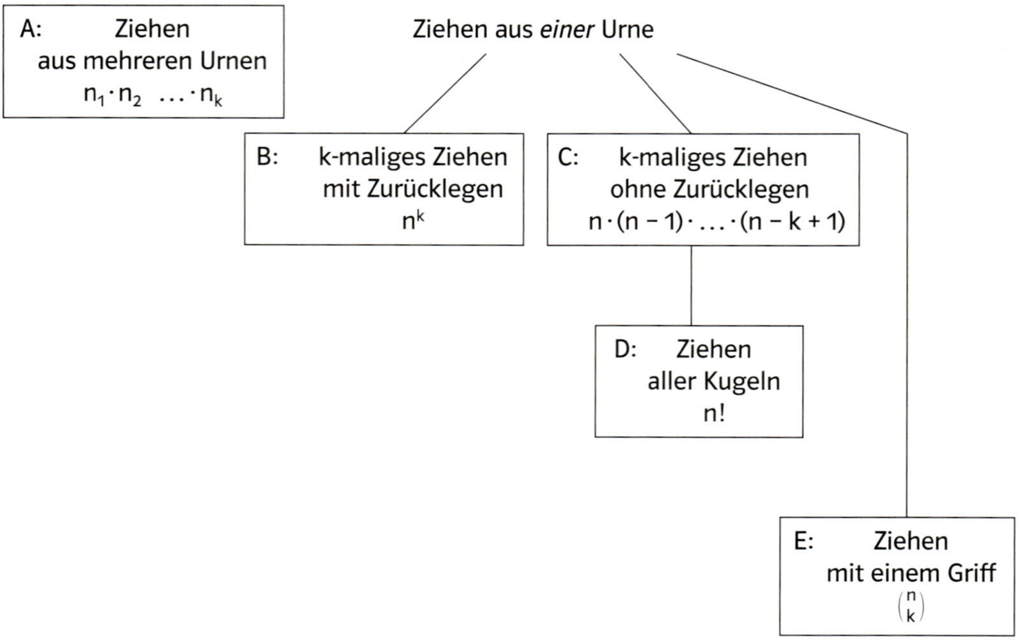

Erläuterungen zur Übersicht

Zu A: k Urnen $U_1, \ldots, U_k$; U_i enthält n_i Kugeln. Aus jeder Urne wird genau eine Kugel gezogen. Um festzuhalten, welche Kugel aus welcher Urne stammt, wird das Ergebnis als *k-Tupel* notiert. Darin ist die i-te Stelle mit einer Kugel aus U_i besetzt.
Zu B: Sonderfall von A, bei dem die Urnen U_i identisch bestückt sind. In den entstehenden k-Tupeln kann die gleiche Kugel mehrfach auftreten.
Zu C: Sonderfall von A, bei dem U_{i+1} aus U_i entsteht, indem man genau eine Kugel herausnimmt. In den entstehenden k-Tupeln sind die einzelnen Stellen mit verschiedenen Kugeln aus U_1 besetzt.
Zu D: Im Fall C wird solange gezogen, bis die Urne leer ist. Die entstehenden k-Tupel sind *Permutationen* der Kugeln in U_1.
Zu E: Im Fall C werden die Kugeln des gezogenen k-Tupels nachträglich in einen Topf geworfen, sodass ihre Reihenfolge verloren geht.

Produktregel

Die zugehörigen kombinatorischen Formeln basieren auf der sog. *Produktregel*. Im Fall A wird sie in allgemeiner Form verwendet, in B bis E handelt es sich um Sonderfälle.
Alles kommt darauf an, in einer gegebenen Situation einen dieser Fälle wiederzuerkennen. Das kann schwierig sein. Man wird die Beispiele sorgfältig nach dem Schwierigkeitsgrad staffeln und zunächst eine Kombination mehrerer Fälle vermeiden.

Beispiel: (Übertragung ins Urnenmodell)

Wie viel Wege gibt es in der Fig., um

- von A nach B
- von A nach B und von B wieder zurück nach A

zu gelangen?

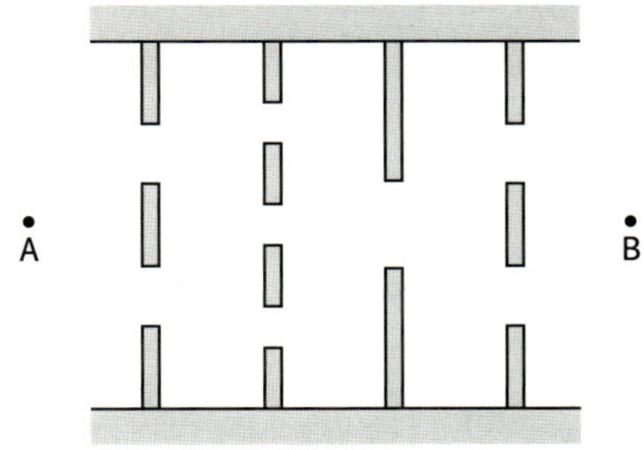

Aus vier Urnen mit 2 bzw. 3 bzw. 1 bzw. 2 Kugeln, die den Durchlässen in den vier Barrieren entsprechen, ist jeweils eine Kugel zu ziehen. Nach der Produktregel gibt es im ersten Fall $2 \cdot 3 \cdot 1 \cdot 2 = 12$, im zweiten 144 mögliche Wege.

Modellieren

Beispiel: (Variation der Fragestellung)

Welche Regel ist anzuwenden?

Die beiden Münzen und der Würfel werden gleichzeitig geworfen. Wie viel verschiedene Ergebnisse sind möglich? – Die Frage ist noch nicht hinreichend präzisiert. Zunächst ist nur klar, dass jede Münze 2 und der Wüfel 6 Ergebnisse zulässt.

a) Ist uns daran gelegen, wie jedes einzelne der Objekte fällt, dann sind wir im Fall A der obigen Übersicht. Die Urnen U_1, U_2 enthalten je zwei, U_3 enthält 6 Kugeln. Es sind 24 Ergebnisse möglich.

b) Interessiert nur, ob beide Münzen „Zahl", beide Münzen „Bild" oder ob sie verschiedene Seiten zeigen, dann genügen zwei Urnen. Die erste enthält 3, die zweite 6 Kugeln. Es sind 18 Ergebnisse möglich.

c) Ist nur von Bedeutung, ob die Münzen gleiche oder verschiedene Seiten zeigen und ob der Würfel eine gerade oder eine ungerade Augenzahl zeigt, dann hat man es wiederum mit zwei Urnen mit je 2 Kugeln zu tun. In diesem Fall sind 4 Ergebnisse möglich.

Beispiel: (Modellieren einer realen Situation)

a) Bei einem Multiple-Choice-Test sind jeder von zehn Fragen drei mögliche Antworten beigefügt, von denen jeweils eine als richtig anzukreuzen ist. Wie viel Möglichkeiten, für jede der Fragen eine Antwort anzukreuzen, gibt es? – Urnenmodell: Aus einer Urne mit 3 Kugeln ist 10mal eine Kugel mit Zurücklegen zu ziehen, Fall B. (Eine entsprechende Situation liegt beim Fußballtoto vor. Man könnte deshalb die zugehörige Formel – falls man für sie im Unterricht einen Namen haben möchte – z. B. „Toto-Regel" nennen.)

Fall B

b) In einem Bus sind von 36 Plätzen 17 besetzt. Es steigen 5 Fahrgäste zu. Wie viel Möglichkeiten Platz zu nehmen gibt es? – Urnenmodell: Aus einer Urne mit 19 Kugeln ist 5-mal eine Kugel ohne Zurücklegen zu ziehen, Fall C. Sind nur noch 5 Plätze frei, dann liegt Fall D vor. (Eine andere typische Situation dieser Art liegt vor, wenn im Sport eine Gold-, eine Silber- und eine Bronzemedaille vergeben werden; man könnte hier im Unterricht z. B. von der „Medaillen-Regel" sprechen.)

Fall C bzw. D

c) In einer Bäckerei müssen sonntags drei von sechs Angestellten arbeiten. Auf wie viele Arten kann man ein „Dreierteam" zusammenstellen? – Urnenmodell: Aus einer Urne mit 6 Kugeln sind 3 Kugeln mit einem Griff zu ziehen. (Entsprechend verhält es sich beim üblichen Zahlenlotto; „Lotto-Regel").

Fall E

Man kommt nicht umhin, hin und wieder auch etwas kompliziertere Situationen zu betrachten, in denen gleichzeitig mehrere der gängigen Formeln auftreten. Dem Schwierigkeitsgrad und der Vielfalt sind dabei keine Grenzen gesetzt; man wird gezielt auswählen und nicht zu weit gehen.

Gleichzeitige Verwendung mehrerer Regeln

Beispiel:
a) („Lotto-Regel" und Produktregel)
Wie viel Möglichkeiten gibt es, im Zahlenlotto „6 aus 49" vier Richtige zu tippen? Wir stellen uns vor, dass 4 Richtige getippt wurden. Dabei wurden aus 6 möglichen 4 Zahlen (mit einem Griff) ausgewählt. Ebenso wurden aus den 43 Falschen 2 herausgegriffen. Danach liefert die Produktregel die gesuchte Gesamtzahl der Möglichkeiten.
b) („Toto-Regel" und „Medaillen-Regel")
In einer Abendgesellschaft mit 6 Personen kursiert eine Liste, auf der die Wochentage verzeichnet sind. Jeder Anwesende soll den Wochentag seines diesjährigen Geburtstages ankreuzen. Wie viel Möglichkeiten hat die Gesellschaft, so anzukreuzen, dass mindestens ein Wochentag mehrfach angekreuzt ist? – Für die Geburtstage der Anwesenden sind aus 7 Wochentagen 6 auszuwählen, wobei derselbe Tag mehrfach vorkommen darf (Erste Urne, Ziehen mit Zurücklegen). Von den dazu bestehenden Möglichkeiten kommen jene nicht in Betracht, bei denen alle Geburtstage auf verschiedene Wochentage fallen (Zweite Urne, Ziehen ohne Zurücklegen).

Beim Analysieren einer gegebenen Situation auf ihre „kombinatorische Struktur" muss die Übertragung ins Urnenmodell so geschehen, dass die bereitgestellten Formeln einsetzbar sind. Dazu muss man mit den zugehörigen modellhaften Situationen gründlich vertraut sein.

„Ummodellieren"

Beispiel: („Ummodellieren")
Ein weißer, ein schwarzer und ein roter Würfel werden *gleichzeitig* geworfen. Wie groß ist die Anzahl möglicher Ergebnisse? – Urnenmodell: Aus einer Urne mit den Augenzahlen 1 bis 6 wird 3-mal *nacheinander* eine Augenzahl mit Zurücklegen gezogen, erst eine für den weißen, dann eine für den schwarzen und schließlich eine für den roten Würfel. Diese Übertragung von „gleichzeitig" in „nacheinander" zeigt, dass man sich im Fall B der obigen Übersicht befindet.

Bemerkung: Zielt die Bestimmung von Anzahlen letztendlich auf das Ermitteln von Wahrscheinlichkeiten, dann ist ein weiterer Gesichtspunkt zu beachten. Von Interesse sind in diesem Fall nur solche Ergebnisse und deren Anzahl, die als *gleichwahrscheinlich* anzusehen sind.

Schülerfehler

Besonders lehrreich ist es, auftretenden *Schülerfehlern* nachzugehen und deren Ursachen aufzuspüren. Es handelt sich meist nicht um Rechenfehler, sondern um Denkfehler bei der Zergliederung einer gegebenen Situation unter kombinatorischen Gesichtspunkten.

... und ihre Ursachen

Beispiel: (Schülerfehler)
Auf wie viele Arten kann man aus den 26 Buchstaben des Alphabets drei so auswählen, dass ein Vokal darunter ist? (Antwort: $\binom{26}{3} - \binom{21}{3} = 1270$)

a) Schülerergebnis: $\binom{5}{1}\binom{21}{2}$

In der Aufgabenstellung wurde „ein" als „genau ein" missverstanden.

b) Schülerergebnis: $26 \cdot 25 \cdot 24 - \binom{21}{3}$

Hier wird einmal eine Anzahl von Tripeln, das andere Mal eine Anzahl von Dreiermengen berechnet.
c) Schülerergebnis: $26 \cdot 25 \cdot 24 - 21 \cdot 20 \cdot 19$
Diese Differenz liefert die Anzahl von *Tripeln* mit mindestens einem Vokal. Dabei werden z.B. (a, b, c) und (b, a, c) als verschieden angesehen, während die Aufgabenstellung solche Tripel nicht unterscheidet. Die Differenz ist also noch durch 3! zu dividieren.

„ein" oder „genau ein"?

Zuweilen haben Schülerfehler ihre Ursache auch in einer (vermeintlichen) Unklarheit in der Aufgabenstellung. Insbesondere dürfen keine Zweifel aufkommen, ob mit „ein" präziser „mindestens ein" oder „genau ein" gemeint ist. „Ein" ist ein *unbestimmtes* Zahlwort und stets im Sinne von „mindestens ein" zu verstehen. Falls die *bestimmte* Zahl eins gemeint ist, muss man dies durch „1" oder „genau ein" zum Ausdruck bringen. Im Unterschied dazu ist z.B. „zwei" ein bestimmtes Zahlwort und bedarf keiner weiteren Präzisierung durch „genau zwei".

Stochastik

15 Berechnen von Wahrscheinlichkeiten

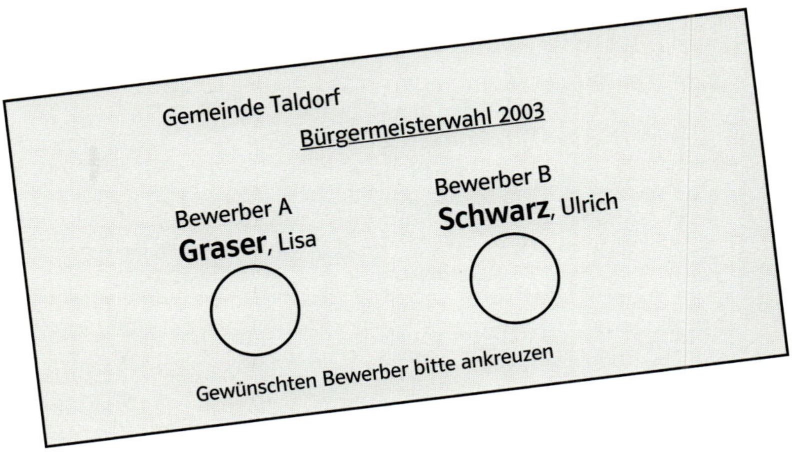

Nach Beendigung einer Wahl, bei der entweder der Kandidat A oder der Kandidat B zu wählen war, befinden sich in der Wahlurne $s_A + s_B$ Stimmzettel; s_A für A und s_B für B. Wir nehmen an, dass B die Wahl gewinnt, also $s_B > s_A$ ist. Nun werden die Stimmen, eine nach der andern, ausgezählt.

Wie groß ist die Wahrscheinlichkeit, dass dabei der Gewinner B *während der ganzen Auszählung* stets vor A liegt?

Die eigentliche Wahrscheinlichkeitsrechnung zählt es *nicht* zu ihren Aufgaben, bei gegebenem Zufallsexperiment eine passende Wahrscheinlichkeitsverteilung zu finden. Sie beschäftigt sich z. B. nicht mit der Frage, ob und weshalb man in einem speziellen Fall annehmen darf, dass die Wahrscheinlichkeiten der Ergebnisse gleichverteilt sind.

Wahrscheinlichkeitsrechnung

Die Wahrscheinlichkeitsrechnung geht davon aus, dass eine Wahrscheinlichkeitsverteilung bereits vorliegt und die Wahrscheinlichkeiten P(A) und P(B) von Ereignissen A und B *bekannt* sind. Sie lehrt, wie man unter dieser Voraussetzung durch Rechnen mit P(A) und P(B) zu den Wahrscheinlichkeiten $P(\overline{A})$, $P(A \cup B)$ und $P(A \cap B)$ gelangt. Das Rechnen mit Wahrscheinlichkeiten basiert somit auf den Operationen $\overline{}$, $\cup$, $\cap$ mit Ereignissen.

Lösung der Aufgabe am Kapitelanfang

Die Wahrscheinlichkeit, dass B während der Auszählung ständig führt, ist $\frac{s_B - s_A}{s_A + s_B}$.

Begründung:

Die Auszählung kann als Weg gedeutet werden, der in $(s_B + s_A)$ einzelnen Links- oder Rechtsschritten vom Ausgangspunkt O zum Zielpunkt Z bei $(s_B - s_A)$ führt.

Stimme für A: 1 Schritt nach links; Stimme für B: 1 Schritt nach rechts

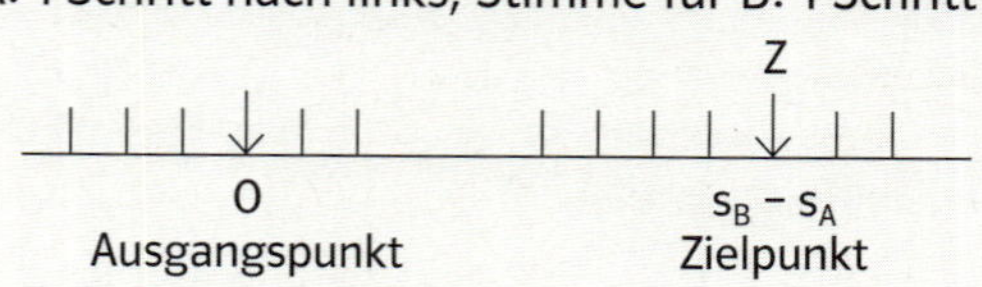

Eine einzige von vielen möglichen Schrittfolgen wird realisiert. Unter den Rechtsfolgen gibt es solche, die „unterwegs" nach O zurückkehren und solche, die das nicht tun. Letztere interessieren hier. Zwischen den Linksfolgen – die nach O zurückkehren müssen, um Z zu erreichen – und den nach O zurückkehrenden Rechtsfolgen besteht ein Zusammenhang: Vertauscht man in einer Linksfolge im ersten Teil die Links- und Rechtsschritte, dann erhält man eine nach O zurückkehrende Rechtsfolge. Dies gilt auch umgekehrt. Es gibt also ebensoviele Linksfolgen wie zurückkehrende Rechtsfolgen. Da jeder Stimmzettel dieselbe Chance hat, als Erster ausgezählt zu werden, ist

$$P(\text{Rechtsfolge}) = \frac{s_B}{s_A + s_B},\ P(\text{Linksfolge}) = \frac{s_A}{s_A + s_B} \text{ und somit}$$

P(nicht zurückkehrende Rechtsfolge) = P(Rechtsfolge) – P(Linksfolge).

Zum mathematischen Hintergrund

Ereignisraum

Da Ereignisse Teilmengen von S sind, ist mit A und B auch $\overline{A}$, $A \cup B$ und $A \cap B$ ein Ereignis.
Das Ereignis $\overline{A}$ tritt genau dann ein, wenn A *nicht* eintritt.
Das Ereignis $A \cup B$ tritt genau dann ein, wenn A *oder* B (d.h. mindestens eines der Ereignisse A, B) eintritt.
Das Ereignis $A \cap B$ tritt genau dann ein, wenn A *und* B eintreten.
Die Verknüpfungen $\cup$ und $\cap$ sind kommutativ, assoziativ und wechselseitig distributiv. Für den Übergang zum Gegenereignis von $A \cup B$ bzw. $A \cap B$ gelten die Gesetze von De Morgan: $\overline{A \cup B} = \overline{A} \cap \overline{B}$; $\overline{A \cap B} = \overline{A} \cup \overline{B}$.
Die Gesamtheit aller (zu S gehörenden) Ereignisse bildet bezüglich der Operationen $\overline{}$, $\cup$, $\cap$ einen sog. *Ereignisraum*.

nicht A
A oder B
A und B

Rechengesetze

Additionssatz

Für disjunkte Ereignisse A und B (d.h. Ereignisse mit $A \cap B = \emptyset$) ist offenbar

$$P(A \cup B) = P(A) + P(B) \qquad \textit{(Spezieller Additionssatz).}$$

Sonderfall:
$A \cap B = \emptyset$

Ist insbesondere B eine Teilmenge von A, dann sind $A \setminus B$ (d.h. Menge der Ergebnisse von A, die nicht zu B gehören) und B disjunkt und

$$P(A \setminus B) = P(A) - P(B), \text{ speziell}$$
$$P(\overline{B}) = 1 - P(B).$$

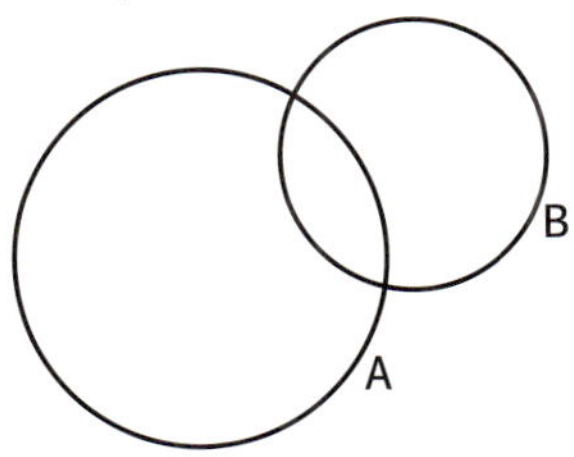

Verallgemeinerung:
A, B beliebig

Die Vereinigung nichtdisjunkter Ereignisse A und B lässt sich durch disjunkte ausdrücken:

$$A \cup B = [A \setminus (A \cap B)] \cup [B \setminus (A \cap B)] \cup (A \cap B).$$

Somit gilt für die Wahrscheinlichkeit von $A \cup B$

$$P(A \cup B) = P(A) + P(B) - P(A \cap B) \qquad \textit{(Allgemeiner Additionssatz).}$$

Der allgemeine Additionssatz enthält – anders als der spezielle – keine Anleitung zur direkten Berechnung von $P(A \cup B)$ mittels P(A) und P(B), sondern führt diese lediglich auf die Berechnung von $P(A \cap B)$ zurück.

Bemerkung: Der Additionssatz lässt sich verallgemeinern. Für drei Ereignisse gilt
$P(A \cup B \cup C) = P(A) + P(B) + P(C) - P(A \cap B) - P(A \cap C) - P(B \cap C) + P(A \cap B \cap C)$.

Verallgemeinerung auf drei Ereignisse

Bedingte Wahrscheinlichkeitsverteilung

Übergang von P zu einer neuen Wahrscheinlichkeitsverteilung P_A

Es sei P eine Wahrscheinlichkeitsverteilung über $S = \{e_1, \ldots, e_k\}$ und A ein Ereignis mit $P(A) \neq 0$. Dann ist

$$\sum_{e_i \in A} \frac{P(e_i)}{P(A)} = 1.$$

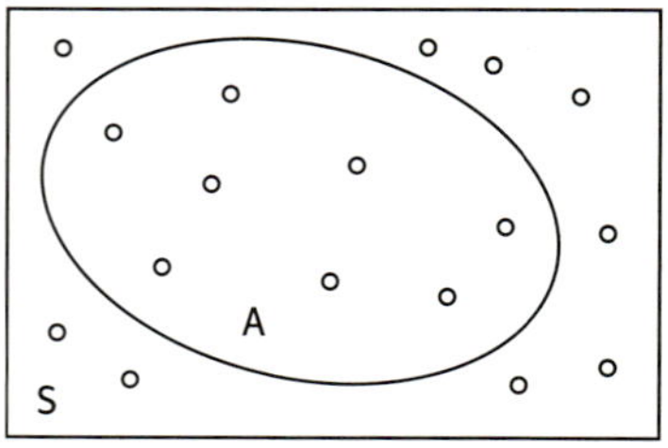

Man erhält somit eine neue Wahrscheinlichkeitsverteilung P_A, wenn man

$$P_A(e_i) = 0 \text{ für } e_i \notin A \text{ und}$$

$$P_A(e_i) = \frac{P(e_i)}{P(A)} \text{ für } e_i \in A$$

setzt. Sie heißt *die durch A bedingte Wahrscheinlichkeitsverteilung*. Im Unterschied dazu nennt man P auch „unbedingte" Wahrscheinlichkeitsverteilung. Für ein beliebiges Ereignis B gilt definitionsgemäß

Die durch A bedingte W. eines Ereignisses

$$P_A(B) = \frac{P(A \cap B)}{P(A)} \text{ oder } P(A \cap B) = P(A) \cdot P_A(B).$$

Sind P(A) und $P_A(B)$ bekannt, dann kann die Beziehung zur Berechnung von $P(A \cap B)$ dienen. Man nennt sie deshalb auch den *allgemeinen Multiplikationssatz*. Es handelt sich dabei jedoch nicht um einen (beweisbaren) Satz, sondern nur um eine andere Fassung der Definition von P_A.

Allgemeiner Multiplikationssatz

Bemerkung: Da $P(A) = \frac{P(A \cap S)}{P(S)} = P_S(A)$, kann man jede Wahrscheinlichkeit als bedingte Wahrscheinlichkeit ansehen.

Totale Wahrscheinlichkeit. Satz von Bayes

Bei der Definition $P_A(B) := \frac{P(A \cap B)}{P(A)}$ wird nur der Teil von B in Betracht gezogen, der zu A gehört. Für den zu $\overline{A}$ gehörenden Teil von B hat man entsprechend $P_{\overline{A}}(B) = \frac{P(\overline{A} \cap B)}{P(\overline{A})}$.

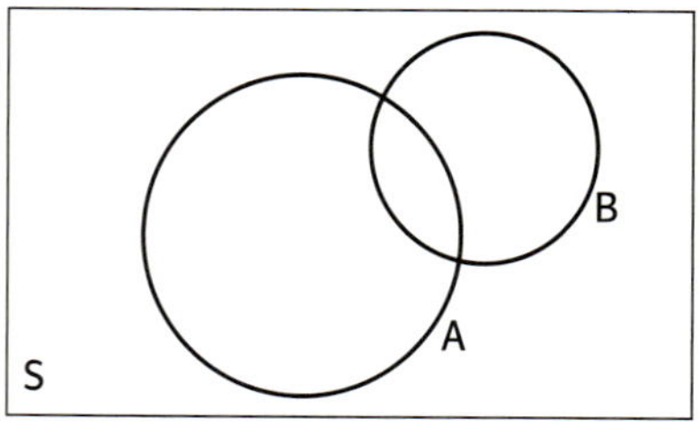

Wegen $B = (B \cap A) \cup (B \cap \overline{A})$ kann man hieraus (wenn $P(A) \neq 0$) und $P(\overline{A}) \neq 0$) eine Darstellung von P(B) mittels der bedingten Wahrscheinlichkeiten $P_A(B)$ und $P_{\overline{A}}(B)$ gewinnen.

$$P(B) = P(B \cap A) + P(B \cap \overline{A})$$
$$P(B) = P(A) \cdot P_A(B) + P(\overline{A}) \cdot P_{\overline{A}}(B).$$

Totale W.

Das ist die Darstellung von P(B) als sog. *totale Wahrscheinlichkeit* (bei der Zerlegung von S in A und $\overline{A}$). Die Darstellung kann zur Berechnung von P(B) verwendet werden, wenn $P_A(B)$ und $P_{\overline{A}}(B)$ bekannt sind.

Ebenso einfach ergibt sich aus $P_A(B) = \frac{P(A \cap B)}{P(A)}$ ein Zusammenhang zwischen $P_A(B)$ und $P_B(A)$, falls $P(B) \neq 0$ ist. Es ist nämlich

Zusammenhang von $P_A(B)$ mit $P_B(A)$

$$P(A \cap B) = P(A) \cdot P_A(B) = P(B) \cdot P_B(A)$$

$$P_B(A) = \frac{P(A)}{P(B)} \cdot P_A(B).$$

Stellt man noch P(B) als totale Wahrscheinlichkeit dar, dann hat man den *Satz von Bayes:*

$$P_B(A) = \frac{P(A)}{P(A)\cdot P_A(B) + P(\bar{A})\cdot P_{\bar{A}}(B)}\, P_A(B).$$

Satz von Bayes

Bemerkungen:

a) Die vorangehenden Ergebnisse lassen sich auf beliebige Zerlegungen von S in disjunkte Teilmengen A_i (mit $P(A_i) \neq 0$) verallgemeinern.

b) Thomas Bayes (1702–1761), engl. Pastor und Mathematiker

Unabhängigkeit von Ereignissen

Ereignisse A und B heißen (voneinander) *unabhängig*, wenn

$$P(A \cap B) = P(A) \cdot P(B)$$

gilt; andernfalls nennt man sie *abhängig*. Ein Vergleich mit dem allgemeinen Multiplikationssatz zeigt, dass für unabhängige Ereignisse mit $P(A) \neq 0$, $P(B) \neq 0$

$$P_A(B) = P(B) \text{ und } P_B(A) = P(A)$$

ist. In diesem Fall kann man also anstelle der bedingten Wahrscheinlichkeit die unbedingte verwenden. Die formale Definition bringt dies nicht zum Ausdruck, sie hat aber den Vorteil, ohne die Voraussetzung $P(A) \neq 0$, $P(B) \neq 0$ auszukommen.

Formale Definition der Unabhängigkeit

Wenn Ereignisse A, B unabhängig sind, dann sind auch die Ereignisse $\bar{A}$ und B sowie die Ereignisse $\bar{A}$ und $\bar{B}$ unabhängig.

Unabhängigkeit von A und $\bar{A}$ sowie von $\bar{A}$ und $\bar{B}$

Bemerkung: Mehrere Ereignisse $A_1, \ldots, A_n$ heißen (als Gesamtheit) *unabhängig*, wenn für jedes r mit $2 \leq r \leq n$ gilt: Greift man r dieser Ereignisse heraus, dann ist die Wahrscheinlichkeit, dass sie gleichzeitig eintreten, das Produkt ihrer Wahrscheinlichkeiten. Dabei ist zu beachten: Wenn Ereignisse $A_1, \ldots, A_n$ „nur" paarweise unabhängig sind, dann braucht $P(A_1 \cap \ldots \cap A_n) = P(A_1) \cdot \ldots \cdot P(A_n)$ nicht zu gelten.

Verallgemeinerung

Multiplikationssatz für unabhängige Ereignisse

Ob Ereignisse A und B unabhängig sind, lässt sich mathematisch nicht ohne $P(A \cap B)$ entscheiden. Damit entfällt die Möglichkeit, $P(A \cap B)$ mittels P(A) und P(B) zu berechnen. Für die Zwecke der Theorie kommt man nicht umhin, die Unabhängigkeit *vorauszusetzen* und weiterhin Beziehungen zwischen den Wahrscheinlichkeiten unabhängiger Ereignisse zu untersuchen. Anders die Praxis. Sie *prüft anhand der* im Einzelfall vorliegenden *realen Gegebenheiten*, ob die Annahme der Unabhängigkeit gerechtfertigt erscheint und verwendet ggf. $P(A \cap B) = P(A) \cdot P(B)$, um $P(A \cap B)$ zu berechnen. Für sie stellt sich der Sachverhalt so dar: *Wenn* Ereignisse A und B unabhängig sind, *dann* gilt $P(A \cap B) = P(A) \cdot P(B)$. In diesem Sinne nennt man die Beziehung „speziellen Multiplikationssatz".

Unabhängigkeit

... als theoretische Voraussetzung

... als real gerechtfertigte Annahme

Der Begriff der Unabhängigkeit von Ereignissen und der spezielle Multiplikationssatz sind für das Rechnen mit Wahrscheinlichkeiten zentral. Sie erlauben, das „Wiederholte Durchführen eines Zufallsexperiments unter gleichen Bedingungen" zu mathematisieren.

Bedeutung der Unabhängigkeit

Zum Unterricht

Generelle unterrichtliche Probleme

Präzisierung der Umgangssprache

Beim Beschreiben von Ereignissen ist man genötigt, sich *umgangssprachlich* und gleichzeitig präzise auszudrücken. Statt „ein" muss es evtl. „genau ein" heißen, „oder" ist einmal im Sinne von „entweder ... oder", ein andermal in nichtausschließendem Sinne gemeint. Ein Schüler empfindet das als ein Verbiegen der Muttersprache. An Verabredungen über den künftigen Gebrauch z.B. von „ein" und „oder" hält er sich nur ungern, er fällt leicht in umgangssprachliche Gewohnheiten zurück.

Umformen von Ereignissen

Beim *Rechnen mit Ereignissen* genügt es nicht, zu gegebenen Ereignissen das Verknüpfungsergebnis bestimmen zu lassen und das Umformen von Ereignissen (das sich in der Schule allzuleicht verselbständigt) zu üben. Das *Ziel*, auf das hin dies alles geschieht, darf nicht aus dem Blick geraten. Es ist indessen nicht ganz einfach, den Sinn des Vorgehens – der eigentlich erst mit dem Additions- und Multiplikationssatz erkennbar wird – vorab zu vermitteln.

Erwartungshaltung

Solange man es, wie häufig in der Schule, mit Gleichverteilungen zu tun hat, besteht kein Anlass, den Additions- und Multiplikationssatz herauszuheben. Es genügt zu wissen, wie viel Ergebnisse zu $A \cup B$ bzw. $A \cap B$ gehören; $P(A)$ und $P(B)$ sind nicht weiter von Interesse. Die *Erwartungshaltung* des Schülers geht dahin, diese Vorgehensweise auf Nichtgleichverteilungen zu übertragen. Eine Einführung beider Sätze darf diese Erwartungshaltung nicht ignorieren.

Ambivalenz der Unabhängigkeit

Die Beziehung $P(A \cap B) = P(A) \cdot P(B)$ wird in der Theorie zur *Definition* der Unabhängigkeit, in der Praxis wie ein *Satz* zur Berechnung von $P(A \cap B)$ verwendet. Um sie recht zu verstehen, muss man einmal den Standpunkt des Theoretikers, ein andermal jenen des Praktikers einnehmen. Ein solcher Wechsel der Betrachtungsweise ist andernorts im Mathematikunterricht nicht in gleicher Dringlichkeit gefordert, er führt leicht zu Unklarheit und Verunsicherung. Ein Schüler ist möglicherweise befremdet, dass ein so zentraler „Satz" wie der Multiplikationssatz seine Berechtigung aus der Realität holt. Es scheint dem „Geist der Mathematik" zu widersprechen und eben das zu sein, wovor immer gewarnt wurde.

Unzulänglichkeit eines formalen Vorgehens

Die *Strategien* der Wahrscheinlichkeitsrechnung, die es durchaus gibt, sind nicht von jener „Zuverlässigkeit", die sich Schüler wünschen. Es ist unausweichlich, sich stets von Neuem auf die jeweiligen situativen Gegebenheiten einzulassen und zu fragen, welche mathematische Vorgehensweise angezeigt erscheint. Wie viel Unsicherheit dabei im Spiel ist, zeigt sich oft erst, wenn ein bestimmtes Vorgehen zu einem offensichtlich falschen Ergebnis (z.B. zu einer „Wahrscheinlichkeit" > 1) führt.

Rechnen mit Ereignissen

Es geht weniger darum, zu Ereignissen A und B das Verknüpfungsergebnis $A \cup B$ bzw. $A \cap B$ anzugeben, als darum, ein (umgangssprachlich beschriebenes) Ereignis als *Ergebnis* einer Verknüpfung aufzufassen und es in andere Ereignisse zu *zerlegen*. Bei diesem Vorhaben – das in vergleichbarer Weise auch in anderen mathematischen Zusammenhängen auftritt – stellen sich im Grunde zwei Fragen: Hinsichtlich *welcher Operationen* soll das gegebene Ereignis als zusammengesetzt aufgefasst werden? Wie weit will man beim Zerlegen gehen, in *welche anderen Ereignisse* soll zerlegt werden?

Zerlegen von Ereignissen

Es ist zwar nicht selbstverständlich, aber naheliegend (da keine weiteren Operationen mit Ereignissen eingeführt sind), bezüglich $\overline{}$, $\cup$ und $\cap$ zu zerlegen. Der wahre Grund, weshalb man sich auf diese drei Operationen beschränkt, bleibt dabei allerdings zunächst verborgen. Ziel des Zerlegens ist eine Darstellung, in der nur noch Ereignisse auftreten, deren Wahrscheinlichkeiten man kennt.

Art der Zerlegung

Ziel des Zerlegens

Beispiel: (Zerlegen eines Ereignisses)
In einem Kaufhaus stammt ein größerer Vorrat an billigen Feuerzeugen zu 70% von einer Firma F_1 und zu 30% von einer Firma F_2. Die Feuerzeuge von F_1 funktionieren mit 90%iger, die etwas teureren von F_2 mit 95%iger Wahrscheinlichkeit. Im Kaufhaus werden alle Feuerzeuge zusammengeworfen und zum gleichen Preis angeboten.
Im Laufe einer Woche werden 100 Feuerzeuge verkauft. Es interessiert das Ereignis A: Alle verkauften Feuerzeuge funktionieren einwandfrei.
Einem Schüler dürfte es wie eine Verkomplizierung des simplen „alle" vorkommen, wenn man nun zerlegt in A_1: Das erste verkaufte Feuerzeug ist einwandfrei, ..., A_{100}: Das zuletzt verkaufte Feuerzeug ist einwandfrei, und

$$A = A_1 \cap \ldots \cap A_{100}$$

schreibt. Damit nicht genug. Man führt noch weitere Ereignisse ein, nämlich B_i: Der i-te Artikel stammt von F_1, und schreibt

$$A_i = (B_i \cap A_i) \cup (\overline{B_i} \cap A_i)$$

$$A = [(B_1 \cap A_1) \cup (\overline{B_1} \cap A_1)] \cap \ldots \cap [(B_{100} \cap A_{100}) \cup (\overline{B_{100}} \cap A_{100})].$$

Erst mit dieser komplizierten Darstellung von A ist eine Form erreicht, die das *Berechnen der Wahrscheinlichkeit* P(A) ermöglicht.

Eine geeignete Darstellung kann kompliziert sein

Ohne klare *Zielvorgabe* ist ein solches Zerlegen von Ereignissen irritierend und wenig fruchtbar. Auch in einfachen Fällen erhält es seinen Sinn erst durch den Bezug zum Additions- und Multiplikationssatz. Es dürfte daher ratsam sein, die Strategie des Zerlegens von Ereignissen nicht vorwegzunehmen, sondern im Zusammenhang mit diesen Sätzen zu erörtern.

Additionssatz

Die Beziehung $P(\overline{A}) = 1 - P(A)$ liegt auf der Hand. Sie ist (in der Form $P(A) = 1 - P(\overline{A})$) von Interesse, wenn $P(\overline{A})$ einfacher zu ermitteln ist als $P(A)$.

Vereinfachung durch Übergang zum Gegenereignis

Beispiel: (Übergang zum Gegenereignis)
Je mehr Personen in einem Saal versammelt sind, desto wahrscheinlicher hat mindestens eine von ihnen heute Geburtstag. Wie groß ist die Wahrscheinlichkeit des Ereignisses A: „1 oder 2 oder … oder alle n Personen im Saal haben heute Geburtstag"? – Das Gegenereignis $\bar{A}$: „Keine der n Personen hat heute Geburtstag" (d. h. die erste *nicht* und die zweite *nicht* und … und die n-te *nicht*) ist als Ereignis zwar auch nicht einfacher, hat aber den Vorteil, dass – im Unterschied zu A – alle auftretenden Teilereignisse dieselbe Wahrscheinlichkeit haben. $P(\bar{A})$ lässt sich deshalb einfacher berechnen als $P(A)$.

„oder" in Logik und Alltag

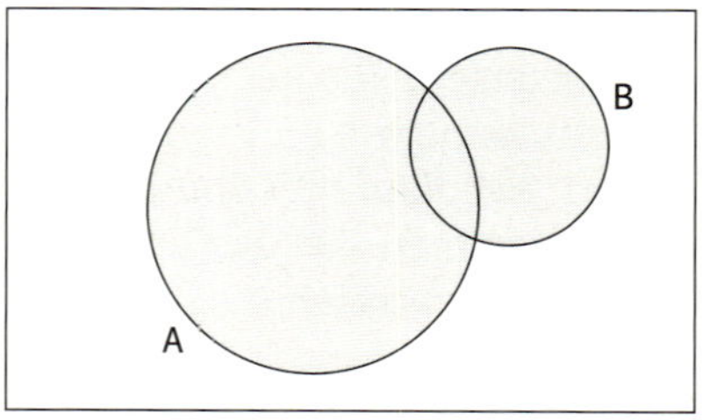

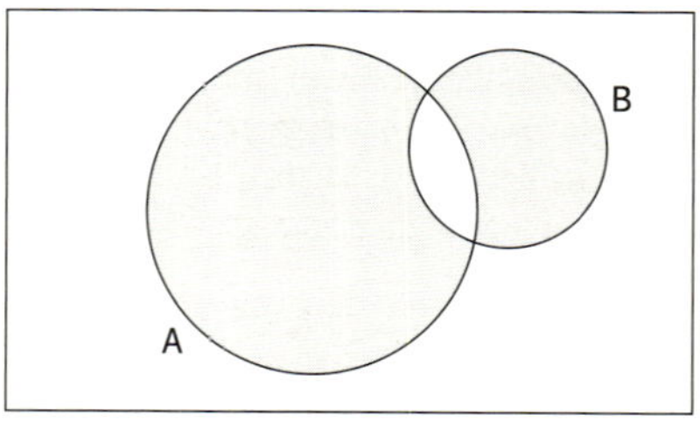

Die Behandlung des allgemeinen „Oder-Satzes" muss berücksichtigen, dass das umgangssprachliche „oder" in seiner Bedeutung nicht eindeutig ist und eine Unterscheidung zwischen A *oder* B (d. h. $A \cup B$) und *entweder* A *oder* B (d. h. $(A \cap \bar{B}) \cup (\bar{A} \cap B)$) notwendig macht. Mit einer beiläufigen Bemerkung ist es dabei nicht getan, denn einem Schüler liegt der Gebrauch von „oder" im Sinne von „entweder … oder" näher. Für ihn beinhaltet das logische „oder" einen Eingriff in die Umgangssprache, dessen Zweckmäßigkeit er nicht zu erkennen vermag.

Vorläufigkeit des Additionssatzes

Der allgemeine Additionssatz ist zunächst ernüchternd. Wer eine Möglichkeit erwartet hat, $P(A \cup B)$ aus $P(A)$ und $P(B)$ zu berechnen, muss enttäuscht sein. Man sieht sich auf die Wahrscheinlichkeit $P(A \cap B)$ verwiesen, die man aber auch (noch) nicht berechnen kann. Schließlich ist zu bedenken, dass man bei bekannter Wahrscheinlichkeit $P(A \cap B)$ – auf solche Fälle ist man zunächst angewiesen – auch ohne ausdrückliche Formulierung des Additionssatzes auskommen könnte. Der Satz bringt eine gedankliche Erleichterung und warnt vor dem Fehler $P(A \cup B) = P(A) + P(B)$ bei nicht-disjunkten Ereignissen, mehr (vorerst) nicht.

Übergang zur bedingten Wahrscheinlichkeitsverteilung

Relative Häufigkeiten als Wegweiser

Bei der Suche nach $P(A \cap B)$, wenn $P(A)$ und $P(B)$ bekannt sind, können relative Häufigkeiten den Weg weisen. Um die relative Häufigkeit $h_n(A \cap B)$ in einer Serie von n Durchführungen eines Zufallsexperiments zu ermitteln, genügt es nicht, $h_n(A)$ und $h_n(B)$ zu kennen. Weiß man jedoch, dass A r-mal auftrat, und weiß man außerdem, dass B *innerhalb jener r Durchführungen, bei denen A auftrat*, s-mal aufgetreten ist, dann ist $h_n(A \cap B) = \frac{r}{n} \cdot \frac{s}{r}$.
Bei der Übertragung auf Wahrscheinlichkeiten stellt sich die Frage, welche Wahrscheinlichkeit an die Stelle des zweiten Faktors $\frac{s}{r}$ zu treten hat. Es handelt sich um die „Wahrscheinlichkeit von B unter der Vorausset-

zung, dass A eingetreten ist". Das bedeutet „... unter der Voraussetzung, dass dem Ereignis A die Wahrscheinlichkeit 1 zukommt". Man sieht sich genötigt, neben der gegebenen Wahrscheinlichkeitsverteilung P noch eine *andere Verteilung* P_A in Betracht zu ziehen, welche dem Ereignis A die Wahrscheinlichkeit 1 zuweist und Ergebnissen, die nicht zu A gehören, die Wahrscheinlichkeit 0. Damit treten auch an die Stelle der bisherigen Wahrscheinlichkeiten $P(e_i)$ der Ergebnisse in A neue Wahrscheinlichkeiten. Sollen sie zueinander im gleichen Verhältnis stehen wie die bisherigen Wahrscheinlichkeiten $P(e_i)$, dann ist

Übergang zur bedingten W.verteilung

$$P_A(e_i) := \frac{P(e_i)}{P(A)} \quad \text{(wobei } P(A) \neq 0 \text{ vorausgesetzt wird)}$$

zu setzen und allgemein

$$PA(B) := \frac{P(A \cap B)}{P(A)}\,.$$

Definition der bedingten W.

Beispiel: (Verfälschter Würfel; Vergleich von P und P_A)

e_i	1	2	3	4	5	6
$P(e_i)$	0,1	0,2	0,1	0,3	0,1	0,2

A: Gerade Augenzahl, $P(A) = 0{,}7$

$P_A(e_i)$	0	$\frac{2}{7}$	0	$\frac{3}{7}$	0	$\frac{2}{7}$

B: Augenzahl > 3; $P(B) = 0{,}6$; $P_A(B) = \frac{5}{7} \approx 0{,}7$; $P_B(A) = \frac{5}{6} \approx 0{,}8$

Um deutlich zu machen, dass die Wahrscheinlichkeit $P_A(B)$ nicht zur Verteilung P gehört, nennt man $P_A(B)$ (lies: p a von b) *die durch A bedingte* und $P(B)$ *die unbedingte* Wahrscheinlichkeit von B.

Umgangssprachliche Formulierungen bringen den Unterschied zwischen $P_A(B)$ und $P(A \cap B)$ nicht immer hinreichend deutlich zum Ausdruck. Da eine anschauliche Hilfe fehlt (weil der Unterschied nicht in den Ereignissen A und B, sondern in ihren Wahrscheinlichkeiten zu suchen ist), können sprachliche Unklarheiten gravierende Folgen haben.

Abgrenzung gegen $P(A \cap B)$

Beispiel: (Umgangssprachliche Formulierungen)

a) Bei der Massenproduktion eines Artikels bedeute A: Artikel stammt aus der Serie I, B: Artikel ist fehlerhaft. Dann ist z. B. mit „W., dass ein Artikel der Serie I fehlerhaft ist" die bedingte Wahrscheinlichkeit $P_A(B)$ gemeint. Mit „W., dass ein Artikel aus Serie I stammt und fehlerhaft ist" dagegen wird die unbedingte Wahrscheinlichkeit $P(A \cap B)$ beschrieben.

b) Für die Benutzer von Bussen im Personennahverkehr einer Stadt bedeute A: Fahrgast gerät in eine Fahrscheinkontrolle, B: Fahrgast ist Schwarzfahrer. Durch „W., dass ein Fahrgast bei einer Kontrolle als Schwarzfahrer ertappt wird" und „W., dass ein Schwarzfahrer in eine Kontrolle gerät" und „W., dass ein kontrollierter Fahrgast ein Schwarzfahrer ist" werden unterschiedliche Wahrscheinlichkeiten beschrieben, nämlich $P(A \cap B)$ bzw. $P_B(A)$ bzw. $P_A(B)$.

Umgangssprachliche Beschreibung bedingter W.en

Fehlinterpretationen lassen sich nur vermeiden, wenn der Unterschied $P(A \cap B)$ und $P_A(B)$ begrifflich keinem Zweifel unterliegt und dieser Unterschied bei der umgangssprachlichen Beschreibung beachtet wird.

Allgemeiner Multiplikationssatz

Bedingte W. in multiplikativer Form

Nach der Verabredung über die Bedeutung von $P_A(B)$ ist

$$P(A \cap B) = P(A) \cdot P_A(B).$$

Hier erscheint die gesuchte Wahrscheinlichkeit $P(A \cap B)$ als Produkt zweier Wahrscheinlichkeiten (die allerdings zu verschiedenen Verteilungen gehören). Man nennt die Beziehung deshalb auch *allgemeinen Multiplikationssatz.*

Beispiel: (Berechnung von $P(A \cap B)$)
In einer Kaffeerösterei werden maschinell Haushaltspackungen hergestellt. Vor dem Versand werden die Packungen zwei Kontrollen unterworfen. Bei der ersten Kontrolle wird nur das Gewicht überprüft, Packungen mit falschem Gewicht werden aussortiert. Bei den verbleibenden Packungen wird in einer weiteren Kontrolle auch noch die Verpackung überprüft. – Erfahrungsgemäß passieren von den jeweils ankommenden Packungen 95 % die erste und 90 % die zweite Kontrolle ohne Beanstandung. Wie viel Prozent der hergestellten Packungen haben nur einen Verpackungsfehler?
A: Gewicht in Ordnung; B: Verpackung fehlerhaft

$$P(A \cap B) = P(A) \cdot P_A(B) = 0{,}95 \cdot 0{,}1 = 0{,}095$$

9,5 % aller hergestellten Packungen haben zwar richtiges Gewicht, aber einen Verpackungsfehler.

Baumdiagramm

Pfadregel

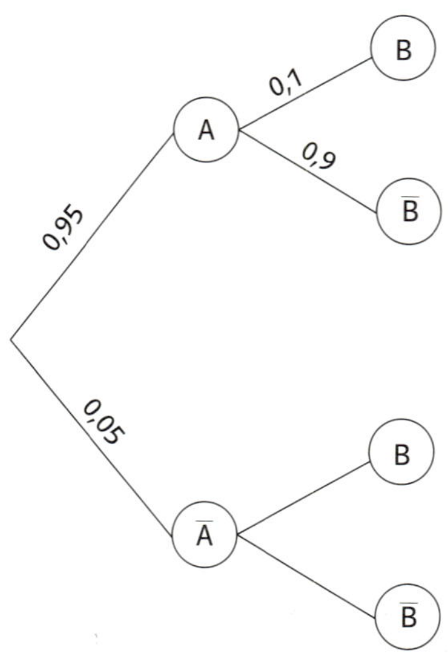

Bemerkung: Bei gegebenen Ereignissen A, B ist

$$S^* = \{A \cap B, A \cap \overline{B}, \overline{A} \cap B, \overline{A} \cap \overline{B}\}$$

ebenfalls eine neue und gröbere, aber der Sachlage angepasste Ergebnismenge. Sie lässt sich durch ein sog. *Baumdiagramm* veranschaulichen. Jedem „Pfad" durch den Baum entspricht eines der neuen Ergebnisse. Notiert man an jedem „Zweig" die zugehörige Wahrscheinlichkeit, dann erhält man nach dem *allgemeinen Multiplikationssatz* die Wahrscheinlichkeit eines Pfades, indem man die Wahrscheinlichkeiten längs des Pfades multipliziert (*„Pfadregel"*). Dabei sind die Faktoren – bis auf den ersten – *bedingte* Wahrscheinlichkeiten.
Um die Wahrscheinlichkeit eines Ereignisses (von S^*) zu bekommen, sind die Wahrscheinlichkeiten der zugehörigen Pfade zu addieren (vgl. totale Wahrscheinlichkeit).

Unabhängigkeit

Die unterrichtliche Behandlung der Unabhängigkeit muss den *Sinn* der Begriffsbildung deutlich machen und klären, welche Rolle der Begriff bei der *Berechnung von Wahrscheinlichkeiten* spielt.

Bei der Definition mittels $P(A \cap B) = P(A) \cdot P(B)$ wird sich ein Schüler fragen, weshalb man die Ereignisse A und B bei Gültigkeit dieser Beziehung „unabhängig" nennt. Die Definition mittels $P_A(B) = P(B)$ zeigt es: Das Eintreten des Ereignisses A ändert die Wahrscheinlichkeit von B nicht, insofern ist B von A unabhängig.

Sinn der Definition

Beispiel: (Ziehen aus einer Urne)
Einer Urne mit zwei weißen Kugeln w_1, w_2 und einer schwarzen Kugel s werden nacheinander zwei Kugeln entnommen. Mit welcher Wahrscheinlichkeit sind beide weiß?

Unabhängigkeit im Urnenmodell

a) Ziehen mit Zurücklegen
Das Zufallsexperiment hat neun gleichwahrscheinliche Ergebnisse: w_1w_1; w_1w_2; w_1s; w_2w_1; w_2w_2; w_2s; sw_1; sw_2; ss.
Mit A: „Weiß im 1. Zug", B: „Weiß im 2. Zug" ist

$$P(B) = \tfrac{6}{9}\,;\ P_A(B) = \tfrac{4}{6}.$$

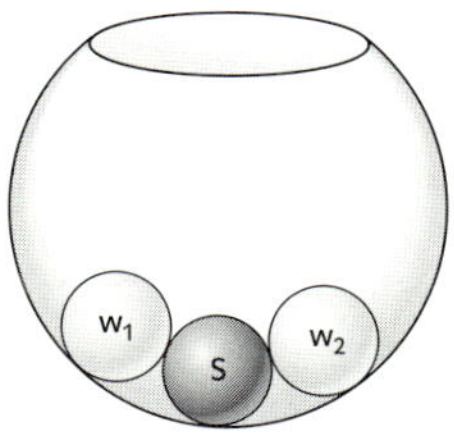

Das Ereignis B ist von A unabhängig.
b) Ziehen ohne Zurücklegen
Sechs gleichwahrscheinliche Ergebnisse: w_1w_2; w_1s; w_2w_1; w_2s; sw_1; sw_2.

$$P(B) = \tfrac{4}{6};\ P_A(B) = \tfrac{2}{4}.$$

Das Ereignis B ist von A abhängig.

Bemerkung: Ein Schüler versteht *unabhängig* zunächst im Sinne von „ohne gegenseitige Beeinflussung", „ohne kausalen Zusammenhang". Man könnte deshalb daran denken, die *Unabhängigkeit von Ereignissen* mittels realer Vorgänge zu verdeutlichen, die unberührt voneinander ablaufen. Im vorangehenden Beispiel a) hat man sich (statt aus einer Urne zweimal zu ziehen) zwei *identische* Urnen vorzustellen, aus denen *gleichzeitig* je 1-mal gezogen wird. Es erscheint unmittelbar einleuchtend, dass die Ereignisse A: „Weiß im 1. Zug" (erste Urne) und B: „Weiß im 2. Zug" (zweite Urne) unabhängig sind, denn – so wird argumentiert – die beiden Ziehungen haben nichts miteinander zu tun. Bei dieser Argumentation ist jedoch zu bedenken, dass in Beispiel b) die beiden *Ziehungen*, da sie gleichzeitig vorgenommen werden, ebenfalls „ohne gegenseitige Beeinflussung" ablaufen und die Abhängigkeit der *Ereignisse* A und B einzig und allein durch die unterschiedliche Bestückung der Urnen zustande kommt.

Unabhängigkeit
... von Ereignissen

... von Zufallsexperimenten

Allgemein: Es erweist sich als problematisch, aus der „Unabhängigkeit von zwei Zufallsexperimenten" auf die Unabhängigkeit von Ereignissen des (aus der Durchführung beider Zufallsexperimente bestehenden) Gesamtexperiments zu schließen. Die Theorie geht deshalb umgekehrt vor und präzisiert die *Unabhängigkeit von Zufallsexperimenten* mit Hilfe der Unabhängigkeit von Ereignissen.

Beispiel: (Unabhängigkeit fraglich)
Petra fährt täglich mit dem Bus zur Schule. Mit der Wahrscheinlichkeit 0,9 ist der Bus, mit der Wahrscheinlichkeit 0,8 ist Petra zur angekündigten Uhrzeit an der Bushaltestelle. Bei dieser Sachlage kann man nicht ausschließen, dass die Pünktlichkeit von Petra mit der Pünktlichkeit des Busses zu tun hat.

unabhängig voneinander

Es ist lehrreich, an Beispielen nicht nur P(B) mit $P_A(B)$, sondern auch P(A) mit $P_B(A)$ zu vergleichen. Dabei zeigt sich, dass (für $P(A) \neq 0$ und $P(B) \neq 0$) die Unabhängigkeit wechselseitig ist. Man kann also Ereignisse *voneinander unabhängig* bzw. *voneinander abhängig* nennen.

Von der Abhängigkeit zur Unabhängigkeit

Die Redeweise „Die Ereignisse sind unabhängig" ist insofern irreführend, als sie den Blick auf die Ereignisse selbst lenkt, statt auf deren Wahrscheinlichkeiten. Weil der Unterschied zwischen Abhängigkeit und Unabhängigkeit an den Mengenbildern der Ereignisse nicht zum Ausdruck kommt, bedarf es (trotz der in obiger Bemerkung geäußerten Bedenken) einer anschaulich nachvollziehbaren Verdeutlichung mittels einer modellhaften realen Situation wie z. B. dem Ziehen aus einer Urne mit bzw. ohne Zurücklegen. Darin kann z. B. der Übergang von „abhängig" über „fast unabhängig" zu „unabhängig" helfen, unzureichende Vorstellungen zu ergänzen.

Bemerkung: Man könnte sich vielleicht versucht sehen, statt Ereignissen A und B deren *Wahrscheinlichkeiten* „unabhängig" zu nennen. Aber das würde die Sache nur noch schlimmer machen: Nicht P(A) und P(B) sind voneinander unabhängig, sondern P(B) ist unabhängig davon, ob A eingetreten ist oder nicht.

Die Unabhängigkeit betrifft Fälle, in denen man zur Berechnung von $P(A \cap B)$ die bedingte Wahrscheinlichkeit *nicht* braucht, sondern mit den gegebenen unbedingten Wahrscheinlichkeiten auskommt. Darin liegt die Bedeutung des Begriffs.

Der spezielle Multiplikationssatz

Ereignisse A und B (mit Wahrscheinlichkeiten $\neq 0$) sind genau dann unabhängig, wenn

(*) $P(A \cap B) = P(A) \cdot P(B)$

zutrifft. Es bleibt die Frage: Woher wissen wir in einer gegebenen Situation, dass Ereignisse A und B unabhängig sind und wir somit (*) zur Berechnung von $P(A \cap B)$ verwenden dürfen?

Die Rolle der Unabhängigkeit bei der Berechnung von W.en

Um Unabhängigkeit innermathematisch – also *ohne Bezug auf die Realität* – nachzuweisen, ist $P(A \cap B)$ mit $P_A(B) = \frac{P(A \cap B)}{P(A)}$ zu vergleichen. Dazu muss $P(A \cap B)$ bereits bekannt sein und (*) entfällt als Hilfe bei der Berechnung von $P(A \cap B)$. Der Theorie bleibt nichts anderes übrig, als die Unabhängigkeit *vorauszusetzen*. Anders die Praxis. Sie prüft anhand der im Einzelfall vorliegenden *realen Gegebenheiten*, ob die Annahme der Unabhängigkeit gerechtfertigt erscheint. Bestehen keine Zweifel, so verwendet sie (*) zur Berechnung von $P(A \cap B)$. Die Beziehung (*) ist in diesem Fall so zu lesen: Falls Ereignisse A und B unabhängig sind, *dann* ist $P(A \cap B) = P(A) \cdot P(B)$. Weil es sich dabei um die Form eines Satzes handelt, nennt man (*) auch *Multiplikationssatz für unabhängige Ereignisse* (oder *speziellen Multiplikationssatz*).

Spezieller Multiplikationssatz

Beispiel: (Berechnung von $P(A \cap B)$)
Ein Autobauer wird von zwei Zulieferfirmen Z_1 und Z_2 bedient. Die Produkte von Z_1 sind zu 98%, die von Z_2 zu 95% einwandfrei. In jedes Auto wird ein Produkt von Z_1 und ein Produkt von Z_2 eingebaut. Mit welcher Wahrscheinlichkeit P arbeiten beide einwandfrei?
Falls die eingebauten Teile völlig getrennt voneinander arbeiten (wie dies z.B. bei Bremsen zu fordern ist) und somit die Wahrscheinlichkeit für das Funktionieren eines Teils vom Funktionieren oder Nichtfunktionieren des andern nicht beeinflusst wird, darf man den speziellen Multiplikationssatz anwenden und erhält $P = 0{,}98 \cdot 0{,}95 \approx 0{,}93$.

Verbindung von Additions- und Multiplikationssatz

Für Ereignisse A und B lässt sich aus $P(A)$, $P(B)$ und $P_A(B)$ sowohl $P(A \cap B)$ als auch $P(A \cup B)$ berechnen. Sind A und B unabhängig, dann genügen $P(A)$ und $P(B)$. Damit lässt sich eine Vielzahl von Fragestellungen behandeln.
Es bietet sich an, vorab einige grundlegende Aufgabentypen wie die folgenden zusammenzustellen und miteinander zu vergleichen.

Häufig vorkommende Ereignisse

Gegeben: $P(A)$ und $P(B)$; A, B unabhängig

Ereignis umgangssprachlich	Ereignis formal	Wahrscheinlichkeit
Sowohl A als auch B	$A \cap B$	$P(A) \cdot P(B)$
Nicht beide	$\overline{A \cap B}$	$1 - P(A) \cdot P(B)$
A, aber B nicht	$A \cap \overline{B}$	$P(A) \cdot [1 - P(B)]$
Entweder A oder B	$(A \cap \overline{B}) \cup (\overline{A} \cap B)$	$P(A) + P(B) - 2P(A) \cdot P(B)$
Weder A, noch B	$\overline{A} \cap \overline{B}$	$1 - P(A) - P(B) + P(A) \cdot P(B)$
Beide oder keines	$(A \cap B) \cup (\overline{A} \cap \overline{B})$	$P(A) \cdot P(B) + [1 - P(A)] \cdot [1 - P(B)]$
Mindestens eines von beiden	$A \cup B$	$P(A) + P(B) - P(A) \cdot P(B)$

Die Auswahl an rechnerischen Möglichkeiten, die eingesetzt werden können, ist nicht sehr groß. Die Hauptschwierigkeit liegt darin, die „richtigen" Ereignisse einzuführen und das Ereignis, dessen Wahrscheinlichkeit gesucht ist, in geeigneter Form darzustellen.

Spezieller Additions- und spezieller Multiplikationssatz

Beispiel: (Elektrische Schaltung)
Zur Beleuchtung eines Flurs sind drei Lampen vorgesehen, die wie angegeben geschaltet sind. Von den vorhandenen Glühbirnen haben G_1 und G_2 eine Zuverlässigkeit (d.h. eine Lebensdauer von mindestens 700 Stunden) von 95%, G_3 von 80%. Sollte man, damit im Flur immer wenigstens eine Lampe brennt, G_1 und G_2 oder besser G_1 und G_3 hintereinanderschalten?

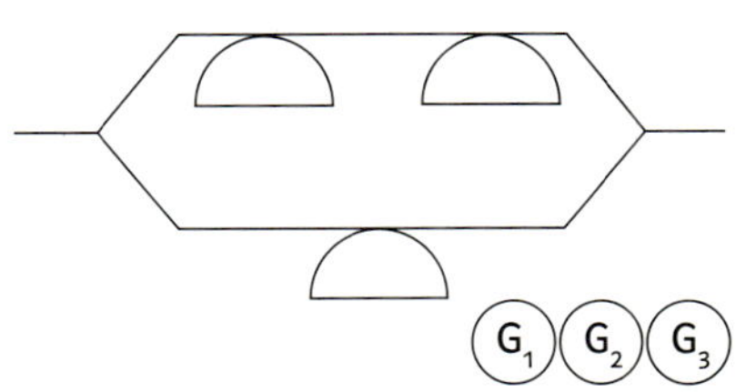

a) G_1 und G_2 werden hintereinandergeschaltet.
Wir gehen von Ereignissen aus, deren Wahrscheinlichkeiten bekannt sind:
A: G_1 brennt, B: G_2 brennt, C: G_3 brennt und versuchen, das Ereignis E, dessen Wahrscheinlichkeit gesucht ist, durch A, B und C auszudrücken. Es ist $E = (A \cap B) \cup C$. Somit braucht man sowohl den Additions- als auch den Multiplikati-

onssatz. Als Nächstes ist zu überlegen, ob sich $A \cap B$ und C gegenseitig ausschliessen, und ob A und B unabhängig sind. $A \cap B$ und C können gleichzeitig eintreten; A und B sind unabhängig. Somit ist der allgemeine Additionssatz und der spezielle Multiplikationssatz anzuwenden.

$$P[(A \cap B) \cup C] = P(A \cap B) + P(C) - P(A \cap B \cap C)$$
$$= 0{,}95 \cdot 0{,}95 + 0{,}80 - 0{,}95 \cdot 0{,}95 \cdot 0{,}80 = 0{,}9805$$

b) G_1 und G_3 werden hintereinandergeschaltet

$$P[(A \cap C) \cup B] = P(A \cap C) + P(B) - P(A \cap B \cap C)$$
$$= 0{,}95 \cdot 0{,}80 + 0{,}95 - 0{,}95 \cdot 0{,}80 \cdot 0{,}95 = 0{,}9880$$

Der Vergleich zeigt: Es ist ratsamer, G_1 und G_3 hintereinanderzuschalten.

Multiplikationssatz mit bedingten W.en

Beispiel: (Qualitätskontrolle)
In einer Glasfabrik werden bei der Herstellung von Weingläsern zunächst die Gläser mit sichtbaren Fehlern ausgeschieden. Die Gläser ohne sichtbaren Fehler werden in einem aufwändigen Verfahren auf (unsichtbare) innere Spannungen untersucht. Für ein neues Herstellungsverfahren ergab sich längerfristig: 20 % der hergestellten Gläser hatten einen sichtbaren Fehler, von den Gläsern ohne einen solchen zeigten 10 % innere Spannungen. Mit welcher Wahrscheinlichkeit ist ein nach dem neuen Verfahren hergestelltes Glas fehlerlos?
Zunächst ist zu fragen, auf welche Ereignisse sich die gegebenen Wahrscheinlichkeiten beziehen. 0,2 ist die Wahrscheinlichkeit des Ereignisses A: „Sichtbarer Fehler", 0,1 die durch $\overline{A}$ bedingte Wahrscheinlichkeit des Ereignisses B: „Innere Spannungen".
Gegeben: $P(A) = 0{,}2$; $P_{\overline{A}}(B) = 0{,}1$ Gesucht: $P(\overline{A} \cap \overline{B})$
Da die Ereignisse A und B möglicherweise nicht unabhängig sind, ist

$$P(\overline{A} \cap \overline{B}) = P(\overline{A}) \cdot P_{\overline{A}}(\overline{B}) = [1 - P(A)] \cdot [1 - P(B)] = 0{,}8 \cdot 0{,}9 \approx 0{,}7.$$

Beim neuen Verfahren sind etwa 70 % der hergestellten Gläser einwandfrei.

Es ist nicht zu übersehen, dass es sich im vorangehenden Beispiel letztlich um schlichte Prozentrechnung handelt: 90 % von 80 % sind 72 %. Man wird deshalb auch Fragestellungen behandeln, die über den üblichen Rahmen der Prozentrechnung hinausreichen.

Additions- und Multiplikationssatz mit bedingten W.en

Beispiel: (Infektionskrankheit)
Eine Infektionskrankheit kann entweder mit dem Antibiotikum A oder mit dem Antibiotikum B bekämpft werden. In 60 % aller Fälle wird von den Ärzten das Medikament A verschrieben; es wirkt mit 80 %iger Sicherheit. Das Medikament B ist zwar teurer, wirkt aber mit 90 %iger Sicherheit. – Ein infizierter Patient bekommt von einem Arzt eines der beiden Antibiotika verschrieben. Wie groß ist die Wahrscheinlichkeit, dass es wirkt?
Die Auswahl des Antibiotikums ist zufällig und ebenso ist zufällig, ob es wirkt. Man hat es also mit zwei Zufallserscheinungen zu tun. Im Urnenmodell: Mit einer ersten Urne wird über das Medikament entschieden, mit einer zweiten über dessen Wirksamkeit. Eine Durchführung des Zufallsexperiments besteht darin, beide Ziehungen vorzunehmen.

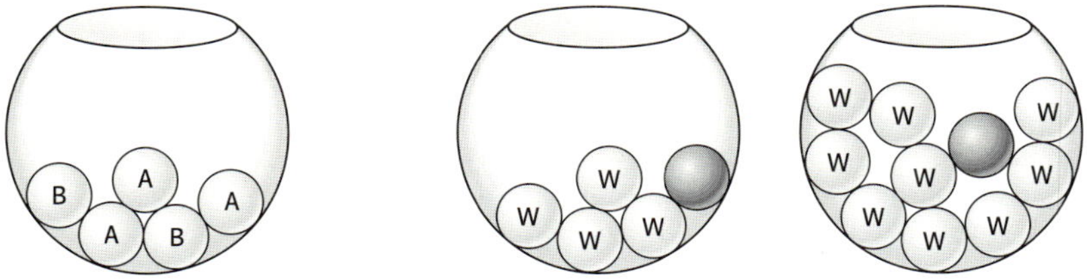

Auswahl des Medikaments „Auswahl" der Wirksamkeit
bei Medikament A bei Medikament B

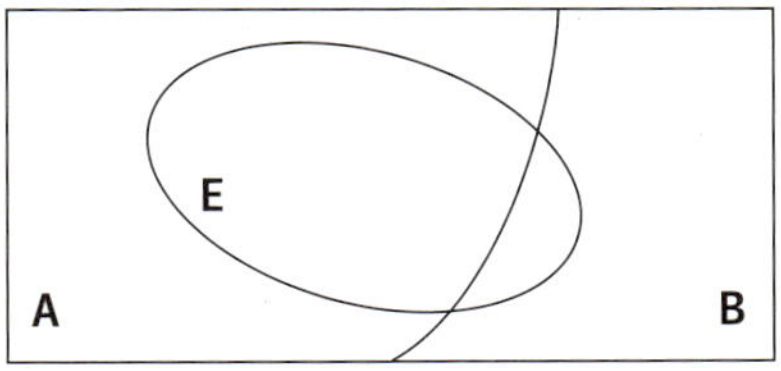

Es bedeute E: „Medikament wirkt". Dann ist

$$E = (A \cap E) \cup (B \cap E),$$

da sich $A \cap E$ und $B \cap E$ ausschließen somit

$$\begin{aligned} P(E) &= P(A \cap E) + P(B \cap E) \\ &= P(A) \cdot P_A(E) + P(B) \cdot P_B(E) \\ &= 0{,}6 \cdot 0{,}8 \;+\; 0{,}4 \cdot 0{,}9 = 0{,}84. \end{aligned}$$

Man kann davon ausgehen, dass die übliche Behandlung der Infektionskrankheit mit Antibiotika in 84% aller Fälle Wirkung zeigt.

Beispiel: (Zuverlässigkeit einer Diagnose)
Bei Röntgenreihenuntersuchungen auf Tbc wird in 30% aller Fälle eine vorliegende Tbc nicht erkannt und in 2% aller Fälle eine Tbc diagnostiziert, obwohl gar keine vorliegt. – In einer Bevölkerung mit geschätzten 0,1% Tbc-Fällen wird landesweit eine Röntgenreihenuntersuchung durchgeführt. Jemand geht zu der Untersuchung und erfährt, dass der Befund positiv ist. Wie groß ist die Wahrscheinlichkeit, dass die Person tatsächlich Tbc hat? – Bedeutet A: „Tbc-krank" und B: „Befund positiv", dann ist $P_B(A)$ gesucht. Bekannt sind die Wahrscheinlichkeiten $P(A) = 0{,}001$; $P_A(\overline{B}) = 0{,}30$; $P_{\overline{A}}(B) = 0{,}02$. Mit $P_A(\overline{B})$ ist auch $P_A(B) = 1 - P_A(\overline{B})$ bekannt. Es handelt sich also darum, zwischen $P_A(B)$ und $P_B(A)$ einen Zusammenhang herzustellen. Wegen

Schließen von $P_A(B)$ auf $P_B(A)$ mittels einer totalen W.

$$P(A \cap B) = P(A) \cdot P_A(B) = P(B) \cdot P_B(A) \text{ ist}$$

$$P_B(A) = \frac{P(A)}{P(B)} \cdot P_A(B).$$

Um die noch fehlende Wahrscheinlichkeit P(B) zu ermitteln, beachten wir, dass B entweder zusammen mit A oder zusammen mit $\overline{A}$ auftritt, also $B = (A \cap B) \cup (\overline{A} \cap B)$ gilt.

$$P(B) = P(A) \cdot P_A(B) + P(\overline{A}) \cdot P_{\overline{A}}(B) = 0{,}001 \cdot 0{,}7 + 0{,}999 \cdot 0{,}02 = 0{,}021$$

Damit ergibt sich für die gesuchte Wahrscheinlichkeit

$$P_B(A) = \frac{0{,}001}{0{,}021} \cdot 0{,}7 \approx 0{,}033.$$

Nur in rd. 3% aller Fälle mit positivem Befund hat die untersuchte Person tatsächlich Tbc.

Bemerkung: Im Urnenmodell stellt sich das Beispiel so dar: Die Gesamtbevölkerung zerfällt in Tbc-Kranke (Kategorie I) und Nicht-Tbc-Kranke (Kategorie II). Man wählt zufällig eine der beiden Kategorien und entnimmt der gezogenen Kategorie wiederum zufällig eine Person. Deren Befund ist positiv. Mit welcher Wahrscheinlichkeit gehört die Person zur Kategorie I?

Selbstverständlich wird man zunächst zu Beispielen und Aufgaben greifen, die mehr oder weniger auf die vorhandenen rechnerischen Mittel zugeschnitten sind. Man muss sich aber klar sein, dass dies noch nicht die ganze Wahrheit ist. Erst reale Situationen, in denen eine vage Problemstellung zunächst präzisiert werden muss, oder bei der eine bedenkenlose Anwendung der gelernten Sätze zu einem offenbar falschen Ergebnis oder ein anderer Zugang zu einem andern Ergebnis führt, machen den Gültigkeitsbereich der Sätze deutlich.

Beispiel: (Führerscheinprüfung)
Die Führerscheinprüfung für Pkw besteht aus einem theoretischen und einem praktischen Teil. Um den Führerschein zu bekommen, muss man beide Teilprüfungen bestehen. – Ein Fahrlehrer lässt wissen, dass erfahrungsgemäß in der theoretischen Prüfung jeder zehnte und in der praktischen jeder achte Kandidat durchfällt. Wie groß ist die Wahrscheinlichkeit, dass ein Fahrschüler die Führerscheinprüfung besteht?

Information unvollständig

Die Information ist unvollständig. Es wird nicht gesagt, dass zur praktischen Prüfung nur zugelassen wird, wer zuvor die theoretische Prüfung bestanden hat. Setzt man A: „Theoretische Prüfung bestanden" und B: „Praktische Prüfung bestanden", dann ist die für A gegebene Wahrscheinlichkeit 0,9 eine unbedingte, die für B gegebene Wahrscheinlichkeit 0,875 dagegen eine bedingte. Es ist $0{,}9 = P(A)$ und $0{,}875 = P_A(B)$. Gesucht ist die Wahrscheinlichkeit, dass jemand, der sich in die Fahrschule anmeldet, seinen Führerschein erhält, also die unbedingte Wahrscheinlichkeit $P(A \cap B)$.

$$P(A \cap B) = P(A) \cdot P_A(B) = 0{,}9 \cdot 0{,}875 = 0{,}7875$$

Mit etwa 79 %iger Sicherheit kann ein Prüfling damit rechnen, den begehrten Führerschein zu bekommen.

Beispiel: (Sterbetafel)

W.theoretische Interpration gegebener Daten

Vollendete Lebensjahre	Weibliche Überlebende
0	100 000
10	96 906
20	96 522
30	95 860
40	94 630
50	91 893
...	

Eine sog. Sterbetafel gibt an, wie viel Personen von 100 000 Lebendgeborenen die verschiedenen Altersstufen erreichen. Solche Übersichten werden z. B. bei Lebensversicherungen zugrunde gelegt. – Kann man der angegebenen (verkürzten) Sterbetafel entnehmen, mit welcher Wahrscheinlichkeit eine Frau, die heute ihr 40stes Lebensjahr vollendet, auch noch ihr 50stes Lebensjahr vollenden wird? – Man muss unterscheiden zwischen der (unbedingten) Wahrscheinlichkeit, das 50ste Lebensjahr zu vollenden ($\approx 0{,}92$), und der (bedingten) Wahrscheinlichkeit, dieses zu erleben, wenn man bereits 40 Jahre hinter sich hat ($\approx 0{,}97$).

Beispiel: (Unrealistische Annahmen)
Eine Wetterstation verfolgt über Jahre hinweg die Niederschläge an einem bestimmten Ort. Sie registriert durchschnittlich an 60 Tagen eines Jahres Regen und an 25 Tagen Schneefall. Mit welcher Wahrscheinlichkeit hat man an diesem Ort mit Niederschlägen zu rechnen? – Gesucht ist die Wahrscheinlichkeit, dass an einem aufs Geratewohl herausgegriffenen Tag Regen oder Schnee fällt, mit A: „Regen" und B: „Schnee" also $P(A \cap B)$. Da nicht auszuschliessen ist, dass es an einem Tag sowohl regnet als auch schneit, ist von

Interpretation eines rechnerischen Ergebnis-

$$P(A \cup B) = P(A) + P(B) - P(A \cap B)$$

auszugehen. Damit stellt sich die Frage, ob die Ereignisse A und B unabhängig *ses*

sind. Das ist fraglich, denn an einem Regentag fällt ganz selten auch Schnee. Aber auch wenn man weiß, dass an 5 Tagen sowohl Regen als auch Schnee fällt, und

$$P(A \cup B) = \frac{60}{365\,365} + \frac{25}{365} + \frac{5}{365} \approx 0{,}22$$

berechnet, ist das Ergebnis nichtssagend. Die Rechnung geht nämlich davon aus, dass die verwendeten Wahrscheinlichkeiten für alle Tage des Jahres dieselben sind, und dies trifft gewiss nicht zu. Bei den verfügbaren Informationen gibt die Wahrscheinlichkeitsrechnung hinsichtlich der tatsächlichen Witterungsverhältnisse nichts her.

Beispiel: (Denkfehler)
Zwei Kugeln sollen mit einem Zufallsmechanismus nacheinander in drei dafür vorgesehene Kästchen I, II, III geworfen werden. Die Wahrscheinlichkeit, dass eine Kugel im Kästchen I (II, III) landet, ist 0,3 (0,2; 0,5). – Mit welcher Wahrscheinlichkeit bleiben zwei der drei Kästchen leer?

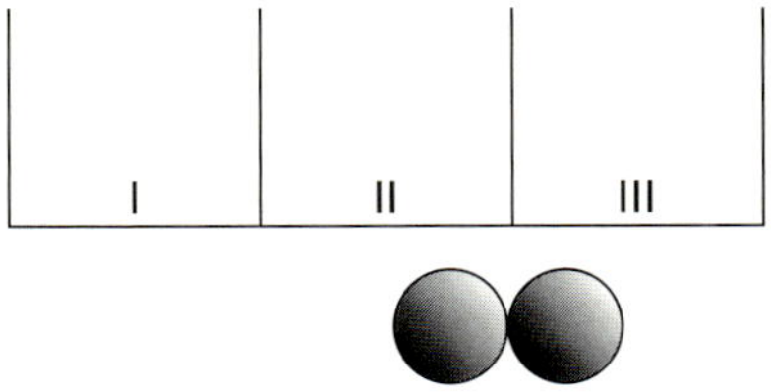

Vergleich von Überlegungen zum gleichen Problem

Erste Überlegung: Zwei Kästchen sind leer, wenn entweder das erste und das zweite, oder das erste und das dritte, oder das zweite und das dritte Kästchen leer bleiben.

$$P(2\text{ Kästchen leer}) = 0{,}7 \cdot 0{,}8 + 0{,}7 \cdot 0{,}5 + 0{,}8 \cdot 0{,}5 = 1{,}31\ (!)$$

Zweite Überlegung: $P(\text{I leer}) = 0{,}7 \cdot 0{,}7 = 0{,}49$; $P(\text{II leer}) = 0{,}64$; $P(\text{III leer}) = 0{,}25$

$$P(2\text{ Kästchen leer}) = 0{,}49 \cdot 0{,}64 + 0{,}49 \cdot 0{,}25 + 0{,}64 \cdot 0{,}25 \approx 0{,}60$$

Dritte Überlegung: Wenn zwei Kästchen leer bleiben sollen, dann müssen beide Kugeln ins gleiche Kästchen geraten.

$$P(2\text{ Kästchen leer}) = 0{,}3^2 + 0{,}2^2 + 0{,}5^2 = 0{,}38$$

Welche Berechnung ist korrekt? Warum sind die beiden andern falsch?

Verbindung mit Problemen der Kombinatorik

Als erhebliches Hindernis bei der unterrichtlichen Vermittlung des Additions- und Multiplikationssatzes erweist sich die Gepflogenheit, die Sätze vornehmlich bei Gleichverteilungen anzuwenden und mit *Problemen der Kombinatorik* zu vermengen. Sie geraten dann über dem Bemühen, die evtl. viel schwierigeren kombinatorischen Fragen zu beantworten, nicht selten zur Nebensache.

Beispiel: (Kombinatorik als zusätzliches Problem)
Aus den natürlichen Zahlen 1 bis 10 werden nacheinander zufällig zwei Zahlen gezogen. Wie groß ist die Wahrscheinlichkeit, zwei gerade Zahlen zu ziehen oder von den beiden Zahlen zuerst die kleinere?
A: Beide Zahlen gerade; B: Die zuerst gezogene Zahl ist die kleinere

$P(A) = \frac{5 \cdot 4}{10 \cdot 9} = \frac{2}{9}$; $P(B) = \frac{9 + 8 + \ldots + 1}{10 \cdot 9} = \frac{1}{2}$; $P(A \cap B) = \frac{4 + 3 + 2 + 1}{10 \cdot 9} = \frac{1}{9}$

Allgemeiner Additionssatz: $P(A \cup B) = \frac{2}{9} + \frac{1}{2} - \frac{1}{9} \approx 0{,}61$

Stochastik

16 Zufallsvariablen

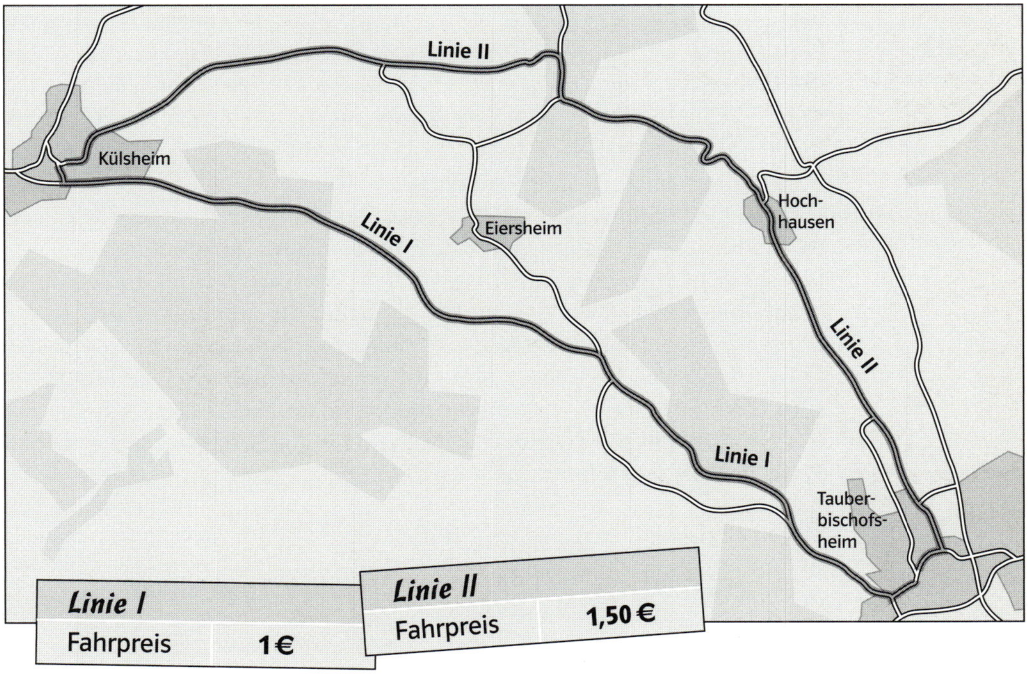

Herr Müller fährt jeden Morgen mit dem Bus zur Arbeit. Er kann mit einem Bus der Linie I oder der Linie II fahren. Jede der beiden Linien verkehrt im 10-min-Takt. Herr Müller überlässt es dem Zufall, wann genau er morgens zur Haltestelle kommt und nimmt immer den Bus, der zuerst kommt.

Da ein Monat nicht mehr als 24 Arbeitstage hat und der „mittlere Fahrpreis" auf beiden Routen 1,25 Euro beträgt, sollten 30 Euro als Fahrgeld pro Monat ausreichen – meint Herr Müller. Leider muss er aber jeden Monat erneut feststellen, dass dem nicht so ist. Offenbar benutzt er den teureren Bus sehr viel öfters als den billigen.

Woran kann das liegen?

Bei vielen Zufallsexperimenten werden die Ergebnisse durch Zählen oder Messen ermittelt. Die Ergebnisse lassen sich dann durch *Zahlen* kennzeichnen. Für die Darstellung einer Wahrscheinlichkeitsverteilung bringt das erhebliche Vorteile.

Zum mathematischen Hintergrund

Zufallsvariablen

Vorteile quantitativer Ergebnisse

Wenn die Ergebnisse eines Zufallsexperiments *Zahlen* sind, dann kann man – anders als z. B. beim Münzwurf – die Ergebnisse e_i der Größe nach vergleichen und mit ihnen rechnen (z. B. einen „Durchschnitt" bilden).

Von qualitativen zu quantitativen Ergebnissen

Oft treten die Ergebnisse direkt als Zahlen auf, Standardbeispiel ist das Würfeln. Sind die Ergebnisse selbst keine Zahlen, so sind sie häufig doch aufs Engste mit solchen verbunden, z. B. wenn ein Ergebnis einen bestimmten Gewinn verspricht oder bestimmte Kosten verursacht. Mit den Ergebnissen sind dann auch jene Zahlen *zufällig*. Sie treten mit gewissen, durch die Ergebnismenge S des Zufallsexperiments und ihre Verteilung P bestimmten Wahrscheinlichkeiten auf.

Zufallsvariable als Abbildung

Werden die Ergebnisse eines Zufallsexperiments nach $\mathbb{R}$ abgebildet, dann nennt man die Abbildung eine *Zufallsvariable* (oder *Zufallsgröße*).

Schreibweise

Die Bezeichnung einer Zufallsvariablen weicht von der für Abbildungen sonst üblichen ab. Da in diesem Fall die Bilder der Zufallsvariablen gleichzeitig die Argumente einer Wahrscheinlichkeitsfunktion sind, werden Zufallsvariablen mit Großbuchstaben X, Y, … bezeichnet (und die Werte, die sie annehmen können, mit entsprechenden Kleinbuchstaben x_i, y_j, …). Für das Ereignis, dessen Ergebnisse zum Wert x_i von X führen, schreibt man $X = x_i$ und für seine Wahrscheinlichkeit $P(X = x_i)$.

Bemerkung: Eine Zufallsvariable X ist nach Definition eine Abbildung und hat als solche mit dem Zufall nichts zu tun. Zufällig ist ausschließlich die *Auswahl der Argumente* dieser Abbildung und die damit getroffene Auswahl der Bilder von X. Insofern unterliegen die Werte, welche X bei einer Durchführung des Zufallsexperiments annimmt, dem Zufall. Der Name Zufallsvariable (als „Variable, welche ihre Werte zufällig annimmt") will daran erinnern.

Lösung der Aufgabe am Kapitelanfang

Die Fahrpläne der Busse sind so eingerichtet, dass die Busse der teureren Linie stets kurz vor jenen der billigeren an der Haltestelle eintreffen.

Diskrete Zufallsvariablen

Bei einer endlichen Ergebnismenge kann auch eine Zufallsvariable nur endlich viele Werte annehmen. Sind unendlich viele Ergebnisse möglich, dann kann (muss aber nicht) auch eine Zufallsvariable unendlich viele verschiedene Werte annehmen.

Beispiel: (Wiederholter Münzwurf)
Eine ideale Münze wird solange geworfen, bis erstmals „Zahl" fällt. Die Zufallsvariable X gebe die Zahl der bis dahin durchgeführten Würfe an. Dann kann X die Werte 1, 2, 3, ... annehmen. Die zugehörigen Wahrscheinlichkeiten sind $\frac{1}{2}, \frac{1}{4}, \frac{1}{8}, \ldots$.

Höchstens abzählbar unendlich viele x_i

Eine Zufallsvariable X nennt man *diskret* (i.S. von nicht zusammenhängend, vereinzelt, gesondert), wenn sie nur *endlich viele* oder *abzählbar unendlich viele* verschiedene Werte x_i annehmen kann. Die Wahrscheinlichkeitsverteilung einer diskreten Zufallsvariablen ist gegeben durch $P(X = x_i) := \Sigma P(e_j)$, wobei über jene e_j zu summieren ist, denen X die Zahl x_i zuordnet.

Wahrscheinlichkeitsverteilung

Bemerkung: Diskrete Zufallsvariablen, bei welchen sich die Werte x_i im Endlichen häufen, bleiben im weiteren außer Betracht. Es wird vorausgesetzt, dass in jedem endlichen (reellen) Intervall nur *endlich* viele x_i liegen.

Stetige Zufallsvariablen

Nichtdiskrete Zufallsvariablen

Es gibt auch Zufallsvariablen X, die – theoretisch – *jeden* Wert eines reellen Intervalls annehmen können. Man nennt sie (bezüglich dieses Intervalls) *stetig*. Mit solchen Zufallsvariablen hat man es häufig zu tun, wenn die Werte x von X Messwerte sind (etwa: Gesprächsdauern von Telefonaten). Da Messwerte in der Regel mit einer Messungenauigkeit behaftet sind, ist in solchen Fällen allein von Interesse, ob ein Wert x von X in einem vorgegebenen Intervall [a; b] liegt . Damit man überhaupt von der *Wahrscheinlichkeit* reden kann, mit der ein Wert x von X in dieses Intervall fällt, muss die Urbildmenge von [a; b] ein Ereignis sein.
Auch bei einer stetigen Zufallsvariablen sind Wahrscheinlichkeiten in irgendeiner Weise über den Variabilitätsbereich von X verteilt. Aber die Gesetzmäßigkeit, nach der sie verteilt sind, kommt in Form von *„Intervallwahrscheinlichkeiten"* zum Ausdruck. Damit die an Wahrscheinlichkeiten zu stellenden Grundforderungen erfüllbar sind, müssen die Wahrscheinlichkeiten $P(X = x)$ von „einpunktigen" Intervallen null sein. Man kann deshalb bei stetigen Zufallsvariablen – anders als bei diskreten – nicht von den Wahrscheinlichkeiten $P(X = x)$ auf Intervallwahrscheinlichkeiten $P(a \leq x \leq b)$ schließen und somit die Wahrscheinlichkeitsverteilung nicht mittels der Wahrscheinlichkeiten $P(X = x)$ beschreiben.

Intervallwahrscheinlichkeiten statt W.en von Ergebnissen

Bemerkung: Eine vergleichbare Situation kennt man aus der Geometrie. Um der Forderung zu genügen, dass eine Strecke eine Länge hat (mit den für diese charakteristischen Eigenschaften), muss man Punkten die Länge null zusprechen. Die Länge einer Strecke ist damit nicht die „Summe der Längen ihrer Punkte".

Wie lässt sich die „W.-verteilung" einer stetigen Zufallsvariablen beschreiben?

Man sieht sich gezwungen, die Wahrscheinlichkeitsverteilung einer stetigen Zufallsvariablen mit Hilfe von *Intervallwahrscheinlichkeiten* zu beschreiben. Als Intervalle eignen sich solche der Form $X \leq x$, denn andere lassen sich durch diese speziellen ausdrücken. Die Wahrscheinlichkeitsverteilung einer stetigen Zufallsvariablen X ist festgelegt durch die Funktion

$$F: c \mapsto P(X \leq c),$$

Verteilungsfunktion

ihre sog. *Verteilungsfunktion*. Sie ist eine auf $\mathbb{R}$ definierte, stetige und monoton wachsende Funktion mit

$$0 \leq F(c) \leq 1 \text{ und } \lim_{c \to -\infty} F(c) = 0, \lim_{c \to +\infty} F(c) = 1.$$

Bemerkungen:

a) In der Wahrscheinlichkeits*theorie* kommt man nicht ohne eine *mathematisch verwertbare Definition* des Begriffs stetige Zufallsvariable samt Verteilung aus. Man lässt sich von der Darstellung von Intervallwahrscheinlichkeiten durch Histogramme leiten und definiert demgemäß: Eine Zufallsvariable X incl. Verteilung heißt stetig, wenn sich die zugehörige Verteilungsfunktion F in der Form

Mathematische Definition

$$F(X) = \int_{-\infty}^{x} f(t)\,dt$$

mit einer (wenigstens stückweise) stetigen nichtnegativen Funktion f darstellen lässt. Die Funktion f nennt man Wahrscheinlichkeits*dichte* der Verteilung von X. Bei gegebener Dichte f gilt

$$P(a < x \leq b) = F(b) - F(a) = \int_{a}^{b} f(t)\,dt.$$

Anders als bei diskreten Verteilungen ist $P(a < x \leq b) = P(a < x < b) = P(a \leq x \leq b)$.

b) Eine Zufallsvariable, die nicht diskret ist, braucht deshalb keine *stetige Zufallsvariable* zu sein. Die besonderen Eigenschaften, durch welche stetige Zufallsvariablen aus allen möglichen nichtdiskreten ausgesondert werden, können allerdings in so gut wie allen praktisch vorkommenden Fällen als gegeben angesehen werden.

Erwartungswert und Varianz einer Zufallsvariablen X

Kennzahlen einer Zufallsvariablen

Eine erste nützliche, wenngleich nur sehr unvollständige, Auskunft über die Besonderheiten einer Zufallsvariablen X und ihrer Wahrscheinlichkeitsverteilung geben sog. *Kennzahlen* (oder *Maßzahlen*). Die Zahl

$$E(X) := \sum_i x_i \cdot P(X = x_i),$$

Erwartungswert

die auch mit μ (mü) bezeichnet wird, heißt *Erwartungswert* der Zufallsvariablen X . Sie ist als „mittlerer" Wert der bei oftmaliger Realisierung von X beobachteten Werte zu verstehen und gibt eine erste Auskunft über die *Lage* dieser Werte.

Eine zweite Kennzahl bringt zum Ausdruck, wie stark die Werte x_i um den Erwartungswert *streuen*. Die Zahl

$$V(X) := \sum_i [x_i - E(X)]^2 \cdot P(X = x_i)$$

Varianz

Standardabweichung

heißt *Varianz* der Zufallsvariablen X und ihrer Verteilung. Sie wird auch mit σ^2 (sigma quadrat) bezeichnet. Die Zahl $\sigma := \sqrt{\sigma^2}$ heißt *Standardabweichung*. Die Varianz ist ein „mittlerer" Wert für die Quadrate der Abweichungen vom Erwartungswert bei oftmaliger Realisierung von X.

Bemerkung: Für eine *stetige Zufallsvariable* X mit der Dichtefunktion f sind Erwartungswert und Varianz in analoger Weise definiert durch

$$E(X) := \int_{-\infty}^{+\infty} x \cdot f(x)\,dx \quad \text{bzw.} \quad V(X) := \int_{-\infty}^{+\infty} [x - E(X)]^2 \cdot f(x)\,dx.$$

Unterscheidet man bei einer Zufallsvariablen X Werte

x_i mit $|x_i - E(X)| < c$ und solche mit $|x_i - E(X)| \geq c$,

dann findet man $\sigma^2 \geq c^2 \cdot P(|X - E(X)| \geq c)$ oder

$P(|X - E(X)| \geq c) \leq \frac{\sigma^2}{c^2}$ *(Ungleichung von Tschebyscheff).*

Ungleichung von Tschebyscheff

Die Zufallsvariable aX + b

Sind a und b beliebige reelle Zahlen, dann ist mit X auch aX + b eine Zufallsvariable. Sie nimmt die Werte $ax_i + b$ an. Die Wahrscheinlichkeit für $ax_i + b$ ist dieselbe, mit der X den Wert x_i annimmt.

Von X zu aX+b

Der Erwartungswert und die Varianz von aX + b hängen in einfacher Weise mit jenen von X zusammen. Es ist

$$E(aX + b) = a \cdot E(X) + b$$
$$V(aX + b) = a^2 \cdot V(X).$$

Erwartungswert und Varianz von aX+b

Demnach lässt sich eine Zufallsvariable X mit dem Erwartungswert μ und der Standardabweichung σ durch den Übergang zu $X^* = \frac{1}{\sigma}(X - \mu)$ in eine Zufallsvariable X^* mit dem Erwartungswert 0 und der Standardabweichung 1 überführen („Standardisieren" von X).

Standardisieren einer Zufallsvariablen

Gemeinsame Wahrscheinlichkeitsverteilung von zwei Zufallsvariablen X und Y

Sind über derselben (endlichen) Ergebnismenge S eines Zufallsexperiments *zwei* Zufallsvariablen X und Y definiert, so liefert jede Durchführung des Zufallsexperiments einen Wert x_i für X und einen Wert y_j für Y, somit ein Paar $(x_i; y_j)$. Es seien P_I und P_{II} die Wahrscheinlichkeitsverteilungen von X bzw.Y. Dann treten auch die geordneten Paare $(x_i; y_j)$ mit gewissen Wahrscheinlichkeiten $P_{I,II}[(x_i; y_j)]$ auf. Man nennt $P_{I,II}$ die *gemeinsame Wahrscheinlichkeitsverteilung* von X und Y.

Zwei Zufallsvariablen X und Y über derselben Ergebnismenge

Gemeinsame W.verteilung

Beispiel: (Gemeinsame Wahrscheinlichkeitsverteilung beim gleichzeitigen Wurf von Würfel und Münze)

X: Augenzahl eines (verfälschten) Würfels; $S_I = \{1, 2, 3, 4, 5, 6\}$

Y: Lage einer (verfälschten) Münze $S_{II} = \{0, 1\}$

	1	2	3	4	5	6	
0	0,05	0,05	0,10	0,10	0,05	0,05	*0,40*
1	0,20	0,10	0,10	0,10	0,05	0,05	*0,60*
	0,25	*0,15*	*0,20*	*0,20*	*0,10*	*0,10*	

Die Tabelle zeigt u.a.: $P_{I,II}[(4; 1)] = 0{,}10$ und $P_{I,II}[(6; 0)] = 0{,}05$. Die Wahrscheinlichkeiten von X und Y, z. B. $P_I(X = 2) = 0{,}15$ oder $P_{II}(Y = 1) = 0{,}60$, erscheinen als „Randwahrscheinlichkeiten".

Zusammenhang mit den Verteilungen von X und Y

Von Interesse ist die Frage, wie $P_{I,II}$ mit P_I und P_{II} zusammenhängt. Die Verteilungen P_I und P_{II} sind durch $P_{I,II}$ bestimmt. Bedeutsamer ist, ob man auch umgekehrt die Wahrscheinlichkeit, dass X den Wert x_i *und* Y den Wert y_j annimmt, berechnen kann, wenn $P_I(X = x_i)$ und $P_{II}(Y = y_j)$ bekannt sind. Man sieht sich vor die Problematik des Multiplikationssatzes gestellt. Gilt

$$P_{I,II}[(x_i; y_j)] = P_I(X = x_i) \cdot P_{II}(Y = y_j) \quad \textit{für alle i, j,}$$

Unabhängigkeit von Zufallsvariablen

dann nennt man die *Zufallsvariablen* X und Y *unabhängig*. Unabhängigkeit bedeutet, dass das Auftreten von x_i die Wahrscheinlichkeit für y_j nicht beeinflusst. Wenn man – aus irgendeinem Grunde – weiß, dass X und Y unabhängig sind, dann ist mit P_I und P_{II} auch $P_{I,II}$ bestimmt.

Bemerkung: Der Unabhängigkeitsbegriff bei Zufallsvariablen lässt sich sinngemäß auf n Zufallsvariablen verallgemeinern.

Die Zufallsvariablen X + Y und X · Y

Sind X, Y Zufallsvariablen über S, dann kann man zu jedem Paar $(x_i; y_j)$ die Summe $x_i + y_j$ als Wert einer neuen Zufallsvariablen Z über S ansehen. Deren Werte z_k sind die *verschiedenen* Zahlen, die sich durch Addition jedes x_i mit jedem y_j ergeben. Man nennt Z die *Summe von X und Y* und schreibt

$$Z = X + Y.$$

Summe und Produkt von zwei Zufallsvariablen

Entsprechend ist das *Produkt* X · Y definiert. Die Wahrscheinlichkeitsverteilungen von X + Y und X · Y lassen sich der gemeinsamen Wahrscheinlichkeitsverteilung entnehmen (im Falle des vorigen Beispiels erhält man die nebenstehenden Tabellen).

X + Y

1	2	3	4	5	6	7
0,05	0,25	0,20	0,20	0,15	0,10	0,05

X · Y

0	1	2	3	4	5	6
0,40	0,20	0,10	0,10	0,10	0,05	0,05

Kennt man die gemeinsame Verteilung nicht, sondern nur die (Rand-)Verteilungen von X und Y, dann kann man nur bei Unabhängigkeit auf die Verteilungen von X + Y und X · Y schließen.

Der Sonderfall X + X

Ein Sonderfall: Mit X ist auch X + X eine Zufallsvariable (die nicht mit der Zufallsvariablen 2X verwechselt werden darf). Besteht Veranlassung, die beiden Summanden durch Indizes zu unterscheiden, z. B. weil sie inhaltlich unterschiedliche Bedeutungen haben, dann spricht man von *identisch verteilten* Zufallsvariablen X_1 und X_2.

Identisch verteilte Zufallsvariablen

Kennzahlen

Die *Kennzahlen* von X + Y stehen mit jenen von X und Y in einfachem Zusammenhang. Für die Zufallsvariable X + Y ist

... von X + Y

$$E(X + Y) = E(X) + E(Y)$$

und, falls X und Y *unabhängig* sind,

$$V(X + Y) = V(X) + V(Y).$$

Entsprechende Beziehungen gelten für die Summe von n Zufallsvariablen.

Bemerkung: Sind X und Y *unabhängig*, dann gilt für die Zufallsvariable $X \cdot Y$

... von X·Y

$$E(X \cdot Y) = E(X) \cdot E(Y) \text{ und}$$
$$V(X \cdot Y) = V(X) \cdot V(Y) + [E(X)]^2 \cdot V(Y) + [E(Y)]^2 \cdot V(X).$$

Die Varianz von $X \cdot Y$ ist also i. Allg. größer als das Produkt der Varianzen von X und Y, die Beziehung $V(X \cdot Y) = V(X) \cdot V(Y)$ gilt nur für $E(X) = E(Y) = 0$.

Zum Unterricht

Generelle unterrichtliche Probleme

Zufallsvariable als Abbildung?

Die Definition einer Zufallsvariablen X als Abbildung von S nach $\mathbb{R}$ ist der Schule wenig angemessen. Im Grunde bedarf es keiner neuen Begrifflichkeit, sondern lediglich einer *Modifikation des Bisherigen* im Hinblick auf Zufallsexperimente, deren Ergebnisse von quantitativer Art sind. Das eigentlich Neue liegt im Übergang von der vorhandenen Ergebnismenge S zu einer neuen Ergebnismenge S^*, indem man S in Teilmengen zerlegt und diese als neue Ergebnisse mit neuen Wahrscheinlichkeiten ansieht.

Frage der Motivation

Überdies muss man sehen, dass das Einführen einer Zufallsvariablen X die Aufgabe, in einer gegebenen Situation die Wahrscheinlichkeiten vorgegebener Ereignisse zu berechnen, zunächst nicht vereinfacht. Solange die Verteilung von X nicht bekannt ist, steht man vor derselben Aufgabe wie zuvor. Ein Schüler sieht insoweit *keinen Anlass*, einen neuen Begriff einzuführen.

Sinn der Zufallsvariablen

Er vermag nicht zu erkennen, welche Absicht letzten Endes hinter der Einführung von Zufallsvariablen steckt. Es wird dadurch die Möglichkeit geschaffen, gesetzmäßige Wahrscheinlichkeits*verteilungen* mathematisch zu beschreiben. Das wiederum ist deshalb wichtig, weil aus der unübersehbaren Vielzahl möglicher Verteilungen praktisch nur einige wenige von herausragender Bedeutung sind. Im Unterricht tritt dieser Aspekt erst nach und nach zutage.

Einführung von Zufallsvariablen

Zweckgemäße „Verkleinerung" des Ereignisraums

Bei einem Zufallsexperiment sollten die möglichen Ergebnisse nicht allzu grob unterschieden sein, damit eine spätere Änderung der Interessenlage nicht den Übergang zu einer neuen Ergebnismenge (mit erneutem experimentellem Aufwand) nötig macht. Der Vorteil einer fein zergliederten Ergebnismenge wird jedoch in der Regel mit einer enormen „Vergrößerung" des Ereignisraumes erkauft; es kommen auch Ereignisse ins Spiel, die evtl. gar nicht interessieren. Man ist daher bestrebt, *im Hinblick auf eine konkrete Fragestellung* die Menge der Ereignisse zu begrenzen.

Beispiel: (Dreimaliges Werfen einer Münze)
Die Ergebnismenge S = {ZZZ, BZZ, ZBZ, ZZB, ZBB, BZB, BBZ, BBB} und ihre Wahrscheinlichkeitsverteilung enthalten alle wünschenswerten Informationen.
a) Falls nur interessiert, *wie oft* B fällt (ob B öfters fällt als Z, usw.), dann genügt bereits die einfachere Ergebnismenge $S^* = \{0; 1; 2; 3\}$ und deren Wahrscheinlichkeiten.
b) Vielleicht wird dieses Münzwerfen auf dem Volksfest als Spiel angeboten, bei dem man für jeden Dreifachwurf 1 Euro bezahlen muss und jedesmal, wenn dabei in zwei aufeinanderfolgenden Einzelwürfen dieselbe Seite fällt, 1 Euro Gewinn lockt. In diesem Fall richtet sich das Interesse auf die Ergebnismenge $S^{**} = \{1; 0; -1\}$ und die zugehörigen Wahrscheinlichkeiten.

Zufallsvariable als Variable für Zahlen, die zufällig auftreten

Im Beispiel ist das Augenmerk weniger auf die Ergebnisse in S gerichtet als auf *Zahlen*, die mit diesen Ergebnissen verbunden sind (die Zahl der B's bzw. den Gewinn). Da die Ergebnisse zufällig auftreten, unterliegen auch diese Zahlen dem Zufall. Eine Variable für sie nennt man deshalb eine *zufällige Variable* oder *Zufallsvariable* (im Unterschied zu den Variablen der Algebra). In a) und b) handelt es sich um verschiedene Zufallsvariablen über derselben Ergebnismenge.

Schreibweise

Zufallsvariablen werden üblicherweise mit großen Buchstaben (z. B. X, Y, ...) bezeichnet und die Werte, die sie annehmen können, mit entsprechenden Kleinbuchstaben (z. B. x_i, y_j, ...).

Von den W. der Ergebnisse zu den W. der Zufallsvariablen

Um die *Wahrscheinlichkeit* zu bekommen, mit der ein Wert x_i von X auftritt, sind die Wahrscheinlichkeiten all jener Ergebnisse von S zu addieren, welche zu der Zahl x_i führen. Im obigen Beispiel ergeben sich für S^* und S^{**} die angegebenen Wahrscheinlichkeitsverteilungen.

S^*:

x_i	0	1	2	3
$P(X = x_i)$	$\frac{1}{8}$	$\frac{3}{8}$	$\frac{3}{8}$	$\frac{1}{8}$

S^{**}:

y_j	−1	0	1
$P(Y = y_j)$	$\frac{1}{4}$	$\frac{1}{2}$	$\frac{1}{4}$

Sinn und Zweck einer Zufallsvariablen

Das Einführen einer Zufallsvariablen bringt insofern Gewinn, als der Ereignisraum *im Hinblick auf eine konkrete Fragestellung* angemessen *vereinfacht* wird. Unterschiedlichen Fragestellungen kann man mittels verschiedener Zufallsvariablen über derselben Ergebnismenge Rechnung tragen. Überdies lassen sich die jeweils interessierenden Ereignisse einfach (meist mittels Gleichungen oder Ungleichungen) beschreiben.

Bemerkung: Da man es häufig gleichzeitig mit zwei (oder mehreren) Zufallsvariablen X und Y zu tun hat, schreibt man statt $P(x_i)$ und $P(y_j)$ deutlicher $P(X = x_i)$ und $P(Y = y_j)$.

Wahrscheinlichkeitsverteilung einer Zufallsvariablen

Bei der Einführung einer Zufallsvariablen X ist die entscheidende Frage, mit welchen Wahrscheinlichkeiten sie ihre Werte x_i annimmt. Eine Überbetonung als Abbildung (etwa um sie gegen die Variablen der Algebra abzuheben) führt – zumindest in den Augen von Schülern – leicht zu einer Vernachlässigung des Zufallsaspekts, während künftig, wenn von einer Zufallsvariablen die Rede ist, stets „Zufallsvariable *incl.* Wahrscheinlichkeitsverteilung“ gemeint ist.

Eine Zufallsvariable ist mehr als eine Abbildung

Um die Wahrscheinlichkeits*verteilung* ins Blickfeld zu rücken, ist das Ermitteln der Wahrscheinlichkeiten $P(X = x_i)$ zwar unerlässlich, aber kaum hinreichend. Es sollte zumindest ein Vergleich der Wahrscheinlichkeiten $P(X = x_i)$ hinzukommen (z. B.: Mit welchem x_i ist am ehesten zu rechnen? In welchem Intervall um diesen Wert ist etwa die Hälfte aller Beobachtungswerte zu erwarten?).

Kennzahlen einer Zufallsvariablen

Zweck von Kennzahlen

Lagemaß

Streuungsmaß

Bei der Einführung des Erwartungswertes und der Varianz dürfte es nicht überflüssig sein zu betonen, dass es darum geht, eine *Zufallsvariable mitsamt ihrer Wahrscheinlichkeitsverteilung* grob durch zwei Zahlen zu beschreiben, welche die ungefähre *Lage* der x_i und das Ausmaß ihrer *Streuung* zum Ausdruck bringen. Während der Erwartungswert μ unmittelbar einsichtig ist, bedarf die Varianz einer zusätzlichen Erläuterung. Man wird es zunächst mit $\Sigma(x_i - \mu)P(X = x_i)$ versuchen und feststellen, dass diese Zahl stets null und deshalb für eine Charakterisierung des Streuens ungeeignet ist. Offenbar ist man mit der Zahl $\Sigma|x_i - \mu|P(X = x_i)$ oder der Zahl $\Sigma(x_i - \mu)^2 P(X = x_i)$ besser beraten. Man wählt meist die zweite Möglichkeit, weil sie beim formalen Rechnen weniger Mühe macht. Im Vergleich zur ersten werden durch das Quadrieren kleine Abweichungen geringer, große stärker gewichtet. Die Standardabweichung ist im Zusammenhang mit der TSCHEBYSCHEFFschen Ungleichung zu sehen, wonach etwa 9 von 10 Beobachtungswerten im „3σ-Intervall“ $[\mu - 3\sigma;\ \mu + 3\sigma]$ liegen.

Die Zufallsvariable aX + b

Es ist unmittelbar einsichtig, dass mit X auch aX + b eine Zufallsvariable Z ist, für welche $P(Z = ax_i + b) = P(X = x_i)$ gilt. Und es macht auch wenig Mühe, den Erwartungswert bzw. die Varianz von Z zu jener von X in Beziehung zu setzen und empirisch zu verdeutlichen. Dagegen bedarf es im Unterricht eines Hinweises, inwiefern dies von Bedeutung ist.

Darstellung einer Zufallsvariablen in der Form aX + b

Aus einer Zufallsvariablen X kann man natürlich neue Zufallsvariablen bilden, aber dazu besteht kein Anlass. Es ist vielmehr umgekehrt eine neue, nicht näher bekannte Zufallsvariable Y vorhanden und man versucht, sie auf die bereits bekannte Zufallsvariable X zurückzuführen, um so Auskunft über Y zu erhalten. Dieser Gedanke ist *methodisch* von Interesse. Es handelt sich um eine in der Mathematik immer wieder anzutreffende Strategie. Wenn z. B. in der Analysis Funktionen als aus anderen zusammengesetzt oder in der Arithmetik natürliche Zahlen als aus Primzahlen zusammengesetzt angesehen werden, so handelt es sich im Grunde um dieselbe Strategie.

Kennzahlen von aX+b

Steht eine Zufallsvariable Y zu X (mit $E(X) = \mu$, $V(X) = \sigma^2$) in der speziellen Beziehung $Y = aX + b$, dann hat Y den Erwartungswert $a \cdot \mu + b$ und die Varianz $a^2 \cdot \sigma^2$. Diese Beziehungen vermag ein Schüler indessen vorerst kaum recht zu würdigen. Die durch sie möglichen Vereinfachungen fallen bei numerischen Rechnungen im Rahmen der Schule zunächst nicht ins Gewicht. Sie zeigen sich erst später bei theoretischen Überlegungen. Auch die darauf beruhende Möglichkeit, eine Zufallsvariable X zu *standardisieren* (d. h. durch den Übergang von X zu $X^* = \frac{X - \mu_x}{\sigma_x}$ auf den Erwartungswert 0 und die Varianz 1 zu bringen) kommt erst zum Tragen, wenn Wahrscheinlichkeitsverteilungen desselben Typs zu vergleichen und – vor allem – zu *tabellieren* sind. Man wird sich entscheiden müssen, ob man die Beziehungen $E(aX + b) = aE(X) + b$ und $V(aX + b) = a^2V(X)$ ein für allemal bereitstellt oder erst bei gegebenem Anlass erörtert.

Standardisieren einer Zufallsvariablen

Tabellieren von W.verteilungen

Bemerkung: Das Problem, mit wenigen Tabellen möglichst viele Wahrscheinlichkeitsverteilungen zu erfassen, fällt angesichts der rechnerischen Hilfsmittel, die neuerdings zur Verfügung stehen, zunehmend weniger ins Gewicht.

Wiederholte Durchführung eines Zufallsexperiments

Das *wiederholte* Durchführen eines Zufallsexperiments bzw. das *wiederholte* Realisieren einer Zufallsvariablen ist von zentraler Bedeutung. Will man beispielsweise den bei relativen Häufigkeiten zu beobachtenden Stabilisierungseffekt *theoretisch* verfolgen, dann muss man zuvor klären was es *begrifflich* heißt, ein Zufallsexperiment wiederholt durchzuführen. Vor derselben Aufgabe steht man in der Statistik, wenn man Stichprobenwerte als Werte auffassen möchte, die bei wiederholter Realisierung einer Zufallsvariablen angefallen sind.

Mathematische Beschreibung des Wiederholens

Ein Zufallsexperiment bestehe darin, einen (möglicherweise verfälschten) Würfel *zweimal* zu werfen. Über der Ergebnismenge $\{(1; 1), (1; 2), \ldots, (6; 6)\}$ sei eine Zufallsvariable Z definiert. Sind nun X und Y Zufallsvariablen für die im ersten bzw. zweiten Wurf fallende Augenzahl, dann ist eine Realisierung von Z gleichwertig einer Realisierung sowohl von X als auch von Y. In diesem Sinne bedeutet „Einmaliges Wiederholen eines Zufallsexperiments", dass zwei Zufallsexperimente durchgeführt bzw. zwei Zufallsvariablen realisiert werden. Diese simple Überlegung ist für das Folgende grundlegend.

... mittels identisch verteilter Zufallsvariablen

Die Zufallsvariablen X und Y stimmen sowohl in den Werten, die sie annehmen können, als auch in deren Wahrscheinlichkeiten überein. Man nennt X und Y *identisch verteilt*. Entsprechend hat man es bei mehrmaligem Wiederholen mit n identisch verteilten Zufallsvariablen zu tun.

Bemerkungen:

a) Man sieht sich vielleicht verleitet, statt von „identisch verteilten" von „gleich verteilten" Zufallsvariablen zu sprechen. Das ist indessen arg missverständlich, denn „gleichverteilt" bedeutet, dass jedem Wert einer Zufallsvariablen dieselbe Wahrscheinlichkeit zukommt.

b) Zufallsvariablen, die identisch verteilt sind, werden meist durch verschiedene Indizes bei gleichem Großbuchstaben unterschieden. Man schreibt also z. B. X_1, X_2, ... und unterscheidet $P(X_1 = x_i)$ und $P(X_2 = x_i)$.
Beim zweimaligen Werfen eines Würfels sind Ereignisse $X_1 = x_i$ und $X_2 = x_j$ unabhängig, daher ist

$$P(X_1 = x_i; X_2 = x_j) = P(X_1 = x_i) \cdot P(X_2 = x_j).$$

Unabhängige Durchführungen

Sind die Ereignisse $X_1 = x_i$ und $X_2 = x_j$ *für alle i, j unabhängig*, dann ergibt sich die Wahrscheinlichkeitsverteilung von Z aus der Verteilung von X. Man spricht dann von der *unabhängigen Wiederholung* eines Zufallsexperiments.

Beispiel: (2-maliges Ziehen aus einer Urne mit nummerierten Kugeln)
a) Ziehen mit Zurücklegen: Die Wahrscheinlichkeit, im 2. Zug die Nr. x_j zu ziehen, ist unabhängig vom Ergebnis der 1. Ziehung. Die beiden Ziehungen sind unabhängig. Es gilt $P(X_1 = x_i \text{ und } X_2 = x_j) = P(X_1 = x_i) \cdot P(X_2 = x_j)$.
b) Ziehen ohne Zurücklegen: Durch das Ergebnis der 1. Ziehung verändern sich die Wahrscheinlichkeiten für die 2. Ziehung. Die beiden Ziehungen sind abhängig. Die Wahrscheinlichkeitsverteilung einer Zufallsvariablen Z für „Zweimaliges Ziehen ohne Zurücklegen" lässt sich *nicht* aus der Verteilung von X gewinnen.

Projektion auf die Realität

Es ist wichtig, sogleich an Beispielen zu zeigen, wie sich der Sachverhalt in realen Situationen darstellt. Man wird dabei die Beispiele so wählen, dass der Zusammenhang zum Vorschein kommt, in dem die Überlegungen später bedeutsam werden.

Beispiel: (Qualitätskontrolle)
Der Hersteller eines Massenartikels behauptet, dass 95 % seiner Produkte einwandfrei sind. Um die Behauptung zu überprüfen, werden der laufenden Produktion 4 Stück entnommen und einzeln untersucht. Wie groß ist – wenn die Behauptung des Herstellers zutrifft – die Wahrscheinlichkeit, dass alle vier einwandfrei sind?
Das Entnehmen eines Artikels kann man als Zufallsexperiment ansehen. Es werden also vier Zufallsexperimente mit S = {einwandfrei; defekt} durchgeführt. In allen vieren sind die Wahrscheinlichkeiten P(einwandfrei) bzw. P(defekt) *praktisch* dieselben; bei der Vielzahl vorhandener Artikel ist das Ergebnis einer Untersuchung so gut wie ohne Einfluss auf die nächste Untersuchung. Eine Überprüfung aller vier Artikel kann daher als unabhängige wiederholte Durchführung desselben Zufallsexperiments aufgefasst werden. Es gilt

$$\begin{aligned} P(\text{alle Artikel einwandfrei}) &= P(\text{1. Artikel einwandfrei}) \ldots P(\text{4. Artikel einwandfrei}) \\ &= 0{,}95 \cdot 0{,}95 \cdot 0{,}95 \cdot 0{,}95 \\ &= 0{,}81. \end{aligned}$$

Ausblick

Trifft die Behauptung des Herstellers zu, dann ist bei dieser Überprüfung in etwa einem Fünftel aller Fälle unter den vier ausgewählten Artikeln mindestens ein defekter zu erwarten. – Dieses Resultat ist aus folgendem Grund von Interesse. Erweist sich z. B. bei der Überprüfung von 4er-Paketen, dass durchschnittlich in jedem *dritten* Paket nicht alle vier Artikel einwandfrei sind, dann besteht Grund, an der Behauptung des Herstellers zu zweifeln. Die errechnete Wahrscheinlichkeit gibt also einen Hinweis, ob ein solcher Zweifel angebracht erscheint.

Gemeinsame Wahrscheinlichkeitsverteilung zweier Zufallsvariablen

Nicht nur beim wiederholten Durchführen eines Zufallsexperiments treten gleichzeitig mehrere Zufallsvariablen auf, so etwas kommt auch bei anderer Gelegenheit vor. Die Zufallsvariablen sind dann i. Allg. nicht mehr identisch verteilt.

Nichtidentisch verteilte Zufallsvariablen X und Y über S

Beispiel: (Heizöllieferung)
Bei der Belieferung von Privathaushalten mit Heizöl kann die pro Haushalt gelieferte Ölmenge (in L) als Zufallsvariable X aufgefasst werden und der nahezu täglich wechselnde Ölpreis (in C/L: Cent pro L) als Zufallsvariable Y. Der zu bezahlende Rechnungsbetrag R (in Euro) hängt von x_i und y_j ab und ist ebenfalls zufällig.

In diesem Beispiel sind X und Y sowohl hinsichtlich der möglichen Werte als auch hinsichtlich ihrer Wahrscheinlichkeiten verschieden. Überdies ist nicht sicher, ob X und Y ihre Werte unabhängig voneinander annehmen, denn möglicherweise wird bei höherem Ölpreis weniger getankt.
Die *Wahrscheinlichkeiten* $P(R = r_k)$ hängen zwar mit den Wahrscheinlichkeiten $P(X = x_i)$ und $P(Y = y_j)$ zusammen, lassen sich aber nicht ohne weiteres aus diesen berechnen. Die Wahrscheinlichkeitsverteilung von R lässt sich nur angeben, wenn die Wahrscheinlichkeiten aller Paare $(x_i; y_j)$ bekannt sind; sie ist die Summe der Wahrscheinlichkeiten aller Paare, für welche R den Wert r_k annimmt. Man nennt

$$(x_i; y_j) \mapsto P(X = x_i; Y = y_j)$$

Gemeinsame W.verteilung von X und Y

die *gemeinsame* Wahrscheinlichkeitsverteilung von X und Y. Sie tritt auf den Plan, wenn bei einem Zufallsexperiment gleichzeitig mehrere Merkmale von Interesse sind (z. B. bei der Überprüfung von Münzen sowohl der Durchmesser als auch das Gewicht).
Um die Bedeutung der Begriffsbildung für den *Unterricht* richtig einzuschätzen, ist zu bedenken, dass die gemeinsame Wahrscheinlichkeitsverteilung im konkreten Fall meist nicht bekannt ist (im obigen Beispiel dürfte kaum bekannt sein, mit welcher Wahrscheinlichkeit 2500 L zum Preis von 34 C/L getankt werden). Man kennt allenfalls die Verteilungen von X und Y. Das schmälert die unterrichtliche Bedeutung des Begriffs, so wichtig er für die Theorie sein mag. Aus der Sicht des Schülers – und der Praxis – stellt sich nicht die Frage nach den Randverteilungen bei gegebener gemeinsamer Verteilung, sondern umgekehrt die Frage nach $P(X = x_i; Y = y_j)$, wenn $P(X = x_i)$ und $P(Y = y_j)$ bekannt sind. Die Schule beschränkt sich auf Fälle, in denen sich die Frage beantworten lässt. Der Begriff „gemeinsame Wahrscheinlichkeitsverteilung" trägt Belangen eines *deduktiven* Vorgehens Rechnung, ist jedoch im Rahmen der Schule von unangemessener Allgemeinheit.

Stellenwert für die Schule

Die Summenvariable von X und Y

Grundsätzliches Problem

Wenn eine Zufallsvariable Z ihre Werte unter dem Einfluss von zwei Zufallsvariablen X und Y annimmt, dann kommt es entscheidend darauf an, *in welcher Weise* Z mit X und Y zusammenhängt. Grundsätzlicher stellt sich die Frage, inwiefern sich ein Zusammenhang zwischen *zufälligen* Größen überhaupt konkretisieren lässt.

Beispiel: (Zusammenhang von Z mit X und Y)
Zwei kleinere Zulieferbetriebe stellen den gleichen Artikel her und beliefern damit täglich dieselbe Fertigungsfirma. In beiden Betrieben sind die Tagesproduktionen nicht immer gleich, sie können als Zufallsvariablen X bzw. Y angesehen werden. Infolgedessen ist auch die Gesamtzahl Z der täglich bei der Fertigungsfirma ankommenden Artikel zufällig.

X + Y ist nicht die „Summe" von Abbildungen

Derartige Beispiele können den Weg ebnen. Es ist ratsam, nicht voreilig von „Summe" zu reden, sondern zunächst bei vorgegebenen Werten von X und Y die möglichen Werte von Z aufzuschreiben. Besonders lehrreich ist der Sonderfall Y = X; er zeigt, dass Z *nicht* die Zufallsvariable mit den Werten $2x_i$ ist. Es besteht somit Anlass, den Begriff „Summe zweier Zufallsvariablen" (kurz: „Summenvariable") zu bilden und die Bezeichnung X + Y einzuführen.

Begriff der Summe

Danach stellt sich die Frage nach der *Wahrscheinlichkeitsverteilung* von X + Y. Im vorangehenden Beispiel besteht das Zufallsexperiment darin, von den beiden Zulieferbetrieben je eine Tagesproduktion x_i bzw. y_j auszuwählen, seine Ergebnisse sind also Paare $(x_i; y_j)$ und jedes Ereignis ist eine Menge von solchen Paaren. Insbesondere ist $X = x_i$ zu verstehen als die Menge aller Paare, deren erste Komponente x_i ist. Wenn die Zulieferbetriebe ohne jede Beziehung zueinander arbeiten, dann kann man davon ausgehen, dass *für alle i, j* die Ereignisse $X = x_i$ und $Y = y_j$ *unabhängig* sind (man spricht dann von „unabhängigen Zufallsvariablen") und somit

$$P(X = x_i; Y = y_j) = P(X = x_i) \cdot P(Y = y_j)$$

gilt. In diesem Fall lässt sich, wenn die Verteilungen von X und Y bekannt sind, zu jedem Paar $(x_i; y_j)$ seine Wahrscheinlichkeit angeben und daraus die Wahrscheinlichkeitsverteilung von X + Y gewinnen. Ein nummerisches Beispiel wird das Seine tun. Der Hinweis, dass dieses Vorgehen bei anderen Voraussetzungen nicht möglich ist, darf nicht fehlen.

W.verteilung der Summe

Unabhängigkeit von Zufallsvariablen

Unabhängigkeit als Voraussetzung

Bemerkung: Da unabhängige Zufallsvariablen häufig mit dem wiederholten Werfen einer Münze oder eines Würfels in Zusammenhang gebracht werden, könnte der Eindruck entstehen, dass identisch verteilte Zufallsvariablen automatisch unabhängig sind. Das ist – vgl. Tabelle – nicht der Fall. (Man denke sich beim Werfen zweier Münzen diese etwa durch einen losen Faden verbunden.)

		X = 0	X = 1	
Y	0	0,1	0,4	*0,5*
	1	0,4	0,1	*0,5*
		0,5	*0,5*	

Bisher wurde zu X und Y die Summenvariable X + Y gebildet. Künftig wird es umgekehrt meist darum gehen, eine vorliegende Zufallsvariable Z additiv zu *zerlegen* und als Summe X + Y darzustellen. Es ist wichtig, dass ein

Darstellung einer Zufallsvariablen als Summe

Schüler die Summenvariable sogleich in diesem veränderten Sinnzusammenhang zu sehen lernt.

Beispiel: (Zerlegen einer Zufallsvariablen in Summanden)
a) Beim 10-maligen Werfen eines idealen Würfels ist die Augensumme Z eine Zufallsvariable, die als Summe $X_1 + \ldots + X_{10}$ von identisch verteilten und unabhängigen Zufallsvariablen X_i: „Augenzahl beim i-ten Wurf" dargestellt werden kann. Daraus ergibt sich (wegen $E(X_i) = 3{,}5$ und $V(X_i) = 2{,}91$) $E(Z) = 35$ und $V(Z) = 29{,}1$. Nach der Tschebyscheffschen Ungleichung liegt die Augensumme in etwa 9 von 10 Zehnerwürfen zwischen 18 und 52.
b) Ein Massenartikel wird nach einem neuen Verfahren hergestellt. Um zu prüfen, ob es besser ist als das seitherige, wird der laufenden Produktion eine „Stichprobe" von 100 Stück entnommen und auf „defekt" oder „einwandfrei" untersucht. Führt man nun für die Auswahl des i-ten Artikels eine Zufallsvariable X_i ein, die bei „defekt" den Wert 1 und bei „einwandfrei" den Wert 0 annimmt, dann gibt

$$Z = X_1 + X_2 + \ldots + X_{100}$$

an, wie viel defekte Stücke eine Stichprobe enthält; Z ist „Zählvariable". Da es sich um eine Auswahl aus einer sehr großen Zahl von Artikeln handelt, darf man näherungsweise annehmen, dass die X_i identisch verteilt und unabhängig sind. Mit $P(X_i = 1) = p$ erhält man $E(X_i) = p$, $V(X_i) = p(1-p)$ und $E(Z) = 100p$, $V(Z) = 100p(1-p)$.

Die Produktvariable von X und Y

Im Grundsätzlichen sind, am besten vor dem Hintergrund einer realen Situation, entsprechende Überlegungen anzustellen wie bei der Summe.

Begriff des Produkts von Zufallsvariablen

Beispiel: (Produkt zweier Zufallsvariablen)
Eine Firma bietet in der Zeitung an, Garageneinfahrten zu pflastern. Der Preis pro m^2 richtet sich nach dem gewählten Belag. Jeder Auftrag kann als Realisierung einer Zufallsvariablen X für die Größe der zu pflasternden Fläche (in m^2) sowie einer Zufallsvariablen Y für den m^2-Preis angesehen werden. Der Rechnungsbetrag Z ist demzufolge ebenfalls zufällig; es ist $Z = X \cdot Y$.

Der *unterrichtliche* Stellenwert der Produktvariablen ist mit dem der Summenvariablen kaum vergleichbar, da sie in der Beurteilenden Statistik der Schule keine ebenso grundlegende Rolle spielt.

Stochastik

17 Spezielle Wahrscheinlichkeitsverteilungen

Zwei Brüder ermitteln auf folgende Weise, wer von ihnen heute nach dem Essen abspülen muss:
Die Mutter soll zehn Spielkarten, unter denen sich ein einziges Ass befindet, gut durchmischen und danach verdeckt auf den Tisch legen.
Nun decken die Brüder abwechselnd jeweils eine Karte auf.
Wer das Ass erwischt, muss abspülen.

Ist derjenige, der beginnt, gegenüber seinem Konkurrenten im Nachteil?

Viele empirische Wahrscheinlichkeitsverteilungen folgen mehr oder weniger deutlich einer *mathematischen Gesetzmäßigkeit*. Zu den wichtigsten dieser Gesetzmäßigkeiten wird man durch naheliegende Fragen geführt, die sich bei der *wiederholten Durchführung eines Zufallsexperiments* stellen.

Zum mathematischen Hintergrund

Binomialverteilungen

BERNOULLI-Variable

Eine Zufallsvariable X, welche nur die Werte 1 („Treffer") und 0 („Niete") annehmen kann, nennt man eine *BERNOULLI-Variable*. Mit $P(X = 1) = p$ und $P(X = 0) = 1 - p = q$ ist $E(X) = p$ und $V(X) = pq$.

Wiederholte Durchführung eines BERNOULLI-Experiments

Von Interesse ist weniger das „BERNOULLI-Experiment" selbst als vielmehr das Zufallsexperiment, das aus *n Durchführungen* eines BERNOULLI-Experiments besteht. Im Modell hat man es mit dem n-maligen Ziehen aus einer Urne mit N Kugeln zu tun, von denen w weiß (Treffer) und $s = N - w$ schwarz (Niete) sind. Frage: Mit welcher Wahrscheinlichkeit erzielt man bei n Ziehungen k Treffer?

BERNOULLI-Kette

Formel von BERNOULLI

Wird *mit Zurücklegen* gezogen, dann bilden die Ziehungen zusammen eine sog. „BERNOULLI-Kette". In diesem Fall besagt die „Formel von BERNOULLI":

$$P(\text{k Treffer bei n Durchführungen}) = \binom{n}{k}\left(\frac{w}{N}\right)^k\left(\frac{s}{N}\right)^{n-k}$$

bzw. (mit Z als Zufallsvariable für die Anzahl der Treffer und $\frac{w}{N} = p$

$$P(Z = k) = \binom{n}{k}p^k q^{n-k};\ q = 1 - p.$$

Jede Verteilung der „Wahrscheinlichkeitsmasse 1" gemäß

Binomialverteilung

$$k \mapsto p^k q^{n-k},\quad k = 0; 1; \ldots; n,\ 0 < p < 1$$

nennt man eine *Binomialverteilung* $B_{n,p}$. Durch die Wahl der sog. Parameter n und p wird eine bestimmte dieser Verteilungen festgelegt.

Erwartungswert und Varianz einer $B_{n,p}$-verteilten Zufallsvariablen

Eine mit den Parametern n und p binomialverteilte Zufallsvariable Z hat den Erwartungswert bzw. die Varianz

$$E(Z) = np;\quad V(Z) = np(1 - p) = npq.$$

Lösung der Aufgabe am Kapitelanfang

Nein!

Die Chance, abspülen zu müssen, ist für beide Beteiligten gleich groß. Für den Beginnenden ist die Wahrscheinlichkeit, das „Spiel" mit der 1. (3., 5., 7., 9.) aufgedeckten Karte zu beenden, jeweils 0,1. Ebenso beträgt die Wahrscheinlichkeit, mit der 2. (4., 6., 8., 10.) Karte das Ass aufzudecken, jeweils 0,1.

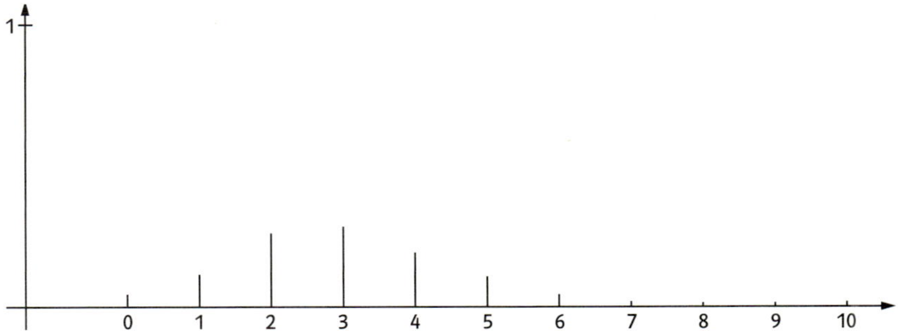

Binomialverteilung; $n = 10$, $p = 0{,}25$

Stabdiagramm einer Binomialverteilung

Der Name „Binomialverteilung"

Bemerkung: Der Name „BERNOULLI-Variable" ist eine Hommage an JAKOB BERNOULLI (1654–1705). Der Name „Binomialverteilung" will an die für Binome geltende Beziehung

$$(p + q)^n = \binom{n}{0} p^0 q^n + \binom{n}{1} p^1 q^{n-1} + \ldots + p^n q^0$$

erinnern, deren Summanden die Wahrscheinlichkeiten der Verteilung widerspiegeln.

POISSON-Verteilungen

$B_{n,p}$-Verteilungen mit kleinem p und großem n

BERNOULLI-Experimente mit kleinem p müssen sehr oft wiederholt werden, um empirisch relevante Resultate zu bekommen. Bei großem n sind Binomialverteilungen jedoch (vor allem wegen der Binomialkoeffizienten) mathematisch schlecht zu handhaben. Man hält deshalb Ausschau nach Wahrscheinlichkeitsverteilungen, die *näherungsweise* mit Binomialverteilungen übereinstimmen und deren Wahrscheinlichkeiten einfacher zu berechnen sind. Eine bei sehr kleinen Werten von p („seltenen Ereignissen") brauchbare Verteilung der gesuchten Art tritt zutage, wenn man die Binomialwahrscheinlichkeit $P(Z = k) = \binom{n}{k} p^k q^{n-k}$ für $p \to 0$ und $n \to \infty$ untersucht und dabei $np = \mu$ konstant hält. Es ist dann $p = \frac{\mu}{n}$ und

Übergang zur POISSON-Verteilung

$$P(Z = k) = \binom{n}{k} \frac{\mu^k}{n^k} \left(1 - \frac{\mu}{n}\right)^{n-k} = \frac{\mu^k}{k!} \cdot \frac{n(n-1)\ldots(n-k+1)}{n^k} \left(1 - \frac{\mu}{n}\right)^n \left(1 - \frac{\mu}{n}\right)^{-k}.$$

Für $n \to \infty$ strebt der zweite Faktor gegen 1, der dritte gegen $e^{-\mu}$ und der vierte ebenfalls gegen 1. Somit gilt bei kleinem p und großem n

$$P(Z = k) \approx \frac{(np)^k}{k!} e^{-np}.$$

Eine Zuordnung

$$k \mapsto \frac{\mu^k}{k!} e^{-\mu},\ k = 0; 1; 2; \ldots$$

ist (wegen $\Sigma\left(\frac{\mu^k}{k!}\right) = e^{\mu}$) eine Wahrscheinlichkeitsverteilung.

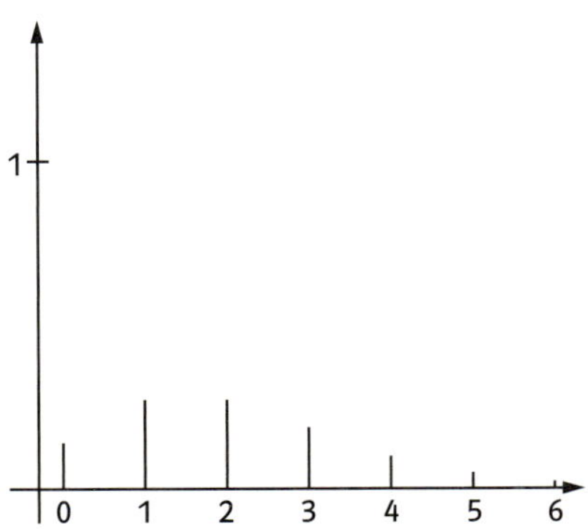

POISSON-Verteilung

Erwartungswert und Varianz einer POISSON*verteilten Zufallsvariablen*

Man nennt sie eine *Poissonverteilung* mit dem Parameter μ.
Für den Erwartungswert und die Varianz einer POISSONverteilten Zufallsvariablen Z ergibt sich

$$E(Z) = V(Z) = \mu.$$

Bemerkung: Der Name „POISSONverteilung" geht auf SIMEON DENIS POISSON (1781–1840) zurück, der die Verteilung 1837 einführte.

Geometrische Verteilungen

Frage nach dem ersten Treffer

Auf einen weiteren Verteilungstyp führt die Frage: Wie groß ist die Wahrscheinlichkeit, dass bei der n-ten Durchführung eines BERNOULLI-Experiments *erstmals ein Treffer* erzielt wird? Ist bei jeder Durchführung P(Treffer) = p = 1 – q und sind die Durchführungen unabhängig, dann gilt

$$P(\text{Erster Treffer bei der n-ten Durchführung}) = q^{n-1}p.$$

Geometrische Verteilung

Die Zuordnung

$$k \mapsto q^{k-1}p,\quad k = 1; 2; \ldots,\quad 0 < p < 1$$

ist (wegen $\Sigma q^{k-1} = \frac{1}{(1-q)}$) eine Wahrscheinlichkeitsverteilung. Man nennt sie eine *geometrische Verteilung* mit dem Parameter p.

Erwartungswert und Varianz einer geometrisch verteilten Zufallsvariablen

Für den Erwartungswert und die Varianz einer mit der „Erfolgswahrscheinlichkeit" p geometrisch verteilten Zufallsvariablen Z ergibt sich

$$E(Z) = \frac{1}{p};\ V(Z) = \frac{q}{p^2}.$$

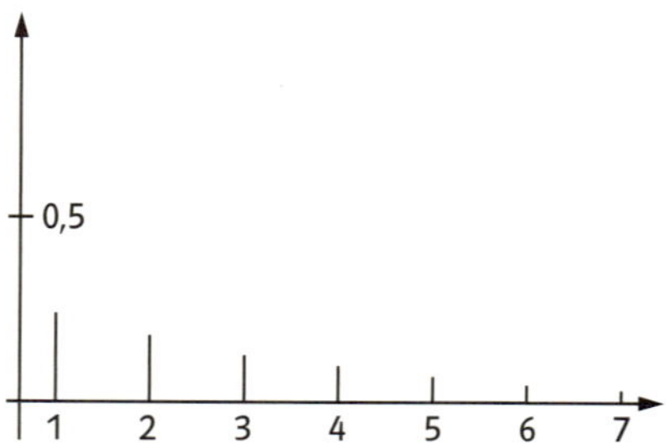

Zum Namen

Bemerkung: Die Verteilung wird „geometrisch" genannt, weil P(Z = n) das geometrische Mittel der Nachbarwahrscheinlichkeiten P(Z = n – 1) und P(Z = n + 1) ist.

Hypergeometrische Verteilungen

Ziehen ohne Zurücklegen

Die bisherige Voraussetzung, dass – im Urnenmodell gesprochen – bei der wiederholten Durchführung eines BERNOULLI-Experiments die gezogene Kugel jeweils zurückgelegt wird, ist in der Realität meist nicht erfüllt (vgl. Qualitätskontrolle). Beim *Ziehen ohne Zurücklegen* aus einer Urne mit w weißen (Treffer) und N – w schwarzen Kugeln gilt für die Trefferzahl Z bei n Ziehungen

$$P(Z = k) = \frac{\binom{w}{k}\binom{N-w}{n-k}}{\binom{N}{n}}.$$

Hypergeometrische Verteilung

Da $\sum_{k=0}^{w} (Z = k) = 1$, ist die Zuordnung

$$k \mapsto \frac{\binom{w}{k}\binom{N-w}{n-k}}{\binom{N}{n}},\ k \le w$$

mit $0 \leq w \leq N, n \leq N, n - k \leq N - w$ eine Wahrscheinlichkeitsverteilung. Sie heißt *hypergeometrische Verteilung* mit den Parametern w, N und n.

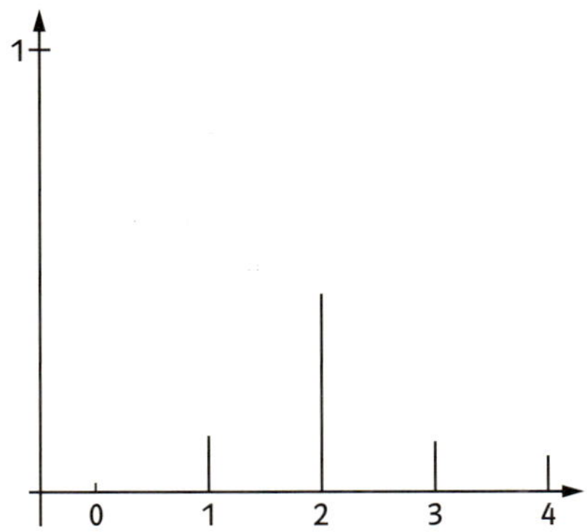

Erwartungswert und Varianz einer hypergeometrisch verteilten Zufallsvariablen

Für den Erwartungswert und die Varianz einer hypergeometrisch verteilten Zufallsvariablen Z ergibt sich mit $\frac{w}{N} = p$ und $1 - p = q$

$$E(Z) = np; \; V(Z) = npq \, \frac{N-n}{N-1}.$$

Bemerkungen:

Zusammenhang mit Binomialverteilungen

a) Ist N, w und N − w gegenüber n sehr groß, dann macht es wenig Unterschied, ob mit oder ohne Zurücklegen gezogen wird. Die hypergeometrische Verteilung unterscheidet sich dann nur unwesentlich von einer Binomialverteilung.

b) Der Name „hypergeometrisch“ verweist auf den formalen Zusammenhang der Verteilung mit einer Verallgemeinerung der geometrischen Reihe.

GAUSS- oder Normalverteilungen

Eine stetige Zufallsvariable X mit der speziellen Dichtefunktion

GAUSS-Funktion als W-dichte

$$\varphi : x \mapsto \frac{1}{\sqrt{2\pi}} e^{-\frac{1}{2}x^2} \qquad \text{(„GAUSS-Funktion“)}$$

und der Verteilungsfunktion

$$\Phi : x \mapsto \frac{1}{\sqrt{2\pi}} \int_{-\infty}^{x} e^{-\frac{1}{2}t^2} dt \qquad \text{(„GAUSSsche Summenfunktion“)}$$

hat den Erwartungswert 0 und die Varianz 1.

Es sei nun Z eine Zufallsvariable mit dem Erwartungswert μ und der Varianz σ^2. Dann hat $Z^* = \frac{Z - \mu}{\sigma}$ den Erwartungswert 0 und die Varianz 1. Z^* heißt deshalb „standardisierte Zufallsvariable“. Falls die Verteilung von Z so geartet ist, dass Z^* gemäß Φ verteilt ist, d.h., dass $P(Z \leq z) = \Phi\left(\frac{z-\mu}{\sigma}\right)$ gilt, dann nennt man die Wahrscheinlichkeitsverteilung von Z eine *GAUSS-Verteilung* oder *Normalverteilung* mit den Parametern μ und σ (kurz: *$N(\mu; \sigma)$-Verteilung*).

Normalverteilung

Für die Verteilungsfunktion F und die Dichtefunktion f einer $N(\mu; \sigma)$-verteilten Zufallsvariablen gilt also

$$F(z) = \frac{1}{\sqrt{2\pi}} \int_{-\infty}^{(z-\mu)/\sigma} e^{-\frac{1}{2}t^2} dt = \frac{1}{\sigma\sqrt{2\pi}} \int_{-\infty}^{z} e^{-\frac{1}{2}\left(\frac{u-\mu}{\sigma}\right)^2} du,$$

$$f(z) = e^{-\frac{1}{2}\left(\frac{z-\mu}{\sigma}\right)^2}.$$

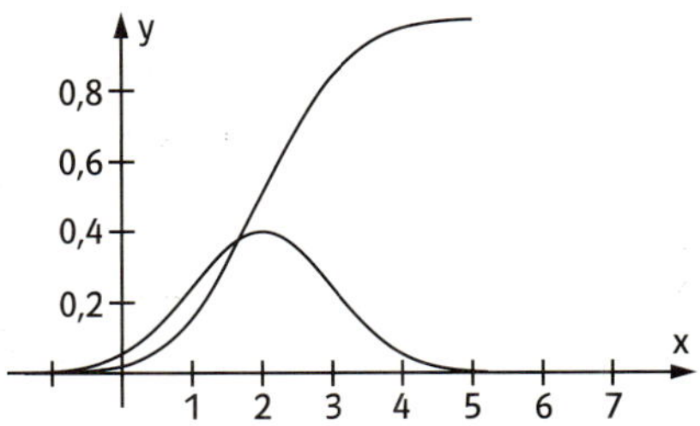

Normalverteilung: $\mu = 2$, $\sigma = 1$

Verteilungs- und Dichtefunktion einer Normalverteilung

N-Verteilung als tabellierte Funktion

Da sich Integrale über φ bzw. f nicht elementar auswerten lassen, führt man die Verteilungsfunktion F einer N(μ; σ)-verteilten Zufallsvariablen Z mittels der Substitution $\frac{z-\mu}{\sigma} = t$ auf die Funktion Φ zurück und entnimmt deren Funktionswerte einer *Tabelle*.

Normalverteilungen haben bemerkenswerte „Vererbungseigenschaften“: Ist eine Zufallsvariable X normalverteilt, dann ist

Zusammengesetzte N-Verteilungen

$$Z = aX + b$$

ebenfalls normalverteilt.

Sind $X_1, X_2, \ldots, X_n$ *unabhängige* normalverteilte Zufallsvariablen, dann ist

$$Z = X_1 + \ldots + X_n$$

ebenfalls normalverteilt.

Grenzwertsätze von DE MOIVRE und LAPLACE

Das Problem

Unter den Binomialverteilungen $B_{n,p}$ treten in der Praxis (z.B. bei Qualitätskontrollen) meist solche mit großem n auf. Die Berechnung der Wahrscheinlichkeiten $B_{n,p}(k) = \binom{n}{k} p^k q^{n-k}$ ist bei großem n jedoch äußerst mühsam. Es stellt sich deshalb die Frage nach einer nummerisch zugänglichen Näherung für (anders als bei der POISSON-Verteilung) *beliebige* Werte von p. Bei einer solchen Näherung geht es nicht um bloße nummerische Näherungswerte. Damit Näherungswerte brauchbar sind, müssen sie ihrerseits Wahrscheinlichkeiten sein. Die Suche nach einer Näherung gestaltet sich so zur Suche nach einer *Wahrscheinlichkeitsverteilung*.

1) Lokaler Grenzwertsatz

Er bezieht sich auf das Grenzverhalten von $B_{n,p}(k)$ für $n \to \infty$ bei vorgegebenem p und festem $k \in \{0; 1; \ldots; n\}$. Der naheliegende Vergleich von $B_{n,p}(k)$ mit $\lim\limits_{n\to\infty} B_{n,p}(k)$ führt wegen $\lim\limits_{n\to\infty} B_{n,p}(k) = 0$ nicht weiter.

Präzisierung des Problems

Man sieht sich genötigt, Wahrscheinlichkeitsverteilungen f_n zu suchen derart, dass jede Funktion f_n der entsprechenden Funktion $B_{n,p}$ nahekommt und die Annäherung mit wachsendem n immer besser ausfällt. Es ist also jedenfalls zu verlangen, dass $f_n(k)$ und $B_{n,p}(k)$ für $n \to \infty$ demselben Grenzwert 0 zustreben.

Tangentiale Annäherung

Gilt darüberhinaus auch noch

$$\left[\frac{B_{n,p}(k)}{f_n(k)}\right] \to 1,$$

dann handelt es sich um eine optimale Form der Annäherung (vgl. Fig.).

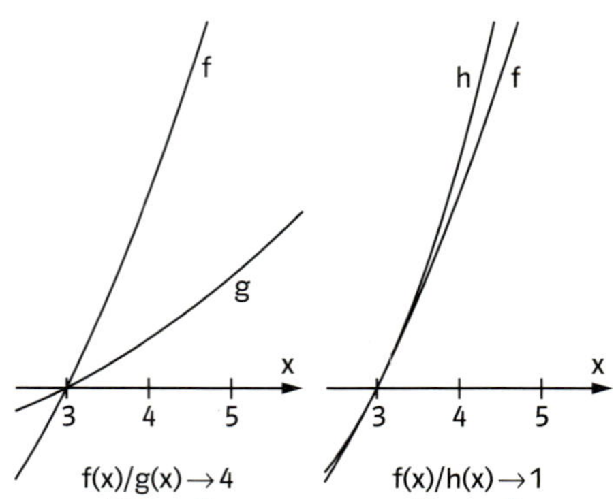

f(x)/g(x) → 4 für x → 3

f(x)/h(x) → 1 für x → 3

Lokaler Grenzwertsatz

Lokaler Grenzwertsatz von DE MOIVRE und LAPLACE: Die Funktionen

$$f_n\colon k \mapsto \frac{1}{\sqrt{npq}\,\sqrt{2\pi}}\, e^{-\frac{1}{2}\left(\frac{k-np}{\sqrt{npq}}\right)^2}$$

nähern sich den Funktionen $B_{n,p}$ für $n \to \infty$ derart, dass für jedes k gilt:

$$\left[\frac{B_{n,p}(k)}{f_n(k)}\right] \to 1.$$

Bei großen Werten von n wird also $B_{n,p}(k)$ durch $f_n(k)$ brauchbar angenähert. Mit Hilfe der GAUSS-Funktion φ kann man die Näherungsausssage auch so ausdrücken: Bei großem n ist

$$B_{n,p}(k) \approx \frac{1}{\sqrt{npq}}\,\varphi\left(\frac{k-np}{\sqrt{npq}}\right).$$

Näherungsaussage

2) Globaler Grenzwertsatz

Die Wahrscheinlichkeit $P(k_1 \le X \le k_2)$, mit der eine $B_{n,p}$-verteilte Zufallsvariable X einen Wert aus einem vorgegebenen Intervall annimmt, hängt von n ab. Dasselbe gilt für

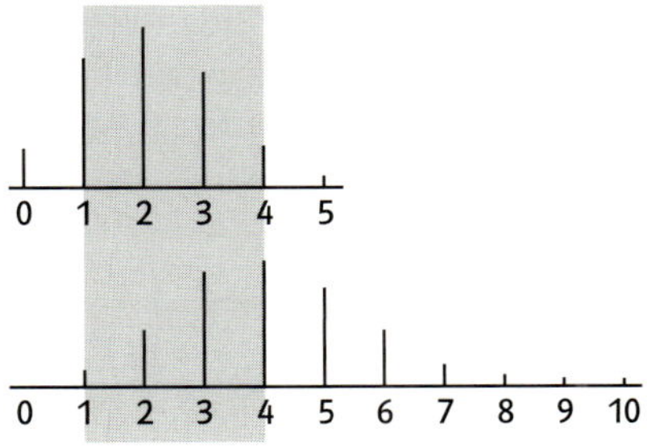

Intervallwahrscheinlichkeit

$$\frac{1}{\sqrt{npq}\,\sqrt{2\pi}}\int_{k_1}^{k_2} e^{-\frac{1}{2}\left(\frac{t-np}{\sqrt{npq}}\right)^2}dt = \frac{1}{\sqrt{2\pi}}\int_a^b e^{-\frac{1}{2}u^2}du \text{ mit } a = \frac{k_1 - 0{,}5 - np}{\sqrt{npq}};\; b = \frac{k_2 + 0{,}5 - np}{\sqrt{npq}}$$

$$= \Phi\left(\frac{k_2 + 0{,}5 - np}{\sqrt{npq}}\right) - \Phi\left(\frac{k_1 - 0{,}5 - np}{\sqrt{npq}}\right).$$

Globaler Grenzwertsatz von DE MOIVRE und LAPLACE:
Für eine $B_{n,p}$-verteilte Zufallsvariable X mit $0 < p < 1$ gilt

$$\left[P(k_1 \le X \le k_2) \Big/ \left(\Phi\left(\frac{k_2 + 0{,}5 - np}{\sqrt{npq}}\right) - \Phi\left(\frac{k_1 - 0{,}5 - np}{\sqrt{npq}}\right)\right)\right] \to 1 \text{ für } n \to \infty.$$

Globaler Grenzwertsatz

Dieser Grenzwertaussage entnimmt man für große n die Näherungsaussage

$$P(k_1 \le X \le k_2) \approx \Phi\left(\frac{k_2 + 0{,}5 - np}{\sqrt{npq}}\right) - \Phi\left(\frac{k_1 - 0{,}5 - np}{\sqrt{npq}}\right).$$

Näherungsaussage

Bemerkung: Dem globalen Grenzwertsatz ist zu entnehmen, dass die Verteilungsfunktion einer Binomialverteilung *mit großem n* näherungsweise durch die Verteilungsfunktion einer Normalverteilung mit $\mu = np$ und $\sigma = \sqrt{npq}$ beschrieben wird.

Der Zentrale Grenzwertsatz

Bei vielen in der Realität auftretenden Zufallsvariablen (z. B. Körpergröße, Dauer von Telefongesprächen, Lebensdauer eines technischen Geräts) kommen die zufällig angenommenen Werte durch das Zusammenwirken mehrerer Einflussfaktoren zustande. Um den Sachverhalt mathematisch zu fassen, denkt man sich jeden dieser Einflussfaktoren als Zufallsvariable X_i und die letztlich interessierende Zufallsvariable als deren Summe

Summen von Zufallsvariablen

$$Z_n = X_1 + \ldots + X_n.$$

Die *Wahrscheinlichkeitsverteilung der Summenvariable Z_n* hängt von den Verteilungen und der Anzahl n der Summanden ab. Erstaunlicherweise

Empirische Beobachtung

spielen die Verteilungen der X_i bei großem n jedoch keine entscheidende Rolle mehr. Die Verteilung von Z_n scheint mit wachsendem n in jedem Fall *ein und derselben* Gesetzmäßigkeit nahezukommen. Es interessiert daher das Grenzverhalten der Verteilung von Z_n (die man sich für alle $x \in \mathbb{R}$ definiert zu denken hat), wenn die Anzahl der Summanden unbeschränkt wächst.

Mathematische Problemstellung

Sind die Zufallsvariablen X_i unabhängig und ist $E(X_i) = \mu_i$, $V(X_i) = \sigma_i^2$, dann hat Z_n den Erwartungswert $E(Z_n) = \Sigma\mu_i$ und die Varianz $V(Z_n) = \Sigma\sigma_i^2$. Für $n \to \infty$ wächst $E(Z_n)$ i. Allg. über alle Grenzen und auch $V(Z_n)$ bleibt nicht beschränkt. Man wird also nicht erwarten dürfen, dass sich die Verteilungen von Z_n für $n \to \infty$ einer „Grenzverteilung" nähern. Eine solche Hoffnung scheint eher gerechtfertigt, wenn man von Z_n zu den standardisierten Variablen

Standardisieren der Summenvariablen

$$Z_n^* = \frac{Z_n - E(Z_n)}{\sqrt{V(Z_n)}}$$

übergeht, denn für alle n ist $E(Z_n^*) = 0$ und $V(Z_n^*) = 1$.

Zentraler Grenzwertsatz

Zentraler Grenzwertsatz: Ist Z_n eine Summe

$$Z_n = X_1 + \ldots + X_n$$

von n unabhängigen Zufallsvariablen X_i, dann streben die Verteilungen der standardisierten Zufallsvariablen

$$Z_n^* = \frac{Z_n - E(Z_n)}{\sqrt{V(Z_n)}}$$

(unter sehr schwachen Zusatzbedingungen) für $n \to \infty$ gegen die Standardnormalverteilung N(0; 1).

Der Satz besagt, dass eine Zufallsvariable, die als Summe von vielen unabhängigen Zufallsvariablen aufgefasst werden kann, fast immer näherungsweise normalverteilt ist.

Beispiel: (Arithmetisches Mittel)

Arithmetisches Mittel aus einer Stichprobe als Zufallsvariable

Ein Zufallsexperiment werde n-mal durchgeführt, wobei die Ergebnisse der Durchführungen sich gegenseitig nicht beeinflussen. X_i sei das Ergebnis der i-ten Durchführung und $E(X_i) = \mu$, $V(X_i) = \sigma^2$. Dann ist

$$\overline{X} = \frac{1}{n}(X_1 + \ldots + X_n)$$

Zufallsvariable für das *arithmetische Mittel* aller Ergebnisse. Bei großem n ist $\overline{X}$ (wie X_i auch verteilt sein mag) angenähert normalverteilt mit

$$E(\overline{X}) = \mu \quad \text{und} \quad V(\overline{X}) = \frac{\sigma^2}{n}.$$

Zur Bedeutung der Normalverteilung

Durch den Zentralen Grenzwertsatz wird es möglich, Wahrscheinlichkeiten von Zufallsvariablen (mit hinreichender Genauigkeit) oft auch dann zu berechnen, wenn die tatsächliche Verteilung der Variablen nicht bekannt oder zu kompliziert ist. Er zeigt, dass die Normalverteilung nicht nur ein spezieller Verteilungstyp ist unter anderen, sondern dass ihr übergeodnete Bedeutung zukommt.

Zum Unterricht

Generelle unterrichtliche Probleme

Bislang ging es darum, aus gegebenen Wahrscheinlichkeiten neue Wahrscheinlichkeiten zu berechnen, kurz: um Wahrscheinlichkeitsrechnung. Von speziellen Wahrscheinlichkeitsverteilungen war dabei (wenn man von Gleichverteilungen absieht) kaum die Rede. Erst künftige Fragen der mathematischen Statistik werden Anlass geben, aus der Vielzahl theoretisch möglicher Verteilungen einige wenige Typen herauszugreifen und zu untersuchen. Insofern handelt es sich um ein *Lernen auf Vorrat* mit allen damit einhergehenden Missliebigkeiten.

Frage nach der W.verteilung als Vorgriff

Bisher aufgetretene Nicht-Gleichverteilungen waren *empirische* Verteilungen. Sie waren an eine konkrete Situation gebunden und nur im Hinblick auf diese von Interesse. Die Darstellung einer Verteilung mittels eines Terms als *mathematische Gesetzmäßigkeit* scheint demgegenüber die Realität zu missachten (und tut dies in gewisser Weise auch).

W.verteilung als mathematische Gesetzmäßigkeit

Wenn von „der“ Binomialverteilung die Rede ist, dann ist damit eine ganze Klasse von Verteilungen, ein Verteilungstyp, gemeint. Dasselbe gilt von „der“ Normalverteilung. Der Gedanke, Verteilungs*typen* zu unterscheiden, ist neu, und die Gesichtspunkte, nach denen eine solche Unterscheidung vorzunehmen ist, liegen keineswegs auf der Hand. Bei der Darstellung eines Verteilungstyps muss ein Term (wie z. B. $\binom{n}{k} p^k q^{n-k}$), der bisher als Wahrscheinlichkeit eines Ereignisses verstanden wurde, als *Funktionsterm* einer Funktionen*schar* mit der Funktionsvariablen k und dem Scharparameter n aufgefasst werden.

Unterscheidung von Verteilungstypen

Während bisher *stetige* Verteilungen und ihre Darstellung mittels Dichten nicht ernstlich in Betracht gezogen wurden, sind sie nun nicht mehr zu umgehen. Da die in Frage kommenden stetigen Verteilungen nur über Tabellen zugänglich sind, kommt das Problem der *Tabellierung einer Funktionenschar* hinzu.

Stetige Verteilungen, Tabellierung

Einige spezielle Verteilungen ergeben sich aus naheliegenden Fragestellungen bei der Wiederholung von Zufallsexperimenten. Andere treten auf als *Grenzverteilung* einer F*olge von Verteilungen*. In diesem Fall muss man sich mit einer Häufung von Schwierigkeiten auseinandersetzen. Die mangelnde Vertrautheit mit Funktionenfolgen ist das kleinere Problem. Gravierender wirkt sich aus, dass es sich bei den Funktionen der Folge um Funktionen mit *unterschiedlichen Definitionsmengen* handelt und überdies die Definitionsmenge der Grenzfunktion stetig sein kann, während jene der Folgenglieder diskret sind.

Grenzverhalten von Verteilungsfolgen

Auswahl und Abfolge

Von den üblichen speziellen Wahrscheinlichkeitsverteilungen sind für die Schule nicht alle gleichermaßen wichtig. Man wird, schon aus zeitlichen Gründen, auswählen müssen.

Zur generellen Zielsetzung

Außer Frage stehen dürften die Binomialverteilung und die Normalverteilung. Dagegen erscheint es fraglich, ob die Behandlung weiterer Verteilungen (wie z. B. der hypergeometrischen) ratsam ist. Es kann nicht darum gehen, verschiedene spezielle Verteilungen zur Verfügung zu stellen. Das Ziel kann nur sein, die typische Rolle zu verdeutlichen, welche *theoretische* Verteilungen bei der Lösung *praktischer* Probleme (z. B. solchen der Beurteilenden Statistik) spielen.
Diese Zielsetzung legt es nahe, im Unterricht auf die Binomialverteilung unmittelbar die Normalverteilung folgen zu lassen. Dabei stehen die Näherungen von DE MOIVRE und LAPLACE im Vordergrund. Die eigentliche, darüber hinausgehende Bedeutung der Normalverteilung tritt erst später mit dem Zentralen Grenzwertsatz zutage.

Binomialverteilte Zufallsvariablen

Die Eigenart einer speziellen Verteilung kommt weniger durch ihre mathematische Darstellung zum Ausdruck, als durch ihren Bezug zu einer für sie typischen realen Situation.

Reale Ausgangslage

Beispiel: (Typische Problemlage)
In der Bevölkerung eines Landes leiden (laut Auskunft des statistischen Landesamtes) 1,6 % aller Personen an einer bestimmten nichtansteckenden Krankheit. Es ist von Interesse, ob dieser Prozentsatz konstant bleibt oder ob er sich längerfristig ändert. Um dies zu erfahren, könnte man in größeren zeitlichen Abständen immer wieder eine landesweite Erhebung durchführen. Das wäre indessen nicht nur aufwendig und teuer, sondern würde evtl. auch eine rechtzeitige Reaktion verzögern. Man wählt deshalb ein anders Verfahren.
Aus der Bevölkerung des Landes werden n (z. B. n = 1000) Personen *zufällig* ausgewählt. Der Anteil der Kranken unter ihnen wird nicht genau 1,6 % betragen, sondern vielleicht 2,1%. Das Problem besteht nun darin, zu entscheiden, ob dies als Hinweis zu verstehen ist, dass sich der Anteil erhöht hat oder ob er nur „zufällig" so hoch ausgefallen ist und in Wahrheit nach wie vor 1,6 % beträgt.

Zufallscharakter einer Stichprobe

Ein erstes mögliches Missverständnis hängt mit dem Zufallscharakter einer „Stichprobe" zusammen. Wenn (wie im Beispiel) landesweit eine Person mit der Wahrscheinlichkeit 0,016 krank ist, dann heißt das nicht, dass von 1000 zufällig ausgewählten Personen 1,6 % krank sind. Der Anteil in der Stichprobe ist ebenfalls zufällig und schwankt von Stichprobe zu Stichprobe. Allerdings werden große Abweichungen von 1,6 % relativ selten auftreten. Alles hängt davon ab, *wie unwahrscheinlich* große Abweichungen von 1,6 % sind. Es ist deshalb zu fragen: Wie groß ist (wenn in Wirklichkeit landesweit 1,6 % aller Personen krank sind) die Wahrscheinlichkeit, dass in einer zufälligen Auswahl von 1000 Personen mehr als z. B. 2,0 % Kranke vorkommen? Erweist sich diese Wahrscheinlichkeit als extrem klein, ist aber dennoch in einer Stichprobe ein so großer Anteil aufgetreten, dann wird man dies als Hinweis verstehen dürfen, dass die Angabe 1,6 % nicht mehr die gegenwärtige Sachlage wiedergibt. – Damit ist der Sinnzusammenhang skizziert, in dem Wahrscheinlichkeitsverteilungen zu sehen sind.

Frage nach einer W.verteilung

Die Untersuchung einer zufällig ausgewählten Person kann als Zufallsexperiment und die Erhebung einer Stichprobe als n-malige Durchführung desselben angesehen werden. Die Wahrscheinlichkeit, dabei k Treffer zu erzielen, ist leicht zu berechnen und die im obigen Beispiel aufgeworfene Frage lautet nun: Wie groß ist die Wahrscheinlichkeit, dass bei 1000 Durchführungen 20 oder mehr Treffer erzielt werden? Sie gibt Anlass, sich anschaulich und numerisch mit Binomialverteilungen

Mathematische Fassung

$$k \mapsto \binom{n}{k} p^k q^{n-k},\ k = 0; 1; \ldots; n,\ 0 < p < 1$$

Binomialverteilung

und ihrer Abhängigkeit von n und p vertraut zu machen.

Beispiel: (Modell einer binomialverteilten Zufallsvariablen)
Wie groß ist die Wahrscheinlichkeit, bei 20 Würfen mit einem idealen Spielwürfel mehr als 5 Sechsen (Treffer) zu werfen? – Ist X Zufallsvariable für die Trefferzahl, dann ist

Binomialverteilung am Würfelmodell

$$P(X = k) = \binom{20}{k} \left(\frac{1}{6}\right)^k \left(\frac{5}{6}\right)^{20-k};\ k = 0; 1; \ldots; 20 \quad \text{und}$$

$$P(X > 5) = P(X = 6) + P(X = 7) + \ldots + P(X = 20)$$
$$= 1 - [P(X = 0) + \ldots + P(X = 5)].$$

Mit Hilfe einer Tabelle für die Binomialverteilung mit n = 20 und $p = \frac{1}{6}$ findet man
$P(X > 5) = 0{,}1018$.
Beim Werfen vieler 20er-Serien wird man also in etwa 10 % aller Serien mehr als 5 Sechsen antreffen.

Das Problem großer n-Werte

Wenn man aus der Gesamtbevölkerung eines Landes n Personen herausgreift, um anhand dieser Stichprobe eine Aussage über die Gesamtbevölkerung zu gewinnen, dann darf n nicht zu klein sein. Bei großen Werten von n ist die Berechnung der Wahrscheinlichkeiten $\binom{n}{k} p^k q^{n-k}$ (wegen der Binomialkoeffizienten) jedoch fast unmöglich. Man begibt sich deshalb auf die Suche nach einer leichter zugänglichen Wahrscheinlichkeitsverteilung, welche bei gegebenem *großem n* als Näherung anstelle der Binomialverteilung $B_{n,p}$ verwendet werden kann.

Was veranlasst die Suche nach einer Näherung?

Das damit angesprochene Näherungsproblem ist anders geartet als bisher aufgetretene Näherungen (etwa, wenn man bei sehr kleinen |x|-Werten anstelle von cos(x) mit $1 - \frac{1}{2}x^2$ vorlieb nimmt). Man hat es hier mit einer *Folge von Wahrscheinlichkeitsfunktionen* zu tun, deren Definitionsmengen {0; 1; …; n} mit wachsendem n immer umfangreicher werden. Da $\lim\limits_{n \to \infty} B_{n,p}(k) = 0$ für jedes feste k, nähern sich die Verteilungen der Folge keiner „Grenz*verteilung*". Man darf also nicht erwarten, dass *dieselbe* Wahrscheinlichkeitsverteilung für *alle* Binomialverteilungen mit hinreichend großem n das Gewünschte leistet. Vielmehr wird man es mit einer *Folge* (f_n) von Funktionen zu tun haben, wobei jeweils f_n eine Näherung für $B_{n,p}$ ist.

Besonderheiten des Näherungsproblems

Zum Vergleich: Ein nichtstochastisches Beispiel

Beispiel: (Zur Erläuterung der Näherungsproblematik)
Anstelle von $B_{n,p}(k)$ betrachten wir $g_n(x) = \frac{1}{n^2} - \frac{1}{n+1}x^2$. Gesucht ist eine bei großen n-Werten brauchbare einfache Näherung für $g_n(x)$. – Es ist $g_n(x) = \frac{1}{n}\left[\frac{1}{n} - \frac{n}{n+1}x^2\right]$.
Wegen $\frac{1}{n} \to 0$ und $\frac{n}{n+1} \to 1$ für $n \to \infty$ ist $f_n(x) = -\frac{1}{n}x^2$ eine Näherung für $g_n(x)$ bei großen Werten von n.
(Zum Vergleich: $g_{200}(x) = 0{,}000025 - 0{,}004975\,x^2$; $f_{200}(x) = -0{,}005\,x^2$)

Lokale Näherung

Für die gesuchten Funktionen f_n wird $\lim\limits_{n\to\infty} f_n(k) = 0$ gelten müssen und somit $\lim\limits_{n\to\infty}[B_{n,p}(k) - f_n(k)] \to 0$ für $n \to \infty$. Aber das besagt, was die Näherung angeht, noch nicht sehr viel.

Nichtstochastisches Beispiel: Unterschiedliche Arten der Annäherung

Beispiel: (Zur Art der Annäherung an einen Grenzwert)
Die Folge $\left(\frac{1}{n}\right)$ hat für $n \to \infty$ den Grenzwert 0. Dasselbe gilt für die Folgen $\left(\frac{1}{n^2}\right)$ und $\left(\frac{1}{n+1}\right)$. Wir vergleichen die Art der Annäherung dieser Folgen an den Grenzwert 0 mit jener der Folge $\left(\frac{1}{n}\right)$. Das z. B. 1000. Glied der Folge $\left(\frac{1}{n^2}\right)$ ist 1000mal kleiner als das 1000. Glied von $\left(\frac{1}{n}\right)$, dagegen ist das 1000. Glied von $\left(\frac{1}{n+1}\right)$ nahezu gleichgroß wie das 1000. Glied von $\left(\frac{1}{n}\right)$. Diese unterschiedliche Art der Annäherung an den Grenzwert zeigt sich, wenn man in beiden Fällen den Quotienten der Folgenterme bildet und für $n \to \infty$ untersucht: $\frac{\frac{1}{n}}{\frac{1}{n^2}}$ strebt gegen unendlich, $\frac{\frac{1}{n}}{\frac{1}{n+1}}$ dagegen nach 1.

Das Beispiel zeigt, dass und wie „nahekommen" im vorliegenden Fall präzisiert werden muss. Für die Funktionen f_n ist zu fordern:

„Tangentiale" Annäherung

$$\left[\frac{B_{n,p}(k)}{f_n(k)}\right] \to 1 \text{ für } n \to \infty.$$

Solche Funktionen f_n gibt es. Man kann beweisen, dass für

Grenzwertaussage

$$f_n\colon k \mapsto \frac{1}{\sqrt{npq}\,\sqrt{2\pi}}\, e^{-\frac{1}{2}\left(\frac{k-np}{\sqrt{npq}}\right)^2}$$

der Quotient $\left[\frac{B(k)}{f_n(k)}\right]$ bei unbeschränkt wachsendem n gegen 1 geht. Das berechtigt zu der folgenden Näherungsaussage.
Lokale Näherung nach DE MOIVRE und LAPLACE:
Für $0 < p < 1$ gilt bei großen Werten von n die Näherung

Näherungsaussage

$$B_{n,p}(k) \approx \frac{1}{\sqrt{npq}\,\sqrt{2\pi}}\, e^{-\frac{1}{2}\left(\frac{k-np}{\sqrt{npq}}\right)^2};\ k = 0; 1; \ldots; n.$$

Beispiel: (Lokale Näherung)
Die Zufallsvariable X sei $B_{60;0,4}$-verteilt. Gesucht ist $P(X = 20)$.
Es ist $np = 24$, $\sqrt{npq} = 3{,}7947$ und somit

$$P(X = 20) \approx \frac{1}{3{,}7947\sqrt{2\pi}}\, e^{-\frac{1}{2}\left(\frac{20-24}{3{,}7947}\right)^2},$$

also $P(X = 20) \approx 0{,}0603$ (exakter Wert: 0,0616).

Bemerkung: Will man den Weg von

$$B_{n,p}(k) = \binom{n}{k} p^k q^{n-k} \text{ zu } f_n(k) = \frac{1}{\sqrt{npq}\,\sqrt{2\pi}}\, e^{-\frac{1}{2}\left(\frac{k-np}{\sqrt{npq}}\right)^2}$$

Von $B_{n,p}(k)$ zu $f_n(k)$ im Sonderfall $p = \frac{1}{2}$

glätten, dann wird man sich auf den von DE MOIVRE behandelten Sonderfall p $= \frac{1}{2}$ bzw. $B_{n,p}(k) = \binom{n}{k} \frac{1}{2^n}$ beschränken und kann dann wie folgt argumentieren. Da Binomialkoeffizienten Produkte sind, darf man sich durch Übergang zu $\ln[B_{n;0,5}(k)]$ eine gewisse Vereinfachung erhoffen. Die Stabdiagramme für $B_{n;0,5}$ und $\ln[B_{n;0,5}]$ zeigen dies anschaulich. Sie legen nahe, $\ln[B_{n;0,5}]$ durch eine quadratische Funktion

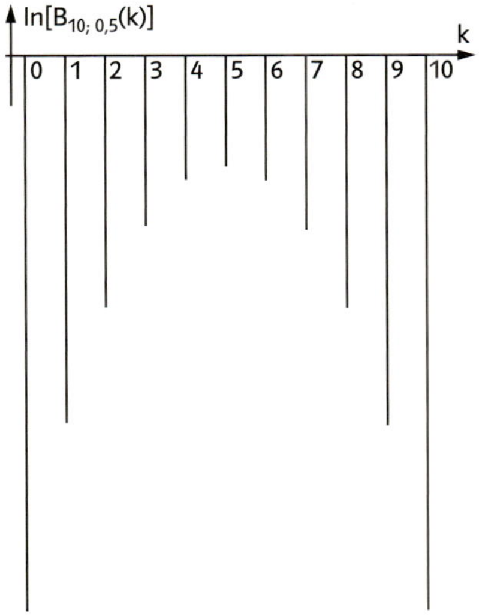

$$g_n(k) = -a - \left[b\left(k - \tfrac{n}{2}\right)\right]^2$$

anzunähern. Der Ansatz zeigt, dass eine Näherung der Form

$$f_n(k) = C \cdot e^{-b^2\left(k - \frac{n}{2}\right)^2}$$

in Frage kommt.

Bestimmung von b: Die Funktion f_n ist auch für $k \notin \mathbb{N}$ definiert und differenzierbar. Da g_n' linear ist, versucht man, $\frac{d}{dk}[\ln f_n(k)] = \frac{f_n'(k)}{f_n(k)}$ durch eine lineare Funktion anzunähern. Ersetzt man $f_n'(k)$ durch den Differenzenquotienten $\frac{[f_n(k+1) - f_n(k-1)]}{2}$ und $f_n(k)$ durch $\binom{n}{k}\frac{1}{2^n}$, dann wird man als Näherung für $\frac{d}{dk}[\ln f_n(k)]$ auf $h_n(k) = \frac{1}{2}\left[\frac{n-k}{k+1} - \frac{k}{n-k+1}\right]$ geführt. Um zu linearisieren, wird anstelle von h_n die Tangentenfunktion in $k = \frac{n}{2}$ (Wendetangente) verwendet. Da für große n-Werte $h_n'\left(\frac{n}{2}\right) = -4\frac{n+1}{(n+2)^2} \approx -\frac{4}{n}$, ist $-\frac{4}{n}\left(k - \frac{n}{2}\right)$ eine lineare Näherung in einer Umgebung von $k = \frac{n}{2}$. Sie führt auf

$$f_n(k) = C \cdot e^{-\frac{2}{n}\left(\frac{k-n}{2}\right)^2}.$$

Bestimmung von C: Wegen $\sum_{k=0}^{n} B_{n;0,5}(k) = 1$ muss $\sum_{k=0}^{n} f_n(k) \approx 1$ sein. Versteht man die zweite Summe als Näherungssumme $\sum_{k=0}^{n} f_n(k)\cdot 1$ für $\int_{-\infty}^{+\infty} f_n(t)\,dt$ und fordert $\int_{-\infty}^{+\infty} f_n(t)\,dt = 1$, dann führt die (nicht mehr elementare) Auswertung des Integrals auf $C = \frac{1}{\sqrt{\pi\frac{n}{2}}}$ und damit auf die im Sonderfall p = 0,5 für große n geltende Näherung

$$B_{n;0,5}(k) \approx \frac{1}{\sqrt{\pi\frac{n}{2}}}\, e^{-\frac{2}{n}\left(\frac{k-n}{2}\right)^2}.$$

Die Näherung von DE MOIVRE und LAPLACE lässt sich mit Hilfe der GAUSS-Funktion φ auch so ausdrücken:

$$B_{n,p}(k) \approx \frac{1}{\sqrt{npq}}\, \varphi\left(\frac{k-np}{\sqrt{npq}}\right).$$

Kurzform der Näherungsaussage

Diese Fassung ist von Vorteil, wenn die Funktion φ bereits bekannt ist und tabelliert vorliegt. Zur Ermittlung von nummerischen Näherungswerten braucht man diese Form nicht unbedingt.

Im Vorangehenden wurde außer Acht gelassen, dass die Näherungsfunktionen f_n *Dichte*funktionen sind. Damit wurde – um der Näherungsproblematik willen – ein wichtiger Aspekt bewusst zurückgestellt. Im Unterricht erscheint dies geboten, wenn φ in diesem Zusammenhang erstmals auftritt. Eine Überlagerung der Näherungsproblematik mit den Problemen, die φ als Dichtefunktion mit sich bringt, kann für erhebliche Verwirrung und Unklarheit sorgen.

Globale Näherung

Problem

Für Fragen der stochastischen Praxis bedeutsamer als eine lokale Näherung ist eine Näherung für die Wahrscheinlichkeit, dass eine binomialverteilte Zufallsvariable X einen Wert aus einem vorgegebenen Intervall $J = [k_1; k_2]$ annimmt („globale" Näherung), also für die Wahrscheinlichkeit

$$P(k_1 \leq X \leq k_2) = \sum_{k \in J} B_{n,p}(k).$$

Veranschaulichung von $B_{n,p}(k)$ als Rechtecksinhalt

Denkt man sich für jedes k die Wahrscheinlichkeit $B_{n,p}(k)$ veranschaulicht durch die Inhaltsmasszahl eines Rechtecks der Höhe $B_{n,p}(k)$ über $[k - 0{,}5; k + 0{,}5]$, dann wird aufgrund der lokalen Näherung plausibel, dass

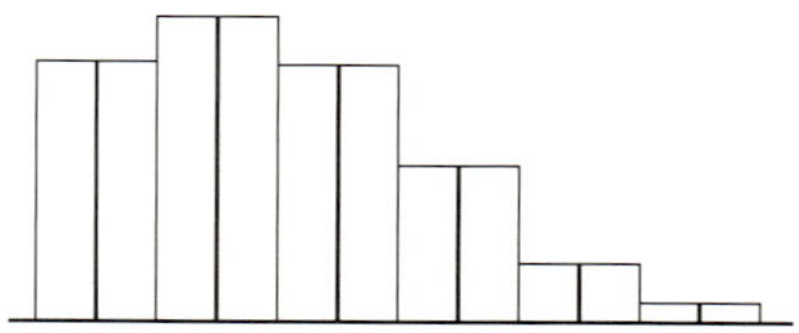

$$\int_{k_1-0{,}5}^{k_2+0{,}5} f_n(t)\,dt$$

ein Näherungswert für $P(k_1 \leq X \leq k_2)$ ist. Die Theorie bestätigt das. Man kann beweisen:

Grenzwertaussage

$$\left[P(k_1 \leq X \leq k_2) / \int_{k_1-0{,}5}^{k_2+0{,}5} f_n(t)\,dt\right] \to 1 \text{ für } n \to \infty.$$

Aus dieser Grenzwertbeziehung ergibt sich die folgende Näherungsaussage.

Globale Näherung von DE MOIVRE und LAPLACE:
Für eine binomialverteilte Zufallsvariable X mit $0 < p < 1$ gilt bei großem n

Näherungsaussage

$$P(k_1 \leq X \leq k_2) \approx \frac{1}{\sqrt{npq}\,\sqrt{2\pi}} \int_{k_1-0{,}5}^{k_2+0{,}5} e^{-\frac{1}{2}\left(\frac{t-np}{\sqrt{npq}}\right)^2} dt.$$

Diese Näherungsbeziehung führt allerdings bei der *nummerischen Ermittlung* von Näherungswerten noch nicht ganz ans Ziel, denn das Integral lässt sich nicht elementar auswerten. Man kommt nicht umhin, gewisse Integralfunktionen *tabellarisch* zugänglich zu machen. Es ist lehrreich zu verfolgen, wie man dabei vorgeht.

Tabellen

Das in der Näherungsbeziehung auftretende Integral hängt sowohl vom Intervall J als auch von n ab. Die Abhängigkeit von J wird problemlos, wenn die Integralfunktion $F_n: x \mapsto \int_{-\infty}^{x} f_n(t)\,dt$ zur Verfügung steht. Die Abhängigkeit von n steht einer Tabellierung noch im Wege. Diese Abhängigkeit, die im Exponenten des Integranden zum Ausdruck kommt, verschwindet, wenn man das Integral durch die Substitution $\frac{t-np}{\sqrt{npq}} = u$ umformt. Man findet

Reduktion auf das Integral über φ

$$\frac{1}{\sqrt{npq}\,\sqrt{2\pi}} \int_{-\infty}^{x} e^{-\frac{1}{2}\left(\frac{t-np}{\sqrt{npq}}\right)^2} dt = \frac{1}{\sqrt{2\pi}} \int_{-\infty}^{(x-np)/\sqrt{npq}} e^{-\frac{1}{2}u^2} du.$$

Das Ergebnis zeigt, dass es letztlich genügt, die Funktion

$$\Phi: z \mapsto \frac{1}{\sqrt{2\pi}} \int_{-\infty}^{z} e^{-\frac{1}{2}u^2} du$$

zu tabellieren. Die Näherung von DE MOIVRE und LAPLACE vereinfacht sich zu

$$P(k_1 \le X \le k_2) \approx \Phi\left(\frac{k_2 + 0{,}5 - np}{\sqrt{npq}}\right) - \Phi\left(\frac{k_1 - 0{,}5 - np}{\sqrt{npq}}\right).$$

Beispiel: (Globale Näherung)
Gesucht ist $P(20 \le X \le 23)$ für eine $B_{60;0,4}$-verteilte Zufallsvariable X.

$$P(20 \le X \le 23) \approx \Phi\left(\frac{23 + 0{,}5 - 24}{\sqrt{14{,}4}}\right) - \Phi\left(\frac{20 - 0{,}5 - 24}{\sqrt{14{,}4}}\right)$$
$$\approx \Phi(-0{,}13) - \Phi(-1{,}19)$$

Mit Hilfe einer Tabelle der Funktion Φ und der Beziehung $\Phi(-z) = 1 - \Phi(z)$ ergibt sich

$P(20 \le X \le 23) \approx 0{,}3313$ (exakter Wert: 0,3341).

Die im Vorangehenden erörterten Näherungsprobleme (die nur mittelbar mit der eigentlichen Stochastik zu tun haben) und Fragen der Tabellierung verlieren an unterrichtlichem Stellenwert, wenn *rechentechnische Möglichkeiten* (CAS-Hilfsmittel) gegeben sind, um die fraglichen Wahrscheinlichkeiten unmittelbar abzurufen. Man kann sich dann auf die – in jedem Fall gebotene – Skizzierung des grundsätzlichen Gedankenganges beschränken.

Rechentechnische Hilfsmittel

Normalverteilungen

Das bisher zu den Funktionen

$$\varphi: x \mapsto \frac{1}{\sqrt{2\pi}} e^{-\frac{1}{2}x^2} \quad \text{und} \quad \Phi: x \mapsto \frac{1}{\sqrt{2\pi}} \int_{-\infty}^{x} e^{-\frac{1}{2}t^2} dt$$

Gesagte lässt deren übergeordnete Bedeutung noch nicht erkennen. Zunächst ist nachzutragen, dass φ eine *Wahrscheinlichkeitsdichte* und Φ die zugehörige *Verteilungsfunktion* ist.

φ als W.dichte
Φ als W.verteilung

Verallgemeinerung

Mit φ ist auch jede Funktion f der Form

$$f(x) = \frac{1}{a\sqrt{2\pi}}\, e^{-\frac{1}{2}\left(\frac{x-b}{a}\right)^2}$$

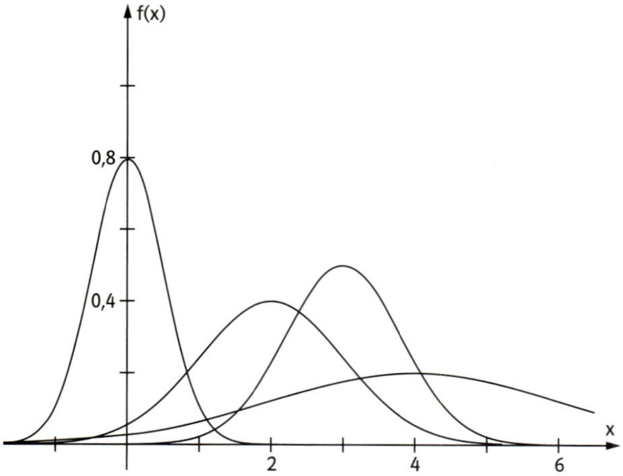

(mit den Parametern a und b) wegen $\int\limits_{-\infty}^{-\infty} f(t)\,dt = 1$ eine Wahrscheinlichkeitsdichte. Eine mit dieser Dichte verteilte Zufallsvariable hat den Erwartungswert $\mu = b$ und die Standardabweichung $\sigma = a$.
Auf die für solche Dichten typische Glockenform trifft man in der Praxis bei sehr vielen Häufigkeitsverteilungen. Demnach sind viele in der Realität auftretende Zufallsvariablen X mehr oder weniger deutlich so verteilt, wie es diese Dichten beschreiben. Anders ausgedrückt:

„Glockenförmige" W.dichten

Sie sind so verteilt, dass die *standardisierten* Zufallsvariablen $Z = \frac{(X-\mu)}{\sigma}$ näherungsweise gemäss φ bzw. Φ verteilt sind. Zur Frage, unter welchen Umständen dies der Fall ist, zeigen die Untersuchungen:

Verteilungen von Summenvariablen

Wenn eine Zufallsvariable X ihre Werte unter dem Einfluss zahlreicher Einflussfaktoren vergleichbarer Intensität annimmt, die voneinander unabhängig sind und additiv wirken, dann ist die standardisierte Zufallsvariable $Z = \frac{(X-\mu)}{\sigma}$ näherungsweise gemäß φ bzw. Φ verteilt.

Zentraler Grenzwertsatz

Diese Näherungsaussage ergibt sich aus dem sog. *Zentralen Grenzwertsatz.*

Bemerkung: Der Zentrale Grenzwertsatz besagt: Ist eine Zufallsvariable X_n die Summe

$$X_n = Y_1 + \ldots + Y_n$$

von unabhängigen Zufallsvariablen Y_i, dann streben die Verteilungen der zu X_n gehörenden standardisierten Variablen (unter sehr schwachen Bedingungen an die Verteilungen der Y_i, die insbesondere erfüllt sind, wenn die Y_i identisch verteilt sind mit endlichem $E(Y_i)$ und $V(Y_i)$) für $n \to \infty$ gegen die Verteilungsfunktion Φ.

Folgerung aus dem Zentralen Grenzwertsatz

Beispiel: (Binomialverteilungen mit großem n)
Eine binomialverteilte Zufallsvariable X kann aufgefasst werden als Summe

$$X = X_1 + \ldots + X_n$$

… für Binomialverteilungen

von unabhängigen, identisch verteilten BERNOULLI-Variablen X_i mit $P(X_i = 1) = p$ und $P(X_i = 0) = 1 - p = q$ für alle i. Die Zufallsvariable X hat den Erwartungswert np und die Varianz npq. Bei *großem* n ist $Z = \frac{(X-np)}{\sqrt{npq}}$ näherungsweise gemäss Φ verteilt, d.h. es ist $P(Z \le z) \approx \Phi(z)$.
Somit gilt für $z = \frac{k-np}{\sqrt{npq}}$

$$P(X \le k) \approx \Phi\left(\frac{k-np}{\sqrt{npq}}\right).$$

… allgemein

Die Bedeutung des Zentralen Grenzwertsatzes reicht weit über binomialverteilte Zufallsvariablen hinaus. Oft ist die Wahrscheinlichkeitsverteilung einer Zufallsvariablen X sehr kompliziert oder überhaupt nicht bekannt. Wenn in solchen Fällen X als Summe einer Vielzahl von unabhängigen Zufallsvariablen aufgefasst werden kann, dann darf man davon ausgehen, dass für X gilt:

$$P(X \le x) \approx \Phi\left(\frac{x - E(X)}{\sqrt{V(X)}}\right).$$

Auch in solchen Fällen ist damit die Möglichkeit gegeben, Wahrscheinlichkeiten mit hinreichender Genauigkeit zu bestimmen.

Beispiel: (Verteilung unbekannt)
Für eine Klinik ist (u.a. aus ärztlichen, aber auch aus finanziellen Gründen) die Aufenthaltsdauer ihrer Patienten von Interesse. Sie hängt von vielen Faktoren ab: Art der Krankheit, Behandlungsmethode, Konstitution des Patienten (Geschlecht, Alter, körperliche Verfassung, Vorgeschichte) usw. Obwohl man die tatsächliche Wahrscheinlichkeitsverteilung der Aufenthaltsdauer X (in Tagen) nicht kennt, darf man davon ausgehen, dass für sie näherungsweise $P(X \le x) \approx \Phi\left(\frac{x-\mu}{\sigma}\right)$ gilt.

Hat die Erfahrung gezeigt, dass die durchschnittliche Aufenthaltsdauer 6 Tage beträgt bei einer (empirischen) Standardabweichung von 1,5 Tagen, dann ist z.B.

$$\begin{aligned} P(X > 7) &\approx 1 - \Phi\left(\frac{7-6}{1{,}5}\right) \\ &\approx 0{,}25. \end{aligned}$$

Es ist also durchaus „normal“, dass etwa ein Viertel der Patienten länger als eine Woche in der Klinik bleiben muss.

Die Wahrscheinlichkeitsverteilungen

$$(^*) \qquad x \mapsto \Phi\left(\frac{x-\mu}{\sigma}\right) \;\; mit \;\; \Phi(z) = \frac{1}{\sqrt{2\pi}} \int_{-\infty}^{z} e^{-\frac{1}{2}t^2}\,dt$$

sind zwar theoretische Verteilungen, haben aber ersichtlich auch für die stochastische Praxis herausragende Bedeutung. Das rechtfertigt eine eigene Namengebung. Eine Verteilung der Form (*) heißt *Normalverteilung mit den Parametern* μ *und* σ, kurz: *N*$(\mu;\ \sigma)$*-Verteilung*. Die N(0; 1)-Verteilung heißt *Standardnormalverteilung*.
Man kann danach zusammenfassend festhalten: Bei der Erörterung realer Probleme kann eine *Summe* von unabhängigen Zufallsvariablen, die aus vielen Summanden besteht, immer als *näherungsweise normalverteilt* angesehen werden.

Normalverteilung als „Grenzverteilung“

Im Vorangehenden trat die Normalverteilung *nicht* als Grenzverteilung auf. Im Unterricht hingegen wird üblicherweise versucht, die Normalverteilung als *Grenzverteilung* einer Folge von Binomialverteilungen darzustellen. Man weiß es zu schätzen, dass die Überlegungen weithin anschaulich nachvollziehbar sind und lässt es dabei bewenden.

$B_{n,p}$-Verteilung bei wachsendem n

Anhand des Stabdiagramms einer $B_{n,p}$-Verteilung kann man verfolgen was bei wachsendem n passiert. Die Glockenform wandert nach rechts, gleichzeitig verbreitert sie sich und verkürzen sich die Stäbe. Für $n \to \infty$ schrumpfen die Stabdiagramme auf die ganzzahligen Punkte der x-Achse zusammen. Eine „Grenz*verteilung*" kommt also auf diese Weise nicht in Sicht.

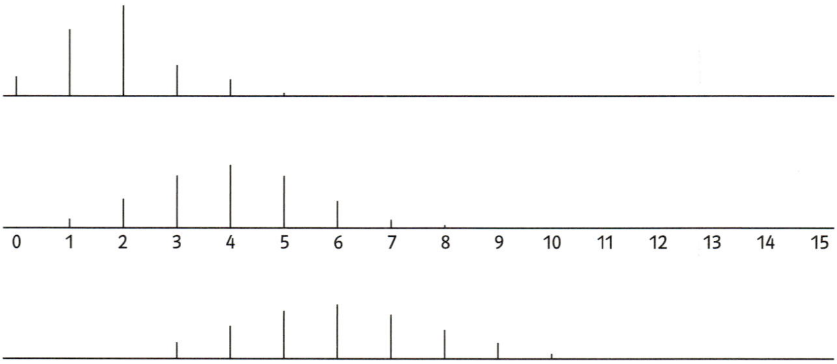

Die Veränderung der Stabdiagramme mit wachsendem n wird durch den Erwartungswert $\mu_n = np$ und die Standardabweichung $\sigma_n = \sqrt{npq}$ bestätigt, die beide zunehmen. Um Binomialverteilungen mit unterschiedlichem n besser vergleichen zu können, werden sie standardisiert, d.h. statt einer Zufallsvariablen X_n, welche den Wert k mit der Wahrscheinlichkeit $B_{n,p}(k)$ annimmt, betrachtet man die Zufallsvariable

Übergang zu standardisierten Variablen

$$Z_n = \frac{(X_n - np)}{\sqrt{npq}},$$

welche den Wert $\frac{(k - np)}{\sqrt{npq}}$ mit der Wahrscheinlichkeit $B_{n,p}(k)$ annimmt. Alle Z_n haben denselben Erwartungswert 0 und dieselbe Varianz 1.

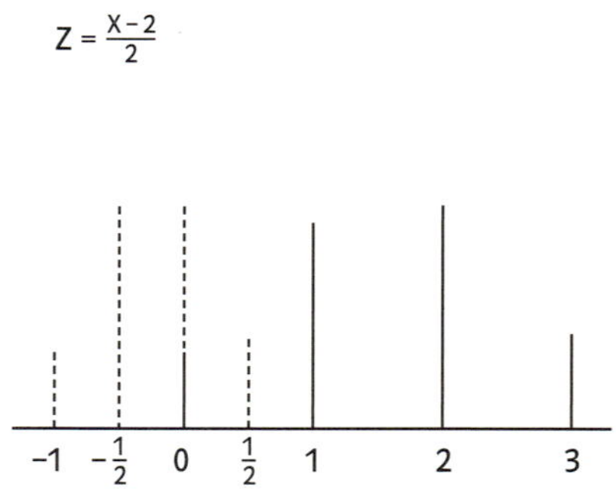

Übergang von $B_{n,p}$ zu $\sigma_n \cdot B_{n,p}$

Im Stabdiagramm von Z_n erscheinen die Stäbe zusammengerückt, ihre Längen haben sich nicht verändert. Nach wie vor gehen ihre Längen gegen null für $n \to \infty$. Von einer „Grenz*verteilung*" wird nur die Rede sein können, wenn man beim Zusammenrücken der Stäbe diese gleichzeitig „entsprechend" streckt.

Zum Vergleich: Nichtstochastisches Beispiel

Beispiel: (Zur Erläuterung des Gedankengangs)

Bei festem x geht $g_n(x) = \frac{1}{n} - \frac{1}{n+1}x^2$ für $n \to \infty$ gegen null. Dagegen geht

$$n \cdot g_n(x) = 1 - \frac{n}{n+1}x^2$$

für $n \to \infty$ nicht mehr gegen null, sondern gegen $g(x) = 1 - x^2$.

Beim Zusammenrücken der Stäbe verkürzt sich deren gegenseitiger Abstand von 1 auf $\frac{1}{\sigma_n}$. Streckt man gleichzeitig ihre Länge von $B_{n,p}(k)$ auf $\sigma_n \cdot B_{n,p}(k)$, dann gilt

(Abstand der neuen Stäbe) mal (neue Stablänge) = $B_{n,p}(k)$.

$B_{n,p}(k)$ als Rechtecksinhalt, neue Stablänge als Dichte

Die neuen Stablängen $\sigma_n \cdot B_{n,p}(k)$ repräsentieren somit *keine Wahrscheinlichkeiten*. Die Wahrscheinlichkeit $B_{n,p}(k)$ wird nach der vorgenommenen Prozedur durch den *Inhalt eines Rechtecks* mit den Seiten $\frac{1}{\sigma_n}$ und $\sigma_n \cdot B_{n,p}(k)$ dargestellt.

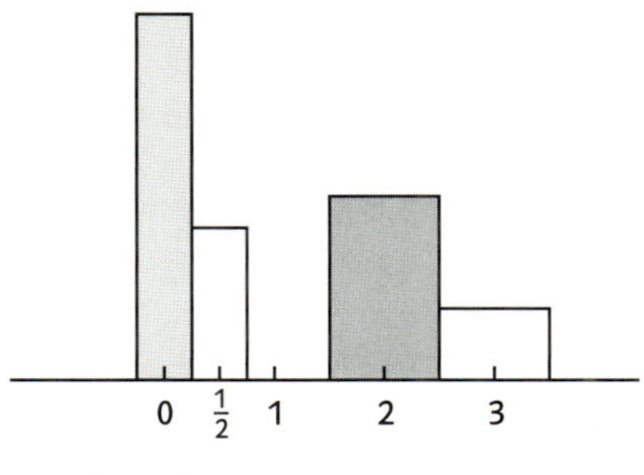

$n \to \infty$

Wir verfolgen nun was geschieht, wenn n gegen unendlich geht. Es sei z irgendeine *feste* reelle Zahl. Zu jedem hinreichend großen n gibt es ein (von n abhängiges) k^* derart,

dass $\quad z_1 := \frac{k^* - np}{\sqrt{npq}} \le z,$

aber $\quad z_2 := \frac{(k^* + 1) - np}{\sqrt{npq}} > z$ ist.

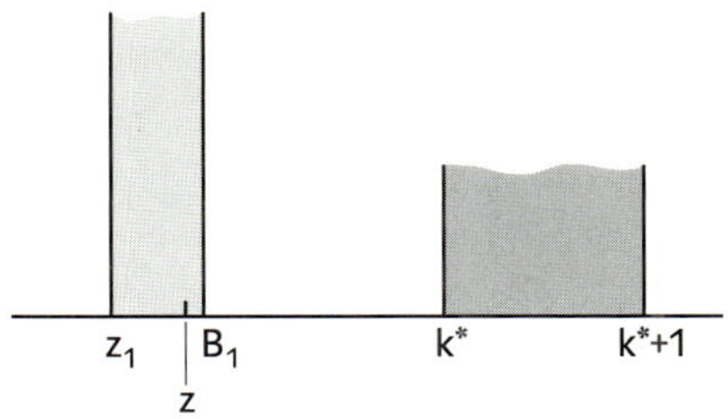

Jedes Intervall $[z_1; z_2[$ enthält z. Für $n \to \infty$ ziehen sich die Intervalle auf den Punkt z zusammen. Die Wahrscheinlichkeit $B_{n,p}(k^*)$ nimmt mit wachsendem n (und damit wachsendem k^*) ab, während σ_n zunimmt. Man kann zeigen, dass sich diese beiden Tendenzen so „ausgleichen", dass $\sigma_n \cdot B_{n,p}(k^*)$ einem Grenzwert zustrebt, und zwar dem Wert $\frac{1}{\sqrt{2\pi}} e^{-\frac{1}{2}z^2}$. Die Funktion

Übergang zur „Grenzdichte"

$$\varphi : z \mapsto \frac{1}{\sqrt{2\pi}} e^{-\frac{1}{2}z^2} \quad \text{(„Gauss-Funktion")}$$

ist eine *Dichtefunktion*. Eine stetige Zufallsvariable X heißt normalverteilt, wenn ihre standardisierte Variable $Z = \frac{X - E(X)}{\sqrt{V(X)}}$ die Gauss-Funktion φ als Dichtefunktion hat.

Weitere spezielle Wahrscheinlichkeitsverteilungen

Ob man im Unterricht auf weitere Verteilungen eingehen kann, ist zunächst eine Zeitfrage. Zur Abgrenzung gegen Binomial- und Normalverteilungen dürfte das eine oder andere Beispiel genügen.

Beispiel einer …

Beispiel: (Geometrische Verteilung)
Vielerorts werden Schalter verwendet, die in gleichen Zeitabständen (z. B. jeweils nach genau einer Stunde) elektrisch betätigt werden. Wir nehmen an, dass ein spezieller Schalter dieser Art mit der Wahrscheinlichkeit 0,98 einwandfrei funktioniert und dass ein Schaltvorgang keine Nachwirkungen hinterlässt. – Welche *„mittlere Lebensdauer"* (in h) hat ein Schalter? M. a. W.: Wie lange dauert es *im Durchschnitt*, bis ein Schalter erstmals *nicht* funktioniert („Warten auf den ersten Fehler")?
X sei Zufallsvariable für die Lebensdauer, d. h. X = n bedeute, dass beim n-ten Schaltvorgang erstmals ein Defekt auftritt. Dann ist

… geometrischen Verteilung

$$P(X = n) = 0{,}98^{n-1} \cdot 0{,}02.$$

Die Wahrscheinlichkeitsverteilung von X ist eine sog. *geometrische Verteilung* mit der „Trefferwahrscheinlichkeit" p = 0,02. Gefragt ist nach dem Erwartungswert von X. Er beträgt bei einer geometrischen Verteilung allgemein $\frac{1}{p}$, im vorliegenden Fall also $\frac{1}{0{,}02} = 50$. Somit ist damit zu rechnen, dass ein Schalter im Mittel (nur!) 49 Schaltvorgänge überlebt.

Bemerkung: Die obigen Voraussetzungen treffen nicht zu, wenn ein Schaltvorgang Abnützungserscheinungen hinterlässt. Insofern ist ein (zwar weniger realistisches, aber) typischeres Beispiel das „Warten auf den ersten Sechser" beim Würfeln.

... Poisson-Verteilung

Beispiel: (Poisson-Verteilung)
In einer Telefonzentrale werden im Durchschnitt pro Stunde 300 Anrufe registriert. Mit welcher Wahrscheinlichkeit kommen innerhalb einer Minute höchstens zwei Anrufe?
Im Mittel sind pro Minute 5 Anrufe zu erwarten. Ist X Zufallsvariable für die Zahl der Anrufe innerhalb einer Minute, dann ist E(X) = 5. Die Wahrscheinlichkeitsverteilung von X ist eine sog. *Poisson-Verteilung* der Form $k \mapsto \frac{\mu^k}{k!} e^{-\mu}$ mit $\mu = 5$. Man erhält

$$P(X \le 2) = \frac{5^0}{0!} e^{-5} + \frac{5^1}{1!} e^{-5} + \frac{5^2}{2!} e^{-5} \approx 0{,}12.$$

Mit einer Wahrscheinlichkeit von etwa 88 % werden mehr als zwei Anrufe/min eingehen.

Bemerkung: Dass die Verteilung von X die Form einer Poisson-Verteilung hat (also – grob gesprochen – einer Binomialverteilung mit $\mu = np = 5$ bei sehr kleinem p und sehr großem n) wird plausibel, wenn man sich den Zeitraum von einer Minute in kleinere Zeitintervalle unterteilt denkt.

... hypergeometrischen Verteilung

Beispiel: (Hypergeometrische Verteilung)
In einem Fabrikationsbetrieb soll eine Tagesproduktion von 100 Stück überprüft werden. Bislang lag der Anteil der Ausschussware bei 5 %. Statt alle 100 Stück einzeln zu untersuchen, wird – da solche Untersuchungen vielleicht zeitaufwändig und teuer sind – eine zufällige Stichprobe von nur 10 Stück entnommen und überprüft. Wie groß ist die Wahrscheinlichkeit, in der Stichprobe mehr als ein Ausschussstück vorzufinden?
Man kann davon ausgehen, dass die Tagesproduktion 5 Ausschussstücke enthält. Da ein untersuchtes Stück nach der Untersuchung nicht wieder der Tagesproduktion einverleibt wird, handelt es sich beim Entnehmen der Stichprobe nicht um unabhängige Wiederholungen eines Zufallsexperiments, die Wahrscheinlichkeit für „Ausschussstück" ändert sich mit jeder Entnahme. Die Zufallsvariable X für die Anzahl der Ausschussstücke in der Stichprobe ist nicht binomial-, sondern *hypergeometrisch* verteilt. Es ist

$$P(X = k) = \frac{\binom{5}{k}\binom{95}{10-k}}{\binom{100}{10}}, \quad k = 0; \ldots; 5,$$

also $P(X = 0) + P(X = 1) = \frac{90 \cdot 89 \cdot 88 \cdot 87 \cdot 86}{100 \cdot 99 \cdot 98 \cdot 97 \cdot 96} + \frac{50 \cdot 90 \cdot 89 \cdot 88 \cdot 87}{100 \cdot 99 \cdot 98 \cdot 97 \cdot 96} \approx 0{,}91$ und
$P(X > 1) \approx 0{,}09.$

Nur in rd. einer von zehn Stichproben ist mit mehr als einem Ausschussstück zu rechnen.

Stochastik

18 Mathematische Statistik

♂ ♀

Ein neues Medikament M wird in zwei Instituten A und B daraufhin untersucht, ob seine Wirksamkeit vom Geschlecht des Probanden abhängt. Jedes Institut erprobt M an einer eigenen Stichprobe. Ergebnis: In beiden Stichproben ist der Anteil der geheilten unter den Männern *größer* als der Anteil der geheilten unter den Frauen.

Nun werden beide Stichproben zu einer einzigen zusammengefasst. Kann man davon ausgehen, dass in dieser Stichprobe der Anteil der geheilten unter den Männern ebenfalls *größer* ist als der Anteil der geheilten unter den Frauen?

Was will die Mathematische Statistik?

Die Mathematische Statistik beschäftigt sich mit Gesamtheiten, die aus so vielen Individuen bestehen, dass es aus zeitlichen, ökonomischen oder anderen Gründen nicht möglich ist, *alle* Individuen einzeln zu „befragen". Sie begnügt sich deshalb mit einer überschaubaren *Auswahl* an Individuen und versucht, von den dabei gewonnenen Informationen auf die Verhältnisse in der Gesamtheit zu schließen.

Zum mathematischen Hintergrund

Grundgesamtheit. Stichprobe

Von zentraler Bedeutung ist der Begriff einer *Stichprobe*. Man versteht darunter zunächst eine Auswahl von Dingen aus einer größeren Gesamtheit, die *Grundgesamtheit* genannt wird.

Stichprobe und Grundgesamtheit intuitiv

Beispiel: (Stichprobe aus einer Grundgesamtheit)
a) Die Verwaltung einer Großstadt interessiert sich für die Geburtsjahre ihrer Einwohner. Denkt man sich zu jedem Einwohner sein Geburtsjahr notiert, dann bilden alle diese Jahreszahlen zusammen die Grundgesamtheit. Eine Auswahl von z. B. 100 der notierten Jahreszahlen ist eine Stichprobe.
b) In einem Fabrikbetrieb werden täglich tausende von Schrauben mit vorgeschriebenem Durchmesser hergestellt. Um Aufschluss zu bekommen über die „Qualität" einer Tagesproduktion, werden im Laufe des Tages 50 Schrauben entnommen und deren Durchmesser gemessen. Die dabei gefundenen 50 Meßwerte sind eine Stichprobe aus der Grundgesamtheit aller Durchmesserlängen der Tagesproduktion.

Zufallsstichprobe

Damit eine Stichprobe die Verhältnisse in der Grundgesamtheit erkennen lässt, dürfen ihre Daten („Stichprobenwerte" genannt) nicht gezielt ausgewählt werden. Die Stichprobe muss eine *Zufallsstichprobe* sein.
Außerdem ist zu bedenken, dass sich beim sukzessiven Entnehmen von Dingen die (Grund-)Gesamtheit, der sie entnommen werden, laufend verändert. Um dies zu verhindern, muss ein entnommenes Ding vor der nächsten Entnahme in die Gesamtheit zurückgelegt werden. Die angesprochene

Lösung der Aufgabe am Kapitelanfang
Nein!
Gegenbeispiel: Bei A werden 200 von 600 Männern (33,3 %) und
100 von 400 Frauen (25 %) geheilt,
bei B werden 400 von 600 Männern (66,7 %) und
650 von 1000 Frauen (65 %) geheilt.
In der zusammengefassten Stichprobe gesunden
600 von 1200 Männern (50 %) und
750 von 1400 Frauen (53,6 %).

Veränderung fällt nur dann nicht ins Gewicht, wenn die Gesamtheit sehr umfangreich und die Anzahl der Stichprobenwerte (der sog. „Stichprobenumfang") demgegenüber klein ist. Man kann dann näherungsweise davon ausgehen, dass die Entnahme eines Dinges aus der Gesamtheit die weiteren Entnahmen nicht beeinflusst.

Entnehmen mit und ohne Zurücklegen

Beispiel: (Zufälligkeit einer Stichprobe)
Um mittels einer Stichprobe einen Hinweis auf die „mittlere Blattlänge" eines Laubbaumes zu gewinnen, müsste man – streng genommen – den Baum entlauben, seine Blätter durcheinanderschütteln und danach eine Anzahl Blätter „blind" entnehmen. Es wäre z. B. nicht zulässig, nur einen Ast zu entlauben oder nur bereits abgefallene Blätter zu nehmen. Alle Blätter des Baumes müssen dieselbe Chance haben, in die Stichprobe aufgenommen zu werden. – Das „Durchmischen" der Grundgesamtheit kann, wie das Beispiel zeigt, schwierig oder unmöglich sein. Man hat deshalb besondere (auf sog. Zufallszahlen beruhende) Methoden entwicklet, um die Zufälligkeit einer Stichprobe zu garantieren.

Beispiel: (Entnehmen mit bzw. ohne Zurücklegen)
Soll ein neu entwickeltes Medikament zur Senkung von Bluthochdruck (Hypertonie) in der Bundesrepublik getestet werden, dann wird man seine Wirksamkeit anhand einer Stichprobe von z. B. 1000 zufällig ausgewählten Patienten überprüfen. Da sehr viele Menschen an Bluthochdruck leiden, kann man davon ausgehen, dass sich die Grundgesamtheit durch die Entnahme von 1000 Personen nicht merklich verändert.
Das ist anders, wenn es sich um ein Medikament zur Bekämpfung einer sehr seltenen Krankheit handelt (von der in der Bundesrepublik z. B. nur 1500 Fälle bekannt sind). Nun ist die Chance, in die Stichprobe aufgenommen zu werden, beim zuletzt ausgewählten Patienten eine deutlich andere als beim ersten.

Um auszudrücken, dass eine Grundgesamtheit so umfangreich ist, dass eine Entnahme ohne Zurücklegen wie eine solche mit Zurücklegen behandelt werden kann, spricht man auch von einer *unendlichen* Grundgesamtheit. Welche Vorstellung hinter dieser Sprechweise steckt, wird am besten an Beispielen deutlich.

„Unendliche" Grundgesamtheit

Beispiel: (Unendliche Grundgesamtheit)
a) Eine Urne enthalte ausschließlich weiße und schwarze Kugeln. Um sich eine Vorstellung zu verschaffen, in welchem Verhältnis beide Sorten gemischt sind, werden der Urne n Kugeln *mit Zurücklegen* entnommen und bei jeder von ihnen die Farbe notiert. Die Notizen bilden eine Stichprobe. Als zugehörige Grundgesamtheit stellt man sich eine unendliche Gesamtheit vor, in der „weiß" und „schwarz" mit dem in der Urne vorhandenen Mischungsverhältnis vertreten sind.
b) Das wiederholte Werfen eines Spielwürfels entspricht dem wiederholten Ziehen mit Zurücklegen aus einer Urne mit sechs Kugeln. Als Grundgesamtheit hat man sich eine aus Augenzahlen bestehende unendliche Gesamtheit vorzustellen, in der die Augenzahlen 1 bis 6 gemäß ihren (evtl. ungleichen) Wahrscheinlichkeiten vorhanden sind. Man kann sie sich durch „unaufhörliches" Werfen des Spielwürfels entstanden denken. Eine Stichprobe erhält man, indem man aus dieser Grundgesamtheit n Elemente ohne Zurücklegen herausgreift bzw. den Würfel n-mal wirft.

Grundgesamtheit bei Standardmodellen

Bemerkungen:
a) In der Praxis wird beim Entnehmen einer Stichprobe aus einer (endlichen) Gesamtheit ein entnommenes Objekt i. Allg. nicht wieder zurückgelegt. Dadurch ändert sich die Gesamtheit mit jedem entnommenen Objekt, und mit ihr verändern sich auch die Wahrscheinlichkeiten der verschiedenen möglichen Beobachtungsergebnisse. Die Veränderung fällt jedoch kaum ins Gewicht, wenn die Gesamtheit sehr viel umfangreicher ist als die Stichprobe. In der Vorstellung einer *unendlichen* Grundgesamtheit kommt anschaulich zum Ausdruck, dass sich die in der Gesamtheit vorliegende Wahrscheinlichkeitsverteilung durch die Entnahme eines Beobachtungswertes *nicht* ändert.
b) Der Name „Stichprobe" stammt ursprünglich aus dem Hüttenwesen. Bei der Erzgewinnung wird der Hochofen angestochen, um eine Probe zu entnehmen. Sie zeigt, wie weit der Schmelzvorgang fortgeschritten ist.

„Grundgesamtheit" und „Stichprobe" mathematisch

Mathematisches Äquivalent

... einer Grundgesamtheit

Eine *Grundgesamtheit* ist mathematisch festgelegt durch eine *Zufallsvariable* X, welche die *verschiedenen* in einer Stichprobe auftretenden Werte annehmen kann und diese bei Durchführung eines Zufallsexperiments mit bestimmten Wahrscheinlichkeiten annimmt. Sie wird also durch eine *Zufallsvariable und deren Wahrscheinlichkeitsverteilung* beschrieben. Nennt man einen Wert x, der sich bei einer Durchführung des Zufallsexperiments zeigt, eine „Realisierung" von X, dann besteht die zu X gehörende Grundgesamtheit gewissermaßen aus allen jemals auftretenden Realisierungen von X.

... einer Stichprobe

Wird das Zufallsexperiment n-mal durchgeführt und sind die Durchführungen ohne Einfluss aufeinander, dann nennt man die dabei beobachteten Werte $x_1, \ldots, x_n$ von X eine *Stichprobe*. Denkt man sich zu jeder Durchführung eine eigene Zufallsvariable X_i (für die Werte, welche X dabei annehmen kann), dann hat man es statt mit n Realisierungen von X mit je *einer* Realisierung von $X_1, \ldots, X_n$ zu tun. Die Zufallsvariablen $X_1, \ldots, X_n$ haben dieselbe Verteilung wie X; sie sind *identisch verteilt* und *unabhängig*. Diese Auffassung einer Stichprobe ist zweckmäßig, weil man so von der Verteilung der X_i auf andere Verteilungen schließen kann (z. B. auf die Verteilung des „Stichprobenmittels" $\overline{X_n} = \frac{1}{n}(X_1, \ldots, X_n)$).

Das Grundproblem

Bedeutung der Grundgesamtheit

Das Grundproblem besteht darin, von einer durch n-malige Durchführung eines Zufallsexperiments gewonnenen *Stichprobe* auf die zu Grunde liegende *Grundgesamtheit* zu schließen. Denn begründete Voraussagen und damit zusammenhängende Entscheidungen müssen, da eine Stichprobe dem Zufall unterliegt, auf der Grundgesamtheit basieren.

Hauptsatz der mathematischen Statistik

Eine grundlegende generelle Aussage macht der *Satz von* GLIWENKO: *Die aus Stichproben vom Umfang n gewonnenen empirischen Verteilungsfunktionen konvergieren für $n \to \infty$ mit Wahrscheinlichkeit 1 gleichmäßig gegen die Verteilung der Grundgesamtheit.*

Bei sehr großem Stichprobenumfang n kann man also davon ausgehen, dass die empirisch gewonnene Verteilung der Stichprobe praktisch mit der Verteilung der Grundgesamtheit übereinstimmt.

So bedeutsam dieser Satz ist, er führt nicht zu allgemein anwendbaren Verfahren. Bei praktischen Problemstellungen kommt zustatten, dass der Verteilungs*typ* der Grundgesamtheit oft aus allgemeinen Erwägungen erschlossen werden kann. Oft weiß man z. B., dass die Grundgesamtheit näherungsweise normalverteilt ist und steht dann „nur noch" vor der Aufgabe, zu Aussagen über die Parameter μ und σ der konkret vorliegenden Verteilung zu kommen. Dabei sind zwei Varianten zu unterscheiden. Fehlen jegliche Hinweise auf die Werte der Parameter, dann muss man diese schätzen, d. h. es wird ein hinreichend kleines Intervall gesucht, das den fraglichen Parameter mit hoher, angebbarer Wahrscheinlichkeit überdeckt (*statistische Schätzverfahren*). Ist dagegen für den Parameter ein Wert z. B. als Vermutung oder Güteforderung vorgegeben, dann ist zu untersuchen, ob diese „Hypothese" einer quantitativen Überprüfung standhält (*statistische Prüfverfahren*).

Einschränkung auf Parameter bei bekanntem Verteilungstyp

Schätzverfahren

Prüfverfahren

Bemerkung: Der russische Mathematiker WALERIJ IWANOWITSCH GLIWENKO (1897 – 1940) hat den nach ihm benannten Satz 1933 bewiesen.

Stichprobenfunktionen

Hat man von der (die Grundgesamtheit beschreibenden) Zufallsvariablen X lediglich eine Stichprobe $x_1, \ldots, x_n$ zur Verfügung, dann wird man im arithmetischen Mittel

$$\overline{x} = \frac{x_1, \ldots, x_n}{n}$$

der Stichprobenwerte einen Hinweis auf den Erwartungswert $E(X) = \mu$ der Grundgesamtheit vermuten. Mit der Stichprobe ist auch der Mittelwert $\overline{x}$ zufällig. Er kann als Realisierung der Zufallsvariablen

$$\overline{x} := \frac{1}{n}(X_1 + \ldots + X_n)$$

mit unabhängigen, identisch verteilten X_i angesehen werden. Die Variable $\overline{x}$ ist ein Beispiel für eine sog. *Stichprobenfunktion*, d. h. eine von den Stichprobenvariablen X_i abhängige *Zufallsvariable*.

Stichprobenmittel als Zufallsvariable

Stichprobenfunktion

Da im konkreten Fall nur eine Zufallsstichprobe bzw. ein aus ihr berechneter Wert $\overline{x}$ zur Verfügung steht, die Verteilung von X aber unbekannt ist, stellt sich die Frage nach der Verteilung von $\overline{x}$ und dem Zusammenhang dieser Verteilung mit der Verteilung von X. Die Zufallsvariable $\overline{x}$ hat den Erwartungswert

Erwartungswert und Varianz von $\overline{X}$

$$E(\overline{X}) = \sum_{i=1}^{n} \frac{1}{n} E(X_i) = E(X) = \mu$$

und die Varianz

$$V(\overline{X}) = \sum_{i=1}^{n} \frac{1}{n^2} V(X_i) = \frac{1}{n} V(X) = \frac{\sigma^2}{n}.$$

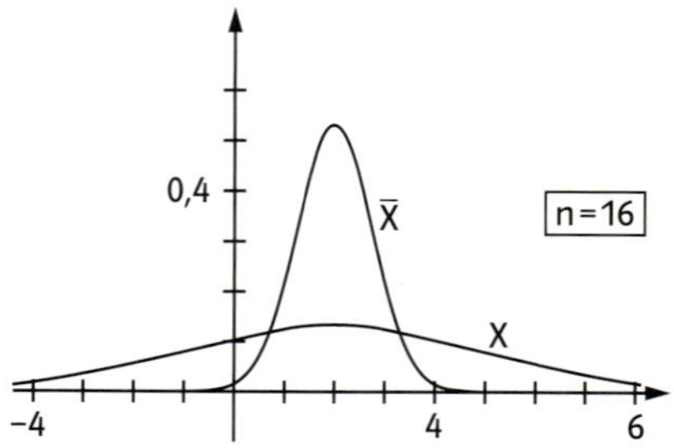

Dichtefunktion von X bzw. $\overline{X}$ bei normalverteilter Grundgesamtheit

Da demnach die Zufallsvariable $\overline{X}$ denselben Erwartungswert hat wie X, aber deutlich weniger streut, sieht man sich berechtigt, $\bar{x}$ als brauchbaren Näherungswert für μ anzusehen. Ist X normalverteilt, dann ist $\overline{X}$ ebenfalls normalverteilt.

Bedeutung von $\overline{X}$ für Fragen der Statistik

Ist X nicht normalverteilt, dann ist $\overline{X}$ bei großem n trotzdem angenähert normalverteilt (Zentraler Grenzwertsatz). Dies und die kleinere Varianz lässt es ratsam erscheinen, mit der Zufallsvariablen $\overline{X}$ zu arbeiten.

Sonderfall: Relative Häufigkeit als Stichprobenfunktion

Sonderfall: Bei einem Zufallsexperiment sei X definiert durch

$$X = \begin{cases} 1, \text{ falls das Ereignis A eintritt} \\ 0, \text{ falls das Ereignis A nicht eintritt.} \end{cases}$$

Die Wahrscheinlichkeit P(A) sei unbekannt. Wird nun das Zufallsexperiment n-mal durchgeführt, dann ist $\frac{1}{n}(x_1 + \ldots + x_n) = \bar{x}$ die *relative Häufigkeit*, mit der A in der Stichprobe auftritt, und $\overline{X} = \frac{1}{n}(X_1 + \ldots + X_n)$ Zufallsvariable für die relative Häufigkeit. Sie hat den Erwartungswert P(A) und die Varianz $\frac{P(A)[1 - P(A)]}{n}$. Also kann man bei großem n davon ausgehen, dass $\bar{x}$ ein brauchbarer Näherungswert für P(A) ist und die relativen Häufigkeiten von A (bei festem n) annähernd normalverteilt sind.

Allgemeine Bedeutung einer Stichprobenfunktion

Entsprechend laufen die Überlegungen bei anderen Kennzahlen der Grundgesamtheit bzw. von X. Man bildet aus $X_1, \ldots, X_n$ eine geeignete *Stichprobenfunktion* Z, ermittelt die Verteilung von Z und schließt von ihr auf die Verteilung von X. (Bei Schätzverfahren nennt man Z auch „Schätzvariable", bei Prüfverfahren „Prüfvariable".) Damit eine im Hinblick auf einen Parameter δ von X aufgestellte Stichprobenfunktion Z „geeignet" genannt werden kann, sollte zumindest $E(Z) = \delta$ sein (*erwartungstreue* Stichprobenfunktion); z. B. ist $\overline{X}$ eine erwartungstreue Stichprobenfunktion für μ.

Erwartungstreue

Um zu einer geeigneten *Stichprobenfunktion für die Varianz* σ^2 von X zu kommen, wird man von

$$s^2 = \frac{1}{n}[(x_1 - \mu)^2 + \ldots + (x_n - \mu)^2]$$

ausgehen und

$$Z = \frac{1}{n}[(X_1 - \mu)^2 + \ldots + (X_n - \mu)^2]$$

in Betracht ziehen. Die Stichprobenfunktion Z ist bez. σ^2 erwartungstreu. Sie setzt jedoch voraus, dass man μ kennt. Ist μ unbekannt, dann muss man mit $\bar{x}$ statt μ vorlieb nehmen. Die demgemäß abgeänderte Stichprobenfunktion

$$Z^* = \frac{1}{n}[(X_1 - \bar{x})^2 + \ldots + (X_n - \bar{x})^2]$$

ist nun aber nicht mehr erwartungstreu bez. σ^2, sondern hat den Erwartungswert $\frac{n-1}{n}\sigma^2$. Um Erwartungstreue zu haben, bildet man deshalb

$$S^2 := \frac{n-1}{n}Z^* = \frac{1}{n-1}[(X_1 - \overline{x})^2 + \ldots + (X_n - \overline{x})^2].$$

Die Zufallsvariable S^2 heißt *Stichprobenvarianz* und ist eine bez. σ^2 erwartungstreue Stichprobenfunktion.

Stichprobenvarianz

Schätzen von μ bei normalverteilter Grundgesamtheit

Es sei X eine Zufallsvariable, die normalverteilt ist, deren Erwartungswert μ man jedoch nicht kennt. Gesucht ist ein Intervall, das μ mit hoher Wahrscheinlichkeit überdeckt. Über die bereits bekannte Beziehung $\mu \approx \overline{x}$ hinaus geht es also nun um deren *Quantifizierung*.

Schätzproblem

Bemerkung: Ist X binomialverteilt, dann ist μ die Trefferwahrscheinlichkeit p und ein berechnetes Stichprobenmittel $\overline{x}$ die relative Häufigkeit für die Anzahl der Treffer bei n Durchführungen. Es handelt sich dann um die Annäherung einer Wahrscheinlichkeit durch relative Häufigkeiten.

Für eine $N(\mu; \sigma)$-verteilte Zufallsvariable ist das Stichprobenmittel $\overline{x}$ ebenfalls normalverteilt und es gilt für jedes $c > 0$

$$P\left(-c \le \frac{\overline{X}-\mu}{\sigma}\sqrt{n} \le c\right) = 2\Phi(c) - 1 \qquad \text{oder}$$

$$P\left(\mu - c\cdot\frac{\sigma}{\sqrt{n}} \le \overline{X} \le \mu + c\cdot\frac{\sigma}{\sqrt{n}}\right) = 2\Phi(c) - 1,$$

d.h.: Ist $2\Phi(c) - 1 =: \gamma$ (und damit c) vorgegeben, dann liegt $\overline{x}$ mit der Wahrscheinlichkeit γ in dem *festen* Intervall $\left[\mu - c\frac{\sigma}{\sqrt{n}}; \mu + c\frac{\sigma}{\sqrt{n}}\right]$.
Ebenso gilt dann aber auch

Festes Intervall um μ, in dem $\overline{X}$ mit hoher Wahrscheinlichkeit liegt

$$P\left(\overline{x} - c\frac{\sigma}{\sqrt{n}} \le \mu \le \overline{x} + c\frac{\sigma}{\sqrt{n}}\right) = \gamma,$$

d.h.: Das *zufällige*, von Stichprobe zu Stichprobe sich ändernde Intervall

(*) $\quad \left[\overline{x} - c\cdot\frac{\sigma}{\sqrt{n}}; \overline{x} + c\cdot\frac{\sigma}{\sqrt{n}}\right]$

überdeckt μ mit der Wahrscheinlichkeit γ.

Zufälliges Intervall, das μ mit hoher Wahrscheinlichkeit überdeckt

Intervalle der Form (*) heißen *Vertrauensintervalle (Konfidenzintervalle)* für den Erwartungswert μ von X zur *Vertrauenszahl* γ. Bei gegebenem γ, σ und n haben sie zwar die gleiche Länge $d = \frac{2c\sigma}{\sqrt{n}}$, aber unterschiedliche Lage.
Die Wahl der Vertrauenszahl γ ist nicht Sache der Mathematik, sondern richtet sich nach den im Einzelfall bei einer Fehlentscheidung zu befürchtenden Konsequenzen. Übliche Werte sind $\gamma = 95\%$ oder 99%.

Wahl der Vertrauenszahl

Bemerkungen:
a) Die Voraussetzung, dass man σ kennt (trotz unbekanntem μ), ist weniger „künstlich" als es zunächst scheinen mag. So ist etwa bei der maschinellen Herstellung eines Massenartikels der Wert von μ im wesentlichen durch die Maschineneinstellung bestimmt. Dagegen ist die Standardabweichung σ bei jeder Maschineneinstellung nahezu dieselbe und evtl. aus *sehr vielen* früheren Stichprobenwerten bekannt.

Kleine Stichproben

b) Häufig ist σ jedoch in der Tat unbekannt und das größte Hindernis auf dem Weg zu einem Vertrauensintervall. Nur bei *sehr großen* Stichproben kann man anstelle von σ die aus der Stichprobe berechnete empirische Standardabweichung s verwenden, der Rechenaufwand ist entsprechend. Bei „gewöhnlichen" Stichproben weicht die Verteilung von

$$\frac{\overline{X}-\mu}{s}\sqrt{n}$$

erheblich von der N(0; 1)-Verteilung ab. Die Verteilung der Zufallsvariablen $\frac{\overline{X}-\mu}{s}\sqrt{n}$ (die üblicherweise mit kleinem t statt eines Großbuchstabens bezeichnet wird) wurde 1908 von William Sealey Gosset (1876–1937) ermittelt. Sie heißt „t-Verteilung" und muss bei kleinen Stichproben an die Stelle der N(0; 1)-Verteilung treten.

t-Verteilung

Signifikanztest für die Hypothese $\mu = \mu_0$ bei normalverteilter Grundgesamtheit

Prüfproblem

Grundgedanke des Vorgehens

Häufig geht es nicht darum, den unbekannten Erwartungswert $E(X) = \mu$ zu lokalisieren, sondern zu prüfen, ob sich die *Hypothese* „$\mu = \mu_0$" (für einen vorgegebenen Wert μ_0) mit den Daten der vorhandenen Stichprobe verträgt. Da die Stichprobenwerte zufällig sind, ist es unmöglich nachzuweisen, dass *mit Sicherheit* $\mu = \mu_0$ bzw. $\mu \neq \mu_0$ gilt. Man muss sich mit weniger zufrieden geben: Zeigt die Stichprobe einen Befund, der im Falle $\mu = \mu_0$ außerordentlich unwahrscheinlich wäre, dann ist man gewarnt und gut beraten, lieber von $\mu \neq \mu_0$ auszugehen. Im weiteren geht es darum, diesen Gedanken quantitativ auszugestalten.

Beispiel: (Zufällige und systematische Abweichungen)
In einem Betrieb wird Mehl maschinell abgepackt in handliche 500-g-Packungen. Dabei sind kleinere *zufällige Abweichungen* vom Sollwert 500 g unvermeidlich (Spiel der Maschinenteile, Körnung, Temperatur, Feuchtigkeitsgehalt usw.). Dagegen lässt sich eine falsche Maschineneinstellung, die zu einer *systematischen Abweichung* führt, evtl. korrigieren. Eine solche Abweichung liegt vor, wenn der Erwartungswert des Füllgewichts X (in g) nicht 500 beträgt. Es handelt sich also darum herauszufinden, ob man trotz den in der Stichprobe vorhandenen Abweichungen die Hypothese $\mu = \mu_0$ für wahr halten sollte oder ob Zweifel angebracht sind.

$\overline{X}$ als Prüfvariable

Die Überlegungen vereinfachen sich, wenn man anstelle der n Stichprobenwerte x_i deren arithmetisches Mittel $\overline{x}$ betrachtet. Die Zufallsvariable (Stichprobenfunktion) $\overline{X}$ heißt *Prüfvariable*. Da X und $\overline{X}$ denselben Erwartungswert haben, ist die Aussage $E(\overline{X}) = \mu_0$ zu überprüfen.
Man *nimmt nun an*, dass $E(\overline{X}) = \mu_0$ gilt, und fragt nach der Wahrscheinlichkeit, mit der in diesem Fall ein $\overline{x}$-Wert, wie man ihn in der Stichprobe angetroffen hat, auftritt. Fall sich diese Wahrscheinlichkeit als außerordentlich klein erweist, wird man Zweifel hegen, ob E(X) mit μ_0 übereinstimmt. Bleibt sie jedoch „im Rahmen", dann sieht man keinen Anlass, nicht weiterhin von $E(X) = \mu_0$ auszugehen. Die Entscheidung hängt davon ab, *wann* ein $\overline{x}$-Wert als „außerordentlich unwahrscheinlich" anzusehen ist. Man wird sich an den im Falle einer Fehlentscheidung zu befürchtenden Konsequenzen orientieren. *Wo* genau die Grenze zu ziehen ist, muss im Voraus *von uns* festgelegt werden.

Problem der Signifikanzgrenze

Um die Wahrscheinlichkeit, dass die Prüfvariable einen Wert aus einem bestimmten Intervall annimmt, zu berechnen, muss deren Verteilung – zumindest der Verteilungstyp – bekannt sein. Bei normalverteiltem X mit $E(X) = \mu_0$ und $V(X) = \sigma^2$ ist die Prüfvariable $\bar{x}$ ebenfalls normalverteilt mit

W.verteilung der Prüfvariablen

$$E(\bar{X}) = \mu_0 \text{ und } V(\bar{X}) = \frac{\sigma^2}{n}.$$

Ist nun eine (kleine) Wahrscheinlichkeit α vorgegeben, dann gibt es ein $a > 0$ so, dass für $\bar{x}$ gilt:

$$P(|\bar{X} - \mu_0| > a) = \alpha$$

$$P(|\bar{X} - \mu_0| \leq a) = 1 - \alpha.$$

Ablehnen	μ_0	Ablehnen
	Annehmen	

Ablehnungs- und Annahmebereich

Entscheidend ist, ob der aus der Stichprobe errechnete $\bar{x}$-Wert außerhalb oder innerhalb des Intervalls $[\mu_0 - a; \mu_0 + a]$ liegt.
Liegt er *außerhalb*, dann wird die Hypothese $\mu = \mu_0$ *abgelehnt*,
liegt er *innerhalb*, dann wird die Hypothese $\mu = \mu_0$ *beibehalten*.
Die Wahrscheinlichkeit α heißt *Irrtumswahrscheinlichkeit*; es ist die Wahrscheinlichkeit zu irren, *wenn X tatsächlich den Erwartungswert μ_0 hat*. $1 - \alpha$ nennt man die *statistische Sicherheit* des Tests.

Irrtumswahrscheinlichkeit, statistische Sicherheit

Bemerkungen:

a) Als Prüfvariable kann anstelle von $\bar{X}$ auch die standardisierte Zufallsvariable $Z = \frac{\bar{X} - \mu_0}{\sigma}\sqrt{n}$ verwendet werden.

α	0,05	0,01	0,001
a	1,96	2,58	3,29

Die „Signifikanzgrenze" a ist dann ebenfalls standardisiert (s. Tabelle).

b) Im Vorangehenden wurde vorausgesetzt, dass σ bekannt ist. Wenn dies nicht der Fall ist und der Stichprobenumfang (wie meist in der Praxis) nicht groß genug ist, um σ durch die empirische Standardabweichung s zu ersetzen, dann muss statt Z aus a) die Zufallsvariable

$$t = \frac{\bar{X} - \mu_0}{s}\sqrt{n}$$

die Rolle der Prüfvariablen übernehmen. Die Verteilung von t (die sog. t-Verteilung) unterscheidet sich dann deutlich von einer Normalverteilung (vgl. S. 314).

Im Grundsätzlichen liegt derselbe Gedankengang auch Tests über andere Verteilungsparameter (*Parametertests*) oder über eine Verteilung als Ganzes (*Anpassungstests*) zu Grunde.

Parametertest Anpassungstest

Hypothese und Gegenhypothese

Bei der Untersuchung eines Wirklichkeitsbereichs wird zunächst eine auf Erfahrung beruhende *Arbeitshypothese* (Annahme, Vermutung) aufgestellt. Diese Hypothese wird experimentell überprüft und so lange beibehalten, bis ein neuer experimenteller Befund sie als unzureichend erweist. Nun geht das Bestreben dahin, sie durch eine *neue Hypothese* zu ersetzen, welche die empirischen Gegebenheiten zutreffender beschreibt. Der Fortschritt besteht darin, eine vorhandene Hypothese sukzessive zu verbessern.

Hypothese als Arbeitshypothese

Nullhypothese
Signifikanztest

Ein Test, der darüber entscheidet, ob eine vorgegebene Hypothese wie etwa $\mu = \mu_0$ (bzw. $\mu - \mu_0 = 0$), die sog. *Nullhypothese H_0*, aufgegeben oder beibehalten werden sollte, nennt man einen *Signifikanztest*. Er entscheidet über die Zweckmäßigkeit einer Hypothese, über die wahre Beschaffenheit der Grundgesamtheit sagt er nichts aus.

Gegenhypothese

Zweiseitiger und einseitiger Test

Wird die Hypothese H_0: $\mu = \mu_0$ abgelehnt, dann wird man im weiteren von der *Gegenhypothese* H_1: $\mu \neq \mu_0$ ausgehen. Wenn dabei sehr große oder sehr kleine Abweichungen von μ_0 gleichermaßen zur Ablehnung führen, dann spricht man von einem *zweiseitigen Test*. Ein Test, der z. B. die Nullhypothese H_0: $\mu \leq \mu_0$ gegen die Hypothese H_1: $\mu > \mu_0$ (oder H_0: $\mu \geq \mu_0$ gegen $\mu < \mu_0$) überprüft, heißt *einseitiger Test*.

Beispiel: (Gegenhypothese)
Kommen für μ alle Werte des Intervalls [0; 1] in Frage, dann gesellt sich zu der Hypothese $\mu = \mu_0$; $\mu_0 \in [0;1]$ die Gegenhypothese $\mu \neq \mu_0$; $\mu_0 \in [0; 1]$ und zur Hypothese $\mu \leq \mu_0$; $\mu_0 \in [0; 1]$ die Gegenhypothese $\mu > \mu_0$; $\mu_0 \in [0; 1]$. Kommen für μ nur zwei Werte in Frage, entweder μ_1 oder μ_2, dann hat die Hypothese $\mu = \mu_1$ die Gegenhypothese („Alternativhypothese") $\mu = \mu_2$.

Beispiel: (Zweiseitig, einseitig)
a) Damit ein bestimmtes Medikament die erhoffte Wirkung zeigt, muss der Wirkstoff in der „richtigen" Konzentration vorhanden sein. Ist sie zu hoch, dann können unerwünschte Nebenwirkungen auftreten, ist sie zu niedrig, dann ist das Medikament wirkungslos. Da es sich eventuell um ein sehr teures Medikament handelt, möchte man das Eine wie das Andere möglichst vermeiden und wird daher zweiseitig testen.
b) Eine tragende Betonsäule muss, um ihren Zweck zu erfüllen, einen Mindestanteil Zement einhalten. Er darf keinesfalls unterschritten werden. Dagegen bringt ein etwas zu hoher Zementanteil keine Gefahr. In diesem Fall ist ein einseitiger Test angezeigt.

Mögliche Fehler beim Testen

Beim Testen einer Hypothese H_0 kann man auf zweierlei Weise eine Fehlentscheidung treffen. Eine solche liegt vor, wenn

Mögliche Fehlentscheidungen und deren Risiken

H_0 *abgelehnt* wird, obwohl H_0 in Wirklichkeit *richtig* ist, oder wenn
H_0 *nicht abgelehnt* wird, obwohl H_0 in Wirklichkeit *nicht richtig* ist.
Im ersten Fall spricht man von einem *Fehler 1. Art*, im zweiten von einem *Fehler 2. Art*. Die Wahrscheinlichkeit, einen *Fehler 1. Art* zu begehen, nennt man das *Risiko 1. Art*; entsprechend ist das *Risiko 2. Art* definiert. Das Risiko 1. Art ist nichts anderes als die Irrtumswahrscheinlichkeit α. Das Risiko 2. Art wird mit β bezeichnet; es ist die Wahrscheinlichkeit, eine falsche Nullhypothese beizubehalten. Nur bei einem *Alternativtest*, der z. B. zwischen den beiden „einfachen" Hypothesen H_0: $\mu = \mu_0$

Alternativtest

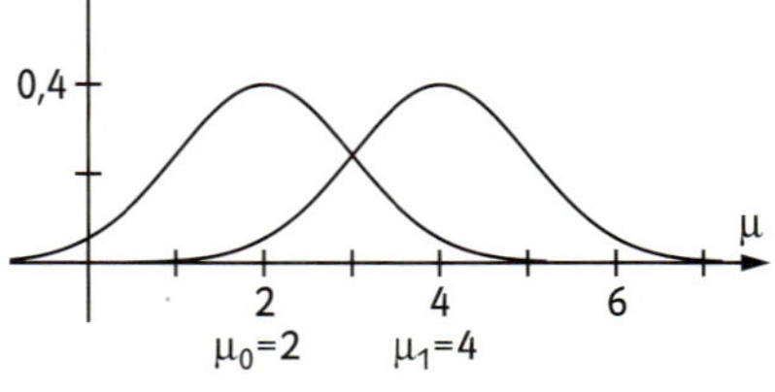

Dichtefunktion von X
bei Zutreffen von H_0 bzw. H_1

und H_1: $\mu = \mu_1$ entscheidet, kann man beide Risiken angeben. Lautet die Gegenhypothese jedoch z. B. H_1: $\mu > \mu_0$ („zusammengesetzte" Hypothese), dann kann man β nicht mehr berechnen (denn β hängt vom unbekannten wahren Wert von μ ab), sondern nur abschätzen durch den Wert, den β im ungünstigsten Fall annimmt.

Einfache bzw. zusammengesetzte Hypothesen

Auch bei kleinem α kann β relativ groß ausfallen. Man ist natürlich daran interessiert, sowohl α als auch β klein zu halten. Eine Verkleinerung von α führt jedoch zwangsläufig zu einem größeren β, und umgekehrt. Will man beide Risiken gleichzeitig mindern, dann bleibt nur der Ausweg über eine größere Stichprobe.

Zusammenhang zwischen α und β

Die beiden Fehlermöglichkeiten sind oft nicht gleichermaßen von Bedeutung.

Beispiel: (α und β von unterschiedlichem Rang)
a) Ein Hersteller von Leuchtröhren garantiert für seine Röhren eine Lebensdauer von 1000 Stunden. Wird diese Garantiezeit unterschritten, dann entstehen zusätzliche Kosten und der Ruf der Firma leidet. Dagegen hat niemand etwas einzuwenden, wenn die Lebensdauer mehr als 1000 Stunden beträgt.
b) Bei der medizinischen Untersuchung auf eine gefährliche Krankheit werden von jedem Patienten Röntgenbilder angefertigt. Da alles darauf ankommt, eine vorhandene Erkrankung zu entdecken, wird man die Wahrscheinlichkeit, dass ein Erkrankter irrtümlich als gesund eingestuft wird, klein halten wollen. Es ist weit weniger schlimm, wenn der Patient gesund ist und überflüssige weitere Untersuchungen über sich ergehen lassen muss.

Bei einem *Signifikanztest* kommt es entscheidend auf α (Risiko 1. Art) an, während β (Risiko 2. Art) demgegenüber außer Betracht bleiben kann.

α und β bei einem Signifikanztest

Güte eines Tests

Um die Güte eines Tests zu beurteilen, muss man ihn an der Wirklichkeit messen, d. h. verfolgen, wie sich das vom Test gesprochene Urteil vor dem Hintergrund der tatsächlich vorliegenden Grundgesamtheit ausnimmt.
Es sei K („Kritischer Bereich") der Ablehnungsbereich eines zweiseitigen Tests für die Nullhypothese $\mu = \mu_0$ bei gegebenem α und normalverteilter Grundgesamtheit. Von Interesse ist die Wahrscheinlichkeit, mit welcher der Test die Nullhypothese H_0: $\mu = \mu_0$ ablehnt, wenn μ von μ_0 verschieden ist. Die Funktion

Worin zeigt sich, wie „gut" ein Test ist?

$$g\colon \mu \mapsto P(\bar{x} \in K)$$

heißt Gütefunktion des Tests. Sie beschreibt die Wahrscheinlichkeit, H_0 abzulehnen, in Abhängigkeit von μ. Für $\mu = \mu_0$ ist $g(\mu) = \alpha$. Je mehr μ von μ_0 abweicht, desto größer ist $g(\mu)$, d. h. desto eher entscheidet der Test richtig.

Gütefunktion

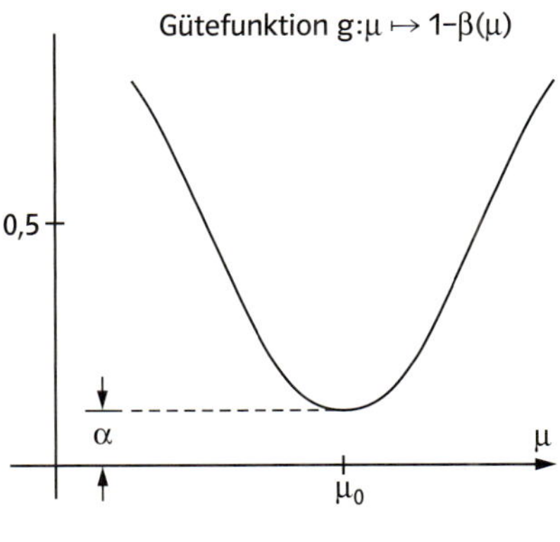

Von zwei Tests ist derjenige vorzuziehen, dessen Gütekurve mit

Gütefunktion eines idealen Tests

wachsender Abweichung von μ_0 rascher ansteigt und somit einem „idealen" Test mit

$$g(\mu) = \begin{cases} 0 \text{ für } \mu = \mu_0 \\ 1 \text{ für } \mu \neq \mu_0 \end{cases}$$

der stets richtig entscheidet, näher kommt.

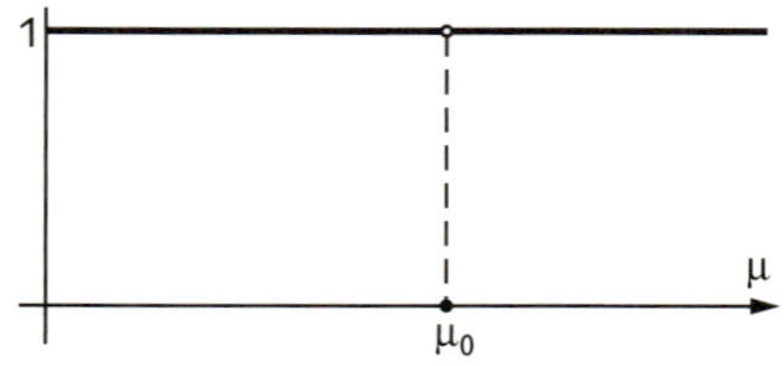

Gütefunktion eines idealen Tests

Zum Unterricht

Generelle unterrichtliche Probleme

Inhaltliche Beschränkung

Der Unterricht muss sich darauf beschränken, in einige Grundgedanken der mathematischen Statistik einzuführen. Man wird sich mit *Parameterschätzungen* bzw. *Parametertests* begnügen und selbst hier sich auf den Mittelwert μ der Grundgesamtheit konzentrieren müssen.

Auswirkung der Realitätsnähe auf den Unterricht

An keiner andern Stelle der Stochastik durchdringen sich Theorie und Wirklichkeit so sehr wie in der mathematischen Statistik; insbesondere ist die Realität allgegenwärtig. Schüler sehen sich dadurch zu regerem *Gedankenaustausch* ermuntert, den es zu kanalisieren gilt. Die Ausdrucksweise ist oft missverständlich oder – obwohl sie vielleicht Richtiges meint – sogar falsch. Es ist dann erhebliches didaktisches Geschick vonnöten, um zu einem guten Ende zu finden.

Die „Sprache der Statistik"

In der mathematischen Statistik haben sich *spezifische Vorstellungen* und *Ausdrucksweisen* (wie z. B. „Entnehmen einer Stichprobe aus einer Grundgesamtheit") herausgebildet. Es gehört mit zur Aufgabe des Unterrichts, mit ihnen vertraut zu machen und den Zusammenhang mit den Begriffsbildungen der Wahrscheinlichkeitsrechnung herzustellen.

Grundgesamtheit

Namen wie „Grundgesamtheit" und „Stichprobe" sind dem Anliegen der Statistik in hohem Maße angepasst. Sie suggerieren zunächst die Vorstellung einer Gesamtheit von Dingen, der ein Teil dieser Dinge entnommen wird. Diese Vorstellung ist noch unzureichend, sie muss im Unterricht ergänzt werden.

Was ist eine Grundgesamtheit?

Wenn in der *Wahrscheinlichkeitsrechnung* von einer Zufallsvariablen X die Rede ist, welche verschiedene Werte x_i, $i = 1, \ldots, n$ mit gewissen Wahrscheinlichkeiten $P(X = x_i)$ annehmen kann, dann denkt der *Statistiker* an eine „Grundgesamtheit". Er stellt sich eine unendliche Gesamtheit vor, in der jedes x_i *mehrfach* vertreten ist und zwar jeweils mit der seiner Wahrscheinlichkeit entsprechenden Häufigkeit. Man kann sich eine solche Gesamtheit durch unablässig wiederholtes Realisieren von X entstanden denken, die dabei auftretenden *Beobachtungswerte* bilden die Grundgesamtheit. Das wahrscheinlichkeitstheoretische Äquivalent einer Grundgesamtheit ist somit eine Zufallsvariable mitsamt ihrer Wahrscheinlichkeitsverteilung.

Beispiel: (Grundgesamtheit)
a) Beim Werfen eines Spielwürfels mit der Zufallsvariablen X für die Augenzahl hat man sich die Grundgesamtheit als aus Augenzahlen bestehende unendliche Gesamtheit vorzustellen, in der die sechs Möglichkeiten 1, ..., 6 zu gleichen Anteilen vertreten sind.
b) Beim Ziehen mit Zurücklegen aus einer Urne mit weißen und schwarzen Kugeln hat man sich die Grundgesamtheit als unendliche Gesamtheit von weißen und schwarzen Kugeln zu denken, in der „weiß" und „schwarz" im gleichen Verhältnis vertreten sind wie in der Urne.

Grundgesamtheit ... beim Würfeln

... beim Ziehen mit Zurücklegen

In der statistischen Praxis spricht man oft auch dann von einer Grundgesamtheit, wenn sie nicht *unendlich groß*, sondern nur *sehr groß* ist. Sie muss so groß sein, dass sich die mit ihr vorliegende Wahrscheinlichkeitsverteilung durch die Entnahme eines Elements nicht merklich ändert.

Beispiel: (Grundgesamtheit endlich, aber sehr groß)
In einer Großstadt hat das Alter X (in Jahren) seiner Einwohner eine bestimmte Häufigkeitsverteilung, die man z.B. in einem Stabdiagramm veranschaulichen könnte. Man kann sie als Wahrscheinlichkeitsverteilung ansehen beim zufälligen Herausgreifen eines Einwohners. Die Gesamtheit aller Altersangaben in der Großstadt spielt die Rolle der zugehörigen Grundgesamtheit.

Bemerkungen:
a) Da in einer Grundgesamtheit derselbe Wert x_i mehrfach auftritt, kann man eine Grundgesamtheit keine „Menge" nennen.
b) Beim wiederholten Ziehen *ohne* Zurücklegen aus einer Urne hat man es bei jedem Zug mit einer andern Grundgesamtheit zu tun. Befinden sich in der Urne nicht „sehr viele" Kugeln, dann macht sich der Unterschied bemerkbar und kann nicht mehr vernachlässigt werden; die einzelnen Durchführungen des Zufallsexperiments sind nicht mehr unabhängig. Eine vergleichbare Situation liegt vor, wenn aus den Einwohnern eines kleinen Dorfes (statt einer Großstadt) eine Person zufällig ausgewählt wird. In der Statistik spricht man in einem solchen Fall auch von der Auswahl aus einer *endlichen* Grundgesamtheit.

... beim Ziehen ohne Zurücklegen

Endliche Grundgesamtheit

Im Unterricht könnte man sich versucht sehen, den Begriff Grundgesamtheit zu vermeiden. Man verzichtet dann jedoch auf eine für die Statistik spezifische Denk-, Vorstellungs- und Sprechweise. Soll der Unterricht auch diese vermitteln, dann kommt man nicht umhin, von Grundgesamtheiten zu reden.
Es handelt sich dabei nicht um einen von der Theorie geforderten Begriff, sondern um eine zweckmäßige inhaltliche Deutung einer logischen Begriffsbildung. Eine Definition ist deshalb weder notwendig noch wünschenswert, sie führt nur zu begrifflichen Klimmzügen. Andererseits darf es nicht bei der simplen Vorstellung einer „Gesamtheit, der etwas entnommen wird" bleiben. Es dürfen keine Missverständnisse und Unklarheiten

Grundgesamtheit ist kein mathematisch definierter Begriff

auftreten, wenn später z. B. vom Mittelwert einer Grundgesamtheit (statt dem Erwartungswert einer Zufallsvariablen) die Rede ist. Schwierigkeiten sind vor allem dann zu befürchten, wenn man versucht, die Grundgesamtheit als bloße Gesamtheit – also ohne Bezug zu Wahrscheinlichkeiten – einzuführen. Man wird die Grundgesamtheit stets im Zusammenhang mit der Verteilung einer Zufallsvariablen sehen müssen.

Stichprobe

Eine Grundgesamtheit ist nur von Interesse, wenn gleichzeitig eine Stichprobe im Spiel ist. Umgekehrt steht, wenn von einer Stichprobe die Rede ist, stets eine Grundgesamtheit im Hintergrund.

Zufällige Auswahl

Entnehmen einer Stichprobe

Wird eine Zufallsvariable X realisiert, dann bedeutet das, dass man aus der Grundgesamtheit von X ein Element *zufällig* herausgreift. Eine erneute, von der ersten unabhängige Realisierung von X ist zu verstehen als erneutes Herausgreifen eines Elements aus *derselben* Grundgesamtheit. Eine Stichprobe ist eine Gesamtheit von n *Beobachtungswerten* (auch Stichprobenwerte genannt), die beim wiederholten Realisieren von X aufgetreten sind bzw. von n der Grundgesamtheit gleichzeitig entnommenen Elementen.

Beispiel: (Stichprobe)
Bei einer Kartoffelernte werden 50 Kartoffeln zufällig herausgegriffen und einzeln abgewogen. Das Gewicht (in g) ist eine Zufallsvariable X, die Gewichte aller geernteten Kartoffeln bilden die Grundgesamtheit. Die Gewichte der 50 abgewogenen Kartoffeln sind eine Stichprobe aus dieser Grundgesamtheit bzw. der Zufallsvariablen X.

Das Grundproblem

Eine Stichprobe enthält Hinweise auf die Grundgesamtheit

In einer Situation wie im vorangehenden Beispiel sind nur die Werte einer Stichprobe bekannt. Sie sind jedoch zufällig, eine andere Stichprobe würde andere Werte liefern. Voraussagen müssen auf den Eigenschaften der Grundgesamtheit basieren. Eine Stichprobe interessiert nur insofern, als sie über die Grundgesamtheit Auskunft gibt.

Beispiel: (Stichprobe – Grundgesamtheit)
Im vorangehenden Beispiel (Kartoffelernte) möchte man z. B. wissen, ob die Kartoffeln heuer wegen anderer Düngung „im Mittel" mehr wiegen als im vergangenen Jahr. Um dies *sicher* zu wissen, müsste man alle geernteten Kartoffeln einzeln abwiegen. Das ist praktisch unmöglich. Es stellt sich deshalb die Frage, ob nicht schon eine Stichprobe ausreicht, um das mittlere Gewicht der diesjährigen Ernte zu beurteilen.

Die mathematische Statistik versucht, von einer vorliegenden *Stichprobe* auf die *Grundgesamtheit*, der sie entnommen wurde, zu schließen. Dabei belässt sie es nicht bei einer bloßen Vermutung wie z. B. der, dass das aus der Stichprobe errechnete arithmetische Mittel $\overline{x}$ *in der Nähe* des unbekannten Mittelwertes μ der Grundgesamtheit liegt. Sie ist bemüht, solche Aussagen mittels Wahrscheinlichkeiten zu *quantifizieren*.

Problem der Quantifizierung mittels Wahrscheinlichkeiten

Diese grundsätzliche Problemlage ist für das Weitere richtungweisend und muss einem Schüler stets präsent sein. Man wird sie daher im Unterricht gebührend akzentuieren und später immer wieder an sie erinnern.

Das Stichprobenmittel als Zufallsvariable

Am naheliegendsten ist der Gedanke, einen Zusammenhang der in der Stichprobe angetroffenen Häufigkeits*verteilung* mit der in der Grundgesamtheit vorliegenden Wahrscheinlichkeits*verteilung* zu suchen. Das erweist sich jedoch als schwierig. Glücklicherweise sind viele in der Praxis auftretende Grundgesamtheiten näherungsweise normalverteilt (Zentraler Grenzwertsatz). Man geht deshab davon aus, dass die *Art der Verteilung* bekannt ist und konzentriert sich auf Aussagen über die Werte von charakteristischen *Parametern* wie μ und σ.

Häufigkeitsverteilung in der Stichprobe, W.verteilung in der Grundgesamtheit

Um den Zusammenhang zwischen dem aus einer vorliegenden Stichprobe ermittelten arithmetischen Mittel $\overline{x_n}$ und dem unbekannten Mittelwert μ der Grundgesamtheit genauer zu verfolgen, ist zu überlegen, wie eine Stichprobe aus der Sicht der Wahrscheinlichkeitsrechnung zu verstehen ist. Eine Grundgesamtheit ist der Inbegriff einer Zufallsvariablen X und ihrer Wahrscheinlichkeitsverteilung. Eine Stichprobe entsteht durch n-maliges Realisieren von X. Dieses n-malige Realisieren von X kann man auffassen als jeweils 1-maliges Realisieren von n *unabhängigen* Zufallsvariablen $X_1, \ldots, X_n$, deren Verteilungen mit der Verteilung von X *identisch* sind. Der aus der Stichprobe ermittelte zufällige Wert $\overline{x_n}$ erscheint dann als eine Realisierung der Zufallsvariablen

Problem: Wie gelangt man von $\overline{x}$ zu μ?

$\overline{x}$ als Realisierung des Stichprobenmittels

$$\overline{X_n} := \tfrac{1}{n}[X_1 + \ldots + X_n]$$

des sog. *Stichprobenmittels*. $\overline{X_n}$ ist Zufallsvariable für die aus allen möglichen Stichproben *mit dem festen Umfang n* errechneten Mittelwerte.

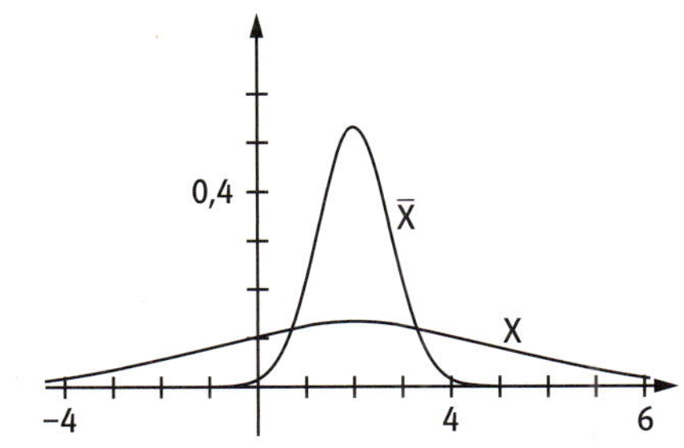

Dichtefunktion von X bzw. $\overline{X}$ bei normalverteilter Grundgesamtheit

Daraus wird ersichtlich, dass (auch wenn X nicht normalverteilt ist) das Stichprobenmittel denselben Erwartungswert hat wie X. Die Standardabweichung des Stichprobenmittels ist $\frac{\sigma}{\sqrt{n}}$ und damit kleiner als jene von X. Umgekehrt: Die Zufallsvariable X, um deren unbekannte Verteilung es geht , hat den gleichen Erwartungswert wie $\overline{X_n}$, ihre Standardabweichung ist $\sqrt{n}$ -mal so groß wie jene von $\overline{X_n}$.

Parameter des Stichprobenmittels

Beispiel: (Stichprobenmittel)

a) Bei einer automatischen Abfüllung von Mineralwasser in Flaschen beträgt der Sollwert 0,7 Liter. Die tatsächliche Füllmenge (in L) variiert geringfügig und wird durch eine Zufallsvariable X beschrieben. Wünschenswert ist eine Maschineneinstellung, bei der E(X) mit dem Sollwert übereinstimmt. Das Stichprobenmittel $\overline{X_n}$ ist Zufallsvariable für die durchschnittliche Füllmenge in einer Stichprobe von n (n fest) Flaschen.

b) In einem See leben, neben anderen Fischen, Forellen. Man möchte wissen, wie groß der Anteil der Forellen am Fischbestand des Sees ist. Um ihn ungefähr zu ermitteln, werden 10 Fische gefangen und jeweils wieder in den See zurückgeworfen.

Wir denken uns jedem Fisch des Sees die Zahl 1 oder 0 zugeordnet je nachdem, ob er eine Forelle ist oder nicht. Diese Grundgesamtheit wird durch eine BERNOULLI-Variable X beschrieben. Gesucht ist P(X = 1). Die Zufallsvariable $X_1 + \ldots + X_{10}$ steht für die Anzahl der Forellen in einer Stichprobe vom Umfang 10. Das Stichprobenmittel $\overline{X_{10}}$ ist Zufallsvariable für die relative Häufigkeit der Forellen in einer 10er-Stichprobe. – In diesem Fall geht es also darum, von einer relativen Häufigkeit auf eine Wahrscheinlichkeit zu schließen.

Die Stichprobenvarianz als Zufallsvariable

Neben dem Erwartungswert E(X) = μ ist die Varianz V(X) = σ^2 die wichtigste statistische Kennzahl einer Verteilung.

Empirische Varianz als Zufallsvariable

Aus einer Stichprobe vom Umfang n erhält man für σ^2 den Näherungswert

$$s_n^2 = \frac{1}{n}[(x_1 - \overline{x_n})^2 + \ldots + (x_n - \overline{x_n})^2].$$

Denkt man sich nun zu allen möglichen Stichproben mit festem n jeweils $s_n{}^2$ berechnet, so gelangt man zur Grundgesamtheit der Zufallsvariablen

$$Z_n = \frac{1}{n}[(X_1 - \overline{X_n})^2 + \ldots + (X_n - \overline{X_n})^2].$$

Anders als bei der Zufallsvariablen $\overline{X_n}$, die wie X den Erwartungswert μ hat, ist der Erwartungswert von Z_n nicht σ^2, sondern $\frac{n-1}{n}\sigma^2$. Die aus Stichproben ermittelten s_n^2-Werte fallen also „im Mittel" etwas zu klein aus. Der Unterschied ist bei großen Stichproben zwar unerheblich, macht sich aber bei kleinem n bemerkbar. Man kann ihn korrigieren, indem man von Z_n zu

Stichprobenvarianz als korrigierte empirische Varianz

$$S_n^2 := \frac{n}{n-1} Z_n = \frac{1}{n-1}[(X_1 - \overline{X_n})^2 + \ldots + (X_n - \overline{X_n})^2]$$

übergeht. Die Zufallsvariable S_n^2 hat den gewünschten Erwartungswert σ^2. Sie heißt *Stichprobenvarianz* (zum Stichprobenumfang n) und stellt einen stochastischen Zusammenhang her zwischen dem aus der Stichprobe ermittelten s_n^2 und der unbekannten Varianz σ^2 der Grundgesamtheit, der die Stichprobe entnommen wurde.

Stichprobenfunktionen

Die Zufallsvariablen $\overline{X_n}$ und S_n^2 lassen bereits erkennen, auf welchem Wege man – ausgehend von einer Stichprobe – zu Aussagen über die zugehörige Grundgesamtheit zu gelangen hofft. Aus der vorhandenen Stichprobe wird ein Näherungswert berechnet für den ins Auge gefassten Parameter der Grundgesamtheit (z. B. $\overline{x_n}$ für μ oder s_n^2 für σ^2). Da er *zufällig* ist, hält man Ausschau nach einer Zufallsvariablen, auch *Stichprobenfunktion* genannt (z. B. $\overline{X_n}$ bzw. S_n^2), die diesen Wert annimmt und deren Erwartungswert möglichst mit jenem gesuchten Parameter übereinstimmt.

$\overline{X}$ und S^2 als Beispiele einer Stichprobenfunktion

Beispiel: (Stichprobenfunktionen)
Ein Spielwürfel wird absichtlich verfälscht. Um zu erfahren, wie der Würfel darauf reagiert, wird er 10-mal geworfen. Dabei treten die Augenzahlen 2, 6, 4, 2, 3, 5, 1, 2, 4, 3 auf. Sie bilden eine Stichprobe aus der unbekannten Grundgesamtheit des Würfels.

Wahl der Stichprobenfunktion

a) Man kann nun z. B. versuchen, die Verfälschung des Würfels danach zu beurteilen, mit welcher Wahrscheinlichkeit p bei ihm die *Augenzahl 2* auftritt. In der Stichprobe ist sie mit der relativen Häufigkeit 0,3 aufgetreten. Diese Zahl wird von der Zufallsvariablen

$$\frac{1}{10} \cdot Z_{10} \text{ mit } Z_{10}\text{: „Anzahl der 2en bei 10 Würfen"}$$

angenommen. Da Z_{10} binomialverteilt ist (mit $n = 10$ und unbekanntem p), hat die Zufallsvariable $\frac{1}{10} \cdot Z_{10}$ den Erwartungswert p. Somit ist $\frac{1}{10} \cdot Z_{10}$ in diesem Fall eine brauchbare Stichprobenfunktion.

b) Man könnte auch versuchen, der Verfälschung des Würfels anhand der bei 10 Würfen erzielten *Augensumme* auf die Schliche zu kommen. Es ist dann der in der Stichprobe zufällig aufgetretene Wert 32 als Wert der Zufallsvariablen

$$Y_{10} = X_1 + \ldots + X_{10}$$

anzusehen, wobei die X_i unabhängig und identisch verteilt sind mit der Wahrscheinlichkeitsverteilung des Würfels. Die Zufallsvariable Y_{10} ist näherungsweise normalverteilt. Es stehen nun Fragen an wie „In welchem Bereich wird $E(Y_{10})$ sehr wahrscheinlich liegen?" oder „Kann man davon ausgehen, dass sich $E(Y_{10})$ nur zufällig von dem zu einem unverfälschten Würfel gehörenden Wert 35 unterscheidet?".

Sinn und Zweck einer Stichprobenfunktion

Der Sinn einer Stichprobenfunktion liegt letztlich darin, eine Verbindung herzustellen zwischen einem der Stichprobe entnommenen *zufälligen* Wert und einem *dieser Zufälligkeit entzogenen*, festen Parameter der Grundgesamtheit. Im Einzelfall ist eine Stichprobenfunktion nicht vorgegeben, sondern *von uns* zweckmäßig, d. h. der Problemlage entsprechend, zu wählen. Diese Einsicht und eine gewisse Erfahrung im Einführen von Zufallsvariablen ist für den Schüler unerlässlich. Der früher beim Einführen von Zufallsvariablen verfolgte Gedankengang erscheint in gewisser Weise umgekehrt: Vordem war die Verteilung der Zufallsvariablen im Grunde bekannt und es wurde nach der Wahrscheinlichkeit gefragt, mit der bestimmte Werte angenommen werden; nun liegt ein angenommener Wert vor und es stellt sich die Frage nach der Wahrscheinlichkeitsverteilung.

Wahrscheinlichkeitsverteilung des Stichprobenmittels

Das Unterfangen, von einem empirischen Mittelwert $\overline{x_n}$ mittels der Stichprobenfunktion $\overline{X_n}$ auf den Mittelwert μ der Grundgesamtheit zu schliessen, erscheint zunächst ziemlich aussichtslos. Zumindest über die Art der

$\overline{X}$ ist näherungsweise normalverteilt

Verteilung von $\overline{X_n}$ muss man etwas wissen. In vielen Fällen weiß man (etwa auf Grund des Zentralen Grenzwertsatzes), dass die Grundgesamtheit näherungsweise normalverteilt ist. Das Stichprobenmittel ist dann in guter Näherung ebenfalls normalverteilt, es ist $N(\mu; \frac{\sigma}{\sqrt{n}})$-verteilt. Für $a > 0$ ist daher

$P(\mu - a \leq \overline{X} \leq \mu + a)$

$$P(\mu - a \leq \overline{X_n} \leq \mu + a) = \Phi\left(\frac{a}{\sigma}\sqrt{n}\right) - \Phi\left(\frac{-a}{\sigma}\sqrt{n}\right) = 2\Phi\left(\frac{a}{\sigma}\sqrt{n}\right) - 1,$$

d.h. $\overline{x_n}$ fällt mit der Wahrscheinlichkeit $2\Phi\left(\frac{a}{\sigma}\sqrt{n}\right) - 1 =: \gamma$ zufällig in das Intervall $[\mu - a; \mu + a]$. Bei vorgegebenem γ kann man, falls σ bekannt ist, die Länge dieses Intervalls angeben.

Beispiel: (Bestimmung eines Intervalls um μ zu gegebenem γ)
Wir betrachten Stichproben vom Umfang 8 für eine Zufallsvariable X mit der Standardabweichung $\sigma = 1{,}5$. Gesucht ist ein Intervall um den Erwartungswert $E(X) = \mu$, in das $\overline{x_8}$ mit der Wahrscheinlichkeit $\gamma = 0{,}90$ fällt.

Aus $2\Phi\left(\frac{a}{1{,}5\sqrt{8}}\right) - 1 = 0{,}90$ folgt $\Phi\left(\frac{a}{1{,}5\sqrt{8}}\right) = 0{,}95$ und hieraus $\frac{a}{1{,}5\sqrt{8}} = 1{,}94$ sowie schließlich $a = 6{,}96$. Also fällt $\overline{x_8}$ mit 90%iger Wahrscheinlichkeit in das Intervall $[\mu - 6{,}96; \mu + 6{,}96]$. Entsprechend erhält man für $\gamma = 0{,}80$ das Intervall $[\mu - 5{,}43; \mu + 5{,}43]$ und für $\gamma = 0{,}99$ das Intervall $[\mu - 10{,}95; \mu + 10{,}95]$.

Grundsätzliches zum Schätzen bzw. Testen

Ursprüngliche Fragestellung

Aus einer Grundgesamtheit, deren Verteilung man nicht kennt, liege eine Stichprobe vom Umfang n vor, $\overline{x_n}$ sei das arithmetische Mittel der Stichprobenwerte. Kann man – und ggf. wie kann man – zu begründeten Aussagen über die Grundgesamtheit, z. B. deren Mittelwert μ, gelangen?

Beispiel: (Überprüfen einer Behauptung)
In einer Zuckerfabrik wird Feinzucker automatisch zu 250-g-Packungen abgepackt. Die Füllmenge hat den *Sollwert* 250 g. Aber es ist nicht zu vermeiden, dass die tatsächliche Füllmenge geringfügig schwankt. Immerhin lässt sich durch passende Einstellung der Maschine erreichen, dass sie wenigstens „im Mittel" 250 g beträgt. Ob die Maschine richtig eingestellt ist oder ob sich die Einstellung inzwischen vielleicht unbemerkt verstellt hat, muss von Zeit zu Zeit durch eine Stichprobe kontrolliert werden (mit der Einstellung der Maschine auf die 250-g-Marke ist es nicht getan). In dieser Situation möchte man wissen, ob das zufällige Füllgewicht nach wie vor „im Mittel" 250 g beträgt.

Von $\gamma = P(\mu - a \leq \overline{X} \leq \mu + a)$ zu a

In vielen Fällen weiß man, dass die Grundgesamtheit näherungsweise $N(\mu; \sigma)$-verteilt ist. Das Stichprobenmittel $\overline{X_n}$ ist dann in guter Näherung $N(\mu; \frac{\sigma}{\sqrt{n}})$-verteilt. Somit beträgt die Wahrscheinlichkeit, dass $\overline{X_n}$ einen Wert aus dem Intervall $[\mu - a; \mu + a]$, $a > 0$ annimmt, $2\Phi\left(\frac{a}{\sigma}\sqrt{n}\right) - 1$.
Umgekehrt lässt sich, falls σ bekannt ist, zu gegebener Wahrscheinlichkeit $2\Phi\left(\frac{a}{\sigma}\sqrt{n}\right) - 1 =: \gamma$ die Zahl a angeben. Dieser Sachverhalt wird nun auf zweierlei Weise genutzt.

Schätzen von μ

Beim *Schätzen* von μ möchte man zu einem Intervall gelangen, das μ mit hoher, vorgegebener Wahrscheinlichkeit γ (z. B. 0,95 oder 0,99) enthält. Wenn die Wahrscheinlichkeit, dass ein (zufälliger) $\overline{x_n}$-Wert um höchstens a von μ abweicht, γ beträgt, dann ist die Wahrscheinlichkeit, dass μ um höchstens a von $\overline{x_n}$ entfernt ist, ebenfalls γ. Bei vorgegebenem γ überdeckt also das zufällige Intervall $[\overline{x_n} - a; \overline{x_n} + a]$ den gesuchten Mittelwert μ mit der Wahrscheinlichkeit γ.

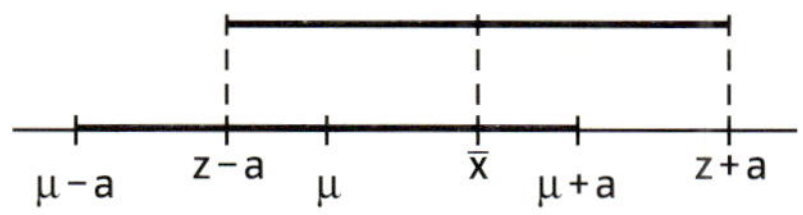

Prüfen einer Hypothese über μ

Beim *Testen* wird z. B. die Vermutung, dass die unbekannte Grundgesamtheit den Mittelwert μ_0 hat, daraufhin überprüft, ob die vorliegende Stichprobe gegen diese Vermutung spricht. Dazu *nimmt man an, dass die Vermutung zutrifft* und bestimmt zu vorgegebener hoher Wahrscheinlichkeit γ das Intervall $[\mu_0 - a; \mu_0 + a]$, in dem $\overline{x_n}$ in diesem Fall „sehr wahrscheinlich" liegen müsste. Liegt der empirisch vorgefundene $\overline{x_n}$-Wert nicht in diesem Intervall, dann wertet man dies als Hinweis, dass die Vermutung „sehr wahrscheinlich" falsch ist. – Bei diesem Vorgehen ist zu beachten: Die Wahrscheinlichkeit γ muss *auf Grund der gegebenen realen Fragestellung* von uns festgelegt werden. Ebenso muss die Frage, ob zweiseitig oder einseitig getestet werden soll, auf Grund der realen Problemlage vorab – also *vor der Entnahme einer Stichprobe* – entschieden werden.

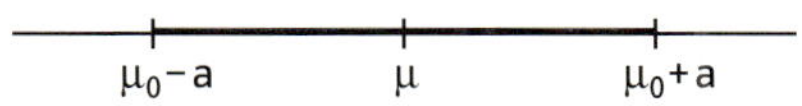

Vertrauensintervalle für μ

Um den unbekannten Mittelwert μ der Grundgesamtheit zu lokalisieren, verwendet man das Stichprobenmittel $\overline{X_n}$ als *Schätzvariable*. Das bietet sich an, weil $\overline{X_n}$ den gleichen Erwartungswert μ hat wie X bei gleichzeitig kleinerer Streuung; vor allem aber ist $\overline{X_n}$ praktisch auch dann näherungsweise normalverteilt, wenn dies für die unbekannte Grundgesamtheit nicht zutrifft.
Zu vorgegebener hoher Wahrscheinlichkeit γ wird aus

$$2\Phi\left(\tfrac{a}{\sigma}\sqrt{n}\right) - 1 = \gamma$$

Dem Zufall unterliegende Intervalle um $\overline{x_n}$

die Zahl a ermittelt. Nun hat man sich zu jedem zufällig auftretenden $\overline{x_n}$-Wert ein Intervall $[\overline{x_n} - a; \overline{x_n} + a]$ zu denken. Mit $\overline{x_n}$ ist auch die *Lage der Intervalle zufällig*. Die Wahrscheinlichkeit, dass ein solches Intervall den (festen) Wert μ überdeckt, ist γ.

Vertrauensintervall zu vorgegebener Vertrauenszahl

Ein Intervall $[\overline{x_n} - a; \overline{x_n} + a]$, das μ mit der Wahrscheinlichkeit γ überdeckt, heißt *Vertrauensintervall für μ zur Vertrauenszahl γ*. Gängige Werte für γ sind 95 %, 99 % oder 99,9 %.

Beispiel: (Vertrauensintervall für μ)
In einem metallverarbeitenden Betrieb wurden 34 von derselben Maschine (bei gleichbleibender Einstellung) gefertigte Bohrlöcher vermessen und bei diesen ein mittlerer Durchmesser von 14,20 mm ermittelt. Es ist bekannt, dass bei dieser Maschine mit einer Standardabweichung von 0,50 mm zu rechnen ist. Welchen „mittleren Durchmesser" μ produziert die Maschine?
Legt man $\gamma = 0{,}95$ zu Grunde, dann folgt aus $2\Phi\left(\frac{a}{0{,}5}\sqrt{34}\right) - 1 = 0{,}95$

$$\Phi\left(\frac{a}{0{,}5}\sqrt{34}\right) = 0{,}975\,;\; \frac{a}{0{,}5}\sqrt{34} = 1{,}96\,;\; a = 0{,}17$$

Die Wahrscheinlichkeit, dass das Intervall [14,03; 14,37] (in mm) μ enthält, beträgt 95 %.

Vertrauensintervall für eine Wahrscheinlichkeit

Beispiel: (Sonderfall: Vertrauensintervall für p)
Bei einer klinischen Untersuchung führte eine neue Behandlungsmethode in 64 von 90 Fällen zur Heilung von einer bestimmten Krankheit. Was lässt sich mit einer Vertrauenswahrscheinlichkeit von 99 % bei dieser Methode über die Heilungschance sagen?
Die relative Häufigkeit ist eine angemessene Stichprobenfunktion. Sie lässt sich in der Form $\overline{X_{90}} = \frac{1}{90}(X_1 + \ldots + X_{90})$ darstellen mit unabhängigen BERNOULLI-Variablen X_i und hat damit, für $P(X_i = 1) = p$, den Erwartungswert p und die Standardabweichung $\sqrt{\frac{p(1-9)}{90}}$. Da $2\Phi(c) - 1 = 0{,}99$ zu $c = 2{,}58$ führt, gilt mit der Wahrscheinlichkeit 99 %

$$-2{,}58 \le \frac{\overline{X_{90}} - p}{\sqrt{p(1-p)}}\sqrt{90} = 2{,}58 \;\text{ somit }\; \left|\overline{X_{90}} - p\right| \le \frac{2{,}58}{\sqrt{90}}\sqrt{p(1-p)} \;\text{ oder}$$

$$1{,}0740p^2 - 1{,}4962p + 0{,}5057 \le 0.$$

Diese Bedingung ist erfüllt für $0{,}5767 \le p \le 0{,}8164$. Also ist [0,57; 0,82] das gesuchte Vertrauensintervall für die Wahrscheinlichkeit p. – In diesem Sonderfall ist bekannt, wie die Standardabweichung σ mit dem gesuchten Parameter μ zusammenhängt. Deshalb braucht σ nicht als bekannt vorausgesetzt zu werden.

Akzentuierung im Unterricht

Im Unterricht ist nicht die „Technik" des Vorgehens das Ziel, sondern Verständnis für den grundlegenden Gedankengang. Er lässt sich bei jedem konkreten Problem nachvollziehen (und ist übrigens einfacher als bei einem Signifikanztest).

Problem der Sprechweise

Besondere Sorgfalt ist bei der *Sprechweise* geboten, weil eine unangemessene Ausdrucksweise den Gedankengang sehr stören kann. So ist es z. B. falsch zu sagen „μ liegt mit der Wahrscheinlichkeit γ im Vertrauensintervall". Es wird suggeriert, dass μ zufällig und das Vertrauensintervall vorgegeben ist, während in Wahrheit μ ein fester Wert und das Vertrauensintervall zufällig ist. Angemessener ist es zu sagen „Das Vertrauensintervall überdeckt μ mit der Wahrscheinlichkeit γ" oder „Die Wahrscheinlichkeit, dass das Vertrauensintervall μ enthält, ist γ" oder dgl.

Testen von Hypothesen

Was ist eine Hypothese?

Unbewiesene Aussagen (Behauptungen, Vermutungen, Annahmen) über eine *unbekannte* Grundgesamtheit nennt man *Hypothesen*. Es gibt vielfältige Anlässe, eine Hypothese aufzustellen.

Beispiel: (Anlass zum Aufstellen einer Hypothese)

Anlass, eine Hypothese aufzustellen

a) Ein industriell hergestelltes Massenprodukt soll eine bestimmte *Güteforderung* (Sollwert) erfüllen. Der Hersteller wird behaupten „Die Güteforderung ist erfüllt". Der Abnehmer ist gut beraten, diese Hypothese anhand einer Stichprobe zu überprüfen.
b) Ein Hersteller von Autoreifen weiß aus langer *Erfahrung*, dass die mittlere Laufleistung eines bestimmten Reifentyps 35 000 km beträgt. Es soll untersucht werden, ob sich die Laufleistung verbessern lässt, wenn man die Anteile der zur Herstellung eines Reifens verwendeten Substanzen verändert.
c) Leute, die ein Fernsehgerät haben, gehen vermutlich abends später zu Bett als Leute ohne Fernsehgerät. Um die *Vermutung* empirisch zu erhärten, muss man die Lebensgewohnheiten anhand von Stichproben vergleichen.

Allgemeine Bedeutung von Hypothesen

Bemerkung: Die grundsätzliche Bedeutung von Hypothesen sollte nicht unerwähnt bleiben. Empirische Wissenschaften arbeiten mit *Hypothesen*, die beobachtete Erscheinungen beim gegenwärtigen Stand des Wissens zu „erklären" vermögen. Eine Hypothese wird solange beibehalten, bis neue empirische Erscheinungen auftreten, die sie als unzureichend erweisen und zu einer Korrektur der bisherigen Hypothese bzw. zu einer neuen Hypothese zwingen. Der Fortschritt besteht darin, durch sukzessive Verbesserung von Hypothesen der Wirklichkeit immer näher zu kommen.

Überprüfen einer Hypothese auf ihren Wahrheitsgehalt

Dem Prüfen einer statistischen Hypothese liegt ein Gedanke zu Grunde, der sich leicht exemplifizieren lässt. Um zu überprüfen, ob ein vorgelegter Spielwürfel in Ordnung ist, werden wir ihn mehrmals werfen. Wenn dabei z. B. 5-mal hintereinander eine Sechs fällt, dann wird das unser Misstrauen wecken, denn bei einem ordnungsgemäßen Würfel kommt so etwas außerordentlich selten vor. Derlei Zweifel scheinen noch nicht berechtigt, wenn nur 2-mal hintereinander eine Sechs fällt, denn das kommt auch bei einem idealen Würfel hin und wieder vor. Man trifft daher folgende naheliegende Vereinbarung: Zeigt die Stichprobe ein Ergebnis, das *bei Zutreffen der zu prüfenden Hypothese sehr unwahrscheinlich* wäre, dann wird die Hypothese *verworfen*. Andernfalls wird sie bis auf weiteres *beibehalten*.

Was heißt „Ergebnis einer Stichprobe"? Prüfvariable

Die Wendung „Ergebnis einer Stichprobe" bedarf der Erläuterung, weil damit nicht die Stichprobe selbst gemeint ist. Das Überprüfen einer Hypothese vereinfacht sich erheblich, wenn man nicht alle n Beobachtungswerte nebeneinander in Betracht zieht, sondern aus ihnen eine einzige Zahl, z. B. das arithmetische Mittel $\overline{x_n}$ der Stichprobenwerte, ermittelt. Sie vertritt sozusagen im weiteren die Stichprobe.

Einführung der Prüfvariablen

Ein empirisch gefundenes arithmetisches Mittel $\overline{x_n}$ ist ein Wert, den die Zufallsvariable $\overline{X_n}$ angenommen hat. Man nennt $\overline{X_n}$ in diesem Zusammenhang auch Prüfvariable. Anhand der *Prüfvariablen* wird untersucht, ob es glaubhaft erscheint, dass die Hypothese zutrifft.

Verschiedene Prüfvariablen zum gleichen Zweck

Beispiel: (Prüfvariable)
Es soll überprüft werden, ob etwas dagegen spricht, eine vorliegende Münze als ideal anzusehen. Die Münze wird 10-mal geworfen und jeweils 1 für „Zahl" und 0 für „Bild" notiert. Die Stichprobe ist mit einer bei einer idealen Münze zu erwartenden zu vergleichen.
a) Man kann die *Anzahl der Einsen* in einer 10er-Stichprobe als Prüfvariable wählen. Bei einer idealen Münze ist diese Anzahl $B_{10;0,5}$-verteilt. Es ist zu untersuchen, wie die in der Stichprobe aufgetretende Anzahl von Einsen zu dieser Verteilung passt.
b) Wählt man die *relative Häufigkeit der Einsen* als Prüfvariable, dann ist zu untersuchen, wie sich die in der Stichprobe angetroffenen relative Häufigkeit vor dem Hintergrund der zu einer idealen Münze gehörenden Verteilung der relativen Häufigkeiten in 10er-Stichproben ausnimmt.
c) Theoretisch ließe sich die Beschaffenheit der Münze z. B. auch anhand der Differenz Y: *„Einsen minus Nullen"* in 10er-Stichproben überprüfen. Ist X die Anzahl der Einsen, dann ist X bei einer idealen Münze $B_{10;0,5}$-verteilt. Damit ist auch die Verteilung der Prüfvariablen $Y = 2X - 10$ bekannt und man kann nachsehen, wie sich die in der Stichprobe aufgetretene Differenz angesichts dieser Verteilung einordnet.

Da man in der Schule hauptsächlich Hypothesen über μ prüft und dabei fast immer das Stichprobenmittel $\overline{X}$ als Prüfvariable verwendet, besteht die Gefahr, dass die Rolle der Stichprobenfunktionen nicht hinreichend akzentuiert wird.

Was heißt „sehr unwahrscheinlich"? Irrtumswahrscheinlichkeit

Ob wir einen vorliegenden Würfel schon dann als „nicht ideal" einstufen, wenn er z. B. mehr als 2-mal hintereinander eine Sechs zeigt, oder erst dann, wenn er mehr als 5-mal hintereinander eine Sechs zeigt, ist uns überlassen. Sowohl im einen wie im andern Fall ist eine Fehlentscheidung nicht ganz auszuschließen. Im zweiten Fall wird unsere Strategie seltener zu einem Fehlurteil führen, wir sind vorsichtiger.

Der Ablehnungsbereich muss vorab festgelegt werden

Es liegt somit *an uns*, den Wertebereich der Prüfvariablen in einen *Ablehnungsbereich* und einen *Annahmebereich* zu unterteilen. Man wird sich dabei von den bei einer Fehlentscheidung zu befürchtenden Konsequenzen leiten lassen. Sind sie schwerwiegend, dann ist Vorsicht geboten.

Beispiel: (Ablehnungs- und Annahmebereich)
Eine neue Untersuchungsmethode von Rindern auf eine bestimmte Krankheit soll es ermöglichen, eine Erkrankung (die bislang nur bei eingehender Untersuchung toter Tiere zutage trat) bereits am lebenden Tier festzustellen. Die Methode soll angeblich in mindestens 80 % aller Fälle eine vorliegende Erkrankung anzeigen. Um die Zuverlässigkeit der neuen Methode zu überprüfen, wird sie bei Schlachttieren angewandt. Man wird nicht erwarten dürfen, dass sie bei mindestens 16 von 20 Tieren, die sich im Nachhinein als krank erweisen, richtig anzeigt. Aber man sollte erwarten dürfen, dass dies etwa bei mehr als 13 von 20 solcher Tiere der Fall ist. Dies führt zu folgender Entscheidungsstrategie: Die Hypothese „Die Methode erkennt bei mindestens 80 % erkrankter Tiere die Krankheit" wird abgelehnt, wenn die Krankheit bei 0; 1; …; 13 Tieren (Ablehnungsbereich) erkannt wird; sie wird nicht abgelehnt, wenn dies bei 14; …, 20 Tieren (Annahmebereich) der Fall ist.

Wahl des Ablehnungsbereichs

Da man durch das Prüfen einer statistischen Hypothese niemals Übereinstimmung, sondern allenfalls Verschiedenheit erkennen kann, steht die Frage im Vordergrund, ob etwas *gegen* die Hypothese spricht. Gegen sie spricht ein Wert der Prüfvariablen, der bei Zutreffen der Hypothese nur außerordentlich selten zu erwarten wäre. Um zu beurteilen, um welche Werte es sich dabei handelt, muss man die Verteilung der Prüfvariablen kennen. Man kann dann einen Bereich (den Ablehnungsbereich) angeben derart, dass die Prüfvariable *mit vorgeschriebener* kleiner *Wahrscheinlichkeit* (z.B. einer Wahrscheinlichkeit $\leq 0{,}01$) einen Wert aus diesem Bereich annimmt. Mit dieser Wahrscheinlichkeit wird also *eine in Wahrheit zutreffende Hypothese* irrtümlich abgelehnt. Sie heißt *Irrtumswahrscheinlichkeit* und wird mit α bezeichnet. Üblicherweise wählt man $\alpha = 0{,}05$; 0,01 oder 0,001.

Irrtumswahrscheinlichkeit

Das Ermitteln des Ablehnungsbereichs zu vorgegebener Irrtumswahrscheinlichkeit ist der zentrale Punkt beim Prüfen einer Hypothese. Man darf nicht übersehen, dass Schüler anfangs dazu neigen, den Ablehnungsbereich „nach Gefühl" festzulegen und allenfalls im Nachhinein nach der „Irrtumswahrscheinlichkeit" zu fragen. Deshalb ist die Einsicht wichtig, dass der umgekehrte Weg von vorneherein eine gewünschte Zuverlässigkeit der zu treffenden Entscheidung sicherstellt.

Beispiel: (Irrtumswahrscheinlichkeit und Ablehnungsbereich)
Ein Baustoffhändler bietet Split (körniges Gestein für Straßenbelag) in verschiedenen Körnungen an. Bei einer der Sorten ist die Korngröße mit 150 mg/Korn angegeben. Es soll überprüft werden, ob die Angabe glaubhaft ist.

Ablehnungsbereich vorgegeben

a) Man könnte vereinbaren, die Hypothese „$\mu = 150$" zurückzuweisen, wenn sich aus einer zufälligen Stichprobe ein mittleres Korngewicht < 145 oder >155 ergibt. Liefert eine entnommene Stichprobe nun als Durchschnittsgewicht $\bar{x} = 159$, dann wird die Hypothese zurückgewiesen. – Um zu verfolgen, wie berechtigt unsere Entscheidung ist, nehmen wir an, dass die Standardabweichung erfahrungsgemäß bei $\sigma = 50$ (in mg) liegt. Dann beträgt – *falls die Hypothese tatsächlich zutrifft* – die Wahrscheinlichkeit für einen $\bar{x}$-Wert, der um mehr als 5 von 150 abweicht, nahezu 16%. Diese relativ hohe Wahrscheinlichkeit lässt die Entscheidungsstrategie nicht sehr zuverlässig erscheinen.

Irrtumswahrscheinlichkeit vorgegeben

b) Damit die Irrtumswahrscheinlichkeit α nicht über 0,05 liegt, ist a so zu bestimmen, dass $P(|\bar{X} - 150| \leq a) = 0{,}05$ gilt. Da – wenn die Angabe des Händlers zutrifft – das Stichprobenmittel $\bar{X}$ näherungsweise $N(150; \frac{50}{\sqrt{200}})$-verteilt ist, führt

$$2\Phi\left(\tfrac{a}{50}\sqrt{200}\right) - 1 = 0{,}95 \text{ auf } \tfrac{a}{50}\sqrt{200} = 1{,}96;\; a = 6{,}93$$

und den Ablehnungsbereich

$$\{\bar{x} \mid \bar{x} < 143{,}07\} \cup \{\bar{x} \mid \bar{x} > 156{,}93\}.$$

Der aus der Stichprobe ermittelte $\bar{x}$-Wert 159 spricht gegen die Angabe des Händlers. Mit dieser Entscheidung werden wir ihm, falls er mit seiner Behauptung im Recht ist, auf lange Sicht nur in einem von zwanzig derartigen Fällen Unrecht tun.

Signifikanztest

Intention eines Signifikanztests

Ein Prüfverfahren, bei dem es ausschließlich um die Frage geht, ob man eine Hypothese stochastisch begründet verwerfen kann, nennt man einen *Signifikanztest.* Wird die Hypothese $\mu = \mu_0$ bei der Irrtumswahrscheinlichkeit α verworfen (abgelehnt), dann ist damit gesagt, dass man die in Rede stehende unbekannte Grundgesamtheit und die in der Hypothese angenommene Grundgesamtheit als verschieden *erachtet.* Ob sie tatsächlich verschieden sind, darüber sagt der Test nichts; er „bewertet" ausschließlich die Brauchbarkeit der *Hypothese.* Kann man die Hypothese nicht verwerfen (d.h. liefert die Stichprobe einen Wert der Prüfvariablen, der im Annahmebereich liegt), dann ist auch damit keine Aussage über die unbekannte Grundgesamtheit verbunden; der Test ergibt lediglich *keinen Widerspruch* zur Hypothese. Insofern besteht ein grundsätzlicher gedanklicher Unterschied zwischen einem Schätzverfahren (Bestimmung eines Vertrauensintervalls) und einem Prüfverfahren (Testen einer Hypothese) – so nahe sich die Vorgehensweisen rein rechnerisch auch kommen mögen: Ein Schätzverfahren führt zu einer Aussage über eine unbekannte Grundgesamtheit, ein Prüfverfahren zu einer Aussage über eine Hypothese.

Welche Auskunft gibt ein Signifikanztest?

Die Tragweite eines Signifikanztests wird von Schülern oftmals falsch eingeschätzt, indem sie die Entscheidung des Tests als Aussage über die zu untersuchende Grundgesamtheit missverstehen. Eine Ablehnung der Hypothese $\mu = \mu_0$ bedeutet *nicht*, dass $\mu \neq \mu_0$ wahr ist. Und durch eine Nichtablehnung wird *nicht* bestätigt, dass $\mu = \mu_0$ gilt. Ablehnung bedeutet nur, dass man gut daran tut, die Hypothese nicht weiter zu verfolgen, und Nichtablehnung nur, dass das Prüfverfahren sozusagen erfolglos ist indem es keinen Anlass liefert, von der Hypothese abzugehen.

Beispiel: (Zur Verdeutlichung der vorangehenden Überlegungen)
Kurt ist seine Fahrradpumpe abhanden gekommen. Er hält es für ausgeschlossen, dass sein Freund Tim der „Dieb" war (Hypothese: „Tim hat die Pumpe nicht weggenommen"). Trotzdem überprüft Kurt das Fahrrad von Tim und entdeckt zu seiner Überraschung, dass dessen Pumpe die seinige ist. Das ist ihm Anlass, seine Meinung zu ändern (Ablehnung der Hypothese). Dass es wirklich Tim war, der ihm die Pumpe weggenommen hat, ist damit keineswegs erwiesen; es handelt sich lediglich um ein Indiz. Aber ohne dieses Indiz hätte Kurt keinen Grund, seine ursprüngliche Überzeugung in Frage zu stellen.

Bemerkung: Führt ein $\bar{x}$-Wert zur Ablehung der Hypothese „$\mu = \mu_0$", dann sagt man, er sei von μ_0 *signifikant* verschieden.

Zweiseitiger und einseitiger Signifikanztest

Zweiseitiger Test

Ein Signifikanztest der Hypothese $\mu = \mu_0$ führt bei „zu großen" und ebenso bei „zu kleinen" $\bar{x}$-Werten zur Ablehnung (*zweiseitiger* Test). Von der Alternativhypothese $\mu \neq \mu_0$ sind dann oftmals die beiden Möglichkeiten $\mu < \mu_0$ oder $\mu > \mu_0$ nicht gleichermassen von Interesse.

Beispiel: (Einseitige Fragestellung)
Die Reißfestigkeit eines dünnen Stahldrahtes wird mit 1000 N (Newton) angegeben. Man muss sich darauf verlassen können, dass dieser Wert keinesfalls unterschritten wird. Dagegen ist eine Belastbarkeit mit mehr als 1000 N ungefährlich, ja evtl. sogar erwünscht.

Einseitiger Test

Der speziellen Interessenlage kann man durch eine andere Festlegung des Ablehnungsbereichs Rechnung tragen. Die Hypothese $\mu = \mu_0$ wird *nur dann* abgelehnt, wenn die Prüfvariable $\overline{X}$ (im Beispiel) einen Wert hinreichend weit *links* von μ_0 annimmt. Die „Signifikanzgrenze" g wird in diesem Fall durch $P(\overline{X} \leq g) = \alpha$ festgelegt. Man spricht von einem *linksseitigen* Test. Entsprechend ist ein *rechtsseitiger* Test zu verstehen. Beide Tests nennt man *einseitige* Signifikanztests.

Zweiseitig oder einseitig?

Ob zweiseitig oder einseitig getestet werden soll, hängt davon ab, worüber der Tester Auskunft haben möchte.

Zweiseitige Fragestellung

In einer Situation, in der man sowohl $\mu < \mu_0$ als auch $\mu > \mu_0$ gleichermaßen für möglich hält und berücksichtigen möchte, wird man die Hypothese $\mu = \mu_0$ zweiseitig testen.

Beispiel: (Zweiseitige Fragestellung)
Zwei Medikamente M_1 und M_2 sollen hinsichtlich ihrer Wirksamkeit verglichen werden. Will man erhärten, dass sie von unterschiedlicher Wirksamkeit sind, so wird man versuchen, die Hypothese $\mu_1 = \mu_2$ bzw. $\mu_1 - \mu_2 = 0$ durch einen Test zu widerlegen. Solange keine weiteren Informationen zur Verfügung stehen, muss man davon ausgehen, dass eine Ablehnung ebensowohl durch $\mu_1 < \mu_2$ als auch durch $\mu_1 > \mu_2$ zustande kommen kann. Also ist ein zweiseitiger Test angezeigt.

Einseitige Fragestellung

Eine andere Situation liegt vor, wenn beim Prüfen der Hypothese $\mu = \mu_0$ eine der beiden Möglichkeiten $\mu < \mu_0$ oder $\mu > \mu_0$ von vorneherein ausscheidet, z. B. weil Voruntersuchungen ihr Ausschließen nahelegen, oder weil sie sich von selbst verbietet, oder weil man an ihr einfach kein Interesse hat. In solchen Fällen greift man zu einem einseitigen Test.

Beispiel: (Rechtsseitig, zweiseitig, linksseitig)
Bei einer Fließbandfertigung ist an einer bestimmten Stelle des Bandes für das zu bearbeitende Objekt eine Verweildauer X von 4 min vorgesehen. Soll nun statistisch überprüft werden, ob die Sollzeit *überschritten* wird (also zu knapp bemessen ist), dann gibt ein rechtsseitiger Test der Hypothese $E(X) \leq 4$ die gewünschte Auskunft. Um zu prüfen, ob die Sollzeit *eingehalten* wird, ist die Hypothese $E(X) = 4$ zweiseitig zu testen. Möchte man wissen, ob sie *unterschritten* wird (also zu reichlich bemessen ist), dann wird man die Hypothese $E(X) \leq 4$ linksseitig testen.

Beispiel: (Einseitige Fragestellung)
In einem Zulieferbetrieb werden Antriebswellen für Kleinmotoren hergestellt. Um sicher zu sein, dass sie für die dafür vorgesehenen Lager verwendet werden können, darf der Wellendurchmesser keinesfalls zu groß sein. Deshalb wird jede Welle vor der Auslieferung daraufhin kontrolliert, ob sie zwischen zwei präzise auf den Sollwert eingestellte Markierungen passt. Ausgeliefert werden nur Wellen, die diese Kontrolle bestehen. Will man danach statistisch untersuchen, ob die *ausgelieferten* Wellen nicht vielleicht zu *kleinen* Durchmesser haben, dann ist H_0: „Der Durchmesser ist nicht kleiner als der Sollwert" (d.h. praktisch: „Der Durchmesser entspricht dem Sollwert") linksseitig zu testen.

Die Fragestellung muss eindeutig sein

Beim Testen können Unklarheiten aufkommen, wenn nicht zweifelsfrei geklärt ist, ob die Hypothese $\mu = \mu_0$ oder z.B. die Hypothese $\mu \leq \mu_0$ überprüft werden soll. Die Hypothese $\mu = \mu_0$ kann im einen Fall linksseitig, in einem andern rechtsseitig und in einem dritten zweiseitig zu testen sein. Bei der Hypothese $\mu \leq \mu_0$ kann nur ein rechtsseitiger Test weiterhelfen. Es ist *uns* überlassen, die Art des Tests der Interessenlage entsprechend zu wählen.

Beispiel: (Präzisieren der Fragestellung)
Bei der maschinellen Fertigung einer Massenware ist ein gewisser Ausschussanteil unvermeidlich. Um Auskunft zu erhalten über seine Höhe, soll er statistisch durch einen Signifikanztest überprüft werden. Dazu muss zunächst die Aufgabenstellung präzisiert werden.
a) Der Hersteller möchte wissen, ob er mit seiner Zusicherung, dass der Ausschussanteil 5% beträgt, richtig liegt. Wenn jegliche weiteren Hinweise fehlen, wird man die Hypothese „Der Ausschussanteil beträgt 5%" zweiseitig testen.
b) Der Hersteller befürchtet (z.B. auf Grund eingegangener Reklamationen), dass der Ausschussanteil über 5% liegt. In diesem Fall ist – da ein Test allenfalls widerlegen kann – zu prüfen, ob die Hypothese „Der Ausschussanteil beträgt höchstens 5%" aufrechterhalten werden kann oder verworfen werden muss.

Nullhypothese und Gegenhypothese

Nullhypothese und ihre Gegenhypothese

Eine zu prüfende Hypothese nennt man (in Anlehnung an den naheliegenden Sonderfall $\mu = \mu_0$ bzw. $\mu - \mu_0 = 0$) allgemein *Nullhypothese*. Sie wird mit H_0 und ihre *Gegenhypothese* mit H_1 bezeichnet; H_0 wird „gegen H_1" getestet. Um auszudrücken, dass z.B. die Hypothese $\mu = \mu_0$ Nullhypothese ist, schreibt man H_0: $\mu = \mu_0$.

Bemerkung: Manchmal ist die Rede davon, dass z.B. „H_0: $\mu = \mu_0$ gegen H_1: $\mu > \mu_0$" zu testen sei. In Wahrheit ist in diesem Fall „$\mu \leq \mu_0$" die Nullhypothese und H_1 deren Gegenhypothese.

Wahl der Nullhypothese

Der entscheidende Schritt beim Signifikanztest liegt weniger in der rechnerischen Durchführung des Tests als in der *Wahl der Nullhypothese* und ihrer Gegenhypothese. Es ist dies zwar keine Sache der „Theorie", aber darum nicht gering zu achten. Ein Unterricht, der sich auf den Formalismus eines Signifikanztests, seine rein mathematische Ausprägung, beschränkt, wird dem stochastischen Aspekt nicht gerecht.

Gesichtspunkte bei der Wahl der Nullhypothese

Da man nicht anders zeigen kann, dass eine Hypothese H_A gegenüber H_B den Vorzug verdient, als indem man H_B statistisch begründet zurückweist, wird die Nullhypothese aufgestellt mit der Absicht, sie nach Möglichkeit zu verwerfen. Dabei darf man die Möglichkeit einer Fehlentscheidung nicht außer Acht lassen, insbesondere wenn sie schwerwiegende Folgen haben könnte.

Beispiel: (Wahl der Nullhypothese)
Eine bestimmte chemische Substanz S wirkt giftig, wenn ihre Konzentration K in einer Lösung über 0,2 (in mg/cm³) liegt. Die statistische Überprüfung hat es mit den Hypothesen H_A: $K \leq 0{,}2$ (S ist ungiftig) und H_B: $K > 0{,}2$ (S ist giftig) zu tun.
Da ein Signifikanztest weder H_A noch H_B bestätigen kann, muss man versuchen, eine dieser beiden Hypothesen statistisch zu *widerlegen*. Bei Ablehnung von H_A ist eine mögliche Fehlentscheidung (S wird für giftig gehalten, ist in Wahrheit aber ungiftig) relativ harmlos, wogegen bei Ablehnung von H_B eine Fehlentscheidung (S wird für ungiftig gehalten, ist in Wahrheit aber giftig) schlimme Folgen haben könnte. Man wird daher H_B als Nullhypothese H_0 wählen.

Zusammengesetzte Nullhypothese

Die Nullhypothese H_0: $\mu \leq \mu_0$ lässt (weil sie, anders als die Hypothese $\mu = \mu_0$, keinen bestimmten Wert für μ nennt) *verschiedene* Wahrscheinlichkeitsverteilungen der Prüfvariablen zu. Man ist also bei vorgegebener Irrtumswahrscheinlichkeit über die Signifikanzgrenze des (rechtsseitigen) Tests im Unklaren. Vorsichtshalber nimmt man „das Schlimmste“ an und bestimmt sie anhand der sich für $\mu = \mu_0$ ergebenden Verteilung.

Entscheidung bei Unsicherheit

Subjektive und objektive Unsicherheit

Mit der Ungewissheit, der man sich bei einem Test gegenübersieht, muss man sich erst vertraut machen. Sie liegt nicht in der *subjektiven* Unsicherheit des Entscheidenden (an die ein Schüler zunächst denken mag), sondern resultiert ausschließlich aus der Unsicherheit der *objektiven* Gegebenheiten, des „Zustandes der Wirklichkeit“.

Beispiel: (Zustand der Wirklichkeit)
a) Jemand möchte vom Bahnhof in die Gartenstraße und ist unschlüssig, ob er zu Fuß gehen oder ein Taxi nehmen soll. Es ist strahlend blauer Himmel. Die objektiven Gegebenheiten (Witterung), bei denen eine Entscheidung zu treffen ist, sind sicher.
b) Dieselbe Situation wie soeben. Aber der Himmel ist regenverhangen und es kann auf dem Weg in die Gartenstraße möglicherweise zu regnen beginnen. Jetzt sind die objektiven Gegebenheiten, bei denen eine Entscheidung zu treffen ist, unsicher.

Beispiel: (Entscheidungsproblem)
Einem Hersteller von Metallteilen wird vorgeschlagen, anstelle der bisher verwendeten Legierung eine neue zu verwenden. Sie ist billiger und soll angeblich ver-

gleichbare Eigenschaften haben. Der Hersteller steht vor der Wahl, die neue Legierung einzuführen und (falls sich die Entscheidung als Fehlentscheidung entpuppt) Reklamationskosten und den Ruf der Firma zu riskieren, oder bei der bisherigen Legierung zu bleiben und (falls sich diese Entscheidung als falsch erweist) sich einen nicht unerheblichen Gewinn entgehen zu lassen. Beide Möglichkeiten sind zu bedenken. Ein vorsichtiger Unternehmer wird in dieser Situation wohl anders entscheiden als ein risikofreudiger.

Die Situation im obigen Beispiel b) lässt sich übersichtlich so darstellen:

Schema einer einfachen Entscheidungssituation

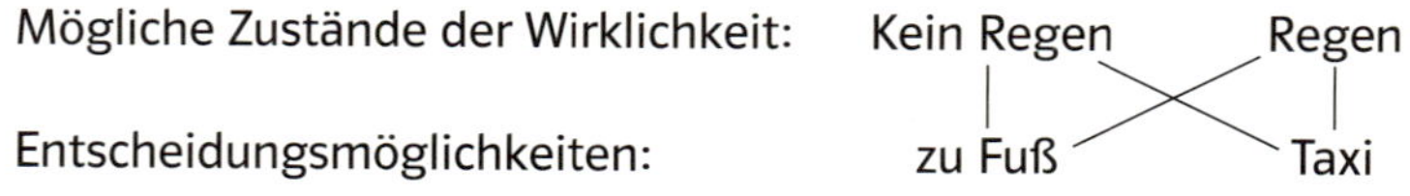

Ob eine einmal getroffene Entscheidung richtig ist oder falsch, hängt vom Zustand der Wirklichkeit ab.
In einer derartigen Situation befindet man sich auch beim Testen einer Hypothese H_0. Im Hinblick auf die Wirklichkeit werden zwei Zustände unterschieden. Sie werden durch „Die Nullhypothese trifft zu" und „Die Nullhypothese trifft nicht zu" beschrieben. Die Entscheidungsmöglichkeiten: Entweder die Nullhypothese verwerfen oder sie beibehalten.

Entscheidungssituation beim Signifikanztest

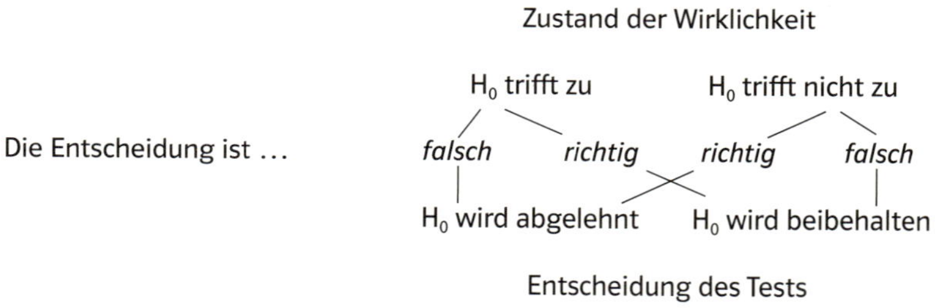

Fehler 1. und 2. Art

Ist der Zustand der Wirklichkeit unsicher, dann kann man also nicht nur irren, wenn man H_0 ablehnt, obwohl H_0 in Wahrheit zutrifft (*Fehler 1. Art*). Man begeht auch einen Fehler, wenn man H_0 beibehält, obwohl H_0 in Wahrheit nicht zutrifft (*Fehler 2. Art*).

Beispiel: (Fehlerarten beim Überprüfen einer Hypothese)
Es soll die Hypothese überprüft werden, dass eine Lieferung die verlangte Qualität hat.
Fehler 1. Art: Die Lieferung hat die verlangte Qualität, wird aber zurückgewiesen.
Fehler 2. Art: Die Lieferung hat nicht die gewünschte Qualität, wird aber angenommen.

Bemerkung: Da man sich bei der Unterscheidung nach Art des Fehlers auf eine vorgegebene Hypothese H_0 bezieht, müsste man eigentlich genauer sagen: Fehler 1. Art (bzw. 2. Art) bezüglich H_0.

Das Risiko einer Fehlentscheidung

Ist der Zustand der Wirklichkeit sicher, dann wird sich der Entscheidende ausschließlich an den Folgen orientieren, die im Falle einer Fehlentscheidung zu erwarten sind. Nicht so, wenn der Zustand der Wirklichkeit unsicher ist. Jetzt ist auch und vor allem zu berücksichtigen, mit welcher *Wahrscheinlichkeit* es zur einen oder andern Fehlentscheidung kommen könnte.

Wie wahrscheinlich ist eine Fehlentscheidung?

Beispiel: (Häufigkeit einer Fehlentscheidung)
Ein Autohändler bietet Gebrauchtwagen zu einem außergewöhnlich günstigen Preis an. Er versichert, dass die Wagen die nächsten 15 000 km heil überstehen werden. Als Interessent wäre es ein Fehler, das „Schnäppchen" auszuschlagen, wenn die Behauptung zutrifft. Ebenso wäre es aber auch falsch, ein Auto zu kaufen, wenn es innerhalb der nächsten 15 000 km kaputt geht. Ein kluger und vorsichtiger Interessent wird sich umhören, *wie oft* es in letzter Zeit vorkam, dass jemand sich ein solches Angebot fälschlicherweise entgehen ließ, und *wie oft* jemand gutgläubig hereingefallen ist.

Beim Testen einer Hypothese H_0 handelt es sich um
die Wahrscheinlichkeit für einen Fehler 1. Art, das sog. *Risiko 1. Art*, und um
die Wahrscheinlichkeit für einen Fehler 2. Art, das sog. *Risiko 2. Art.*

Risiko 1. und 2. Art

H_0 trifft zu: Gefahr eines Fehlers 1. Art

H_1 trifft zu: Gefahr eines Fehlers 2. Art

Das Risiko 1. Art ist nichts anderes als die Irrtumswahrscheinlichkeit α. Das Risiko 2. Art wird mit β bezeichnet. Um es zu veranschaulichen, nehmen wir der Einfachheit halber an, dass die Wirklichkeit nur zwei verschiedene Zustände einnehmen kann: Die Grundgesamtheit sei entweder N(2,5; 0,8)- oder N(3,0; 0,8)-verteilt. In der Fig. sind die Dichtefunktionen der zugehörigen Prüfvariablen dargestellt. Trennt nun die Signifikanzgrenze g für H_0: $\mu = 2{,}5$ den Ablehnungsbereich vom Annahmebereich, dann repräsentieren die gerasterten Flächen das Risiko 1. bzw. 2. Art.

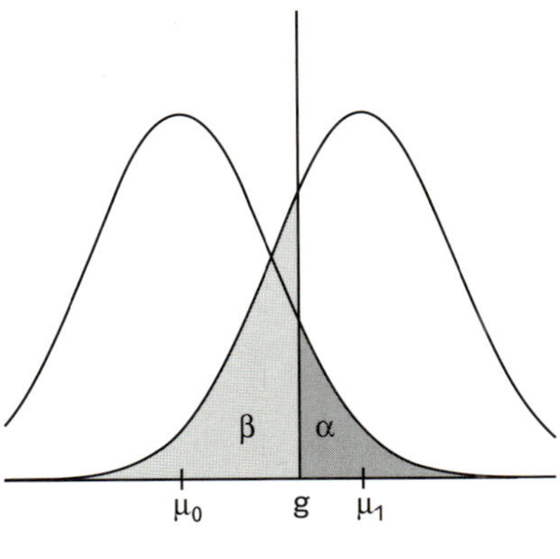

Beispiel: (Berechnung von β)
Die Hypothese H_0: $\mu = 2{,}5$ soll gegen H_1: $\mu = 3{,}0$ bei der Irrtumswahrscheinlichkeit $\alpha = 0{,}05$ getestet werden. Prüfvariable sei das Stichprobenmittel $\overline{X}$ für $\sigma = 0{,}8$ und $n = 20$.
Berechnung von g: Aus $\Phi\left(\frac{g - 2{,}5}{0{,}8}\sqrt{20}\right) = 0{,}95$ ergibt sich die Signifikanzgrenze $g = 2{,}79$.
Berechnung von β: $\Phi\left(\frac{2{,}79 - 3{,}0}{0{,}8}\sqrt{20}\right) = \Phi(-1{,}17) = 0{,}1210$

Die Wahrscheinlichkeit, irrtümlich H_0 nicht abzulehnen (obwohl in Wahrheit H_1 zutrifft), beträgt etwa 12 %.

Zusammengesetzte Gegenhypothese

Ist die Hypothese H_0: $\mu = \mu_0$ gegen H_1: $\mu \neq \mu_0$ (oder z. B. H_0: $\mu \leq \mu_0$ gegen H_1: $\mu > \mu_0$) zu testen, dann ist bei Zutreffen der Gegenhypothese der tatsächliche Wert von μ nicht bekannt. Infolgedessen kann man β in diesem Fall nicht berechnen. Grundsätzlich sind bei einem Test beide Risiken (samt den möglichen Folgen einer Fehlentscheidung) zu berücksichtigen. Insbesondere ist zu bedenken, dass β erheblich größer ausfallen kann als α. Das Risiko 2. Art kann nur dann außer Acht bleiben, wenn die Folgen eines Fehlers 2. Art unerheblich sind oder nicht interessieren (Signifikanztest).

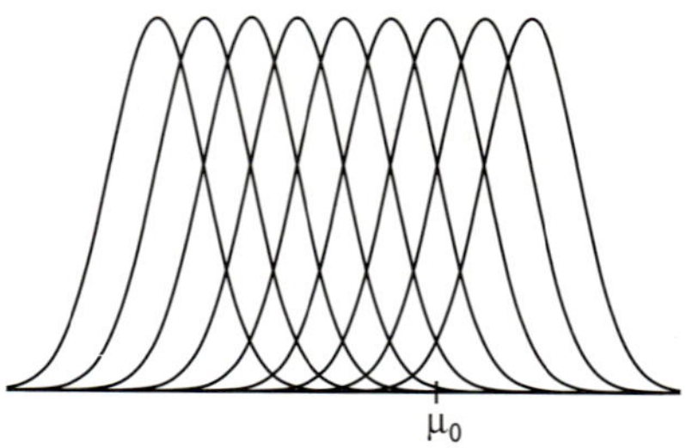

Dichtefunktion von $\overline{X}$ für verschiedene Werte von μ

Signifikanztest im Rückblick

Festlegung eines Ablehungsbereichs

Beispiel: (Risiko 1. und 2. Art)
Eine Molkerei überprüft, ob sie für ihre Frischmilch in Flaschen eine Mindesthaltbarkeitsdauer von 8 Tagen garantieren kann. Aus langer Erfahrung weiß sie, dass die Standardabweichung der Haltbarkeitsdauer etwa 1,5 Tage beträgt.
X: Haltbarkeitsdauer (in Tagen)
$\overline{X}$: Durchschnittliche Haltbarkeit in Stichproben von 30 Flaschen
Da man vor allem fürchtet, dass die tatsächliche Haltbarkeitsdauer weniger als 8 Tage betragen könnte, wählt man H_0: $\mu \leq 8$; H_1: $\mu > 8$ und sieht nach, ob man H_0 ablehnen kann. Es wird vereinbart H_0 abzulehnen, wenn der aus einer zufälligen Stichprobe errechnete $\bar{x}$-Wert über 8,4 liegt.

Berechnung des Riskos

Berechnung von α: Da $\overline{X}$ näherungsweise normalverteilt ist, ergibt sich

… 1. Art

$$\alpha = 1 - \Phi\left(\frac{8{,}4 - 8}{1{,}5}\sqrt{30}\right) = 1 - \Phi(1{,}46) = 0{,}0721.$$

Beträgt die mittlere Haltbarkeitsdauer in Wahrheit höchstens 8 Tage, dann rät der Test nur in etwa 7 von 100 Fällen irrtümlich dazu, $\mu > 8$ anzunehmen.
Berechnung von β: Beträgt μ in Wirklichkeit z. B. 8,3 Tage, dann ergibt sich

… 2. Art

$$\beta = \Phi\left(\frac{8{,}4 - 8{,}3}{1{,}5}\sqrt{30}\right) = 0{,}6443.$$

In diesem Fall legt der Test in etwa 64 von 100 Fällen fälschlicherweise nahe, von $\mu \leq 8$ auszugehen.

Zusammenhang von α und β

Natürlich ist es wünschenswert, dass beide Risiken klein sind. Dem steht jedoch entgegen: Je kleiner man α wählt, desto größer fällt β aus – und umgekehrt. Es ist deshalb z. B. nicht ratsam, die Irrtumswahrscheinlichkeit extrem klein zu wählen. Sollen α und β gleichzeitig klein sein, dann lässt sich das nur durch einen genügend großen Stichprobenumfang n erreichen. Wie die nachfolgende Figur zeigt, wird mit

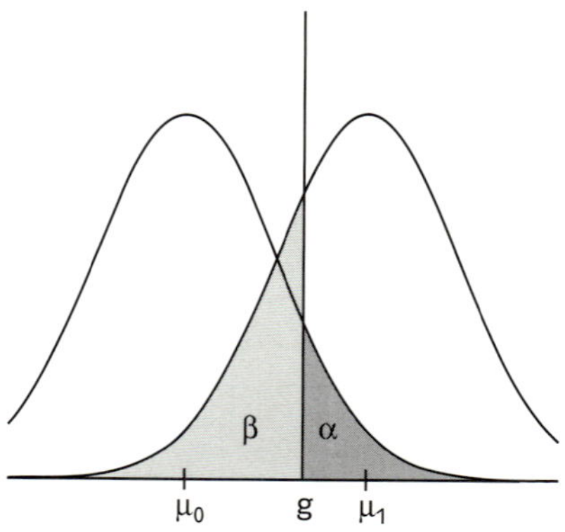

wachsendem n sowohl α als auch β kleiner. Beide Risiken können theoretisch für $n \to \infty$ beliebig klein gemacht werden; in der Praxis sind dem Stichprobenumfang jedoch durch Zeit und Kosten für das Erheben der Stichprobe Grenzen gesetzt.

Abhängigkeit der Risiken vom Stichprobenumfang

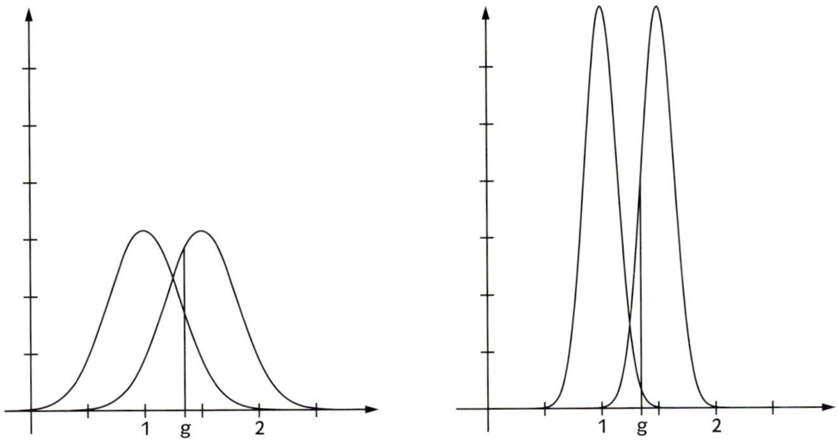

Abhängigkeit der Risiken vom Stichprobenumfang (n = 10 bzw. n = 50)

Wie „gut" ist ein Test?

Wann wäre ein Test „ideal"?

Ein Hypothesentest wäre offenbar „ideal" zu nennen, wenn er die Hypothese ablehnt, falls sie nicht zutrifft, und nicht ablehnt, falls sie zutrifft. Bei einem zweiseitigen Test der Hypothese H_0: $\mu = \mu_0$ gegen H_1: $\mu \neq \mu_0$ würde H_0 im Falle $\mu = \mu_0$ beibehalten und im Falle $\mu \neq \mu_0$ abgelehnt. Bei gegebenem α und damit gegebener Signifikanzgrenze ist β die Wahrscheinlichkeit, H_0 beizubehalten. Diese Wahrscheinlichkeit hat man sich nun in Abhängigkeit von μ zu denken. Im Idealfall ist

$$\beta(\mu) = 1 \text{ für } \mu = \mu_0$$
$$\beta(\mu) = 0 \text{ für } \mu \neq \mu_0.$$

Verfolgt man die Funktion $\mu \mapsto \beta(\mu)$ bei unserem Test, dann zeigt sich, dass dieser keineswegs ideal ist.

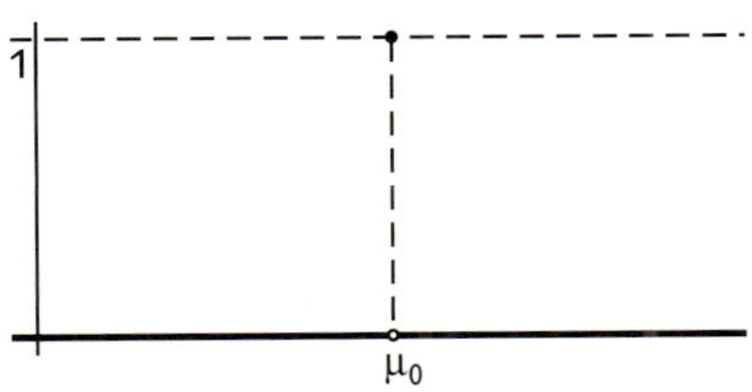

Beispiel: (Wahrscheinlichkeit, H_0 beizubehalten, in Abhängigkeit von μ)
Die Hypothese H_0, dass eine $N(\mu; 0{,}8)$-verteilte Grundgesamtheit den Mittelwert $\mu = 3{,}0$ hat, soll gegen H_1: $\mu \neq 3{,}0$ zweiseitig getestet werden.
a) $n = 20$; $\alpha = 0{,}10$
Signifikanzgrenzen: $g_u = 2{,}71$; $g_0 = 3{,}29$

$$\beta(\mu) = \Phi\left(\frac{3{,}29 - \mu}{0{,}8}\sqrt{20}\right) - \Phi\left(\frac{2{,}71 - \mu}{0{,}8}\sqrt{20}\right)$$

Risiko 2. Art in Abhängigkeit von μ

μ	2,6	2,7	2,8	2,9	3,0	3,1	3,2	3,3	3,4
$\beta(\mu)$	0,27	0,48	0,69	0,84	0,89	0,84	0,69	0,48	0,27

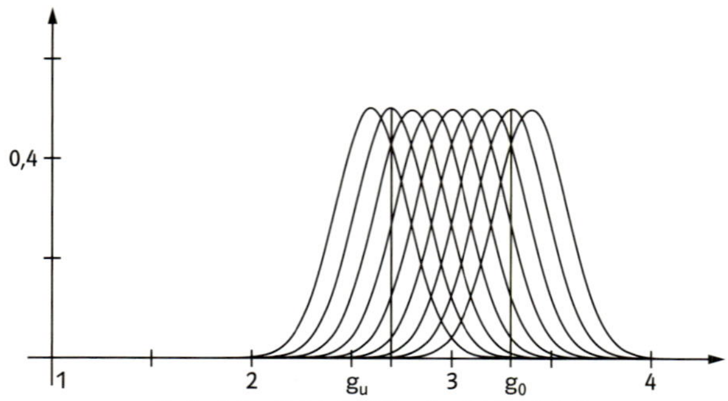

Verlauf der Dichtefunktion in Abhängigkeit von μ

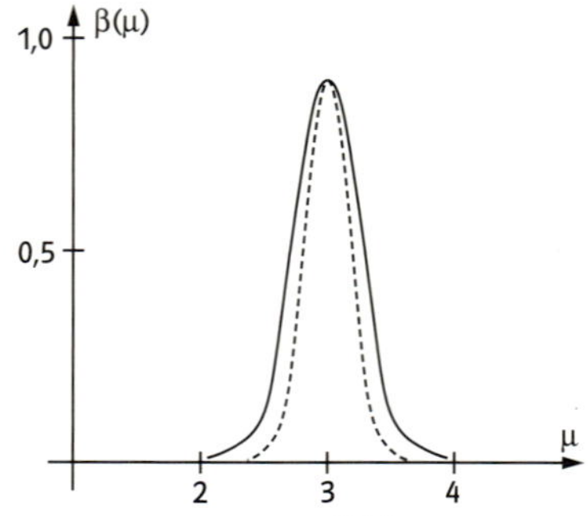

$\mu \mapsto \beta(\mu)$

In der Wertetabelle besagt z. B. das Paar (2,8; 0,69): Ist in Wahrheit $\mu = 2{,}8$, dann beträgt die Wahrscheinlichkeit, fälschlicherweise $\mu = 3{,}0$ anzunehmen, 69 %.

b) $n = 50$; $\alpha = 0{,}10$

Signifikanzgrenzen: $g_u = 2{,}81$; $g_0 = 3{,}19$

$$\beta(\mu) = \Phi\left(\frac{3{,}19 - \mu}{0{,}8}\sqrt{50}\right) - \Phi\left(\frac{2{,}81 - \mu}{0{,}8}\sqrt{50}\right)$$

μ	2,6	2,7	2,8	2,9	3,0	3,1	3,2	3,3	3,4
$\beta(\mu)$	0,03	0,17	0,46	0,78	0,91	0,78	0,46	0,17	0,03

Die Schaubilder von $\mu \mapsto \beta(\mu)$ zeigen, wie nicht anders zu erwarten: Liegt μ in der Nähe von μ_0, dann ist die Wahrscheinlichkeit, $\mu = \mu_0$ anzunehmen, größer als wenn sich μ von μ_0 stark unterscheidet.

Abhängigkeit vom Stichprobenumfang

Bei größerem Stichprobenumfang n (Beispiel b)) kommt die Kurve dem Idealverlauf näher. Die Wahrscheinlichkeit $\beta(\mu)$, fälschlicherweise $\mu = \mu_0$ anzunehmen, ist bei jedem $\mu \neq \mu_0$ kleiner als in Beispiel a).

Worin zeigt sich die „Güte" eines Tests?

Somit ist die Wahrscheinlichkeit $1 - \beta(\mu)$, diesen Fehler *nicht* zu begehen und damit richtig zu entscheiden, größer. In diesem Sinne ist der Test in b) „besser" als jener in a). Man nennt deshalb

$$\mu \mapsto 1 - \beta(\mu)$$

Gütefunktion

Gütefunktion des Tests. Der Begriff der Gütefunktion dient dem *Vergleichen* von Tests. Solange es nur um eine Einführung in die Grundüberlegungen beim Testen geht, dürfte der Begriff allenfalls bei ergänzenden Betrachtungen dienlich sein.

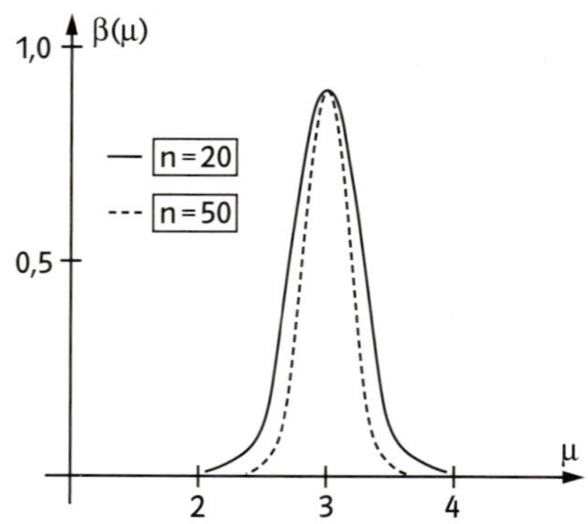

$\mu \mapsto \beta(\mu)$

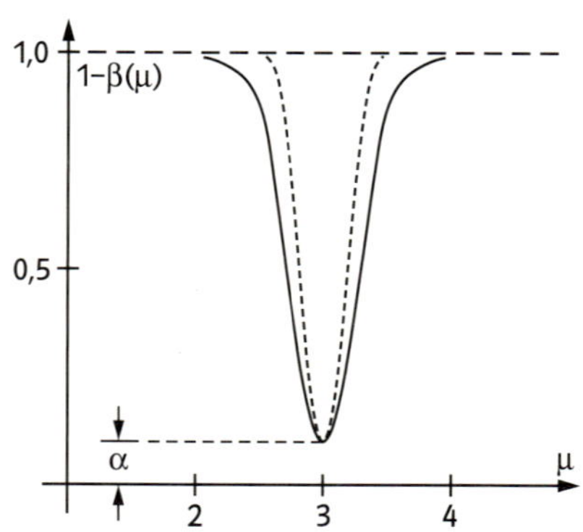

Gütefunktion $\mu \mapsto 1-\beta(\mu)$

Register